中国社会科学院文库
经济研究系列
The Selected Works of CASS
Economics

中国社会科学院创新工程学术出版资助项目

资本主义经济危机与经济周期：历史与理论

CAPITALIST ECONOMIC CRISIS AND
ECONOMIC CYCLE: History and Theory

胡乐明 杨 静 等著

中国社会科学出版社

图书在版编目（CIP）数据

资本主义经济危机与经济周期：历史与理论 / 胡乐明等著 . —北京：中国社会科学出版社，2018.5
ISBN 978 - 7 - 5203 - 2445 - 8

Ⅰ.①资⋯　Ⅱ.①胡⋯　Ⅲ.①资本主义经济—经济危机—研究②资本主义经济—经济周期—研究　Ⅳ.①F039②F037

中国版本图书馆 CIP 数据核字（2018）第 078390 号

出 版 人	赵剑英
责任编辑	田　文
责任校对	张爱华
责任印制	王　超

出　　版	中国社会科学出版社
社　　址	北京鼓楼西大街甲 158 号
邮　　编	100720
网　　址	http://www.csspw.cn
发 行 部	010 - 84083685
门 市 部	010 - 84029450
经　　销	新华书店及其他书店
印　　刷	北京君升印刷有限公司
装　　订	廊坊市广阳区广增装订厂
版　　次	2018 年 5 月第 1 版
印　　次	2018 年 5 月第 1 次印刷
开　　本	710×1000　1/16
印　　张	36.25
字　　数	609 千字
定　　价	139.00 元

凡购买中国社会科学出版社图书，如有质量问题请与本社营销中心联系调换
电话：010 - 84083683
版权所有　侵权必究

《中国社会科学院文库》出版说明

《中国社会科学院文库》（全称为《中国社会科学院重点研究课题成果文库》）是中国社会科学院组织出版的系列学术丛书。组织出版《中国社会科学院文库》，是我院进一步加强课题成果管理和学术成果出版的规范化、制度化建设的重要举措。

建院以来，我院广大科研人员坚持以马克思主义为指导，在中国特色社会主义理论和实践的双重探索中做出了重要贡献，在推进马克思主义理论创新、为建设中国特色社会主义提供智力支持和各学科基础建设方面，推出了大量的研究成果，其中每年完成的专著类成果就有三四百种之多。从现在起，我们经过一定的鉴定、结项、评审程序，逐年从中选出一批通过各类别课题研究工作而完成的具有较高学术水平和一定代表性的著作，编入《中国社会科学院文库》集中出版。我们希望这能够从一个侧面展示我院整体科研状况和学术成就，同时为优秀学术成果的面世创造更好的条件。

《中国社会科学院文库》分设马克思主义研究、文学语言研究、历史考古研究、哲学宗教研究、经济研究、法学社会学研究、国际问题研究七个系列，选收范围包括专著、研究报告集、学术资料、古籍整理、译著、工具书等。

中国社会科学院科研局
2006 年 11 月

目　录

导论 …………………………………………………………………（1）

第一章　早期资本主义：发展与危机 ……………………………（27）
　一　早期资本主义的兴起与危机 ………………………………（28）
　二　秩序与危机：重商主义与重农主义的视野 ………………（57）
　三　亚当·斯密与资本主义危机理论的思想渊源 ……………（68）
　结语　"铁笼"中的自由 ………………………………………（81）

第二章　"资本的年代"：危机理论的意识形态化 ……………（84）
　一　"资本的年代"："自由主义时代"的繁荣与危机 …………（85）
　二　"萨伊定律"与资本主义的无危机论证 …………………（107）
　三　马尔萨斯与西斯蒙第的危机思想 …………………………（116）
　四　巴斯夏的"和谐经济"辩护 ………………………………（123）
　五　约翰·穆勒与危机理论的意识形态化 ……………………（126）
　结语　经济危机的理论批判与批判理论 ………………………（131）

第三章　批判与建构：马克思的经济周期与危机理论 …………（134）
　一　经济和谐论的破产与清算 …………………………………（135）
　二　社会资本再生产视野下的经济周期与危机 ………………（149）
　三　危机形式及其逻辑演绎：历史视野下的经济危机 ………（162）
　四　马克思的理论建构：整体性危机与社会变革 ……………（171）
　结语　验证与"在场" …………………………………………（181）

第四章　过渡与挑战："帝国主义"笼罩下的危机和理论 …………… (184)
　　一　世纪之交的生产与危机 ……………………………………… (184)
　　二　庸俗经济学的"科学"辩护 ………………………………… (206)
　　三　正统马克思主义的反击与突破 ……………………………… (222)
　　四　战后阶段：平稳发展抑或资本主义总危机 ………………… (244)
　　结语　过渡时代的危机与危机理论 ……………………………… (254)

第五章　崩溃的体系：大萧条及其理论纷争 …………………………… (256)
　　一　增长的难题：生产集中与经济失衡 ………………………… (257)
　　二　困境重重：大萧条与旧体制的没落 ………………………… (273)
　　三　理论纷争：关于大萧条的不同解释 ………………………… (283)
　　四　后续的争论 …………………………………………………… (295)
　　结语　如影随形的危机与无力的辩护 …………………………… (301)

第六章　黄金年代：从大萧条到滞胀的过渡及其理论解释 ………… (304)
　　一　"黄金年代"的到来：经济危机的终结？ ………………… (304)
　　二　主流观点的"转折" ………………………………………… (329)
　　三　西方马克思主义的新理解 …………………………………… (344)
　　结语　"黄金年代"的落幕与资本主义无危机论的终结 ……… (371)

第七章　长期繁荣的终结：滞胀与理论的危机和危机的理论 ……… (373)
　　一　滞胀的到来 …………………………………………………… (373)
　　二　凯恩斯主义经济政策的失效 ………………………………… (383)
　　三　西方正统经济学的滞胀危机理论 …………………………… (390)
　　四　西方左翼经济学的滞胀理论 ………………………………… (399)
　　结语　滞胀危机与新自由主义时代的来临 ……………………… (408)

第八章　世纪末的动荡：新自由主义时代的危机与理论 …………… (411)
　　一　资本主义新时代的开启 ……………………………………… (411)
　　二　资本主义的分化与危机的新形态 …………………………… (420)

三　20世纪80年代后的金融危机理论 …………………………（433）
　　四　马克思主义学者的全球性资本主义危机理论 ……………（445）
　　结语　新自由主义不能拯救资本主义 …………………………（452）

第九章　又见大萧条：21世纪初的危机与理论 ………………（454）
　　一　危机重重的21世纪初 ………………………………………（454）
　　二　自由主义与干预主义的新一轮争论 ………………………（485）
　　三　新自由主义阶段的结构性危机：马克思主义
　　　　学者的新探索 …………………………………………………（499）
　　结语　资本主义经济危机的根源仍是资本主义的
　　　　基本矛盾 ………………………………………………………（523）

第十章　变革与替代：资本主义的出路 …………………………（525）
　　一　不是问题的问题：资本主义存在经济危机吗？ ……………（526）
　　二　经济波动与商业周期：什么是经济危机？ …………………（528）
　　三　危机必然性的理论阐释：如何看待危机的
　　　　多重根源？ ……………………………………………………（530）
　　四　危机的一般性和特殊性：不一样资本主义经济
　　　　危机的一样性 …………………………………………………（541）
　　五　危机的时间周期：资本主义的发展史是
　　　　资本主义的危机史 ……………………………………………（547）
　　六　危机的阶段进程：资本主义的发展史是资本主义
　　　　危机的演化史 …………………………………………………（550）
　　七　危机的空间扩张：资本主义的国别经济危机与
　　　　整体经济危机 …………………………………………………（553）
　　结语　危机的未来走向 …………………………………………（555）

参考文献 …………………………………………………………（559）

后记 ………………………………………………………………（569）

导　论

　　1848年，马克思、恩格斯宣布了资本主义必然灭亡的历史命运。然而，资本主义虽然经历了多次严重危机和沉重打击，却依然不断地发展前行甚至凯歌而行地进入了21世纪。因此，马克思之后的马克思主义经济理论研究者们不得不对"资本主义生产方式为何与如何能够经久不衰"这样一个严峻的诘问持续地作出回答，各种非马克思主义学者则试图通过对资本主义经济危机的"无害化"处理以"证伪"马克思的危机理论。显然，理论逻辑的变迁与理论所指向的现实对象的变迁具有内在关联，只有理解资本主义经济危机的历史演变，才能"理解资本主义经济危机"的理论尝试。

一

　　一般认为，15世纪末至18世纪后半叶是资本主义的早期阶段即商业资本主义时期。[①] 在此时期，"货币是一切权力的权力"，商人资本居于主导地位，资本主义尚未出现普遍的经济危机。[②] 但是，"资本来到世间，

[①] 马克思指出，"世界贸易和世界市场在16世纪揭开了资本的现代生活史"，"资本主义时代"开始于16世纪。参见《马克思恩格斯文集》第5卷，人民出版社2009年版，第171、823页。萨米尔·阿明认为，1500—1800年的三个重商主义世纪是资本主义的"过渡时期"，"现代资本主义"的历史应从1800年算起。参见［埃及］萨米尔·阿明《资本主义的危机》，社会科学文献出版社2003年版，第8页。英国学者安格斯·麦迪森则认为，1000—1820年的整个时期是"原始资本主义"时期。参见［英］安格斯·麦迪森《世界经济千年史》，北京大学出版社2003年版，第33页。本书借鉴英国学者詹姆斯·富尔彻等人的观点，认为1500年以来资本主义经历了商业资本主义、工业资本主义和金融资本主义三个阶段。

[②] 马克思指出，"大工业只是从1825年的危机才开始它的现代生活的周期循环"。参见［德］马克思《资本论》第1卷，人民出版社1975年版，第16—17页。

从头到脚，每个毛孔都滴着血和肮脏的东西"①，资本主义的发展历史是用"血和火的文字"写成的历史。显然，带着血腥和肮脏来到世间的资本主义即便在其早年也不可能持续平稳协调发展，危机是其与生俱来的基因。

众所周知，英国是第一个正式确立资本主义生产方式的国家。但是，考察资本主义的早期发展显然不应局限于生产的角度和英国的范围。② 资本主义生产方式的正式确立需要两个基本条件：大量的自由劳动者和巨额的私人货币财富。因此，在资本主义的早期阶段，凡能影响上述两个条件生成的经济、政治、人口、地理乃至气候等因素，都会影响资本主义的早期发展，导致资本主义经济危机的早期形态——原始积累危机。

恩格斯指出，在这一时期，"商业吞并了工业，因而变得无所不能，变成了人类的纽带；个人的或国家的一切交往，都被溶化在商业交往中"③。因此，1637年的"郁金香狂热"和1719年的"南海泡沫"等发生于商业、金融领域的危机构成了早期资本主义原始积累危机的基本形式。同时，人口数量的剧烈波动通过影响自由劳动者的供给所导致的危机也是早期资本主义原始积累危机的一种基本形式。安格斯·麦迪森指出，19世纪之前西欧人口的增长不断地被时间长短不一和严重程度不同的冲击所打断，这些冲击主要由三类因素所导致：饥荒、疾病和战争。④ 当西欧人口增长时，贸易与制造业也随之增长；人口下降时，商业和工业也随之下降。因而总体而言，16世纪是早期资本主义的扩张期，17世纪则为危机（收缩）期。⑤

不过，早期资本主义的原始积累危机往往并不会导致"资本的毁灭"。商人资本具有高度的灵活性，当经济条件在一个地区恶化时，商人资本可以迅速地在其他地区找到新的落脚点，因此早期资本主义在欧洲发展的鲜

---

① [德] 马克思：《资本论》第1卷，人民出版社1975年版，第829页。
② [英] 詹姆斯·富尔彻：《资本主义》，张罗、陆赟译，译林出版社2013年版，第27—31页。
③ 《马克思恩格斯选集》第1卷，人民出版社1995年版，第35页。
④ [英] 安格斯·麦迪森：《世界经济千年史》，伍晓鹰、许宪春译，北京大学出版社2003年版，第19页。
⑤ [美] 道格拉斯·诺斯、罗伯特·托马斯：《西方世界的兴起》，厉以平等译，华夏出版社1999年版，第130—134页。

明特点之一,就是经济领先优势在各国之间的阶段性轮转。① 也就是说,早期资本主义的原始积累危机往往并不是表现为行业与产业的危机或衰落,而是表现为经济领导地位的更替与区域经济的兴衰。沃勒斯坦指出,一旦某国因经济危机而丧失其霸权地位,那么另一国则可能因经济危机而获得一定的霸权地位,从而导致霸权的周期循环。而且,每一轮霸权周期的兴起与衰退往往都伴有较大规模的战争,战争是新霸权周期的开始,又是旧霸权周期的结束。② 因此,为了争夺霸权地位,摆脱资本原始积累危机的威胁,在16世纪到17世纪的欧洲,战争几乎从未中断。

同时,为了摆脱资本原始积累的危机,早期资本主义的发展"是和暴力掠夺、海盗行径、绑架奴隶、征服殖民地直接结合在一起的"③。"正像它使农村从属于城市一样,它使未开化和半开化的国家从属于文明的国家,使农民的民族从属于资产阶级的民族,使东方从属于西方"④。一方面,通过暴力剥夺国内农民土地,迫使农业生产者与生产资料相分离,并通过血腥法令使之进入雇佣劳动市场;另一方面,通过海外掠夺贸易、贩卖奴隶等手段促成了私人货币财富的大量积累,以及廉价劳动力的有效供给。曼德尔指出,从16世纪到18世纪,以遭受劫掠地区的日益贫困化为代价,西欧国家的价值及资本国际集聚日益增长。1503—1660年,拉丁美洲向欧洲输出了价值五亿金比索的黄金和白银;1650—1780年,荷兰东印度公司从印度尼西亚攫取的财富高达六亿金盾。⑤

然而,资本主义的早期发展在亚当·斯密等人那里却被呈现为"田园诗式的东西",并在"国民财富的性质和原因"论题下完成了"资本主义无危机发展"的证明。但是,在斯密之前长期占据统治地位的重商主义者看来,"权力与财富缺一不可",必须以经济实力提升国家实力,以国家权

---

① [英] 詹姆斯·富尔彻:《资本主义》,张罗、陆赟译,译林出版社2013年版,第34页。
② 参见 [美] 沃勒斯坦《沃勒斯坦精粹》,黄光耀、洪霞译,南京大学出版社2003年版,第312页。但是,与沃勒斯坦所认为的荷兰霸权、英国霸权、美国霸权是现代世界体系的三个霸权周期不同,阿锐吉认为,资本主义历史上的霸权周期应该有四个:热那亚霸权(15世纪末至17世纪初)、荷兰霸权(16世纪末至18世纪末)、英国霸权(18世纪后半叶至20世纪初)、美国霸权(19世纪末至今)。参见 [意] 杰奥瓦尼·阿锐基《漫长的20世纪:金钱、权力与我们社会的根源》,姚乃强、严维明、韩振荣译,江苏人民出版社2001年版,第7页。
③ [德] 马克思:《资本论》第3卷,人民出版社2004年版,第369—370页。
④ 《马克思恩格斯选集》第1卷,人民出版社1995年版,第277页。
⑤ [比] 曼德尔:《论马克思主义经济学》下卷,廉佩直译,商务印书馆1964年版,第58—59页。

力稳定经济增长。因此，必须建立强大的军队以控制殖民地、主导贸易规则，实施合理的关税政策保护国内市场，同时采取适当的货币政策以避免和减轻国内金融危机和经济波动及其所导致的就业不足和价格波动的损害。① 与重商主义思想形成鲜明对照的是，顺应工业资本主宰时代到来的需要，斯密剥离了货币和政府与经济增长之间的重要联系。在他那里，自由市场规则会引导资本之"自发而不可抗拒的发展"，选择最有利于社会的用途，使得所有不同阶层的人们获得几乎相同水平的"肉体的舒适和心灵的平衡"，从而导致整个社会的"秩序的实现"与"均衡的达成"②。

显然，马克思以其"资本的限制在于资本自身"的逻辑否证了斯密之"资本的逻辑"。遗憾的是，尽管马克思本人认为"资本主义时代"开始于 16 世纪，并详细考察了资本主义的"原始积累"，但是在马克思之后的众多马克思主义者那里，商业资本主义往往被作为资本主义的"史前时期"而忽略并造成了理论的"断裂"③，"重商主义时期的扩张、危机、萧条和周期现象"也被视作"一种特殊问题"而排除在马克思主义经济危机理论的框架之外。④ 人类社会是一个连续的历史过程，随意裁剪历史注定导致理论的偏颇。如果我们不能很好地理解资本主义商业和金融制度的早期发展，我们就很难理解主宰当今世界的公司制度以及金融资本主义的起源和发展。原始积累不是一种特定的历史现象，而是各个国家通往资本主义的客观历史过程。如果我们不能很好地理解早期资本主义的原始积累危机，我们也很难理解当今世界发展中国家资本主义的原始积累危机以及世界的不平衡发展。曼德尔指出，当代不发达国家的资本原始积累不仅不具备早期资本主义国家原始积累的背景或手段，而且受制于发达国家的资本

---

① [英] 罗杰·E. 巴克豪斯：《西方经济学史》，莫竹芩、袁野译，海南出版社 2007 年版，第 76—136 页。在一定意义上，重商主义应被视为消费不足论的先驱，而且朴素地表达了大卫·哈维的"资本逻辑与领土逻辑"的意蕴。此外，布阿吉尔贝尔和魁奈等法国学者也讨论了部门之间的联系和国民经济的均衡发展问题以及资本的负积累和积累的可能性及其后果，提出了比例失调论的初步观点。

② [英] 亚当·斯密：《道德情操论》，蒋自强译，商务印书馆 1997 年版，第 229—230 页。

③ [美] 道格拉斯·诺斯、罗伯特·托马斯：《西方世界的兴起》，厉以平等译，华夏出版社 1999 年版，第 129—130 页。

④ [埃及] 萨米尔·阿明：《资本主义的危机》，彭姝祎、贾瑞坤译，社会科学文献出版社 2003 年版，第 8 页。

继续积累，因而往往难以摆脱原始积累危机的阴影并实现经济的发展。①同时，如果我们不能很好地理解不同历史时期资本主义原始积累危机及其引发的阶级斗争，我们也很难科学而不是机械地理解资本主义的制度危机以及社会主义替代资本主义道路的多样性和当代反抗资本主义斗争的复杂性。哈维认为，在17世纪和18世纪反抗通过剥夺手段进行积累的斗争是阶级斗争的基本形式，在世界许多地方目前的状况仍然如此，因此如同中国革命所成功证明的那样，必须注重阶级联合以及反抗剥夺的斗争与传统的无产阶级运动二者之间的有机联系。②

二

18世纪后半叶至19世纪70年代，是早期工业资本主义阶段。在此时期，第一次产业革命在西方国家相继展开，规模相对较小的机器大工业成为资本主义的主导性生产方式，自由竞争的工业资本与组织薄弱的雇佣工人推动着西方资本主义国家的经济增长，资本主义经济危机也由单领域、局部性、偶发性的现象演变为多领域、世界性、周期性的现象。与此同时，亚当·斯密的"无危机发展论"经由"萨伊定律"成为自由资本主义信徒的永恒信条，马克思及其追随者以及西斯蒙第等一些非马克思主义者则依据各自理论揭示了资本主义经济危机的"病理"。

英国是第一次产业革命的发源地，也是生产过剩经济危机的发源地。在1788年的英国棉纺织业危机之后，1793年、1797年、1803年、1810年、1815年、1819年相继发生了单领域、局部性的生产过剩经济危机。伴随着资本主义机器大工业生产方式的不断扩展，资本主义生产过剩经济

---

① ［比］E. 曼德尔：《晚期资本主义》，马清文译，黑龙江人民出版社1983年版，第48页。大卫·哈维沿袭卢森堡的观点认为，马克思将"原始积累"限制在早期的某个时点是错误的，必须严肃对待贯穿资本主义发展过程的"原始积累"（参见［美］大卫·哈维《跟大卫·哈维读〈资本论〉》，上海译文出版社2014年版，第327—330页）。毫无疑问，掠夺、战争等仍然是当今发达资本主义国家摆脱资本积累危机的手段，但是哈维等人显然误读了马克思的"原始积累"，混淆了资本积累与摆脱积累危机的手段。

② ［美］大卫·哈维：《跟大卫·哈维读〈资本论〉》，刘英译，上海译文出版社2014年版，第335—336页。需要指出的是，工人阶级反抗剥削的斗争在资本主义早期阶段已经频繁发生。例如，1539年里昂爆发了大规模的印刷工人罢工，并于1541年波及巴黎，在1567年和1571年这两个城市又爆发了进一步的冲突。

危机的波及范围不断扩大，资本主义普遍的生产过剩的经济危机于 1825 年爆发，终结了工业资本主义的第一个长波的上升阶段。① 自此，周期性的普遍的生产过剩的经济危机成为资本主义经济运行的常态，1836 年、1847 年、1857 年、1866 年、1873 年相继爆发了普遍的生产过剩的经济危机。其间，经过 1826—1847 年的第一个长波的下降阶段的结构调整尤其是"铁路时代"的到来，英国等西方资本主义国家的经济运行进入 1848—1873 年的第二个长波的上升阶段。② 伴随着经济危机的日趋频繁和严重，阶级的分化和对立也日益加剧。法国里昂工人起义、英国宪章运动以及德国西里西亚织工起义等工人运动，既推动了资本主义生产方式的适应性调整③，也唤起了人们对于资本主义制度危机的现实性期待。

然而，"斯密式和谐社会的蒸发"并未改变斯密的追随者们对于自由资本主义的信仰。J. B. 萨伊认为，"商品的支付手段仍是商品"，生产者越多，产品越多样化，产品销售越容易，因此"除非存在某些激烈的手段"，"除非政府当局愚昧无知或贪婪无厌"，否则不会发生普遍生产过剩的经济危机。显然，"萨伊定律"旨在"清除"新兴的工业资本主义生产方式的自由扩展的"障碍"④。李嘉图不仅非常满意地接受了"萨伊定律"，而且认为即使存在对外贸易，也丝毫不会干扰生产和消费之间的平衡，"积累的资本无论多少，都不会得不到有利的运用"⑤。不过，李嘉图也指出，由于"边际生产力递减规律"必然导致利润率下降，资本主义经

---

① 大多数学者都将第一个长波即康德拉捷夫周期的开端定于 1790 年左右，但是对于它的高位转折点则存在很多争议，W. W. 罗斯托等人认为是 1815 年，德·沃尔夫和曼德尔等人则选择了 1825 年。参见［荷］范·杜因《经济长波与创新》，刘守英、罗靖译，上海译文出版社 1993 年版，第 189 页。

② ［比］欧内斯特·曼德尔：《资本主义发展的长波——马克思主义的解释》，南开大学国际经济研究所译，商务印书馆 1998 年版，第 3 页。

③ 19 世纪上半叶，多数西方国家政府对工会的态度经历了三个阶段的变化：第一阶段，以英国 1799—1800 年推行的《结社法令》为标志，政府彻底禁止或镇压工会；第二阶段，以英国 1824—1825 年废除《结社法令》为标志，政府对工会采取有限的容忍；第三阶段，给予工人阶级男女平等的完全法律权利，可以组织、从事集体活动。参见［美］龙多·卡梅伦、拉里·尼尔《世界经济简史》，上海译文出版社 2012 年版，第 257 页。

④ ［法］萨伊：《政治经济学概论》，陈福生、陈振骅译，商务印书馆 1963 年版，第 144—145 页。秉承斯密传统，萨伊继续剥离政府和货币与经济增长的重要联系，甚至认为正是"政府"与"货币"等诸多制度因素构成了市场机制有效发挥作用的"障碍"。

⑤ ［英］李嘉图：《政治经济学及赋税原理》，郭大力、王亚楠译，译林出版社 2011 年版，第 247 页。

济增长将不可避免地趋于停滞,从而进一步地为自由贸易"清障"。与李嘉图的"悲观"论调不同,约翰·穆勒通过对于经济危机的"无害化"处理完成了对于资本主义经济增长的乐观主义"承诺"。在他看来,传统政治经济学家面临困境的根源在于他们"承诺"了一种仅有"前进状态"的经济过程,其实危机与停滞状态是文明进程的一个必要阶段,是"增长的伴生物,而非衰落的标志",因此即使在危机时刻仍旧"应该将公共权力对于社会事务的干预限制在最小的范围之内"①。

与"主流"的观点不同,西斯蒙第以其鲜明的"消费不足论"开启了所谓的"政治经济学新原理"②。"斯密—李嘉图学派认为积累是资本主义的关键问题,因而他们忽视了实现问题;与此相反,西斯蒙第则把生产与消费的矛盾以及与此相关的市场和实现问题提到了首位。对李嘉图及其门徒来说,经济过程是一个均衡状态的不中断的链条,从一个均衡过渡到另一个均衡是经由自动'适应'来实现的;相反地,西斯蒙第则集中注意到这种过渡,即经济危机。"③ 在他看来,外部市场和国际贸易并非应对消费不足及其导致的经济危机的一般方法,资本主义世界的经济危机必须寄望于政府执行的有利于农民和工人的收入分配改革和其他改革。与西斯蒙第一样,马尔萨斯也认为生产与消费之间的矛盾冲突必然导致普遍生产过剩的经济危机。不过,与西斯蒙第不同,马尔萨斯认为不是劳动者的收入过低而是生产阶级的过度储蓄导致了普遍生产过剩的经济危机的不可避免,消除资本主义经济危机的现实危险必须维持一批"非生产性消费者"——地主阶级的存在和扩大,同时适当地增加"政府的挥霍"④。

毫无疑问,马克思关于资本主义经济危机的观点既不同于斯密及其追随者,也不同于西斯蒙第和马尔萨斯。在马克思看来,随着商品生产转变为资本主义商品生产,由商品和商品交换内在矛盾所决定的经济危机的一般可能性会得到进一步发展,并转变为资本主义经济危机的现实可能性;资本主义生产方式的基本矛盾即生产的社会性与生产资料的私人占有之间

---

① [英]穆勒:《政治经济学原理》(下),金镝、金熠译,华夏出版社2009年版,第697—699、882页。
② 一般认为,西斯蒙第是真正意义上的消费不足论的先驱。其实,在西斯蒙第的《政治经济学新原理》于1819年出版之前,英国的詹姆斯·梅特兰·劳德戴尔于1804年出版的《公共财富的性质与起源的探索》便已经提出了消费不足论的基本观点。
③ [俄]阿尼金:《改变历史的经济学家》,晏智杰译,华夏出版社2007年版,第243页。
④ [瑞士]西斯蒙第:《政治经济学新原理》,何钦译,商务印书馆1997年版,第518页。

的矛盾及其具体表现以及资产阶级与无产阶级的矛盾斗争的深化发展，必然会使得价值与使用价值、具体劳动与抽象劳动、商品与货币的分离和对立具有更加不可调和的对抗性质，使得资本主义剩余价值的生产、实现和扩大再生产所需要的一系列连续性、并存性和均衡性关系经常地难以得到满足，从而使资本主义经济危机的抽象可能性转变为现实必然性；资本主义克服经济危机的办法即消灭大量生产力、夺取新市场、更加彻底地利用旧市场以及不断地变革生产关系和社会关系，是准备更全面、更猛烈危机的办法，是使防止危机的手段越来越少的办法。因此，资本主义经济危机一方面是资本主义各种矛盾的暂时的暴力解决和瞬间的强制平衡，并为资本主义生产方式的生存和发展开辟道路；另一方面又是资本主义各种矛盾深化发展的"助推器"，并推动"以交换价值为基础的生产方式和社会形式的解体"，以及人类社会"采取新的历史形式"①。

遗憾的是，马克思关于资本主义经济危机的研究是一项尚未完成的工作。②

马克思曾经构划了一个庞大的关于资本主义经济研究的"六册计划"，但由于种种原因马克思只是大致完成了关于"资本一般"的研究范围和所述内容以及资本主义经济危机的"抽象形式"，未能全面综合和具体概括资本主义一切矛盾的充分展开，从而达致马克思经济理论的逻辑终点——"世界市场危机"③。因此，我们必须将不同层次的"危机"区别开来，既要避免以危机的"要素形式"或"抽象形式"机械地说明现实的危机，也要避免以分析周期性危机的方法来分析资本主义的总体运动及其结构性危机与制度性危机，从而以适当的历史、结构和空间维度科学地理解现代资本主义及其危机。现代资本主义是"再生产过程的全部联系都是以信用为基础的生产制度"，我们必须完善马克思的生息资本和信用制度理论并透过信用关系的具体运动去探寻资本主义经济危机的生发过程，避免受困于机械的"生产决定论"并固守早期工业资本主义的"危机形式"，完全不考

---

① 《马克思恩格斯全集》第46卷（上），人民出版社1979年版，第178页。
② 马克思是否提出了一个系统的经济危机理论以及一个怎样的经济危机理论一直是学界争论的话题。典型的观点有三种：马克思没有系统的危机理论，只有一些零散的观点和论述；马克思已有完整系统的危机理论；马克思的危机理论只是经济危机的一般理论，即抽象的危机理论。参见汤在新《〈资本论〉续篇探索》，中国金融出版社1995年版，第536—568页。
③ 刘明远：《"六册结构"视野中的马克思经济危机理论》，《政治经济学评论》2015年第2期。

虑信用关系与金融制度而把危机的生发原因归结为与货币和信用无关的现象。现代资本主义也是"越出国家界限"的总体性存在，我们必须打开"封闭"的危机模型探寻资本主义的多样性、不平衡性发展的交互影响以及资本主义全球性危机的内生过程。同时，资本主义的制度危机以及全球范围资本主义的"崩溃"显然不是"自然而然"的过程，而是无产阶级与资产阶级以及其他社会矛盾斗争的结果，我们必须更加详细地揭示劳资关系及其与资本主义经济危机之间的交互关系。

三

19世纪70年代至20世纪70年代，是晚期工业资本主义阶段。在此时期，第二次产业革命在西方发达资本主义国家相继展开，福特主义生产方式逐渐成为资本主义的主导性生产方式，"代表着股份公司二次方和三次方"的新的工业生产组织形式不断发展，工人阶级的组织程度不断提升。伴随着技术水平、生产方式、劳资关系以及资本积累的其他社会结构的演变，资本主义的经济运行与经济危机也呈现出许多新的特点。与此同时，古典经济学家的"无危机发展论"经马歇尔等新古典经济学家的数学化改造成为"科学"的信仰，但是20世纪30年代大萧条之后兴起的凯恩斯主义颠覆了这种"信仰"并致力于"熨平"经济周期的现实性探索；马克思的危机理论则呈现出多样化的发展态势，在经历了各种各样的"停滞"和"崩溃"的"乐观主义"以及"修正主义"的"改造"之后，关于"黄金年代"以及"资本主义为何与如何能够经久不衰"的多样化探寻成为马克思主义危机理论研究的主题。

1873—1893年，西方资本主义国家经历了一个充满剧烈的结构变动的萧条长波。[①]"死气沉沉的萧条"，频繁而深刻的危机与短促而微弱的高涨相互交替，是这一阶段西方资本主义经济运行的常态。但是，产业革命的扩展、产业结构的演进以及垄断组织的兴起，推动西方资本主义国家逐渐走出了长期萧条的泥潭，并进入了1893—1913年的扩张长波。其间，

---

① 有一种观点认为，西方资本主义国家一直到1896年才进入新的高涨，并以此作为一个低位转折点。其实，对于每一轮长波的高位和低位转折点，学者们往往都有不同的意见。参见［荷］范·杜因《经济长波与创新》，刘守英、罗靖译，上海译文出版社1993年版，第191页。

"卡特尔成为了全部经济生活的基础","资本主义变成了帝国主义"①,英国霸权周期开始转向美国霸权周期。此后,随着1913年危机的爆发和"美好年代"的终结,西方资本主义国家步入了灾难性的战争、广泛的革命与严重的危机相交织的混乱而动荡的新一轮的萧条长波。其间,20世纪30年代大萧条催生的凯恩斯主义逐渐成为西方主流经济学界的主宰并推动国家干预主义替代了经济自由主义,世界社会主义运动的勃兴以及福特主义生产方式导致的工人阶级谈判力量的提升推动了劳资关系的缓和,美国霸权地位及其主导的国际秩序的逐步确立构筑了资本积累的"国际环境"。这样,随着资本积累的"技术结构"与"社会结构"的演进,西方资本主义国家在20世纪40年代步入了长达20余年新的扩张长波。但是,与以往一样,"战后繁荣"的到来并非意味着危机的消失而是仍然包含大大小小的各类危机,并于60年代末70年代初终结了晚期工业资本主义的"黄金年代"。

尽管在19世纪70年代,危机和萧条十分明显地成为西方资本主义国家经济运行的常态,但是继续为"萨伊定律"辩护仍然成为边际主义经济学家的"科学"追求。被誉为经济学界的"拉普拉斯"的瓦尔拉斯首次以数学形式表明,消费者和生产者的最大化行为能够并将导致经济体系每个产品市场和要素市场的需求与供给之间的"一般均衡",从而模型化地表述了斯密的"无形之手"。致力于创立"效用与利己心的力学"的杰文斯则以其"太阳黑子说"将危机"外生"于资本主义制度与矛盾,努力维护"任何干扰不会阻止经济体系趋向充分就业的均衡"的信念。作为边际主义经济学的集大成者,马歇尔尽管对于瓦尔拉斯的"一般均衡"心存疑虑,但是也以其"局部均衡"重申了萨伊定律。在他看来,"导致危机的真正原因并不是少数企业的破产,而是许多信贷没有坚实的基础",信用陷入混乱的原因则是源于公众由于知识的缺乏所导致的盲目信任和不信任。② 显然,马歇尔承袭了穆勒的观点,将经济波动视为价格机制的正常作用受到心理等偶然因素的干扰而导致的暂时失调。此后,马歇尔的观点长期主宰了西方主流经济学家们的思考,阿瑟·庇

---

① 参见《列宁选集》第2卷,人民出版社1972年版,第745页。
② [英]马歇尔:《货币、信用与商业》,叶元龙、郭家麟译,商务印书馆2009年版,第268—279页。

古、丹尼斯·罗伯逊、拉尔夫·霍特里等人关于经济周期的研究大都深深扎根于马歇尔主义传统，强调货币信用和心理预期的重要作用。①

当然，并非所有的新古典经济学家都不顾危机事实而盲目地坚持萨伊定律。克纳特·维克塞尔便明确批判过自由市场的可靠性并勾画出"真实"周期理论的轮廓。约翰·梅纳德·凯恩斯早在1921年也已经开始主张运用利率来调整经济：在繁荣时期提高利率，在萧条时期降低利率。② 20世纪30年代大萧条之后，凯恩斯更是明确提出了基于三大心理规律的有效需求理论从而彻底否定了萨伊定律，指出只有依靠国家干预才能使得资本主义经济恢复稳定，宣告了传统自由主义经济学的"失败"。此后，希克斯、汉森、萨缪尔森等凯恩斯的追随者通过凯恩斯理论的"长期化""动态化""开放化"努力构筑了"科学精致"的经济周期模型。但是，遗漏了不确定性与历史时间重要作用等"凯恩斯革命"精髓的所谓"伟大的新古典综合"不过是凯恩斯的总量分析与马歇尔的"微观基础"的机械嫁接，"黄金年代"也并不意味着萨缪尔森式的凯恩斯主义宏观经济政策已将经济危机和经济周期变成"历史"。不过，与凯恩斯同一时代的熊彼特并没有遗忘"历史"，而以其技术创新、"创造性破坏"以及关于康德拉捷夫周期、朱格拉周期和基钦周期的相互影响的分析构筑起一个关于资本主义经济危机和经济周期研究的影响深远的理论框架。在他看来，资本主义具有自我毁灭的内在趋势，并终将会被一个可操作的社会主义所替代。

面对资本主义的"剧烈"变化，马克思、恩格斯之后的马克思主义学界关于资本主义经济危机与经济周期的分析也在发生"裂变"。作为修正主义的"鼻祖"，伯恩斯坦认为，资本主义已经成为"有组织的资本主义"从而能够减少甚至根本消除危机，并使得资本主义摆脱了"不可收拾地崩溃"的命运。"合法的马克思主义者"杜冈－巴拉诺夫斯基认为，"只要社会生产比例适当，无论社会消费需求怎样减少，社会需求和社会

---

① ［英］罗杰·E. 巴克豪斯：《西方经济学史》，莫竹芩、袁野译，海南出版社2007年版，第234—239页。

② ［美］E. 雷·坎特伯里：《经济学简史》，礼雁冰等译，中国人民大学出版社2011年版，第115页。需要指出的是，米塞斯和哈耶克等奥地利学派经济学家从维克塞尔的理论出发，提出了关于经济周期的货币投资过度论，倡导"中立"货币政策和经济自由主义；缪尔达尔和林达尔等瑞典学派经济学家则以动态过程分析方法发展了维克塞尔的理论，提出了"中央计划"的政策设想；20世纪20年代以前，凯恩斯严守马歇尔主义传统，20年代则更接近于维克塞尔的视角。

供给都会保持平衡"①,也就是,"资本主义生产可以脱离消费自行实现积累",以"生产的无政府状态"为基础的周期性危机乃是资本主义的一种正常现象,并不必然导致资本主义的"崩溃"②。作为一种批判,考茨基重申了关于生产过剩经济危机的必然性的多因素说明,并强调必须区分资本主义发展的现实状态与历史趋势。作为考茨基的补充,普列汉诺夫指出资本主义的"崩溃"未必"只能是巨大而普遍的经济危机的结果","无产阶级的未来胜利未必要跟尖锐而普遍的经济危机联系起来",经济危机不是资本主义制度崩溃的充要前提。③ 与考茨基不同,希法亭以其"金融资本主义"构建了一个"现代资本主义"的理论模型,着力从信用和流通角度论证资本主义经济危机不可避免,并指出金融资本主义是资本主义发展的最高阶段。④ 此后,列宁借鉴霍布森的《帝国主义》和布哈林的"世界经济危机论"提出了自己的帝国主义理论,创立了影响深远的分析资本主义经济危机的"教科书模型"⑤。承继列宁的思路,斯大林确立了"僵硬"的"资本主义总危机论"。

"黄金年代"的到来,使得许多第二国际理论家们的理论局限日益显露,卢森堡《资本积累论》的"智慧之光"则不断扩散。⑥ 尽管卢森堡对于马克思再生产理论的批评一直饱受其同时代及后来的马克思主义学者的诟病,但是她的关于资本主义的横向扩展和资本主义与非资本主义经济形态相互关系的研究以及资本积累必须以非资本主义环境为前提的论断,却

---

① [俄]杜冈-巴拉诺夫斯基:《周期性工业危机》,张凡译,商务印书馆1982年版,第235页。

② 与伯恩斯坦的公然"背叛"导致的影响不同,杜冈的观点引发了马克思主义学界关于马克思再生产公式的均衡性质与资本主义的现实矛盾之间关系的长期思考,并衍生出不同的思路,从而使马克思主义学界出现理论"分裂"。参见[英]西蒙·克拉克《经济危机理论:马克思的视角》,杨健生译,北京师范大学出版社2011年版,第40页。

③ 中央编译局编:《德国社会民主党关于伯恩斯坦问题的争论》,生活·读书·新知三联书店1981年版,第95页。

④ 英国学者布鲁厄认为,希法亭、布哈林、列宁三人使得"经典马克思主义的帝国主义理论"得以建构,希法亭的《金融资本》是这一理论的奠基之作。参见[英]布鲁厄《马克思主义的帝国主义理论》,陆俊译,重庆出版社2003年版,第90页。需要指出的是,《金融资本》的缺陷直接导致了希法亭后期的"有组织的资本主义"。

⑤ 刘明远:《马克思主义经济危机和周期理论的结构与变迁》,中国人民大学出版社2009年版,第268—309页。

⑥ 张一兵主编:《资本主义理解史》第二卷,姚顺良等著,江苏人民出版社2009年版,第466—529页。

深刻影响着第二次世界大战后西方马克思主义学界关于资本主义经济危机的研究。1957年，保罗·巴兰的《增长的政治经济学》以"经济剩余"为核心，率先分析了不发达经济与垄断资本主义经济之间的关系，指出发达资本主义国家的经济发展直接以落后国家的不发达为代价。1966年，巴兰与斯威齐合作的《垄断资本》又明确指出，垄断资本主义具有形成日益增多的经济剩余的趋势，却不能提供吸收增长剩余所必需的从而也是维持其平稳运行所必需的消费和投资的出路。因此，若没有外部因素的作用，垄断资本主义必定会在长期萧条的泥沼越陷越深。此后，弗兰克、沃勒斯坦和阿明等人发展出各种依附论模型以解释资本主义的发展/危机。在他们看来，发达与不发达是同一枚硬币的正反两面，资本主义世界体系的"中心"通过直接榨取超额利润或者通过不平等交换等方式来剥削"外围"并获得发展，从而造成"中心"与"外围"之间的裂缝不断加宽，"中心"以牺牲"外围"而不断发展，"外围"则被迫长期处于依附状态。因而，资本主义的"终极危机"只能是资本主义世界体系的危机。

显然，晚期工业资本主义时期经济运行及其危机的变化也导致了资本主义经济危机的"理解模式"的变化。除了部分学者依然固守"萨伊定律"，西方主流经济学者大都在相当程度上承认了危机的"事实"。不过，他们关于危机的分析往往隶属于所谓的"经济周期"的研究，视危机为经济往复波动的一个普通环节，并建构出具有一定解释意义和政策意义的关于周期阶段递嬗变化的机制说明。更为具有启发意义的是，熊彼特关于经济危机和经济周期的"创新"解释及其包含"三种周期"的综合的理论体系。对于马克思主义学者而言，马克思所遗留下来的"空白"以及时代的变化催生了他们关于资本主义经济危机与经济周期的多样化解读。作为"危机缓和论"的批判，希法亭早期的研究无疑是对马克思的危机与周期理论的一个较为有力的补充，但是"金融资本"与资本主义经济危机的关系的系统研究显然有待于金融资本主义时代的真正到来。卢森堡拓展了关于资本主义经济危机研究的空间维度，并以其"三阶段危机论"构筑了较为完整的危机形态体系，但是她的资本主义与非资本主义环境的二分框架以及将"外部空间"视为危机唯一的解决出路和资本主义存在的根本条件的观点无疑已使她的研究偏离了"资本主义"。由此，我们也不难理解各种依附理论的失败，因为它们难以很好地解释全球范围资本主义的兴衰更替。① 影响深远的"教科书模型"以资本主义的发展变化为依据，将马克思抽象的危机模型拓展为结构稳定的一般模型，方便了人们把握资本主义的本质关系和发展趋势，但是资本主义必然灭亡的历史趋势与反方向起到抵消作用的增长因素之间的逻辑关系并没有得到令人信服的具体阐释。产生于时代也囿于时代的"资本主义总危机论"试图"跳脱""经济性的"和"周期性的"危机从而全面、历史地理解资本主义的时代命运，但是，阶级、战争、革命、国家以及世界市场等因素与资本主义危机之间的关系仍然需要得到科学而不是机械的解释。

四

20 世纪 70 年代，资本主义开始步入金融资本主义时代。在此时期，基于信息技术、网络技术以及人工智能等新兴技术的第三次产业革命不断扩展，资本主义的金融化、自由化、全球化不断深化，福特主义生产方式逐渐转向后福特主义生产方式。伴随着资本积累的"技术结构"与"社会结构"的变化，资本主义的经济危机与经济运行也出现了新的特点。与此同时，"凯恩斯革命的革命"之后主宰西方主流经济学界的新自由主义经济学"复兴"了古典经济自由主义关于资本主义经济危机的传统理念，马克思主义经济学界则与时俱进地呈现出关于资本主义经济危机的更加多样的阐释。

70 年代初，"黄金年代"的终结与"滞胀"的到来，开启了西方资本主义新的一轮萧条长波。在 1973—1990 年，西方七大国的制造业年均增长率较 1950—1973 年年均增长率低 35%，6.5% 的平均失业率则是 1960—1973 年平均失业率的 2 倍多，3.9% 的世界贸易年均增长率也远低于 1950—1973 年的 7.1%，发达资本主义世界遭受了一系列的周期性萧条，其程度实际上比 20 世纪 30 年代以来所遭受的所有危机要深重和长久得多。② 90 年代以来，随着新技术革命的扩散、新自由主义的蔓延和苏东社

---

① [英] 布鲁厄：《马克思主义的帝国主义理论》，陆俊译，重庆出版社 2003 年版，第 200 页。
② Robert Brenner, "The Economics of Global Turbulence: A Special Report on the World Economy", 1950 - 1998, *New Left Review*, May/June 1998, p. 138.

会主义的"崩溃",资本主义愈益呈现为"全球资本主义"①,资本的集中、生产的碎分与工人阶级谈判力量的下降,以及资本主义的区域不平衡发展与产业不平衡发展的加剧,使得资本积累的空间维度得以极大拓展,导致资本主义的经济运行和资本积累日益脱离工业资本主义时期的"正常"轨道而表现为"虚拟"膨胀和"虚拟"积累危机。这样,由于资本积累的"技术结构"与"社会结构"的多样化、弹性化与灵活化,资本主义经济的扩张长波与积累危机也趋于缩短与多变。一方面,美国等少数最为发达的资本主义国家步入了较为稳定的扩张周期,在全球范围累积起巨大的虚拟资本财富;另一方面,拉美地区以及东亚地区则频繁陷入由于经济泡沫破灭引发的虚拟资本毁灭所导致的资本"虚拟"积累危机。2008年金融危机和经济危机以及随后的西方主权债务危机的爆发,以世所罕见之力度终结了充满"新经济"幻觉的扩张长波,并开启了以第三次产业革命之基本创新蜂聚为基础的资本主义生产方式的巨大变革以及资本积累的"技术结构"与"社会结构"深刻调整的新的全球性萧条长波。②

"滞胀"的到来"终结"了凯恩斯主义的"黄金年代",同时"复活"了自由主义理念对于资本主义经济运行与经济危机的理论宰制。货币学派的代表人物米尔顿·弗里德曼认为,正是凯恩斯主义导致资本主义"滞胀",是"不恰当的货币政策导致经济周期波动",因此,为了让资本主义回到正常的经济发展轨道,必须实行自由放任、自由竞争的经济政策,从而以现代形式——附加预期的菲利普斯曲线——重申了古典货币数量论的理念。以卢卡斯为代表的理性预期学派同样认为,经济周期或经济波动是正常经济增长过程的表现形式,大多政府干预政策都会因为经济决策者的"理性预期"而失效并扰乱经济的正常运行,因此,除了某些十分必要的干预以外,为了保证经济的长期稳定运行,必须减少政府对于经济活动的干预。与货币主义的"深邃"和理性预期学派的"精致"不同,"在许多

---

① 美国学者威廉·I. 罗宾逊认为,目前资本主义已经进入全新的全球资本主义阶段,跨国生产、跨国资本、跨国国家是分析全球资本主义的三个关键因素。参见[美]威廉·I. 罗宾逊《全球资本主义论》,高明秀译,社会科学文献出版社2009年版。
② 德国经济学家门斯在其德文版《技术的僵局》(1975)指出,引发新兴产业创立的基本创新是推动经济增长的重要动力,并于长波萧条阶段蜂拥出现。参阅 Mensch G., *Stalemate in Technology*, Cambridge, Massachusetts: Ballinger, English Trans., 1979.

方面，供给学派经济学仅仅是萨伊定律的市场再发现"①，"拉弗曲线"只是以粗糙的方式重申了"供给可以自行创造需求"的论调。然而，正如加尔布雷思曾经所说，只需要再来一场衰退，凯恩斯主义就会复活。2008 年的危机终结了资本主义新的"镀金年代"，也拉开了凯恩斯主义"反攻"新自由主义的序幕。新自由主义依然固执地认为，"是政府的行为和干预，而不是任何私有经济固有的缺陷和不稳定造成、延长并加剧了经济危机"②，凯恩斯主义阵营则重新强调了金融监管缺失的危害并发掘了海曼·明斯基的"金融不稳定假说"的价值。而且，明斯基的理论框架不仅得到了凯恩斯主义学者的重新认识，马克思主义学者也在一定程度上借鉴了明斯基的思想来理解金融结构和金融关系的演进、投机化的内在倾向及其与资产债务紧缩的关系、制度和政策在抑制或支持金融危机和深度萧条方面的有效性以及金融结构关系和周期的性质及其演进。③

当然，"滞胀"的到来也推动了马克思主义经济学界关于资本主义经济危机研究的"复兴"，尤其是关于资本主义经济长波的研究。④ 欧内斯特·曼德尔在《晚期资本主义》和《资本主义发展的长波——马克思主义的解释》等论著中指出，由资本有机构成、剩余价值率、资本周转速度、两大部类之间的交换关系以及"经济之外的因素"等自主变量的相互作用所推动的一般利润率的波动是资本主义经济发展和资本积累的"地震仪"，一般利润率趋向下降规律必然导致资本主义经济由扩张性长波转入萧条性长波，从而构建出关于资本主义发展动态的多因素中间环节理论。⑤ 同样，以阿格列塔、利比兹、布瓦耶等人为代表的法国调节学派也致力于马克思

---

① ［美］E. 雷·坎特伯里:《经济学简史》，礼雁冰等译，中国人民大学出版社 2011 年版，第 217 页。
② "约翰·泰勒介绍"，网易财经，2009 - 10 - 12，http：//money.163.com/09/1012/15/5LEF41QI00253QFS.html，2014 年 11 月 30 日访问。
③ ［美］杰克·拉斯姆斯:《日趋加剧的全球金融危机：从明斯基到马克思》，《国际社会科学杂志（中文版）》2008 年第 1 期。
④ 一般认为，关于资本主义经济长波的研究源自 20 世纪早期俄国的马克思主义学者帕尔乌斯、荷兰马克思主义学者范·格尔德伦和德·沃尔夫以及俄国著名的马克思主义学者康德拉捷夫等人的研究，并由熊彼特 20 世纪 30 年代的研究推向第一个高峰；20 世纪 70 年代之后，长波研究再度"复兴"，除了马克思主义学者的研究，美国学者罗斯托和德国学者门斯以及荷兰学者杜因等新熊彼特学派学者的长波理论也值得关注。
⑤ 需要注意的是，安瓦尔·谢克指出，格罗斯曼是第一个将危机的讨论从消费不足和比例失调理论转移开来的主要马克思主义学者，并把利润率下降规律置于危机理论的中心地位。参见安瓦尔·谢克《危机理论史简介》（下），《教学与研究》2013 年第 11 期。

主义危机理论的"中间环节"的挖掘,着力从竞争形式、劳动过程、社会消费以及货币霸权等方面解读资本主义"调节模式"和"积累体制"的变化,并以此解释资本积累的利润率动态和长期波动以及资本主义生产方式的"终极危机"。与之类似,以戈登、爱德华、鲍尔斯等人为代表的积累的社会结构学派也认为,由一整套经济、政治、文化制度构成的"积累的社会结构"所决定的社会力量关系,即资本与工人之间的关系、资本与资本之间的关系以及资本与国家之间的关系等,决定着一般利润率的长期波动从而决定着资本积累和经济增长的速度,主导着资本主义的发展阶段及其向社会主义的过渡。① 此后,罗伯特·布伦纳于1998年发表了题为《全球动荡的经济学——1950—1998年世界经济特别报告》的长文,再次探讨了1973年开始的资本主义世界萧条性长波,认为国际制造业的"过度竞争"是导致整个西方资本主义体系生产能力过剩和生产过剩从而导致利润率长期下降以及长期萧条的根源。作为一种批评,约翰·B.福斯特则重申巴兰和斯威齐的理论传统,认为"过度剥削"才是资本主义停滞和危机日益加重的原因。

同时,马克思主义危机理论的研究维度在此时期也得以极大地拓展。1973年,詹姆斯·奥康纳在其著作《国家的财政危机》借鉴巴兰和斯威齐的早期观点,赋予国家在资本积累方面以重要角色,提出了一个在突出国家作用基础上综合生产、交换和分配各个领域的经济危机理论,阐明了20世纪50年代以来发达资本主义国家尤其是美国资本主义经济增长趋势和危机的特征及其根源。在他看来,国家的经济积累功能与政治合法化功能之间的内在矛盾必然形成和加剧当代资本主义经济、政治和社会危机的趋势。1997年,奥康纳又在其著作《自然的理由》构建了"双重危机"理论来解释资本主义生态危机和经济危机。在他看来,传统经济危机为生产过剩危机,是生产力和生产关系之间的危机,焦点在于交换价值;第二重危机则是生产力、生产关系、生产条件三者之间的矛盾,使用价值与交换价值处于同等重要的位置。此后,奥康纳与福斯特等人之间的论争更加凸显了关于资本主义危机研究的生态维度的意义。大卫·哈维等人认为,资本积累向来就是一个深刻的地理事件,资本的空间扩展不仅是理解资本

---

① [美] 大卫·科茨:《资本主义、经济危机和社会主义:发达资本主义国家向社会主义过渡的前景》,《海派经济学》2014年第12卷第4期。

主义生产方式的关键,而且也是理解资本主义生产方式之所以不断得以延存的关键。如果没有内在于地理扩张、空间重组和不平衡地理发展的多种可能性,资本主义很早以前就已经不能发挥其政治经济系统的功能。① 因而,对于资本主义生产方式的研究必须研究"资本主义的历史地理学",研究资本主义怎样生产了它自己的地理。据此,他们将历史唯物主义"升级"为历史地理唯物主义,以资本积累/阶级斗争为中轴,形成了一套关于资本主义生产方式及其危机演化的"空间"分析框架。

20世纪70年代以来,资本主义进入了一个新的发展阶段,资本主义的经济运行和经济周期也出现了新的变化,这些变化在西方主流经济学界与马克思主义经济学界或多或少都有所反映。但是,"滞胀"并没有"埋葬"凯恩斯主义,2008年金融危机也没有"送走"新自由主义,凯恩斯主义经济学与自由主义经济学关于资本主义经济运行的论争随时势变幻而交替位移,却一直滞留于政府与市场关系这一重要而实用的主题之下。与西方主流经济学乏力而肤浅的辩护不同,马克思主义经济学界则因应时代的变化深化和发展了马克思主义危机理论。资本主义经济长波的发现与研究无疑是马克思主义经济学对于人类经济思想的重大贡献,曼德尔等人的理论则是推进这一研究的重要基石,尤其是他们从历史发生学的角度尝试在"本质"与"具体"之间建立"中间环节"的理路,对于增强马克思主义危机理论的现实解释力提供了富有张力的分析框架。但是,如何使得"中间环节"更好地承担起准确分析资本主义生产方式的本质的重任,尚需更为科学的理论抽象而不是经验堆积。而且,经济长波的"第二个拐点"即萧条性长波到扩张性长波的转变的发生学问题也一直是长波理论家们不得不面对的理论尴尬和分歧焦点。② 曼德尔以其"破坏性适应"替代熊彼特的"创造性破坏"运用外部因素解释"第二个拐点"的"非对称"突现,能够维护一般利润率下降趋势规律与长波理论的"一致"却同时割裂了资本主义的发展及其马克思主义的解释的整体性。至于一般利润率下降趋势规律,尽管马克思主义学者付出了艰辛的探索,但是他们仍不得不继续努力弥合如何理解马克思的平均利润率下降趋势规律、作为可观察现象的利润率下降趋势的经验检验以及资本主义危机根源的"利润率下降规

---

① [美]大卫·哈维:《希望的空间》,胡大平译,南京大学出版社2006年版,第23页。
② 许建康:《经济长波论及其各学派分歧的最大焦点》,《经济纵横》2009年第11期。

律解释"与"去利润率下降规律解释"等分歧。此外,国家以及资本与跨国国家、空间生产、自然条件之间的关系如何有机地融入马克思主义危机理论框架而不是机械地"嫁接"从而按照马克思的理路完成马克思未竟的事业,也需要更多的努力。

五

毫无疑问,资本主义的发展历史从不缺乏危机和波动。但是,如何认识这种历史则存在着极大的分歧。关于资本主义的经济运行和经济发展,"均衡"之于西方主流经济学与"危机"之于马克思主义经济学都是不可缺少的重要词汇,"均衡"与"危机"的理解和证成却也同样存在十分不同的理路。

一般而言,"危机"是指一个社会在发展过程中发生的突然的或意外的重大变故,适用于人类历史的各种社会以及社会生活的方方面面——经济、政治与文化;而且,无论哪种形态的社会都必然由扩张阶段、停滞阶段甚至倒退阶段组成。[①] 就资本主义而言,"危机"是指资本主义再生产过程中发生的经济与政治关系的普遍紊乱状态。资本主义生产方式的性质必然使其频繁地遭受大量内部和外部产生的冲击与扰乱并引发普遍危机。如果资本主义生产系统状态相对较好,危机或许会比较短暂;如果资本主义生产系统状态较差,危机或许会导致它的崩溃。[②] 因此,在一般理论层面人们比较容易理解资本主义存在周期性危机、结构性危机以及终极性危机等不同类型的危机。显然,马克思立足于早期工业资本主义史料,主要分析了10年左右的周期性经济危机的本质、原因及其演化规律,也论及了资本主义萧条性长波,尝试建立了分析资本主义终极性危机的一般框架。但是,2008年金融危机以来的理论纷争表明,如何更好地界定与辨识不同类型的"危机"依然是马克思主义危机理论研究的重要而基本的问题。而且,新的认识必须既要注意商业资本主义、工业资本主义以及金融资本主义的危机与周期的区别,同时也要避免割裂资本主义发展的历史。

[①] [埃及] 萨米尔·阿明:《资本主义的危机》,彭姝祎、贾瑞坤译,社会科学文献出版社2003年版,第7页。

[②] [美] 安瓦尔·谢克:《危机理论史简介》(上),《教学与研究》2013年第10期。

资本积累是资本主义发展的基本动力。因此，资本积累与投资波动常常被看作是经济周期的引擎。西方主流经济学一般认为，不同长度的经济周期分别与某种特定的投资类型有关：基钦周期与存货投资、朱格拉周期与机器设备投资、库兹涅茨周期与建筑投资，以及康德拉捷夫周期与基本资本货物投资相联系。① 马克思之后的马克思主义学者提出的各类经济危机模型尽管侧重点各有不同，但是一般也都认为资本主义经济危机实质是资本积累危机并以资本积累矛盾阐释危机的生发与演化。但是，资本积累的"技术结构"与"社会结构"在资本主义发展的不同时期具有不同的形态，资本积累危机是二者各自"结构失调"以及二者关系"破裂"的产物。马克思主义危机理论的未来发展应综合新熊彼特学派、曼德尔以及调节学派和SSA学派等理论成果，努力完善基于生产力与生产关系矛盾之上的"中间环节"分析，历史、具体地阐释资本积累的"技术结构"与"社会结构"及其演进如何导致资本积累矛盾的深化与各类投资的波动，从而引发不同类型的资本主义危机，同时摆脱机械的数量关系说明科学揭示各种类型经济周期与经济危机的相互联系及其影响机制，从而更好地理解"每一较高层次的周期都可以看作是其次级层次周期的趋势"，说明全球技术分布、产业分工、贸易体系以及权力关系对于资本主义危机的生发与扩散的影响。

资本主义终将灭亡。但是对于马克思主义学者而言，真正的难题并不是解释资本主义为什么必然崩溃而是为什么它能够持续存在。因此，僵硬地重申资本主义基本矛盾及其周期性激化必然导致资本主义经济危机并导致资本主义的灭亡，从而将经济危机单纯地视为资本主义的死亡证明，已无法科学解释资本主义的发展现实从而丧失了它的理论合法性。同样，宣称经济危机是资本主义经济发展的一种正常状态并将其"周期化""无害化"，从而将经济危机单纯地视为资本主义的发展形式，也无法科学解释资本主义的危机现实和资本主义的发展趋势。应该明确，危机不仅是资本主义的死亡象征，而且也是资本主义的发展形式。问题的关键在于，科学阐释资本主义如何通过危机而不断发展前行同时也逐步走向"崩溃"。显然，如曼德尔那样，为了解释资本主义的扩张性长波转向同时维护利润率

---

① ［荷］范·杜因：《经济长波与创新》，刘守英、罗靖译，上海译文出版社1993年版，第7页。

下降趋势规律以说明资本主义的灭亡命运而不得不借助"外部因素",或者如卢森堡那样,将资本主义的发展与灭亡归于非资本主义因素的存废,都割裂了资本主义及其发展的整体性且偏离了马克思的"资本主义"分析框架。同样需要明确的是,不同类型的危机对于资本主义显然具有不同的影响。人们不应指望一场简单的周期性危机甚至结构性危机会自动地导致资本主义的灭亡,资本主义经济危机与制度危机之间的关系必须借助阶级斗争、无产阶级革命来加以说明,无产阶级只有依靠组织起来的政治力量才能赢得社会主义对于资本主义的替代。

正是循着上述对资本主义经济危机的理解,《资本主义经济危机与经济周期:历史与理论》的研究形成了如下章节结构和基本内容:

第一章 早期资本主义:发展与危机。建基于对于西方世界的资本主义体系的危机发展史与古典自由主义的危机辩护史的总体性把握,本章引入长波理论的理论洞见对这一资本主义的建制期进行经济史研究,考察在工业革命引导下的"旧制度与大革命"的时代命题下,1825年经济危机的"自然权利"的经济—政治特征及其在理论上的反映。以对现实经济史的把握为讨论基础,结合重商主义和重农主义对于"秩序"问题的相互攻讦、辩难,以深入揭示18世纪、19世纪的古典自由主义者之不可能(抑或"不希望")认识到危机之必然性与毁灭性的思想根源,特别是亚当·斯密所提出的"看不见的手"的"均衡"性刻画,也以此来进一步理解那被马克思所提出的"不偏不倚的研究让位于豢养的文氓的争斗,公正无私的科学探讨让位于辩护士的坏心恶意"的真正意涵。

第二章 "资本的年代":危机理论的意识形态化。1825年的大危机,开启了西方资本主义周期性危机的序幕,也使得众多的自由主义经济学家面临着为资本主义之"可完善性"(Perfectibility)进行持久辩护的重大历史使命。有学者指出:"随着机器工业的成长,地方性的、局部性的生产过剩危机,逐步转变为波及所有主要生产部门、严重震撼整个经济的普遍生产过剩危机。1825年第一次周期性普遍生产过剩危机的爆发,完成了这种从量变转变为质变的过渡。"而这次危机对思想领域的辩护工作提出了新的要求。封闭的资本权力体系,是阶级意识的自我完成、自我建构,也是系统性的意识形态运作背后的"生产"逻辑,它取消了作为"个体"的人的单独行动,又以"权利"之名织造幻象之网,在其中所有的理论表述都将陷于"主观主义"和"单向向度"。阶级意识与危机理论的双重构建关系，也正是从这个层面来理解的。本章从"阶级意识"面对危机而生成的"生产关系"出发，在探讨经济危机理论向"经济周期"理论的"自然"化与意识形态化之"演化"的过程中，以萨伊、李嘉图、西斯蒙第、巴斯夏、约翰·穆勒的代表性理论为主要研究对象，探讨19世纪这一"自由主义的时代"的社会历史条件下"分裂的新来源、对抗的新模式"。

第三章　批判与建构：马克思的经济周期与危机理论。本章通过梳理马克思关于商品生产过剩与资本过剩、结构性过剩与普遍过剩、资本过剩和积累过剩、信用制度与隐蔽生产过剩等，阐述了马克思主义关于经济危机的基本理论观点。首先，通过对旧理论的批判，分析了资本主义经济危机的三个问题：资本主义危机的逻辑起点、生产过剩成因及其后果；危机形成机制与结构性危机的关系；社会生产方式、剩余价值实现与积累危机。其次，以动态的视野分析了资本主义经济周期与危机的关系：相对过剩、比例失调与经济危机的关系；资本周转、工业周期与生产危机的关系。再次，以历史的视野，分析了危机的影响因素，辨析了马克思关于资本主义条件下商品生产过剩与资本过剩、结构性过剩与普遍过剩、资本过剩和积累过剩等观点，阐述了生产过剩危机的本质，即资本主义制度的内在矛盾必然导致从商品过剩走向资本过剩，其实质是资本的"积累过剩"。在此基础上，分析了马克思关于信用制度与隐蔽生产过剩之间的联系，阐述了隐蔽生产过剩下的债务泡沫与当代资本主义危机的内在关联性，指出与信用扩张相联系的债务泡沫化及其破灭，已成为当代资本主义危机的典型表现形式。最后，总结了整体性危机及其社会变革意义，分析导致危机的四个矛盾与一个深层根源，剖析了市场制度与无政府状态下的企业，并指出了经济周期与政治周期之间的关系。

第四章　过渡与挑战："帝国主义"笼罩下的危机和理论。1873—1893年的长期萧条结束后，以相对繁荣开始，至可以与1873年大萧条相匹敌的1929—1933年大萧条之前的这段19世纪末20世纪初的时期，具有较为明显的过渡性质：生产力方面，基础能源结构以及相应的主要资本主义国家主导产业开始发生重大变化；生产关系方面，劳动组合方式上新的探索层出不穷，但还未达到制度化；国家体系上，霸权力量由英国向美国转移。此外，旧的专制体系与资本积累的新形式相互交织，使世界经济呈现出了矛盾面目：生产高涨伴随着频繁危机，世界市场的扩张与殖民侵略战争并存，最终，世界大战与战后重建揭开了下一次世界性大危机的序幕。这样一个历史时期在经典马克思主义者那里被称为"帝国主义"时代。它的特点以极其隐晦或直接的方式反映在资产阶级和马克思主义的经济危机理论之中。对于资产阶级学者来说，它的右翼以金融食利者的视角来解读危机，温和的左翼则把危机当作需要防止的"帝国主义时代"的恶果。与此同时，修正主义者们从危机理论上向马克思主义发起挑战，迫使第二国际的理论家直面资本积累问题，并从新的时代条件下来认识危机。战争、革命、战后资本主义的恢复则进一步丰富了马克思主义把握危机的视角，从而形成了马克思之后马克思主义危机理论发展的第一个高潮。

第五章　崩溃的体系：大萧条及其理论纷争。20世纪30年代的大萧条是一个分界岭，深刻反映了资本主义进入20世纪后危机形式的新变化。经济理论界围绕大萧条产生原因和实质展开了激烈的争论。首先，本章通过大萧条的产生背景、发展过程及其历史后果的剖析，以及20世纪30年代的萧条与20年代的经济快速发展的对比，指出在欧美资本主义各国快速发展的表象之下，其社会结构内部的矛盾日益显现。指出资本主义经济的暂时繁荣，意味着危机因素的同步积累的论断。其次，分析了资本主义长期萧条及后果：危机引起的资本主义各国的政局动荡，使资本主义国家之间的矛盾激化，引出一连串的关税战、倾销战和货币战。大萧条对资本主义的严重影响表现在：危机波及范围广、失业率高、持续时间长，是资本主义发展史上破坏性最大的一次经济危机。最后，提炼了理论界围绕大萧条原因的分歧和争论，分析了西方学者关于大萧条理论解释的分歧，包括货币政策、过度负债、商业周期、近代消费不足论、利润率下降说、货币投资过度等，以及凯恩斯主义的投资下降理论、非货币投资过度、制成品需求变动等，并立足马克思主义经济危机理论对上述观点进行了深刻解读。

第六章　黄金年代：从大萧条到滞胀的过渡及其理论解释。第二次世界大战后，西方发达资本主义国家迎来了一段平稳快速发展的"黄金年代"。第二次世界大战后"黄金年代"的出现，曾一度让人怀疑，资本主义经济危机是否已经终结。虽然资本主义主要发达国家经历了近30年的繁荣，然而，20世纪70年代"滞胀"的出现终结了"黄金年代"，无情地打破了资本主义无危机论的"谎言"。"滞胀"的出现是对资本主义无危机论的最大"嘲讽"。对于战后"黄金年代"作为资本主义从大萧条向滞胀迈进的过渡期，及其与之相关的经济危机与经济周期，在西方主流经济学界和马克思主义经济学界分别有着不同的解释。这一时期的西方主流经济理论对经济危机与周期的解释主要体现在凯恩斯主义与新自由主义等不同观点的交锋当中，并呈现出多样化的演进态势。马克思主义的经济危机与周期理论则处于不断深化发展之中，既有对繁荣出现原因的探求，又有对资本主义停滞发展趋势的预判，还有对资本主义危机再次出现的探源。可以说，这一时期的马克思主义的经济危机与周期的理论不仅得以发展，还实现了从单一因素研究范式向综合研究范式的转变。

第七章　长期繁荣的终结：滞胀与理论的危机和危机的理论。20世纪70年代席卷发达资本主义国家的滞胀危机是继1929年大萧条之后资本主义世界的又一次重大危机，它不仅结束了战后20多年的经济繁荣，而且带来了前所未有的新问题——失业和通货膨胀同时发生，这使得大萧条以来资本主义国家用来对付经济危机的凯恩斯主义经济政策处于尴尬境地，因为它无法同时应对失业和通货膨胀问题。面对困境，右翼的保守主义经济学家和左翼的激进经济学家都试图立足于自己的理论，对滞胀危机给出解释，并提出自己的解决办法。保守主义经济理论中影响比较大的有以弗里德曼为代表的货币主义经济理论，以及20世纪80年代风靡一时的供给经济学，它们都把滞胀问题归因于凯恩斯主义的国家干预政策，都主张放松政府管制，减少政府对经济的干预，这些新自由主义的政策主张对最近30年发达资本主义经济产生了重大影响。左翼经济学家则把滞胀危机的基本原因归结于资本主义制度本身，资本对利润的无限追逐导致了利润率下降、过度投资，乃至资本主义发展的长波，滞胀危机只不过是在资本主义发展过程中反复发生的危机的又一次爆发。无论如何，滞胀危机是当代资本主义经济的一个重要转折点，它导致凯恩斯主义国家干预政策的垮台和新自由主义放松管制政策的流行。

第八章　世纪末的动荡：新自由主义时代的危机与理论。20世纪末的世界是一个大调整、大变革、大动荡的时代，发生了苏联解体、东欧剧变等重大历史事件，社会主义运动遭受挫折。在这一时期，资本主义国家的产业结构、产业形态、经济政策都发生了巨大变化。从20世纪80年代开始，以美国总统里根入主白宫和英国撒切尔夫人上台执政为标志，凯恩斯主义走下了神坛，新自由主义开始粉墨登场，英、美等国在很多领域掀起了私有化运动，苏联、东欧的原社会主义国家在"华盛顿共识"的指导下也进行了大规模的私有化、市场化改造。20世纪末的世界经济格局发生巨大变化,虽然美国经济仍然一家独大,但中国等新兴经济体国家的经济增长迅速,世界多极化趋势愈加明显。在这一时期市场原教旨主义开始在全球蔓延,经济全球化趋势进一步加速,信息技术革命获得迅猛突破,产业转移和经济虚拟化趋势明显加快,资本主义呈现出一些新的特征。在这一时期,大多数资本主义国家都实行了新自由主义政策,但这些政策虽在最初几年对医治"滞胀"还有一点效果,但随后的时间却使许多国家陷入危机之中,发生了拉美债务危机、东南亚金融危机、日本泡沫经济危机、美国网络经济危机等;苏联、东欧的原社会主义国家在实现转型后,并没有实现经济高速增长,反而很多年一直在衰退之中。在20世纪的最后20年里,先后爆发了多次对全球经济有重要影响的经济危机,这些危机都与金融领域有着紧密的联系。围绕着这些危机,有着不同的解释,但大致可以分为两大类。一类是从马克思主义的视角来进行解读的,他们认为这些危机的根源就在于资本主义制度本身,只要资本主义存在,危机就是不可避免的。另一类是从非马克思主义的视角来进行解读的,他们认为资本主义制度本身是合理的,出现危机只是由于资本主义的一些具体运行机制出现了问题,危机还是可以避免的。

第九章　又见大萧条:21世纪初的危机与理论。本章的目的在于呈现21世纪初从新经济泡沫破灭到全球金融危机爆发的经济运行过程及该阶段的理论。首先梳理了"新经济"泡沫、房地产泡沫的连续破灭,全球金融危机的爆发与全球生态问题产生的机制与发展过程。这一系列危机源于新自由主义阶段发达国家停滞的实体经济、金融化以及劳资关系变动下收入分配不公的加剧,建立在全球化国际新分工以及美元霸权的基础之上的美国家庭债务、美国国家整体的债务等一系列经济问题。其次介绍了金融危机后自由主义经济学与凯恩斯主义学派关于危机的根源、贫富差距等问题的新一轮的争论。值得注意的是后凯恩斯主义学者明斯基的金融不稳定学说重新受到了学界的关注,包括马克思主义学者。再次,介绍了马克思主义学者对此轮危机的分析,他们普遍认同此次危机根本上为"新自由主义阶段的结构性危机"。此外,在全球生态问题加剧的背景下,部分马克思主义学派或学者如SSA学派、调节学派、大卫·哈维都将这一问题纳入了各自的理论框架中。

第十章　变革与替代:资本主义的出路。对于西方主流经济学理论来说，资本主义是建立在人性自私、财产私有和市场竞争基础上的最优社会制度，资本主义经济运行总是会趋于均衡和最优。"经济危机"的出现总是西方主流经济学不愿意面对的现实，资本主义是否存在经济危机也被他们打了问号。马克思主义学者从生产过剩来定义经济危机却缺乏定量的界定。马克思主义学者内部对经济危机缘由的解释，从社会生产的无计划性和比例失调论、有支付能力的消费不足论、资本利润率下降趋势论、固定资本更新论，到资本过度积累论又众说纷纭，对资本主义经济危机原因的认同也未取得一致，但是这些研究和讨论都从不同侧面深化了对资本主义经济危机的认识，促进了危机理论走向综合化趋势。资本主义经济危机具有内生的必然性，同时每次经济危机发生的时间和具体缘由又具有偶然性。每一次经济危机都具有相同的一般性特征，也表现出各自不同的特点。资本主义危机促使资本主义自身和向外的调整，推动了资本主义的发展。资本主义从自由竞争、垄断竞争、金融垄断，到国家垄断、全球垄断阶段发展进程，既是资本主义危机推动的结果，也适应了资本主义生产力发展的需要。资本主义经济危机不仅仅在地域空间上扩展到全球，而且经济危机也演化成了社会、政治、文化和生态等资本主义的全面危机。资本主义的发展史是资本主义的危机史，资本主义的危机史也体现了资本主义的演化史。资本主义危机是资本主义内在矛盾的强制性解决，而资本主义危机的强制性解决又推动资本主义矛盾的深化。资本主义经济危机推动资本主义生产方式自身的调整和变革也昭示着未来社会的前景。

第一章

早期资本主义：发展与危机

资本主义经济危机的典型形态是普遍的、周期性的、商品生产过剩。正如马克思所指出的，在自由主义时代，劳动不仅在形式上从属于资本，而且在实际上也从属于资本。因此，以产业革命和资本主义世界市场体系建构的物质性力量为契机，以资本对劳动的统治的整全性（Totality）为结果的现代资本主义（在某一理论视角下被"强制"地描述为"通往自由之路"①）的机器大生产的形成和发展，就成为资本主义—自由市场的危机产生的条件。针对资本主义经济危机的产生和发展的历史定位，马克思在《资本论》第 1 卷中给出了明确的界分："大工业只是从 1825 年的危机才开始它的现代生活的周期循环。"② 而在 1825 年之前，虽然全面的、主导性的资本主义大工业建制远没有完成其统治性的架构，但是，基于资本—市场的"交易正义"观念而爆发的（并非通常所认为的"失控"的）商业、货币、信用危机也时有发生，并给当时的经济社会生活带来了显著的冲击。③

本章运用长波理论对这一历史阶段（资本主义的发展—建制期）进行刻

---

① 对于市场自由主义的"道德论证"路线，请参见［美］布鲁克斯《通往自由之路》，高菲菲译，上海人民出版社 2013 年版。

② ［德］马克思：《资本论》第 1 卷，人民出版社 1975 年版，第 16—17 页。

③ "在机器大工业出现以前的十八世纪上半叶和八十年代以前，尽管地方性的商业危机和货币危机已经不断地发生，但还不存在着生产甚至局部性生产过剩危机的条件。当时的经济学家只能以商业的投机、信用和货币制度的失调等等属于流通领域的错误为这类危机作解释。在十八世纪八十年代后的产业革命过程中，生产过剩危机的条件逐渐成熟了，某些经济部门的局部生产过剩的现象再也不能予以否认了。但当时一部分的资产阶级经济学家仍企图以外在的因素作为引起危机的基本原因。到了 1825 年前后，危机的范围扩大的可能性显露了，危机的威胁增加到严重震撼整个经济的程度。于是理论的发展才集中于是否存在着一个普遍的、有规律性的经济危机的问题。"陈岱孙：《从古典经济学派到马克思——若干主要学说发展论略》，商务印书馆 2014 年版，第 225—226 页。

画，从对西方世界的资本主义（"非理性"）体系的危机发展史[①]与古典自由主义的危机辩护史的总体性把握出发，需要系统考察在工业革命引导下的1825年经济危机的"自然权利"的经济—政治特征及其在理论上的反映。总体上，以对现实的经济史的把握为讨论基础，结合重商主义和重农主义对于"秩序"问题的相互攻讦、辩难，来深入揭示18世纪、19世纪的古典自由主义者之不可能（抑或"不希望"）认识到危机之必然性与毁灭性的思想根源，特别是对亚当·斯密所提出的"看不见的手"的"均衡"性进行刻画，也以此进一步理解马克思提出的"不偏不倚的研究让位于豢养的文丐的争斗，公正无私的科学探讨让位于辩护士的坏心恶意"[②]的真正意涵。

一 早期资本主义的兴起与危机

资本主义并非从来就有的，资本主义"市场"（及附着于其上的"适应性情感"）亦如是。在现时代被封为圭臬的市场金律（也是不可以"政府"之力去触碰的市场"禁律"）在整个中世纪都是被打压和挞伐的对象，意图冲破禁欲宗教的严苛管控而逐步成为西方世界的"普适"价值，非经历一番卓绝的意识形态上的"开创"之举不可。这其中，如何将"危机"无害化、常态化、科学化进而"周期"化，就是这些工业革命与欲望扩张的信仰者们需要完成的"伟大的说服"（Great Persuasion）了。

由此可见，对于自由放任（Laissez Faire）之理想性的信仰，是资本主义制度下"因信称义"的"秘教"典仪，也是以自由主义为名的"信仰寻求理解"的社会历史性建构行为，并作为现代世界之思想与政治的核心议题而始终发挥着重要的影响："致命的自负"招致"自负的后果"。在这个过程中，自16世纪发端，"不断扩大产品销路的需要，驱使资产阶级奔走于全球各地。它必须到处落户，到处开发，到处建立联系。资产阶级，由于开拓了世界市场，使一切国家的生产和消费都成为世界性的

[①] "虽然说生产过剩是周期性危机爆发的根本原因但就历次经济危机而言，又呈现出其他一些共同的特点。比如在经济高涨的时候投机猖狂，金融系统总是成为危机爆发的导火索等等，这些相似的现象，几乎在每次经济危机中都有所体现。"张廷伟：《经济的坏脾气：全球经济危机史（1637—2008）》，金城出版社2009年版，第1—2页。

[②] ［德］马克思：《资本论》第1卷，人民出版社1975年版，第17页。

了"①。在资本主义条件下,一切经济活动都必须以牟取最大限度的利润为转移,而重大创新和经济结构转换则耗费大量资金,流转周期长,风险大,且在一定时期内盈利少,所以,资本家往往不仅对重大创新和经济结构转换不感兴趣,而且千方百计加以阻挠,力图在尽可能长的时期内,以旧的工艺流程、旧的技术和设备、旧的产品获得最大的利润,这就从方向、速度和数量等方面制约着正常投资,尤其是遏制了资本在不同部门间的流动,拖延了重大创新和经济结构转换,使旧的部门内资本积累长期过剩,而新兴部门资本积累不足,各部门之间的比例长期失衡,也就是结构转换不畅。当这种结构矛盾积累到一定程度的时候,就会使旧的部门的过剩资本出现贬值和毁坏,并对整个社会经济造成破坏,即发生结构性危机。因为资本主义生产关系只能在一定时期、一定限度内拖延重大创新和结构转换的进程,而不能排除这一进程。生产力终将冲破资本主义生产关系的羁绊而向前发展,即实现重大创新和结构转换,并迫使资本主义生产关系通过自我扬弃来适应这种发展。但生产力的这种发展,不是一蹴而就的,而是需要一个过程的,这便构成了经济的长期波动。因而长波的降波便形成了结构性危机的表现,长波的升波则反映着生产力的迅速发展。"无可辩驳的事实使人们难以否认资本主义发展中这些长波的存在。所有能够得到的统计资料都清楚地表明:如果我们把工业产量的增长和(世界市场的)世界出口增长作为关键指标的话,那么就会发现在1826—1847年,1848—1873年,1874—1893年,1894—1913年,1914—1939年,1940—1967年的这几个时期中这些指标的平均增长率发生显著的波动,各个相继出现的长波之间上下波动幅度为50%—100%。"②

(一) 资本主义早期发展的多元性与整体性

西方中心论的世界历史思考,在"革命"的名义下获得证成。"在这个时期所发生的革命,除了资产阶级自由资本主义的胜利之外,我们无法想象还有其他任何形式的革命。"③ 也正是在"自由资本主义"的世界"想象"之中,"西方"作为一种"普适性"与"普世性"而展开其(卢

---

① [德] 马克思、恩格斯:《共产党宣言》,人民出版社1997年版,第31页。
② [比] 欧内斯特·曼德尔:《资本主义发展的长波——马克思主义的解释》,南开大学国际经济研究所译,商务印书馆1998年版,第3页。
③ [英] 霍布斯鲍姆:《革命的年代:1789—1848》,王章辉等译,中信出版社2014年版,第2页。

梭所阐述的）全球性"侵蚀"，这也就在贸易的发展、市场的扩展与工业革命的高歌猛进中，开始了其"不可抗拒"的历程。

也正是在这一时期，出现了资本主义发展中的第一次长波，其中，长波的升波阶段发生在1790—1825年，由首次结构性危机和失衡引起的降波阶段出现在1825—1845年（将在下一章进行讨论）。这一次长波标志着人类历史上第一次重大经济变革的发生和以此为基础的经济结构转换：由农业社会逐步向工业社会过渡，即实现工业化，逐步由大机器工业代替手工业；由内向型经济转化为外向型、扩张性经济；资本主义私有制（其基本形式是以家族血缘关系为纽带形成的独资企业和合伙企业）和自由竞争机制开始形成；以英国为中心的资本主义国际经济秩序得以确立；产业革命期间资本主义积累矛盾的尖锐化与广大劳动人民的贫困化。

从中世纪末期的15世纪以来，通过地理大发现和欧洲对海外的殖民贸易，以及以英国的圈地运动为基本标志的对农民土地的剥夺和工场手工业的长期发展，新兴资本家阶层不仅积累了雄厚的资本，获得了丰富而廉价的生产原料、广阔的市场和大批自由劳动者，而且使劳动工具不断改进，劳动者的技术水平和熟练程度逐步提高，分工日益精细，从而使生产效率逐步提高，再加上以牛顿力学为代表的近代重大科学发现，这一切，都为资本主义生产方式的确立奠定了强大的现实和理论基础。而由于地理大发现造成的世界商业航线由地中海流域向大西洋流域转移，英国开始成为重要的商业中心之一，通过圈地运动实现了对农民生产资料的有力剥夺，加上宗教、政治和社会改革的彻底性和海外大量人才移居英国，为英国成为第一次长波升波的发源地和中心开辟了道路。正是在这种背景下，18世纪后期，在英国首先发生了以棉纺织工业为主导产业，蒸汽机制造业为基础产业作为标志的第一次长波的升波。而我们也正可以在对这一"升波"阶段的构造性因素的探讨中理解1825年危机之前的资本主义发展状况与危机（作为"降波"的经济波动态）隐忧。

1. 对外贸易的发展为资本主义的早期发展创造条件

从15世纪中叶到18世纪中叶是欧洲贸易大发展的时代，也因此是现代市场体系开始成形的年代。这种发展体现在贸易量的增加、贸易区域的扩大、商品交易品种的增多，以及商贸制度的创新等诸多方面。当然，不同国家和地区在不同历史时期贸易的发展是不平衡的，不过与此前的中古时期相比，作为一个整体，欧洲的贸易发展是比较快的。14世纪、15世纪，以意大利为中心的地中海区域贸易较为发达，它主要从事东西方商品的中介贸易。其中，威尼斯在打开欧洲内部和地中海地区各国间的贸易中扮演了一个关键的角色。新航路开辟后，贸易中心逐渐转移到大西洋沿岸。16世纪，葡萄牙取代威尼斯在海外贸易中占有重要地位；在17世纪，荷兰控制了国际贸易的很大比重，成为国际贸易的主导力量。17世纪后期至18世纪，英国后来居上，在国际商贸中占据了上风。对于这一特定的发展，恩格斯指出，在这一时期："商业吞并了工业，因而变得无所不能，变成了人类的纽带；个人的或国家的一切交往，都被溶化在商业交往中，这就等于说，财产、物升格为世界的统治者。"①

表1-1　1720年、1750年和1800年按人口平均计算的对外贸易额

单位：千英镑

年份	1720	1750	1800
英国	1.9	2.8	6.2
美国	—	2.4（1769年）	3.2
荷兰和比利时	1.3	1.7	3.2
德国	0.7	1.1	2.0
葡萄牙	1.0	1.1	1.2
西班牙	1.3	1.6	1.1
法国	0.3	0.5	1.1
俄国	0.6	0.7	1.0
意大利	0.3	0.4	0.6

资料来源：［美］罗斯托：《这一切是怎么开始的——现代经济的起源》，黄其祥、纪坚博译，商务印书馆2014年版，第118页。

关于15—18世纪欧洲大陆的贸易，虽然缺乏"量化"意义上完整和可靠的统计资料，但是学界的主流认为其上升趋势是明显的。以英国为例，1663—1669年再出口总额90万英镑，进口总额约440万英镑，1669—1701年再出口总额198.6万英镑，进口总额584.9万英镑，增长率分别为121%、33%；1600—1640年，英国的出口以每年1.5%的速度递增，商船的吨位在1609—1615年至1660年翻了一番。欧洲贸易的发展还体现在商贸制度的创

---

① 《马克思恩格斯选集》第1卷，人民出版社1995年版，第35页。

新上面。贸易的发展对法律体系提出了要求,促使全面可靠的商法和海商法的形成。贸易需要一定周期,具有一定的风险和不确定性,为了减少贸易的风险和不确定性,保证交易和契约能够公正和顺利进行,需要在法律上作出安排和规定。这样,在吸收罗马法的基础上,根据商业实践,欧洲社会逐渐建立起了商业法律体系。与此同时,相应的法律机构被建立起来,司法官员和律师也大批出现。贸易量的急剧增长对支付手段也提出了新的要求,为便利货币的转移,汇票和记账与划账制度出现了。为了减少贸易风险和损失,保险业和保险市场也随之兴起。为商业和贸易提供贷款的商业银行业已出现,并逐渐发展为一个举足轻重的新兴行业。银行出现后逐步扩大了它的营业范围,不仅经营储蓄和借贷业务,还从事汇兑等资金流通业务,这极大地便利了商贸活动。政府对商业也从随意剥夺转为有明确法律依据的赋税征收,从而减轻了商人的负担,提高了其收益预期。

表1-2　　　　英国呢绒对大西洋市场的出口(1699—1856年)

年份	出口额(镑)	占英国呢绒出口总额的比重(%)
1699—1701	185000	6.1
1722—1724	303000	10.1
1752—1754	374000	9.5
1772—1774	1148000	27.4
1784—1789	1013000	26.1
1794—1796	2597000	45.1
1804—1806	3413000	50.2
1814—1816	3914000	44.9
1824—1826	2894000	42.1
1834—1836	3894000	53.2
1844—1846	3722000	39.0
1854—1856	5177000	40.7

资料来源:沈汉:《资本主义史》(第二卷),人民出版社2015年版,第96页。

在这一过程中,英国与殖民地之间的贸易也为该国的总体性经济增长作出了不可忽视的贡献。从1794年到1835年,美国棉花的出口额迅速增长,这正是属于英国工业革命的历史阶段,当时英国的棉花主要由北美的奴隶种植园来生产。以每包300镑计,美国出口的棉花在1794年为5340

包，到 1835 年增至 1254328 包。① 殖民地商人或是作为个人业主从事业务，或是以合伙企业的成员身份从事经营工作。1775 年纽约商会的 104 个会员中，其中 61 人是合伙组织的成员，而有 43 人则是个人经营的方式。在那个时期，北美殖民地普遍都还没有采取股份公司这种在欧洲大陆已经较为普遍的经济组织模式。北美殖民地初期，经济整体的工业化程度较低，一个商人本身可以身兼进口商、出口商、批发商和零售商。后来，在中部和新英格兰地区，大商人开始逐渐集中致力于发展批发贸易。殖民地初期的北美，国内的货币发行和流通不足，国内贸易常采用以货易货的方式进行。② 为了促进经济，英国政府管理殖民地事务的商务评议会和商务及殖民委员会采取了这样的做法，对于殖民地生产的为英国所需要的商品，以发放奖金的办法加以鼓励，并在国内市场上实行了垄断；对于那些和英国生产的货物存在竞争关系的殖民地商品，就以高关税加以拒斥。英国政府还尽一切努力，把殖民地的交易集中在本国市场，以使英国资本在贸易运输、保险、佣金等方面收获利润。③

  为提高商业效率和收益，商人在贸易实践中还创造了新的商业组织形式，如合伙制、特权和特许公司、股份公司等。股份公司是一种新的企业组织形式，这种组织形式有利于把分散的资金集中起来，共同承担可能出现的风险与损失，它经常被用于大规模的商业冒险和远途贸易。为了便于掌握商品交易中的财务状况，增强经营者的盈利意识，复式簿记制开始出现。商贸制度的创新包括广泛的历史内涵，对欧洲社会经济（特别是英法两国）的"资本主义化"影响深远。第一，来自贸易的巨大利润为资本主义的发展积累了丰厚的资本，甚至可以说，没有贸易的发展，就没有欧洲的资本主义。贸易的发展推进了商业制度和企业组织形式的创新，为后来的工业革命准备了条件。第二，贸易的发展和市场的扩大促进了整个经济体系内的进一步专业化，经济活动的进一步专业化又要求市场扩大到足以充分利用专业经商活动的程度：这是一个连锁式的互动过程，即"市场"—经济专业化—更大、更专业的市场。第三，贸易是整个经济的引擎和发动机，贸易的扩大，拉动了某些种类的制造业和加工业的发展，生产

---

① 沈汉：《资本主义史》（第二卷），人民出版社 2015 年版，第 317 页。
② 沈汉：《资本主义史》（第二卷），人民出版社 2015 年版，第 318 页。
③ ［美］福克纳：《美国经济史》上册，王锟译，商务印书馆 1989 年版，第 103—104 页。

领域中的手工业—工场手工业—机器大工业这一发展模式得到迅速而有效的实现。第四，市场的扩大带动了相关行业的发展，银行业、保险业、船舶制造业等纷纷涌现。第五，贸易的繁荣还降低了商品成本，增加了就业机会，提高了工资收入。第六，商业和贸易在发展过程中培育了强大的新兴阶层：中产阶级和商人，工业革命前，这些人就成为欧洲历史舞台上的主角，他们共同努力使财富大量积累起来，刺激了扩张与需求的多样化，也在思想领域培育了一个与传统及保守的学派相对抗的为企业家进行辩护的学派（作为经济学之理论基础的"自由主义"）。

16—18世纪，随着近代民族国家的兴起，国际商贸竞争及海外殖民斗争的加剧，西欧各国均感到增强国力的必要。他们认识到，只有强大的国家才能攫取和控制殖民地、主导贸易规则、取得对敌国战争的胜利，并在国际贸易竞争中获得优势。在他们看来，国家强大和增强国力的重要途径，就是推行重商主义。早期的重商主义尤其带有"以邻为壑"的民族主义倾向，并且，为了商业利益各国不惜推行军国主义的扩张政策。可以说，近代西欧一些国家的强权主义和对外殖民扩张政策是有着重商主义的背景性根源的。

表1-3　　　　　　　　　18世纪法国和英国基本经济情况

项目	法国			英国		
	1700年	1780年	1800年	1700年	1780年	1800年
人口（百万）	19.25	25.6	27.4	6.9	9.0	10.8
城镇人口（百万）	3.3	5.7	6.4	1.2	2.2	3.2
外贸（百万英镑）	9	22	31	13	23	67
铁产量（千吨）	22	135	—	15	60	190
棉花消耗量（百万磅）	0.5	11	—	1.1	7.4	42.9
农业生产	100	155	177	100	126	143
工业生产	100	454	700	100	197	387
总产量	100	169	202	100	167	251
按人口计算的平均收入	100	127	142	100	129	160

资料来源：[美] 罗斯托：《这一切是怎么开始的——现代经济的起源》，黄其祥、纪坚博译，商务印书馆2014年版，第156页。

民族主义在经济政策上的表现就是推行贸易保护主义，这在晚期重商主义阶段尤为明显。晚期重商主义阶段，对外贸易是受到鼓励的，不过这种贸易必须保持出超，即出口须大于进口，以保证金银的流入。这就需要在对外贸易中推行保护性关税政策。法国于1644年对纺织品征收保护性关税，1659年对外国船只每吨货物征收50生丁（约合半法郎）关税。柯尔贝尔任财政大臣期间，法国的保护性关税政策尤为突出。柯尔贝尔认为，一个国家只有拥有充足的金钱，才能使它的势力和威望显然改观。一个王国不同时从邻国得到钱币，就不可能增加本国的钱财。法国在1664—1667年征收保护性关税。柯尔贝尔在1677年把英国与荷兰呢绒进口税率提高了一倍，花边和饰带等法国擅长生产的装饰品的进口税率也提高了一倍。重商主义的关税保护政策是有区别的：对于那些国内民族工业发展急需的原料的出口，以及对从国外输入的某些工业品，特别是奢侈品和本国能够生产的工业品，征收高额出口税或进口税，以控制民族工业所需原料的出口和鼓励金银的输入；而对于那些本国工业急需的原料的进口，关税率则很低。在古典经济学的视野之下，保护性关税实际上是一种民族利己主义政策，它必然因损害他国利益而招致报复，从而不利于国际市场的发展和国际贸易的扩大，最终必然损害这种政策推行国的利益，这也是它引起各种自由贸易协会的强烈"反弹"的根源所在。

2. 以新兴的棉纺织工业为突破口的发展模式

长期以来，英国后起的、技术设备陈旧且未受政府扶持的棉纺织工业由于受到来自海外产品的有力竞争，使这个部门处境艰难，迫切需要进行设备更新和技术改造，加上这个部门不像毛纺织工业部门那样受到封建行会势力的束缚，而是工业资产阶级和新兴贵族的势力占优势，他们是蓬勃向上的，这就为这个部门脱颖而出，成为第一次长波升波的突破口提供了内在的动力。工业革命发轫于英国，是因为英国首先具备了工业革命所需要的市场经济环境和先决条件，包括国内外市场的扩大、资本的积累、技术的改进、劳动工具的专门化、劳动分工的细化、劳动组织的复杂化、商品经济和自由劳动力市场的形成与发展、政府职能的转变、市场制度的形成和完善等。"英国是工厂生产的发源地，因而也是危机的发源地。这一点决定于英国过去的全部经济发展史，决定于英国在十七世纪和十八世纪的世界经济中所起的作用。"[①]

[①] ［苏联］门德尔逊：《经济危机和周期的理论与历史》（第一卷），斯竹等译，生活·读书·新知三联书店1990年版，第269页。

表1-4　　　　　　英国毛纺织工业和棉纺织工业的发展

项目	1780年	1800年	1810年	1820年
毛纺织工业（百万英镑）	17	18	18	19
棉纺织工业（百万英镑）	2	8	20	33
棉花出口净量（百万磅）	5	52	124	146—152

资料来源：[苏联]门德尔逊：《经济危机和周期的理论与历史》（第一卷），斯竹等译，生活·读书·新知三联书店1990年版，第271页。

19世纪上半叶，由于地理上的近邻关系及外溢效应，加之商品市场经济的基础条件，工业革命扩展到欧洲大陆，比利时、法国、德国等国家纷纷走上工业化道路。工业革命是一场技术革命，其突出表征即在商品生产中以机器生产代替手工劳动。工业革命也是一场制度变迁，它促使生产组织形式由分散的手工工场，经过集中的手工工场，再转为集中的、以分工协作及采用机器生产商品为主要特征的工厂制度，为资本主义生产方式迅速占据统治地位提供了先进的技术基础和生产组织模式。另外，工业革命也引发了广泛而深刻的社会变迁，导致了人们的价值观念、生活方式、经济和社会结构的巨变，为欧洲近代经济文化确定了不可逆转的发展方向。

表1-5　　　　　　英国棉纺织品的产值和出口值　　　　　　单位：英镑

项目	1780年	1800年	1815年
棉纺织品产值（当年价格）	2.0	8.0	23
棉纺织品出口值（不变价格）	0.4	5.8	22.3
棉纺织品出口值（当年价格）	—	—	20.6
出口总值（不包括再出口值；当年价格）	—	—	51.6

资料来源：[苏联]门德尔逊：《经济危机和周期的理论与历史》（第一卷），斯竹等译，生活·读书·新知三联书店1990年版，第278页。

文艺复兴以后，英国国内的商品经济发展较快，手工工场和资本主义方式的租地农场迅速兴起，社会对手工业产品需求激增，商品交换的规模和数量增幅较大。人口增长也推动了市场需求的增长。大约从 1750 年起（当时欧洲约有 1.2 亿至 1.4 亿人口），人口增长率迅速提高。到 1800 年，欧洲总人口增至 1.8 亿至 1.9 亿，即 50 年间，人口增长率翻了一番。结果，包括英国在内的欧洲人口增长有力地促进了商品需求的增长。就欧洲内部而言，工业革命发生之前，英国的商业和工业都居优势地位。17 世纪，英国的商业落后于荷兰、制造业落后于法国，但是到了 18 世纪中叶，英国在商业和制造业方面先后超过荷兰和法国，成为欧洲大陆重要的商品供应者，其毛纺织品行销法国、荷兰及欧洲很多地区。英国是较早发生农业革命的国家，其农业生产率的提高加快了谷物等农产品的商品化，英国因此成为欧洲大陆主要的谷物供应者。

表 1-6　　　　1710—1800 年英格兰和威尔士各地区平均
人口出生率和死亡率　　　　　　单位：‰

项目	出生率			死亡率		
	1701—1750 年	1751—1780 年	1781—1800 年	1701—1750 年	1751—1780 年	1781—1800 年
西北地区	33.6	39.6	39.8	28.0	26.7	27.0
北部地区	32.6	35.1	35.1	28.5	26.8	25.3
西北部和北部地区	33.1	37.3	37.6	28.2	26.7	26.2
伦敦地区	38.0	38.5	37.9	48.8	43.3	35.1
南部地区	32.8	36.6	37.1	30.6	29.0	26.0
伦敦和南部地区	34.5	37.2	37.4	36.4	44.6	29.1
英格兰和威尔士	33.8	37.2	37.5	32.8	30.4	27.7

资料来源：[美] 罗斯托：《这一切是怎么开始的——现代经济的起源》，黄其祥、纪坚博译，商务印书馆 2014 年版，第 69 页。

新航路开辟后，世界市场形成，海外需求扩大，商品出口激增。1700—

1770年，英国商品的海外市场增长远比英国国内市场快得多。1700—1750年，国内工业产量增长7%，而出口工业产量增长了76%；1750—1770年期间，国内工业产量和出口工业产量的增长分别为7%和80%。这种迅速扩展的国内外市场使得英国整个社会的商品生产高速运转起来，与外贸有关的工场手工业获得了长足的发展，"分料到户"制和集中的手工工场成为工场手工业新的组织形式；同时，原有的手工工场已无法满足市场的需要，这就促发技术创新，市场的扩大也改变了人们的价值观念，利润动机则进一步诱发了工业革命。

技术的积累和科学的发展及其应用是工业革命的重要前提之一。就技术而言，工业革命并非一场突发革命，它是渐次发展而来的。16世纪、17世纪后，欧洲的科学取得了重大进展，近代天文学、物理学、经典力学、高等数学等自然科学发展起来，科学领域的新理论被用来指导生产技术的改进，极大地促进了技术进步，加速了工业革命的发生和发展。18世纪以来的一系列重大创新，都是在继承15世纪、16世纪和17世纪以来近代科学发现和技术发明的优秀成果，并加以丰富和发展的基础上取得的。从理论上说，18世纪的一系列创新，是以15世纪兴起的数学，16世纪产生、在17世纪达到高峰的力学、光学和化学等领域的学说为指导的；从方法上说，是采用16世纪以来近代科学崭新的实验和观测方法；从技术经济上说，仅就蒸汽机的发展来看，也离不开以往的成果。早在公元前1世纪，希腊人赫伦就制造了蒸汽旋转球；1690年，法国人巴本设计了活塞式蒸汽机；1698年，英国的塞维利制造了用于矿井作业的无活塞式蒸汽机，被称为"火机"；1705年，纽科门研制成功水泵用蒸汽机，等等。可见，18世纪以来的一系列重大创新，不是凭空产生的，而是在继承和发展以往的科学、技术和经济成果的基础上取得的。所以，创新具有明显的连续性和累积性，一个长波内创新集群的涌现，都是在对以往成果（包括产品实体和工艺规程）在性能、构成、用途等方面的吸收和改造的基础上取得的。

大量自由劳动力的存在是工业革命的另一个重要前提。在英国，高出生率和低死亡率，大量使用童工以及来自爱尔兰的破产农民增加了劳动力的供给。另外，近代商品经济的冲击、封建庄园经济的解体、农奴的解放，以及大土地所有制和大规模租地农场制的盛行，都在造就一支靠自由流动、出卖廉价劳动力为生的劳动力大军，没有这支劳动力大军，工业革命的发生和发展是很难想象的。

18世纪下半叶,英国已经积累了雄厚的工业资本。农业是英国工业资本的重要来源之一。英国的土地所有形式和经营方式较早地发生了变革,自15世纪尤其是16世纪以后,英国农业进步的步伐加快,农业生产率稳步上升,农业剩余明显增加。这些剩余中有很大一部分被投入到后来的工业生产领域,成为工业革命的启动资金。这也说明了农业剩余和农业积累对工业革命的重要作用。在英国,商业利润是工业革命的另一重要资本来源。与欧洲大陆其他国家不同,英国经历了一个长期的、以发展工业为主要内容和特征的重商主义时期。这一政策的推行带来了巨大的商业贸易资本盈余,其中的很大比例也投向了工业。另外,金融制度的创新和金融体系的建立,股票、证券与合股公司等资本市场的兴起,集中和融通了社会上大量的闲散资金,这一切都为工业革命所带来的重大变革提供了充足的资本保障。

棉纺织业成为第一次长波的突破口和主导产业不是偶然的,而是由当时的社会经济条件和轻工业的特点决定的。当时,农业依然占主导地位,经济基础还比较薄弱,大批农业劳动力等待转移,还需要在短时间内积累大量资金,并改善就业条件。轻工业可以农产品为原材料,它与人们日常生活联系密切,人们生活用品不少要靠轻工业提供。所以,当时轻工业具有充足的原材料和广阔的市场。轻工业主要以农产品为加工对象,使用轻便、木质机械提高生产力水平,人力、畜力、电力、水力都可作为其动力,所以,这些机械便于发明制造,人们凭借丰富的经验、熟练的技巧和简陋的生产条件便可制造出新式的木质机械。轻工业还具有投资少、周转快、收益大、提供就业机会多等特点,正适应了当时经济条件的要求。所以,第一次经济结构转换,即由农业社会过渡到工业社会的过程,也就是实现轻工业化的过程,这已经成为人类历史发展的一般规律,而棉纺织业由于具有极强的带动、影响的相关效益,所以成为第一次长波的突破口。

3. 新的大机器工业体系的确立

棉纺织工具机的创新揭开了确立大机器工业体系的帷幕,同时也为工业生产领域的"危机"埋下了伏笔,这是历史议题不可忽视的两面性。

表 1-7　　　　　　　　　棉纺织工业机纺锭数　　　　　　　　单位：千枚

年份	英国	法国	德国	美国
1787	1951	—	—	—
1800—1801	—	429	2—3	2
1804—1807	—	572	—	8
1810—1812	5067	1040	275—300	90—122
1815—1817	6645	—	350	500
1819—1821	—	—	—	325
1825	—	1800—2000	450	800

资料来源：[苏联] 门德尔逊：《经济危机和周期的理论与历史》（第一卷），斯竹等译，生活·读书·新知三联书店 1990 年版，第 278 页。

1753 年，约翰·开伊获得了发明飞梭的专利。飞梭织布，大幅度提高了织布效率，但又造成纺纱落后于织布，纺与织之间严重不平衡，棉纱长期供不应求。1760 年机械织布机被广泛使用。在此基础上，1765 年哈格利夫斯制造了珍妮机（同时带动数十根纱锭的手摇纺车），1770 年获得了发明专利。1769 年，阿克莱特制造了水力纺纱机；18 世纪 80 年代初，克隆普顿兼采珍妮机和水力纺纱机之长，制成了"缪尔"纺织机即骡机（混合机），解决了纱荒的问题，实现了纺纱与织布之间的均衡。通过工具机创新，机器作业代替了手工作业，突破了人力的界限。骡机的制成，是棉纺织工业工作机重大创新的历史过程中的转折，它为在棉纺织业中以社会化的机器生产代替家庭手工劳动提供了关键性的技术和物质条件。随着棉纺织工业工作机的创新，动力机相对落后，从而出现了动力机不适应工作机的问题，迫切要求动力机的创新。因为长期以来，蒸汽机是以水力和风力等自然力作动力的，这不仅受到地理环境的严重局限，而且消耗大、费用高、力量小、动作缓慢、安全系数低，从而无法以它为动力和实现生产作业的大型化和连续化。

1765 年，根据斯米顿的研究资料，瓦特研制成功了有独立的冷凝器的蒸汽机；1769 年获得了专利；1784 年，又研制成功了复动式蒸汽机。1785 年，卡特莱特解决了蒸汽纺织机的问题。蒸汽机的问世，是技术经济史上一个划时代的里程碑，使人类进入了蒸汽时代，它不仅克服了原有动力的种种缺陷，使提供的能量倍增，而且可由人进行控制，从而把生产力从自然力的束缚下解放出来。工作机的发明浪潮迅速从纺纱机和织布机扩展到其他纺织部门，进而又引起化工、燃料、染料和运输等部门的连锁式反应。如此广泛的工作机的发明和应用，需要强大、稳定而又方便的动力源和动力机械。由于蒸汽动力技术的推广和应用，进一步引起燃料工业、材料工业、交通运输业和机械制造业等一系列工业部门的技术创新，并产生了一个崭新的工业部门——机械加工业和机械制造业。从1769年英国人斯米顿首先制造出第一台镗床开始，到19世纪初，刨床、铣床、磨床、钻床和汽锤等机械加工设备相继问世，这期间仅用了30多年的时间。显然，在英国工业革命后的半个多世纪里，技术创新的密度是人类社会从来没有过的，而技术从发明到在生产中应用的周期也在不断缩短。19世纪20年代，英国建立了机器制造业，出现了蒸汽机、纺织机和蒸汽机车等机器制造厂。到19世纪中叶，英国已经能够成批生产机器，机器制造业成为大工业中的基础性部门。这样，新的工业生产体系可由一种统一的动力源把各种分散的工作机联结成一个整体，使单个机器形成了机器体系，使机器体系的各个部分的数量、大小、速度和功率等确定了固定的比例，使机器不可能再由手工业者的双手来制造，而必须用机器来制造，机器制造摆脱了手工业的羁绊，使机器制造业由手工业逐步变为大机器体系工业，劳动者开始变成了机器的附属物，资本主义大工业最终确立了自己的技术基础。英国使用的蒸汽机总功率在1822年为20万匹马力，1840年为35万匹马力，1850年达到50万匹马力。蒸汽机的发明为工业提供了不受地理和自然条件限制的可持续的动力来源，对于采矿、冶金、纺织和运输业的发展提供了很大的便利。① 正如马克思所说的：大工业必须掌握它特有的生产资料，即机器本身，必须用机器来生产机器，这样，大工业才建立起与自己相适应的技术基础，才得以自立。

工业革命期间，工业制度和经济组织的变化在缓慢进行，具有决定性意义的工厂组织形式已经出现，但规模和数量都还不大。机器生产取代手工劳动的过程发生在工业革命的中后期。卡特莱特于1785年发明自动织布机之后，直到1804年这种自动织布机相对于手动织布机的技术优势仍相当明显。但它的推广仍旧非常缓慢，1813年全国只有不足2000台自动织布机，到1820年有14000台自动织布机，机器织布的全面推行只是到

---

① 沈汉：《资本主义史》（第二卷），人民出版社2015年版，第168—169页。

了1825年危机之后才得到有效的推广。①

4. 资本主义的国际性扩展

从主导产业来说，以纺织业的创新和崛起为起点，又带动了织布、漂白、印染等行业的创新和飞速发展，并波及毛、麻、丝绸等相关部门。从基础产业来说，蒸汽机的出现，不仅使机器制造由手工业变为大机器工业，而且将蒸汽动力应用于煤炭工业和炼铁工业，用蒸汽机推动水泵，将水从矿井抽出，煤矿和铁矿可比以前更深地采掘地下矿层；蒸汽机用于推动高炉的鼓风机，高炉可以造得产量更大，脱硫能量更强，纯净度更高的铁；使煤炭工业和炼铁工业的集中指数提高，成本降低，时间缩短，产量大幅度增长，整个基础产业的蓬勃发展，为国民经济的繁荣提供了必不可少的保证。而国民经济的长期增长，又正是以各产业部门之间、产业部门内部各行业之间的协调发展和良性循环、产业结构的不断高级化为前提的。以这一系列技术、制度的创新为条件，各产业的加工深度得到了提高，延长了产业链，拓宽了产业的覆盖面，使整个经济结构发生了根本性的变革。

表1-8　　　　　　　　　　英国新安装的蒸汽机

项目	1775—1785年（台数）	1785—1800年（台数）	1775—1785年（功率）	1785—1800年（功率）
总计	66	223	1238	3305
其中棉纺织工业安装的蒸汽机	2	82	9	1373

资料来源：[苏联]门德尔逊：《经济危机和周期的理论与历史》（第一卷），斯竹等译，生活·读书·新知三联书店1990年版，第273页。

随着18世纪80年代重大科技创新集群的涌现，以棉纺织工业为代表的轻工业迅速崛起，成为国民经济的主导产业和出口贸易的骨干产业。同时，煤炭工业、冶金工业等的地位也显著上升，产业结构达到高级化和合理化，英国经济进入了长期、稳定、协调发展的时期。机器化生产的逐步普及，促进了成本的不断降低和效益的提高。18世纪80年代，在英国纺织业中，动力织机仅有2400台，而手纺机多达20万台，但到1844—1846

---

① 沈汉：《资本主义史》（第二卷），人民出版社2015年版，第180页。

年，动力织机增加到22.5万台，手织机则降为6万台。1838年，在纺织业中，蒸汽马力数已为水力马力数的4倍。到1840年，棉纺织工厂工人已超过手织机工人1倍以上。1780—1860年，每匹布的成本平均每年降低2.5%，到1860年，成本仅为1760年的1/8，每匹布的售价，18世纪80年代为80先令，到19世纪50年代降为5先令。

随着以机器作业取代手工作业，生产的社会化出现了新的飞跃，企业内部和社会范围的分工协作都得到了前所未有的发展。工厂制度就是适应机器生产而出现的新的基本经济组织形式。1771年，英国棉纺织工业出现了第一家近代工厂，1790年增加到150家。到19世纪50年代，仅棉纺织工厂就达近2000家。原来不同手工业者的局部劳动，现在成为局部机器的操作。制成一件产品的统一过程，已分解为一系列在空间上并存、在时间上继起的流水线工序，使原来独立的生产者，成为只能从事总劳动一个片段的"局部工人"。同时，脑力劳动者也与直接生产者相分离。不论是生产资料、工艺流程还是产品，都是统一的机器生产体系的有机组成部分。在机器生产条件下，生产已不再以生产者个人的经验、力量和手艺为基础，机器成为主体，生产者沦为机器的附庸，是劳动者的素质技能适应工艺流程，而不是工艺流程适应劳动者的技能。由于劳动者与生产资料相分离，资本家支配着一切生产要素，工人的劳动过程受着资本家的控制和监督，工人失去了自由，为工厂的纪律所束缚，他们与农村的传统联系也因此而断绝，劳动已彻底地从属于资本。整个社会基本关系也由此发生了重大的变动，土地贵族与农民和资产阶级之间的对立，变为资产阶级与工人阶级之间的对立。

随着机器生产体系的确立，英国社会工业化、城镇化的步伐明显加快，大批剩余农业劳动力转移到城镇工业当中，1688—1770年的80多年中，英国的农业收入几乎为工业收入的2倍。但到1821年，农、林、渔业的收入在国民收入中的比重从1770年的40%多降至26.1%，工业（制造业、采矿业和建筑业）则从24%升至31.9%。1821年，工业劳动者占全国劳动者总数的38.4%，农牧渔业则占28.4%。可见，工业无论是收入，还是劳动者人数都超过了农业，工业在国民经济当中的主导地位已经确立。1801年，英国城镇人口仅占人口总数的1/3，其中居住在2万人以上城镇的居民仅占全国人口的1/6，到19世纪中期，城镇人口已占全国人口的50%，居住在2万人以上城镇的居民占了人口总数的1/3，已有10座10万人以上的城市。

英国的国民生产总值年平均增长率，1760—1780年为0.7%，1780—1801年为1.32%，1801—1831年为1.97%。到1825年，英国制成品的出口额占出口总额的85%，初级产品出口额只占出口总额的15%。1840年，英国国民生产总值的约13%用于出口。在第一次长波时期，工业当中的基本经济组织形式是独资企业和合伙企业，公司企业较少，且往往是无限责任公司。独资企业和合伙企业大多是以家族血缘关系为纽带形成的。伴随着上述经济组织形式，资本主义自由竞争机制也逐步形成。独资企业和合伙企业是与生产社会化相伴随的资本社会化的雏形，它一方面具有资本主义经济组织形式的特征，如实行了初步的集资，生产的目的是盈利等；另一方面又带有封建主义的烙印，如还未冲破血缘关系的桎梏。

在第一次长波上升波阶段，资本主义世界经济尚未形成，但不能以此否认资本主义各国经济之间存在着相互联系和制约，也就是不能否认资本主义国际性经济的存在。而资本主义国际经济的中心也就是第一次长波升波的中心便是英国。1820年，英国工业生产总值占了世界工业生产总值的50%，英国50%以上的工业品要在海外市场销售，而大部分原料要靠国外供应。1780年，英国贸易额占世界贸易总额的12%，1820年提高到27%。

法国在取得资产阶级革命胜利后，废除了封建土地所有制和传统的行会制度，法国政府实施了一系列鼓励资本主义经济发展的政策，还不断进行对外扩张和掠夺。美国在独立后，也采取了一系列促进资本主义经济发展的措施，并进行殖民侵略。这样，法国和美国大约在1815年集中出现了一系列重大创新，以此为基础实现了工业化，即由农业社会向工业社会过渡，使经济持续增长，从而加入了第一次长波。法国净资本形成占国内净产值的比重，1788年为3.3%，1839年上升到8%。1815年，法国工业中有15台蒸汽机，功率为300多马力；1825年有300多台蒸汽机，5000多马力；1840年有2400多台蒸汽机，约30万马力。1848年，法国通车的铁路为1800公里，另有2900公里正在修建中。1815—1821年，法国工业总产值年平均增长1.4%，从1820年起，法国工业产值一直占资本主义世界工业总产值的18%—20%，1840年，法国外贸额占资本主义世界贸易总额的12%。[①]

美国1818年在工业和运输业中有50台蒸汽机，1810年，美国有269个棉纺厂、24个毛纺厂、153个熔化炉。1816年，美国工业投资额为1亿

[①] 刘崇仪等：《当代资本主义结构性经济危机》，商务印书馆1997年版，第74页。

美元，其中纺织业就占了5200万美元。1815年，美国棉纺工厂中有约10万人。1815年，美国五大基本工业（纺织、制铁、木材加工、制革和酒精）提供了全部工业总产值的近80%。1814年，美国的工业总产值达2.06亿美元，比1809年增加了40%。1820—1840年，美国工业产值占资本主义世界工业总产值的4%—5%，贸易额占资本主义世界贸易总额的6%—7%。随着18世纪末开始的交通运输业的变革，到1840年，美国已基本形成了公路网和运河网，铁路也已初具规模，美国净资本（国民投资总额扣除折旧）占国民净产值的比重，1805年为0.2%，1840年上升到7%，说明美国经济的资本密集程度在第一次长波时期有了明显的提高。在1720—1780年的资本主义国际经济中，工业总产值和贸易总额分别增长1.5%和1.1%，1780—1830年上升到2.6%和1.37%。[①]

（二）早期危机的发生与发展

在资本尚未获得整体性建制（"现代世界体系"的建立）的历史时期，"危机"的发生具有双重意涵。一方面，在这一问题的"质料/物质"（Matter）层面上，"征服的资产阶级"（霍布斯鲍姆语）在不断扩大其私欲的势力以求建立斯密和边沁们所期许的最大化"西方"之效用的过程，就是通过建构"繁荣"的经济神话而在政治上不断推进个人主义、世俗主义与启蒙理性主义的"普世"进步理念的传播，并在不断的增长中强化、提高自己的实力，不断巩固"以往几个世纪逐渐取得的侵蚀性和破坏性成就"[②]的一个"特殊"时期。在这一历史进程中发生的"危机"，不仅会实际影响到经济运行的稳定性，更加会"危及"世俗世界对于"资本新天国"的盲目确信；也正因为早期危机的偶然性和不可测度、难于回溯性，"危机的幽灵"在"生产"之外徘徊，并最终在工业化的成长中逐渐长成为资本主义世界的"双元革命"（霍布斯鲍姆所指涉的英国工业—经济革命与法国民主—政治革命[③]）之革命后果的"掘墓人"。而另一方面，也就是现实经济—政治之上的"形式/精神"（Form）面，在市场伦理与相应的

[①] 刘崇仪等：《当代资本主义结构性经济危机》，商务印书馆1997年版，第75页。
[②] ［英］霍布斯鲍姆：《革命的年代：1789—1848》，王章辉等译，中信出版社2014年版，第4页。
[③] ［英］霍布斯鲍姆：《革命的年代：1789—1848》，王章辉等译，中信出版社2014年版，第2页。

法律体系尚未建立的情形下，私益且自足的个人主义的"任意"并没有带来斯密所许诺的"均衡"景状，恰恰相反，财富的膨胀与"异化"积累，使得一种新的"战争状态"在"市民社会"上演，而"危机"就是这一状况的极端化呈现。对此，卢梭给出了独到的观察："新生的社会让位于战争状态：被败坏劳动可怜的人类，既无法返回原先的道路，又舍不得放弃已经到手的不义之财，于是，愈拼命干，便愈使自己蒙羞，不但滥用了本该使他获得荣誉的才能，反而把自己推到了毁灭的边缘。"① 而在这一现实性的层面上，机器大工业制度借助自由—资本主义的力量获得强势发展，"包含在简单商品经济的各种矛盾中的生产过剩危机的可能性，在历史上变成了爆发生产过剩危机的必然性。资本主义工厂的发展程度，以及其生产在各个部门和各个国家中的比重和作用，决定了早期工业危机的最重要特点"②。

1. 产业革命发生前的资本主义早期危机

在从 16 世纪开始的资本主义在西欧各国萌芽、发展的漫长历史时期中，危机的早期形态其实一直在影响着经济社会发展的进程，当时的危机（在产业革命以前）主要以商业和货币、信用危机为主，还不是完全意义上的普遍生产过剩危机。如果从资本"原始积累"的历史叙事的"必然性"维度思考，这一时期出现的饥荒、疾病和战争问题，由于其对于资本主义的发展造成了阻碍，也可以在"社会学"（Sociology）的意义上，称之为"原始积累的危机"，特别是人口问题对早期资本主义的影响尤其明显，这也是后来的资本主义经济学家如马尔萨斯由以立论的现实基础。在这一长时段的著名经济危机包括：1637 年郁金香的疯狂投机造成的尼德兰的商业、货币危机；1719—1720 年约翰·劳货币骗局引起的法国的货币和投资市场的危机；1720 年英国的"南海骗局"投机危机。这些危机也是由资本关系引起的。由于商业和信用领域中的资本主义大量积累在历史上先于工业领域的积累，偶然的危机的矛盾形式和发展也出现得较早。但这些危机的最重要特点，在于它们是由生产以外的因素引起的。③

---

① ［法］卢梭：《论人与人之间不平等的起因和基础》，李平沤译，商务印书馆 2007 年版，第 99 页。

② ［苏联］门德尔逊：《经济危机和周期的理论与历史》（第一卷），斯竹等译，生活·读书·新知三联书店 1990 年版，第 269 页。

③ 陈岱孙：《从古典经济学派到马克思——若干主要学说发展论略》，商务印书馆 2014 年版，第 222—223 页。

郁金香投机泡沫的爆发与当时尼德兰通过发展资本主义所取得的在西方世界的主导地位密切相关。1566—1609年，荷兰爆发了反抗西班牙殖民的独立战争。摆脱殖民统治后，荷兰的经济取得了飞速的发展。在当时，荷兰的经济发展主要依靠三大支柱，即东印度公司的组建、阿姆斯特丹银行的成立和强大的商船舰队。凭借这三大支柱，荷兰成为当时西方贸易的霸主、欧洲金融的中心和世界性的"海上马车夫"。在这样的情况下，世界上第一家证券交易所于1609年在阿姆斯特丹成立。到17世纪中叶，阿姆斯特丹已经成长为欧洲的股票交易中心。随着投机而带来的巨大财富，使得当时的阿姆斯特丹成为整个西欧投机者的集聚中心，而对于当时上流社会消费品位的追逐，使得郁金香成为继白兰地之后的投机投资的新标的。但是，投机"游戏"所塑造的高价值"产品"，本身并不能完成对自身价值的证成，事后证明，以郁金香这样一种植物作为投机对象，本身就是一件不可思议的事情。这样的"狂热"虽然是与经济景气密切相关，是经济整体上扬的表现，但毕竟不能长久，特别是在那些以纯金融模式运作的个案当中。在1636年，郁金香价格已经涨到了骇人听闻的程度，并且，关于郁金香球茎的期货市场也开始建立。但是，这样的投资狂热局面却因为一次偶然的"过失"而急转直下。1637年，一位海外水手漫不经心地吞食掉一颗价值数千荷兰盾的名为"永远的奥古斯都"的郁金香球茎却没有受到法官的重罚，使得之前累积的投资狂热迅速转换为恐慌性的抛售狂潮。郁金香狂热终结，市场突然崩溃，政府已无力进行调控。案件发生后仅一个星期，郁金香的平均价格已经下跌近90%，这导致富有的商人沦为乞丐，大贵族也无法挽回破产的境地，世界投机狂潮的始作俑者为自己的狂热付出高昂的代价，荷兰的经济也从此开始走向衰落。在这场郁金香狂热之中，没有人不是受害者，尤其是那些在1636—1637年以高价买进郁金香球茎的人因投机泡沫的崩坏而面临灾难，即使那些提前抛售离市的人也遭受了之后经济萧条的冲击。

与"郁金香泡沫"相比，"密西西比泡沫"有着更强的"个人"色彩和偶然性特征。这一给欧洲投资市场带来巨大负面影响的危机是与约翰·劳的"传奇"性的货币银行理论相联系的。生于苏格兰的一个银行家家庭的约翰·劳于1705年出版了他的著作《论货币与贸易：向国家供应货币的建议》，在其中，他提出了他在欧洲大陆游历期间形成的思想：一个国家想要获得繁荣，就必须发行纸币，因为相比传统的金币或银币，用纸币进行交易带来了极大的便利，也同时使得国家的繁荣更容易实现。在书中，他首次提出了"货币需求"概念以刻画经济景气与货币数量之间的关系，以此向读者说明，货币利率过高的原因在于货币供应量过低，因此，解决方案就是要增加货币的供应量。进而，约翰·劳声称，扩大货币供应量将有利无害，只要国家的经济生产正常运行，就不会导致通货膨胀危机。他的这种思想（包括建立一家苏格兰"土地银行"的设想）在苏格兰本土并未受到重视，但是却在路易十四离世后的法国找到了"市场"。当时陷入财政困境的法国政府刚好需要一个短期内就可以见效的景气解决方案，因此，在以雄辩说服了当时的摄政王奥尔良公爵之后，1716年，在法国政府的特许之下，约翰·劳在巴黎建立了属于自己的私人银行，亦称"劳氏银行"。这家银行拥有发行货币的特权，其货币可以用来兑换硬币和附税。"劳氏银行"用其发行的纸币来支付国债，并根据特权可以随意购进和兑换，发行后价值也保持不变，这便使"劳氏纸币"被认为比当时经常因政府干预而贬值的金银贵金属货币更能保值。1717年，约翰·劳又取得了在密西西比河流域和路易斯安纳州的贸易特许权，凭借这样的"特许模式"，劳氏的"密西西比公司"开始走上正轨，并开始大肆发行股票。在约翰·劳对于密西西比河流域的黄金蕴藏的宣传鼓动之下，公众被丰厚的利润前景所诱惑，申购新股的人日夜排队。收购国债的款项流入股市，股价的暴涨又刺激了新股的发行，雪球越滚越大，整个法国陷入了财富带来的狂热之中。1718年，奥尔良公爵将劳氏银行变为皇家银行，劳也就趁势将密西西比公司与原来的东印度公司合并，并在其"货币致富论"的背景下向法国人民展现了异常辉煌的前景。这样一来，疯狂的投机，即抢购股票的风潮就掀动了起来。而随着新的印度公司取得包税权、铸币权以及烟草专营权，到1720年1月，劳被任命为法国的主计长和监督长，掌管政府财政和皇家银行的货币发行，并控制了法国的海外贸易与殖民地拓展。他的印度公司负责替法国征收赋税，并持有大量的国债。之后不久，印度公司干脆接管了皇家银行的经营权。但是，好景不长，约翰·劳并没有能在他的"顶峰体验"中维持多久。随着流通中货币量的减少，贵金属不断流向英格兰和荷兰，公众开始意识到问题的严重性，纷纷选择将硬币持留在自己的手中。最终，国内的货币量到了极度匮乏的程度，使得贸易也无法维持。到1720年5月，约翰·劳发现无法支持，他发布了股票贬值令，同时也不得不降低了纸币的面值。约翰·劳和他的印度公司的"繁荣"神话突然破灭，劳本人也一下由国民英雄变成了罪人，他的指令马上导致民众的恐慌，人们为了保住自己的资产，争先恐后地抛售股票。1720年10月，政府剥夺了印度公司的铸币权等一系列的特权，使印度公司重新成为一家没有特权佑护的私人公司，劳也失去了对于法国议会的任何影响力，并被剥夺了豁免权，再也无力回天。最终约翰·劳不得不逃往比利时避祸，当时的他已身无分文。这就是后来被称为"密西西比泡沫"的信用危机。与"郁金香狂热"这样标准的民间炒作相比，"密西西比泡沫"本身有着明显的官方背景；而与以郁金香这一特殊商品标的的炒作不同，约翰·劳带动的危机发生在股票和债券市场，涉及了更大的领域和更广的人群，从这些情形来看，"密西西比泡沫"更具备现代特征。

所谓的"南海骗局"与约翰·劳的私人游说所带来的金融局面几乎同时出现，有力地说明了当时的18世纪资本主义市场在规范性和严格性等方面存在严重问题。由于参与了17世纪末的欧洲殖民争霸战争，"光荣革命"后的英国政府面临巨大的财政压力，在试图通过重新铸造货币以稳定金融市场的计划没能收到预期效果的情况下，英国当时存在的巨大国债困境反而促成了新的金融解决方案的出台，即由私人机构以认购政府债券的方式成为国家的债权人，并通过投资盈利转移国家风险。1711年，奥克斯福特伯爵注册了南海公司，公司以认购政府债券的方式成为当时英国国债最大的债权人，并由此开始了"政府主导的圈钱活动"的序幕。政府永久性地把酒类、烟草、鱼翅等一系列产品的税收交由南海公司控制，南海公司还获得英国政府所授予的专营当时为西班牙殖民地的南美洲地区的勘探和开发（这也是公司名称中"南海"的具体所指）。为了加强融资能力，受到约翰·劳的"密西西比计划"激励的南海公司游说英国议会通过了"南海法案"，并以此大大提高了其在公众层面的影响力。也正是在这种情形下，当南海公司于1720年4月开始其第一次股票募集的时候，本来预计募集的100万英镑的目标很快被超过，最终以250万英镑收尾，而股票市值则在几天内达到300%以上，这在股票仍属特权产品的18世纪，根本是无法想象的。而到了1720年6月，伦敦的投机热潮不断高涨，各种社会阶层都被卷入到这个"运动"中来。在这一时期，南海公司股票价格的一路狂涨，必然带动了其他各股票价格的上扬，投机活动的巨大利得，甚至在资本主义商业社会尚未规范化的当时，造成了滥设公司的热潮，并纷纷开始向大众推销他们的股票。民众此时已失去了理智，他们不在乎这些公司的实际经营状况和发展前景，而只是相信发起人所许诺的利润前景。而那些没能更早买到南海公司股票的民众，又把这一状况当作迅速补仓的信号，将自己仅有的存款纷纷投入这些"泡沫"公司之中。也正是在这一情况下，南海公司为了消除股票市场上泡沫公司的"不正当"竞争，鼓动议会颁布了排斥性的《泡沫公司取缔法》。谁知这一举措并没有带来想象中的垄断与集中，反倒在民众中造成了紧张与恐慌的情绪，导致股市跌落。首先是外国投资者开始抛售南海公司的股票，紧接着国内投资者也纷纷跟进，南海公司的股价一落千丈，精心策划的"繁荣"景象一去不复返。到1720年年底，政府对南海公司的资产进行清理，发现其实际资本已所剩无几。"南海泡沫"事件令股民猝不及防，危机在几星期之内就把银行券和期票的流通破坏殆尽，引起极大的金融灾难，工商业在很长一段时间陷于瘫痪。1721年初，英国议会宣布，为了股东的利益，将南海公司33个理事的财产予以没收。"南海泡沫"事件与1720年的法国"密西西比泡沫"及1637年的荷兰"郁金香狂热"，是西方历史早期爆发的三大泡沫经济事件。其中"南海泡沫"事件中的南海股价如泡沫快上快落的情况，更被后人发展出"泡沫经济"一词。"南海泡沫"事件对英国带来很大震荡，英国人对股份公司留有阴影，而在事件中制定的《泡沫公司取缔法》一直到1825年才予废除，国民经过很长时间才慢慢对股份公司重拾信心。"南海泡沫"的破灭，使成千上万的股民破产，支付危机几乎蔓延全国，挤兑和停止支付事件频频发生，英国经济陷入萧条。这场大危机给英国人留下了对新兴股份企业和股票投机的恐惧心理。"南海泡沫"破灭了，神圣的政府信用也随之崩溃，这对当时的经济、社会、政治都产生了严重的负面影响，沉重地打击了刚刚建立起来的股份制度和近代金融业。"南海泡沫"导致英国社会资源的配置出现了严重的扭曲，使得资本集中于投机活动，造成人为—虚拟经济的病态扩张，而实体经济发展滞后。由于投机活动的高获利预期，诱使资金盲目流动，真正的生产性投资反而减少。直到泡沫破灭，人们才重新开始谨慎的投资活动，资本逐渐流向工业领域，促进了实体经济的发展。

2. 产业革命发生后早期危机的新特点

随着机器工业的发展，危机发生的领域逐渐从货币、信用层面转向了生产领域，这也是资本主义的经济发展的必然指向。生产领域中的危机——它是产业革命过程中的一种新的现象。不同于上述单纯的商业危机和独立的货币、信用危机,它表现为工业商品生产过剩。英国 1788 年的危机在历史上第一次清楚地暴露了这个新现象。1788 年的危机只袭击了当时处于英国工厂工业前列地位的棉纺织工业,但在 1788 年到 1825 年的近 40 年中,随着工厂工业的发展和它在英国经济所占比重的增长,危机发生作用的范围和触及国家经济的程度逐步扩大。在 1793 年,英国棉纺织工业是受危机损害最重的部门,但危机的影响已经波及毛纺织工业等部门并带来了尖锐的货币、信用危机。而在 19 世纪初期的几次危机中,危机的影响几乎波及英国所有主要的工业部门;货币、信用危机也非常严重。同时,这几次的英国危机已带有一定的国际性;它们给其他一些国家的工商业带来了轻重不一的危机震撼。① 这一阶段的危机同 1825 年之后的周期性危机之间既有区别又有联系。"十八世纪末和十九世纪初的各次危机,同十九世纪第二个二十五年内发生的各次危机有着重大区别。但这种区别仅是资本主义的同一现象、同一运动规律处于两个不同历史阶段的区别。"②

对此,恩格斯指出:"在工业发展的初期,这种停滞现象只限于个别的工业部门或个别的市场。但是,由于竞争的集中作用,在一个工业部门中失去了工作的工人就投入另一些最容易学会工作的部门中去,而在一个市场上卖不出去的商品就转运到其他市场去;结果,个别的小危机一天天地汇合起来,逐渐形成一连串的定期重演的危机。"③ 1788 年英国发生的危机就正是在这样一种情境下产生的,也极具特色地表明了工业革命在给经济注入活力的同时,造成了"生产过剩"的隐忧。在 1783—1787 年,由于技术创新的推动,棉纺织工业的劳动生产率得到极大的提高,并且在英国异常迅速地扩张,成百上千的大小棉纺织企业在各地涌现。但是也正因此,棉纺织业的巨大膨胀使得棉纺织品的生产过快发展,很快它们所生产出来的产品就大大超过了消费者所能消费的数量,从而造成了市场上商品的恶性积压;为回收资金,商家开始抛售商品,导致物价急剧下跌。"危机使生产大大缩减。1788 年,棉花进口额下降 12%。棉纱价格开始跌落,到 1790 年降低了 20% 以上。1789 年棉纺织品出口额也略有减少。

---

① 陈岱孙:《从古典经济学派到马克思——若干主要学说发展论略》,商务印书馆 2014 年版,第 223—224 页。
② [苏联]门德尔逊:《经济危机和周期的理论与历史》(第一卷),斯竹等译,生活·读书·新知三联书店 1990 年版,第 268 页。
③ 《马克思恩格斯全集》第 2 卷,人民出版社 1957 年版,第 367 页。

1788年破产事件几乎增加了50%。"① 由此可见，以1788年危机的偶然性甚至"自然性"为分析前提，"这些危机同以后的危机还有重大区别，甚至它们的共同点，在当时也是以那种和大机器工业的初期相适应的不成熟的形态表现出来的。这些危机带有地方性和局部性，它们只震撼最大的工商业中心，只袭击个别的、起初为数极少的生产部门"②。

在1788年危机发生之后，英国政府为应对企业破产、工人失业等问题，从1789年到1792年大量发放了开凿运河和改善内河航道的许可证，以短时间内促动内河航运事业发展的方式转移了危机问题，大量吸纳工人，并不同程度地扩大了相关市场。这样，工业在进一步应用机器、增凿运河和迅速扩大对外贸易的基础上得到了发展。但是，这种情况没有能够有效持续，由于纺织工业的投资和生产能力的增长又一次超过了其他部门的吸纳能力，新的经济危机来临了。1792年末，物价开始下降，破产的情形日趋严重。再加上英国对法国的宣战，英国对法国及欧洲其他国家的出口严重萎缩，使得危机雪上加霜、衰败局势愈演愈烈。

在这次危机中，毛纺织行业与棉纺织行业一样受到了严重的影响，同时也存在相当严重的货币危机，而战争则加剧了金融崩溃的规模，对社会造成了严重的负面影响，恶化了社会生产环境。"400家地方银行停止支付的就超过100家。破产的企业，1792年10月有32家，11月有105家，1793年3月也有105家，4月有188家，5月有209家，等等。破产的企业有负债达100万英镑以上的最大企业。"③ 不过，总体而言，1793年的危机持续时间较短。由于破产减少了供给，价格的急剧下降刺激了需求，两者的结合使得棉纺织工业的非均衡性竞争得以缓解。战争虽然使英国对欧洲大陆出口锐减，但大量的军事订货又推动了工业的复苏，扩大了国内需求。价格下跌增加了外国对英国纺织品的需求，对美洲的出口弥补了其对欧洲出口的缺失。与此同时，失业者或被招募进入军队，或到美洲谋求发展，使工资止跌回稳，这一切都使纺织品市场得以恢复。到1794年，

---

① [苏联] 门德尔逊：《经济危机和周期的理论与历史》（第一卷），斯竹等译，生活·读书·新知三联书店1990年版，第310页。

② [苏联] 门德尔逊：《经济危机和周期的理论与历史》（第一卷），斯竹等译，生活·读书·新知三联书店1990年版，第361页。

③ [苏联] 门德尔逊：《经济危机和周期的理论与历史》（第一卷），斯竹等译，生活·读书·新知三联书店1990年版，第312页。

英国的工商业状况开始明显好转。

表1-9　　　　　　　　　　英国1793年的危机

项目	1787年	1788年	1792年	1793年	1793年与1792年相比的下降率（%）
棉花进口净量（百万磅）	22.2	19.6	33.5	17.8	47
棉纺织品出口值（百万英镑）	1.1	1.3	2.0	1.7	15
约克郡西区毛织品产量（百万码）	8.8	8.4	12.1	10.8	11
苏格兰亚麻织品产量（百万码）	19.4	20.5	21.1	20.7	2
不列颠商品出口值（百万英镑）	—	12.7	18.3	13.9	24
破产件数	509	707	636	1302	+105
经济活动指数（1821—1825年=100）	—	—	61.9	46.9	24.3

资料来源：[苏联]门德尔逊：《经济危机和周期的理论与历史》（第一卷），斯竹等译，生活·读书·新知三联书店1990年版，第313页。

不过，好景不长，之前的两次经济危机所带来的负面影响还未完全消除，新的危机（在战争的背景下）又开始酝酿。从1794年到1795年，英国的农业严重歉收，大地主、资本主义农场主和投机者趁机哄抬物价，这使得"群众的急剧贫困化过程和战争后果所造成的矛盾"[①]显著爆发。在广大人民群众生活水平极端低下的情况下，物价的急剧上升限制了他们对于工业品的需求。战争也实质上限制和阻碍了运河等基础建设事业的进展。"在这些条件下，工业高涨好景不长。1797年已经出现了生产下降和贸易萎缩现象以及严重的货币危机。货币危机的表现是：英国有价证券的行市一落千丈，大量黄金流出国外，贴现率提高了，大批企业破产，英格兰银行停止兑现（1797年2月26日），存户涌到银行提取存款，居民争购黄金储藏起来。"[②]这样，黄金的危机又进一步加剧了棉纺织业的萧条。此后的经济也都在战争的阴影下，无法得到真正的恢复。

[①]　[苏联]门德尔逊：《经济危机和周期的理论与历史》（第一卷），斯竹等译，生活·读书·新知三联书店1990年版，第317页。
[②]　[苏联]门德尔逊：《经济危机和周期的理论与历史》（第一卷），斯竹等译，生活·读书·新知三联书店1990年版，第317页。

表 1-10　　　　　　　　　　英国 1797 年的危机

项目	1796 年	1797 年	1797 年与 1796 年相比的下降率（%）
棉纺织品出口值（百万英镑）	3.2	2.6	19
棉花进口净量（百万磅）	31.4	22.7	28
约克郡西区毛织品产量（百万码）	13.0	12.3	5.4
苏格兰亚麻织品产量（百万码）	23.1	19.5	16
破产件数	760	869	+14
经济活动指数（1821—1825 年 = 100）	57.5	51.5	10.4

资料来源：[苏联] 门德尔逊：《经济危机和周期的理论与历史》（第一卷），斯竹等译，生活·读书·新知三联书店 1990 年版，第 318 页。

1800 年，拿破仑发动"雾月政变"夺取政权后很快击溃了第二次反法同盟的进攻。在这一时期，英国迫于国际上的外交压力，同意与法国议和，并于 1801 年签订了《亚眠条约》，反法战争告一段落。新的国际环境（短暂的和平之后战争又起，但英国取得了拿破仑战争最后 10 年中的制海权）使得在 19 世纪的第一个 10 年中，英国的工业获得了迅速发展，但也使得工业生产过剩的现象不断出现，造成了经济长波上升波中的不断波动。1810 年的危机开始于商业和信用领域，信用膨胀也对投机活动和生产过剩起到变本加厉的推动作用。拿破仑对于英国的经济封锁也更进一步地使得危机恶化。当这次危机因南美市场的恢复而于 4 年后助力复苏后，英国迎来了重要的转机。随着拿破仑帝国的覆灭，欧洲的市场又重新向英国开放，而在建立全球性殖民帝国的道路上，英国再也没有任何的对手，使得未来的大英帝国只需要通过"自由贸易"就可以获得长效发展，而不再需要以战争为前提来考量经济的运作。

尽管如此，战后过度的投机浪潮所明示的市场的非理性与盲目性因素作用的发挥，使得英国很快在 1815 年就又陷入危机状态，并在 1816 年达到顶峰。"这次危机具有一些重大特点。生产过剩第一次波及英国重工业的主要部门——冶金业和煤炭工业，而且来势猛烈。工业危机刚好遇上农业状况的极端恶化。整个来说，这次危机比以往各次危机都深刻和严重。从战争转向和平时因英国商品销售和竞争条件而产生的特殊矛盾，在这次危机中清楚地表现出来。欧洲大陆已被持续 25 年的战争弄得民穷财尽,不能销纳源源涌入的大批英国制品和殖民地商品。美国的情况也是如此。"①

1819年的危机爆发于1815年开始的危机衰退仍未复原的时期,工业领域的危机与货币危机同时出现,"首先反映了英国资本主义在拿破仑战争时代结束后扩大市场的斗争遇到巨大困难。资本充斥,从而大量输出,是同工业发展速度略为放慢有关的。国际收支逆差,在相当大的程度上是由于出口仍然大大低于1815年的水平"②。

表1–11　　　　　　　　英国1819年的危机

项目	1815年	1818年	1819年	1819年与1818年相比的下降率(%)
棉纺织品(百万英镑)	21	19	15	21
毛纺织品(百万英镑)	10.2	9	6.9	23
棉花进口净量(百万磅)	89	161	128	21
羊毛进口量(百万磅)	15.5	24.7	9.8	60
进口总值(百万英镑)	33	36.9	30.8	17
用黄金表示的批发价格指数(1813年=100)	154.2	186.8	158.4	15
破产件数	1759	1012	1582	+56
经济活动指数(1821—1825年=100)	72.9	91.1	79.8	12

资料来源:[苏联]门德尔逊:《经济危机和周期的理论与历史》(第一卷),斯竹等译,生活·读书·新知三联书店1990年版,第342页。

对于这次危机带来的经济窘境,西斯蒙第在《政治经济学新原理》一书中给予了详尽的描述:"1818年8月,人们抱怨在好望角所有仓库都堆满了欧洲货物,虽然标价远比欧洲为低,货物却依然销售不出去。……今天英国的产品在印度比在英国本身还要便宜。布宜诺斯艾利斯、哥伦比亚、墨西哥、智利的英国货物也同样充斥市场。在美国,没有一个城市、

---

① [苏联]门德尔逊:《经济危机和周期的理论与历史》(第一卷),斯竹等译,生活·读书·新知三联书店1990年版,第331—332页。
② [苏联]门德尔逊:《经济危机和周期的理论与历史》(第一卷),斯竹等译,生活·读书·新知三联书店1990年版,第343页。

没有一个小村镇不堆积大量准备抛售的货物，货物储存量远远超过居民的购买力。"① 这样，虽然这一时期的经济危机主要发生在英国，但也对欧洲大陆各国的经济带来了相当大的影响。"其所以如此，至少是因为生产过剩首先表现为英国商品充斥国外市场。各国经济受到这次危机影响的大小，同遭到英国竞争打击的工商业部门所占的比重成正比例。英国工业企图把危机的灾难转嫁给其他国家。它猛烈削价，极力扩大国外市场，破坏竞争对手的还未成长壮大起来的工业。"② 这一点在法国所受的危机影响上深刻地体现了出来，而且，英国的恶性竞争是同长期战争和军事失败的严重后果结合在一起的。1819 年的危机在法国首先表现在对外贸易的缩减和物价的下跌上。毛织品、亚麻制品和丝织品的输出以及羊毛的输入大大减少，工业也面临困境。从 1817 年开始，法国的各主要工业部门就一直处于危机和萧条状态。1819 年，棉纺织业遭遇了真正的困难，"生产过剩危机的影响，同粗呢、亚麻布等等的手工生产的衰落（这些手工产品经不住机器工业产品的竞争）交织在一起了"③。

表 1-12　　　　　　　　　　法国 1819 年的危机

项目	1818 年	1819 年	1819 年与 1818 年相比的下降率（%）
毛纺织品（百万法郎）	45	41	9
亚麻纺织品（百万法郎）	53	43	19
丝纺织品（百万法郎）	148	112	24
棉花进口量（千吨）	17	17	0
羊毛进口量（千吨）	9.8	3.4	65
生丝价格（法郎/公斤）	78	57.2	27
铁产量（千吨）	80	74.2	7

资料来源：［苏联］门德尔逊：《经济危机和周期的理论与历史》（第一卷），斯竹等译，生活·读书·新知三联书店，1990 年，第 351 页。

---

① ［瑞士］西斯蒙第：《政治经济学新原理》，何钦译，商务印书馆 1997 年版，第 219—220 页。
② ［苏联］门德尔逊：《经济危机和周期的理论与历史》（第一卷），斯竹等译，生活·读书·新知三联书店 1990 年版，第 336—337 页。
③ ［苏联］门德尔逊：《经济危机和周期的理论与历史》（第一卷），斯竹等译，生活·读书·新知三联书店 1990 年版，第 352 页。

综上所述，可以看出，在工业革命开始之后到 1825 年大危机之前的这一时期内，"危机的重演相当频繁，但它们的更替毫无规律性，而且还不可能有任何规律性。危机的爆发时间和演变形式往往取决于非经济性的因素，取决于战争、战争的影响以及诸如此类的因素。其所以如此，不仅是因为这个时代是充满战争的时代，而且是因为资本主义大工业不发达"①。另外，西方自由主义世界的经济危机，又表现为各个国家经济力量和政治力量的博弈，甚至是国与国之间的较量和竞争。这一切，在危机之前只是暗流涌动，在经济危机的情境之下它们就浮出水面，激荡冲突。这也使得宣称普世性的自由主义思想，在重新诠释这一阶段的经济大发展中，面临了不断"创新"的理论困难，并由此开启了新的问题语境。

二　秩序与危机：重商主义与重农主义的视野

由亚当·斯密（Adam Smith）著名的批判性意见［在他的经济哲学名著《国民财富的性质和原因的研究》（又译为《国富论》）的第四篇"论政治经济学体系"的绝大部分篇幅，就是表达其对于这一政策措施的本质性的否定意见］所建立起来的重商主义（Mercantilism）话语，有着被斯密所论述的典型的理论主张，即"财富在于金银，以及无金银矿山的国家只有通过贸易差额，即使得输出价值超过输入价值才能输入金银"②，这一基于绝对主义权威而施行的贸易顺差策略，更进一步地，这种政策主张所落实的管制策略，将从根本上限制社会资本的依据价格信号在自由市场中进行有效的资源配置，从而给经济发展带来负面效应，而这一切，则正是对于当时的某些"特定"领域进行规划和调控的后果。"诚然，由于有了这种管制，特定制造业有时能比没有此种管制时更迅速地确立起来，而且过了一些时候，能在国内以同样低廉或更低廉的费用制造这特定商品。不过，社会的劳动，由于有了此种管制，虽可更迅速地流入有利的特定用途，但劳动和收入总额，却都不能因此而增加。社会的劳动，只能随社会资本的增加而比例增加；社会资本增加多少，又只看社会能在社会收入中

---

① ［苏联］门德尔逊：《经济危机和周期的理论与历史》（第一卷），斯竹等译，生活·读书·新知三联书店 1990 年版，第 362 页。
② ［英］亚当·斯密：《国民财富的性质和原因的研究》下卷，郭大力、王亚南译，商务印书馆 2009 年版，第 25 页。

逐渐节省多少。而那种管制的直接结果，是减少社会的收入，凡是减少社会收入的措施，一定不会迅速地增加社会的资本；要是听任资本和劳动寻找自然的用途，社会的资本自会迅速地增加。"① 亚当·斯密的这种对于由国家主导的，预先设定的对于"特定领域""特定效应""特定用途"的计划、调控的反感，构成其著名的"看不见的手"提出的理论动机，他所要论证的，恰恰就是"听任资本和劳动寻找自然的用途"情形下，"社会的资本自然增加"的"先验"观念。而对于斯密这样的自由主义者而言，"计划"条件下的"重商主义体系"是根本无法容忍的："我国自夸爱护自由。无须说明，此等规定和此等夸大的自由精神是多么矛盾。十分明显，这种自由，在这场合，为了商人和制造业者琐细的利益而被牺牲了。"②

显而易见，在理论观点上与重商主义策士们势不两立的斯密，认定社会资本本身发展所面临的可能困境，恰恰在于过度管制带来的动力问题。失去了经济上的自由，被特别政策所激励的制造业之外的生产者，将无法有效调节自身的生产运作，从而只能面临进一步的"牺牲"，社会经济发展的微观基础得不到保障，也即是说，这样的威权"秩序"，正是经济社会"危机"概念之潜在的根源，而只有通过实施古典自由主义的贸易自由政策，才能够真正促进资本主义经济的良性发展。"谁是这重商学说体系的设计者，不难于确定，我相信，那绝不是消费者，因为消费者的利益全被忽视了。那一定是生产者，因为生产者的利益受到那么周到的注意。但在生产者中，特定的商人和制造业者，又要算是主要的设计者。消费者或不如说其他生产者的利益，就为着制造业者的利益而被牺牲了。"③

与亚当·斯密的标准版本的批判言论不同，凯恩斯（Keynes）在其《就业、利息和货币通论》（下称《通论》）关于重商主义的附录中，强调了他所掀起的所谓经济学的"凯恩斯革命"，在根本的理论洞见上，与前亚当·斯密的重商主义经济学家之间的呼应之处，也由此指出了不同于自

---

① ［英］亚当·斯密：《国民财富的性质和原因的研究》下卷，郭大力、王亚南译，商务印书馆 2009 年版，第 32 页。
② ［英］亚当·斯密：《国民财富的性质和原因的研究》下卷，郭大力、王亚南译，商务印书馆 2009 年版，第 231 页。
③ ［英］亚当·斯密：《国民财富的性质和原因的研究》下卷，郭大力、王亚南译，商务印书馆 2009 年版，第 234 页。

由主义所指责（这种"指责"将首先由"重农学派"所提出）的重商主义的管制视角下，经济危机的可能性条件。凯恩斯首先历史性地厘清了关于贸易顺差问题的历史语境，"大致在 200 年以来，经济理论家和现实主义者都不怀疑，外贸顺差具有一种奇特的好处，而外贸逆差则代表严重危险的信号；特别是，如果外贸逆差引起贵金属的外流，那么，更是如此。但在过去的 100 年中，却存在着显而易见的意见分歧。……几乎所有的经济理论家都继续坚持，除了照顾到短暂的事态以外，害怕外贸逆差是完全没有理由的，其原因在于：外贸机制可以自行调节，而任何对自我调节机制进行干扰的企图不仅是无用的，而且，会使干扰国受到经济损失；因为，干扰国会失去国际分工所带来的利益"①。以国际贸易领域的"自动调节"的理性设想（这一论点后来遭到马尔萨斯的强烈否定），凯恩斯将经济政策的评价者区分为实际决策的施行人（现实主义者）和作为亚当·斯密信徒的"几乎所有的经济理论家"，而且，这种区分（Distinction）就是在 1929 年大萧条之前的主要的"分歧"方面。"一般来说，目前的经济学者坚持认为，普遍存在的从国际分工带来的利益会大于重商主义者所声称的实行该主义所应得到的那些有利之处。不仅如此，他们还认为，重商主义的论点来自彻头彻尾的思维上的混乱不清。"②

但是，凯恩斯本人并没有重复当时的经济学主流意见，而是坚决地认肯了危机不可掩盖的事实，同时站在政策的现实执行者一边，如实地还原了重商主义的对于"繁荣与萧条"的特殊判断。"我的批评意见的重点是针对我所师承和在许多年中我也讲授的自由放任学说的不充分的理论基础——反对这种说法，即利息率和投资量可以在最优的数值上自行调节，从而没有必要去关心外贸是否平衡。在我看来，经济学界的同行们犯了一个想当然的错误，把数千年来管理国家的一个有现实意义的主要目标当作无聊的盲目信念。"③ 也正是从这一立场出发，凯恩斯揭示了他本人与重商主义经济学的共同的管制旨趣的理论直觉："重商主义的思想从来都不认为存在着自行调节的倾向来使利息率处于合适的水平。恰恰相反，他们强调指出，过高的利息率是财富增长的主要障碍。他们甚至知道，利息率取

---

① ［英］凯恩斯：《就业、利息和货币通论》，高鸿业译，商务印书馆 1999 年版，第 346 页。
② ［英］凯恩斯：《就业、利息和货币通论》，高鸿业译，商务印书馆 1999 年版，第 347 页。
③ ［英］凯恩斯：《就业、利息和货币通论》，高鸿业译，商务印书馆 1999 年版，第 351 页。

决于流动性偏好和货币数量。他们所关心的一方面是减少流动性偏好,另一方面是增加货币数量,而他们中的几个人清楚地说明,他们之所以致力于增加货币数量,其原因就是因为他们想减少利息率。"① 由此,不难看出,凯恩斯对于重商主义政策的理论内涵的重构,实际上就是在重述他在《通论》中提出的经济观点,也正是由此,凯恩斯在论题中,非常有效地将历史上的金银偏好问题,转化为当代的危机语境下的萧条发生机制问题,也由此把亚当·斯密的理论偏见,完全抛在一边:"如果我们所考虑的社会具有稳定的工资单位,具有稳定的消费倾向和流动性偏好赖之以决定的国民素质以及具有能把贵金属的存量和货币数量紧密联系在一起的货币制度,那么,为了维持充分就业,该社会的行政当局必须密切注意对外贸易平衡的状态。其原因在于:外贸顺差(如果不太大的话)非常有利于刺激经济增长,而外贸逆差则会很快造成持久性的萧条状态。"② 这可以说是凯恩斯对重商主义的经济危机理论作出的非常出色的总结。

而如果回到重商主义者的论述自身,则会发现区别于斯密和凯恩斯这两位重要的后世经济思想家的、基于当时的思想现实和历史语境的、更为复杂的思考与讨论。在这一时期的代表性文献,托马斯·孟(Thomas Mun)的《英国得自对外贸易的财富》(*England's Treasure by Foreign Trade*)之中,孟采取了后来为重农主义、斯密学派甚至直到哈耶克相继秉持经济行为的"自然"与"人为"的区分(而这样的区分甚至可以追溯至亚里士多德的《政治学》第一卷),而这不同时期经济理论的对于这一区分的关键性转换,正可说明经济思想的关键性转折。在孟这里,"一个国家用以抵偿一切外国货物的收入或财物,可以分为两种:一种是自然的,一种是人为的。自然的财富,只不过是限于我们能够从自用品和必需品中节省下来而输出到国外去的东西。人为的财富,就是我们的工业品和我们勤勤恳恳地用外国商品经营贸易而来的。"③ 而基于这样的区分,孟所向我们展示的,则是一个绝非斯密所描述的少数特权制造商独占发展空间的图景,恰恰相反,孟在这里提出的,几乎是一种可以作为"功利主义"的前驱的"最大多数人的最大利益原则"。"对于一切的事物,不论是自然的或人为的,我们都必须竭

---

① [英]凯恩斯:《就业、利息和货币通论》,高鸿业译,商务印书馆1999年版,第353页。
② [英]凯恩斯:《就业、利息和货币通论》,高鸿业译,商务印书馆1999年版,第350页。
③ [英]门罗编:《早期经济思想》,蔡受百等译,商务印书馆2011年版,第107页。

尽所能以求获得最大的效果。并且因为靠技艺生活的人,是远比种果实的能手多得多了,所以我们应该更加小心谨慎地使这大多数的人民群众能够努力工作,盖国王和王国的最大力量和财源,就是从他们身上来的。"①

从这样的视角出发,孟的典型的危机观念得以呈现,这种思路有明显的凯恩斯所谓现实主义的特质,在题为"一个国王每年适于积累多少财富"的章节中,孟的论述得到集中表现,而其申论方式甚至与马基雅维利在《君主论》(*The Prince*)中对君主国的存续的方略取舍如出一辙,而与亚当·斯密的个人主义视角和乐观的调节自发性的信仰背道而驰。"一个国王的收入虽然是很多的,可是如果国家所得的利益很小,那么国王每年适于积存的财富的准则和比例也就应依后者而定;因为倘使他积聚的金钱对对外贸易的顺差数值的话,那么他对于人民就好比是在羊身上吸血而不是剪毛了,那么,由于以后羊死而无毛可剪之故,他也必将与他的羊同归于尽。"② 国家与臣民的互相依赖关系,是重商主义深入理论的关键,对他们来说,真正的秩序,在于以"统治"的方式,使理想的经济前景确切地落实。"一个想要积存大量货币的国王,必须想尽一切良好的办法,来维护和发展他的对外贸易;因为这是唯一的方法,可以使他达到他的目的,而且还可以使他的属民更有利于他地富裕起来。要知道,一个国王之所以被人视为强大过人,与其说是在于他的钱柜里存着的大量财富,还不如说是在于他有许多既富裕而又心悦诚服的臣民。"③ 而非常有趣的是,孟所设想的理想治理的图景中,那些富裕的属民,并没有因其得自国王的恩禄而"心悦诚服",相反,却以更大规模地实现经济自由为诉求,开启了对于"旧秩序"的革命议程,这也是如托马斯·孟这样的经济学者所不能设想的,因为在这些重商主义者看来,王国的"秩序与危机"完全系于国王一人的行为与操守,重商主义视野下的危机,既不是斯密式的更广大生产者群体的"被牺牲",也不是凯恩斯式的贸易问题导致的萧条,而根本上是国王自身的意志自律的成效问题,关乎仁爱与荣誉。"这一切将使他们令外人生畏,而为国人所爱,尤其是倘使所有这些东西(尽可能)都是出自于担负每年献纳的本国属民的材料和工业品,则更是如此;因为一个国王

---

① [英]门罗编:《早期经济思想》,蔡受百等译,商务印书馆2011年版,第177页。
② [英]门罗编:《早期经济思想》,蔡受百等译,商务印书馆2011年版,第192页。
③ [英]门罗编:《早期经济思想》,蔡受百等译,商务印书馆2011年版,第193页。

（在这种场合之下）正像人身体里边的胃一样，倘使它一旦不能起消化作用，也不能将养分送到身体的各部分去的话，那么它立即就要破坏那些部分，而同时也毁灭了它自身。"①

与重商主义的时时处处以君主的利益立场考量经济行为的"权贵"思路不同，重农学派一开始就把自己放在所谓"属民"的立场，并同时对高高在上的威权，表现出明显的抗争态度，亦即自由竞争对于宏观调控的拒斥与反驳。"重农主义"（Physiocracy）的原意，就是"来自自然秩序的治理"，在此，以魁奈（Quesnay）为代表的重农学派经济学家，延续了托马斯·孟的自然与人为的区分，但是却只将财富之"自然"的部分视作是合理的、可欲求的、可接受的，从而从"自然秩序"（Natural Order）出发，推论基于"自然权利"（Natural Right）的建制与伦理，而这也成为亚当·斯密等古典自由主义经济学家建立市场之"自然自由"观念的重要智识资源。

在作为重农学派的规范性宣言、与《经济表》同时发表的《农业国经济统治的一般准则》中，魁奈在其著名的"第二十五准则"提出："必须维持商业的完全自由。因为最完全、最确实，对于国民和国家最有利的国内商业和对外贸易的政策，在于保持竞争的完全自由。"② 这样的观念，几乎已经是后世的经济自由主义对"完全竞争"模型的最大倡导的模板，也可以说是 18 世纪中叶在经济学领域的革命式宣言，因为在这样的思维模式下，任何对于自由竞争的干预和管制，都会被认为是带来危机之危险的根源，特别是在这里对"完全"的全称性强调的前提下。而能得出这样的坚决的论断，则是要奠基于"准则第二"的对于"自然秩序"的强调，即人们可以诉诸自然秩序设定的"自然法"来调整、改变现实权力的"实定法"的指向。"国民明显的应该接受构成最完善的管理的自然秩序一般规律的指导。对于一个大政治家应该具备的学识来说，只研究人法是很不够的。有志于行政职务的人，必须对于构成社会的人们最有利的自然秩序进行研究。更加重要的是把由国民的体验和总结所获得的实际而有益的知识，和管理的一般科学结合起来，由被证明是开明的政权，为一切人的安全和达到社会的最大限度的繁荣。"③

---

① [英]门罗编：《早期经济思想》，蔡受百等译，商务印书馆 2011 年版，第 194 页。
② [法]魁奈：《魁奈经济著作选集》，吴斐丹等译，商务印书馆 1979 年版，第 338 页。
③ [法]魁奈：《魁奈经济著作选集》，吴斐丹等译，商务印书馆 1979 年版，第 332—333 页。

超越于"人法/实定法"的"自然秩序"之法所规定的人的权利,就是自然权利,"因此,很明白的,每个人的自然权利是与结合成社会的人,对于构成最有利的秩序的可能最好的法的确实遵守程度而成比例地伸展的。这种法,对于构成人的自然权利的一部分的人的自由,丝毫没有限制。因为对自由所进行的最好选择的目的,明显的就在于这些最高规律所产生的利益"①。在这个意义上,依循于"最高规律"的自然法,就成为人世的秩序的根据:那些"对于自然法的过程有一定程度明确认识的,知识渊博的,发展完成的理性,是可能的最好统治所必不可缺的条件;由于遵守最高规律,可以使维持人类生存和监护权威所必要的财富充分地增加,而且由于监护权威的庇护,可以使结合成社会的人的财富所有权和人身安全受到保证"②。这样,对于"自然法"的援引,就构成律则性的社会行动之秩序基础,而且,这种"秩序"从根本上讲,是超越性的。"社会秩序的自然规律,同时也就是实际规则,为人们的饮食、继续生存和安适所必需的财富的再生产,就是按照这种规则进行的。因此,人根本不是能以调节自然现象和人类劳动的这些规则的创造者。这整个秩序是实际制度的一个组成部分;而这种制度形成一种实际的秩序,迫使组成社会的人们服从自己的规则;只有依靠自己的智慧和相互联合,同时遵守这些自然规律,人们才能获得他们所必需的丰富的财富。"③

在这里,魁奈大胆地提出他的"理性启蒙"方案,即那些欲求"丰富的财富"的人民,在具体的行动当中,不必因循世俗权力的规导,也不必等待重商主义的仁慈"国王"的圣恩浩荡,而是要使用自己的理智,以相互结合的方式,"遵守这些自然规律",而且,更进一步地,作为现实秩序的最高权威的统治者,也仍旧必须以这些规律为根本的原则来指导行动。"认识这些最初的规律,以及这些规律的不容置疑的威力,是对政治体的最有力的保卫,因为一个懂得上帝的意志和它的不可抗拒的规律的国家、一个以理性之光作为指导的国家,是不会去破坏这种一切人类政权都必须服从的上帝的规律的。而且这些规律一经宣布,本身就是真正非常强大和有力的,以其明确性和优越性成为国家的支柱。"④ 在魁奈看来,他最重要

---

① [法]魁奈:《魁奈经济著作选集》,吴斐丹等译,商务印书馆1979年版,第306—307页。
② [法]魁奈:《魁奈经济著作选集》,吴斐丹等译,商务印书馆1979年版,第306页。
③ [法]魁奈:《魁奈经济著作选集》,吴斐丹等译,商务印书馆1979年版,第401—402页。
④ [法]魁奈:《魁奈经济著作选集》,吴斐丹等译,商务印书馆1979年版,第405页。

的使命，就是要将这"规律"公之于众（而绝非简单地提出恳请重视农业发展的陈述），特别是："君主不能忽视这一点：他的权力的确立，是为了认识和遵守这些规律，不管是为了他本身的利益还是为了人民的利益，必须使自觉地遵守这些规律成为社会的不可分割的联系。"① 从这样的服从原则出发，人类理智所赖以成就的自然秩序，就是最为可欲的"完全"自由的前提，"实际规律确立对人类最有利的自然秩序，确切地规定一切人们的自然权利，这是永久不变的、最好的规律。这些规律的明确性使一切人类的理智无条件地服从于它们，并且在一切细节中都表现得非常精确，不容许发生任何的误解、迷惑或不合法的要求"②。而之所以可以建立这样的认知/服从关系，且如是的"规范性"原则对人类的行为的规约是强制性的，对魁奈来说，其规范性的来源则无疑是作为至高权威的上帝。"对于确立社会最初的根本法规的立法权，是不可能有争论的；它不可能属于任何人，只能属于上帝，上帝在世界的整个体系中建立了一切，并且预先做出了规定；人只会在这里制造混乱。只有切实地遵守自然规律，才能把他们应当避免的这种混乱现象消除掉。"③ 很显然，与重商主义的言必称"国王"的现世观念相区隔，魁奈的论述里建立了由上帝的无限权威所限制、规训现实君主的"超越"（transcendence）标准，这无疑是经济学者妄图借助神法的论证，重构绝对主义国家的经济政策的理论策略，在这个意义上，魁奈的"自然"秩序的经济学指向，就是指出当时政策中商业、制造业与农业的比例失当，而符合"自然"的经济体系，又必然是以农业为基础的，一旦政策出现偏差，由国家行为"在这里制造混乱"，那便必然会出现"失序"意义上的危机。

如上观点的具体论述，首先体现在《经济表》的编制，魁奈将制造业工人、商人排除出"生产性劳动"的概念之外，列为"不生产阶级"，也即是附属性、依附性的阶级，"他们的支出，是从生产阶级和从生产阶级取得收入的土地所有者阶级取得的"④。而更为明确的观点呈现，则是"准则第三"中无可辩驳的基于自然秩序论而提出的断言："君主和人民绝不能忘记土地是财富的唯一源泉，只有农业能够增加财富。因为财富的增加

---

① ［法］魁奈：《魁奈经济著作选集》，吴斐丹等译，商务印书馆1979年版，第405页。
② ［法］魁奈：《魁奈经济著作选集》，吴斐丹等译，商务印书馆1979年版，第405页。
③ ［法］魁奈：《魁奈经济著作选集》，吴斐丹等译，商务印书馆1979年版，第402页。
④ ［法］魁奈：《魁奈经济著作选集》，吴斐丹等译，商务印书馆1979年版，第311页。

能保证人口的增加，有了人和财富，就能使农业繁荣，商业扩大，工业活跃，财富永久持续地增加。国家行政所有部门的成功，都依靠这个丰富的源泉。"① 魁奈自己通过呈现这种近似于因果关系的"还原论"（Reductionism）的财富溯源方式，也就规定了他所认定的"危机"形式，必然是由于君主的任意胡为，而干扰到了农业的健康持续发展，即正如他在给启蒙运动的标志性著作《百科全书》撰稿时，所描述的"谷物交易的不自由、输出的禁止、人口的减退、农村中财富的缺乏、任意的课税、民兵的征集、赋役的滥用"②。由此，我们可以恰切地把握魁奈所批判的重商主义的体系性政策之下的产业推动比重失当、经济行为严重失序的"危机"图景："农业是最丰富的，占我国贸易最贵重的部分，是王国收入的源泉，但却没有把它看做是我国一切财富的基础。只把农业看做与租地农场主及农民有利害关系，只把农民的劳动，看做是限于由出售农产品，支付耕作费用，提供国民以生活资料；但深信只有以工业为基础的商业交易，能使王国取得金银。这样就阻碍了葡萄的种植，奖励了桑树的栽培，并且妨碍了农产品贩卖，使土地的收入减少了。这一切都是为了庇护制造业，然而制造业的贸易，对我们是没有好处的。"③ 而正是基于这样的"危机"观察，提倡贸易领域的"完全竞争""完全自由"的魁奈，就于其所代笔的《农业哲学》一书中，阐述了可以作为斯密"看不见的手"的援引范本的基于自然法之权威的非管制—繁荣论述："一切的事物，只有由种种关系的相互联结而在自然中活动。有人说种种的要素都处在相互斗争的状态中，但同时相反地，它们相互支持、相互促进。每一个要素都想取得优越的地位，并且给它的对立物以抗衡与活泼的反应力量。凝聚力量和活动是斗争与对立的结果，自然的作用的再生和持续，是自然的伟大力量的凝聚和集中的结果。这种令人惊叹的机构的秩序和经过，是由造物主所最后决定的。对于规定着一切事物的伟大规律，是贯穿各个部分，并且统辖着全体。"④

值得注意的是，魁奈的自然秩序—自然权利宰制论，被作为启蒙运动和革命叙事的反对者的"保守主义"的代表人物埃德蒙·柏克（Edmund Burke）所根本反对，在《反思法国大革命》（*Reflections on the Revolution in*

---

① ［法］魁奈：《魁奈经济著作选集》，吴斐丹等译，商务印书馆1979年版，第333页。
② ［法］魁奈：《魁奈经济著作选集》，吴斐丹等译，商务印书馆1979年版，第54页。
③ ［法］魁奈：《魁奈经济著作选集》，吴斐丹等译，商务印书馆1979年版，第39—40页。
④ ［法］魁奈：《魁奈经济著作选集》，吴斐丹等译，商务印书馆1979年版，第244页。

France)一书中,柏克就明确地开辟专章以声言:"政府统治的基础不可能是自然权利。"① 柏克认为,在现实世界,"政府并非在自然权利的精神上建立起来的。自然权利可以也确实独立存在,它存在于更加清澈的环境下,存在于更抽象的完美情境里;然而它们在抽象意义上的完美也正是它们在实际上的弱点"②。完美的理论设定无法在复杂的现实之中真正地实现,自然权利的革命企图也就受困于人类本性的复杂多样的泥沼,使得所有貌似可以证成的理论设想,都只能流于空幻。"这些形而上的权利走入了普通生活,就如同光线刺进一种高密度的介质,根据物理法则,经过折射后偏离了自己本来的方向。事实上,在人类繁多而复杂的激情和焦虑中,最原始的人的权利已经经历了各类折射与反射,因此如果再将他们当做最初的那条直线来讨论,便会显得奇怪了。"③ 在这里,柏克的"保守"就完整地呈现为对于人性之复杂的整全体认之后的怀疑态度,即对于人类理性的种种现代许诺抱持基本的否定态度,并认为理性的过度狂妄,一定会遭遇新的危机(这事实上也预估了凯恩斯在大萧条后对经济理论作出的革命性翻转,但却同样是以"理性"的名义来进行的)。"人类本性复杂,社会的目标也有着最大可能的复杂性;因而没有任何一种简单的权力性质或方向可以适合人类的天性,或是人类事务的本质。当我听到有人意欲在任何新的政治体制内轻而易举地做出如是发明时,我都会十分确定这些能工巧匠显然对自己眼前的任务一无所知,或者完全忽视了自己的责任。"④

尽管自其诞生之时,就有着如柏克这样的保守之士的质疑声音,但自魁奈而斯密而穆勒的古典自由主义的高歌猛进,仍与广泛开展的资产阶级革命一起,将经济思想领域的"启蒙运动"推向深入;这一过程,也是古典自由主义的政治经济学主张得到典范化的过程,那些各式各样的保守言论,则很难进入经济学说的主流。而这其中起承转合的关键人物,就是虽然视财富的"农业根源说"为无稽之谈,但是在自由竞争的理念上完全服膺于魁奈的斯密,其《国民财富的性质和原因的研究》中的相应论述,可以视作是自身"自然自由"思想之全面阐述前的理论准备。"这一学说虽有许多缺点,但在政治经济学这个题目下发表的许多学说中,要以这一学

---

① [英]柏克:《反思法国大革命》,张雅楠译,上海社会科学院出版社2014年版,第67页。
② [英]柏克:《反思法国大革命》,张雅楠译,上海社会科学院出版社2014年版,第69页。
③ [英]柏克:《反思法国大革命》,张雅楠译,上海社会科学院出版社2014年版,第71页。
④ [英]柏克:《反思法国大革命》,张雅楠译,上海社会科学院出版社2014年版,第71页。

说最接近于真理。因此,凡愿细心研讨这个极重要科学的原理的人,都得对它十分留意。这一学说把投在土地上的劳动,看做唯一的生产性劳动,这方面的见解,未免失之偏狭;但这一学说认为,国民财富非由不可消费的货币财富构成,而由社会劳动每年所再生产的可消费的货物构成,并认为,完全自由是使这种每年再生产能以最大程度增进的唯一有效方策,这种说法无论从哪一点说,都是公正而又毫无偏见的。"① 在同样的坚持"准则二十五"的"完全自由"律则,并认定只有遵循一个"自然"的社会运行规律的前提下,斯密与魁奈们一样,认定一个能带来繁荣与幸福生活的人类秩序,就是对任何意义的政府干预的戒除。"任何一种学说,如要特别鼓励特定产业,违反自然趋势,把社会上过大一部分的资本拉入这种产业,或要特别限制特定产业,违反自然趋势,强迫一部分原来要投在这种产业上的资本离开这种产业,那实际上都和它所要促进的大目的背道而驰。那只能阻碍,而不能促进社会走向富强的发展;只能减少,而不能增加其土地和劳动的年产物的价值。"② 因此,一个社会的"富强之路",在斯密看来,只有在完全竞争的状态下进入自由资本主义的设置,在政府、君主之外,只有市场的力量才能保证人类的行为不会"和它所要促进的大目的背道而驰",虽然这种神秘的力量,不过是魁奈所笃信的"造物主"的变体。"一切特惠或限制的制度,一经完全废除,最明白最单纯的自然自由制度就会树立起来。每一个人,在他不违反正义的法律时,都应听其完全自由,让他采用自己的方法,追求自己的利益,以其劳动与资本和任何其他人或其他阶级相竞争。"③ 就是这样,尽管怀疑者如柏克,仍然会以"最自由最单纯的自然自由制度"虽然有其"绝对的"好处,但是却无法在人性的复杂折射下构成统治秩序的基础为理由,提出对立性的抗辩,但斯密所开启的对于重商主义与重农主义的秩序/危机观念的反思,并由以形成的资本主义发展的辩护术,仍旧成为贯穿整个经济危机理论史的"典范"论述,而被以各种方式改写和传播,即使凯恩斯的"革命"企图,依然无法

---

① [英]亚当·斯密:《国民财富的性质和原因的研究》下卷,郭大力、王亚南译,商务印书馆2009年版,第250—251页。
② [英]亚当·斯密:《国民财富的性质和原因的研究》下卷,郭大力、王亚南译,商务印书馆2009年版,第258页。
③ [英]亚当·斯密:《国民财富的性质和原因的研究》下卷,郭大力、王亚南译,商务印书馆2009年版,第258页。

撼动其对于"市场"之至高性的自由至上主义（Libertarianism）辩护。

三 亚当·斯密与资本主义危机理论的思想渊源

古典自由主义的经济危机理论奠基于资本主义赖以建立与存续的个人主义（Individualism）和效用主义（Utilitarianism），旨在为资本主义市场经济的合理性与合法性提供终极辩护。这一理论阵营，以反对"乌托邦主义"的激进革命论为其显著特征，虽然其理论社群（Society）中仍有西斯蒙第、马尔萨斯等认为资本主义存在偶发的、非本源性的、暂时性的生产过剩的情形，但是仍在总体上认为人类社会的真正意义上的发展，归根结底只可能被呈现在市场经济的全球性统治的实现之中（所谓的"唯一自然"的经济形式①），而在这个意义下，"市场没有失败"（也即是"不可错"的）。"建立并维持一个自由市场的政治/经济体系，以自由放任的资本主义著称，这是唯一与人类生活需要相一致的社会体系，因此也是唯一道德的社会体系。"② 而作为古典自由主义经济理论的奠基者与创新之源，亚当·斯密学说体系的复杂性在晚近的研究中得以展现③，在所谓"亚当·斯密问题"④的理论框架之下，斯密的研究者（"斯密学者"）试图以斯密的人性理论（如同其各方面的同路人休谟的思想那样）来重新思考他的市场经济观念⑤，而在这其中，斯密所曾经许诺，但并未真正完成写作的"关于法律和政府的理论和历史"的著作⑥中所居于核心地位的"自然法"（Natural Law）观念系统下的"自然权利"（Natural Rights）理论就成为衔接其道德学说与市场思辨的重要中介。⑦ "自然权利的来源是十分明显的。一个人有

---

① "市场太重要了，我们不能只把它留给理论家。"[美]约翰·麦克米兰：《重新发现市场：一部市场的自然史》，余江译，中信出版社2014年版，第14页。
② [美]辛普森：《市场没有失败》，齐安儒译，中央编译出版社2012年版，第3页。
③ 这一方面的代表性的研究成果参见 Istvan Hont, Michael Ignatieff, *Wealth and Virtue: The Shaping of Political Economy in Scottish Enlightenment*, Cambridge University Press, 1983.
④ 参见 Istvan Hont, Michael Ignatieff, *Wealth and Virtue: The Shaping of Political Economy in Scottish Enlightenment*, Cambridge University Press, 1983, pp. 253 – 269.
⑤ 相关讨论可参见[法]哈列维：《哲学激进主义的兴起——从苏格兰启蒙运动到功利主义》，曹海军、周晓、田玉才、赵闯译，吉林人民出版社2006年版，第113—115页。
⑥ [英]伊安·罗斯：《亚当·斯密传》，张亚萍译，浙江大学出版社2013年版，第24页。
⑦ 有关斯密在1760年代格拉斯哥大学的《法理学讲义》（*Lectures on Jurisprudence*）的文献情况，参见 Knud Haakonssen, *The Science of A Legislator: The Natural Jurisprudence of David Hume & Adam Smith*, Cambridge University Press, 1989, pp. 2 – 3.

权利保护他的身体不受损害,而且在没有正当理由的情况下有权利保护他的自由不受侵犯,这是毫无疑问的。"① 而斯密的这一明显承继自约翰·洛克(John Locke)的"权利自由主义"传统的理论主张就更为清晰地为我们厘清了其奠基于私利之"公益性"设定的交换正义的"自由主义性"所在:通过限制权力之作用的发挥而达成资产阶级的经济自由与政治自由的共构②,亦即是市场的最大化发展,而这正是在对于(包括"危机"情形下的)政府行为与市场行为之有效性(Efficiency)的深刻区分的前提下而得以提出的,自由主义的危机理论也由此获得了关键性的理论前设。

(一)亚当·斯密的经济反思

自由至上主义(Libertarianism)通过对经济自由的追求确证其政治自由。"经济安排在促进自由社会方面起着双重作用。一方面,经济安排中的自由本身在广泛的意义上可以被理解是自由的一个组成部分,所以经济自由本身是一个目的。其次,经济自由也是达到政治自由的一个不可缺少的手段。"③ 18世纪、19世纪自由主义政治经济学所导致的世界性的"自由化"趋势(亦即"殖民主义"的扩张表象)也正是在这个先以"自由—市场"模式作为前导,再希图进行"自由—民主"模式演变的"不可缺少的手段"。而其理论基底,则正如洪堡(Wilhelm von Humboldt)在1792年所声言的:"人真正的目的——不是变换无定的喜好,而是永恒不变的理智为他规定的目的——是把他的力量最充分地和最均匀地培养为一个整体。为进行这种培养,自由是首要的和不可或缺的条件。"④ 经济自由的发展在同"法律"与"国家"这两个维度的对话中得以论证。在由罗马法传统所构造的"人法"系统中,"人将自己置于保护性权力制定的成文法的保护之下,这便扩展了他们拥有财产的能力;通过这种方式,他们扩大了而不

---

① [英]坎南编:《亚当·斯密关于法律、警察、岁入及军备的演讲》,商务印书馆1962年版,第35页。

② 在这一点上,"亚当·斯密认为,在这样一个自然而且自由的系统中,政府只有三项责任:第一,保护社会不遭受其他社会的侵略和暴力侵犯;第二,保护每个社会成员不受到其他人的压迫和不公正待遇,建立公正的行政管理系统来达到此目的;第三,建设和维护一些市政工程和公共机构"。[美]梅德玛:《捆住市场的手》,启蒙编译所译,中央编译出版社2014年版,第26页。

③ [美]米尔顿·弗里德曼:《资本主义与自由》,张瑞玉译,商务印书馆2004年版,第11页。

④ [德]威廉·洪堡:《论国家的作用》,林荣远、冯兴元译,中国社会科学出版社1998年版,第30页。这一思想后来为约翰·穆勒所引申使用。

是束缚了自己的天赋人权。这意味着法律若是良法，就不会限制人的自由，而且明显地是自由人的最好选择；个人没有理由拒绝服从它"①。在"天赋人权"的意义上，现代法律增强了人们"拥有财产的能力"，也因此是"自由人的最好选择"，这也就意味着"良法"前提下的资本主义市场体系是经济自由的"最好选择"。对于"国家"而言，"让人判断他自己的经济利益，就如同他对自己的宗教良心完全自主。国家不能以人的力量带来对活动的协调分配，增加惟自然能创造的东西。既然国家不是自然的敌人，而是遵循自然的途径去工作，则国家能做的惟一有用的事情，就是通过除去因误解个人利益而在历史过程中布下的障碍，来促进自由发展"②。这也就是17世纪英国思想家霍布斯（Thomas Hobbes）在"自然法"议题下提出"消极自由"的意旨所在：外在的强制权力退出，"让人判断他自己的经济利益"，使得各经济主体相对于政治当局保持其独立的、"消极"的"经济自由"。而且，这样的基于工商业资本主义社会的"民情"给出的"繁荣"论证，也无疑是18世纪荷兰思想家曼德维尔（Mandeville）的《蜜蜂的寓言》中，对于"私人追求私利，公众得到公益"（Private Vice, Public Benefit）的"悖论"（Paradox）式思辨的深度沿袭，即对人的低下欲望的高度重视，并视之为构造商业社会的"基础"。"使人变为社会性动物的，并不在于人的追求合作、善良天性、怜悯及友善，并不在于人追求造就令人愉悦外表的其他优点；相反，人的那些最卑劣、最可憎的品质，才恰恰是最不可或缺的造诣，使人适合于最庞大、最幸福与最繁荣的社会。"③ 也正是在这个意义上，"曼德维尔悖论"（Mandeville's Paradox）才真正说出了后来由亚当·斯密以"看不见的手"来进行辩护的社会结构（Social Structure）的道德心理学（Moral Psychology）内设。"本书通篇已经充分地证明：要使我们的一切贸易及手工业兴盛发展，人的种种欲望与激情绝对是不可或缺的；而谁都不会否认：那些欲望和激情不是别的，正是我们的恶劣品质，或者至少可以说是哲学恶德的产物。因此，我便应当开始详细阐述各种阻碍和困扰，它们妨碍着人不断满足欲望的劳作，即追求自己所需的劳作。换言之，这种劳作被称之为自我持存的生意。同时，

---

① ［意］拉吉罗：《欧洲自由主义史》，杨军译，吉林人民出版社2001年版，第32—33页。
② ［意］拉吉罗：《欧洲自由主义史》，杨军译，吉林人民出版社2001年版，第34页。
③ ［荷］曼德维尔：《蜜蜂的寓言》第一卷，肖聿译，商务印书馆2016年版，第1页。

我还应当阐明人的社会性仅仅来自两件事情，其一是人的欲望不断增长；其二是在竭力满足欲望的道路上，人不断遇到障碍。"①

正是基于对人的整全性（Human Integrity）的理性诉求，自由主义的政治经济学（即市场自由主义）在英国典范性地发展起来。"大英帝国国内政策的两个支柱，是古典自由主义的自由放任政策与单边自由贸易政策。对古典自由主义者亚当·斯密和大卫·休谟来说，这两个政策的目标都是维护国家利益；同时，通过自由贸易，也有助于促进政府间的相互理解。"② 作为亚当·斯密之理论前驱的大卫·休谟（David Hume），其对"私利"与"公益"的辩证同曼德维尔的"寓言"一起为苏格兰启蒙运动与古典政治经济学的天真观念奠基，他对人性中"自利"原则的阐发构成了现代性世界图景下市场经济学发展之正当性论证的重要基础。在休谟看来，对人性的研究必然采取一种不同自然科学研究的方式，因为"我们总是发现，理性和想象力的生气蓬勃的发挥必然由于人类心灵的狭小容量而摧毁感情的全部活力"③。而这种"理性和想象力的生气蓬勃的发挥"更是"完全发端于那种是极端虚妄的哲学推理之源的对简单性的热爱"④。而"理性与想象力"的"对简单性的热爱"就成为休谟批判的对象："一种哲学如果不允许人道和友谊获得敌意和怨恨这些阴暗的激情所不争地享有的那一些特权，必定是多么恶毒的一种哲学……它可以构成自相矛盾式的机趣和嘲弄的一个良好基础，然而却是任何严肃的论证或推理的一个很坏的基础。"⑤ 休谟在这里批判的观念（多么恶毒的一种哲学）正是那种以公益（仁爱）为口号的社会经济观，它实际上是亚里士多德与阿奎那思想在现代早期的（正在不断失去生命力的）延传，无论是"城邦的正义"还是"至上的谕令"，休谟认为，由于这种观念"摧毁感情的全部活力"，即是使人失去"私己"的主体性和主动性而必须予以彻底否定，否则就会沦为"自相矛盾式的机趣和嘲弄"。在此基础上，休谟提出真正开启现代货币经济学说理路的"自爱"原则："这条原则就是，整个仁爱是纯粹的

---

① ［荷］曼德维尔：《蜜蜂的寓言》第一卷，肖聿译，商务印书馆2016年版，第289页。
② ［美］迪帕克·拉尔：《复活"看不见的手"：为古典自由主义辩护》，史军译，译林出版社2012年版，第54页。
③ ［英］大卫·休谟：《道德原则研究》，曾晓平译，商务印书馆2001年版，第151页。
④ ［英］大卫·休谟：《道德原则研究》，曾晓平译，商务印书馆2001年版，第150页。
⑤ ［英］大卫·休谟：《道德原则研究》，曾晓平译，商务印书馆2001年版，第154页。

伪善，友谊是一种欺骗，公共精神是一种滑稽，忠实是一种获取信任和信赖的圈套；当我们全都心底里只追求我们自己的私人利益时，我们就披上这些漂亮的伪装，以解除他人的防备，使他人更暴露于我们的诡计和阴谋面前。"① 而同时，"不论一个人可能感受到或者想象自己同情到什么感情，没有一种激情是或能够是无私的；最慷慨的友谊，不论多么真诚，都是自爱的一种变体；甚至我们自己也不知道，在我们看来全心全意从事为人类谋划自由和幸福时，我们只是在寻求我们自己的满足"②。

因此，借助休谟的极端的"怀疑论"（Skepticism）的批判性建构，亚当·斯密得以在其"自然法"佑护下的自然—自由的市场经济观念下奠立良序稳定的自由主义经济思想体系。"亚当·斯密政治经济学的心理学前提是：自身利益乃是人类经济活动的主要动机。"③ 同时，斯密也在其"人性假设"中加入了得以使"自我利益"（Self-Interest）观念得以普世/普适化的"社会性"界定：在现代社会，每个人都必须是作为建议的主体而出现的"商人"，于是，"商业社会"就成为"现代性"的经济面向的本质性刻画。"商业有助于自由的实现，不过也只是在存在政治与法律秩序的环境之中才可以。这种环境能够自觉地调整并扩展，把社会关系日益增加的复杂性以及因一个'每个人在某种程度上都是商人'的社会的出现所引发的变迁过程纳入考虑。"④ 由此，斯密通过"自然权利"界定下的"自我利益"，建立了"商业—自由"与自由主义的"政治与法律秩序"的诉求，并进而构造了现代意义的道德前设。"斯密的社会道德观是其商业社会观及其优越性的内在部分。他对商业社会的正当信心十足，就意味着他必定也深信在人人为商的社会中，普遍规则一定会得到遵守。斯密的信心建立在对人际关系的新评价之上。在一个文明（市场）社会中，个人'随时都需要与他人合作以及得到他们的帮助，而他的一生却只获得少数几个人的友谊。'这意味着市场社会中的个人主要是和陌生人打交道。"⑤ 而基

---

① ［英］大卫·休谟：《道德原则研究》，曾晓平译，商务印书馆2001年版，第147页。
② ［英］大卫·休谟：《道德原则研究》，曾晓平译，商务印书馆2001年版，第148页。
③ ［英］亚·沃尔夫：《十八世纪科学、技术和哲学史（下）》，周昌忠、苗以顺、毛荣运译，商务印书馆1991年版，第950页。
④ ［英］洪特、伊格那季耶夫编：《财富与德性——苏格兰启蒙运动中政治经济学的发展》，李大军、范良聪、庄佳玥译，浙江大学出版社2013年版，第288页。
⑤ ［英］克里斯托弗·贝里：《斯密和现代性》，载《奢侈的概念：概念及历史的探究》，江红译，上海世纪出版集团2005年版，第163页。

于对"普遍规则"的虔信,斯密就给出了他的"自利"意识的宣言:"人类几乎随时随地都需要同胞的协助,要想仅仅依赖他人的恩惠,那是一定不行的。他如果能够刺激他们的利己心,使有利于他们,并告诉他们,给他做事,是对他们自己有利的,他要达到目的就容易多了。不论是谁,如果他要与旁人做买卖,他首先就要这样提议。……我们所需要的相互帮忙,大部分是依照这个方法取得的。我们每天所需的食料和饮料,不是出自屠户、酿酒师或烙面师的恩惠,而是出于他们自利的打算。我们不说唤起他们利他心的话,而说唤起他们利己心的话。我们不说自己有需要,而说对他们有利。"①

从亚当·斯密的自利(有利)的正当性论说出发,当自由主义政治经济学观念下的"经济自由"最终指向消除国家管控的"自由的私有企业交换经济",则在根本上以这种"自由"为"不可缺少的手段"的"政治自由",就必然指向在"良法"的"保护性权力"的佑护之下,免于政府强力的阻滞,同时又实行"竞争的资本主义"的国家建构。"随着政治进入我们现在所称的自由主义模式,即制定普遍规则,为个人的经济活动提供一个中立的框架的阶段,道德观也同样成为了个人选择的问题,而揭示人的本性的则是这些选择背后的物质动机。"② 而对于动机的"物质性"界定,就为斯密的"看不见的手"的"神秘"论证开辟了意识形态前提。

(二)"看不见的手"的悖谬

在对于西方自由主义经济学的经典解释中,"理性的经济人"作为超阶级的、绝对均质的行为主体(Individual Agent)而出现,他们能够计算得失,从事经济活动,而虽然人们都是从利己的动机出发来考虑事情,但是却会导致每个人都选择有利于社会的行为,分散的经济活动可以自然地形成秩序,这都是由于一切行为背后的"看不见的手"的作用使然:在"看不见的手"的宰制之下,公益"自然"可以实现,均衡"自然"可以达成。

自由主义经济学的这种经典的普遍主义、基础主义论述先不论其论域

---

① [英]亚当·斯密:《国民财富的性质和原因的研究》下卷,郭大力、王亚南译,商务印书馆1974年版,第13—14页。另:关于"恩惠"的说法请参校基督教世界对上帝的"恩典"(Grace)的相关讨论。

② [英]克里斯托弗·贝里:《斯密和现代性》,载《奢侈的概念:概念及历史的探究》,江红译,上海世纪出版集团2005年版,第162页。

的可普遍性、基础要素的可确定性成立与否（如对共同普遍人性的假设），仅就这一论述本身而言，其实也是通过对亚当·斯密的思想的（合"理"的）误读或过度诠释得以实现的。亚当·斯密在《国民财富的性质和原因的研究》中对"看不见的手"这样表述："把资本用来支持产业的人，既以牟取利润为唯一目的，他自然总会努力使他用其资本所支持的产业的生产物能具有最大价值……确实，他通常既不打算促进公共的利益，也不知道他自己是在什么程度上促进那种利益。……由于他管理产业的方式目的在于使其生产物能达到最大程度，他所盘算的也只是他自己的利益。在这场合，像在其他许多场合一样，他受着一只看不见的手的指导，去尽力达到一个并非他本意想要达到的目的。也并不因为事非出于本意，就对社会有害。他追求自己的利益，往往使他能比在真正出于本意的情况下更有效地促进社会的利益。"① 在这里，亚当·斯密的论述其实有着明确的指向，那些"把资本用来支持产业的人"一定不是超阶级的经济行为人，而"管理产业的方式目的在于使其生产物能达到最大程度"也真实地说明了这位苏格兰启蒙运动思想家真正的服务对象是资产阶级。"看不见的手"的提出，就是斯密并不巧妙地为资产者牟利行为寻求辩护的努力，在这一由假设构造的假象中，资产者的利润追逐（资本逻辑的外化）被伪饰为人人皆有的趋利避害本性，而那些价值的真正的创造者们却因其"被决定"的地位而使其无法质疑资产者如何去"达到一个并非他本意想要达到的目的"，以及最终又是否真的"更有效地促进社会的利益"。然而，亚当·斯密作为自由主义政治经济学的开创者，还不会像他后来的追随者那样仅仅满足于通过排他性的权利划分来完成一个粗糙的"自然法"假设，而事实上从这一段落在整体论证结构中的功能位置及其论证有效性的指向上②，就可以清楚地发现斯密的目的所在。"每个人都不断地努力为他自己所能支配

---

① ［英］亚当·斯密：《国民财富的性质和原因的研究》（下卷），郭大力、王亚南译，商务印书馆1974年版，第27页。
② 从亚当·斯密对"看不见的手"的表述在《国民财富的性质和原因的研究》（下卷）的位置来看，它是在第四篇"论政治经济学体系"中的讨论"重商主义"的第二章"论限制从外国输入国内能生产的货物"中的对第二个分论点"每个个人把资本用以支持国内产业，必然会努力指导那种产业，使其生产物尽可能有最大的价值"而进行的论证。本文稍后征引的就是作为这一章的中心论点的论述。而值得注意的是，从这样一个论证结构来看，其论述的行为主体绝不可能是如通常经济学教科书所声称的所有的"经济人"，又或者成为普遍均质的"经济人"也需要英国下院一般的资产最小值限定。

的资本找到最有利的用途。固然，他所考虑的不是社会的利益，而是他自身的利益，但他对自身利益的研究自然会或毋宁说必然会引导他选定最有利于社会的用途。"① 在这样一个总论性质的段落里，我们可以确信，斯密论证的"每个人"所指的就是"资本家"（商人），是"努力为他自己所能支配的资本找到最有利的用途"的"理性者"，是以自我膨胀与自我扩张为根本特性的资本的逻辑，虽然就其内在而言蕴含着达成社会公益的可能性，但构成这一所谓的"论证"的真正的困难却是：这种"公益"的达成似乎是不证自明的，因为在实际的质疑者缺席的情况下答案只能根据强力而被给予，真正的证明不可能也无法有效进行。当我们回顾传统的将"看不见的手"视为市场的万能规约的体现时，就会发现这种以外在力量促成的对资本逻辑的佑护并非根本。也正是在这个意义上，资本的欲望机制成为自由主义与新自由主义根本的理论前提，"市场"的客观性不过是"资本的逻辑"的设定或外化，它本质上服从于资本的强力，也为资本的扩张效劳，而关于"秩序的实现"与"均衡的达成"的理论证明，当然是站在资本的立场上提出的更多的"看不见的手"式的"片面的正确"，或将实际的混乱描述为秩序。

更进一步的，当我们关注到《道德情操论》（*The Theory of Moral Sentiments*）中的另一处"看不见的手"的论证的时候，就可以更为清楚地认识到这种"片面的"偏见的根源之所在："在任何时候，土地产品供养的人数都接近于它们所能供养的居民人数。富人只是从这大量的产品中选用了最贵重和最中意的东西。他们的消费量比穷人少；尽管他们的天性是自私和贪婪的，虽然他们只图自己方便，虽然他们雇用千百人来为自己劳动的唯一目的是满足自己无聊而贪得无厌的欲望，但是他们还是同穷人一样分享他们所作一切改良的成果。一只看不见的手引导他们对生活必需品作出几乎同土地在平均分配给全体居民的情况下所能作出的一样的分配，从而不知不觉地增进了社会利益，并为不断增多的人口提供生活资料。"② 在这一次的"证明"之中，看不见的秩序力量被明确地区分为看得见的两极："富人"和"穷人"；在这个实际上体现了"目的论"意义的序列中，

---

① ［英］亚当·斯密：《国民财富的性质和原因的研究》（下卷），商务印书馆1974年版，第25页。

② ［英］亚当·斯密：《道德情操论》，蒋自强译，商务印书馆1997年版，第229—230页。

"富人"是绝对的宰制者、威权者（这正体现了斯密所代表的古典自由主义的经济—政治立场），他们可以随意择取"最贵重和最中意的东西"，而这些东西无疑是由"穷人"阶层制造出来的。紧接着，斯密为他自己都认为不够充分的论证性"描述"提出了"至高性"辩护："当神把土地分给少数地主时，他既没有忘记也没有遗弃那些在这种分配中似乎被忽略了的人。后者也享用着他们在全部土地产品中所占有的份额。在构成人类生活的真正幸福之中，他们无论在哪方面都不比似乎大大超过他们的那些人逊色。"① 至此，"看不见的手"的证明的真正合法性源泉终于发现，全知全能全善的"神性"原则成了"人类生活的真正幸福"的唯一裁断者，在这样的神性视野下，富人和穷人的阶级界分和对立不再存在，因为"在肉体的舒适和心灵的平衡上，所有不同阶层的人几乎处于同一水平"②。这里的"同一水平"无疑是极其含混的，但确定的却是亚当·斯密的论证正指向了一种以"自由"为名的市场"神话"：每个人都是资本宰制下的被奴役者，每个人都是逐利者，每个人都自以为快乐，每个人也都以为自己是意识形态灾难中的唯一幸存者。在资本这最终的"神"的规导之下，"社会可以在人们相互之间缺乏爱或感情的情况下，像它存在于不同的商人中间那样存在于不同的人中间；并且，虽然在这一社会中，没有人负有任何义务，或者一定要对别人表示感激，但是社会仍然可以根据一种一致的估价，通过完全着眼于实利的互惠行为而被维持下去"③。而结合《国民财富的性质和原因的研究》与《道德情操论》的"看不见的手"的论证，当代的斯密解释者埃蒙·巴特勒（Eamonn Butler）提出了一个"融合论"的社会图景："好的社会制度的基础在于我们学会与人共处。我们都想满足自己的欲望，但往往我们的欲望会与他人有冲突。慢慢地我们懂得什么行为会被别人容忍，并且不会导致毁灭性的暴力。因此，在与生俱来的人类同情心帮助下，我们制定了正义规则，遵循这些规则，我们就可以在不损害别人利益的情况下追求自己的利益。不仅在经济领域，在其他社会交往中也一样，我们学会合作共赢，尽管这完全不是我们的初衷。"④ 在这个论

---

① ［英］亚当·斯密：《道德情操论》，蒋自强译，商务印书馆1997年版，第230页。
② ［英］亚当·斯密：《道德情操论》，蒋自强译，商务印书馆1997年版，第230页。
③ ［英］亚当·斯密：《道德情操论》，蒋自强译，商务印书馆1997年版，第106页。
④ ［英］埃蒙·巴特勒：《亚当·斯密思想导读》，赵根宗译，香港商务印书馆2014年版，第94页。

域之下,哈耶克通过其对斯密理论的阐述进一步展示了这样的企图:"亚当·斯密及其同时代之人的所作所为,就是把归因于建设性制度的一切东西都分析成某些明确原则之自发而不可抗拒的发展——并解释出:即使是人工痕迹明显的最为复杂的政策体系,其产生也很少是出于人工设计或政治智慧。"① 在哈耶克的论述中,"自发而不可抗拒的发展"的"原则"便是"资本的逻辑",而在对笛卡儿式的理性主义进行批判②的前提下,哈耶克从根本上认为任何"人工设计或政治智慧"对资本及其外化的"市场"的政策性规约都是不适用的,因而也是必须放弃的。这样一种"唯资本"的论调在新自由主义的另一核心人物米尔顿·弗里德曼那里更发挥到了极致。弗里德曼提出:"迄今为止,亚当·斯密提出的看不见的手仍然是强有力的,其强大足以消除政治领域那只看得见的手所起到的削弱作用,克服其带来的恶果。"③ 进而,弗里德曼认为,资本是一种内在的、包容性的力量,总是"可以突破一切难关,恢复原来的健康"④。而从后世所发展出的对"看不见的手"的理念的延伸性阐释之中,我们得以敞开斯密文本的内核性构造,即市场(资本)行为与政府(管制)行为之间的几乎不可调和的紧张关系(Tension),也正是这种"紧张"规划了整个西方自由主义经济危机理论的关键性指向和论证旨趣。

(三) 自由主义危机理论的关键性区分

在现代社会,资本主义—自由主义的意识形态以构造人的商业—交易动机的首要性(使穆勒意义上的"经济人"的理性意涵得以确立)为其理论标的,展示一完整的内在化市场逻辑。"即使是被认为不可异化(被分

---

① [英]弗雷德里希·哈耶克:《自由宪章》,冯克利译,中国社会科学出版社1999年版,第86页。
② 在此哈耶克借米塞斯的话提出对作为经验主义的对立面的理性主义的批判:"旧信仰认为应将社会制度归之于神,或者至少应追溯到神灵启示下的启蒙,但理性主义在摒弃了这种旧信仰后,也没有找到其他解释。由于理性主义造成了现在的条件,人们也就把社会生活的发展视为完全有目的的与理性的;然而,除了通过在承认其是有目的的和理性的这一事实的前提下进行有意识的选择,还能如何实现社会生活的发展呢?"([英]弗雷德里希·哈耶克:《自由宪章》,冯克利译,中国社会科学出版社1999年版,第86页。)
③ [美]米尔顿·弗里德曼、罗丝·弗里德曼:《自由选择》,张琦译,机械工业出版社2008年版,第6页。
④ [美]米尔顿·弗里德曼、罗丝·弗里德曼:《自由选择》,机械工业出版社2008年版,第6页。

享而非被交换）的事物——美德、仁爱、知识、意识——都——落入交换价值的范围。这是'全体腐化'的纪元，'普遍图利'的纪元，是'每件物品都被带入市场的时代，不管是物质的或精神的物品，都被视作具有商业价值，以便能准确地估计物品的价值'。"① 而在这一"非物质"形态的"异化"进程（美德、仁爱、知识、意识）中最具有"生产性"的典范力量，就是斯密的古典自由主义"目的论"，在其中"普遍意志'以一般法则来治理全部事物，指引向整体的维护及繁荣兴旺'，又'作为一个连贯的系统，这个宇宙是受它的普遍目标来管治的，即促进它本身以及所有在这系统内的物种的维护与兴旺繁荣'"②。

  斯密的市场自由主义希图确立的使得"物种的维护与兴旺繁荣"得以可能的"普遍目标"，就是通过"看不见的手"的论证所建立的"自然—自由"的"市场行为"系统（全体腐化）。"在几个世纪的时间里，国家被认为是一个用来挽回利己主义带来的负面影响的工具。而亚当·斯密的论点刚好相反。个体追求私利的行为不仅有它的作用，而且还能发挥比政府行为更好的作用。事实上，亚当·斯密认为，个人追求私利的行为是一种有力而且正面的力量，甚至可以抵消政客们管理不善带来的负面影响。"③ 从而，"简单地说，亚当·斯密的观点是，市场对于增加国家的财富非常有用，而国家对于市场运作的干预，害处必然大于益处"④。亚当·斯密式的"独断论"（Dogmatism）标示了自由"贸易"论（扩大的人性论的意义上）的"自由"奥义，出于《道德情操论》的"同情—共感"性、合于《法理学讲义》的具身性"权利"，并且恰切地体现了"物理科学反思"⑤ 的"市场行为"本身，就是"自由"的意涵在现代商业社会中的充分体现，而"使国内产业中任何特定的工艺或制造业的生产物独占国内市场，就是在某种程度上指导私人应如何运用他们的资本，而这种管制

---

① ［法］让·鲍德里亚：《游戏与警察》，张新木、孟婕译，南京大学出版社2013年版，第179页。
② ［美］约瑟夫·克罗普西：《国体与经体：对亚当·斯密原理的进一步思考》，江红译，上海世纪出版集团2005年版，第31页。
③ ［美］梅德玛：《捆住市场的手》，启蒙编译所译，中央编译出版社2014年版，第25页。
④ ［美］梅德玛：《捆住市场的手》，启蒙编译所译，中央编译出版社2014年版，第25页。
⑤ ［英］亚当·斯密：《亚当·斯密哲学论文集》，石小竹、张明丽译，商务印书馆2013年版，第105—121页。

几乎毫无例外地必定是无用的或有害的"①。而对于亚当·斯密来说，真正可以取代这一系列"无用的或有害的"管制—政府行为的，就是根源于"权利"观念（"私有产权"）的自利—互益模型下的经济学推演，也即是理想性的"自由竞争经济学"。"任何人，只要他的言行并没有违反法律，他就应当有绝对的自由以他自己的方式追求个人的利益，使用自己的资本去和他人自由竞争。"②

亚当·斯密的商业—市场观念（当时的"异端"与当下的标准版本的"市场经济"意识形态）依赖一种特殊的"德性"（Virtue）理解，特别值得关注的是，这种理解不仅与古典世界（作为典范的希腊—罗马谱系）的思想意旨大相径庭，更加同文艺复兴以降的强调政治参与、公民文化的"市民人文主义"（Civic Humanism）格格不入。斯密"尊崇的是独立的精神与商人自我的意识，而非古典共和主义者们的自由主义市民德性"③。斯密所面对的两种不同意义上的"古典性"前设，其共同点都是以拒斥自利的市场行为的"放任性"而强调城邦—国家的政治共同体的在先性与首要性（人是城邦的动物/人是政治的动物）。在这些古典经济哲学的视野下，"如果没有道德活动的稳固基础，失去了引导其合理公共福利的社会，会盲目地漂游在变幻莫测的海洋上，这海洋就是以商业和信用为基础的经济"④。作为"莫测的海洋"的拒斥者，这些实际上迥异于当代自由主义管制经济论者的"亚里士多德传统"（Aristotelian Tradition）的思想家们从根本上不承认的存在独立于政治共同体之外的、独立于政治行为之外的私己的行为，并且他们认为，"用个人的财产积累私利或沉湎于个人的奢侈，就是腐败"⑤。进而，在更为根本的意义上，亚里士多德在他成熟时期的作品《尼各马可伦理学》（Nicomachean Ethics）中将那些只按本性的欲望（私利）去行事的人描述为"孩子"，并认为他们只有在更成熟个体的道

---

① ［英］亚当·斯密：《国民财富的性质和原因的研究》（下卷），郭大力、王亚南译，商务印书馆1974年版，第26页。
② ［美］梅德玛：《捆住市场的手》，启蒙编译所译，中央编译出版社2014年版，第26页。
③ ［英］洪特、伊格那季耶夫编：《财富与德性——苏格兰启蒙运动中政治经济学的发展》，李大军、范良聪、庄佳玥译，浙江大学出版社2013年版，第198页。
④ ［英］克里斯托弗·贝里：《斯密和现代性》，载《奢侈的概念：概念及历史的探究》，江红译，上海世纪出版集团2005年版，第152页。
⑤ ［英］克里斯托弗·贝里：《斯密和现代性》，载《奢侈的概念：概念及历史的探究》，江红译，上海世纪出版集团2005年版，第152页。

理（Logos）的管制之下，才能够正当地采取行动，也才能更好地为自己的行为负责。亚里士多德认为，在城邦共同体中，"我们的欲望应当是适度的和少量的，并且不违背于逻各斯。我们所说的服从的、受过管制的品质也就是指这种状态。因为，正如一个儿童应当按照他的教师的指导去生活，我们身上的欲望的部分也应当服从逻各斯的指导"①。

亚当·斯密作为一个坚定的自由—市场论者，当然对这种"理智不成熟"论极端拒斥，在这个意义上，他的市场主义就是在经济领域的"反亚里士多德主义"（Anti-Aristotelian）。因而，在相反的意义上，他强调个人利益行为的合理性（Rationality）与规范性（Normativity）。"关于可以把资本用在什么种类的国内产业上面，其生产物能有最大价值这一问题，每一个人处在他当地的地位，显然能判断得比政治家或立法家好得多。如果政治家企图指导私人应如何运用他们的资本，那不仅是自寻烦恼地去注意最不需要注意的问题，而是僭取一种不能放心地委托给任何个人，也不能放心地委之于任何委员会或参议院的权利。把这种权利交给一个大言不惭地、荒唐地自认为有资格行使的人，是再危险也没有了。"② 在此，我们清晰地看到，斯密使用了极其近似于古典主义反市场论证的言说策略，并且将"危险"的指斥安插在前者所认为的将带来安稳与和谐的政府的"教导性"的行为上，也就从根本上造成了对古典语境的颠转。而结合前面的对于"看不见的手"的论述，我们知道，对于斯密来说，真正"安全"的便只有"放任"个人，以自由（经济自由，但更加是政治自由）为市场正名。在这个意义上，斯密的市场和谐—均衡论也就展现了最为核心的、排他性的"主观"意蕴。"我从来没有听说过，那些假装为公众幸福而经营贸易的人做了多少好事。事实上，这种装模作样的神态在商人中间并不普遍，用不着多费唇舌去劝阻他们。"③ 叙事恢宏的"自然规律"、言辞庄重的"神性论证"最终还原为极端"视角主义"（Perspectivism）的"我从

---

① ［古希腊］亚里士多德：《尼各马可伦理学》，廖申白译，商务印书馆2003年版，第94页。
② ［英］亚当·斯密：《国民财富的性质和原因的研究》（下卷），郭大力、王亚南译，商务印书馆1974年版，第25—26页。
③ ［英］亚当·斯密：《国民财富的性质和原因的研究》（下卷），郭大力、王亚南译，商务印书馆1974年版，第27—28页。

来没有听说"和"用不着"的经验性（非"论证性"）说服①（Persuade），就恰如还原了中世纪告解实践中神父的解经与开示，也正是这种借助于自由主义市场信仰的"论证"与"解释"，进一步发展出"萨伊定律"中更为主观臆断性的对资本主义经济危机的否定性辩护。

结语 "铁笼"中的自由

自由主义政治经济学危机学说的造作以"资产阶级性"为前提，"新教开始从精神上解放人，资本主义则从心智、社会和政治上继续这个任务。经济自由是这个进步发展的基础，资产阶级则是它的生力军。"② 但是，这一"自由"的驱动力却在资本主义社会的不断发展中成为"某种残忍和奴役"的造物，就正如别尔嘉耶夫所指称的"有产者"的困境那样："与无产者相比较，有产者更加是客体化的生存，更加是远离人生存的无限主体性的异化物。资产阶级性完全丧失精神的自由，其生存完全受决定论钳制。……资产阶级性的自然力彰显个体性。一切社会都受其裹挟，而把自己掷进这种氛围中去，贵族、无产阶级、知识分子一并劫数难逃。有产者的致命弱点在于他始终无法克服自身的资产阶级性，即他始终受自己的财产、金钱、致富意志、资本主义社会舆论、社会地位的俘获，并始终受那些被他剥削且害怕他的人的俘获。资产阶级性作为灵魂和精神的一种受束缚状态，它把人的生存都抛给了外在的决定势力。"③ 因此，资产阶级性是一种"异化物"，是"财产"和"致富意志"的不断膨胀的"客体化"呈现，自由主义政治经济学货币学说正反映了这样一种"异化"状态：在追逐自由权的过程中将自己"抛给了"市场这一"外在的决定势力"。由于市场的作用，"不但经济，而且人与人之间的关系也具有这种异化特征，它呈现出物与物之间的关系特征，而非人与人之间的关系。但是，这种工具精神与异化现象最重要最危险的方面或许在个人与自我的关

---

① 古典自由主义经济学者的这种"说服"理念有着"良好"的延传，这一点在后来的巴斯夏和穆勒、门格尔，以及新自由主义的米塞斯、哈耶克、罗斯巴德身上都有非常强烈的体现，更成为整个社会科学界的"功利主义化"的主要基调。
② ［美］弗罗姆：《逃避自由》，刘林海译，国际文化出版公司2002年版，第77页。
③ ［美］别尔嘉耶夫：《人的奴役与自由》，徐黎明译，贵州人民出版社2007年版，第134—135页。

系上。……同其他商品一样，市场决定了这些人类特质的价值，甚至他们的存在。"①

"工具精神"的内在化导致了资产阶级性基础上"同其他商品一样"的"自我认同"（Self-Recognition）。"人受奴役的最后一桩真相是人受自我的奴役。人陷入客体世界的奴役，这是自身外化的奴役。"② 而在这个意义上，自由主义所宣称的"自我"也就成为资本主义生产关系下失去主体性的存在。"人受外在的奴役，又受内在的奴役。自我中心主义者总在客体化的钳制下，总把自己抛到外在的世界中去，即使分析世界，他们也依附于世界，也把世界作为自己的工具。"③ 在把世界作为"工具"的同时"依附于世界"，资产阶级主体性的退隐不言而喻，强大的资本力量"钳制"人性，并操纵自由主义使其散布个人主义的种种幻象。"事实上，个人主义是客体化，它关联于人的生存的外化，而且每每隐而不显，难以被人识破。个体人是社会的、种族的、世界的部分，而个人主义是部分——脱离了整体的部分——的幻象，或者是部分对整体的反抗。整体中的任何一个部分，纵然反抗整体，但因置于个人主义之中，也只能是外化的事物。"④ 作为"外化的事物"的个人主义的"幻象"逻辑揭示了资本主义市场力量的"奴役性"，资本的奴役通过资产阶级性的自我认同不断深化，最终揭示出那些所谓的"自由"国家是如何"通过臣服于新式权威或者通过强迫接受公认的模式，随时准备除掉个人自我的"⑤。

由此可见，自由主义经济学的自由是"铁笼"（Iron Cage）⑥中的自由、被"宰制"的自由："没有人知道未来谁将生活在这个铁笼之中，没有人知道在这惊人发展的终点会不会又有全新的先知出现，没有人知道那些老观念和旧理想会不会有一次伟大的新生，甚至没有人知道会不会出现

---

① ［美］弗罗姆：《逃避自由》，刘林海译，国际文化出版公司2002年版，第86页。
② ［俄］别尔嘉耶夫：《人的奴役与自由》，徐黎明译，贵州人民出版社2007年版，第92页。
③ ［俄］别尔嘉耶夫：《人的奴役与自由》，徐黎明译，贵州人民出版社2007年版，第94页。
④ ［俄］别尔嘉耶夫：《人的奴役与自由》，徐黎明译，贵州人民出版社2007年版，第95页。
⑤ ［美］弗罗姆：《逃避自由》，刘林海译，国际文化出版公司2002年版，第96页。
⑥ 此处"Iron Cage"的用法，是借自帕森斯对于马克斯·韦伯的"stahlhartes Gehäuse"的英译，相关语境的解析参见［德］马克斯·韦伯《新教伦理与资本主义精神》，阎克文译，上海人民出版社2010年版，第346页注115。

被痉挛性妄自尊大所美化了的机械麻木。"① 自由主义政治经济学的"先知"不断出现，并一再重复同样的"消极"言论，而在自由主义治理下的人们，早已习惯了这种话语，早已习惯了这种话语所造成的意识形态上的"机械麻木"：他们"看到使任何商业伦理的差别与禁忌得以产生的一切标准的沦丧，看到一种冷酷无情的强制力量在迫使人人——甚至包括最有良心的商人——奔向所有经济伦理的这个独一无二的墓地并与恶犬为伍同声嚎叫、否则就会遭到经济毁灭的惩罚。"② ——他们早已看透，但从未揭穿。③ 自由主义经济学说通过危机理论辩护实现其伦理构造并宣称"历史终结"，或者，"完全可以言之凿凿地说，在这种文化发展的最后阶段，'专家已没有精神，纵欲者也没有了心肝；但是这具空心的躯壳却在幻想着自己达到了一个前所未有的文明水准'"④。自由主义政治经济学所能提供给人们的只是自以为先进的文明创造，"铁笼中的自由"便是资本主义自由市场幻象所"决定"的"历史性"真相，而这一点正是被马克思经济危机理论所科学地揭示出来。

---

① ［德］马克斯·韦伯：《新教伦理与资本主义精神》，阎克文译，上海人民出版社2010年版，第275页。
② ［德］马克斯·韦伯：《韦伯政治著作选》，阎克文译，东方出版社2009年版，第74—75页。
③ 大卫·哈维对于资本主义市民社会的如下期许与韦伯的悲观呈现某种"互文性"："比起新自由主义所祈求的自由前景，还有远为高尚的自由前景有待我们去争取。比起新自由主义所允许的治理体系，还有远为有价值的治理体系有待我们去建立。"（［美］大卫·哈维：《新自由主义简史》，王钦译，上海译文出版社2010年版，第237页。）
④ ［德］马克斯·韦伯：《新教伦理与资本主义精神》，阎克文译，上海人民出版社2010年版，第275页。

第二章

"资本的年代":危机理论的意识形态化

    1825 年的大危机,开启了西方资本主义周期性危机的序幕,也使得众多的自由主义经济学家面临着为资本主义之"可完善性"(Perfectibility)进行持久辩护的重大历史使命。"随着机器工业的成长,地方性的、局部性的生产过剩危机,逐步转变为波及所有主要生产部门、严重震撼整个经济的普遍生产过剩危机。1825 年第一次周期性普遍生产过剩危机的爆发,完成了这种从量变转变为质变的过渡。"① 也正是以此为转折,造成了第一轮长波降波的出现,这次长波的降波一直延续到 1945 年。② 而这次危机也就对思想领域的辩护工作提出了新的要求。西方资产阶级经济学家以其本质上的"特异"于世界文明多样性的斗争性"阶级意识"而"特立"于(特别是 19 世纪中期以降的)世界性的"普遍历史"之中。③ 封闭的权力

---

    ① [苏联]门德尔逊:《经济危机与周期的理论与历史》(第一卷),斯竹等译,生活·读书·新知三联书店 1990 年版,第 364 页。
    ② "在从拿破仑战争结束到这次危机爆发的十年内,大机器生产有了进一步的发展。在英国,随着资本主义的迅速成长,作为危机和周期的基础的资本主义的矛盾和规律性也日益发展起来。二十年代英国的经济生活,没有受到以往各次危机时期曾起过那么重要作用的战争和战争影响的干扰。1825 年的危机是最早的一次生产普遍过剩和周期性表现得比较明显的危机。"[苏联]门德尔逊:《经济危机与周期的理论与历史》(第一卷),斯竹等译,生活·读书·新知三联书店 1990 年版,第 364—365 页。
    ③ "从'纯'资本主义社会的这种经济结构(它自然是作为趋势,然而却是作为一种决定一切理论的决定性趋势而产生的)里产生出以下情况:社会结构的不同方面能够而且必然相互独立,并能够而且必然意识到这样一些方面。18 世纪末和 19 世纪初理论科学的巨大发展,英国的古典经济学和德国的古典哲学,标志着这些局部体系有独立的意识,标志着资产阶级社会的结构和发展的这些方面有独立的意识。经济、法律和国家在这里都表现为是一些自我封闭的体系,这些体系由于有自己完全的权力,以自己固有的规律而统治着整个社会。"[匈]卢卡奇:《历史与阶级意识》,杜章智等译,商务印书馆 1992 年版,第 324 页。

"体系",是阶级意识的自我完成、自我建构,也是系统性的意识形态运作背后的"生产"逻辑,它取消了作为"个体"的人的单独行动,又以"权利"之名织造幻象之网,在其中所有的理论表述都将陷于"主观"和"单向"。① 阶级意识与危机理论的双重构建关系,也正是从这个层面来理解的。

由此,本章从"阶级意识"面对危机而生成的"生产关系"出发,在探讨经济危机理论向"经济周期"理论"自然"化与意识形态化之"演化"的过程中,以萨伊、李嘉图、西斯蒙第、巴斯夏、约翰·穆勒的代表性理论为主要研究对象,探讨19世纪这一"自由主义的时代"社会历史条件下的"分裂的新来源、对抗的新模式"②,并试图揭示资产阶级理论家如何如《共产党宣言》中所讽刺的:"像一个魔法师一样不能再支配自己用法术呼唤出来的魔鬼了。"③

一 "资本的年代":"自由主义时代"的繁荣与危机

(一) 工业资本主义的新发展

在经历了1825年的经济危机而开始步入"真正"的循环之后,西方世界的自由主义"转型"也同时宣告完成。有限政府、自由贸易、言论空间、资本法权等观念的全面"君临",也使得"开明自营"的个人主义经济哲学推动着科学与技术取得了长足的进步,资本的逻辑也进一步借助技术的宰制而逐步成为"宇宙的主宰"(Master of the Universe)。在第二次长波的升波阶段,资本主义自由竞争原则在思想观念、经济生活和政治、法律等各个领域都彻底摧毁了中世纪以来的封建传统而得以最终确立。资产

---

① "工业——只要它是制定了目标的——从根本的意义上,在辩证的和历史的意义上,仅仅是社会的自然规律的客体,而不是其主体。马克思曾反复强调要把资本家(如果我们谈论过去或者现在的'工业',我们就只能是指资本家)看做只是一个特殊的戴假面具的人。……因此,工业,即资本家作为经济、技术进步的化身不是主动的,而是被动的,它的'主动性'仅仅在于正确地观察和估计社会的自然规律的客观作用,这一点对马克思主义来说是不言而喻的(恩格斯在别的地方也是这样理解的)。"[匈]卢卡奇:《历史与阶级意识》,杜章智等译,商务印书馆1992年版,第213—214页。

② [美]卡尔·博格斯:《知识分子与现代性的危机》,李俊、蔡海榕译,江苏人民出版社2006年版,第200页。

③ [德]马克思、恩格斯:《共产党宣言》,人民出版社1997年版,第33页。

阶级笃信以私有财产的神圣不可侵犯为基础，按照等价交换原则，通过市场供求关系的自发调节，可以使经济实现自然均衡，大量的廉价商品成了摧毁一切传统壁垒的最有力的武器。资本主义国家又采取各种方式，主要从社会再生产过程外部保证了自由竞争得以顺利进行。资本主义自由竞争在第二次长波的升波阶段达到了鼎盛时期。在第二次长波的升波阶段，英国由于其经济实力依然占有压倒优势的地位而号称"世界工厂"，成为资本主义世界经济的引擎和中心，也就是第二次长波升波的中心。

第一次长波期间开始形成的产业结构刚性虽然在一定时期内遏阻、拖延了结构转换的进程，但不可能从根本上改变这一进程。由第一次结构性危机和失衡引起的第一次长波降波（1825年之后）的出现，给资本主义经济以严重打击，迫使资本主义国家通过新的大规模的群体创新推动产业结构的逐步转换，进一步增强产业的相关度，实现产业的升级，以便克服重要的传统产业部门内资本的过剩和毁坏，摆脱资本主义经济发展的长期困境，使产业利润水平逐步得以恢复。在第二次长波当中，充当支柱产业的便是铁路运输业、炼铁业、机器制造业、煤炭工业等部门。19世纪40年代，随着国家的统一和对外扩展，以及政府对经济的扶持，德国和其他欧洲国家的经济实现了起飞。在19世纪60年代，日本经济也进入了高速增长时期。在第二次长波期间，资本主义世界经济体系已经形成。

1. 技术进步

19世纪中期，第一次工业革命在英国等欧洲国家逐步完成；到19世纪70年代，第二次科技革命以更快的速度、更大的规模和更强的驱力在欧洲大陆铺展开来。伴随着由英国等确立了资本主义制度的国家所引领的新的科技与工业革命的发展，西方世界的社会经济领域发生了深刻的变化，垄断出现并逐渐操纵了资本主义国家的政治和经济生活，社会矛盾进一步激化，贫富差距拉大，阶级问题（包括中下阶层的教育问题）日益成为无法忽视的问题，在这一时期，社会主义运动也达到了发展的高潮。

19世纪上半叶，在英国的影响之下，身处欧洲大陆的法国、比利时和德国等国先后展开了以实现棉纺织业的机械化、工业动力的蒸汽化、交通运输的铁路化等为主要内容的工业变革。到19世纪六七十年代，英国和比利时的工业革命取得重大进展，法国和德国的工业化也进入高潮。由此，在新的科技革命浪潮到来之前，欧洲的主要资本主义（尽管并非都是完全的代议制民主国家）都不同程度地建立了近代意义上的工业体系，资本主义经济发展水平和社会财富总量均有极大程度的提高，这也为工业体系的深入发展奠定了坚实的物质基础。

表2-1　　　　　英国这一时期的铁路钢铁及机器出口量　　　　单位：千吨

年份	铁路钢铁	机器
1845—1849	1291	4.9
1850—1854	2846	8.6
1855—1860	2333	17.7
1861—1865	2067	22.7
1866—1870	3809	24.9
1871—1875	4040	44.1

资料来源：[英] 艾瑞克·霍布斯鲍姆：《资本的年代：1848—1875》，张晓华等译，中信出版社2014年版，第46页。

而在这一"物质"的基础之上，则是以英国为代表的资产者国度的根本性的制度转型，并且，因为这样的"转型"在"效果"（"经济的"与"效益的"而非传统意义上"政治的"）上的成功，又进一步地推动了"质料"（Matter）领域的进步。在这一时期，人们普遍将1846年废除"谷物法"视作其标志性的"开端"。19世纪40年代，时任英国首相的罗伯特·皮尔（Robert Peel）认为当时的英国经济正由于工业革命的成功而大规模扩张，这样的制度安排虽然可以保证农业的发展水平，但却与当时的发展前景并不匹配，甚至会因为对低收入者征收粮食税而对劳动阶层造成额外的负担。由此，废除《谷物法》这样一种适应"时代"需要的政策调整就成为资产阶级政府体制转型的先声。1846年后，英国国会采取自由贸易政策，并同时开始推动英国经济的去农业中心化，在这个意义上，废除《谷物法》开了历史的先河，此后，在英国国会的推动之下，1849年国会又废除了《航海法》。《航海法》原本是重商主义的产物，规定运往英国及其殖民地的货物，只能由英国船只或原产地国船只运输。该法案还规定，大英帝国的殖民地必须经由英国港口进行贸易。1860年，格莱斯顿预算案以及科布登与舍瓦利耶缔结的英法协定，为日后的一系列商业协定铺平了道路，这些条约给予欧洲各国最惠国待遇，取消了400多项产品的关税，有效地废除了原有的商品保护。这一时期，"经济的高涨、由发展和繁荣而带来的普遍的幸福感，似乎说服各国人民应该放下戒心，舍控制求自由,丢开褊狭心态迎接四海为一的观念,撇下传统做法接受变革,抛开排外带来的安全性而迎接尽管危险但获利潜力高的开放世界"[①]。在这个全新的国际经济体系中,英国无可争议地处于优势地位,和后来称霸世界的美国一样,英国的繁荣兴盛也受到放诸四海而皆准的原则("普世价值")的保障。这些原则包括:和平、自由贸易、低税收、言论自由带来的政治稳定性以及个人对其私有财产的自由支配。维多利亚时期,这些原则在各个层面上都能与英国迅速扩张的殖民帝国政治上的宰制相适应,并成就了国际政治经济的单极性。

表2-2　　　　　　　　　　各国蒸汽机数量　　　　　　　单位:万匹马力

国家	1850 年	1870 年
英国	40	90
美国	40	180
德意志	4	90
法国	6.7	90

资料来源:[英]艾瑞克·霍布斯鲍姆:《资本的年代:1848—1875》,张晓华等译,中信出版社2014年版,第48页。

19世纪中叶以后,欧洲具备了开展新的科技革命的有利条件,这个有利条件之一就是自然科学的重大突破和进步。在物理方面,最重要的突破是1842年德国科学家迈尔提出的能量守恒与转化定律,该定律后经英国物理学家焦耳的实验得以验证,经典热力学就此形成。这一发现的重大意义在于,它为机械传动系统的建立奠定了理论基础。其次是电磁理论的提出。早在1831年,英国科学家法拉第就发现了电磁感应现象,为发电机和电动机提供了科学原理,使电力工业得以建立。1865年,英国物理学家麦克斯韦为电磁理论确立了数学推导公式,电磁学得以建立,成为电气技术的先导。在化学领域,1808年英国科学家道尔顿提出的原子论、1869年俄国化学家门捷列夫发现的化学元素周期律,为化学工业尤其是有机化学工业的发展奠定了理论基础。科学领域的巨大突破是19世纪末欧洲技术革命的重要前提,技术领域的许多发明都是在科学理论的指导下完成的,与第一次工业革命相比,形成了明显的不同之处。它标志着人类社会

---

① [英]彼得·杰伊:《财富的历程》,杨建民译,国际文化出版公司2005年版,第219页。

进入了经济发展越来越多地依赖于科学进步的新时期。

表 2-3　　　　　　　　部分国家的成人识字率　　　　　　　　单位:%

国家	1850 年	1900 年
瑞典	90	(99)
美国（白人）	85—90	94
苏格兰	80	(97)
普鲁士	80	88
英格兰和威尔士	67—70	96
法国	55—60	83
奥地利（不包括匈牙利）	55—60	77
比利时	55—60	81
意大利	20—25	52
西班牙	25	44
俄国	5—10	28

资料来源：[美]卡梅伦、尼尔：《世界经济简史》（第四版），潘宁等译，上海译文出版社 2012 年版，第 260 页。

与第一次工业革命相对照，第二次工业革命最重要的技术成果是电力的应用和电气技术的推广。从 19 世纪六七十年代到 20 世纪初，欧洲主要资本主义国家基本上实现了向电气时代的转变。1866 年，德国工程师西门子研制出第一台自激式发电机。1879 年，美国科学家爱迪生发明了电灯，并在纽约建立了美国第一座火力发电站。1880 年爱迪生制造出了大型直流发电机。19 世纪七八十年代，欧洲各国纷纷建立发电站和输电线系统。1882 年，法国工程师马·德普勒建成第一条远距离直流输电实验线路，到 19 世纪 90 年代，远距离输电技术日臻成熟。19 世纪 70 年代末，交流电输电技术被提到日程上来，1888 年，英国建成第一个大型交流点输电系统。电力的应用引发了一场动力革命，出现了电车、电焊、电镀、电解和电冶等新的交通工具和新的生产技术，在生产和交通领域发挥了不可替代的作用，并且带动了以发电、输电、配电为主要内容的电力工业和发电机、电动机、电线电缆等电气设备制造工业的迅猛发展。化学与材料工业也取得很大进步。化学工业在 19 世纪后期得以建立。19 世纪六七十年代，用氨生产纯碱和用氧化氮为催化剂制造硫酸的无机化学工业诞生。19世纪末，主要用于制作肥料的硝酸盐、碱、过磷酸钙的产量已经达到千百万吨。有机化学工业则以煤焦油的综合利用为主。1856年，威廉·亨利·帕金发现了"苯胺紫"燃料，从此开始了人造燃料的生产。1884年，法国人圣·夏尔东用硝化纤维素造出人造丝，英国人克罗斯和贝温等化学家找到生产粘胶纤维的方法，人造纤维工业诞生了。1867年，瑞典发明家诺贝尔发明了雷管和甘油炸药，并开办了规模巨大的炸药厂。作为工业材料的钢铁特别是钢的冶炼技术进步也比较快。1856年，英国人贝塞麦发明了"吹气精炼"炼钢法，60年代贝氏转炉得到推广。1864年，法国的马丁和德国的查尔斯·威尔汉姆·西门子先后发明了平炉炼钢法。1875年，英国工程师托马斯发明了从含磷矿石中提炼优质钢的碱性转炉。新的冶炼技术的采用使钢的质量提高，产量迅速增长。钢产量从52万吨增至2830万吨。欧洲社会进入所谓"钢铁时代"。钢材和人造纤维等新材料的出现对欧洲和世界经济意义十分重大，从此以后，人造材料成为人类不可或缺的生产和生活材料。

  随着速度更快、成本更低的轮船的发明应用，这一时期的海路运输发生了革命性的变化。到19世纪30年代，轮船比帆船安全且快速得多。不过，在当时也仅限于价值较高或较为紧急的航行，比如信件的运送等。而在19世纪五六十年代涌现的四个新发明则进一步降低了海洋运输中蒸汽引擎的成本，这些发明分别是：螺旋推进器、铁质外壳、复合式发动机以及表面冷凝器。在这样的技术"组合"中，螺旋推进器能更有效地将水力转化为动力；铁质外壳的轮船要比以前的船轻30%左右，且在相同的蒸汽动力下载货多15%；复合式发动机能更有效地将煤炭转化为机械能；表面冷凝器能保存水分。另一些技术方面的进步则极大地减少了引擎每马力时的耗煤量。这一类的技术进步不仅直接降低了燃煤成本，而且使轮船行驶中可以多载货少装煤，从而进一步提高了利得。此外，蒸汽船的速度也明显提高了。在1838年，穿越大西洋航行的"大西部号"轮船的速度为每小时10英里；到1907年，"毛里塔尼亚"（Mauretania）号的航行时速已经达到了每小时29英里。1869年苏伊士运河的完工也极大地缩短了许多主要航线的距离。苏伊士运河使得从伦敦到孟买的航行距离缩短了41%，从伦敦到上海的航行距离缩短了32%，这使得欧洲与世界各地之间的联系前所未有地紧密起来。19世纪六七十年代，欧洲的出口增长率远高于欧洲经济的增长率，从而使各经济体更加开放，彼此间的竞争也更趋激烈。

19世纪中期的技术进步尤其是1844年电报的问世，以及1851年英法海底电缆的成功铺设，信息传播的速度提高了近100倍。在1866年，跨大西洋的电报服务兴起，到1870年英国和印度的电报系统已经能够部分通过陆地、部分通过海底电缆的联合有效运作。1874年，全世界已有65万英里以上的电线和3万英里长的海底电缆，总共有约2万个城镇与乡村通过线路而彼此联系在一起。1876年，亚历山大·贝尔取得发明电话的专利，从而语音通讯也可以通过电线来进行，这一发明通过爱迪生的改进而获得更为广泛的利用。1895年，马可尼通过应用麦克斯韦与赫兹发展出的电磁波理论，发明了用无线电波传输信息的无线电报。1901年，无线信号横越大西洋的传输获得成功。在这个时期，"电报对19世纪社会产生了巨大的冲击，可能和铁路的冲击一样大。它具有极大的军事与政治价值，如同它在协调国际金融和商品市场时所具有的强大影响"[①]。

在铁路运输方面，第一条提供载人服务、联结利物浦和曼彻斯特两地的铁路启用于1830年；到1840年，英国运行的铁路总里程为1500英里，美国大约是它的2倍，但包括当时的俄国在内的欧洲大陆的铁路总长度却还不足1000英里。到1870年，这些数字相应增长为1.34万英里、5.26万英里以及4.4万英里；到1914年时，则各自为2.03万英里、2.55万英里和25.2万英里。铁路运输的速度优势带来了显著的效益，与此同时，铁路大大拓展了海外贸易的触角，突破了原有的长距离贸易的范围限制。铁路将许多孤立的市场整合为一体，并且，只要其中一些市场已经与海路运输相联系，全世界的铁路沿线的所有市场也就合而为一，从而形成更加接近于单一的全球市场结构。到了19世纪80年代，德国工业家和美国工业家都享受到了新型运输体系的好处，他们能以前所未有的规模与速度，横跨大陆运输原材料和产品，并传送信息。这是取得规模经济效益的先决条件。欧洲大陆的铁路运输网使德国企业家比英国同行更容易接触到欧洲各地的商品市场。

科技革命带来的后果是迅速提高了生产效率，促进了社会生产力的大发展，进而推动了国民经济的高速增长。19世纪最后30年至20世纪初，欧洲的工业和交通运输业发展最快，特别是以电力和化学工业、通讯、汽

---

① [英]彼得·杰伊：《财富的历程》，杨建民译，国际文化出版公司2005年版，第218页。

车和铁路运输为标志的重工业尤为突出。这期间,欧洲经济发展速度是包括第一次工业革命在内的以往任何历史时期无法比拟的。19世纪中后期,西欧社会经济的高速增长是在科学取得重大进步的前提下实现的,自此以后,科学技术不仅成为国民经济增长的强大动力,而且与人民生活密切相关,出现了所谓的"人类科学化与科学社会化"的局面。19世纪下半叶以来,科学技术在社会经济中发挥的作用越来越大,其地位一直处于直线上升状态。19世纪的新工业革命迎来了人类历史上的工业科技划时代,即现代工业的发展完全依赖于科学技术的进步和发达的时代。

表2-4 德国工业的产出和劳动生产率的增长率(1870—1913年)

工业部门	工业产出的增长率(%)	劳动生产率的增长率(%)
采石业	3.7	1.2
金属生产	5.7	6.3
冶铁	5.9	Na
炼钢	2.4	Na
金属加工	5.3	2.2
化工	6.2	2.3
纺织	2.7	2.1
制衣与皮革制品	2.5	1.6
食品与饮料	2.7	0.9
煤气、水、电	9.7	3.6
所有工业和手工业的平均值	3.7	1.6

资料来源:[美]卡梅伦、尼尔:《世界经济简史》(第四版),潘宁等译,上海译文出版社2012年版,第260页。

2. 资本主义"企业"的成就

举世瞩目的技术进步从根本上促成了新型机械化工厂的建立。正如马克斯·韦伯所说的,自由主义学者的典型特征就是将人类在17世纪、18世纪之后取得的物质领域的进步,都归结于"现代企业制度"的出现和资本主义企业家的革新性选择的结果。对此,米塞斯(Mises)论证:"这种文明的基础是资本主义制度,由此而必然带来的政治结果是代议政治以及思想自由和人际交流自由。尽管不断遭到愚蠢而怀有恶意的大众以及前资本主义思维和行为方式的阻挠,自由企业制还是从根本上改变了人的命运。"① 在论证上,米塞斯剥离了韦伯的"新教伦理"的神学色彩,而完全站在查尔斯·泰勒所谓的一个"世俗时代"(Secular Age)的视角上,提出了对亚当·斯密所推崇的"自然自由"制度的无限拥护(以及由此对政府行为能力的无限贬低)。"美好旧时光的停滞状态之所以转变为资本主义的生机盎然状态,并不是由于自然科学和技术发生了变革,而是由于采取了自由企业原则。那场肇始于文艺复兴,持续至启蒙运动,而在19世纪的自由主义思潮中达到顶点的伟大思想运动,既产生了资本主义,即自由市场经济,又产生了其政治后果(用马克思的话说,是其政治上的'上层建筑'),亦即代议政治和个人的公民权利。"②

历史地看,在工业革命早期,工业生产通常是由众多的熟练工匠来完成的,而这些熟练工匠是通过个人的学徒经历来获得各项技能的。在工业革命期间,纺织业不仅在技术进步方面具有革命性的意义,在劳动力的组织方面也具有突破性的进展。特别是在纺织业中,只有少量的负责监督的工人是熟练工,而大量的工人都是不熟练的、未经培训的短工。这种成本更低的工作方式是直到19世纪晚期环锭纺纱机的进一步发展才使其成为可能。纺织业之所以能降低对纺织工技术、受教育程度和监管的要求,主要得益于环锭纺纱技术的推广。在"制式"的思考之下,环锭纺纱工人只需要执行固定的工作步骤,在一套工序过程中,纺纱工以相同的路线和巡视方式来开展他们的工作;而对工人们进行管理,则只需要工头定期计算工人的环锭各有多少停止运行,以及对各纺织工的机器停运比率进行计算。由此可以看出,尽管工业革命后技术变得越来越复杂,但通过人为的设计,很多生产过程的任务都被简单化、标准化了。各种各样的新技术推动着整个资本主义世界走向工业化,与此同时,组织领域的变革与转型也在加速各种技术的扩散。

在这一时期内,资本主义私有制的形式发生了新的变化,之前在所有制形式中居主导地位的以家族血缘关系为纽带形成的独资企业和合伙企业由于其筹资范围狭小、筹资金额有限、风险过于集中、受企业主专业知识和管理技能的限制等原因,已经越来越难以适应生产规模迅速扩大、生产

---

① [奥]米塞斯:《经济科学的最终基础》,朱泱译,商务印书馆2015年版,第136页。
② [奥]米塞斯:《经济科学的最终基础》,朱泱译,商务印书馆2015年版,第137页。

社会化、商品化水平提高、分工进一步发展的客观要求，从而开始出现了由独资企业和合伙企业向公司企业过渡。如美国在18世纪90年代，建立一个工厂需3万—5万美元，而到1860年，则往往要50万—100万美元，这显然是一般单个家族难以胜任的。美国新英格兰各州注册的公司，1831—1843年为803家，1844—1862年增加到1853家。法国在1847年一年内注册的股份公司有253家。在第二次长波时期居统治地位的公司企业是无限责任公司，也有少量有限责任公司或两合公司，其基本特点是在一定范围内发行股票，以股票形式筹措资金，并使风险相对分散化，实行所有权与经营权在一定程度上的分离等。在这次长波升波期间，一方面，由独资企业和合伙企业向公司企业过渡仅仅处于发端阶段，公司企业无论在社会生产还是流通领域占的地位都较弱小；另一方面，从公司企业的具体形式来说，这一时期的主要形式无限责任公司还带有浓厚的旧的组织形式的色彩，表现为还未突破家族血缘和友缘关系的限制，不在社会上公开发行股票，股东人数少，股权集中，不需公开账目，股东对公司债务负无限连带责任等。在第二次长波时期，公司企业开始兴起，虽然标志着马克思和恩格斯称为"资本主义私有制的扬弃"的过程的发端，但这种"扬弃"还是低程度、小范围的。从私人企业来说，适应生产规模扩大和生产进一步社会化的客观要求，克服单个资本的局限性，采取新的经济组织形式，加速资本积聚和集中，提高资本的社会化水平，尤其是促使资本投向对国民经济新的长期增长起决定性作用的那些新兴的战略性产业部门，为这类部门的研究、试验和开发提供了必要的条件。另外，从国家的角度，除了以法律和政策手段引导和保证战略性产业部门的发展，减低这些部门的风险外，还通过投资、贷款和补贴等经济手段，扶持这些部门的发展。由于私人企业和国家两者的努力，逐步打破了第一次长波期间的产业僵局，实现了资产存量的重新调整和资产增量向新产业部门的扩张，使新的支柱产业得以确立，实现了各部门之间生产要素的协调，从而摆脱了上一轮严重的危机和失衡，使得资本主义经济活动有多方面的新进展。

正是基于这一视角，米塞斯在晚期名著《经济科学的最终基础》一书中，将工业革命以来人类取得的诸种进步，都归功于资产阶级"企业"的发展，可以作为"定言"："在我们的时代，自然科学的实验性方法所享有的盛誉以及实验室的研究工作所得到的充裕资金支持，都是资本主义制度下不断积累的随附现象。将马车、帆船和风车的世界，一步一步地转变为飞机和电子学世界的，是曼彻斯特主义的自由放任原则。大量的储蓄不断寻求最为有利可图的投资机会，提供了将物理学家和化学家取得的成就用于改善工商业活动所需的资金。……不是科学，而是资本主义的社会和政治制度，带来了我们这个时代所特有的所有那些技术上的成就。只有在资本大量积累的环境中，像阿基米德和达·芬奇那样的天才人物的业余消遣，才会发展成为组织良好的、系统化的对知识的追求。"①

3．产业的扩张与垄断的出现

随着资本主义工商业的发展，资本扩张采取了新的形式。以"自由主义"的践行之名，拒斥"平等"而独尊"禀赋"的资本主义在边沁—穆勒的功利主义与"生存者适"的社会达尔文主义的佑护下，开始了"新"的联合（并非被巴斯夏所排斥的社会主义意义上的"联合"）——垄断出现了。

表2-5　　　　　　　主要工业国在世界工业生产中所占比重

年代	英国	法国	联邦德国	苏联	美国	日本	其他
1870	32	10	13	4	23	—	18
1881—1885	27	9	14	3	29	—	18
1896—1900	20	7	17	5	30	1	20

资料来源：沈汉：《资本主义史》（第二卷），人民出版社2015年版，第158页。

在科技革命的展开进程中，欧洲的产业机构也发生了相应变化。总的趋势是，农业在国民经济中的比重迅速下降，工业比重明显上升，服务业不同程度地得到提高。工业内部结构变化的特点是：重工业发展快于轻工业，生产资料生产的增长快于消费品生产的增长。在欧洲，以德国为中心的第二次技术革命（1870—1914）主要是优化了本国第二产业的内部结构：产业趋向重型化（生产资料生产部门开始占优势）、企业规模大型化（大公司）、新兴工业高速发展（电力和电器、有机化工、汽车等部门），导致了第二产业的升级换代及其产值在三大产业部门中占有更大比例。产业结构的变化明显体现在人口结构的变动。1900年左右，在西北欧甚至整个中欧，农业劳动力的比重都在下降。在英格兰，农业劳动力仅占劳动力

---

① ［奥］米塞斯：《经济科学的最终基础》，朱泱译，商务印书馆2015年版，第142—143页。

总人数的 9%、比利时为 20%、德国为 35%、法国为 42%。英国的产业工人人数从 1881 年的 570 万增加到 1911 年的 860 万（制造业 620 万、矿业 120 万、建筑业 120 万），另外还有 150 万运输业从业者。德国工业生产中的劳动者人数从 590 万增加到 860 万。法国在 1850—1910 年，工业公司雇工人数从 120 万增至 450 万。这样，欧洲主要资本主义国家在 19 世纪末 20 世纪初先后完成了第二次工业化进程，进入了以大工业为主要特征的历史时期。

在这个意义上，垄断是技术进步和生产力发展在生产关系领域的必然产物。19 世纪后半期，新兴工业部门，如电力、化学、石油和汽车工业，以及经过技术改造的传统工业部门，比如钢铁工业，均需大量资金和生产资料，更多更高水平的技术，这就对企业的规模和实力提出了要求，只有少数资金雄厚的大企业才能胜任，或者有少数大企业联合起来控制生产和销售，这样，经营企业和工业公司的平均规模普遍扩大了。大企业出现后，一方面为企业联合控制市场创造了条件，另一方面也加剧了竞争，竞争的结果是垄断的形成。大企业间很容易通过联合而控制市场。由于大工业企业的巨大生产力，市场显得十分有限，企业争夺市场的斗争越来越激烈，竞争的结果是利润率的逐渐降低，因此，竞争压力推动着垄断的产生。在市场竞争中，受弱肉强食规律支配，那些实力雄厚的大企业往往占据优势，通过吞并小企业而减少竞争者，进而垄断了市场。19 世纪 70 年代早期，资本主义开始表现出新的形式，在企业、金融、交通和营销的重要领域，经济体系被成百上千家巨型公司控制。这种"集中"到 20 世纪早期又获得进一步发展。

垄断在欧洲大约出现于 19 世纪六七十年代以后，首先从流通领域开始，逐渐扩展到生产领域，从一个部门扩展到几个部门，最后发展为一种普遍的经济现象。垄断的主要形式有卡特尔、辛迪加、托拉斯和康采恩等。卡特尔是生产同类产品的企业，通过签订关于产品价格、销售市场及生产规模的协定而成立的垄断组织。卡特尔在德国发展较为普遍。由于农村中容克地主保留大量封建残余，国内市场狭小，加之关税壁垒政策影响了德国在海外的市场扩张，解决销售市场问题十分迫切，所以在产品销售上进行垄断联合的卡特尔在德国盛行。辛迪加是某一生产部门中的少数大企业，以签订统一销售商品和采购原料协定而形成的垄断组织。辛迪加在德国、法国和俄国较为盛行。托拉斯是由若干生产同类商品的大企业或产品有密切联系的大企业合并而组成的垄断组织,这种形式的垄断组织在美国最普遍。康采恩是以实力雄厚的大企业或大银行为核心,联合不同经济部门的企业、银行而组成的企业集团。在德国,有代表性的康采恩有克虏伯康采恩、西门子康采恩,企业规模之大和垄断程度之高实属空前。垄断特别是资金垄断和金融寡头形成后,成为影响欧洲国内政治、经济、文化等各个方面的支配性力量,通过参与和左右政治走向来维护自身利益。而随着垄断组织与政治的联系日益扩大和加强,资本主义输出的增加和垄断组织的国际化,欧洲大国瓜分国际市场的竞争日趋尖锐,"帝国主义"在这一次长波升波中发展起来。

英国的工业企业在早期一直规模较小,企业的管理模式偏向于个人或家庭管理经营。英国的大企业的形成主要有两种途径:一种是通过大宗投资建立;另一种是通过家庭和私人企业的合并建立。在英国,公司寻求在全国范围内获得市场控制力,是通过公司间的联合实现的,通过改进生产技术,优先生产当时需要的产品的策略,以及各企业达成关于产品的价格、产量、质量的协议,实现同业间的合并,以实现更大的控制力。这些企业在协议中除了规定价格的行业水平外,还规定了产品生产的市场份额、利润分配的原则,等等。① 在英国,帝国烟草公司一开始就按照所谓的"联邦制"的原则来组建,它的中央管理机构为执行委员会。而在所有的工业部门中,钢铁行业中辛迪加和其他类型的垄断组织建立得最多。② 1883年英国建立了国际铁路辛迪加,英国该行业的18家公司除了3家之外都加入了这个联合体。加入这家联合体的还有德国和比利时的铁路公司。③ 英国的水泥业中,大水泥厂都集中在泰晤士河和梅德韦河畔,它们离伦敦的市场很近,它们的产量占英国的水泥产量总量的80%以上。1900年,此地的27家企业联合其他的3家企业组成了企业联合组织,这个企业联合组织的名义资产有800万英镑。④ 1891年春,碱业联合公司建立,有49个企业加入,资本为850万英镑。该公司囊括了全英国的制碱业业务,是欧洲最大的卡特尔。在漂白粉的销售方面,取得了相当大的成绩。⑤

---

① 沈汉:《资本主义史》(第二卷),人民出版社2015年版,第190—191页。
② 沈汉:《资本主义史》(第二卷),人民出版社2015年版,第192页。
③ 沈汉:《资本主义史》(第二卷),人民出版社2015年版,第193页。
④ [英]克拉潘:《现代英国经济史》下卷,姚曾廙译,商务印书馆1977年版,第289页。
⑤ [英]克拉潘:《现代英国经济史》下卷,姚曾廙译,商务印书馆1977年版,第265页。

表2-6 英国主要生产部门在国民收入中比例的变化（1801—1901年）

年份	农业、林业和渔业		工业、矿业和建筑业		商业和交通业	
	收入（万英镑）	国民收入占比（%）	收入（万英镑）	国民收入占比（%）	收入（万英镑）	国民收入占比（%）
1801	7550	32.5	5430	23.4	4050	17.4
1811	1075	35.7	6250	20.8	5010	16.6
1821	7600	26.1	9300	31.9	4640	15.9
1831	7950	23.4	11710	34.4	5900	17.3
1841	9990	22.1	15550	34.4	8330	18.4
1851	10650	20.3	17950	34.3	9780	18.7
1861	11880	17.8	24360	36.5	13070	19.6
1871	13040	14.2	34890	38.1	20160	22.0
1881	10910	10.4	39590	37.6	24190	23.0
1891	11090	8.6	49520	38.4	28960	22.5
1901	10460	6.4	66070	40.2	38300	23.3

资料来源：沈汉：《资本主义史》（第二卷），人民出版社2015年版，第183页。

在这一时期，国际垄断组织的出现也是非常典型的经济现象，其中电力工业的生产国际化非常突出。在这个部门建立了几个极大的协定性的国际组织。其中包括德国电器总公司、美国通用电气公司和法国—英国的汤姆生—霍思东公司的联合组织以及国际电镀辛迪加、白炽灯销售联合会。① 这一时期还建立了几百个国际托拉斯，其中最著名的有新泽西美孚石油公司，到20世纪初它拥有60多个公司的股份，而且和许多企业和公司有密切关系。美国钢铁公司是世界上最大的控股公司。其他著名的托拉斯还包括：巴门的面粉贸易股份公司、国际钻孔公司、诺贝尔信托公司、比利

---

① ［苏联］布哈林：《世界经济和帝国主义》，蒯兆德译，中国社会科学出版社1983年版，第34—35页。

时——法国冶金托拉斯等。① 而关于垄断资本主义在国民经济中的占比问题，根据《1910 年普尔氏铁路手册》所统计的数据，1910 年的美国，托拉斯的股票和债券总值为 330 亿美元。当时托拉斯在国民经济中已占很大比重。在纺织工业中占 50%，在玻璃制造业中占 54%，在棉布印染业中占 60%，在除钢铁业外的金属工业中占 77%，在化学工业中占 81%，在钢铁行业中则达到了 84%。②

（二）"新"的危机

在《现代世界体系》的第四卷之中，沃勒斯坦清晰地勾勒了 1825 年前后西方世界的意识形态状况："中庸的自由主义派试图既限制保守派的力量，他们被等同于教会势力；又限制激进派的力量……中庸的自由主义派能够利用新的科学的历史学来在公众头脑中灌输一种对过去的认识，这种认识能够将一个民族团结在一起，是民族认同成为国家主义的基础，由此使国家处于稳定状态。"③ 以"秩序"的稳定性为前提，自由主义在工业革命的背景下获得了"中庸"的胜利。而从内在结构上来说，沃勒斯坦《现代世界体系》的论证结构向我们清楚地提示了外在物质性力量对于内在的"资本主义—人"的影响，但这种外在的影响则最终仍需落实为自由主义意识形态的"当下化"。因此，也就如沃勒斯坦所说的，我们应"努力揭示中庸的自由主义是如何'驯服'其他两种意识形态的，并使它们事实上持有某种类型的自由主义中间路线。"④ 而这一典型性的思想状况在"经济学"领域的"践行"就在于："使政策制定变得专业化，并阻止党派偏见直接发挥作用——简而言之，让经济学家接受中庸的自由主义派的主张。"⑤ 而在这一时期不断发生、发展的"危机"形势，则成为这种中

---

① ［苏联］布哈林：《世界经济和帝国主义》，蒯兆德译，中国社会科学出版社 1983 年版，第 35—36 页。

② ［苏联］布哈林：《世界经济和帝国主义》，蒯兆德译，中国社会科学出版社 1983 年版，第 36—37 页。

③ ［美］沃勒斯坦：《现代世界体系》（第四卷），郭方、刘新成、张文刚译，社会科学文献出版社 2013 年版，第 291 页。

④ ［美］沃勒斯坦：《现代世界体系》（第四卷），郭方、刘新成、张文刚译，社会科学文献出版社 2013 年版，第 343 页。

⑤ ［美］沃勒斯坦：《现代世界体系》（第四卷），郭方、刘新成、张文刚译，社会科学文献出版社 2013 年版，第 297 页。

庸立场的理论特质的一个重要注脚。

表 2-7　　　　　　　　英国物价水平变化的状况

种类	1825 年上半年与 1824 年 7 月至 11 月相比较	1826 年上半年与 1825 年上半年相比较
棉花	+109	-59
生丝	+21	-36
胡椒	+41	-40
糖	+38	-24
咖啡	+32	-39
脂油	+36	-27
铁	+76	-27
锌	+103	-38

资料来源：[苏联]门德尔逊：《经济危机和周期的理论与历史》（第一卷），斯竹等译，生活·读书·新知三联书店1990年版，第379页。

自 1825 年起，伴随着资本主义诞生以来最严重的一次危机，发生了广泛的结构性危机和失衡。在从拿破仑战争结束到这次危机爆发的 10 年间，大机器生产有了进一步的发展。在英国，随着资本主义的迅速成长，作为危机和周期基础的资本主义矛盾和规律性也日益发展起来。1825 年危机前资本主义工商业繁荣的基础，是机器的进一步排挤手工业劳动以及由此引起的工业建设。国内货币资本充斥，资本和商品向中南美各国的输出剧增。这两种情况使经济呈现繁荣，最后转变为投机热潮。这一投机热潮明显地扩大了生产过剩的基础，也使得危机的破坏力显著增强。在这一新的历史情况下，机器制造业在英国工业史上第一次受到了危机的影响。这次危机打断了纺织工业的建设热潮，从而也深刻地打击了机器制造业。

这次大危机从 1825 年延续到 1826 年，"波及了英国所有的主要工业部门"[①]。在危机中，英国棉花的进口下降 23%，棉花生产缩减 15%，棉布出口减少 23%，毛织品出口下降 19%，进口贸易量降低 13%。美国 1826 年棉纱纱锭至少有 1/3 被闲置，棉花消费量降低到 1820 年的水平。

---

① [苏联]门德尔逊：《经济危机和周期的理论与历史》（第一卷），斯竹等译，生活·读书·新知三联书店1990年版，第379页。

出口额减少 22%，进口额减少 12%。法国出口额由 5.44 亿法郎减少到 4.61 亿法郎，其中纺织品出口额由 2.47 亿法郎降至 1.93 亿法郎。产业结构面临新的转换，即铁路、炼铁业、煤炭工业、机器制造业等部门要求有一个迅猛的发展，要求确立其作为独立的产业部门的地位，延长产业链，拓宽产业覆盖面，达到产业进一步高级化，以便实现经济的长期、稳定发展。而资本主义生产关系和经济机制却造成了结构的刚性，即一方面，铁路、炼铁业、煤炭业、机器制造业等新兴产业需要扩大投资，以加速大发展，实现结构的转换；另一方面，在既有的经济结构下，纺织工业等部门的资本出于对短期相对稳定的利润的追逐，一般又不愿将资本转移到铁路运输业等部门中。因为投资新部门风险大，预期利润不明朗，耗资大，研究、试验和开发周期长。在纺织工业部门发展的初期，该部门通过创新，提高资本积累水平，使生产规模不断扩大，生产效率持续提高，生产成本降低，从而能获得大量的超额利润。而与此相伴随的便是资本有机构成的不断提高，即不变资本比可变资本增加得更快，不变资本在总资本中的比重趋于上升。相关行业相继模仿创新，使利润率趋于平均化，超额利润减少乃至消失，利润率趋于下降。但在相当长一段时间内，纺织工业部门的资本并不愿转入其他部门，而是通过加强对本部门工人的剥削，降低本部门不变资本的价值，压缩生产规模等途径将利润率维持在一定水平。旧的产业惯性造成资本结构性的过剩和闲置。纺织工业等部门的资本积累长期过剩，而铁路运输业等部门又长期资本积累不足，即资本积累的结构性滞存和短缺同时并存，结构转换受阻，资本主义史上首次结构性危机的发生便是这种矛盾长期积累的爆发。这次以纺织工业部门的危机为中心的危机，使这些部门的资本大量贬值和破坏，并给整个经济以沉重打击，且持续了约 20 年之久，给国民经济造成了极大的打击。

英国的固定资本投资年平均增长率 1806—1815 年为 5.7%，1816—1825 年为 3.8%，1826—1835 年降至 1.5%。英国工业产值年均增长率，1827—1847 年为 3.2%，比 1848—1875 年低 1.35 个百分点。1825—1847 年，英国长期平均利率为 3.99%，比 1852—1870 年低 0.25 个百分点。英国棉制品出口额在出口总额中所占的份额，1824—1826 年为 47.8%，1844—1846 年下降为 44.2%，1851 年进一步下降到 39.6%。在 1822—1842 年期间，英国经济萧条的时间长达 12 年，而繁荣的时间只有 9 年。法国固定资本投资指数，以 1908—1912 年为 100，在 1825 年就降到了 28，但在1826—1835年期间持续下降，1831年曾跌到21.1的最低点，直至1836年才回升到29。法国工业总产值平均增长率，1815—1821年为2.4%，而1822—1848年下降到0.7%。①

1825年大危机还有一个重要的内容，即国际债务危机。国际债务危机的发源地是拉丁美洲国家。当时，拉丁美洲国家因为刚刚获得独立，面临繁重的振兴经济的任务，而要振兴经济，一个关键性的矛盾便是国内资本匮乏，这就迫切需要引进外资。而发达资本主义国家在19世纪20年代中期由于经济步入低潮，产生了大量的过剩资本需要寻找出路，利率也趋于下跌，这也增加了对拉丁美洲国家的吸引力。所以，拉丁美洲国家在19世纪20年代中期集中从发达国家接受了大量贷款。据不完全统计，金额达数亿美元之巨。但由于拉丁美洲国家旧的经济结构僵化，所借外债投放方向不合理和借债规模庞大；而后随着发达国家经济逐步回升，其资金转为供不应求，利率趋升；还债期限到来，而拉丁美洲国家所借外债的相当大一部分未能实现预期效益，创造新的生产能力；加上国际市场上竞争趋于激烈，拉丁美洲国家的贸易条件更趋恶化，使拉丁美洲国家无力按期清偿外债，陷入了举新债还旧债的困境，资本主义史上第一次国际债务危机就此爆发了。这次债务危机持续了十余年，不仅给拉丁美洲国家经济造成沉重的负担，而且通过财政机制的传导，使发达国家的债权银行以致整个银行业受到打击。

而在此之后的1857年、1858年的经济危机则是资本主义历史上首次不在英国开始而在美国开始的危机。1847年至1857年，是资本主义在欧洲和美国有了重大发展而资本主义的矛盾也迅速加剧的时期。危机的巨大规模、危机的世界性、危机的严重程度，反映了这些矛盾十分深刻。危机也暴露和加强了这样一种矛盾，即在一些国家里，资本主义要求发展，而这些国家中的前资本主义的关系，如美国的奴隶制度和奴隶主在国家机关中的权力都阻挠着资本主义的发展。危机激化了这一矛盾，这在美国表现得特别明显。在工业的北方和蓄奴的南方之间的斗争中，关税政策问题占有关键性的地位绝不是偶然的。危机使工业家们更加致力于大大提高关税来保护国内市场以防英国的竞争，但这种努力遭到奴隶主们的坚决反对。直到1861年3月，林肯就任总统和内战爆发之后，工业家们才得以达到

---

① 刘崇仪等：《当代资本主义结构性经济危机》，商务印书馆1997年版，第77页。

目的，毅然采用保护关税政策。后来保护关税政策就一直随着垄断组织的成长及其在美国经济中的势力的扩大而不断加强。从这一意义上说，1857年的世界经济危机是促使美国发生南北战争的一个重要因素。

在1857年的世界经济危机之后，自1860年开始的世界周期性高涨中的一个特点是由于美国南北战争所造成的棉荒。1860年，欧洲所需要的棉花，约有85%是美国供应的。在美国内战期间，输入欧洲的美棉数量剧减，以致欧洲棉纺织工业大部分陷于瘫痪。但尽管如此，由于棉荒年代促进发展了毛纺织工业和亚麻纺织工业的繁荣，所以总的来说，仍然是资本主义工业的周期性高涨时期。在棉纺织工业严重衰退的条件下，出现高涨，主要是由于在这一段时期内各发达资本主义国家都大大发展了重工业。由于铁路建设的大规模展开，由此而引起的冶金、煤炭、机器制造业、造船业等一系列工业部门的扩展，各国的固定资本都得到了大规模的扩大。高涨时期固定资本的大规模扩大，带来创业兴隆、投机猖獗和物价上涨的后果。这样也就为危机的爆发打下了物质基础。1865年5月美国南北战争的军事行动一结束，便立刻影响了靠军事订货膨胀起来的工业而爆发危机。1866年5月以伦敦一家大银行的破产为信号，接着英国许多投机性的大金融公司纷纷倒闭；1867年，法国也发生了危机。这次危机在信贷金融领域表现得特别突出，所以，马克思也认为危机"主要带有金融的性质"，但历史资料证明，各主要资本主义国家生产领域内的生产过剩情况，还是相当严重的，它仍然是一场被恩格斯称为"最出色的生产过剩危机"。当然，无论是1857年的危机，或是1866年的危机，都不是很深刻很持久的危机。这是因为当时各国的国内市场还都在扩大，它帮助了这些危机的迅速克服。

1873年5月，在奥地利爆发的世界经济危机是19世纪所发生的资本主义生产过剩危机中最严重也是最持久的一次。而与这次资本主义有史以来最严重的周期性危机相伴随，资本主义世界经济发生了结构性危机和失衡。与这种经济行情的变动相伴随，无论是资本主义所有制形式，还是经济运行机制，都发生了重大的变化，资本主义所有制形式和经济运行机制从社会环境方面适应和促进了经济发展的要求。但是，在经过了近30年以后，资本主义既有的经济结构又逐渐出现了与生产力的进步不相适应的状况。这是由于，在资本主义机器大工业得以确立，并开始了由轻工业化向重工业化、由以劳动密集型产业为主向以资本密集型产业为主过渡的进程后，生产力的进步要求完成这一进程，实现产业结构新的高级化。而完成这一进程的基本标志便是整个国民经济技术装备的显著增强和加工深度的提高，推动着附加价值的增大和积累能力的加强。而这就要进一步延长产业链，拓宽产业的覆盖面，实现产业的进一步升级。除了要拥有先进的、强有力的劳动工具外，还必须拥有充足、廉价的运力，发达、便利的交通和通讯。显然，作为以往两次长波中坚产业的炼铁业、煤炭工业、铁路运输业、纺织工业等都难以完全胜任这种使命，需要有新的产业部门兴盛起来，也就是需要大量生产要素投入新的部门。作为这一波经济增长支柱产业的铁路运输业、炼铁业、机器制造业、煤炭工业等部门在经过一定时期集中创新和投资热潮后，技术、工艺走向成熟，资本有机构成达到了较高水平，创新扩散到许多相关行业，生产批量日益接近乃至超过了需求，超额利润不断减少乃至消失，利润率趋于平均化，并走向下降。但支柱产业部门的资本通过强化对劳动者的掠夺，使生产资料贬值和开工不足等途径，在一定时期、一定限度内拖延、减弱了利润率下降的速度和幅度。资本主义生产关系造成的已有的结构刚性又一次阻碍着结构的转换。一方面，由于在原有产业内还可获得相对稳定的利润，加上科研周期、工艺流程、固定资产、资金来源、原材料供应、产品销售渠道等方面的限制，使资本往往滞留于原有的产业部门内，而对流向新的产业部门裹足不前；另一方面，技术进步又要求确立新的支柱产业的地位，实现结构转换和升级，这两方面出现了明显的错位。已有的支柱产业内部资本积累过剩，新兴产业内部资本积累短缺，结构转换的步伐再次滞后于技术进步的客观要求，这种结构矛盾的深化又一次需要通过强制的手段——结构性危机和失衡来解决。通过结构性危机和失衡，使传统的重要产业部门的资本受到贬值和毁灭，并冲击到整个国民经济。

在1876年经济低潮时，美国工业生产比潜在能力低40%，有300万人失业，失业人口占劳动力的23%，占工业劳动力的3/4。在1873年以后的4年中美国全年铁路线增长率连年下降，生铁产量由260万吨降至190万吨，铁价在1873—1875年下跌了27%。机车下降70%以上，采煤量下降9%，进口连续4年减少达36%，出口下降10%。德国生铁产量连续下降3年，危机前最高产量为224万吨，1876年降至185万吨，约40%的炼铁炉熄火。1873年的危机在英国来得稍迟，英国的棉纺业从1875年起开始了为期3年的停滞和萧条，拖到1878年才爆发危机。企业破产数字年年增加，苏格兰的格拉斯哥市银行因负债过重而倒闭，随后是西英格兰和威尔士银行。① 这次结构性危机和失衡的一个重要内容同样是国际债务危机。由于在这一次长波期间，资本主义世界经济体系已经形成，所以债务危机传输的范围要比上一次广泛得多；危机波及拉丁美洲、非洲、亚洲和大洋洲许多国家和地区，借债规模已达数十亿美元。其中有独立的国家，也有未独立或未完全独立的殖民地和保护国等，其中以拉丁美洲的情况最为典型。无论是已独立的国家，还是未独立或未完全独立的地区，都面临资金严重不足的矛盾，迫切需要注入大量资金启动经济，以适应资本主义世界经济体系扩大的需要，这驱使这些国家和地区不断引进外资。尤其是在1873年危机发生后，由于发达资本主义国家经济萧条，过剩资本增加，加上利率下跌，更刺激了引进外资的直线上升，迎来了资本主义史上第二个借债高潮。但在这次危机中后期，随着发达国家经济的恢复，资金供应趋紧，还债期限到来，加上外债运用的低效益，旧的、畸形的经济结构呈刚性延续，不发达国家和地区在国际贸易中的地位下降，使国际资金循环状况恶化，国际债务危机爆发，国际支付和储备体系处于极度混乱状态。

美国是1882年危机的策源地。1882年美国大众卷入了证券投机和谷物、棉花、食品市场的多重投机热潮，投机的失败导致了连锁性的商业破产。铁路股票指数从1877年6月的51上升到1880年底的146，到1881年1月达到危机前的最高点，随后加快下跌。工业股票从1882年7月开始下跌，随后，危机侵袭到全国一切工业部门。由于铁路建设和工业生产的大减退，股票持有者疯狂低价抛售股票，1884年4月爆发了金融恐慌，约有12家纽约银行以及一系列大型铁路公司宣布破产，一年之内有11000家商业机构宣布破产。在英国，1882年的危机对工业产生全面影响，其中尤以造船和黑色冶金业受害最为惨重，造船业在3年的时间内，产量减少了2/3，而在5700座搅铁炉里，有2800座熄火。② 1882年的危机和萧条持续了4年多的时间，直到1887年经济才重新回复正轨。③

1890年的危机主要是金融危机。这次危机首先在经济呈赶超之势的德国爆发，采矿冶金业的股票贬值尤其突出。到1891年底，柏林几家大银

---

① ［俄］杜冈－巴拉诺夫斯基：《周期性工业危机》，张凡译，商务印书馆1982年版，第155—156页。
② 沈汉：《资本主义史》（第二卷），人民出版社2015年版，第539—540页。
③ 沈汉：《资本主义史》（第二卷），人民出版社2015年版，第541页。

行的股票市值都大幅度下降，总指数从 1889 年底到 1891 年 11 月下降了 31%，损失达 13 亿—15 亿马克。① 在 1890—1893 年，英国共有 3 万家商行破产，负债总额达到 5400 万英镑。在 1889—1891 年，英国商品对阿根廷的输出缩减了 60%。1893 年春，澳大利亚投机热破灭，12 家银行连续数周停止支付，负债总额达到 10300 万英镑，而这些银行实际上是伦敦银行的分支机构。1893 年，危机在英国达到顶点，约 200 家企业因订货不足而关闭或被迫暂停生产。② 而美国的金融危机比德国和英国更为严重，从 1890 年起，欧洲资本不断从美国外流，到 1893 年，外资的流失至少达到 5 亿美元。而且在 1893 年，美国仅破产的商号就超过了 15000 家，其负债总额达到 3.5 亿美元。③

对于 1857 年之后的新的经济危机，马克思也作出了他的理论反映。在 1883 年为《资本论》第 1 卷第三版增加的一个脚注中，马克思提道："那种也称为货币危机的特种危机……可以单独发生……这种货币危机的运动中心是货币资本，因此它的直接范围是银行、交易所和财政。"④ 而恩格斯更在 1885 年 2 月给倍倍尔的信中指出了对 1876—1885 年的萧条的观察："死气沉沉的萧条，所有部门的所有市场上都出现经常的过饱和现象，——这就是我们在其中生活了将近十年的状况。"⑤ 在稍后，他进一步指出："在英国，在法国，在美国，经常萧条继续笼罩着一切关键性的工业部门，特别是制铁业和棉纺织业。虽然这种状况是资本主义制度的一种不可避免的后果，但它是前所未有的：生产过剩达到如此庞大的规模，以致它竟不能引起危机。"⑥ 到 1886 年，恩格斯认为："我们已经进入这样一个时期，这个时期对于旧社会来说，要比每十年就重复一次危机的时期危险得多。"⑦ 列宁则在这个意义上延续了马克思、恩格斯的考察路线，进一

---

① ［苏联］门德尔逊：《经济危机和周期的理论与历史》（第一卷），斯竹等译，生活·读书·新知三联书店 1990 年版，第 382 页。
② ［苏联］门德尔逊：《经济危机和周期的理论与历史》（第一卷），斯竹等译，生活·读书·新知三联书店 1990 年版，第 391 页。
③ ［苏联］门德尔逊：《经济危机和周期的理论与历史》（第一卷），斯竹等译，生活·读书·新知三联书店 1990 年版，第 408 页。
④ ［德］马克思：《资本论》第 1 卷，人民出版社 1975 年版，第 158 页。
⑤ 《马克思恩格斯全集》第 22 卷，人民出版社 1965 年版，第 378 页。
⑥ 《马克思恩格斯全集》第 36 卷，人民出版社 1975 年版，第 367 页。
⑦ 《马克思恩格斯全集》第 36 卷，人民出版社 1975 年版，第 418 页。

步提出，自 1873 年的大危机之后，到 19 世纪末期，资本主义处于长期萧条状态，但是，到了 19 世纪末以后，这种长期萧条又为新的加速性增长所替代。[①] 马克思主义经典作家的危机讨论显示出自由主义理论家们对于"现实"的萧条的"显性"置之不理，而一味从"理想化"（数学化）的角度出发来构造"危机理论"的阶级性与立场性，而这也正说明了这一谱系的经济危机理论的"失败"之所在。

二 "萨伊定律"与资本主义的无危机论证

尽管现实的经济危机一直存在，但是法国经济学者萨伊（Jean-Baptiste Say）作为亚当·斯密的重要的阐释者和阐发者，其所论证与论争的"市场定律"正是西方自由主义思想谱系下对"看不见的手"的论证的关键性沿袭，也由以使得因斯密的"自利"教育而开启的资本主义市场的非政府操控论之下的"自然的自由"得到进一步的延伸，并构成自由至上主义经济危机—经济周期思想"建构"（Construction）的核心性构件。在"范式"传播的意义上，萨伊的这一思想理路通过詹姆斯·穆勒（James Mill）的宣传推广而深刻地影响了英国经济学家李嘉图（Ricardo）及李嘉图学派的相关理论；在欧陆的范围内，则发展出神意—经济学的维度的极端"护教"版，也即巴斯夏的"神意和谐"经济论。古典自由主义危机理论的萨伊定律化倾向，也成为后来凯恩斯的危机理论所"批判"的中心论点，并以之成为被新自由主义所严重诟病的新"强制"论的思想源头。历史地看，萨伊的思想在被广泛讨论的同时，也有被简化（如穆勒）甚或被扭曲（如凯恩斯）的倾向，但是，如果回到"萨伊市场定律"的内容本身，我们也许可以说：至少在这个意义上，"萨伊定律"的"供给"，有效地寻找到了其所相因应的"需求"。

（一）"萨伊市场定律"

法国经济史学者罗桑瓦隆（Rosanvallon）在其"市场观念史"著作《乌托邦资本主义》中提出："亚当·斯密把政府的行为看做建立一个市民社会即一个市场社会的时刻。他所拒绝的是国家作为一个寄生体，他所期

[①] 《列宁选集》第 2 卷，人民出版社 1972 年版，第 743—744 页。

望的是建立健全的市场体系。一旦这个任务完成，政府退出的问题就应提到议事日程上来，由市场独自统治社会。从这个意义上讲，亚当·斯密既是市场经济理论家，也是向这种经济过渡的经济理论家。然而，朝这个方向演进的迫切性和根本性，掩盖了市场社会是个乌托邦的问题。"① 与社会主义的变革理想一样，沃勒斯坦意义上的"历史资本主义"也是"变革"性的"乌托邦"思辨的产物，资本建制的辩护士与智术师也正是在这个意义上具有了"生产性"；而萨伊就是这样一位资产阶级意识的"生产能手"，他要以"观念"中的（贝克莱式唯心主义的）无危机运行的市场体制替代掉"经验"现实中不停"试错"的"自利"永动机，并把维持这一"人为"（Artificial）系统的"无障碍"（作为"障碍"的政府与"制度"）运转视为是对"自然"（Nature）秩序的终极服从，而由此得来的繁荣与丰裕，则是仰赖这一至高权威的"恩典"（Grace）所赐。萨伊的这种基本教义派的"说服者"的形象，被李斯特（List）形象地描述为："从来不曾有一个学者会像萨伊那样，所具有的真材实料是那样少，而在学术上造成的威胁却是那样大——对于他的学说稍有质疑，就会被蒙上恶名，被视为离经叛道。"②

而进一步的，在《就业、利息和货币通论》中，凯恩斯曾借用约翰·穆勒的话批评他认为萨伊和李嘉图"并没有很清楚的加以说明"③ 的"萨伊定律"，实际是由约翰·穆勒本人在《政治经济学原理》中首先给出了"标准"表述："商品的支付手段仍是商品。每一个人购买别人生产物的手段，是由他自己所有的生产物构成的。一切卖主必然是、而且最终都是买主。如果我们能够使本国的生产力突然增加一倍，我们就将使每一市场商品的供给增加一倍。但是，我们同时也将使购买力增加一倍。每个人的需求都会像供给一样增加一倍；因为每个人所能提供交换的物品已增加一倍，因而每个人所能购买的物品也增加一倍。"④

穆勒站在功利主义（Utilitarianism）的角度对萨伊的理论的善意释解（相对于凯恩斯及其追随者的归谬分析而言），可以被视为对后来的那些显

---

① ［法］罗桑瓦隆：《乌托邦资本主义》，杨祖功译，中央编译出版社2004年版，第102页。
② ［德］李斯特：《政治经济学的国民体系》，邱伟立译，华夏出版社2009年版，第260页。
③ ［英］凯恩斯：《就业、利息和货币通论》，高鸿业译，商务印书馆1999年版，第23页。
④ ［英］约翰·斯图亚特·穆勒：《政治经济学原理》（下卷），郭家麟译，商务印书馆1991年版，第95页。

然"并不是萨伊本人在阐述与他的名字如此密切联系在一起的那个命题的时候本来使用的表达方式"①的一种校正：萨伊所讨论的是在一个实现了充分分工的经济体中，每个人获得其他商品的手段是生产相等价值的商品，从而，"生产增加的不仅是商品的供给，而且，根据对生产要素所支付的必需的成本，还产生购买这些商品的需求"②。这也就是萨伊所说的"单单一种产品的生产，就给其他产品开辟了销路"③。

"萨伊市场定律"首先作为对生产过剩的"不可能性"的证明而出现。在萨伊看来，任何商品的"供给"的出现，就一定意味着它可以在"价值"的意义上找到相应的"需求"，因此，"除非存在某些激烈手段，除非发生某些特殊事件，如政治变动或自然灾害等，或除非政府当局愚昧无知或贪婪无厌"④的情况，所有商品的相对生产过剩是不可能出现的。⑤"一个人通过劳动创造效用，从而把价值授予某些东西。但除非别人掌握有购买这价值的手段，便不会有赏鉴，有人出价购买这价值。上述手段由什么东西组成呢？由其他价值组成，即由同样是劳动、资本和土地的果实的其他产品组成。这个事实使我们得到一个乍看起来似乎是很离奇的结论，就是生产给产品创造需求。"⑥而在这样的一种"商品的支付手段就是商品"的市场模式下，"某一种货物所以过剩，是由于它的供给超过需求。它的供给所以超过需求，则因为它的生产过多，或因为别的产品生产过少。正由于某些货物生产过少，别的货物才形成过剩。"⑦也就是说，从总体供求的角度来说，某一特殊产品的供给过剩必然意味着另一商品的需求过剩，也因此不可能影响对于资本主义所有生产部门的"均衡"增长的判断，更进一步推论，就是所谓生产过剩的危机是根本不可能发生的。而这也就成为熊彼特对这一理论的批评的关键点所在："它只表现了工业的胜

---

① ［英］约翰·米尔斯：《一种批判的经济学史》，高湘译，商务印书馆2005年版，第127页。
② ［英］马克·布劳格：《经济理论的回顾》，姚开建译，中国人民大学出版社2009年版，第113页。
③ ［法］萨伊：《政治经济学概论》，陈福生、陈振骅译，商务印书馆1963年版，第144页。
④ ［法］萨伊：《政治经济学概论》，陈福生、陈振骅译，商务印书馆1963年版，第145页。
⑤ 米尔顿·弗里德曼后来在《美国货币史：1867—1960》中对于"大萧条"成因的分析实际上就是从这一角度出发来反驳凯恩斯的"有效需求不足"论的。而这一思路也显然受到了巴斯夏的启发。具体讨论见后文相应部分。
⑥ ［法］萨伊：《政治经济学概论》，陈福生、陈振骅译，商务印书馆1963年版，第142页。
⑦ ［法］萨伊：《政治经济学概论》，陈福生、陈振骅译，商务印书馆1963年版，第145页。

利向前推进，除了局部性的失调和限制性的政府政策以外，没有什么东西阻碍工业在充分就业条件下的持续发展。人民呻吟其下的所有其他的罪恶，在'供给'创造'需求'这个口号下都消失了，赋予这个口号的意义比它在严格解释的可能具有的意义要大得多。"①

同时，萨伊在"工业在充分就业条件下的持续发展"的理论前提下提出了无危机版本的货币理论（这也成为后来凯恩斯受启发于马歇尔而展开深入批判的理论标的）。萨伊认为"货币的干预对于它的规律不会造成任何原则上的差异。不论有无货币，产品归根结底还是同产品交换，因为货币只不过是一种交换媒介，由于让它呆滞就会丧失满足或商业上的利得，所以每一个人都将在收入和商业支付两者的习惯所许可的范围内，尽快地花掉它"②。货币只是一种"交换媒介"，而绝非交换的目的，"钱毕竟只是移转价值的手段。钱的全部效用，在于把你的顾客想买你的货物而卖出的货物的价值移到你手中。……你是使用只暂时变成银钱形式的他的产品的价值购买他所需要或所喜欢的东西"③。因此，只要一个商品的供给出现，就自然会"给价值与它相等的其他商品开辟了销路"，进而，只要这种"用商品购买商品"的模式持续，根据货币作为有效流通手段这一性质而言，也就不会出现货币经济条件下的商品的一般供给过剩。④ "把销路疲滞归因于缺乏货币的说法，是错误地把手段看作原因。……如果其他产品存在，我们不怕得不到充分数量的货币以处理这些价值的流转和互换。如果交易扩大，需要更多货币以便利它的进行，这需要不难得到满足。……货币不久自必涌至，因为无论什么产品，什么地方最需要它，它自然就涌到什么地方。"⑤ 从萨伊对货币的相对于实体经济的绝对服务性、"辅助性"作用的论述中，已经可以看出实体与货币的二分法的图示，而根据萨伊"在以产品换钱、钱换产品的两道交换过程中，货币只一瞬间起作用"⑥

---

① ［美］约瑟夫·熊彼特：《经济分析史》（第二卷），朱泱、孙鸿敬、李宏译，商务印书馆1992年版，第369页。
② ［美］约瑟夫·熊彼特：《经济分析史》（第二卷），朱泱、孙鸿敬、李宏译，商务印书馆1992年版，第371页。
③ ［法］萨伊：《政治经济学概论》，陈福生、陈振骅译，商务印书馆1963年版，第143页。
④ ［英］约翰·斯图亚特·穆勒：《政治经济学原理》（下卷），郭家麟译，商务印书馆1991年版，第96页。
⑤ ［法］萨伊：《政治经济学概论》，陈福生、陈振骅译，商务印书馆1963年版，第143页。
⑥ ［法］萨伊：《政治经济学概论》，陈福生、陈振骅译，商务印书馆1963年版，第144页。

的说法，这一点也正为大卫·李嘉图所承继和发展。

（二）私人行为与危机意识

与德国历史学派的否定性批评（"沿袭"论）不同，奥地利学派的当代代表人物罗斯巴德（Murray Rothbard）在其两卷本自由主义经济学说史中，对于萨伊的"市场"论证给予了极高的肯定："J. B. 萨伊的《政治经济学概论》特别显著的特点就是，他是第一个深入思考自己学科的适当的方法论的经济学家，并且尽可能使自己的著作以这种方法论为基础。根据以前的经济学家他本人的研究，萨伊得出了研究经济理论的独特方法。一个多世纪以后，路德维希·冯·米塞斯将这种方法称为'人类行为学'。"① 萨伊的这种从个人/私人（Private）行为的"一般事实"（General Facts）出发来推导经济运行的"特殊事实"的方法论原则，使得萨伊的"自由主义"具有了在罗斯巴德看来（或奥地利学派新自由主义的视角下）不同于斯密—李嘉图传统的"另类"特征："尽管萨伊没有能够称自己为重农主义者，而是称自己为斯密的信徒，但他基本上仅仅是斯密名义上的信徒而已。……他的观点实际上是后坎替隆和前奥地利学派的思想，而不是经典的斯密学说。"② 萨伊这一思想上的"非经典"性，在罗斯巴德的视野之中，也正好开示了其危机理论的特质，也即其"危机意识"的结构性特征。"本质上，萨伊定律是对各种经济学上的不学无知者以及利己主义者所做出的严厉而适当的回应。这些不学无术的人和利己主义者在每次经济衰退或危机时就开始大声地抱怨普遍'生产过剩'的严重问题，或者用萨伊时代常用的语言，市场上商品的'普遍饱和'问题。'生产过剩'意味着生产超出了消费：即产量从总体上与消费相比太大了，因此产品无法在市场上售出。如果产量相对于消费量而言太大了，那么很显然这就是现在所说的'市场失灵'问题，这种失灵必须通过政府干预来平衡。"③

以论证普遍性"生产过剩"的不可能性为己任的"市场定律"，在结构

---

① ［美］罗斯巴德：《古典经济学：奥地利学派视角下的经济思想史》，张凤林等译，商务印书馆 2012 年版，第 20 页。
② ［美］罗斯巴德：《古典经济学：奥地利学派视角下的经济思想史》，张凤林等译，商务印书馆 2012 年版，第 18 页。
③ ［美］罗斯巴德：《古典经济学：奥地利学派视角下的经济思想史》，张凤林等译，商务印书馆 2012 年版，第 44 页。

上申明了资产阶级的、自由主义的政府—市场观念。首先，对于萨伊——作为"前奥地利学派"同时也是作为斯密的传承者的——理论意识而言，现实的"危机"本身的存在及其造成的危害性并非"直接性"的视而不见（当然，在萨伊的思想方法中将"统计方法"排斥出"经济学"的做法也已经使得"直接性"的承认成为不可能），而是在于其论证地位的次要性：自由主义的市场—危机理论并非如那些"不学无知者"那样，将全部的学术兴趣投向危机之"根源"的寻找，或论证（或者"抱怨"）"市场"之失灵及"失灵"条件下的"干预"的正当性；甚至可以说，这正是萨伊流派的危机论说所要尽力消解的理论倾向：要首先"界定"好"干预"的非正当性，之后才可以讨论"市场"本身所存在的问题，而且"市场"本身存在的问题，也应当通过市场本身的"发展"来获得"自足"与"和谐"。其次，对于萨伊定律的信仰者而言，萨伊的"斯密性"至少提示了"市场"观念中的"均衡"要旨，完全价格机制下的"市场出清""市场均衡"作为本身应当捍卫的"价值"，所对应的就正是"政府"与诸多"制度"因素所构造的影响市场机制有效发挥作用的"障碍"，由此，自由主义危机理论也得以将危机之危害性的治理模式，成功还原为"群己权界"议题下的私人领域与公共领域的区分，从而公共权力的干预行为（即使有"宏观调控"的正义之名）并不能"侵入"到私人性的市场领域（约翰·穆勒对此有不同意见），在"权界"的范围之内，只能等待价格机制引导下的市场"自然"（Natural）出清。"法律和政府必须严格地限于保卫个人、自由以及人民的财产不受侵犯。任何超出这一角色的行为，都是对自由和繁荣的破坏。"① 也正是在这个意义上，"J. B. 萨伊通过提出自己的积极的（Activist）方案：削减税收的自由主义计划。反驳了认为消费不足的马尔萨斯和西斯蒙第所提出的经济统制论（Statist）的主张。"②

萨伊的"重构"的危机意识与其"观念"中的"均衡"意识（"自由主义的计划"）相呼应，使得其"市场定律"成为"唯市场领域"论的先见，这一点在其对于"定律"本身的应用中可以清楚地看到："产品的性质，总是决定于社会的需要。我们已在销售章看到：产品的总产量越多，

---

① ［美］罗斯巴德：《古典经济学：奥地利学派视角下的经济思想史》，张凤林等译，商务印书馆2012年版，第725页。

② ［美］罗斯巴德：《古典经济学：奥地利学派视角下的经济思想史》，张凤林等译，商务印书馆2012年版，第51页。

社会的需要就越大;整个社会所控制的购买手段就越多,它所能购买的数量就越多。如果政府当局出来干涉,阻碍事态的自然趋势,指导生产者的行为。政府的这种行动显然将把国家的一部分生产力引到次要东西的生产,使人们更迫切需要的东西的生产大吃其亏。"① 在萨伊的理论体系中,政府的指导或干预只能带来更坏的"可见的"后果(在这一点上,萨伊比后来的法国经济学家巴斯夏更加"激进")。在当时的历史条件下,"萨伊仇视那些发展以奢侈消费为基础的商业大贵族,因为他们为私利而操纵市场。在重商主义对贸易控制的背景下,区区的部分自由根本就称不上自由。萨伊认为英国和波拿巴帝国一样,只是名义上的现代共和国,领导者以人民的名义来统治,但实际上却与人民的利益背道而驰。英国和法国人民都缺乏自己的政治代言人"②。显而易见,萨伊的经济—危机意识奠基于其"激进的"(Radical)政治(自由)意识,也因此他在"私人行为"的绝对价值的意义下提出的"研究目标、方法和成果被严格界定的能够被观察和实验所确立的实验科学"的"经济学"定义,也实际上成为他在学术领域(私人行为)反对政治强力的必然"显现",这一点,也成为大卫·李嘉图对他的承袭与延传的重要理论特色之所在。

(三)李嘉图对"萨伊定律"的承袭与拓展

李嘉图的经济危机思想导源于萨伊的《政治经济学概论》对他的影响,同时他的理论也拓展了"萨伊定律"的论述范围。"活跃而积极进取的英国李嘉图学说的追随者从萨伊的思想中挖掘出的唯一一点就是'萨伊定律'。詹姆斯·穆勒,这位李嘉图主义运动中的'列宁',在自己的著作《为商业辩护》(Commerce Defended)中攫取了这个定律,而李嘉图则从其发现者和导师那里接受了这个定律。"③ 这一点("挖掘"的指向性)也体现在李嘉图本人在《政治经济学及赋税原理》的"序言"中对萨伊学术功绩的颂扬上。"萨伊先生是大陆学者中首先或者前几位之一正确了解和运用了斯密原理的人,将这一具有启迪意义并大有益处的理论体系介绍给欧

---

① [法]萨伊:《政治经济学概论》,陈福生、陈振骅译,商务印书馆1963年,第164页。
② [英]贝维尔、特伦特曼编:《历史语境中的市场:现代世界的思想与政治》,杨芳、卢少鹏译,人民出版社2014年版,第64页。
③ [美]罗斯巴德:《古典经济学:奥地利学派视角下的经济思想史》,张风林等译,商务印书馆2012年版,第43页。

洲各国，他的功绩大大超过了其他所有大陆学者的全部功绩。除此之外，他成功地使这门科学的逻辑性更强，更具有指导意义，并通过几次独创的、正确的和深刻的讨论使其更为丰富。"①

从"意识形态"的恰切性出发，市场经济的"看不见的手"——"萨伊定律"②之"斯密原理"的"深刻"的传播的过程中，李嘉图采用了"货币面纱观"的分析范式："产品总是要用产品或劳务购买的，货币只是实际交换的媒介。某一种商品可能生产过多，在市场上过剩的程度可以使其不能偿还所用资本；但就全部商品来说，这种情形是不可能有的。"③ 于是，这种基于"总量"之"和谐"（巴斯夏会作出更进一步的论证）的信仰，就构成了李嘉图对于萨伊思想的拓展的关键性论述。否定普遍生产过剩危机的可能性，使得李嘉图同萨伊一样将资本主义/自由主义的无危机论建构在人类行为的"需求"的无限性指向的基础之上。"需求是无限的——资本的运用只要还能产生一些利润，便也是没有限制的。"④ 而根据萨伊的思想，"在一切社会，生产者越众多，产品越多样化，产品便销得越快、越多和越广泛，而生产者所得的利润也越大，因为价格总是跟着需求增长。但是，这种利益只能得自实际生产，强迫产品的流转并不能产生这种利益"⑤。

李嘉图也正是根据萨伊的上述论断而提出了自己的拒斥"强迫"、强调无拘束自我的"经济性"自由的"个人主义"观念。"任何人从事生产都是为了消费或销售；销售则都是为了购买对于他直接有用或是有益于未来生产的某种其他商品。所以一个人从事生产时，他要不是成为自己商品的消费者，就必然会成为他人商品的购买者和消费者。"⑥ 也正是在这样的论述的基础之上，李嘉图丰富了"萨伊市场定律"的教条性。他由生产不

---

① ［英］李嘉图：《政治经济学及赋税原理》，郭大力、王亚楠译，译林出版社2011年版，第2页。
② 关于实践理性中的"相容论"问题，相关讨论参见 Morton White, *The Question of Free Will: A Holistic View*, Princeton University Press, 1993.
③ ［英］李嘉图：《政治经济学及赋税原理》，郭大力、王亚楠译，译林出版社2011年版，第248页。
④ ［英］李嘉图：《政治经济学及赋税原理》，郭大力、王亚楠译，译林出版社2011年版，第252页。
⑤ ［法］萨伊：《政治经济学概论》，陈福生、陈振骅译，商务印书馆1963年版，第157页。
⑥ ［英］李嘉图：《政治经济学及赋税原理》，郭大力、王亚楠译，译林出版社2011年版，第247页。

可能过剩的基础性"原理"外推,认为既然全部的生产性支出都一定会用于(直接地或间接地)购买产品在不同程度上"实现"自己的需求,则资本主义私有产权制度之下的储蓄与投资则必然保持一致。这也就是他所谓的"积累的资本无论多少,都不会得不到有利的运用"①。由此可见,李嘉图版本的"守成乐观主义"要较萨伊更为"热烈",也更呈现为一种自由理论方面的"相容论"②。

对于李嘉图对萨伊的无危机论证的发展,马克思给出了明确的评价:"李嘉图自己对于危机,对于普遍的、由生产过程本身产生的世界市场危机,确实一无所知。"③ 在《政治经济学批判》之中,马克思则更具针对性地指出,萨伊定律的"建立平衡的办法是把流通过程变成直接的物物交换,又把从流通过程中搬来的人物买者和卖者偷偷地塞到直接的物物交换中去。……买和卖之间的形而上学的平衡,不过是说每次买就是卖,每次卖就是买,这对于那些不能卖出,因而也不能买进的商品监护人,并不是什么特别的安慰。"④ 虽然有马克思深刻的批评性评述在前,但是在自由主义的理论视域之下,本质意义上的"资产者"(马克斯·舍勒语)仍旧将萨伊—李嘉图的思想范式采纳为一种"特别的安慰",并最终由穆勒理论化为"无害的静止状态"。从根本上讲,萨伊—李嘉图谱系的资本主义观是积极而乐观的,"资本主义经济对他来说是一架理想的可调整的机器,销售方面的一切困难很容易得到解决:哪个生产者的商品过多,他就会从

---

① [英]李嘉图:《政治经济学及赋税原理》,郭大力、王亚楠译,译林出版社2011年版,第247页。
② 美国自由放任主义哲学家诺齐克有关于市场的"看不见的手"性质的专门论述:"市场在西方的存在而不是市场内的平衡在相当程度上是看不见的手的过程的产物。人们试图从某个方向扩大市场,但'市场'是不受意图控制一点点发展起来的(甚至在一个全面概念出现以后,市场的扩展也很少仰赖掌握了市场这个普遍概念的经济学家)。但试图建立市场或一个迄今未有的市场社会的自觉努力一直存在。如果成功,市场社会的产生不能做看不见的手的解释,但市场内的某种平衡可以。新的市场能否产生某种全面模式能不能做看不见的手的解释,如果那些市场是为了产生这种模式而建立的?(如果我们的市场继续维持,部分是因为人们认为它能产生那样的全面模式,这能否做看不见的手的解释?)对新的社会制度能否做看不见的手的解释,如果它不是模仿以前的制度,而是为了实现某种模式而设计并建构出来的,通过这样的结构激励,人们的相互作用就会产生那种模式?在制度内的人看来,这个模式是看不见的,但对于它的设计者而言,它是看得见的。"[美]罗伯特·诺齐克:《苏格拉底的困惑》,郭建玲、程郁华译,商务印书馆2015年版,第237—238页。
③ [德]马克思:《剩余价值理论》(第二册),人民出版社1975年版,第572页。
④ 《马克思恩格斯全集》第13卷,人民出版社1962年版,第87—88页。

市场上得到信息，于是转而生产别的商品"①。但是，历史的发展有其不可更动的律则性，这架运转良好的"机器"的"可调整"性在1825年的大危机之后就受到了根本性的质疑和挑战，其猛烈程度并不是休谟、斯密或李嘉图与萨伊所能够想见的。

三 马尔萨斯与西斯蒙第的危机思想

迥异于萨伊—李嘉图谱系的对资本主义前景的乐观与辩护态度，马尔萨斯（Malthus）延展其对于有限资源与人口盲目增长条件下"危机"（"人口危机"也就是根本上的"经济危机"）可能性的审理，对资本主义的发展提出了他的"盛世危言"，并且非常深刻地影响了他的同代人西斯蒙第的经济观念。

正如在《人口原理》（*An Essay on the Principle of Population*）一书中，马尔萨斯致力于"探求使一国人口限制在实际供应所容许的水平的原因"②这样的从"实然"的限制出发的思路一样，马尔萨斯拒斥斯密、萨伊以降的对于经济发展的规范性（应然）辩护，并如其所援引的法国哲学家孔多塞所论，认为经济危机的辩护士所试图论证的"由界限不能确定的局部改善推论无止境的进步，是一个谬误"③。在马尔萨斯看来，基于人类需求的无限滋长与客观资源的现实有限性之间的无法调和的矛盾，人类社会的不加节制、调控的增长模式，是必将招致其内在而必然的限制力量的，这就是自然法则（Law of Nature）所加诸于社会运行的因果力量，并不可能在没有现实质料的基础又缺乏明晰的论证的情况下，仅凭言语的修辞性鼓动，就附会成真的。马尔萨斯说："自然法则的不变性和因果的不变性是一切人类知识的基础，不过，我完全不是说制定和执行自然法则的力量不能'在一刹那，在转瞬之间'完全改变自然法则。这种变化无疑是可以发生的。我要说的只是，我们不能从理性推论这种变化。倘若实现没有任何明显的征兆或迹象表明某种变化会发生，我们就能够推断这种变化必将出

---

① ［苏联］阿尼金：《改变历史的经济学家》，晏智杰译，华夏出版社2007年版，第203页。
② ［英］马尔萨斯：《政治经济学原理》，厦门大学经济系翻译组译，商务印书馆1962年版，第258页。
③ ［英］马尔萨斯：《人口原理》，朱泱等译，商务印书馆2009年版，第60页。

现，那么，我们做出任何判断都可以认为是合理的。"①

在经济危机的论域下，如马尔萨斯所批评的，其论敌（如萨伊）所遵循的，正是仅仅凭借"理性"（Rational）的辩说，就在没有现实的、实然的基础上，做出了"合理"（Reasonable）的推断，从而论证了经济危机的不可能性。在马尔萨斯看来，萨伊们的最大问题，是以人之"应然"的断言（Assertion）代替对人之"实然"的论证（Justification），也就是对"把人类看作仅仅是具有理性的动物"这一点上，对人的行为（Human Action）的合规则性的过分强调，而这实际上是对于恰切运作的"自然法则"的无视与误读。马尔萨斯从人的"意愿行动"（Voluntary Action）的因果性（Causation）出发，指出"人的自觉行动或许产生于信念，但是信念受影响的程度，在既有理性又具有肉体的动物那里同在仅仅具有理性的动物那里，是迥然不同的"②。

马尔萨斯的这种论断，无疑承袭了文艺复兴时代的马基雅维利以来的"现实主义"人性观念，而正如马基雅维利在其著名的《君主论》（*The Prince*）第十五章所论述的，认识人的"实然"，是使得人类真正得以存续发展的前提条件。"对于那些通晓它的人是有用的东西，我觉得最好论述一下事物在实际上的真实情况，而不是论述事物的想象方面。许多人曾经幻想那些从来没有人见过或者知道在实际上存在过的共和国或君主国。可是人们实际上是怎样生活同人应当怎样生活，其距离是如此之大，以致一个人要是为了应该怎样办而把实际上是怎么回事置诸脑后，那么他不但不能保存自己，反而会导致自我毁灭。"③ 在这个意义上，仅仅从合理性角度对人的行动及其后果做出论断，是不可取的，"不真实"的，甚至是异想天开的（如柏拉图的《理想国》和西塞罗的《共和国》），因为"人是一种复合动物，情欲对于人类理智做出的决定永远是一种干扰力量"④。而对于马尔萨斯来说，恰恰是当我们正视了人类作为"身心复合体"的这一实然状况之后，在我们有效地考察了"理性的选择"与"任性的欲望"之间的复杂关系之后，在我们恰切地质疑了资本主义制度下"有效需求"的不可满足之后，"萨伊市场定律"的内在张力就将向我们显现出来："萨伊先

---

① 〔英〕马尔萨斯：《人口原理》，朱泱等译，商务印书馆2009年版，第62页。
② 〔英〕马尔萨斯：《人口原理》，朱泱等译，商务印书馆2009年版，第97页。
③ 〔意〕马基雅维利：《君主论》，潘汉典译，商务印书馆1985年版，第73页。
④ 〔英〕马尔萨斯：《人口原理》，朱泱等译，商务印书馆2009年版，第60页。

生在他的有关政治经济学的名著中,甚至认为,商品离开市场进入消费会减少需求,商品的生产则能相应地增加需求。然而,在一般应用上,我觉得这个学说没有根据,而且与支配供给与需求的重要原理完全相反。"① 在马尔萨斯的分析中,对于"供给创造需求"的直接线性联系的批判,正是基于他自身对于人类行动主体的反思性把握:"我愿承认,每一自觉的行动都先有理智做出的决定,但是倘若说人的肉体倾向不会作为干扰力量严重影响理智做出的决定,那就与我所认为的有关这一问题的正确理论大相径庭了,也与一切实际经验显然相矛盾了。所以,问题并不仅仅在于是否能使人理解清楚明白的问题,是否能使人相信无可辩驳的论点,人作为理性动物会明白真理,相信真理,但作为复合动物,人又会决心逆真理而动。贪婪的欲望,会促使人行动,尽管他们在采取行动时明明知道这样做会给整个社会的利益带来极其严重的后果。倘若消除了肉欲,他们会毫不犹豫地反对这种行为。若别人有这种行为,问他们怎么看,他们会立即予以谴责。但如果他们有肉欲,则在具体情况下,复合动物的决定会完全不同于理性动物的信念。"②

在为自己的经济危机理论奠定了"人性论"基础之后,马尔萨斯提出了在经济学意义上,仅仅以理想模型完成现实政治的辩护的理论后果,也正是从这个角度出发,马尔萨斯给出了承认危机的可能性对于推动资本主义本身更好发展的正面建议,即正视问题,才可以实现完善,而不是抱持梦想,完全忽视实际情况的发展变化,从而失去了改进的契机。"常有人说,虽然不能指望任何事情达到尽善尽美的状态,但在眼前树立起一尽善尽美的模式,总是有益无害的。这种观点表面看来似乎有道理,但实际上却远非如此。如果我们所追求的完美模式不同于并强于自然存在的模式,我们肯定会向这种完美模式有所迈进,不过,由于我们的双眼紧盯着如此完美的模式,我们在其他方面的进步很可能会因此而受到阻碍。一种具有高度智慧而无需吃饭、无需睡觉的生物,无疑要比人类完美得多,但人类倘若要模仿这种生物,不仅无论如何模仿不来,而且还会由于尽力模仿不能仿效的事物,而损害他力图改善的那点理智。"③ 而从这样的"力图改

---

① [英]马尔萨斯:《政治经济学原理》,厦门大学经济系翻译组译,商务印书馆1962年版,第262页。
② [英]马尔萨斯:《人口原理》,朱泱等译,商务印书馆2009年版,第97—98页。
③ [英]马尔萨斯:《人口原理》,朱泱等译,商务印书馆2009年版,第108—109页。

善"的明智审察出发,马尔萨斯将其批判理论的矛头,直接指向了萨伊的理论"理想":"事实上,商品决不是都和商品交换,很多商品是直接和生产性劳动或私人服务相交换的。显然,这很多的商品,和它们所要交换的劳动比较起来,它们的价值可能因过剩而下跌,正像任何一种商品的价值,与劳动或货币比较起来,会因供给过剩而下跌一样。"[1]

与马尔萨斯(Malthus)一道,西斯蒙第(Sismondi)以其直面危机现象的"消费不足论"而开展反对自由放任市场主义的理论努力。列宁在《评经济浪漫主义》一文中指出:"如果我们一贯把'生产'看做生产中的社会关系,那末无论'分配'或'消费'都会丧失任何独立的意义。如果生产中的关系阐明了,各个阶级获得的产品份额也就清楚了,因而,'分配'和'消费'也就清楚了。相反地,如果生产关系没有阐明(例如,不了解整个社会总资本的生产过程),关于消费和分配的任何论断都会变成废话,或者变成天真的浪漫主义的愿望。西斯蒙第是这种论调的创始人。"[2] 与列宁的"浪漫主义"定名(这一点在后面会展开论述)相呼应的是马克思、恩格斯在《共产党宣言》中的"阶级"评断:"在农民阶级远远超过人口半数的国家,例如在法国,那些站在无产阶级方面反对资产阶级的著作家,自然是用小资产阶级和小农的尺度去批判资产阶级制度的,是从小资产阶级的立场出发替工人说话的。这样就形成了小资产阶级的社会主义。西斯蒙第不仅对法国而且对英国来说都是这类著作家的首领。"[3] "站在无产阶级方面反对资产阶级"的西斯蒙第,以其对分配的"公正"性后果的强调而成为传统的市场自由主义者的重要批判家(也由此而成为巴斯夏—哈耶克系统的批评对象),而其理论重心,就落在危机问题上。"斯密—李嘉图学派认为积累是资本主义的关键问题,因而他们忽视了实现问题;与此相反,西斯蒙第则把生产与消费的矛盾以及与此相关的市场和实现问题提到了首位。对李嘉图及其门徒来说,经济过程是一个均衡状态的不中断的链条,从一个均衡过渡到另一个均衡是经由自动'适应'来实现的;相反地,西斯蒙第则集中注意到这种过渡,即经济

---

[1] [英]马尔萨斯:《政治经济学原理》,厦门大学经济系翻译组译,商务印书馆1962年版,第262页。
[2] 《列宁全集》第2卷,人民出版社1959年版,第166—167页。
[3] [德]马克思、恩格斯:《共产党宣言》,人民出版社1997年版,第53页。

危机。"①

在分析经济危机的成因时，西斯蒙第将消费与生产之间的平衡关系问题放在首位，并因此而将理论论战的矛头直接指向了"萨伊市场定律"（以及在理论承袭上相应的萨伊与李嘉图学派）。"这里有李嘉图和让－巴蒂斯特·萨伊，他们是英国和法国所怀念的人，还有麦克库洛赫、西尼尔。今天，大家常常把他们当做活神仙，向他们请教，这些人一致说，经济学家只要管生产财富就行了，因为各国之所以达到兴旺的顶峰，正是因为不断生产更多的东西的缘故。他们说，在创造交换手段的同时，生产也创造了消费的原因。他们说，不管人类的劳动生产多么大量的财富，都永远不应害怕财富会充斥市场，因为人的需要和欲望是永无止境的，总是会把这些财富转化为享受的。"②而与这些乐观的生产（必然）创造消费的自由主义学者（同时也是自由—市场论的辩护士与智术师）的观点截然相反，西斯蒙第从祖述他的思想渊源（即马尔萨斯）出发来讨论这一问题。"经济学家马尔萨斯先生，他具有伟大的思维天赋，如果他最初不是太经常地把他的敌人卷进形而上学的深处和过分地把精密科学的计算方法应用到精神力量上，他本来是可以加速科学的步伐的，因为他已经隐约地看到必须在生产和消费之间保持差不多准确的平衡。他十分明白消费并不是生产的必然结果。他看到了市场可能发生壅塞，以致使生产活动成为生产者本身破产的一个原因。"③而在题为《关于萨伊先生的〈消费与生产的平衡〉一文的几点意见》的文章中，西斯蒙第在对萨伊主张的回应中进一步展开自己对于"生产者本身"的思考："我认为，需求、报酬、消费要求增加产品，提高生产就是一件好事；需求毫无增加，而生产者完全依靠剥夺竞争对手的产品的消费者，提高生产就是一件坏事。我指的是各国走向繁荣的自然发展过程，也就是要按本国对新产品的需求和购买力的提高而逐步提高生产。但是，我们的制度和法律，一方面剥夺劳动阶级的一切财产和保障，一方面也把他们推到盲目生产中去，这种生产与需求、与购买力都毫不适应，以致使他们更加贫困。"④在西斯蒙第的理论反思中，萨伊

---

① ［苏联］阿尼金：《改变历史的经济学家》，晏智杰译，华夏出版社2007年版，第241页。
② ［瑞士］西斯蒙第：《政治经济学研究》，胡尧步等译，商务印书馆1989年版，第46页。
③ ［瑞士］西斯蒙第：《政治经济学研究》，胡尧步等译，商务印书馆1989年版，第46—47页。
④ ［瑞士］西斯蒙第：《政治经济学新原理》，何钦译，商务印书馆1997年版，第530页。

正是作为那导致"剥夺"与"贫困"的"制度和法律"的代言人而出现的，他所提出的那种基于生产与消费的平衡的前设的理论主张因而都对现实的不平等负有不可推卸的责任，西斯蒙第本人因此在一个更为"反讽"（Irony）的意义上向萨伊提出了他的忠告："像他这样公正无私、毅力坚强的人，如果悉心研究几个强大国家所显示的新现象——物质财富越增加，群众的贫困越严重，生产各种财富的阶级越接近一无所有的穷苦境地，他将获得更显著的进步。"① 或者也可以说，上述说法正是西斯蒙第自己对自己提出的要求，也是他对于自己的相对于其他的资产阶级经济理论家的"更显著的进步"的期许所在。"西斯蒙第拒绝亚当·斯密的下述原理：如果每个社会成员都有可能最自由地追求个人的经济利益，则社会利益将会得到最好的保障。他指出，自由竞争的社会经济后果是灾难性的，由于财富集中在少数人手中，使大多数居民贫困化，结果造成了严重的经济危机。"②

西斯蒙第就是这样以其不可动摇的学术洞见开启了他的所谓"政治经济学新原理"的"新"意所在："我坚决要求，我要求大家面对这些至今还使我们很多弟兄遭受极大痛苦的灾难来同意我的意见，因为旧的科学没有教导我们去了解和预期新的灾难。"③ 进而，西斯蒙第给出了他的对于"新灾难"的洞察所在："我对于最近几年欧洲遭受的商业危机感到触目惊心；我在意大利、瑞士和法国亲眼见到产业工人所遭受的极度痛苦，至少说在英国、德国和比利时，社会情况完全相似。我认为这些国家，这些民族都走错了路，他们虽然努力设法补救，但是灾难愈益严重。"④

对于西斯蒙第来说，真正"走错了路"的，当然首要的是"这些国家/这些民族"所秉持的政治经济思想，而这一点，又以英国的情形最为关键。"我特别为了使我的读者注意英国，我想通过英国所遭受的危机，根据全世界各种工业之间的联系，来说明我们目前的灾难的原因；我也指明，如果我们继续奉行它所遵循的原则，那我们自己未来的历史会是怎样的。"⑤ 根据西斯蒙第的考察："在相距只有几年的期间，就发生两次可怕的危机，

---

① ［瑞士］西斯蒙第：《政治经济学新原理》，何钦译，商务印书馆1997年版，第531页。
② ［苏联］阿尼金：《改变历史的经济学家》，晏智杰译，华夏出版社2007年版，第242页。
③ ［瑞士］西斯蒙第：《政治经济学新原理》，何钦译，商务印书馆1997年版，第13页。
④ ［瑞士］西斯蒙第：《政治经济学新原理》，何钦译，商务印书馆1997年版，第16页。
⑤ ［瑞士］西斯蒙第：《政治经济学新原理》，何钦译，商务印书馆1997年版，第13页。

它使一部分银行家垮台，使英国的全部工厂都受到灾难；同时，另一个危机摧毁了农场主，从而打击到零售商身上。"① 但是，与通常所期待的状况相反，英国这样一个古典政治经济学的重要发源地，却没有能够切实有效地推出应对危机的关键性思考（这一点同后世凯恩斯对新古典经济学的批评如出一辙），这在另一个层面上也可以说是宣告了古典理论的破产。"如果英国下定决心，那么，它的生命力以及它那些政治家的天才，会帮助它比其他任何国家更容易回到正路上来的；但是，他们的政治经济学包含偏见，他们的人民有自己的一套习惯，现在呢，处在灾难之中的英国人，并没有采取任何防止灾难日益严重的措施。"②

受益于"看不见的手"的"不作为"的规范性与对"萨伊市场定律"的本质性信仰的资本主义经济，却在19世纪中叶遭遇"生产与消费不平衡"的连续的危机状况，这一点在西斯蒙第看来，其实已经远远超出了简单的经济思想所能涵盖的范畴。"这种问题需要良心正如需要理智一样。明眼人应该认识那些不应有的灾难是人为的，而被害者还是人。他对于灾难不应漠然视之，置之不理，而不想补救的办法。"③ 对于西斯蒙第来说，他甚至有理由相信，导致灾难正是"旧"政治经济学的根本问题所在：那种限制政府行为的"有限"话语，其实正是招致"危机"的源头所在；他所谓的"新"式的政治经济学甚至在"道德"或"伦理"的意涵上都是全新的。而在批判旧势力的意义上，西斯蒙第宣称："我相信我给政治经济学奠定了一个新的基础，因为我确定了全民的收入和研究了收入的分配；收入既然给国家带来莫大的幸福，那么通过研究收入就能够最好的达到这门科学的目的。"④ 从资本主义国家的收入分配的现况出发，从劳动阶级的真实利益状况出发，西斯蒙第的反"斯密—萨伊—李嘉图"谱系的"新政治经济学"构想（或对政治经济学的重新奠基以及对"另一个开端"的历史性思考），就是以"消费不足"论为批判性、否定性的先导，从社会的不平等状况出发，最终试图重构整个政治经济学体系的理论尝试。在这样的理论图景下，西斯蒙第得以重启"政府行为"的合理性维度。"我再一次申请社会力量的干涉，以便使财富的进步正常化，而不使

---

① ［瑞士］西斯蒙第：《政治经济学新原理》，何钦译，商务印书馆1997年版，第8页。
② ［瑞士］西斯蒙第：《政治经济学新原理》，何钦译，商务印书馆1997年版，第10页。
③ ［瑞士］西斯蒙第：《政治经济学新原理》，何钦译，商务印书馆1997年版，第13页。
④ ［瑞士］西斯蒙第：《政治经济学新原理》，何钦译，商务印书馆1997年版，第12页。

政治经济学遵循一个最简单的、在表面上好像最自由的所谓'自由放任和自由竞争'（laisser faire et laisses passer）的方针。"①

四 巴斯夏的"和谐经济"辩护

作为西斯蒙第理论的坚决的对立面，巴斯夏是资本主义"市场决定论"的坚定捍卫者，并且是以哈耶克为代表的当代的新自由主义（Neo-Liberalism）的重要的思想前驱。在1825年危机之后，资产阶级的经济理论阵营发生了深刻的转化，马克思说："在这种情况下，资产阶级政治经济学的代表人物分成了两派。一派是精明的、贪利的实践家，他们聚集在庸俗经济学辩护论的最浅薄的因而也是最成功的代表巴斯夏的旗帜下。另一派是以经济学教授资望自负的人，他们追随约·斯·穆勒，企图调和不可调和的东西。"② 正如马克思所正确揭示的，巴斯夏作为资本主义危机理论的"辩护"一派的卓越代表，他的关于"和谐与强制""政治经济学与社会主义思想""自然秩序与人为秩序""可见的与不可见的"等一系列的重要区分，不仅在当时成为自由贸易论与反社会主义论的重要理论武器（巴斯夏还是自由贸易的重要鼓吹者柯布登的好友兼策士），而且作为米塞斯、哈耶克、罗斯巴德、诺齐克等重量级"自由至上主义"（Libertarianism）思想家的"理论前件"，成为全球资本主义时代的"自发秩序与意图伦理"之造作的理论图景的关键性根基。而这些理论和现实的思考，又都是以他对资本主义经济之先在的"和谐性"论说为立论基础的。

经济思想史学者阿尼金在其著作《改变历史的经济学家》一书中，在"回顾李嘉图以后的十九世纪经济科学的演进"的论域下，指出"这一过程表现为持续的'无波折'的庸俗化过程，在英国是李嘉图——麦克库洛赫——西尼尔；在法国是重农主义学者（和亚当·斯密的影响）——萨伊——巴斯夏"③。而从"庸俗化"的发展性上考虑，则巴斯夏正可以被算作是这一"演化"过程的集大成者，他深谙自由主义的辩护术，又是"萨伊市场定律"的坚定的守护者，也在这一立场前设下对自由主义危机

---

① [瑞士] 西斯蒙第：《政治经济学新原理》，何钦译，商务印书馆1997年版，第5页。
② [德] 马克思：《资本论》第1卷，人民出版社1975年版，第18页。
③ [苏联] 阿尼金：《改变历史的经济学家》，晏智杰译，华夏出版社2007年版，第232页。

理论的建构提出了极具创造性的理论"贡献"。

对于他自己的论述谋划（Projection），巴斯夏界定为要真正地揭示"一切正当的利益彼此和谐这个真理"①。巴斯夏的这种较萨伊定律更加保守和"规范性"的"前定和谐"论无疑回应并推进了斯密在《道德情操论》中所设定的"神学—经济学问题"（Theological-Economical Problem），也就是巴斯夏在《和谐经济论》中所论述的"上帝关于建立社会秩序的答案以及他赋予人类的用以实现人类进步的全部力量的机制"②。进而，这也成为巴斯夏这样的"自由至上主义的典范人物"（哈耶克语）在应用自由主义的意识形态话语（经济—和谐）以抵消当时已有相当影响的（以西斯蒙第为代表的）对资本主义的长期稳定繁荣持悲观态度并寻求外在的（"社会的"以及"国家的"）"干预"的"有危机论"者的现实影响力，并特别要回击这样的"社会公正"经济学家的针对生产与消费之间的不平衡状况而寻求社会财富的再分配结构的理论主张（甚至晚近的皮凯蒂也仍旧是在这样的思想脉络中跋涉，并其实仍旧受巴斯夏的门徒如哈耶克理论影响的钳制）。

巴斯夏的理论奠基于詹姆斯·穆勒式的"阶级聚落性"判准，强调对"和谐"本身的"信仰"，超越了对于经济社会发展的"理解"中的客观性与科学性，并将"干预"设定为绝对不可以接受的"工具性"选项。"凡是承认人的利益彼此和谐并以此为出发点的人，都会赞同用这样的方法来解决社会问题：对各种利益不横加干涉，不人为地进行分配。"③ 巴斯夏对于市场性行为"先验条件"（Transcendental Condition）的刻画，是对后来哈耶克所遵循的自然（Physis）与人为（Poesis）的截然二分的"建构主义"批判的纲领性前设，在这样的视域之下，自由市场主义者甚至都不需要预设上位的（更高"位格"的）"看不见的手"的（永续均衡的）运作就可以论证"私益"与"共利"的必然统一：因为它们本来就被定义为统一的，从"统一性"并不能推论出"歧异性"（但当然这是在前提本身是可确证的意义上才可以成立的命题，而后一点则无疑是可质疑的）。进一步的，巴斯夏不仅仅是要持守其作为"对于一种完全无障碍的自由市场

---

① 秋风编：《市场二十讲》，天津人民出版社2008年版，第83页。
② 秋风编：《市场二十讲》，天津人民出版社2008年版，第83页。
③ 秋风编：《市场二十讲》，天津人民出版社2008年版，第83页。

的倡导者"① 的纯粹经济（瓦尔拉斯意义上的）层面的辩护士的作风，他的论证目标更是要在思想领域根除涉及"保护"与"干预"的任何"强制"话语，以实现经济政治的理想化的、自然化的运作（"自生自发秩序"）。这一点（"资本"的辩护士）就在《和谐经济论》的"资本"章的论述中集中地体现了出来："资本使我们的需要高尚了，使我们的努力减轻了，使我们的满足洁净了，使自然降服了，使道德变成了习惯，使社会性发展了，带来了平等和自由，它还通过最巧妙的方法使得公正无处、无时不在。因此，不管人们从什么角度来看待资本，只要将它与以上各点联系起来，只要它依照不脱离自然轨道的社会秩序去形成和活动，我们就能在它身上找到一切合乎上帝的伟大法则的特点：和谐。"② 无危机的"和谐经济"，在巴斯夏的建构之下，不仅成就了理论设想上的"至善"，也同时从根本上革除了制度性、体制性的反资本主义运动的合法性。

从"资本"的利益与立场出发，巴斯夏进而在《致法国青年》一文中展开了对于共产主义革命倾向的"伟大的说服"。"共产主义者们，你们希望人们情同手足，共享上帝赐予的财富。我力图阐明的是，现存社会只要争得自由，就能实现你们的心愿和希望。因为，只要人人为领受上帝的赐予承受一些劳累，一切就可以为所有的人共享，这是非常自然的，当然也可以向为领受上帝的赐予承受了劳累的人自由地付给报酬，这是非常公正的。"③ 巴斯夏的这种"公正—和谐"观其实是建立在对于当时已经甚为发展的"共产"理想的重新诠释的前提之下，在他看来，只要将人类利益的源头与本质定义为"根本上一致"的，那么整个资本主义的生产—交换—分配—消费的过程也就不可能存在任何的"残酷性"，而干脆就是所谓的"上帝的赐予"的"恩典"的一部分了。这也就成为了巴斯夏努力证成的"阶级"属性之所在："产业所有者们，不管你们有多少产业，如果我能证明，你们的权利仅限于你们自己的或先辈的实际劳务换取等量劳务，这同工人的权利没有两样，那么，你们的权利虽然如今遭到非议，今后却可以

---

① ［美］罗斯巴德：《古典经济学：奥地利学派视角下的经济思想史》，张凤林等译，商务印书馆2012年版，第723页。
② ［法］巴斯夏：《和谐经济论》，王家宝等译，中国社会科学出版社1995年版，第216页。
③ ［法］巴斯夏：《和谐经济论》，王家宝等译，中国社会科学出版社1995年版，第44页。

具有不可动摇的基础。"① 为资本主义市场的无危机运行奠定"道德"基础，并以这种理论诉求（"如果我能证明"）而展开全面的公共策略，巴斯夏也因此而必然的与社会主义运动站在了对立面上："社会主义学派之所以力图探索一种人为的社会制度，原因在于他们认为自然的社会秩序有缺陷，而他们之所以认为自然的社会秩序有缺陷，则是因为认定人的利益是彼此激烈对抗的。否则，他们就不会求助于统制。不言而喻，对于原本就是和谐的事物，当然无须借助强制使之和谐。"②

巴斯夏对于"自由"资本主义的无危机—和谐论证，无疑正是站在拒斥社会主义运动的"社会"变革诉求的理论立场之上而谋划并造作的，这一"立场至上"的"信仰告白"（与卢梭在《爱弥儿》中给出的颠覆性论述不同，巴斯夏的讨论是极端保守和功利化的）从一开始就预先设定了"社会主义"思想者对于人类利益的原初冲突事实上属于"自然法"理论家的学术特质，并同时根据对这一（武断的）理论前设的否证性推演而将社会主义思想鉴别为本质上"反自然"的。而顺应自然，"无争"于世道人心的巴斯夏，也就意旨恢宏地将由他的理论所指导而规划出来的未来社会明晰地揭示了出来："我们将看到，人们会抛弃通过国家代价高昂而危险的干预互相掠夺的普遍的狂热。政府将严守其职能和责任，一切从简，成本低廉，不把它们一环套一环的承重代价强加于被统治者，以获得公众的好感。这样的政府将具有凝聚力，而这种凝聚力是我们国家从来没有过的东西；我们也可以彻底解决一个大难题，也就是：终结革命。"③

五　约翰·穆勒与危机理论的意识形态化

约翰·穆勒（John Stuart Mill）理论体系的丰富性（或曰复杂性）使得对他的危机理论的考察必须在《政治经济学原理》（*Principles of Political*

---

①　[法] 巴斯夏：《和谐经济论》，王家宝等译，中国社会科学出版社 1995 年版，第 44—45 页。

②　秋风编：《市场二十讲》，天津人民出版社 2008 年版，第 83 页。

③　[法] 巴斯夏：《财产、法律与政府》，秋风译，商务印书馆 2012 年版，第 298 页。可以说，巴斯夏的这种理论向度，也充分地印证了法兰克福学派对于思想理论的资本主义属性的断言："思想难免会成为商品，而语言则成了对商品的颂扬，那么，揭示这一堕落过程的尝试在被其世界历史成果彻底毁灭之前，就必须拒绝有关的语言要求和思想要求。"[德] 霍克海默、阿道尔诺：《启蒙辩证法》，曹卫东译，上海世纪出版集团 2006 年版，第 1 页。

Economy)、《论自由》(*On Liberty*)、《功利主义》(*Utilitarianism*) 与《代议制政府》(*Considerations on Representative Government*) 等文本所构造的统构的文本脉络之间来进行。约翰·穆勒无疑在马克思所标示的"科学的资产阶级经济学的丧钟"①的意义下展开工作,但他理论中"平淡无味的混合主义"则由包含了那个时代重要的对于"社会正义"的"精英"式的关注;他认定资产阶级民主制度("代议制政府")为政体的最佳选择,但又在重要的议题上放开了改革的空间;他看到"自由放任"的缺陷,但也指出了"政府干预"的限度;他是自由主义者,"个性"的发展即使带来"危机"也仍被奉为至高,但他又是功利主义者,认为在最大多数的福利计算之下,私人领域仍有被"改变"的需要。而且更重要的,他的"温和品格"②并非无理由的"中庸",他的"自由主义的功利主义"也为资产阶级对危机的"包容"性开辟新局;在容纳"停滞"的意识形态"周期"里,穆勒的意图正在于通过"所有制"的定论划清"改良"的"界限",这样,在理论形态上,穆勒的思想就呈现为对西斯蒙第与巴斯夏的"功利主义"式的融合立场。

当代奥地利学派的代表人物罗斯巴德在其学说史溯源性著作《古典经济学:奥地利学派视角下的经济思想史》(*Classical Economics*) 的相关章节中,展示了聚焦于约翰·穆勒的思想旨趣方面的思想史困境:那些关于"'究竟什么是穆勒真正的信仰'这一问题所展开的争论,变成了一种无尽无休的家庭手工业式的研究"③。而这样的理论困难从根本上说就体现在穆勒自身经济思想的"光谱"意义的左右摇摆甚至左右混淆的情形之上。"穆勒是一个主张自由放任的自由主义者?还是一个社会主义者?一个浪漫主义者?一个古典主义者?一个主张公民自由的意志论者?一个国家强制道德规范的信仰者?对这些问题都会给出肯定的答案。因为在穆勒长寿且多产的一生中,导致这种争论的素材多如牛毛,他的学术立场既属于上述每个流派,又哪个都不属于,而是一个万花筒,充满变化、转型与矛

---

① [德] 马克思:《资本论》第 1 卷,人民出版社 1975 年版,第 17 页。
② [美] 罗斯巴德:《古典经济学:奥地利学派视角下的经济思想史》,张凤林等译,商务印书馆 2012 年版,第 446—452 页。
③ [美] 罗斯巴德:《古典经济学:奥地利学派视角下的经济思想史》,张凤林等译,商务印书馆 2012 年版,第 443 页。

盾。"① 显而易见，以罗斯巴德的极端自由主义（Libertarianism）立场来衡定穆勒的调和性的品格（Character），其实本身就是无法达成最优解的理论纷争；或者从更具方法论意义的面向上来探讨穆勒的思想（特别是他在古典政治经济学的框架下对危机理论进行的重构），其实恰恰不能如哈耶克、罗斯巴德那样建构一个既定的观念模板，并以之来裁断一切理论思虑的真值（Truth-Value），而恰恰要在他对于多个理论标签下的理论内容的实质性推进之中，也即是在他本人的思想脉络之中来把握他的理论价值与思想史意义。

根据如上思路，我们的理论考察就将首先从穆勒所追随并发扬光大的以其父詹姆斯·穆勒（James Mill）为代表的"哲学激进派"（Philosophical Radicals）的整体思想旨趣与阶级意向开始。在詹姆斯·穆勒的代表性著作②《政治经济学要义》（Elements of Political Economy）之中，老穆勒描述了这样的"阶级愿景"："为社会改良做出了最大贡献的人，他们有可自己安排的时间，没有必要去做体力劳动，不受任何人权力的支配，从事最愉快的职业，因而作为一个阶级，得到的享受最多。"③ 在将"社会改良"与"阶级结构"相勾连的理论设计之中，詹姆斯·穆勒以绝对的排他性视角来对待诸如"体力劳动"这样的区分性因素，仿佛只有充分地远离"劳动"这一阶级性要件，才有可能真正构成历史发展与"社会改良"的动力，也才能够"得到的享受最多"。"来自我们本性的恢宏与卓越特性的全部福祉，它的进步属性，它不断推动人类知识和掌握幸福手段一步步前进的力量，在很大程度上看来有赖于一群有时间供自己支配的那种人的存在；也就是，这些人有钱，是以免除为获得过一定富裕生活的生活资料而担心。就是依靠这批人，知识才得以提高和扩大；也由于这批人，知识得以普及；就是这批人的孩子接受最好的教育，准备承担社会高等和困难的职责，如议员、法官、官员、教师、各种技艺的发明家、重要工程的指挥者，有了这些人才，人类支配大自然的力量才能扩展。"④ 在这里，穆勒系谱的对于知识与道德之传播的近似决定论的区分，以及对于罗尔斯所谨慎

---

① ［美］罗斯巴德：《古典经济学：奥地利学派视角下的经济思想史》，张凤林等译，商务印书馆2012年版，第443页。
② 必须注意的是，这部政治经济学著作就是由约翰·穆勒本人手录完成的。
③ ［英］詹姆斯·穆勒：《政治经济学要义》，吴良健译，商务印书馆2010年版，第36页。
④ ［英］詹姆斯·穆勒：《政治经济学要义》，吴良健译，商务印书馆2010年版，第36页。

处理的代际正义（Inter-Generational Justice）问题上，功利主义的穆勒表达（直陈对于"累积性"差异的无条件接受）都毫无疑义地呈现了基础信念（Basic Beliefs）意义上的"主义"倾向，同时，这也可以看作是穆勒将亚当·斯密在《道德情操论》中"富人"与"穷人"的道德意涵上升到经济哲学的高度的一种回应。因而，"为了幸福，为了把我们的自然装点得更加美丽，让这样的阶级在每一个社会里占有尽可能大的比例，这是特别令人向往的"①。而这种"向往"的"幸福"的阶级意涵也就为《共产党宣言》中一针见血地剖析预留了理论前提："资产阶级抹去了一切向来受人尊敬和令人敬畏的职业的神圣光环。它把医生、律师、教士、诗人和学者变成了它出钱雇佣的雇佣劳动者。"②

而作为被资本所"雇佣"的资产阶级化的"学者"，约翰·穆勒（这个有闲暇、有地位的"人才"）所要构造的社会意识形态的另一个面向，就必然是要为"资本"及其制度性建制的最大发展开辟言论上的"自由"空间。在其代表性著作《论自由》（On Liberty）的"导论"之中，穆勒为作为资本主义发展之思想基础的个人主义作出"主权"（Sovereignty）的辩护。"任何人的行为，只有涉及他人的那部分才须对社会负责。但仅只涉及本人的那部分，他的独立性在权利上则是绝对的。对于自己本人，对于他自己的身和心，个人乃是最高主权者。"③ 这样的断言性论述，结合到前面的"阶级"性分析，我们就可以发现，这里的"绝对性"个人，恰恰是霍布斯（Thomas Hobbes）《利维坦》的"人造神"化以降的在公共领域与私人领域之间作出"群"／"己"划分的进一步深化，在这种"决定性"的区分之下，国家/政府（或其他的以"群"的名义来运作的总体性机构）除特殊情况之外是不能够以"共"或"公"的名义对私人领域进行干预或强制的。"没人所应不断努力以赴特别是志在影响同人的人应永远注视的目标，乃是能力和发展的个人性。"④ 而这也就是穆勒在《政治经济学原理》之最后的部分所处理的问题"自由放任原则或者不干预原则的依据与限度"实际指向所在，在穆勒看来，作为普世价值而存在的"自由放任原

---

① ［英］詹姆斯·穆勒：《政治经济学要义》，吴良健译，商务印书馆2010年版，第36页。
② ［德］马克思、恩格斯：《共产党宣言》，中央编译局译，人民出版社1997年版，第30页。
③ ［英］穆勒：《论自由》，许宝骙译，商务印书馆1959年版，第11页。
④ ［英］穆勒：《论自由》，许宝骙译，商务印书馆1959年版，第11页。

则"本身"应该是普遍原则，任何偏离这项原则的行为，除非能证明有很大的益处，否则就一定是有害的"①。

但是，与此同时，约翰·穆勒的"危机"观念中贯穿的功利主义要义，又决定了他并不会直接采取（或者也并不真正认同）萨伊—巴斯夏系谱的简单而粗糙的论证模式。穆勒虽然认为"无论我们信奉什么样的有关社会联合体的建设的理论，也无论我们生活在什么样的政治体制之下，每个人都拥有一定的活动范围，这一范围是政府（无论是一个人统治的政府、少数人组成的政府还是多数人组成的政府）不应该予以侵犯的"②，但他的立足于总体功利要求的基本立场又要求他修正并推进自由主义经济学的对于1825年以来的经济停滞现象的理解和阐释。"政治经济学家们总是或多或少地意识到，财富的增长并不是无限的，他们将前进中的终止状态称之为停滞状态，所有财富的增长只不过是在延缓停滞状态的到来，财富增长的每一步，都是向停滞状态迫近的一步。"③

穆勒将"停滞"或"危机"形态纳入其经济理论的探讨范围内，虽然是对于古典自由主义传统的认识上的推进，但是事实上这样的理论让步也仅只是其意识形态计划的一个中间环节，这样的理论要素仍受制于他的整个论述的自由主义背景。"在所有较为发达的社会，受到政府干预的大多数事务，还是不如让对相关事务最感兴趣的个人去完成更好些，或者听任事态的发展使其自行得到解决更好些。产生这种情况的原因可以用人们惯于作出的某种陈述相当准确地表达出来，即人民要比政府更为了解他们自己的事务，并且比可以期望政府所能够做到的更加关心他们自己的利益。对于生活中的绝大部分事务来说，这种理论都是正确的，因而在适用的情况下，与其相冲突的各种类型的政府干预都应该受到谴责。"④ 有了这样的认识基调，以及对于政府与人民的决然二分，穆勒的立论方式就显现为对于前辈自由主义思想家（当然包括其父亲詹姆斯·穆勒）的全面性超越。"对于最近两代的政治经济学家来说，最终也无法避免的停滞状态——人类产业的涓涓细流终将不可抗拒地汇入表面平静的大海之中——肯定是一种令人不快甚至沮丧的前景。因为他们在论述中所采用的语调或者姿态，

---

① ［美］梅德玛：《捆住市场的手》，启蒙编译所译，中央编译出版社2014年版，第53页。
② ［英］穆勒：《政治经济学原理》（下），金镝、金熠译，华夏出版社2013年版，第699页。
③ ［英］穆勒：《政治经济学原理》（下），金镝、金熠译，华夏出版社2013年版，第697页。
④ ［英］穆勒：《政治经济学原理》（下），金镝、金熠译，华夏出版社2013年版，第879页。

总是把经济上美好的事物与前进状态，而且仅仅与前进状态紧密相连。"①由此可见，在约翰·穆勒看来，传统政治经济学家们面临困境的根源，其实在于他们在自己的理论之中，对资本主义的整体发展态势作出了不必要的、过多的承诺：一种仅仅是前进/增长态的经济历程不仅是不可预设的，而且根本是不可欲求的。但是，穆勒的这种对于"真实"的"表象"（Representation），并没有导向西斯蒙第式的"干预"诉求，而是运用其理论"洞见"，以个人的利益"视角"（Perspective）为出发点，将停滞/危机的恐怖意涵消弭于无形。"我更倾向于相信，从总体上看，资本和财富的停滞状态是对我们当前的状态所作出的重大改进。……它也许是文明进程中的一个必要阶段，那些至今还幸运地没有经历这一阶段的欧洲国家，最终也可能无法幸免；它是增长的伴生物，而并非衰落的标志。"② 也正是在这个意义之上，认定即使在危机时刻仍旧"应该将公共权力对于社会事务的干预限制在最小的范围之内"③ 的穆勒，就通过对于"危机"的无害化处理（事实上的"幻觉化"规避），将整个功利主义—自由主义的经济危机思想建立在《德意志意识形态》所批判的"错误意识"的基础之上，并为之后的杰文斯、瓦尔拉斯的数学化、规范化思考开辟了意识形态上的基本前提：为私有制而"祭献"思想。"在没有试图限制人类本性所决定的终极能力的前提下，我们可以断定，在未来相当长的一段时期内，政治经济学家们将以私有制和个人竞争为基础，去关注于一个社会的生存与发展的条件相关的问题；并且，当前人类的发展状况决定了我们所追求的主要目标并不是废除私有制度，而是改进私有制度，并且使每一位社会成员都能够分享到它所带来的利益。"④

结语　经济危机的理论批判与批判理论

资本主义经济危机的现实性展开，呈现了"历史资本主义"的"历史性"和"现代世界体系"的"世界性"，并向我们呈示了斯密、萨伊、巴斯夏、穆勒等古典经济学家所许诺的由市场"决定"的通往自由之路实际

---

① [英] 穆勒：《政治经济学原理》（下），金镝、金熠译，华夏出版社2013年版，第697页。
② [英] 穆勒：《政治经济学原理》（下），金镝、金熠译，华夏出版社2013年版，第699页。
③ [英] 穆勒：《政治经济学原理》（下），金镝、金熠译，华夏出版社2013年版，第882页。
④ [英] 穆勒：《政治经济学原理》（上），金镝、金熠译，华夏出版社2013年版，第183页。

上伴随着不间断的暴力与恐慌。而这种不可回避的残忍性（与资本主义世界的体系性危机的"现实性"）恰切地刻画了生存于"危机伦理"之下的资产阶级学者之理论"生产"的核心关切，即"中庸的自由主义是如何'驯服'其他意识形态，并使它们事实上持有某种类型的自由主义中间路线"①。在这个意义上，通过对以亚当·斯密为代表的古典自由主义经济学家的思想发展的"谱系性"特征之把握，我们可以理解自由主义所宰制的资本主义经济发展史就是一个"合理化"的历史，那些无法被纳入到"资本理性"或"市场理性"的"视野"之中的内容都将被无情地排除掉（当然也包括对危机的理性理解和分析），这也事实上成为对于"历史"的一种成功的"再赋魅"（Reenchantment）的权力，在此，"权力存在于对经济体制的控制，存在于对权力分散的否定结构的控制，存在于对文化制度的控制，存在于运动本身之中"②。在此，被"权力"所贯注的"运动"，既意指外在的、制度变迁的历史形态，更关注思想和行动主体在历史的变动中所完成的"自我塑造"。因而，"从某种意义上或许可以说，亚当·斯密完成了一个自宗教改革以来的思想演化过程。宗教改革用君主取代教会成为了规范社会行为的统治源泉。洛克和他的学派用议会取代君主，让其更好地满足社会的需求。亚当·斯密则向前更进了一步，他认为，排除极少数的例外情况，社会根本不需要议会的干预。……社会各阶级之间的利益是一致的，对这一点人们认识得越充分，人们就越自由"③。

随着资本主义在世界范围的扩张、资本的输出和殖民化而不断得到完善的"世界市场体系"，其"危机"的实在性意涵在 1825 年之后也得到了极大的扩展。因此，从一个发展的层面上看，当我们直面"经济危机"从而也是直面"权力话语"地进行经济史/学说史的研究时，无论在内在（Internal）或外在（External）的意义下都要求我们具有开启另一种"理性"空间的能力，以抗拒自由主义的同化诉求，因为作为意识形态的自由主义"宣称自身是普适论者。对他们自身和对现代性这种新世界观的真理

---

① ［美］沃勒斯坦：《现代世界体系》（第四卷），郭方、刘新成、张文刚译，社会科学文献出版社 2013 年版，第 343 页。
② ［美］沃勒斯坦：《否思社会科学——十九世纪范式的局限》，刘琦岩、叶萌芽译，生活·读书·新知三联书店 2008 年版，第 38 页。
③ ［英］拉斯基：《欧洲自由主义的兴起》，林冈、郑忠义译，中国人民大学出版社 2012 年版，第 124—125 页。

性充满自信,自由主义者竭力传播他们的观点,将他们观点的逻辑强加给所有社会结构,由此将过去'非理性'的残余从这个世界上清除掉"[1]。动态历史系统中资本与劳动的矛盾、资本家阶级之间的矛盾以及不同国家的资本主义之间的矛盾的结构性作用的结果("危机"及其演化),不仅使资本主义的生产本身受到打击,同时更催生了另一种意义上的"生产",即自由主义—资本主义意识形态下经济危机理论的"创造性"生产。这一理论言说的谱系具有极强的解释诉求,并极端地信仰"市场神话"(在稍后的章节中将逐步"赋型")。古典自由主义时期的危机理论的创造性"启动",也同样可以被视为一个近代版本的中世纪神学化的"信仰寻求理解"(Fides Quaerens Intellectum),只是这里的(资本—市场)"信仰"之指向,已经由基督教传统中的"全能的上帝"(Infinite God)转变为市民社会意义上的"无尽的资本主义"(Endless Capitalism)。而在这一批判性审理的理性意义下,我们的危机理论研究就必须有能力揭示"在资本主义世界经济结构中'真实存在'的东西,它使得过渡更可能成为解体而不是受控的变形"[2]。而这也就是在从根本上呼召一种以马克思经济学为代表的总体性"批判的经济危机理论"的产生、发展和运作,并在之后的经济思想史中成为自由主义经济学(无论"微观"或"宏观")主要的理论对手,规定了整个20世纪的经济哲学的主题。

---

[1] [美]沃勒斯坦:《现代世界体系》(第四卷),郭方、刘新成、张文刚译,社会科学文献出版社2013年版,第16页。

[2] [美]沃勒斯坦:《否思社会科学——十九世纪范式的局限》,刘琦岩、叶萌芽译,生活·读书·新知三联书店2008年版,第23页。

第三章

批判与建构：马克思的经济周期与危机理论

古典自由主义经济学关于自由竞争会自发实现市场均衡的神话，在1825年资本主义经济危机第一次全面爆发后就破灭了。这一在资本主义生产方式基础上爆发的危机，不同于历史上的任何一次经济灾难，而具有新的特点和逻辑："在危机期间，发生一种在过去一切时代看来都好像是荒唐现象的社会瘟疫，即生产过剩的瘟疫。"① 一切关于经济周期和波动的陈旧的经济解释，在这一新特征面前都难以自圆其说。"生产过剩"这一具有新的历史特点的经济现象表明，只有对以往一切经济理论展开全面的批判，才能从资本主义经济危机的社会基础中寻找其病灶。在1850年马克思和恩格斯指出，资本主义制度无法在自身范围内最终克服经济危机："新的革命，只有在新的危机之后才可能发生。但新的革命正如新的危机一样肯定会来临。"② 如果新的危机是必然发生并且还将反复发生的现象，那么从经济理论上给出科学的解释，自然就成为理论构建的必然要求。马克思对经济危机的理论探索，最初是体现在流亡伦敦的早期手稿中，后来则在《资本论》中得到比较完整的体现。不过，在这一理论探索过程中，马克思的个别分析也受到当时历史条件的约束，导致后人对其经济危机理论的解释产生了巨大的分歧。③

在马克思看来，经济危机作为一种现象只是资本主义社会变化和发展

---

① 《马克思恩格斯选集》第1卷，人民出版社1995年版，第278页。
② 《马克思恩格斯文集》第2卷，人民出版社2009年版，第176页。
③ 即使在左翼学者中，对马克思的危机理论也存在着不同的看法。如琼·罗宾逊就认为："马克思没有建立关于商业循环或资本主义的长期运动的完整学说，但他指出了可以建立这种学说的方向。"参见琼·罗宾逊《论马克思主义经济学》，商务印书馆1962年版，第43页。

的一个环节，需要被放在更广阔的视野中来考察。因此，马克思的著作中并没有设立一个完整的章节对经济危机问题进行单独的论述。① 但这一研究和叙述上的安排，并不破坏其关于经济危机问题研究的整体性，危机问题实际上是贯穿于马克思的经济学说体系之中。马克思关于经济危机的分析不是现象层面的刻画，也不是单纯的预测，而是揭示危机的本质和制度性根源。尽管促使马克思将研究重点转向政治经济学领域的初衷，是在"洪水到来之前"为社会变革提供理论上的准备。然而，就经济危机理论本身而言，它的理论逻辑和科学结论是隐含于马克思的经济学说体系内的。这样一种叙述方面的安排体现了马克思在经济科学研究中的严谨性，即不将任何先验的结论作为研究的出发点，但也给后来的研究者带来了研究角度各异、整体上难以把握的难题。显然，"危机理论在马克思主义传统中扮演着一个核心角色，而与此同时，它又是马克思主义理论中最为薄弱和最少得到阐发的领域"②。从马克思的整个学说体系角度系统地梳理其经济危机理论，不仅是必要的，而且现在比任何时候都具有重要的理论价值。

一 经济和谐论的破产与清算

对旧经济理论的批判，是马克思构建其经济危机理论的出发点。资产阶级经济理论诞生于一个无危机的世界，其理论框架构建伊始并没有将危机因素纳入其中。换言之，经济危机并不是早期资产阶级经济学家关心的核心问题。马克思转向经济学领域之初，他面临着的也是同样的问题。不过，由于马克思的经济学研究是始于对旧理论的批判，因此他不仅更敏锐地觉察到了旧理论的局限，而且也在批判过程中使经济理论更紧密地与现实的进展相联系。③ 按照马克思自己的话来说，他着手进行的是"从当前

---

① 由此产生了一些极为偏颇的观点。如盖顿就提出，马克思仅仅提出了一些关于危机的零碎的论述，商业周期理论和概念仅仅是马克思对"萨伊定律"的批判的产物。
② Clarke Simon, *Marx's Theory of Crisis*, London: Macmillan, 1994, p.7.
③ 1857—1858 年手稿写作之前，马克思已经完成了经济理论批判的前期准备。1843 年底到 1845 年 11 月离开巴黎前夕，马克思已经写了 7 本涉及政治经济学原理、政治经济学史、政治史和现实经济等问题的笔记，即《巴黎笔记》。1849 年移居伦敦后直至 1853 年底，马克思写作了包括 24 个笔记本的《伦敦笔记》。这两本笔记均展开了对资本主义经济现实的分析和理论批判。

的国民经济的事实出发"[①] 的批判。这一批判主要体现于《1844 年经济学哲学手稿》。在那里，马克思对经济材料的分析和表述更多的是在哲学层面和哲学术语基础上开展的，其突出的标志是对私有财产和异化劳动这两个基本范畴的辨析。马克思第一次尝试将后者作为分析当时社会经济关系的主线。而马克思经济理论科学方法的真正奠定，则是通过他与恩格斯合著的《神圣家族》和《德意志意识形态》来完成的。在那里，马克思第一次将其经济范式建立在唯物史观的基础上，从而使劳动价值理论、资本与雇佣劳动、资本主义经济关系的内在矛盾纳入经济学研究的视野。

19 世纪 50 年代末，马克思再次将其研究重点转向经济学领域。1856 年上半年，新一轮危机迫近英国的征兆越来越明显，该年 9 月马克思在给恩格斯的一封信中敏锐地指出："我不认为，一场大的金融危机的爆发会迟于 1857 年冬天。"[②] 出于在革命的"洪水"到来之前搞清楚经济学基本问题的想法，马克思开始着手撰写以《政治经济学批判》为题的经济学论著。这一期间写下的一系列经济学手稿，即《1857—1858 年手稿》《1861—1863 年手稿》和《1863—1865 年手稿》，实现了经济科学上的一场真正的革命。应当指出，在这三个手稿中并没有关于危机理论的独立章节，而更多的是在注释或插入部分涉及相关问题。关于危机问题的大部分论述，起初都是马克思作为提示列出以便留待以后再具体阐释，但其中的部分想法后来并没有实现。不过可以肯定的是，仅从现有的这些部分论及的内容看，马克思已经基本完成了其对危机理论核心部分的分析。

（一）抽象的危机与生产力发展界限

《1857—1858 年手稿》在马克思经济理论史上是一个分水岭。这一手稿是一个标志，表明马克思的经济学研究已不再是对现存经济学理论的单纯批判，而转向了经济学体系构建阶段。就涉及经济危机的内容而言，这一手稿可以视作马克思对 1847 年危机作出的理论总结。一般来说，马克思关于危机的理论雏形在这里得到了粗线条、整体性地展示。而在其后几个文本包括在《资本论》三卷中，则大体上从不同层面阐发了这一手稿中

[①] 《马克思恩格斯文集》第 1 卷，人民出版社 2009 年版，第 156 页。
[②] 《马克思恩格斯全集》第 29 卷，人民出版社 1972 年版，第 72—73 页。

蕴含的危机理论雏形。①

1. "抽象的"危机

从历史的观点看,经济危机是资本主义社会独有的经济现象,但它又是商品经济高度发展的产物。要理解后者,就必须分析商品经济的历史发展及其体现的客观规律。从这个目的出发,马克思在《1857—1858年手稿》中首先在抽象的意义上揭示了经济危机的现实基础和内在原因。马克思认为,在现实生活中的经济危机总是通过商品交换的中断体现出来的。只有理解商品交换的规律,才能把握危机的抽象规定性。而要理解商品交换规律,就需要科学地分析价值的本质以及价值和价格的关系。

关于商品交换的规律,马克思指出:其一,一切商品的价值决定于制造这些商品所需要的劳动时间。其二,由劳动时间决定的商品价值,只是商品的"平均价值"。商品的"市场价值"不同于商品的平均价值,货币所表现的是商品的"市场价值",即商品的价格。其三,价值是作为价格运动的规律而出现的,价值和价格的不一致与供求的变化有关系。价值、交换价值、市场价值和市场价格这些范畴,实际上体现的是商品价值的内在规定性与其外在表现形式之间的联系,也是对商品交换中货币本质的规定:"产品的交换价值产生出同产品并存的货币。因此,货币同特殊商品的并存所引起的混乱和矛盾,是不可能通过改变货币的形式而消除的……同样,只要交换价值仍然是产品的社会形式,废除货币本身也是不可能的。"② 因而,货币作为同其他一切商品相对立的特殊商品,作为其他一切商品的交换价值的化身的规定性,使货币既成为商品交换价值的尺度和交换手段,也可以在契约上作为商品的代表,还可以成为同其他一切特殊商品并存的一般商品。"所有这些属性都单纯来自货币是同商品本身相分离

---

① 早在《政治经济学批判导言》中,马克思就第一次提出关于《政治经济学批判》的"五篇结构":"(1)一般的抽象的规定,因此它们或多或少属于一切社会形式,不过是在上面所阐述的意义上。(2)形成资产阶级社会内部结构并且成为基本阶级的依据的范畴。资本、雇佣劳动、土地所有制。它们的相互关系。城市和乡村。三大社会阶级。它们之间的交换。流通。信用事业(私人的)。(3)资产阶级社会在国家形式上的概括。就它本身来考察。'非生产'阶级。税。国债。公共信用。人口。殖民地。向国外移民。(4)生产的国际关系。国际分工。国际交换。输出和输入。汇率。(5)世界市场和危机。"不过,大约在1858年初,马克思进一步提出了"六册结构"的构想,即《资本》《土地所有制》《雇佣劳动》;《国家》《对外贸易》(或称《国际贸易》)和《世界市场》。目前所看到的《1857—1858年手稿》是马克思按"六册结构"撰写经济学著作的第一次尝试。

② 《马克思恩格斯全集》第30卷,人民出版社1995年版,第94—95页。

的和对象化的交换价值这一规定。"①

在马克思看来,货币作为其他一切商品交换价值的规定性而存在,实质上包含了可能导致危机的因素:其一,商品的二重性,一旦外在地表现为商品和货币的对立形式,商品内在的可交换性就以货币形式存在于商品之外,从而货币就可能成为某种与商品不同的、对商品来说是"异己的东西"。其二,货币的存在使商品本身的一次性交换行为在内部产生了分离,在空间上和时间上成为两个互相独立的行为,即体现为"卖"和"买"这两个彼此分离的、互不相干的存在形式。换言之,商品交换行为的直接同一性在这里已经消失。其三,由于交换价值脱离商品导致的货币形式的独立化,"卖"和"买"在空间上和时间上的分离,整个商品交换过程也逐步同交换者和生产者相分离。这样,在社会生产的不同生产者之间,就出现了一个相对独立的商人阶层,使得交换过程"二重化"。一方面,商品交换的目的是为消费而交换;另一方面,交换本身开始成为商品交换的直接目的,即为交换而交换。在后一种场合,由于从生产向消费转化的路径更迂回,生产和消费脱离得更彻底,实质上已经包含了"商业危机"的可能性。在抽象的意义上,马克思将其看作是"危机的萌芽"。

确切地说,"抽象的"危机概念在理论上是和简单商品流通理论直接相关的:"既然买和卖这两个流通的本质的要素彼此无关,在空间上和时间上相分离,它们也就没有必要合而为一。它们的彼此无关,可以使它们彼此的表面上的独立性进一步固定化。但是,既然它们构成一个整体的两个本质的要素,就必然会出现这样的时刻,这时独立形态遭到暴力的破坏,内部的统一通过暴力的爆发在外部恢复起来。这样,在货币作为媒介的规定中,在交换分成两种行为的分裂中,已经蕴藏着危机的萌芽。"② 这个"抽象的"危机概念,是建立在"买"和"卖"构成商品交换整体过程、生产和消费构成社会生产整体过程的基础上的,但又将其当作彼此独立的要素在内部统一起来。显然,"买"和"卖"的独立性仅仅是观念层面上的,如果从商品生产系统的统一整体出发,这种独立性一旦外部化,就必然导致整个社会生产过程的暴力性的中断。"抽象的"危机在《1857—1858年手稿》以及后来的手稿中都有过阐述,应当说在马克思危

---

① 《马克思恩格斯全集》第30卷,人民出版社1995年版,第95页。
② 《马克思恩格斯全集》第46卷(上),人民出版社1979年版,第146—147页。

机理论的阐述中始终保持了一致。①

2. 生产过剩下的消费不足理论

在自然经济和简单商品经济中,由于参与商品交换过程的程度和范围的限制,生产过剩现象总是局部和暂时性的,并且会通过供求价格机制得到自发的调整。但在资本主义条件下,这种调整无法实现。在《1857—1858年手稿》中,马克思对资本主义生产的普遍过剩已经形成了肯定的意见。萨伊和李嘉图否定普遍生产过剩的可能性,是因为他们没有认识到资本主义生产与以往一切社会生产的不同。"象李嘉图这样一些经济学家,把生产和资本的自行增殖直接看成一回事,因而他们既不关心消费的限制,也不关心流通本身由于在一切点上都必须表现对等价值而遇到的限制,而只注意生产力的发展和产业人口的增长,只注意供给而不管需求。"② 马克思敏锐地认识到,资本主义社会的生产与传统的简单商品生产有着本质的区别。在前资本主义社会,生产与消费的矛盾是潜在的,在流通和消费过程中可能存在的脱节,因生产力水平低下等原因被掩盖了。但在资本主义生产条件下,资本价值增殖的动机第一次全面支配了社会生产过程,这时消费不足的矛盾才开始显现出来。"李嘉图及其整个学派始终不了解实际的现代危机,在这种危机中,资本的这种矛盾暴风雨般地突然爆发出来,日益严重地威胁到作为社会基础和生产基础的资本本身。"③ 生产过剩这一特征,在马克思后来的论述中一再被强调,并在关于社会总资本再生产的分析中作为经济失衡的重要标志。

现实正是如此,在1857年以前的数次经济危机中,商品过剩现象开始频繁出现,并成为经济危机的必然伴生物。面对这一现象,早期资产阶级经济学者,如施托尔希、西斯蒙第和马尔萨斯等,从维护资本主义社会正常运转的立场出发给出了解释。他们认为,商品的生产过剩之所以产生,在整个社会层面看是由消费不足导致的,而消费不足则来源于工人阶级有限的消费可能性。马克思认为,危机主要是由商品生产过剩引起的观点,具有一定的正确性,因为这一解释将引起商品过剩的原因从流通过程

---

① 实际上,马克思在《政治经济学批判》对货币作为支付手段的职能所作的分析中,还阐述了危机的第二种可能性:支付环节的中断可能导致货币危机,这是一个在资本流通阶段同样可能重复出现的过程。

② 《马克思恩格斯全集》第46卷(上),人民出版社1979年版,第394页。

③ 《马克思恩格斯全集》第46卷(上),人民出版社1979年版,第394页。

回归到生产领域，回归到了资本本身的矛盾："西斯蒙第则相反，他不但强调生产会遇到限制，而且强调这个限制是由资本本身产生的，于是资本陷入矛盾之中，他由此看出，这些矛盾必然导致资本的毁灭。因此，他想通过习惯、法律等等从外部给生产设置限制，但是，正因为这些限制只是外部的和人为的，所以必然会被资本推翻。"① 也就是说，真正的矛盾在于，生产的限制因素是社会需求，而资本本身的限制因素则是利润。与西斯蒙第相比，马尔萨斯的分析还要更进一步，他正确地认识到利润的存在有着一个必要的前提，即在工人的需求之外还另有需求，这显然是一个更深刻的观点。

马克思认为，在分析生产过剩问题时将生产需求和消费需求统一起来考虑具有重要的意义。从社会生产的完整过程看，生产和消费不仅相互关联，而且生产需求和消费需求之间及内部还存在着一定的比例要求。但是，资本主义生产因追逐利润的动机，总是会打破这种比例要求。因而，资本主义生产驱使"生产超越它在对工人的关系上所应进行的生产的比例……如果'超过工人本身需求的'需求消失了和缩减了，那就会出现崩溃"②。在这里，虽然马克思认识到单个资本之间也存在需求，但更多的是将其作为次要因素来看待的。因此，也就更倾向于将个人的消费看作生产的最终界限。

3. 对蒲鲁东"生产过剩"观点的批判

在《1857—1858年手稿》关于危机问题的分析中，批判蒲鲁东的"生产过剩"观点占了一定的篇幅。这一批判始于对蒲鲁东主义者达里蒙的相关观点的评述。马克思关注于下述两个问题：能否通过改变流通工具或流通组织，使现存的生产关系以及与这些关系相适应的分配关系发生革命？能否在保留货币的某一形式（如金属货币、纸币、信用货币、劳动货币）的同时，消除货币关系固有的矛盾？关于前者，蒲鲁东主义者的回答是肯定的，而马克思的回答是否定的。马克思认为，流通的每一次"改造"都以生产条件的"改变"和社会"变革"为前提，生产关系、分配关系和流通关系之间有着内在的联系，只有从经济关系总体来把握，才能理解资本主义经济运行中个别环节的社会性质。

---

① 《马克思恩格斯全集》第46卷（上），人民出版社1979年版，第394页。
② 《马克思恩格斯全集》第30卷，人民出版社1995年版，第403页。

关于后者，马克思认为："一种货币形式可能消除另一种货币形式无法克服的缺点；但是，只要它们仍然是货币形式，只要货币仍然是一种重要的生产关系，那么，任何货币形式都不可能消除货币关系固有的矛盾，而只能在这种或那种形式上代表这些矛盾。"① 诚然，危机的直接原因在于供给和需求的矛盾，可以看作"供求规律"作用的结果。但金银货币这一中介因素会从两个方面影响危机，使危机更加恶化：一是银行针对金银输出采取的措施，会恶化国内商品流通和交换；二是外国只愿意以金银作为交易形式，导致国内流通的矛盾加剧，加重国内危机程度。不过在马克思看来，金银货币因素还不是危机的根本原因，金银货币因素只是商品生产和流通领域的危机借以表现的形式，其真正的根源只能从资本主义生产内部去寻找。

针对蒲鲁东对生产过剩的论证，马克思提出了完全不同的甚至是对立的观点。在蒲鲁东看来，资本主义社会之所以会有生产过剩现象，原因在于工人用自己的工资不能买回自己的产品。马克思认为这种见解来源于孤立地看待社会生产，片面和静态地分析商品的价值构成："因此，价值规定同蒲鲁东先生关于工人不能买回自己的产品的发现毫不相干。这种发现的基础是，他（蒲鲁东）既丝毫不懂价值规定，也丝毫不懂价格规定。但是，即使撇开这一切不谈，蒲鲁东关于由此会导致生产过剩的这种抽象的结论，也是错误的。"② 马克思认为，蒲鲁东之所以在论证时出现重大错误，原因在于他没有认识到一个显而易见的事实，即不仅工人有需求，而且资本家也有需求。当资本家的需求因剩余价值不能实现而受到抑制时，同样会导致生产的相对过剩。而且，后者导致的过剩一般来说对资本主义生产体系更具有摧毁性。因此，工人不能买回自己的产品这种论点，实际上并不足以用来论证生产过剩。可以看出，马克思对蒲鲁东的批判是立足于生产体系整体角度的。在这里，马克思尽管没有直接否定消费不足的观点本身，但并不认同那种局限于对剥削关系的静态考察，更不认同将生产过剩与剥削作为直接因果关系相对应的论断。实际上，资本主义社会中的产品本来就不是属于工人自己。由于生产是为资本家所组织，如果资本家对产品的需求能够弥补工人对产品的需求，即使剥削关系存在并长期维

---

① 《马克思恩格斯全集》第30卷，人民出版社1995年版，69—70页。
② 对蒲鲁东的这一批判，后来一度被理解为马克思对生产过剩的消费不足理论批判。

持，也并不能导致生产过剩和中断。但问题在于：在资本主义制度下，资本家出于竞争的需要，其消费需求只能主要体现为对生产资料的需求，而不是对消费资料的需求。蒲鲁东没有看到也不能正确分析劳动者需求和资本家需求的这种差别，更没有分析这种对立后面所隐藏着的事物本质，他关于消除经济危机的主张自然也就无法成立了。

4. 生产力发展界限与价值实现危机

在《1857—1858年手稿》中，马克思第一次确立了"剩余价值"这一科学范畴。马克思认为，社会生产力的发展是同时建立在必要劳动和剩余劳动的基础上的。剩余价值作为剩余劳动的体现，只有在社会再生产过程中得到实现，才能构成资本的现实生产力。但在资本主义社会中，生产力发展实际上面对着重重需要克服的因素。通过对剩余价值生产和实现过程的分析马克思指出，在资本主导的社会生产下，社会生产力的发展要受到四个方面的限制：（1）必要劳动是活劳动能力的交换价值的界限；（2）剩余价值是剩余劳动和生产力发展的界限；（3）货币是生产的界限；（4）使用价值的生产受交换价值的限制。实质上，这四个限制反映了资本主义经济关系发展中生产的扩张和雇佣工人的消费萎缩、资本价值增殖的生产目的和手段、价值生产和价值实现等一系列矛盾。在这些因素的作用下，"资本的发展程度越高，它就越是成为生产的界限，从而也越是成为消费的界限，至于使资本成为生产和交往的棘手的界限的其他矛盾就不用谈了"①。可见，资本主导下的社会生产关系，本身就构成了资本扩张的限制因素。这些限制因素具有强制性，会在不同层面体现为经济危机的作用形式。

出于分析价值实现机制的需要，马克思分析了流通过程和生产过程的内在联系。他指出，在资本周转限度内，流通本身不仅是一般生产过程的要素，而且也是直接生产过程的要素。如运输作为直接生产过程的继续，就是在流通过程中完成的。在社会生产过程中，流通过程的时间长短和流通速度的快慢，对资本再生产过程中的价值增殖具有决定性的影响。总之，从资本主义生产的整个过程看，资本生产过程只有顺利地通过流通阶段，才能开始资本的再生产过程。因此，流通过程也是对资本再生产过程的一种限制因素，是危机传导的一种力量。

---

① 《马克思恩格斯全集》第30卷，人民出版社1995年版，第397页。

在分析资本主义社会的生产力发展界限时,马克思还注意到市场容量对资本增值和价值实现的影响。特别是在危机的缓解过程中,市场的外部扩张有时能起到巨大的作用。马克思正确地指出,资本主义经济危机作为货币关系发展到一定阶段的产物,和世界市场的"独立化"有着密切的联系,是货币的异化在世界市场上的体现。在他的设想中,危机的化解有时又必须和资本主义生产方式的市场扩张问题联系起来。① 正是由于货币关系的异化和世界市场独立化的交互作用,才使生产和消费的普遍联系与全面依赖同消费者和生产者的相互独立与漠不关心形成鲜明的对立,由此导致资本主义普遍的生产相对过剩的经济危机。货币异化的抽象特征,在"世界市场"上才获得最为具体的展开形式,也才使得资本主义生产的"一切矛盾都展开"②。

(二) 有限的危机与生产比例失调

《1861—1863年手稿》关于危机的论述更多地集中于对古典和谐论的批判。这与1861年以后的经济形势有关,因为在渡过1857年的普遍危机之后,古典和谐论的乐观论调有重新抬头的趋势。马克思认为,需要从理论上对和谐论进行一个清算。而理论清算的重点,则集中于资本主义经济危机的现实性、生产过剩的性质、比例失调的原因和危机后果等问题。

1. 古典和谐论的错误根源

古典学派是以价格机制自发实现市场均衡而立论的,经济和谐是其对经济运行机制的固有信条。尽管古典和谐论在经验层面承认危机的存在,但是它不承认资本主义生产方式中存在着固有的危机趋势。换言之,危机可以通过资本主义的自我修正来消除。古典学派之所以声称普遍的生产过剩不可能发生,其论据是在商品交换中作为中介的货币可以被抽象掉,此时全社会的生产者和消费者不存在外部的对立。由于人们的需要没有止境,所有生产出的东西最终将会被消费掉,从而绝对不会出现生产过剩,所有产品同时过剩的情况是不存在的。对此,马克思指出:"为了证明资本主义生产不可能导致普遍的危机,就否定资本主义生产的一切条件和它

---

① 这个观点后来被卢森堡在《资本积累》一书中根据再生产理论加以发挥,形成了马克思主义危机理论中的"消费不足论",将资本主义生产的扩张与非资本主义市场的"资本主义化"联系起来解释危机。

② 《马克思恩格斯全集》第30卷,人民出版社1995年版,第181页。

的社会形式的一切规定，否定它的一切原则和特殊差别，总之，否定资本主义生产本身……这就不仅是退回到资本主义生产以前，而且甚至退回到简单商品生产以前去了。"① 马克思在这里坚持了唯物史观的基本原则，从历史发展和理论逻辑两个方面指出了古典学派的错误，即抽离特殊的资本主义的形式规定，把资本主义条件下的生产归结为社会的一般生产，从而也就不能正确理解资本主义生产的本质。

马克思认识到，李嘉图之后的经济学家在生产过剩问题上存在着一个矛盾，即否认商品生产过剩的可能性，同时又承认资本的生产过剩。在这里，对于生产过剩的考察结论陷入了一个悖论。而这一悖论本身与事实无关，而只是由于他们立场和视角的不同所决定的。而马克思对这一问题的考察则开启了一个新的视角："因此，什么叫作资本的生产过剩呢？就是预定用来生产剩余价值的那些价值量的生产过剩（或者，从资本的物质内容方面来考察，就是预定用来进行再生产的那些商品的生产过剩），——因此，就是再生产的规模太大，这同直截了当说生产过剩是一个意思。更加明确地说，资本的生产过剩无非是，为了发财而生产的东西过多了，或者说，不是用作收入进行消费，而是用来获得盈利、进行积累的那部分产品太多了。"② 显然，此处的过剩与《1857—1858 年手稿》的论述发生了改变，即没有把生产过剩归因于工人阶级的有限的消费可能性，而是归因于价值增殖的可能性。这样，生产过剩的原因就不是由于工人对消费品的需求太少，而是由于资本家对生产资料的需求太少。

在联系资本主义生产方式看待这一问题时，马克思深刻地指出："资产阶级的生产，由于它本身的内在规律，一方面不得不这样发展生产力，就好象它不是在一个有限的社会基础上的生产，另一方面它又毕竟只能在这种局限性的范围内发展生产力，——这种情况是危机的最深刻、最隐秘的原因。"③ 显然，生产力的发展难以超越"有限的社会基础"，是由于价值增殖的可能性构成生产的界限。在第 XIII 笔记本中考察李嘉图的积累理论时，马克思还得出一个结论，即资本主义积累总是以全面的生产过剩（按简单再生产的需要来衡量）为前提。正是由于资本主义积累的性质，

---

① 《马克思恩格斯全集》第 26 卷 II，人民出版社 1973 年版，第 571—572 页。
② 《马克思恩格斯全集》第 26 卷 II，人民出版社 1973 年版，第 609 页。
③ 《马克思恩格斯全集》第 26 卷 III，人民出版社 1974 年版，第 86 页。

决定了经济危机中各种表面现象都会指向生产过剩这一内在基础。

2. 危机的可能性和现实性

区别危机的"可能性"和"现实性",是马克思构建关于经济危机范畴理论体系的一个重要环节。前述买和卖的分离中的危机"可能性",在简单的商品流通中和资本流通阶段可能会存在,但危机的可能性还不具有现实性:"危机的一般的、抽象的可能性,无非就是危机的最抽象的形式,没有内容,没有危机的内容丰富的起因。卖和买可能彼此脱离。因此它们是潜在的危机。但是,使危机的这种可能性变成危机,其原因并不包含在这个形式本身之中;这个形式本身所包含的只是:危机的形式已经存在。"因此,探讨危机从可能向现实的转化,必须分析危机的根源。"如果有人要问危机的原因,那末他想知道的就是,为什么危机的抽象形式,危机的可能性的形式会从可能性变为现实性。危机的一般条件,只要不取决于和价值波动不同的价格波动(不论这种波动同信用有无关系),就必须用资本主义生产的一般条件来说明。"① 这个一般条件,主要指占主导地位的资本主义生产方式,也就是与雇佣劳动的性质相关的生产条件。其暗含的意义在于,越是在资本主义生产取得发展的地方,引发经济危机的因素就越是加快积累,并会在某个时点释放其内部的张力和破坏力。

在危机主要以消费不足形式呈现的情形下,马克思重新探讨了《1857—1858 年手稿》中提到的问题,分析了市场扩张因素对危机的影响:"世界市场危机必须看作资产阶级经济一切矛盾的现实综合和强制平衡。因此,在这些危机中综合起来的各个因素,必然在资产阶级经济的每一个领域中出现并得到阐明。我们越是深入地研究这种经济,一方面,这个矛盾的越来越新的规定就必然被阐明,另一方面,这个矛盾的比较抽象的形式会再现并包含在它的比较具体的形式中这一点,也必然被说明。"② 这一表述表明,在分析资本主义经济危机时,马克思并不是局限于某个特定领域。因而,对经济危机的表现形式和具体特征,需要始终联系具体的历史条件进行分析。

3. 比例失调下的强制平衡与危机后果

和《1857—1858 年手稿》相比,《1861—1863 年手稿》中对危机的分

---

① 《马克思恩格斯全集》第 26 卷 Ⅱ,人民出版社 1973 年版,第 588 页。
② 《马克思恩格斯全集》第 26 卷 Ⅱ,人民出版社 1973 年版,第 582 页。

析有一个细小的变化,即经济危机的周期性质开始成为研究的对象。《1857—1858年手稿》对危机的分析,更多的是从范畴的整体规定性上进行的。实际上,危机的产生和发展的过程,在那里被视作社会生产各独立要素在统一体中的强制平衡和暴力恢复的过程。这一分析特点使对危机的分析直接成为一种预示,即资本主义生产方式最终走向解体。但在《1861—1863年手稿》中,资本主义社会生产的波动和经济危机的周期性受到了更多的关注。① 显然,后者的分析隐含着资本主义经济危机也是发展变化的。

严格说来,马克思对经济危机周期性的阐述开始于对比例失调危机的形式的分析。在评论李嘉图学派的观点时,他曾指出:"可是我们这里谈的,不是以生产的比例失调为基础的危机,就是说,不是以社会劳动在各生产领域之间的分配比例失调为基础的危机。这一点只有在谈到资本竞争的时候才能谈到。……可是,这种平衡本身已经包含着:它是以平衡的对立面为前提的,因此它本身可能包含危机,危机本身可能成为平衡的一种形式。但是,这种危机是李嘉图等人所承认的。"② 社会产品在供求领域的比例失调危机,固然也包含着生产的过剩,但这种过剩本身是建立在生产和资本积累的不平衡基础上的。供求领域或商品交换领域的比例失调,和古典和谐论的平衡思想并不矛盾。相反,它们只是通过比例失调的表现形式体现出来,其理论指向是资本主义生产会不断重新建立平衡。这也是今天很多自由主义经济学者仍很普遍坚持的对经济危机的理解。

但是在上面的引文中,马克思清楚地说明,他当时考察的不是这个有限的危机概念,而是社会劳动分配比例的失调危机。而"以社会劳动在各生产领域之间的分配比例失调为基础的危机"必须以资本间的竞争为前提,所以,从整体上分析这一比例失调,需要联系利润率平均化过程和固定资本更新等因素。从这一角度出发,马克思进一步提出了资本再生产和积累等问题。马克思指出,资本的特殊社会性质及其基本矛盾的作用,必

---

① 米夏埃尔·亨利希认为,不能将马克思关于强制平衡的观点归结为崩溃理论:"这一段断定危机是——尽管是暴力的——矛盾的'解决',因为危机的破坏的一面恰恰是资本主义发展的一个生产性要素。尽管原文中曾谈到'界限',但是它提到的不是资本主义生产方式的绝对界限,达到这个界限就可能发生灾难性的崩溃。确切地说,这个概念涉及发展形式本身:资本主义只能以有限的和矛盾的方式对待它所释放出来的生产潜能。"参见米夏埃尔·亨利希《存在马克思的危机理论吗?》,《马克思主义与现实》2009年第4期。

② 《马克思恩格斯全集》第26卷Ⅱ,人民出版社1973年版,第595—596页。

然在使资本不断扩张的同时,形成资本以"生产过剩"为基本特征的一系列对积累的"限制"。"如果说创造资本的剩余价值是以创造剩余劳动为基础的,那么资本作为资本来增加(即积累,而如果没有积累,资本就不可能成为生产的基础……)则取决于这种剩余产品的一部分转化为新资本。"① 资本积累本身是社会劳动分配过程的一个结果,同时它还构成新经济周期中社会劳动分配的前提和条件。由于资本积累最终要体现为新的固定资本投入和旧的固定资本更新,因此,社会劳动分配比例的失调就具有了一定的周期性质。

在对经济危机周期性特点的分析中,马克思注意到经济危机所引起的资本破坏这一现象。他指出,危机中的资本破坏具有两种不同的情形,其对经济周期的影响也不同。在第一种情形下,危机一旦导致社会再生产过程的停滞,或者导致劳动过程的缩短,或者使某些生产过程完全停顿,则意味着与其相关的现实资本被破坏或被消灭。机器不被使用则丧失其资本属性,劳动不被纳入生产过程遭受剥削意味着这一可变资本不再被视作生产要素。原料的搁置、建筑物和新机器的闲置、建筑的半途停建以及商品被堆在仓库中慢慢变质,等等,都是资本的破坏。因为这些现象都表明再生产过程的停滞,也表明现有的生产条件没有成为生产的前提,更没有发挥生产条件的效能。在这些状况下,被破坏的资本,其使用价值和交换价值实际上都化为乌有。在第二种情形下,危机所引起的资本的破坏,是以原有固定资本在价值量上的贬低显现出来的。由于资本的原有价值量被贬低,在新的经济周期中资本就不能按原有的规模来更新,这意味着原有生产规模的萎缩。尽管在这一过程中使用价值没有被破坏,但商品的价格会发生毁灭性的下降。"一个人亏损了的东西,被另一个人赚了去。作为资本发挥作用的价值量不能在同一个人手里作为资本更新。原来的资本家遭到破产。"② 总之,资本主义经济危机的强制性平衡和暴力恢复,最终需要回到资本本身寻找出路,资本只有被破坏或摧毁才能使整个社会经济重新步入新的周期中。

(三)剩余价值实现危机与资本积累危机

《1863—1865 年手稿》是在一种更加现实且宏观的意义上论述危机

---

① 《马克思恩格斯全集》第 30 卷,人民出版社 1995 年版,第 434—435 页。
② 《马克思恩格斯全集》第 26 卷Ⅱ,人民出版社 1973 年版,第 566 页。

的。马克思提纲挈领地指出，剩余价值的生产和积累"是资本主义生产的直接目的和决定性动机"①。然而困难在于，直接生产过程中的剩余价值被资本家占为己有之后，还必须得到实现："直接剥削的条件和实现这种剥削的条件，不是一回事。二者不仅在时间和空间上是分开的，而且在概念上也是分开的。前者只受社会生产力的限制，后者受不同生产部门的比例和社会消费力的限制。但是社会消费力既不是取决于绝对的生产力，也不是取决于绝对的消费力，而是取决于以对抗性的分配关系为基础的消费力；这种分配关系，使社会上大多数人的消费缩小到只能在相当狭小的界限以内变动的最低限度。这个消费力还受到追求积累的欲望的限制，受到扩大资本和扩大剩余价值生产规模的欲望的限制。……因此，市场必须不断扩大……但是生产力越发展，它就越和消费关系的狭隘基础发生冲突。"② 不同于此前的手稿，在这里马克思更加明确地界定了资本主义生产方式固有的、生产和消费之间的特殊矛盾，即剩余价值的剥削和实现之间的矛盾。马克思同时还指出，消费也受到"积累欲"的限制，而这种积累欲所追求的目标是价值增殖。在这个意义上说，决定资本主义社会生产和消费之间能否实现平衡的关键因素，就转向了资本家投资需求的规模，而不再是工人消费需求的大小。而且，只要资本主义生产存在一天，这个矛盾就会持续存在下去。虽然这个矛盾不能对危机的发生直接给出说明，但是却能够对危机的持续和危险后果作出解释。资本主义生产和消费的矛盾也从另一侧面说明，社会化的资本主义生产形式孕育着危机因素，完全不具备稳定性。

在危机理论上具有重要意义的，是马克思考察了资本主义生产方式下社会生产力发展的双重后果。马克思将资本主义生产方式下的生产力发展作用区分为两类：直接作用和间接作用。就前者而言，生产力的发展意味着使不变资本的各要素和生活资料不断贬值，从而提高相对剩余价值和利润率。但客观上看，社会生产力的发展本身会缩小可变资本同不变资本的比例，从而降低利润率。这样，资本主义社会的生产力发展同时具有了提高利润率和促使利润率下降的两种趋势。就间接作用而言：生产力发展意味着减少劳动量，但由于用同样的资本额可以购买更多的使用价值，从而

---

① 《马克思恩格斯全集》第 25 卷，人民出版社 1974 年版，第 272 页。
② 《马克思恩格斯全集》第 25 卷，人民出版社 1974 年版，第 272—273 页。

又可以增加所使用的劳动量。生产力发展的矛盾是显然的:"这些不同的影响,时而主要是在空间上并行地发生作用,时而主要是在时间上相继地发生作用;各种互相对抗的要素之间的冲突周期性地在危机中表现出来。危机永远只是现有矛盾的暂时的暴力的解决,永远只是使已经破坏的平衡得到瞬间恢复的暴力的爆发。总的说来,矛盾在于:资本主义生产方式包含着绝对发展生产力的趋势,而不管价值及其中包含的剩余价值如何,也不管资本主义生产借以进行的社会关系如何;而另一方面,它的目的是保存现有资本价值和最大限度地增殖资本价值(也就是使这个价值越来越迅速地增加)。"[①] 可见,生产力发展一方面受资本主义生产方式的制约,另一方面它又不断地受到这个生产方式所设定的界限的影响,导致相互矛盾的结果。这些结果只能在危机中消失,每一种"平衡状况"总是遭到资本特有的动态的破坏。

《1863—1865年手稿》中,马克思还对资本主义生产和流通之间的矛盾因素进行了分析。马克思认为,在资本的周转中,固定资本的周转时间为周转的周期性提供了一个物质基础。但在固定资本更新时,利润率的下降会对新的独立资本的形成产生阻碍作用,最终导致投机活动的盛行并加重危机。

与上述问题相关的是资本的周期运动。马克思的论述多次涉及"周期"这一因素,他列举了价格斗争、工资下降等,从多个角度对周期的原因和性质进行了论述,并将其作为判断周期运动起始点的重要标志:"资本的生产过剩,仅仅是指可以作为资本执行职能即可以用来按一定剥削程度剥削劳动的生产资料——劳动资料和生活资料——的生产过剩;而这个剥削程度下降到一定点以下,就会引起资本主义生产过程的混乱和停滞、危机、资本的破坏。"[②] 在这里,马克思用剥削程度太低或下降来论证积累过剩的原因。马克思也注意到另一相反的趋势,即资本在竞争下固有的、转向相对剩余价值生产的趋向,也可以导致剥削程度的提高,从而加快资本积累。这两者都属于经济周期考察的现象,也是影响到资本主义经济危机的不可或缺的因素。

二 社会资本再生产视野下的经济周期与危机

从社会再生产角度研究经济周期,是马克思关于经济危机理论的一个

[①] 《马克思恩格斯全集》第25卷,人民出版社1974年版,第277—278页。
[②] 《马克思恩格斯全集》第25卷,人民出版社1974年版,第285页。

创新。这一研究是在《资本论》中完成的，且主要集中于《资本论》的第2卷和第3卷。马克思多次指出，生产过程不管采取何种社会形式，它都必须建立在连续不断的过程之上。在这一过程中，同样的一些阶段始终是不能跳过或回避的。例如，无论是消费还是生产，它们都是社会生产过程中不可缺少的一个环节，都不能被置于孤立的分析之中。如果对社会的生产过程作全面和历史的考察就会发现，社会生产过程各环节本身有着内在的固有联系，并且不断地更新，从而表现出是一个不断被再现和重复的过程。

然而，社会再生产总是在现实的基础上进行的。对现实的再生产过程的分析，如果脱离再生产的社会形式，就会成为一种纯哲学的、抽象的探讨，而不会真正反映现实的客观规律。这也正是马克思主义经济理论与庸俗经济学在危机理论方面的一个关键分歧点。一方面，从整体论出发，流通过程体系和视角在马克思主义经济危机理论中也"占有重要地位"[1]。另一方面，资本主义下的社会生产是一个总过程，是生产过程、流通过程和分配过程三者的统一。因此，需要"揭示和说明资本运动过程作为整体考察时所产生的各种具体形式"[2]。总过程体系反映出的资本运动规律不能仅仅局限于个别资本，而且也不是某一种职能资本的运动过程，而应当是包括产业资本、商业资本、生息资本在内的社会各种资本形式的运动总过程。也只有从这个角度出发，才能对资本主义经济危机作出完整和全面的阐释，真正揭示资本主义经济危机的全部规律。

（一）生产的相对过剩与社会再生产过程的中断

生产过剩与经济危机有着本质的联系，是进入资本主义社会以后才出现的现象。马克思指出，资本主义危机在现象层面上是一种生产相对过剩的危机，主要体现为社会生产出来的商品相对于劳动群众有限购买力的过剩："一切真正的危机的最根本的原因，总不外乎群众的贫困和他们的有限的消费，资本主义生产却不顾这种情况而力图发展生产力，好象只有社会的绝对的消费能力才是生产力发展的界限。"[3] 生产力发展和劳动群众有

---

[1] 裴小革：《经济危机整体论——马克思主义经济危机理论再研究》，中国社会科学出版社2013年版，第52页。
[2] ［德］马克思：《资本论》第3卷，人民出版社1975年版，第29页。
[3] 《马克思恩格斯全集》第25卷，人民出版社1974年版，第548页。

限消费之间的矛盾，初看起来表现为社会供给和社会需求之间的矛盾，但马克思认为它完全不同于普通商品交换意义上的供需矛盾。在另一个场合，马克思又强调指出，生产过剩是资本的过剩，但从现象看却往往表现为商品的过剩，"资本是由商品构成的，因而资本的生产过剩包含商品的生产过剩"①。在这里可以看出，资本主义生产方式下的商品过剩和资本过剩具有统一性。

从资本的角度看，生产的相对过剩意味着生产资料的闲置和工人的失业。这在主观上是资本家不愿意看到的，因为它影响到资本效能的发挥和资本的积累，但客观上却加剧了工人的穷困。而从商品生产的角度看，生产相对过剩会更多地阻碍资本家从事社会生产活动，它使在生产过程中创造的剩余价值难以最终实现，并因再生产活动的难以为继而使原有资本遭受实质性破坏。马克思指出，在资本主义生产条件下的商品交换中，"从事生产的资本所要求的，不是某种特定的使用价值，而是自为存在的价值，即货币；不是在流通手段这个规定上的货币，而是作为财富的一般形式的货币，或者说，它一方面是作为资本的实现形式，另一方面是作为资本复归到它原来的休眠状态的形式"②。因此，所谓生产过剩并不是无法消费，而是意味着商品换不成货币。如果所有或者大部分商品都不能换成货币，必然造成普遍的生产过剩，从而产生经济危机。

与生产过剩相对应的，是消费不足的问题。在马克思看来，与消费力低下相应的消费不足是长期的历史现象，但并不必然构成引发经济危机的条件。在资本主义社会中消费低下之所以成为问题，是由资本主义生产的性质决定的。恩格斯后来在分析这个问题时，曾经科学地指出："群众的消费水平低，是一切建立在剥削基础上的社会形式，从而也是资本主义社会形式的一个必然条件；但是，只有资本主义的生产形式才使这种情况达到危机的地步。因此，群众的消费水平低，也是危机的一个先决条件，而且在危机中起着一种早已被承认的作用；但是它既没有向我们说明过去不存在危机的原因，也没有向我们说明现时存在危机的原因。"③ 既然消费不足仅仅是一个先决条件而不是危机根源，马克思为何要强调工人的有限消

---

① 《马克思恩格斯全集》第25卷，人民出版社1974年版，第286页。
② 《马克思恩格斯全集》第46卷（上），人民出版社1979年版，第395—396页。
③ 《马克思恩格斯选集》第3卷，人民出版社1972年版，第325页。

费呢？一个合理的解释是，马克思要从这一点出发，揭示出资本主义生产不同于以往一切社会的固有性质和矛盾。

对资本主义生产性质的分析是联系资本主义条件下"消费者"身份的界定进行的。由于工人本身的需求是按照资本的界限来设定的，因此，生产和消费的直接对应关系在这里实质被扭曲了。马克思在进一步的分析中指出，资本主义社会生产的这种独特性质，必然导致"生产"在局部总是力求超越"消费"。从而，整个社会的生产相对过剩，就必然体现并且根源于生产无限扩大和消费相对缩小之间的矛盾。"因为一种生产推动另一种生产，从而给自己创造了作为他人资本的工人而出现的消费者，所以对于每一单个资本来说，工人阶级的由生产本身造成的需求表现为'足够的需求'。这种由生产本身造成的需求驱使生产超越它按照工人［有支付能力的需求］所应进行的生产的比例；一方面，生产必须超越这种比例；另一方面，如果'超过工人本身需求的'需求消失了和缩减了，那就会出现崩溃。"① 显然，在马克思看来，资本主义制度下的生产主体和消费主体完全不同于此前的简单商品经济，他们在生产和消费中的地位比以前更复杂，且产生了分离的趋向。"普遍生产过剩所以会发生，并不是因为应由工人消费的商品相对地［消费］过少，或者说，不是因为应由资本家消费的商品相对地［消费］过少，而是因为这两种商品生产过多，不是对消费来说过多，而是对保持消费和价值增殖之间的正确比例来说过多；对价值增殖来说过多。"② 因此，从整个社会的层面看，资本主义社会生产过程中资本和劳动之间的对立关系，成为经济危机产生的一个内在、根本的原因。

表面看起来，局部性的或者是一次生产过程中的相对生产过剩，似乎和资本与劳动间的矛盾无关，而只是社会生产在商品交换领域显示出的矛盾。但是深入分析就可以发现，相对生产过剩绝不是局部性或者暂时性的现象。要发现这一点，必须确立一个具有长期性质的持续经济周期框架，来分析上述因素的相互作用及其后果。正是出于这个考虑，马克思在《资本论》中建立了社会资本再生产的实现模型，以分析相对生产过剩产生的条件及其根源。在该模型中，社会生产的两大部类之间的失衡是作为普遍

---

① 《马克思恩格斯全集》第46卷（上），人民出版社1979年版，第407页。
② 《马克思恩格斯全集》第46卷（上），人民出版社1979年版，第437页。

性危机的典型形式来分析的。在马克思看来，部类内部的失衡首先引起的是局部性经济危机或结构性经济危机，并成为经济周期中资本力图恢复自身平衡的压力。"这种平衡本身已经包含着：它是以平衡的对立面为前提的，因此它本身可能包含危机，危机本身可能成为平衡的一种形式。"① 不过，由于社会再生产过程本身决定了资本的存在形式和运行环节形成相互衔接的有机整体，当生产环节间的平衡机制失效时，部类之间的失衡就会作为整个社会生产矛盾的主要形式体现出来，并破坏社会总生产和总需求的平衡而导致全面的危机。

马克思关于社会资本再生产图式的阐释，指向了决定社会生产可延续性的一个核心问题：由个别资本主导的社会劳动分配需要服从于一个外在的条件，这个外在条件是社会资本整体延续其职能必须的。但资本主义生产关系中现实的个别资本，并不会服从于社会资本整体所要求的那些条件；相反，个别资本甚至常常力图去超越那些条件。这一矛盾表明，从社会资本的再生产图式看，生产和消费的关系所涉及的供需比例本质上反映出的是社会劳动的分配。

显然，社会化的商品生产需要以生产的社会组织为前提，如果社会化生产不能按合理的比例进行，它就难以维持下去。但在资本的私有占有制度下，个别资本出于对利润或剩余价值的追逐以及在竞争中击败对手的需要，往往以超出这个合理的比例为归宿。正是从这个角度，马克思指出："所谓合乎比例的生产（这一点李嘉图等人早已提到过），如果只是指资本有按照正确比例来分配自己的趋势，那么，由于资本无限度地追求超额劳动、超额生产率、超额消费等等，它同样有超越这种比例的必然趋势。"② 这种超越有时还表现为外在的强制，"在竞争中，资本的这种内在趋势表现为一种由他人的资本对它施加的强制，这种强制驱使它越过正确的比例而不断地前进，前进！"③ 个别资本在竞争中采取这种超越正确比例的方式，是由其追求剩余价值的本性决定的。从社会层面看，这也是资本主义生产无政府状态的组织方式决定的。

马克思的社会再生产图式还暗含了这样一个结论，即经济危机本身成

---

① 《马克思恩格斯全集》第26卷Ⅱ，人民出版社1973年版，第595—596页。
② 《马克思恩格斯全集》第46卷（上），人民出版社1979年版，第397页。
③ 《马克思恩格斯全集》第46卷（上），人民出版社1979年版，第397页。

为资本主义社会再生产规律的作用形式。资本主义的社会再生产是建立在商品生产和交换的基础上的。商品生产和交换的规律作为一种强制力,使资本主义社会生产不可能无限制的发展。换言之,对于其自身导致的相对过剩的生产能力和过剩商品,资本主义生产不可能在商品交换规律之外再寻找新的规则,也不可能超越商品生产规律寻找出路。资本主义恢复社会再生产的合理比例关系的基础,必须遵循商品经济下对社会劳动进行重新分配的规则。因此,为了维持资本本身的地位和职能,破坏已有的生产能力和所生产出的商品就成为唯一的选择,而不可能寻找出新的替代性方案。"危机的另一个方面是实际上减少生产,减少活劳动,以便重新建立必要劳动和剩余劳动之间的正确比例——这个比例归根到底构成一切的基础。"① 当局部失衡时,这样一种恢复机制显然会导致其向全面失衡的转化,从而会在更多大范围内和更深的层面上加深资本主义的经济危机。

(二) 资本周转与工商业周期

马克思对经济危机的分析,立足于一种均衡的分析方法。在理论上看,资本主义经济危机中的失衡,是通过均衡的分析方法科学地反映出来的。实际上,资本主义社会再生产也并不是每时每刻都处在经济危机之中。但资本主义生产的内在规定性,又使经济危机成为一种规律,即具有每隔一定时期重演一次的周期性。"商品生产是资本主义生产的一般形式这个事实",决定了"在这种生产的自发形式中,平衡本身就是一种偶然现象"②。而在资本主义生产的具体失衡中,社会再生产中的资本周转、工商业周期等因素也具有重要影响。

1. 经济危机与社会生产的周期循环

从资本角度考察社会再生产的条件,是马克思分析资本主义经济危机的一个立足点。而对社会再生产的考察又必须坚持从生产的一般规定和一般形式出发。这是因为,如果不加区分地考察资本职能形式,就很容易将货币危机或金融危机割裂在资本主义生产的内在条件之外。马克思指出,商品的庞大堆积是资本主义生产的特征。资本主义生产并没有超越商品生产的一般形式,因此,它不能仅仅是价值形态的再生产,还需要由实物形

---

① 《马克思恩格斯全集》第46卷(上),人民出版社1979年版,第441页。
② [德] 马克思:《资本论》第2卷,人民出版社2004年版,第557页。

态的再生产作为基础。在这里，价值形态的资本实际上要受到实物资本的构成的制约。由此，就产生了资本主义生产本身难以克服的矛盾，即资本主义再生产的进行总是以剩余价值的存在为前提，而剩余价值的资本化还需要经历一个周期性的循环才能实现。但是，一旦考虑到资本在价值和实物形态上的分离，就可以看出，资本主义再生产"得以正常进行的某些条件"，往往"转变为同样多的造成过程失常的条件，转变为同样多的危机的可能性"①。反过来说，造成过程失常的条件，在这里成为维持资本主义生产的一个前提了。

实际上，在现实资本的完整循环中，经济危机期间构成资本主义生产周期的一个阶段，但并不是独立的阶段。在狭义上或现实层面上看，经济危机的发生总是与现实矛盾的极端尖锐化有关。这种矛盾的尖锐化，不仅体现为生产迅速扩大和有支付能力的消费需求相对狭小的高度对立，更体现为社会资本再生产的实现条件遭受到严重的破坏。马克思认为，资本主义经济危机的实质是强迫生产力倒退，去适应相对狭小的支付能力，从而使社会资本再生产实现的条件暂时得到恢复。然而，经济危机的爆发只是资本主义基本矛盾暂时、强制性地解决，资本主义的基本矛盾并没有消灭。随着危机过后资本主义经济的恢复和发展，它又会引起新的冲突，使资本主义经济陷于新的危机之中。由此，资本主义社会生产就具有了周期的性质。马克思指出："大工业只是从1825年的危机才开始它的现代生活的周期循环。"② 而且危机的间隔时间并不是固定不变的。自1815年至1847年，大约是五年一个周期。而1847年危机是一个转折点。"十年一个周期，大致只是从1847年才明显地表现出来（由于加利福尼亚和澳大利亚的黄金开采，世界市场终于形成）。"③ 从1847年到1867年，这一经济周期的规律体现为十年一次循环。而1867年危机爆发后，随着资本积累和自由资本主义内部组织的变化，资本主义经济危机开始呈现范围更广、旷日持久的新特点，这也导致资本主义生产关系的内部对立矛盾缓和起来更曲折，经济重新走向复苏也更加困难。

从再生产的角度看，经济危机阶段是资本主义经济周期的决定性阶

---

① ［德］马克思：《资本论》第2卷，人民出版社2004年版，第557页。
② ［德］马克思：《资本论》第1卷，人民出版社2004年版，第16—17页。
③ 《马克思恩格斯全集》第36卷，人民出版社1975年版，第26页。

段。没有经济危机的发生，资本主义生产关系从而资本主义经济制度的维持就是不可能的。从危机阶段开始，一般地经过萧条、复苏、高涨，再到危机。尽管不是每一个周期都要经历所有这些阶段。但是，出于摧毁相对过剩的生产能力和商品的需要，资本主义每一个经济周期中都必然要包括危机阶段。经济危机对于资本主义生产的周期性具有决定的意义，实质上维持着资本主义生产关系的再生产。

2. 经济危机周期与工商业周期

从历史的视角看，工业资本取代商业资本占据主导地位，是资本主义崛起的标志。因而，危机周期首先与大工业的再生产周期之间发生着紧密的联系。"毫无疑问，自从固定资本大规模发展以来，工业所经历的大约为期10年的周期，是同上面那样决定的资本总再生产阶段联系在一起的。我们还会发现其他一些决定的依据。但这是其中之一。过去，工业也同（农业的）秋收一样，有好年景和坏年景。但是，延续多年的、本身分为一些各具特点的时期或时代的工业周期，却是大工业所固有的。"① 由于现代资本主义生产体系以工业为特征，因此，决定着大工业生产周期的物质条件，同样也就成为危机周期性的物质基础。尽管在19世纪80年代以后的英国所表现出来的情况有所改变，"马克思分析的10年周期在德国和美国的竞争压力下已经被打破，取而代之的是持续的萧条"②。但是从长期看，这种周期的变化仍然是大工业生产在更广阔的空间范围内发生的，过度生产本身所依赖的物质基础以及再生产所需要的条件并没有改变，内在的规律也并没有被打破。在《资本论》第二篇"资本周转"中，马克思揭示了危机的周期性及其物质基础。"这种由一些互相连结的周转组成的长达若干年的周期（资本被它的固定组成部分束缚在这种周期之内），为周期性的危机造成了物质基础。在周期性的危机中，营业要依次通过松弛、中等活跃、急剧上升和危机这几个时期。"③ 在资本的固定组成部分更新得缓慢时，萧条的时间可以持续得长一些，但周期始终是存在的。不论从哪个角度看，危机总是构成资本主义经济中新一轮的大规模投资的起点，因而也是其逐步恢复、走向发展和繁荣的真正起点。

---

① 《马克思恩格斯全集》第46卷（下），人民出版社1980年版，第235页。
② [加] M. C. 霍华德、[澳] J. E. 金：《马克思主义经济学史（1883—1929）》，顾海良等译，中央编译出版社2014年版，第12页。
③ [德] 马克思：《资本论》第2卷，人民出版社2004年版，第207页。

固定资本更新对资本主义生产的再恢复和进一步发展具有重要的意义。资本家大规模的固定资本更新，首先会引起对机器设备等生产资料的新的需求，促使生产资料生产的部门逐步得到恢复和发展。生产资料生产部门的恢复和发展，带动了大批失业工人的就业，也带动了对消费资料的需求，从而推动了消费资料生产部门的恢复和发展。这样，固定资本更新带动了整个资本主义经济的恢复和发展，资本主义经济由萧条过渡到复苏和高涨。但是，固定资本的大规模更新又为下次危机的到来创造了物质前提。因为固定资本大规模的更新，推动了资本主义生产的快速增长，社会生产的快速增长远远超过广大劳动人民的购买力，矛盾激化到一定时候，新的经济危机就会爆发。"这种由一些互相连结的周转组成的长达若干年的周期……为周期性的危机造成了物质基础。……危机总是大规模新投资的起点。因此，就整个社会考察，危机又或多或少地是下一个周转周期的新的物质基础。"① 固定资本的周期性的大规模更新，为经济危机的周期性提供了物质基础。

在对经济周期影响因素的分析中，马克思将物价水平因素与资本主义商业周期联系起来，考察了经济危机在现象层面的特征。马克思指出，和资本积累后的崩溃一样，商品价格在危机期间也会经历先涨后跌的一个过程。"商业危机的最普遍和最显著的现象，就是商品价格在长期普遍上涨之后突然普遍跌落。商品价格的普遍跌落可以说成货币同一切商品对比起来它的相对价值上涨。"不过，马克思紧接着就指出，"两种说法都是叙述现象而不是解释现象"②。从表象看，危机前的商品价格上涨和在危机过程中商品价格的普遍性急剧下跌都仿佛是由资本主义生产的工业周期所决定，但这种周期背后的真正原因在于整个社会资本的相对价值的变动。后者显然与商品交换的一般规律无关，而是资本主义社会所独有的。因此，经济周期中的商品价格变动现象，本质上反映出的是资本主义生产物质基础变动的周期性。

3. 经济危机与职能资本内部的竞争

在资本和劳动的关系之外，马克思在再生产视野下对危机要素的分析还涉及一个独特的因素，即生产资本和货币资本间的矛盾。马克思强调，

---

① [德]马克思：《资本论》第2卷，人民出版社2004年版，第207页。
② 《马克思恩格斯全集》第25卷，人民出版社1974年版，第620页。

"在生产过剩的普遍危机中，矛盾并不是出现在各种生产资本之间，而是出现在产业资本和借贷资本之间，即出现在直接包含在生产过程中的资本和在生产过程以外独立（相对独立）地作为货币出现的资本之间。"[①] 显然，仅仅从直接生产过程看待危机是远远不够的，货币资本等因素需要纳入到再生产的研究视角中，才能对危机蕴藏的矛盾作出全面的说明。

事实上，局限于资本主义生产方式之内来缓解或化解危机，长期来看是不可能的。这是因为，源于资本主义劳资对立这一矛盾的经济危机，固然可以通过银行和货币因素加以缓解，但更多的时候却会同时加快资本积累的进程。本来，在商品经济规律的作用下，局部的生产过剩会因信用扩张、破产企业为数不多而在市场竞争的法则下消解。但是资本主义的信用体系和竞争压力的联合作用却导致了相反的效果，使资本家能够在资本扩大的基础上进一步发展生产力，从而固化生产过剩的趋势。结果，信用的扩张和竞争会从整体上拉低利润率水平，并导致全部商品名义价值的缩水即通货膨胀，比例失调亦将随之而来。"最终，随着信用扩张达到极限，繁荣必将中断。"[②] 在这一分析框架下，信用扩张构成了繁荣的条件，但又同时成为走向经济危机的爆发点。信用扩张的极限（使资本积累和扩张回归到市场界限之内）意味着信用的收缩，而信用收缩必然会触发货币危机或金融危机。需要指出的是，由于危机的必然性内生于资本主义生产的社会形式之中，因而信用收缩仅仅是触发危机，但它本身并不决定危机。但从危机的后果看，信用制度的崩溃则具有巨大的影响，因为它会导致资本以坏账和滞销商品的方式力图保存自身。这样，在经济危机中的职能资本总体上只能以急剧贬值而告终。

在马克思的分析中，信用收缩—资本贬值—生产能力的破坏—资本家之间财产关系重组的过程，实际上是社会生产在危机水平上进入新的经济周期的必要环节。因此，是资本主义制度的整体结构决定着社会金融体系的运动规律。在现代社会中，金融资本作为资本的纯粹形式，实际上扩大了资本主义社会的内在矛盾。与实际的资本相比，金融资本一旦化身为虚拟资本，其投机性便极度增强，相应地导致风险性更高，给社会再生产体

[①]《马克思恩格斯全集》第 46 卷（上），人民出版社 1979 年版，第 397 页。
[②] Clarke, *The Marxist Theory of Overaccumulation and Crisis*, p. 455.

系带来的危害也会更大。①

(三) 资本循环与扩大再生产的界限

长期的经济增长是资本主义再生产规律的伴生物,长期经济增长往往以社会资本的扩大再生产为其表现形式。在对资本周转的分析中,马克思的关注点在于资本的扩大再生产,而不是单纯的循环。② 严格说来,资本的循环与周转需要一系列条件,除了马克思强调的时间上的继起和空间上的并存以外,决定着循环顺利进行的是商品交换的规律。关于后者,马克思阐明了资本内在本质所决定的四个界限。"(1) 必要劳动是活劳动能力的交换价值的界限;(2) 剩余价值是剩余劳动和生产力发展的界限;(3) 货币是生产的界限;(4) 使用价值的生产受交换价值的限制。"③

在上述论述中,存在着两个层面的对立性含义。其一,剩余劳动与必要劳动之间存在着此消彼长方式的对立,前者越大后者便越小,但后者又无法等于零,因而便对前者构成了一个绝对限制;其二,剩余劳动产品的价值实现受到必要劳动产品数量的限制,用通俗易懂的话讲,资本家所能获取的利润受制于广大劳动人民的消费能力。实际上,后来主张"消费不足论"的许多马克思主义研究者以不同的表述方式说出了这两层意思中的一层或两层。④

值得注意的是,马克思在此还提出了交换的两个具体限度,这些限度都是把资本视为障碍而要加以克服的。其中的第一个限度是,只有当剩余劳动与剩余劳动相交换时,资本主义社会的再生产才能够进行下去。这就

---

① 有一些学者后来提出了不同的观点。如霍布森就认为并非必须这样。他认为,危机和帝国主义的根源在于收入的不平等,以及垄断和食利者的暴利。他提出的解决方法是进行适当的改革:在任何政治经济力量潮流的变革中,把那些资本家的超额收入以高工资的形式转移到工人手中,或以税收的方式转给公众,这些钱就会被花掉而不是被积攒起来。这些方式中的任一种都有利于消费热潮的高涨,就不用再去争夺国外市场和投资场所了。参见 Michael Leaney, *Under Consumption Theories: A History and Critical Analysis*, New York: International Publishers, 1976, p. 166.

② 就商业循环理论而言,尽管熊彼特不承认马克思提出了自己的商业循环理论,但他在《从马克思到凯恩斯》一书中把马克思列为第一位经济学家,并认为"马克思在商业循环领域里的成就是最难以估价的"。

③ 《马克思恩格斯全集》第 46 卷 (上),人民出版社 1979 年版,第 400 页。

④ 参见 Rosdolsky R., *The Making of Marx's Capital*, London: Pluto Press, 1977, p. 326. Itoh M., *Value and Crisis*, London: Pluto Press, 1980, pp. 96 – 98. Lallier A. G., *The Economics of Marx's Grundrisse*, London: Macmillan, 1989, pp. 100 – 101.

意味着剩余劳动与剩余劳动相交换构成已生产出来的剩余价值得以实现的条件,换句话说,资本在不同部门和行业的利润率需要经历平均化的过程。不过,在现实经济中,资本的转移如果受到某种自然或人为的限制,局部的生产过剩就会产生。第二个限度是资本总是力图通过将必要劳动压缩到最低水平来扩大剩余劳动,这实际上表明,资本所需要实现的剩余价值是不断增加的。其暗含的意义在于,一旦资本占有的剩余价值不能增长,则资本就难以维持其积累的趋势,扩大再生产就可能发生中断。

从资本的循环角度看,经济危机的现实可能性并不局限于直接的生产过程,资本的流通过程也就不是可有可无的环节了。在资本流通过程中,资本主义内在的矛盾以各种方式运动和发展,进而使危机成为现实。显然,在资本的循环中,交换并不是目的,"价值增殖是决定目的"[①]。而要实现价值增殖,资本就不能以固定的形式和固有的规模存在,而必须不断地扩大再生产:"连续性是资本主义生产的特征。"[②] 资本的连续运动,不仅要求资本在内部正确地分割不同职能资本的比例,而且要克服和抵消随着时间推移而发生的资本贬值的影响。

(四)资本有机构成变动与利润率下降带来的压力

利润率之所以成为影响危机的一个因素,原因在于扩大再生产中增加所使用资本的价值量主要通过利润量的增加来实现。在对经济失衡问题的进一步阐述中,资本有机构成作为一个重要变量被引入分析中。马克思指出,利润量的增加有两个途径:第一,当现有的资本量在一定的情况下,生产力的发展往往伴随现有资本的贬值,那么总产品中预付资本价值的下降就意味着代表利润的价值部分增加,即直接增加了资本的价值量;第二,生产的扩大增加了使用价值的数量和种类,这些增加的使用价值作为构成不变资本和可变资本的物质要素,吸收追加劳动,从而吸收追加的剩余劳动,形成追加资本,间接增加所使用资本的价值量。在第一个途径下,现有资本的贬值会延缓利润率的下降,而可变资本相对于不变资本的相对减少则会加快利润率的下降趋势。在第二个途径下,虽然所使用资本的增加引起劳动人数的实际增加,但它有时也会受一些因素的影响而抵

---

① [德] 马克思:《资本论》第2卷,人民出版社2004年版,第116页。
② [德] 马克思:《资本论》第2卷,人民出版社2004年版,第118页。

消，那些有利于创造相对过剩人口的因素显然会在总量上减缓不变资本的增长。

可见，生产扩大和价值增殖之间的矛盾源于利润率下降规律，并被这一规律所激化。马克思得出的结论是："从剩余价值转化为利润形式这一过程中直接得出的两个规律如下：（1）剩余价值表现为利润时所表示的比例，总是小于剩余价值在其直接的现实中实际占有的比例。……（2）第二个重要规律是……利润率具有随着资本的发展而下降的趋势，既随着资本的生产力的发展而下降，也随着资本已经表现为物化价值的规模的发展，随着劳动以及生产力的资本化的规模的发展而下降。"[①]

马克思首次将资本有机构成这一概念与利润率下降趋势联系起来，是在《1857—1858年手稿》中。[②] 他花费了相当篇幅去考察剩余价值与利润之间的关系，而考察这一关系就需要相应地考虑到固定资本与流动资本之间、生产时间与流通时间之间的关系，以便确定使得剩余价值转化为利润率的资本的幅度。在这一分析中，马克思最关心的是这样一个关键问题：资本有机构成提高基础上的利润大量增加与利润率下降的趋势，是如何并存于资本主义经济之中的。如果不考虑劳动的其他主观条件的变化，换言之，不考虑剩余价值率的变化，则利润率变动和相对剩余价值实质上是直接相关的："利润率取决于——假定剩余价值不变，剩余劳动同必要劳动的比例不变——与活劳动相交换的那部分资本同以原料和生产资料形式存在的那部分资本的比例。……相对剩余价值，资本创造价值的能力越是增长，利润率也就按相同的比例越是下降。"[③] 这一论述表明，马克思是将技术进步因素作为资本主义社会发展的一个条件来考察的。同时也表明，技术进步导致的剥削程度的加深，也意味着利润率的降低，从而使资本维持自身增殖能力越来越困难。

从资本主义生产发展和技术变革的内在联系上看，技术进步一般以资本有机构成的提高为特征，而资本有机构成的提高会降低利润率，所以一般认为利润率下降是技术变化的结果。"社会总产品中作为资本起作用的

---

① 《马克思恩格斯全集》第46卷（下），人民出版社1980年版，第283—285页。
② 马克思在《1857—1858年手稿》中就分析了不变价值和可变价值比例变化的趋势及对利润和剩余价值的影响，尽管当时还没有使用"资本有机构成"这一用语，但是关于资本有机构成理论的基本观点已经形成。
③ 《马克思恩格斯全集》第46卷（下），人民出版社1980年版，第265页。

部分的增加，刺激工人人口的实际增加，同时，创造仅仅相对的过剩人口的一些要素也在起作用。利润率下降，同时，资本量增加，与此并进的是现有资本的贬值，这种贬值阻碍利润率的下降，刺激资本价值的加速积累。生产力发展，同时，资本构成越来越高，可变部分同不变部分相比越来越相对减少。这些不同的影响，时而主要是在空间上并行地发生作用，时而主要是在时间上相继地发生作用；各种互相对抗的要素之间的冲突周期性地在危机中表现出来。危机永远只是现有矛盾的暂时的暴力的解决，永远只是使已经破坏的平衡得到瞬间恢复的暴力的爆发。"[1] 从这一机制中产生出的节省劳力的技术变革会产生多重后果。马克思在此处指出，资本有机构成提高的趋势如果不能相应地提高剩余价值率，将会直接引起利润率的下降。当这一趋势作为资本积累的特征表现出来时，效率最低的企业就难以继续生产下去，进而会通过低效率企业的倒闭撒下又一次危机的种子。

进一步分析可以看出，资本有机构成的提高，有时还以另一种方式造成价格与价值之间的偏离，产生"生产过剩"问题。其逻辑前提在于，在资本主义的"生产无政府状态"下，消费资料和生产资料这两大部类的生产实际上也进行着竞争性的积累，导致一方面扩大对生产资料的有效需求，另一方面紧缩对消费资料的有效需求。如果两大部类都按预期进行积累，就可能迫使消费资料的价格下降，由此引起的价格与价值的偏离，同样会使效率相对较低的企业破产。

三 危机形式及其逻辑演绎：历史视野下的经济危机

任何一种危机理论，如果不能针对当时最现实的经济现象作出回应，就无法确立自己的科学地位。在马克思的时代，首先纳入经济危机理论研究视野的自然是生产过剩现象。不过，相比于对现实生活中生产过剩现象的单纯阐释而言，马克思所做的工作显然要走得更远，他将危机问题放在历史视野下来分析，从而与资产阶级学者在危机根源上的短视和近视症划清了界限。尽管马克思和资产阶级经济学者一样，也是以生产过剩为研究起点。但马克思在建构经济危机理论时是批判性的，其研究的逻辑方法是

---

[1] 《马克思恩格斯全集》第25卷，人民出版社1974年版，第277—278页。

建立在辩证的方法和科学的抽象基础上的,因而更符合历史的真实。

(一) 商品生产过剩与资本过剩

市场中的商品生产过剩是早期经济危机的直接呈现形式,从资本家角度看,生产过剩作为外在市场力量的作用形式更多的是以市场需求的萎缩体现出来的。因此,在对马克思经济危机理论的回溯中,最早引起人们注意的,也是他针对消费需求不足论的阐述。

1. 消费需求不足与危机中的商品普遍滞销有关

只要仔细回顾资本主义早期历史就可以发现,在1857年以前的数次经济危机中,商品过剩现象已然成为危机中的常态。一些资产阶级经济学家都从工人阶级有限的消费可能性方面进行了解释。在1857—1858年的早期研究中,马克思认为该观点有一定的正确性。这是因为,资本主义生产驱使"生产超越它按照工人[有支付能力的需求]所应进行的生产的比例……如果'超过工人本身需求的'需求消失了和缩减了,那就会出现崩溃"[①]。不过,在批判蒲鲁东的观点时,马克思指出了消费需求的一个重要区别:不仅工人有需求,而且资本家也有需求。因此,工人不能买回自己的产品这种论点,实际上不足以用来论证生产过剩。不过,当时马克思更倾向于将个人的消费看作生产的最终界限。在后来的研究中,他开始更注重整体性的研究方法,转向强调社会需求和社会消费:"一切真正的危机的最根本的原因,总不外乎群众的贫困和他们的有限的消费,资本主义生产却不顾这种情况而力图发展生产力,好象只有社会的绝对的消费能力才是生产力发展的界限。"[②]

需要指出的是,在上述分析中,马克思并没有像有些学者所说的那样,暗示消费需求是危机的根源,尽管群众的贫困和有限的消费并不能独立于危机根源之外。正如恩格斯后来所说:"群众的消费水平低,是一切建立在剥削基础上的社会形式、从而也是资本主义社会形式的一个必然条件;但是,只有资本主义的生产形式才使这种情况达到危机的地步。因此,群众的消费水平低,也是危机的一个先决条件,而且在危机中起着一种早已被承认的作用;但是它既没有向我们说明过去不存在危机的原因,

---

[①] 《马克思恩格斯全集》第46卷(上),人民出版社1979年版,第407页。
[②] [德]马克思:《资本论》第3卷,人民出版社1975年版,第548页。

也没有向我们说明现时存在危机的原因。"①

2. 投资过剩是商品过剩的原因

无论是消费不足还是商品的过剩,都在另一个层面反映出生产和投资的过剩。在1858年稍后的研究中,马克思敏锐地觉察到,李嘉图之后的经济学家的解释面临着困境,即在看到资本的生产存在过剩现象的同时,却否定商品过剩的可能性。他们没有认识到,商品过剩与生产过剩两者都只是资本主义社会独有的现象。因此,只有从一个全新的角度,才能说明这一事实。"什么叫作资本的生产过剩呢?就是预定用来生产剩余价值的那些价值量的生产过剩(或者,从资本的物质内容方面来考察,就是预定用来进行再生产的那些商品的生产过剩),——因此,就是再生产的规模太大,这同直截了当说生产过剩是一个意思。更加明确地说,资本的生产过剩无非是,为了发财而生产的东西过多了,或者说,不是用作收入进行消费,而是用来获得盈利、进行积累的那部分产品太多了。"② 与《1857—1858年手稿》中"生产超越它在对工人的关系上所应进行的生产的比例"的观点不同,马克思在这里强调了生产过剩与价值增殖的关联性。换言之,资本家对生产资料的需求太少。正是在这个意义上,马克思批评说,李嘉图及其整个学派始终不了解实际的现代危机,因为这一危机对作为社会基础和生产基础的资本本身构成了威胁。在另一处涉及生产的"社会基础"的论述中,马克思给出了一个更清晰的界定:"资产阶级的生产,由于它本身的内在规律,一方面不得不这样发展生产力,就好象它不是在一个有限的社会基础上的生产,另一方面它又毕竟只能在这种局限性的范围内发展生产力,——这种情况是危机的最深刻、最隐秘的原因。"③ 在这里,价值增殖可能性构成了一个界限和内在的基础,使得资本在积累的同时,也体现为社会生产超越简单再生产需要的过程。

(二) 结构性过剩与普遍过剩

严格地说,每一次经济危机都是起始于局部的过剩,但每次局部过剩又都具有普遍的意义,并且常常会演变为普遍的过剩。正如整体总是来自

---

① 《马克思恩格斯全集》第20卷,人民出版社1971年版,第310页。
② 《马克思恩格斯全集》第26卷Ⅱ,人民出版社1973年版,第609页。
③ 《马克思恩格斯全集》第26卷Ⅲ,人民出版社1974年版,第86页。

局部一样，全面失衡总是与局部失调相关，上述两种过剩在某种程度上都会以比例失调的形式呈现出来。通常意义上的比例失调现象，在危机过程中表现为一种结构性的生产过剩。在马克思看来，部类内部的失衡往往引起的是局部性经济危机或结构性经济危机。"这种平衡本身已经包含着：它是以平衡的对立面为前提的，因此它本身可能包含危机，危机本身可能成为平衡的一种形式。"①

在比例失调情况下，生产和消费的紧张关系涉及的供需比例，本质上是社会劳动的分配。在社会化的商品生产条件下，社会生产的内在要求是按合理的比例进行。但在资本主导的社会生产制度下，资本逐利的本性实质上建立在超额劳动和超额消费等基础上，社会生产超越合理的比例也就不可避免。这种超越有时还表现为外在的强制，即竞争中来自其他资本施加的强制，促使其扩大规模并超出合理的生产比例。而从再生产比例关系的恢复机制来看，却遵循的是商品经济下对社会劳动进行重新分配的规则。

马克思认为，社会生产的比例性失调总是表现为总体上的生产过剩，而不仅仅表现为生产部门间在供求上的不平衡。与李嘉图仅仅承认部分生产过剩而否认普遍商品生产的可能性不同，马克思指出："危机（因而，生产过剩也是一样）只要包括了主要交易品，就会成为普遍性的。"② 马克思同样认为，特殊商品的短缺也并不表现为其他商品的短缺，而总是表现为货币的短缺。其原因在于，马克思没有将产生生产过剩和货币短缺的可能性归结为人们的实际需要，而是从资本增值、资本主义生产本质的角度给出了解释。固然，供求关系对生产具有调节作用，但如果仅仅从供求去理解比例失调现象，则危机发生的理由并不充分。一个显而易见的事实是，在比例失衡的情况出现时，市场体系会如李嘉图所预期的那样，通过供求关系的相互作用来矫正生产的比例不平衡。但危机时期的情况却经常与此相反。而资本主义危机就其性质而言是总体性的，并非市场竞争导致某个生产部门的资本不能获利，而是危机时期所有的部门都不能幸免，"在生产过剩的普遍危机中，矛盾并不是出现在各种生产资本之间，而是出现在产业资本与借贷资本之间，即出现在直接包含在生产过程中的资本

---

① 《马克思恩格斯全集》第 26 卷 Ⅱ，人民出版社 1973 年版，第 595—596 页。
② 《马克思恩格斯全集》第 26 卷 Ⅱ，人民出版社 1973 年版，第 577 页。

和在生产过程以外（相对）独立地作为货币出现的资本之间。"① 至于通常意义上的竞争，不过是将资本内在的积累要求转化为外部的压力加于个别资本家，以确保社会生产局限于生产比例协调的限度之内。不过，在真实世界的市场中，竞争的压力总是驱使个别资本家无意识地超越这一限度，并引起连锁效应。这样，在互补的生产部门中，将会逐一产生生产过剩，直至整个经济体系总体陷入困境为止。

（三）资本过剩与积累过剩

对资本过剩的考察是马克思创造性的观点之一。资本过剩尽管是伴随商品过剩而存在的，但它通常只有在危机后期才体现出来。因此，很多资产阶级经济学家往往没有注意到这个问题的实质，或者即使注意到这个问题，也仅仅将其作为危机的后果来看待。但正如马克思所指出的那样，在商品经济的历史发展中，现实的经济关系常常以颠倒的形式呈现出来。危机过程中各种现象出现的时间上的顺序，不仅不能说明因果关系，反而还会掩盖原有的因果关系。

马克思看来，以生产过剩作为现象体现的危机形式，只是资本主义危机要素的历史发展的结果。由于平均利润率规律的作用，资本的过剩本质上是一种"积累过剩"。这种绝对意义上的积累过剩，通常会导致追加资本实现不了自身增殖的目的。相反，积累得越多越快，相应地会使原始资本增殖得越慢，极端情况下甚至还会直接导致原始资本的贬值。在马克思看来，在没有其他例外因素（如技术进步等）干扰的情况下，利润率下降规律发生作用时资本积累就存在着过剩的可能性，这种可能性一旦变为现实，现实中哪些存量资本需要贬值，哪些资本将被迫贬值，就会成为竞争的主题。作为竞争的结果，往往是生产大面积停滞，使原有就业者被挤出生产领域，从而对其余在业人员的工资水平形成压力。竞争还会导致另一个结果，即机器的大量使用和生产力水平的提高，这同样会导致更多的劳动力被排挤出就业岗位。在不变资本要素的贬值和可变资本要素被压低这两种力量共同作用下，处于极低水平的利润率将会缓慢抬升，这样，周期将重新开始。

资本的积累过剩过程是伴随着资本的周期运动进行的。"资本的生产

---

① 《马克思恩格斯全集》第 30 卷，人民出版社 1995 年版，第 394 页。

过剩,仅仅是指可以作为资本执行职能即可以用来按一定剥削程度剥削劳动的生产资料——劳动资料和生活资料——的生产过剩;而这个剥削程度下降到一定点以下,就会引起资本主义生产过程的混乱和停滞、危机、资本的破坏。"① 在这里,剥削程度太低或剩余价值率的下降与积累过剩发生了必然的联系。当然,他也注意到另一相反的趋势,即资本在竞争下固有的、转向相对剩余价值生产的趋向,后者可以提高剥削程度。在经济危机后期,这往往成为缓解危机和进入下一轮经济周期的决定性因素。

马克思的进一步分析表明,积累之所以成为其自身的对立面,主要根源在于生产资料的私人占有制度与社会化生产之间的紧张关系,使得在生产无限扩大的同时,社会的消费却相对缩小。"因为一种生产推动另一种生产,从而给自己创造了作为他人资本的工人而出现的消费者,所以对于每一单个资本来说,工人阶级的由生产本身造成的需求表现为'足够的需求'。这种由生产本身造成的需求驱使生产超越它按照工人[有支付能力的需求]所应进行的生产的比例;一方面,生产必须超越这种比例;另一方面,如果'超过工人本身需求的'需求消失了和缩减了,那就会出现崩溃。"② 在马克思看来,资本主义制度下的生产主体和消费主体完全不同于此前的简单商品经济,他们在生产和消费中的地位比以前更复杂,且产生了分离的趋向。"普遍生产过剩所以会发生,并不是因为应由工人消费的商品相对地[消费]过少,或者说,不是因为应由资本家消费的商品相对地[消费]过少,而是因为这两种商品生产过多,不是对消费来说过多,而是对保持消费和价值增殖之间的正确比例来说过多;对价值增殖来说过多。"③ 可见,用于社会直接消费和用于积累的资本配置比例不当,实质上与经济危机有着必然的联系,而造成上述比例配置不当的根源又在于资本主义条件下价值增殖的性质。当价值增殖仅仅从属于资本从而从属于一部分资产者时,那种本来由社会化生产的必然性确定的合理比例就成为不可能的事,而工人阶级消费的过少也就不可能从根本上得到解决。

(四) 信用制度与隐蔽的生产过剩

在今天,生产过剩问题如果不与信用制度联系起来,将失去应有的说

---

① [德] 马克思:《资本论》第 3 卷,人民出版社 1975 年版,第 285 页。
② 《马克思恩格斯全集》第 46 卷(上),人民出版社 1979 年版,第 407 页。
③ 《马克思恩格斯全集》第 46 卷(上),人民出版社 1979 年版,第 437 页。

服力。实际上,即使在早期资本主义发展阶段,经济危机也往往从货币市场开始。在马克思的分析中,在货币市场上呈现的危机,其实反映着生产过程和再生产过程本身的失常。而由货币经济向信用经济的发展,则进一步加剧了这种失常。

信用关系是商品经济发展到一定阶段的产物。信用制度的建立,不仅意味着交易关系的根本性变化,更成为资本加速积累的杠杆。马克思认为:"货币经济只表现为信用经济的基础。"① 而信用经济相比商品经济来说则是一个更高级的发展阶段。本来,货币和金融危机之所以有发生的可能,是商品内在的两个属性(即价值与使用价值)的矛盾埋下的种子,在现实中则是与商品形态向价值形态的转化过程有关。这也就是说,在商品经济中,买、卖之间的分离以及其在时间上的分离,只是蕴藏了货币危机的可能性。但在资本主义制度下,由于劳动力也成为商品,资本的流通过程的复杂和支付结算链条的延长使危机的可能性实现了向现实性的转化,并且是在更容易得多的程度上转化。

在马克思的分析逻辑中,信用与隐蔽的生产过剩是相关的。根本性的原因在于,生产与流通过程的分离因为信用工具的使用会大大地加剧,"信用使货币形式上的回流不以实际回流的时间为转移,这无论对产业资本家来说还是对商人来说都是如此"。在繁荣时期,尽管货币形式的回流显得迅速而可靠,但这往往是一种表面的现象,"在回流实际上已经消失以后,总是会由于已经发生作用的信用,而在较长时间内保持下去,因为信用的回流会代替实际的回流"②。这样,实际的生产过剩就被掩盖了。不过,信用制度有时也会缓和危机,其前提是银行信用没有在危机冲击下动摇。这时,增加信用货币会成为缓和恐慌的有效方法;反之,收缩信用货币则加剧恐慌。

信用制度推动生产过剩日益采取隐蔽形式的另一个原因,来源于它作为观念上的货币这一职能。信用的扩张意味着货币在观念形态上的膨胀,与之相应的是虚拟资本在总量上扩大。在货币幻觉下,相互独立的资本家将会倾向于扩大生产。"信用的最大限度,等于产业资本的最充分的动用,也就是

---

① [德]马克思:《资本论》第2卷,人民出版社1975年版,第132页。
② 《马克思恩格斯全集》第25卷,人民出版社1974年版,第507页。

等于产业资本的再生产能力不顾消费界限的极度紧张。"① 并且，这种极度扩张又为下一周期中商品流通的中断奠定了物质基础。"信用制度加速了生产力的物质上的发展和世界市场的形成；使这二者作为新生产形式的物质基础发展到一定的高度，是资本主义生产方式的历史使命。同时，信用加速了这种矛盾的暴力的爆发，即危机，因而加强了旧生产方式解体的各种要素。"② 此外，信用扩张本身也会导致货币支付链条的脆弱化。支付的链条越长，抵消支付的对象和内容越多，支付或抵消支付的环节就越不能有闪失，否则将会引起灾难性的连锁反应。"在再生产过程的全部联系都是以信用为基础的生产制度中，只要信用突然停止，只有现金支付才有效，危机显然就会发生。"③ 显然，充当支付手段的虚拟资本在数量上越是超过现实中的硬货币数量，货币和信用危机发生的可能性就越大，后果也越严重。不仅如此，信用制度还会使危机变得漫长而难以恢复："这全部人为的使再生产过程猛烈扩大的体系，当然不会因为有一家象英格兰银行这样的银行，用它的纸券，给一切投机者以他们所缺少的资本，并把全部已经跌价的商品按原来的名义价值购买进来，就可以医治好。"④

可见，资本主义条件下的信用制度往往成为其借以搁置内在矛盾的手段。由于社会再生产普遍联系的性质，一旦资本利用信用制度从事盲目的扩张，原有的货币制度无法规避金融投机的惩罚性后果。本来，在商品经济规律的作用下，即使出现局部的生产过剩，也会因信用扩张、破产企业较少等原因，通过市场竞争的法则来消解。现在却出现了一个相反的后果：在信用的扩张和竞争的联合作用下，利润率水平从整体上被拉低，全部商品的名义价值缩水。在这一分析框架中，信用扩张和繁荣相联系，而信用制度的崩溃，则又往往导致资本以坏账和滞销商品的形式出现，并以资本的急剧贬值告终。这种信用收缩—资本贬值—生产能力的破坏—资本家之间财产关系重组的过程，实际上是社会生产在危机水平上进入新的经济周期的必要环节。

---

① ［德］马克思：《资本论》第 3 卷，人民出版社 1975 年版，第 546 页。
② ［德］马克思：《资本论》第 3 卷，人民出版社 1975 年版，第 499 页。
③ ［德］马克思：《资本论》第 3 卷，人民出版社 1975 年版，第 554—555 页。
④ 《马克思恩格斯全集》第 25 卷，人民出版社 1974 年版，第 555 页。

(五) 马克思对生产过剩呈现形式的预见

马克思关于生产过剩与信用扩张关系的论述，为其身后的经济学家提供了一种分析资本主义经济危机的有效工具。随着时间的流逝，马克思预见的信用扩张后果，即与信用扩张相联系的债务泡沫化及其引起的债务破灭，越来越成为资本主义经济危机的典型表现形式。

按照马克思的观点，随着资本主义生产的发展和积累步伐的加快，资本主义将会陷入某种停滞趋势，并导致资本更多地围绕自身领域进行积累，加强经济的金融化进程。资本主义国家的信用扩张，会随着资本主义生产体系的全球化而使经济泡沫化向全球蔓延。与此相对应，在居于主导地位的资本主义国家内部的资本过剩的基础，将不再是其内部商品生产的过剩，而更多的是迂回地通过与其产生分工交换关系的国家里的商品过剩体现出来。商品国际性流动的加快和规模的扩大，意味着这样一个事实，即资本的国际性积累进程也在加快。其带来的经济后果是双重性的：一方面，主导国家的内部劳动者所受剥削程度会被加重，工人阶级的工资增长会被压低，社会财富将加速向大资产者转移；另一方面，由于全球市场的开拓和融入，主导国家的资本将大量地攫取了他国劳动者的财富。[①]

马克思确信，在资本主义经济危机的发展中，代表资本典型形态的金融部门将逐渐成为资源配置的独立领域，使社会资本再生产过程脱离从商品到货币的"惊险的跳跃"过程。他认为这将导致大量的资源被卷入虚拟经济的帝国中，从而使金融部门拿全社会的资本来投机。由于受资本积累的内在规律所驱动，在全社会盛行的投机行为中，投机性的资本将处于金字塔的顶端，吞噬着社会新创造的财富。[②] 总之，从商品过剩、资本过剩、

[①] 债务泡沫化与过度金融化是紧密相关的，其直接后果就是导致虚拟经济与实体经济之间形成巨大的鸿沟。如乔尔·戈伊尔就指出，1987年以后的短短20年间，国际信贷市场的债务就翻了大约4倍，从近110亿美元猛增到480亿美元，远远超出了经济增长率。尽管美国占有主导世界贸易体系的地位，并且每每通过负债来维持和扩大消费，但最终仍未能避免债务泡沫破灭的命运。参见[美]乔尔·戈伊尔《金融危机：一场全球性的资本主义系统性危机》，张寒摘译，《当代世界与社会主义》2009年第2期。

[②] 新自由主义的重新抬头充分说明了此点：在自由化的口号下，金融创新实质上就是取消或半取消银行系统的自律机制，而各种所谓创新工具或手段意味着对投资领域和风险作模糊化处理；杠杆机制则成为资本积聚的加速器。同时，经济刺激政策的滥用，同样使本该被经济法则摧毁的过剩生产能力和过剩资本高歌猛进。

积累过剩向隐蔽的生产过剩的转化,是资本主义危机表现形式的变化,同时也是资本主义内在机制面对自身难以克服矛盾的自然反应的结果。而资本主义在克服危机上的每一次努力,都将进一步加重资本主义的内在矛盾性,使其在更宽阔的范围内和更深的程度上裹胁整个社会经济,并在资产价格不断抬高但利润率难以同步提升的压力下而最终破灭。

四 马克思的理论建构:整体性危机与社会变革

任何一个关于危机的理论都会有着明确的或潜在的指向性。马克思的全部经济学著作是建立在对资本主义生产关系的批判基础之上,这使其关于危机的理论与社会变革存在着必然的联系。① 从某种意义上说,他没有留下一个综合的、明确的资本主义危机理论,但马克思的整个经济学说体系是建立在对现代商品经济,特别是资本主义社会再生产条件的分析之上的。危机理论作为理解资本主义经济关系再生产失衡甚至彻底中断的参照系,实际上是贯穿了分析的始终。用马克思在某个段落针对某个单一危机因素的强调来否定他关于危机的整体论述,无助于从全貌上理解马克思的观点。严格来说,马克思关于危机的论述只有从社会生产过程的整体性结构来把握,才能真正理解其科学性和理论指向性。

(一)外在矛盾与矛盾根源的同一性

在马克思之前的资产阶级经济学家,包括古典经济学家李嘉图和庸俗经济学家萨伊等人,他们不承认资本主义生产趋向普遍生产过剩的趋势。归根到底,这些学者在分析资本主义经济时没有坚持历史的观点。他们把资本主义的商品交换看成非商品经济下的物物交换,这样就忽视了商品内在矛盾所隐含的生产过剩危机的可能性。而危机由可能性转为现实性的一系列条件更没有进入他们的视野。但是,将资本主义生产方式看成绝对的、先验存在的事物,在历史上从而在逻辑上并不成立。当资本主义商品

---

① 需要说明的是,存在一种错误的观点,即将马克思的理论看作是批判的经济学而不是建设的经济学。这是与马克思本人的思想相悖的。从历史的观点看,考虑到马克思身后的资本主义变化,以及资本主义经济面对经济危机时对早期资本主义时期制度的不得已的修正(在马克思看来,是生产力发展使资本强加于劳动者的锁链可以变得更长),马克思的危机理论显然更适合作为建设的经济学来对待。

生产所独有的一系列关系暴露出商品生产的内在矛盾时，用非商品经济的观点来看待经济危机中的现象就不合时宜了。

马克思认为，尽管引发资本主义经济危机的因素体现在四个方面的矛盾中，但根源却只有一个。表面看来，导致经济危机爆发的矛盾存在于多个方面，主要包括：（1）资本力图无限发展生产力和市场扩大有限之间的矛盾；（2）生产无限扩大和消费相对缩小之间的矛盾；（3）供给和需求之间的矛盾；（4）社会化大生产要求按比例进行和资本制度无法保持这种比例之间的矛盾，等等。但这些矛盾的基础，却建立在资本增值过程相互关联的整体性与各个要素相对独立性这一前提下。马克思指出："到目前为止，我们在价值增殖过程中只是指出了各个要素互不相关的情形；它们在内部是互相制约的，在外部是互相寻求的；但是可能寻求得到也可能寻求不到，可能互相一致也可能不一致，可能互相适应也可能不适应。联系在一起的一个整体的内在必然性，和这个整体作为各种互不相关的独立要素而存在，这已经是种种矛盾的基础。但是，这还决不是问题的全部。生产和价值增殖之间的矛盾——资本按其概念来说就是这两者的统一体——还必须从更加内在的方面去理解，而不应单纯看作一个过程的或者不如说各个过程的总体的各个要素互不相关的、表面上互相独立的现象。"[①] 由于价值增殖过程中的各个要素在内部是互相制约的，在外部是互相寻求或互相转化的，因此，即使各种互不相关的要素在外部以形式上的独立而存在，但在整体中所隐含的各种矛盾却是不能从根本上克服的。马克思进一步指出，这还决不是问题的全部。资本主义经济危机中呈现出来的，并不是生产和消费、供给和需求等一般商品生产所固有的限制，而是以资本为基础的生产固有的限制。这种限制是从两个方向来看的同一个限制：资本既不是生产力发展的绝对形式，也不是与生产力发展绝对一致的财富形式。实际上，商品经济越是发展，商品生产和交换的广度越大，私人占有制度下的资本主义生产就越是与社会化的生产组织要求相背离，资本本质上反映的那种社会关系，决定了整体和其构成要素之间的对立，这才是经济危机的根源。

在马克思危机理论的视野下，生产失调总是表现为总体上的生产过剩，而不仅仅表现为生产部门间在供求上的不平衡；特殊商品的短缺也并

[①]《马克思恩格斯全集》第46卷（上），人民出版社1979年版，第398页。

不表现为其他商品的短缺，而总是表现为货币的短缺。其原因在于，马克思没有将产生生产过剩和货币短缺的可能性归结为人们的实际需要，而是从资本增值、资本主义生产的本质的角度给出了解释。马克思并不是简单地反对供求关系对生产的调节作用。马克思所要表达的真实含义是，倘若仅仅停留在供求层面上去理解生产部门间的比例失调问题，那么，根本就没有理由推出生产比例失调必然会导致危机，因为正如李嘉图所预期的那样，供求关系的相互作用有可能矫正生产的比例不平衡。李嘉图认为，既然生产本身是由生产成本（从而获利）来调节的，因而它也调节了自身。马克思则认为：在一个总体性的危机中，问题并不在于资本在哪一个生产部门更能获利，而在于在所有的部门都不能获利，"在生产过剩的普遍危机中，矛盾并不是出现在各种生产资本之间，而是出现在产业资本和借贷资本之间，即出现在直接包含在生产过程中的资本和在生产过程以外独立（相对独立）地作为货币出现的资本之间"①。至于竞争，其积极意义仅在于将资本主义生产的内在趋势作为一种外部力量强加于个别资本家，即通过供求关系的压力作用，防止资本主义生产超出其生产比例协调的限度之外。然而在现实中的情形却是，竞争总是驱使资本家竭力发展生产力，最终导致资本主义生产超出其生产比例协调的限度。一个生产部门对其市场限度的超出会引起连锁效应，促使与它互补的生产部门同样产生生产过剩，这样就导致生产失调成为一种总体性的现象。

需求不足作为生产过剩的反面，同样需要从上述角度作出解释。维持资本主义生产关系再生产所必需的资本积累、生产过程中由于资本有机构成变动和竞争造成的利润率下降等因素，都应当在统一的基础上给予说明。在马克思看来，一切危机都是由有效需求锐减、从而利润实现率急剧下降、失业增多、投资减少和企业倒闭逐次构成的。在这些特征中，没有一个可以用来单独解释危机：它们本身就是危机。②

可以对马克思的观点做一个归纳。马克思认为，私人的资本主义占有制决定了资本追求自身增值的内在本性，而竞争压力则驱使每个资本家都寻求通过在更大生产规模（资本积累）上引进新的生产方法（提高资本有机构成）以增加利润。然而在现实的交换经济中，单个部门生产发展的动

---

① 《马克思恩格斯全集》第46卷（上），人民出版社1979年版，第397页。
② 《马克思恩格斯全集》第26卷Ⅱ，人民出版社1973年版，第58页。

力并不取决于对其产品的需求,而取决于通过推进生产力而获取剩余价值的机会。尽管在这一过程中,生产增长意味和伴随着世界市场的开发,但生产力发展的不平衡和竞争条件下部门发展的不协调成为一种常态。虽然供求关系的相互作用对生产比例的失调趋向是一种抵消力量,然而利润刺激本身并非由供求关系决定,且商品交换规律决定了其只能在特定商品生产过剩时才发生作用。既然这些生产过剩的商品已经被生产出来了,市场只能以过度扩张的生产部门的商品贬值和生产能力的销毁来抵消其负面效果。失调和全面过剩的结果还导致社会平均利润率下降,进而迫使生产环节的中断,并使那些遭受损失的资本家减少购买,从而使生产过剩蔓延到经济总体。这样,所有生产部门的资本家将同时面临遭受损失的前景,资本主义危机难以避免地到来了。

(二) 市场制度、竞争关系与企业个体行为

马克思危机理论的分析是从资本主义生产方式固有的矛盾着眼的。在最抽象的层面上,危机以"资本过剩"为特征。在这里,关键是如何理解"资本"及其背后主导的生产关系。"生产力和产品要不先转变为资本,资本主义的生产形式就不允许生产力发挥作用和产品进行流通,而阻碍这种转变的正是生产力和产品的过剩。这种矛盾发展到荒谬的程度:生产方式起来反对交换形式。资产阶级已经暴露出自己无能继续管理自己的社会生产力。"[①]

在马克思看来,资本主义市场经济制度归根到底是资本主导的。但这种制度面临着一个矛盾,即私有制度下社会的直接生产过程由单个企业主导,不幸的是这些单个企业往往无力应对社会化生产过程而坠入盲目生产之中。显然,在现实生活中,生产和消费的决策是由成千上万的个体资本家作出的。然而,这些企业主并没有能力也没有动力把社会资本的再生产作为一个整体来考虑。"工业通过简单协作和工场手工业实现的变革。先前分散的生产资料集中到大作坊中,因而它们就由个人的生产资料转变为社会化的生产资料,这种转变总的说来是没有触及交换形式的。"[②] 诚然,资本总是力图克服以往社会阻碍生产力发展的限制,但这并不等于它"实

[①] 《马克思恩格斯全集》第 20 卷,人民出版社 1971 年版,第 710 页。
[②] 《马克思恩格斯全集》第 20 卷,人民出版社 1971 年版,第 709 页。

际上"已经克服了它们。因为资本主义社会存在的每一种限制,在本质上与生产资料私有制有着天然的联系。因此,资本在克服旧有限制的同时,新的限制又不断地产生,只要私人占有生产资料并以逐利为目标来安排社会生产,市场的无序性就必然会唤醒资本内在的矛盾,使之在危机面前接受经济规律的审判。

市场规则在资本主义生产关系再生产中有着特定的作用。因为唯有通过普遍交换和市场竞争,资本主义生产关系的规律和压力才得以施加在当事人的身上。个人通过市场压力和市场对其雄心的制约,才体验到资本主义生产的客观限制。这一区别尤为关键,因为不管这些限制整体上对于资本积累来说如何明确,对于单个资本家来说,它们不过表现为有待克服的限制。采取技术创新的资本家能够不顾市场规模的限制,赚得超额利润,他们更倾向于不顾市场的限制发展生产力。资本家们所关注的不是满足需求,而是增加利润,最终导致资本的生产过剩。在马克思看来,"资本的目的不是满足需要,而是生产利润,因为资本达到这个目的所用的方法,是按照生产的规模来决定生产量,而不是相反,所以,在立足于资本主义基础的有限的消费范围和不断地力图突破自己固有的这种限制的生产之间,必然会不断发生冲突"①。资本主义生产和消费的有限性,根源于私人占有制度的局限性。作为单个企业,尽管可以在经营和竞争中击败对手,暂时地解决面临的难题,甚至在危机期间不受危机的拖累(有时反而趁机大发横财)。然而,对整个社会来说,其生产的界限却是无法突破的。危机的一个重要的功能,就是强制失调的比例恢复,而其出路就在于消除现有的价值和生产能力。

马克思之所以重视市场制度对经济危机的影响,是由其分析的出发点决定的。从马克思的分析起点可以发现,周期性危机与产业周期有着一定的关系。这是因为,按照生产那些商品为社会所需要的劳动量调节商品的价值,以及对维持商品再生产所需要的社会劳动的配置进行调节,都是与产业周期过程相始终的。这样,产业周期就构成价值规律基础上的资本运动规律发生作用的唯一机制。从这个意义上说,资本主义的经济周期及其周期性危机,实际上构成了一种有效的调节机制,它可以通过在危机中调节资本和雇佣劳动之间以及不同商品之间的价值关系

---

① 《马克思恩格斯全集》第 25 卷,人民出版社 1974 年版,第 285—286 页。

来暂时缓解或摆脱危机。

(三) 空间视野下的资本主义危机

周期性的经济危机对资本主义来说不仅仅具有时间上的规定性，在现实经济运行中还具有空间上的规定性。马克思曾分别阐释过经济危机在英国和法国的表现，也对德国、美国等资本主义后发国家的经济危机有过论述。经济危机涉及的范围从局部向全局、从一国向多国、从区域性向世界市场的演变，同样是资本主义内在经济规律的体现。

危机概念在叙述结构中的位置，同样是理解马克思经济危机理论的一个重要维度。在1857年《导言》的写作构想中，马克思确定的提纲最后一点是"世界市场和危机"。在《1857—1858年手稿》正文的两个计划草稿中，危机也是放在最后与世界市场一起考察的，当然，在那里马克思更清楚地表述了危机的特点和意义。比如，他在第一个计划草稿中写道："危机，迫使采取新的历史形态。"在第二个草稿中写道："危机，以交换价值为基础的生产方式和社会形式的解体。"总之，在写作其构架中，资本主义经济危机不仅会在区域内不断呈现出新的特点，还会随着资本主义生产关系在世界范围的扩张采取新的历史形态，最终将以世界市场的广阔范围作为危机自身的表演舞台。

马克思认识到，市场的扩大的确在资本主义应对剩余商品的出路中发挥了重要作用。他认为，由于铁路作为"实业之冠""在那些现代化工业最发达的国家英国、美国、比利时、法国等地"的大规模出现，它将和远洋轮船、电报一起，构成资本主义经济全球运行的"交通联络工具"。它不但为巨大股份公司的出现提供了现实的基础，同时也成为"从股份银行开始的其他各种股份公司的一个新的起点"，而且归根结底，"也加速了和大大扩大了借贷资本的世界性活动，从而使整个世界陷入财政欺骗和相互借贷——资本主义形式的'国际'博爱——的罗网之中"。[①] 恩格斯在为马克思整理《资本论》第三卷时，也通过"注释"方式指出："自1867年最近一次的普遍危机爆发以来，已经发生了巨大的变化。由于交通工具的惊人发展，——远洋轮船、铁路、电报、苏伊士运河，——第一次真正地

---

① 《马克思恩格斯全集》第34卷，人民出版社1972年版，第347页。

形成了世界市场。"① 在马克思的时代,交通与通讯技术的发展尤其使世界贸易水平获得大幅度提升。1820—1850 年,世界贸易额大约年均增长 2.3%,而 1850—1870 年的增长速度约为 5%。所有西方国家在 19 世纪中期,出口占国内生产总值的比例大约为 5%,到 1880 年则达到 10% 左右。② 由此,英国历史学家霍布斯鲍姆认为,19 世纪 70 年代初,西方主要国家的经济"已经牢牢地建立在工业化的基础之上,也建立在大量且名副其实的全球性物资、资本和人员的流动之上";从这时开始,工业资本主义演变成名副其实的世界经济,地球从一个地理概念转变成持续运作的动态实体,而历史也已经真正成为世界历史。③ 世界市场的形成,扩大了资本主义生产关系赖以存在的空间,也使资本主义经济危机影响的范围日益扩大。

本来,关注于空间层面的解读是古典经济学的传统,但经济危机通过在空间因素对矛盾的转移和暂时化解。使其忽略了危机本身的紧迫性,也掩盖了危机在空间状态上所呈现的特点。在评价古典经济学面对国内生产相对过剩时的错误看法时,马克思曾指出:"斯密还不知道生产过剩以及从生产过剩产生危机的现象。他所知道的仅仅是同信用制度和银行制度一起自然发生的信用危机和货币危机。实际上,他把资本积累看做普遍的国民财富和福利的绝对增加。另一方面,他认为,单单从国内市场发展为国外市场、殖民地市场和世界市场本身,就是国内市场上存在所谓相对的(潜在的)生产过剩的证明。"④

可见,在马克思的分析中,世界市场的意义更重要的是其有利于资本积累,特别是对世界性的资本主义积累。首先,对外贸易的类型取决于每个贸易伙伴国内的不平衡发展,而后者又取决于每个贸易伙伴积累的性质和速度。其次,对外贸易的后果取决于对外贸易对国内积累的影响。不仅如此,"全部信用制度,以及与之相联系的交易过度、投机过度等等,就是以必然要扩大和超越流通的界限和交换领域的界限为基础的。这一点表

---

① [德] 马克思:《资本论》第 3 卷,人民出版社 1975 年版,第 554 页。
② [英] 戴维·赫尔德等:《全球大变革——全球化时代的政治、经济和文化》,杨雪冬等译,社会科学文献出版社 2001 年版,第 30、271 页。
③ [英] 艾瑞克·霍布斯鲍姆:《资本的年代:1848—1875》,张晓华等译,中信出版社 2014 年版,第 53—55 页。
④《马克思恩格斯全集》第 26 卷 II,人民出版社 1973 年版,第 599—600 页。

现在各民族间的关系上比表现在个人间的关系上规模更大、更典型"①。世界市场一方面有利于缓解生产过剩，另一方面有利于缓和利润率下降的压力。更为重要的是，世界市场还为资本的冒险和投机找到了新的场地，并有助于危机发生时本国资产阶级向他国转嫁损失。显然，世界市场的结构对于今天人们理解资本主义经济危机的新特征仍具有重要意义。

（四）经济周期与政治周期

对资本主义经济危机的消极后果，不同学者有着各自的理解。马克思看到了资本主义面对危机时并不是无所作为的一面，但更洞察到危机对于理解社会结构变动的另一面更深刻的含义。显然，资本主义经济危机如果是周期性发作的，那么资本主义制度本身就应当受到诘问。而实际上，每一次经济危机的爆发，都对工人阶级造成巨大的压力和负担，并进而影响到其政治选择。当经济危机来临时，"工厂主和工人之间的对立正在迅速接近爆发真正的社会战争的地步"②。在马克思的论述中，从来没有说资本主义将在一次总危机中直接地彻底崩溃。相反，马克思强调的是经济危机对资本从而对社会生产力的摧毁，客观上要求有组织纪律性的工人阶级来全部地接管社会生产力。这一结论是建立在工人阶级掌握现代社会化生产力的基础上的。不过，反复发作的资本主义经济危机对工人阶级的政治抉择同样产生了至关重要的作用。

马克思曾这样描述过当周期达到顶点、利润率开始以不同速度下降时的情况："一旦问题不再是分配利润，而是分配损失，每一个人就力图尽量缩小自己的损失量，而把它推给别人。……这时，每个资本家的利益和资本家阶级的利益之间的对立就显示出来了。"③尽管资本家在面对工人群体时持有相同的立场，会要求国家在政治上打压工人阶级，但这不影响其内部的斗争。个别资本家的预期和资本家整体预期之间的矛盾，实际上会影响到政治生活的进程。在现代社会生活中，这更会促使其从不同侧面对国家施加压力，使之采取自身所期望的经济条件和政策。这是因为，在经济周期的高潮期、繁荣期，持有不同预期的资本家往往会因投资扩建、争

---

① 《马克思恩格斯全集》第46卷（上），人民出版社1979年版，第400页。
② 《马克思恩格斯全集》第16卷，人民出版社2007年版，第116页。
③ 《马克思恩格斯全集》第25卷，人民出版社1974年版，第282页。

夺市场份额而加剧竞争,而在危机发生后不同资本家所要承受的损失则极不相同。这种利益上的对立,自然导致他们对国家的要求具有非同步性和非一致性,进而在政治层面反映出斗争的一面。应当指出,这种政治周期与经济周期的联系,会直接影响到工人阶级群体的命运。在周期的高潮时期,资产阶级更倾向于维持一支产业后备军,甚至通过国家干预制造失业,借以维持工人阶级的纪律,并尽量压低工人阶级的工资水平,促进资本家的经济利益,稳固资本主义的政权或政治利益。同样,在周期的低潮时期,资本主义国家出于维护长远利益和整体利益的需要,有时也会在政治层面进行协调,通过制造需求和刺激消费来干预经济生活,以促使经济高涨。

经济危机决定了资本主义的自我调节的性质,这种调节的实质主要表现在两个方面:其一是转嫁危机。每一次经济危机对工人阶级都是一场灾难,因为资产阶级在国内总是力图把危机的损失转嫁给本国的工人阶级及其后代。马克思在《欧洲的金融危机》一文中曾深刻揭露这种恶劣的做法。他指出,随着经济危机的加剧,各国政府想方设法减少资本家阶级的损失,竭力把危机的恶果转嫁给工人阶级,"换句话说,应该用政府所代表的整个社会财富来补偿私人资本家的损失。这种只要求一方实行互助的共产主义,看来对欧洲的资本家是很有吸引力的"[1]。在国际上则把危机的损失转嫁给其他国家,特别是发展中国家。其二则是改良主义。对危机的各种调节措施,都是在保留资本主义私人占有前提下的修修补补。

不管怎么说,马克思时代工人阶级的政治运动的兴起与经济危机之间存在着必然的联系。[2] 从一个动态的眼光看,资本主义制度的确促进了社会生产力的急剧发展。但是,伴随着劳动生产率不断上升的,却是工人阶级实际工资的长期停滞。马克思认为,这实际上意味着工人劳动力价值的下降。从而,由工人创造的产品总价值虽然在不断增加,但却被资本家以剩余价值的形式据为己有。资本家之所得正是工人之所失。在《资本论》第3卷中马克思指出:"工人的消费能力一方面受工资规律的限制,另一

---

[1] 《马克思恩格斯全集》第16卷,人民出版社2007年版,第506页。
[2] 在这一点上,西蒙·克拉克的观点无疑错了。他认为:"社会主义理论与现实生活中的阶级斗争实践之间存在着一个鸿沟。尽管马克思主义已经正确地预想到资本主义危机,然而它为危机促成的阶级斗争所能提供的指导作用却微乎其微。"参见 Clarke Simon, *Marx's Theory of Crisis*, London: Macmillan, 1994, pp. 9 – 10.

方面受以下事实的限制，就是他们只有在他们能够为资本家阶级带来利润的时候才能被雇用。"① 在《关于自由贸易的演说》一文中马克思谈道："生产资本愈增殖，它就必然更加盲目地为市场生产，生产愈益超过了消费，供应愈益力图扩大需求，由于这一切，危机的发生也就愈益频繁而且愈益猛烈。另一方面，每一次危机又加速了资本的集中，扩大了无产阶级的队伍。"② 在无产阶级的相对贫困化成为一个必然的历史趋势下，阶级力量对比的变化是不可避免的。可见，"无产阶级的成熟和力量的增强，不仅是马克思关于资本主义灭亡理论的一个基本组成部分，而且还是确切无疑的一部分"③。这句话无疑适用于当作马克思危机理论所引申出的政治结论。

每一次经济危机的后果不仅会在经济层面体现出来，而且在社会的、政治的层面也会体现出来。尽管资本主义不太可能在一次总的崩溃中被取代，但资本主义积累从长远来看是不可持续的，它在每一次经济危机来临时的挣扎，都意味着既有社会力量的重组，而这种重组只会加强劳动阶级阵营的力量，并使劳动阶级的日常斗争成为指向未来社会替代方案的一部分。④ 马克思指出："决不能因为资本把每一个这样的界限都当作限制，因而在观念上超越它，所以就得出结论说，资本已在实际上克服了它……资本不可遏止地追求的普遍性，在资本本身的性质上遇到了限制，这些限制在资本发展到一定阶段时，会使人们认识到资本本身就是这种趋势的最大限制，因而驱使人们利用资本本身来消灭资本。"⑤ 从一个较长的历史时期来看，资本主义危机的意义就在于它会促使人们认识到制度本身的历史局

---

① 《马克思恩格斯全集》第25卷，人民出版社1974年版，第548页。
② 《马克思恩格斯全集》第4卷，人民出版社1958年版，第452页。
③ 转引自 Grossman H, *The Law of Accumulation and Breakdown of the Capitalist System* (1929), London: Pluto Press, 1992, chap. 1.
④ 格罗斯曼在其《积累规律与崩溃》结尾部分就指出："剩余价值率的降低，随后资本主义制度的加速崩溃就会发生……在客观基础上的必然的崩溃观念与阶级斗争当然是不矛盾的，这一点非常清楚。相反，除了它的客观必然性，崩溃可能在相当大的程度上受到进行斗争的阶级的活生生的力量的影响，并为积极的阶级干预留下空间。……工人阶级与日常需要相关的斗争必定与其对最终目的的斗争联系在一起。工人阶级斗争的最终目的不是以思辨的方式从外部引进一个工人运动理想，由于这种理想的实现脱离当前斗争，最终变得遥不可及。相反，资本主义崩溃规律已经显现在这里，这种最终目的是直接的日常斗争的一个结果，这些斗争能够加速它的实现。"参见 Rick Kuhn, *Henryk Grossmann and The Recovery of Marxism*, pp. 135 – 136.
⑤ 《马克思恩格斯全集》第30卷，人民出版社1995年版，第390—391页。

限。尽管在当前的全球化条件下，过剩资本和过剩生产能够随着资本主义的扩张而不断积累，但经济危机成为一种社会清理的方式，最终会将这种积累一扫而空。① 完全可以说，经济危机的每一次爆发，都将人们向前推进一下，在各种生产资料的社会占有方案之前投下赞成票。如果说，资本主义崩溃的主题曾经被斯威齐从危机理论讨论中驱逐出去的话，那也是暂时的，它终将随着资本主义的社会危机和政治危机而回归。可以肯定的是，资本主义经济危机会引导一系列社会变革，"不是基于人与人之间的关系，而是基于赤裸裸的自身利益、残酷无情的'现金支付'的市场体系的矛盾，也就是剥削和'无休止积累'的体系的矛盾，可能永远无法解决。在某个时候，在一系列的变革和结构改革中，这种基本上不稳定的体系的发展将导致一种再也不能被称为资本主义的情况"②。至于这种向后资本主义社会的转变，具体将采取什么形式以及它将在多大程度上体现马克思和恩格斯的共产主义的人文价值，无疑将取决于带来这种转变的政治行动。

结语 验证与"在场"

马克思关于资本主义经济危机的理论不是预言，而是一种对现实经济生活的揭示和对未来社会发展规律的洞察。1873年1月24日，马克思在为《资本论》第二版写的跋中指出，资本主义社会矛盾运动的特征，"是现代工业所经历的周期循环的变动，而这种变动的顶点就是普遍危机"；现在，"这个危机又要临头了，虽然它还处于预备阶段"③。仅仅几个月后，危机就在遥远的大洋彼岸率先爆发了。

无论是从理论史还是从经济史看，1873年的经济危机都具有特殊的意义。它不仅是马克思生前所经历的最后一次经济危机，也是第一次具有世界性意义的危机。"就其时间之长、规模之大的强烈程度来说"，却是资本主义有史以来所经历过的危机中"最大的一次"。1873年的经济危机具有不同于以往危机的性质，不仅危机的策源地从作为资本主义经济发源地的

---

① 《日刊：马克思准确指出当今资本主义弊端》，《新华国际》2012年3月14日。
② [英]斯图尔特·杰弗里斯：《为什么马克思主义再次兴起？》，新华网（http://news.xinhuanet.com/world/2012-07/09/c_123385491.htm），2012年7月9日。
③ [德]马克思：《资本论》第1卷，人民出版社1975年版，第24—25页。

英国转到美国（英国迟至5年后才进入危机阶段），而且信用危机成为危机的最初表现形式；不仅重工业取代轻工业成为遭受打击的主要部门和危机后率先恢复的基础，农业部门的危机也开始具有了世界性质。危机在冲击了美国、德国、英国、法国和奥匈帝国之外，还席卷了俄国、意大利、荷兰、瑞典、比利时以及日本、阿根廷、印度等非西方国家，从而使危机真正具有了国际性。世界市场的扩大与竞争级别的提高，一方面使得危机周期拉长；另一方面也改变了危机的运行模式，即从一国为主、别国受其影响，转变为多国次第发生、互相交错进行。

1879年4月10日，马克思在给丹尼尔逊的信中富有远见地指出："不论这次危机可能怎样发展……它总会象以前的各次一样地过去，并且会出现一个具有繁荣等等各个不同阶段的新的'工业周期'。"[①] 后来的事实证明，1873年的经济危机开启了一个新的资本主义发展阶段。自此以后，自由竞争的资本主义开始让位于资本垄断竞争的资本主义，这是资本主义生产关系范畴内的一次巨大变化。正如恩格斯所指出的那样："自从英国在世界市场上有了厉害的竞争对手，以前意义上的危机时期已经结束了。"[②]

1873年的经济危机并没有如某些学者所说的那样，让马克思的原有理论模式面临着挑战。相反，它使人们深化了对马克思关于经济危机理论的认识。如果说，1873年的经济危机展现出的新形态是第二次工业革命及与之相随的经济全球化新阶段的必然结果，那么，后者并没有超出资本主义本身发展的逻辑，也不可能摆脱马克思为资本主义未来所下的魔咒。从社会变革的意义上看，1873年的经济危机是否预示着马克思原本预想中无产阶级革命形态的前提条件的丧失？显然不是。相反，由于资本跨国寻求资源和空间市场的需要，资本主义各国间的战争更加残酷而激烈了。这实际上宣告了资本主义改良道路的末日。

对于马克思的继承者来说，危机理论将永远在马克思主义理论体系中占有重要的地位。因为"这一理论，在改良与革命之间，在社会民主党与社会主义之间划出了一条界线，前者寻求在资本主义框架范围之内的制度

---

① 《马克思恩格斯全集》第34卷，人民出版社1972年版，第346页。
② 《马克思恩格斯全集》第36卷，人民出版社1975年版，第418页。

改良，而后者则追求建立一个全然不同的新社会"①。在一个资本主导的世界中，马克思关于经济危机的理论是永远不会过时的。正如美国学者雷斯尼克指出的："马克思主义最好的'朋友'是资本主义。资本主义的基本矛盾——不断的商业循环和对工人的持续剥削——为马克思主义的产生提供了丰腴的土壤。……不管哪一种资本主义、哪一种经济理论，都没有提出解决阶级剥削和经济发展不均衡的有效方法。而马克思主义站在这两者的对立面上，提出了观察社会的新的方法。"② 恰恰由于这个原因，马克思关于未来社会的设想至今仍然成为引人注目的制度替代方案。

---

① Clarke Simon, *Marx's Theory of Crisis*, London: Macmillan, 1994, p.7.
② ［英］塞缪尔·布里坦：《提防华尔街错误的马克思主义时刻》，《金融时报》2011年8月31日。参见《经济危机让马克思主义复兴？》，《新华国际》2011年9月2日。

第四章

过渡与挑战:"帝国主义"笼罩下的危机和理论

1873—1893年的长期萧条结束后,以相对繁荣开始,至可以与1873年大萧条相匹敌的1929—1933年大萧条之前的这段19世纪末20世纪初的时期,构成本章的内容。在这段两次大萧条之间的历史时期,从19世纪60年代末70年代初以来出现的某些趋势仍然延续和日益明显,比如,以电力发动机的机器生产为特点的第二次工业革命、资本主义工业与金融组织的垄断性、帝国主义的海外殖民活动和对世界市场的争夺、国际霸权势力之间的此消彼长。不仅如此,由于趋势的强劲,还产生了从量到质的变化。但这一切与第二次世界大战后确立的相对稳定的新世界经济秩序相比,又具有一定的过渡性质,使该阶段某种程度上呈现出显著不稳定的特点。当时的马克思主义者们将该历史时期的本质特征概括为"帝国主义",我们暂且借用这一概念,并将该时期称作"早期的帝国主义阶段",用以强调其过渡的性质。

因此,对此阶段危机理论史的研究,我们将把重点放在对马克思主义危机理论的阐述上。这不仅是因为相比同时代的资产阶级理论,它对那一时代资本主义发展出现的重大转折性变化具有更敏锐和深刻的洞察力,并作出了更为透彻的分析,而且从中创造性地挖掘的一些问题对后来者产生了深远的影响,直至今日仍具强烈的现实意义。

一 世纪之交的生产与危机

(一)过渡时期的加速积累

从经济危机史的角度来看,将1893年左右作为我们所分析的历史阶段的分界点是有一定道理的。始于1873年的罕见的19世纪长期萧条在

1893年左右结束，之后开启的不仅是新的一轮经济周期，也是资本主义新的发展阶段，有自身独特的特点。如果引入下面的统计结果的话，那么两个时期的区别[①]更是不言而喻的。

从经济和工业增长指标来看，世界经济19世纪中期至1893年以前的增长幅度是低于1893年至第一次世界大战前的增长幅度的（见图4-1、表4-1），1893年之后世界经济发展有所加快，直到1914年才出现明显的下滑。表4-1显示，无论是英、法、德、美四个主要资本主义国家还是全世界，1890年之前的工业生产指数基本处于相对平稳的上升状态；1890年后，尤其是1900—1913年，工业生产出现了巨大的飞跃。例如，英国工业生产指数1890年与1870年相比，只上升了18%，从1890年到1900年就上升了17%，从1900年到1913年则上升了21%，而这在四个发达国家和全世界中，还属于整体增长幅度最低的。按每10年的平均水平来看，英、法、德、美以及全世界的工业生产指数从1860年至1890年的平均涨幅约为9.3%、10%、8.7%、10.3%、9.7%，1890年后至1913年每10年则分别上升了19%、22%、30%、30.5%、28.5%，后一段时期的涨幅远远高于前一段时期。

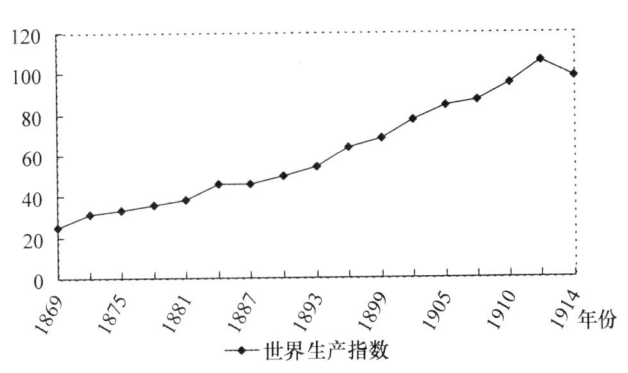

图4-1 1869—1914年的世界生产（1910—1914＝100）

注：本指数包括农业和工业生产的主要原料。

资料来源：根据［苏联］尤·瓦尔加主编《世界经济危机（1848—1955）——主要资本主义国家的危机历史比较资料》（戴有振等译，世界知识出版社1958年版）第426、427、428页绘制。

[①] 在经济危机研究上卓有建树的马克思主义理论家曼德尔主张，用世界工业产量和世界贸易平均增长率来作为衡量和区分经济长周期的关键指标。

表 4-1　　　　　　　　工业生产的发展 （1913 = 100）

年份	英国	法国	德国	美国	全世界
1860—	34	26	14	8	14
1870—	44	34	18	11	19
1880—	53	43	25	17	26
1890—	62	56	40	39	43
1900—	79	66	65	54	60
1913—	100	100	100	100	100

资料来源：[苏联] 尤·瓦尔加主编：《世界经济危机（1848—1955）——主要资本主义国家的危机历史比较资料》，戴有振等译，世界知识出版社1958年版，第32页。

从世界贸易平均水平来看，如图 4-2 所示，在进口、出口和商品流通总额的增长上，1893 年都是一个拐点。1893 年之前的 19 世纪 80 年代至 90 年代初，世界贸易并没有太明显的增长，1881 年的世界贸易总额为 129 亿美元，到 1893 年的 12 年间提高了 11 亿美元，1893 年之后则有了显著的变化，总贸易额在短短 5 年间就从 1893 年的 140 亿美元提高到 1898 年的 166 亿美元，增加了 26 亿美元，到 1905 年的 12 年间则增加了 90 亿美元，增长量为 1893 年之前同期的 8 倍多，到 1913 年已提高了 221 亿美元。

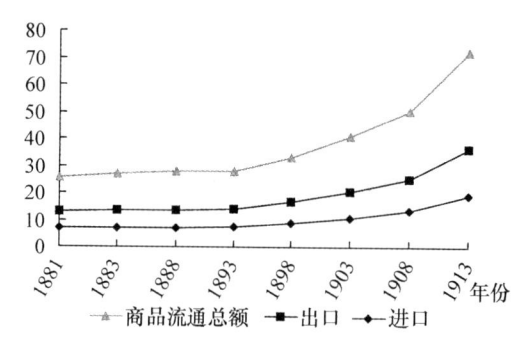

图 4-2　世界贸易（1881—1913 年，33 个国家）（10 亿美元）

资料来源：根据 [苏联] 尤·瓦尔加主编《世界经济危机（1848—1955）——主要资本主义国家的危机历史比较资料》（戴有振等译，世界知识出版社1958年版）第430页绘制。

战前最后一次危机爆发于 1913 年，紧接着，1914 年的第一次世界大战仿佛彻底终止了 1893 年以来的繁荣，某种程度上类似于维尔纳·桑巴特所说的，"高级资本主义的进程突然中断了"。之后，伴随着剧烈紧张的战争冲突和重建，世界经济进入了一个相对缓慢发展的时期，其间有

1920—1921年短暂的非周期性危机,直到1929年揭开序幕的世界性大危机才结束了这种半死不活的状态。

长期萧条结束后直至第一次世界大战前是一个主要资本主义各国加速积累的时期,这首先反映在工业投资,尤其是生产资料生产部门(部类Ⅰ)的发展上。例如这一时期发展速度最快的美国,1879—1919年,工业投资从48亿美元迅速增加到460亿美元(以1929年固定购买力的美元价格表示),几乎增加了9倍。根据1900年的普查报告,投入工业的资本在10年内就增加了50%。① 而对于另一新兴工业化国家德国来说,工业投资对于国民经济的增长起到了至关重要的作用。1873年,只有1/3的国民财富来自工业及手工艺与采矿生产活动,到1913年时,这些部门所生产的产品价值几乎占到了全部国民生产总值的1/2。② 其中,作为当时支撑工业力量增长的基础,钢铁工业的发展又具有最重要的意义。1894年之后,西方国家的钢铁产量都出现了较为明显的增长。从1890年到1913年,欧洲主要国家每4年的钢产量平均增长了72.6%,其中增长速度最快的为比利时、俄国和德国(见表4-2)。美国的钢产量1870年时还不足10万吨,1880年就上升到120万吨,1900年和1915年时已分别达致1000万吨和3200万吨,增

表4-2　　　　　　一些欧洲国家钢的产量,年度平均数字　　　　单位:百万公吨

	奥地利匈牙利	法国	德国	意大利	俄国	瑞典	联合王国	比利时
1890—1894年	0.55	0.77	2.89	0.22	0.54	0.39	3.19	0.28
1895—1899年	0.96	1.26	5.08	0.24	1.32	0.45	4.33	0.61
1900—1904年	1.16	1.70	7.71	0.32	2.35	0.49	5.04	0.79
1905—1909年	1.74	2.65	11.30	0.65	2.63	0.55	6.09	1.37
1910—1913年	2.45	4.09	16.24	0.98	4.20	0.62	6.93	2.28

资料来源:[意]卡洛·M. 奇波拉主编:《欧洲经济史》第四卷下册,吴继金、芮菀如译,商务印书馆1991年版,第329页。

---

① [美]吉尔伯特·C. 菲特、吉姆·E. 里斯:《美国经济史》,司徒淳、朱秉铸译,辽宁人民出版社1981年版,第461页。
② [英]M. 波斯坦、D.C. 科尔曼、彼得·马赛厄斯主编:《剑桥欧洲经济史》第七卷(上),王春法主译,经济科学出版社2004年版,第709页。

长了99%;① 同样,生铁产量1860年还不足100万吨,但到1915年超过了3300万吨,1899年时就已约占全世界生铁总产量的1/3。②

其次,工业投资的增加大幅度促进了对固定资本的投资和大规模更新。对固定资本的投资主要集中在工厂设备、运输设备、机械、农业建筑物和城市住宅上。用"资本形成"(Capital Formation),即一国国内每年增加的可再次用于生产的固定资产存量总数这一指标来衡量固定资本的增长,可以看出,19世纪90年代以后,几大资本主义国家的资本形成占国内总产值比例基本都比90年代之前增加了至少两个百分点以上(表4-3)。在美国,资本形成在90年代后的加速表现得尤为明显(表4-4)。

表4-3　　　　　欧洲主要国家资本形成比例　　　　　单位:%

	国内固定资本形成净额作为国内产品净额或国家产品净额的百分比	国家储蓄净额作为国内产品净额或国家产品净额的百分比
德国		
1871—1890 年	11.4	13.8
1891—1913 年	15.0	16.1
意大利		
1881—1890 年	5.0	5.0
1901—1910 年	9.9	11.5
联合王国		
1880—1899 年	6.9	11.0
1900—1914 年	7.5	13.2
法国		
1885—1894 年	19.3	
1895—1904 年	21.3	
1905—1913 年	21	

注:法国的统计结果较为特殊,是因为计算单位不一致,为笔者根据该国资本形成总值(时价)除以当年国民总产值(时价)得到。

资料来源:[意]卡洛·M.奇波拉主编:《欧洲经济史》第四卷下册,吴继金、芮苑如译,商务印书馆1991年版,第362页。

---

① [美] H. N. 沙伊贝、H. G. 瓦特、H. U. 福克纳:《近百年美国经济史》,彭建松等译,中国社会科学出版社1983年版,第107页。
② [美] 吉尔伯特·C. 菲特、吉姆·E. 里斯:《美国经济史》,司徒淳、朱秉铸译,辽宁人民出版社1981年版,第450页。

表4-4　　　　　　　美国按人口平均计算的资本总值
　　　　　　　　　　（以1929年的美元不变价格计算）

1869年	1120美元
1889年	1860美元
1899年	3250美元

资料来源：［美］西蒙·库兹涅茨：《美国经济中的资本：它的形成和资金筹措》，转引自［美］H. N. 沙伊贝、H. G. 瓦特、H. U. 福克纳：《近百年美国经济史》，彭建松等译，中国社会科学出版社1983年版，第38页。

不仅如此，与新技术发明更紧密联系在一起的资本主义加速积累还使部类Ⅰ出现了根本性的转变。电机和内燃机代替了蒸汽发动机，并在19世纪末开始商业化，不仅大大提高了生产的效率，也大大提高了部类Ⅰ中生产固定资本的分支部门的资本有机构成。与此同时在流动资本生产分支部门所导致的原料生产方面的重大变化是，煤炭（一次能源）在基础资源中所占的主导地位开始松动，电力和石油产品（二次能源）的重要性进一步提升。部类Ⅰ内部的这一变化引起了两个极其重要的后果，进而在此基础上形成了"帝国主义时代早期阶段"基本经济结构的两个特点。

首先，整个部类Ⅰ（不光是固定资本生产，还有流动资本生产）资本有机构成的大幅度提高，以及投资的快速增长，形成了该部门的生产过剩和资本过剩。19世纪的最后10年，几乎所有最重要的产业分支部门，包括制造业、采矿业、交通运输和公共事业，都已经全面机械化了。一旦如此，就意味着部类Ⅰ的生产能力无法再被充分利用。这就不难理解，为何到了19世纪晚期，资本输出取代原先的工业消费品输出成了各资本主义主要国家对外扩张的主要动力。[①] 的确，资本输出构成了该阶段帝国主义国家对内抵制利润率下降，对外加强经济剥削和转嫁危机的最有力手段，主要集中在对落后国家的基础设施（例如铁路、港口）和军事技术装备投资上。在世纪之交，西方国家对铁路的投资已经普遍蔓延到了亚非拉大多数国家，36个国家的铁路总长度从1870年的19.1万公里上升到1913年的约100万公里。相反，西方国家自身的对内铁路投资所占总投资比重却在下降。总而言之，西方主要国家该时期的资本输出处于大幅度增长中。

---

① ［比利时］曼德尔：《晚期资本主义》，马清文译，黑龙江人民出版社1983年版，第215页。

根据经济学家麦迪森的统计,到 1914 年,英国的海外资产相当于其 GDP 的一倍半,法国的海外资产则比其 GDP 还多约 15%,德国约为 40%,美国约为 10%。①

不仅如此,还应看到,对第二次工业革命成果的充分利用,也导致产业结构出现了重大变化,电力工业和化学工业逐渐成为西方国家发展最迅猛的领域。电的广泛应用,与化工结合的电化学和电冶金的出现,也使新产品的生产成为可能,从而引起的最重要后果是:其一,在消费资料(部类Ⅱ)内,耐用消费品分支部门逐渐形成,汽车、家用电器(收音机、电话、吸尘器等)都在这一时期被发明出来,并开始投入市场,尤其是在新兴资本主义国家美国和德国。耐用消费品的出现一方面无疑提升了人们的平均生活质量;另一方面,它同样导致资本有机构成的提高,并加速过度积累和生产过剩。其二,新的技术和批量生产的要求也提高了资本准入的门槛,使得应用电力技术和化学发明的生产领域对巨额资本的需求增加。股份公司在这一时期成为普遍形式是这种需求的自然而然的结果,竞争也越来越趋向于垄断。

尽管垄断在 19 世纪六七十年代就已出现,但自 1893 年长期萧条结束后,在 19 世纪末 20 世纪初的新一轮经济高涨和几次危机的推动下,垄断才对整个世界发达经济体结构具有决定性的意义。恰如列宁曾经指出的,只有在这个时候,卡特尔不再是一种"暂时的现象",而是"全部经济生活的基础之一";只有在这个时候,"资本主义转化为帝国主义"②。

垄断最直接地反映在产业组织结构(产业组织结构和企业组织结构不一样。为了将意思表达更清楚,改为企业股权结构)上。例如,英国作为当时自由资本主义的典型,比起一些新兴资本主义国家,古典的私人独资企业所占比例还是相对偏高的,但即便如此,垄断在英国的加强仍然不可避免。据史料记载,英国"到第一次世界大战时为止,在国内的——钢铁、造船、工程、纺织、化工、酿造和食品等——许多行业中商业公司的政策由掌握着少数有选举权股票的股份持有者所控制。所有权和控制权的分离部分发生了。发生这种变革的公司的比例可能不高,但可以肯定的

---

① [英]麦迪森:《世界经济二百年回顾》,李德伟、盖建玲译,改革出版社 1997 年版,第 34 页。

② 《列宁选集》第 2 卷,人民出版社 1995 年版,第 651 页。

是，这种变化影响到了每一行业中的若干大企业。"① 毫无疑问，美国和德国作为后起的资本主义大国，资本垄断的趋势和程度比其他国家都更为明显。在美国，企业的合并浪潮集中于1898—1902年，它的劲头如此之大，足以构成制造业结构方面的一种基本变革。"在巨大的合并浪潮达到极点之前的1901年，集中率50%或更高的行业占全部制造业增加价值的近三分之一。1901年一些行业的集中率指数分别高达78.8%（钢铁行业）、71%（纸张及其产品）和57.3%（运输设备）。于是，到1901年，结构变化的纯量度程度已经雄辩地证明了经济生活中质变的深度。"② 不仅在制造业方面，企业的联合和集中同样发生于金融领域。金融资本占据了主导地位是垄断形成中最具关键意义的事情。早在19世纪80年代，一些金融公司、保险公司和投资银行就已居于支配地位，而它们所拥有的资产数目是连60年代最大的制造业企业都望尘莫及的，更何况是巨型制造业企业与金融机构的联合，在短短10年就控制了数十亿美元的资产。从表4-5来看，美国的垄断组织大托拉斯的数目直到19世纪90年代头几年还未超过10个，到了90年代后期和20世纪初，这一数目已迅猛增长了6—8倍。

表4-5　　　　　　　　1891—1903年大托拉斯组成数

成立年份												
1891	1892	1893	1894	1895	1896	1897	1898	1899	1900	1901	1902	1903
工业托拉斯												
4	7	7	3	6	5	5	12	73	27	43	63	17
公用事业托拉斯												
0	1	2	0	2	5	2	0	15	6	28	25	8
合计												
4	8	9	3	8	10	7	12	88	33	71	88	25

资料来源：[美] 吉尔伯特·C. 菲特、吉姆·E. 里斯：《美国经济史》，司徒淳、朱秉铸译，辽宁人民出版社1981年版，第474页。

在资本的集中和垄断加强过程中，固然伴随着资本有机构成提高蕴藏

---

① [英] M. 波斯坦、D. C. 科尔曼、彼得·马赛厄斯主编：《剑桥欧洲经济史》第七卷（上），王春法主译，经济科学出版社2004年版，第260页。
② [美] H. N. 沙伊贝、H. G. 瓦特、H. U. 福克纳：《近百年美国经济史》，彭建松等译，中国社会科学出版社1983年版，第119—121页。

着的危机趋势，但大型垄断组织对世界市场的协议式瓜分、内部的生产计划和危机来临时的节制生产，某种程度上又形成了一种错觉：仿佛垄断组织可以按计划进行生产。这也在经济思想界造成了一种迷信，认为垄断组织（如卡特尔、托拉斯）能够减少甚至最终消灭经济危机，这种迷信是当时某些资产阶级和小资产阶级改良派所极力宣扬和鼓吹的。与此相反的是另一种资产阶级观点：对垄断的必然趋势视而不见或极力抹杀其存在，继续宣扬自由竞争的神话。

（二）世界经济体系的过渡

除了加速积累，世界经济体系在世纪之交的过渡性同样表现明显，比如工业化（由于帝国主义性质的投资）正从少数资本主义国家向全世界扩散，而这不过在继续推动一个之前已经开始但还远未结束的全球资本主义化进程；由于资本主义与殖民主义双重体系的存在，帝国主义国家的财富积累虽然日渐依赖于资本利润，但旧专制时代直接的暴力掠夺仍然是其重要来源之一；股份公司取代私人独资企业成为经济生活的基础，但它作为垄断资本主义的典型代表对世界经济的影响还未充分体现出来。其中，三个方面的过渡性变化对世界经济今后的发展是具有更深远的影响的。

从生产力方面看，在这一时期，首要基础能源由煤开始逐渐向石油转变。如表4-6所示，新能源的发展主要是在1900年以后，其中，石油生产量的增长最为明显，发展速度也远远超过煤，二者间的差距在不断缩小，但直至20世纪中期，煤依然占据着主导地位。

表4-6　　　　　　　　　　全世界所生产的能源

年份	煤	石油	天然气	水力	总计
1860	136	2	—	—	138
1889	310	6	3	—	319
1900	735	28	10	5	778
1920	1250	140	20	21	1431

注：以百万吨煤计，其他能源以等价于百万吨煤的值计。
资料来源：［法］米歇尔·波德：《资本主义的历史——从1500年至2010年》，郑方磊、任轶译，上海辞书出版社2011年版，第174页。

与基础能源结构的变化相对应，资本主义国家的主导产业也发生了根本性的变化。如同以煤炭为燃料的蒸汽机的发明使铁路、钢铁等19世纪中期开始成为主导产业一样，汽油发动机和柴油发动机的出现（1893—1897年），为一系列新兴产业部门如现代汽车制造业、航空工业的产生和发展奠定了基础。表4-7显示，第二次科技革命以来，无论是在英国、法国这样的老牌资本主义国家，还是从19世纪70年代开始崛起的美国、德国，以及之后的日本，主导产业的发展都出现了某些较为类似的趋势。钢铁工业发展的巅峰在五国基本集中于19世纪70年代，但是直到1929年大危机之时还都是美国和英国的主导产业之一，而在另外三国，这一地位则保持到第二次世界大战后。20世纪初则是电力工业和汽车工业高速发展的时期，也是电力普遍取代钢铁成为新兴主导产业时期。作为重要的化工原料，

表4-7　　　　五个资本主义国家第二代领先工业发展年代

	钢	电	汽车	硫酸
英国				
（a）	1870—1879年	1900—1910年	1900—1910年	1870—1879年
（b）	1870—1929年	1900—1959年	1920—1969年	（c）
美国				
（a）	1870—1879年	1880—1889年	1900—1910年	1870—1879年
（b）	1870—1929年	1900—1959年	1910—1959年	（c）
德国				
（a）	1870—1879年	1900—1910年	1900—1910年	1870—1879年
（b）	1870—1959年	1900—1969年	1920—1979年	（c）
法国				
（a）	1870—1879年	1920—1929年	1900—1910年	1945—1950年
（b）	1870—1959年	1900—1969年	1920—1979年	（c）
日本				
（a）	1900—1910年	1920—1929年	1930—1939年	1930—1939年
（b）	1900—1969年	1920—1959年	1930—1979年	（c）

注：（a）明显的最高发展率时期；（b）该部门被看作民族工业的主导的时期；（c）该部门不十分重要的时期。

资料来源：［法］米歇尔·波德：《资本主义的历史——从1500年至2010年》，郑方磊、任秩译，上海辞书出版社2011年版，第175页。

硫酸工业在这些国家成为主导产业的时间次序则是与新科技革命在世界范围的扩散次序相对应的，到 20 世纪 30 年代为止，化工在主要发达国家都确立了其主导地位。作为 20 世纪最令人瞩目的现代产业，汽车工业在这些国家的发展则呈现出了极大的不平衡性。例如，英国和美国在 20 世纪初就已将汽车作为主导产业，德国作为汽车的发源地，汽车产业起步最早，但其在国民经济中的地位却远远赶不上英国和美国，日本的汽车工业起步最晚，直到第二次世界大战后初期才加快了发展速度，但无论是德国、法国还是日本，战后初期本国汽车产业的最重要时期都还未到来。如前所述，与此相联系，以电气化、新能源、新材料为基础的耐用消费品生产部门在 19 世纪末 20 世纪初已经形成，大批量生产已经出现，但它们的真正普及却是在第二次世界大战后，消费社会的基础在此只是局部形成。总而言之，"帝国主义早期阶段"的工业生产还处于某种结构升级期中：新兴产业已经崛起，它们已经描绘出了战后经济的轮廓，但前一轮工业革命所确立的主导产业又没有完全被取代。

从生产关系和劳动组织方面看（生产关系包括劳动组织方式和所有制形式两个方面），该时期各种组织作业方法层出不穷，并牵涉到了工资制度、管理制度等各个方面，这是对世纪之交日渐壮大的工人运动的一种回应，反映了资本主义企业劳动支配结构变革上的探索。计件工资制在 19 世纪末基本失效了，出现了各种新的工资和奖金制，如拉勒芒工资率 1912 年在法国成为制度；累进工资率在 20 世纪初扩展到了一些汽车制造厂；1889 年就有专门的协会来研究"工人入股，参与利润分成"的主张了，到了 1911 年，工人持股制已在各国公司（法国 11 家、英国 77 家、德国 46 家、美国 43 家）中得到推行。生产过程的重大变革首先体现在福特汽车公司 1908 年对 T 型车的大批量生产上，到了 1914 年，移动流水线正式实行。对现代生产管理产生重大影响的泰勒制科学管理法也在同一时期提出，并逐渐得到推广，与福特生产制形成了相互的补充。但此时无论是福特制还是泰勒制，其实施范围还是相对有限的，并到处遭到工人阶级的抵制和反抗，被确立为资本主义新历史阶段的生产方式是在第二次世界大战后。这一时期劳资关系上的各种探索性做法也同样到战后才成熟，并被资本主义各国制度化。

霸权体系结构上，主要资本主义国家经济不平衡发展进一步加剧。从表 4-8 中我们可以清楚地看到，实力对比的明显变化发生在英、美、德这三国之间。美国占世界工业生产的份额在 19 世纪 80 年代就超过了当时的世界霸主英国,长期萧条结束后(英国是在1896年以后),二者间的工业实力差距不断扩大,到了战前的1913年,美国的工业生产份额已是英国的两倍多。进入20世纪之后的最大改变是德国的工业产值首次超过了英国,但直到第一次世界大战前二者差距又不是很大,因而世界市场上的竞争在英、德之间表现得尤为激烈。同时,英国依然占据着世界最多的殖民地,拥有最大的势力范围,德国若想拓宽其经济空间,必然要依据经济实力的变化图谋重新分割势力范围,这对英国的霸权地位提出了挑战,并引发了新的为争夺殖民地而实施的军备竞赛。综上所述,在该时期,英国霸权事实上正处于瓦解的过程中。英德矛盾、世界市场的混乱无序、两次世界大战、德国的战败这一切则表明,新的霸权力量并未完全确立,霸权体系直至第二次世界大战都处于不稳定的状态之中。从资本积累的长周期角度看,这也是一个由英国霸权积累体系向美国霸权积累体系过渡的时期。

表4-8　　　　主要工业化国家在世界工业生产中所占的份额　　　　单位:%

年份	英国	法国	德国	俄国	美国	日本	世界其他国家
1896—1900年	20	7	17	5	30	1	20
1906—1910年	15	6	16	5	35	1	22
1913年	14	6	16	6	38	1	19

资料来源:[法]米歇尔·波德:《资本主义的历史——从1500年至2010年》,郑方磊、任轶译,上海辞书出版社2011年版,第162页。

(三) 繁荣中的危机

从长期趋势来看,世界经济从1893年到第一次世界大战前的总体基调是"繁荣",但20年的长期繁荣并不是持续性的,而是包含着各国大大小小的经济危机。其中,称得上典型的世界性经济危机[①]分别发生在1900

---

① 所谓世界性的经济危机,根据苏联著名经济学家瓦尔加的定义,是指在一定的时候,具有决定性的几大资本主义国家同期发生的生产过剩的经济危机在时间上的符合(参见[苏联]尤·瓦尔加《现代资本主义和经济危机》,叶中林等译,生活·读书·新知三联书店1975年版)。由于资本主义不平衡发展的规律,各个资本主义国家危机开始和结束的具体时间从来不是一致的,因此,正文说危机开始于某年,只不过是引证了较为广泛和普遍的说法。

年、1907年、1913年①，周期长度平均7年左右，较之1847年以来平均10年一次的周期明显缩短。1890—1893年危机之后的最近一次危机出现在1895年，时间较为短暂，主要表现为由美国黄金储备大量外流引起银行黄金兑付危机的金融危机。但1890年危机后，美国黄金就一直处于流出状态，而早在1893年，纽约证券市场雪崩就已经引发了大规模的公众挤兑风潮，削弱了银行的清偿能力，经济下滑局面直到1895年也未有根本的好转。某种程度上，1895年危机也可以说不过是1890—1893年危机的延续，因此，也有一种说法，把1873年以来的长期萧条划分到1895年为止。

1893年之后的这几次危机就产业特征而言，大多与电气革命推动下的新兴产业和重工业（包括铁路、钢铁、煤炭、冶金、电机、汽车）有关，且与新兴资本主义国家（美国、德国、俄国）有着非常紧密的联系。与此同时，帝国主义时代的政治和经济属性，包括垄断、保护关税、殖民掠夺和争霸战争，也对资本主义国家整个再生产过程产生了很大的影响。

危机的成熟，不光由于工业投资的快速增长和固定资本的集中扩大而加速和提前，垄断组织对价格的抬高也起到了推波助澜的作用。1873年危机后，资本主义国家开始推行的保护关税政策成了维护垄断组织利益的强有力手段。垄断组织一方面在海外实行倾销，以便在世界市场的激烈争夺中赢得胜利，对内则采取涨价的做法，从中攫取了丰厚的超额利润。在伴随着经济周期的价格上下波动中，尤其是在危机萧条的条件下，金属原材料价格的涨幅是最大的，这很大程度上也是垄断组织操纵的结果。如表4-9所示，德国黑色冶金业在20世纪初不同的经济周期中，受垄断组织控制的产品与独立企业的产品在价格上的差距存在着明显的扩大趋势。危机爆发前后，独立企业的产品价格指数不断下降，垄断组织的产品价格指数则相反，持续增长。

---

① 1913年是否爆发过一场世界性危机，对此有不同的意见。一般的著作里基本没有提及1913年危机，就算提及也认为它很快被世界大战打断，甚至瓦尔加主编的世界经济危机史资料里也没有专门将1913年危机列入。也就是说，学术界主流并没有将1913年出现的情况视为一次世界经济危机。但门德尔逊极力主张，1913年确实存在世界性的危机，列宁在笔记里也提到过所谓的1914年危机（1913年开始），此外，我国著名经济学家吴大琨也认为，根据统计数据和文献资料，应该将1913年的行情作为世界经济危机来对待。经过比较分析，笔者采用了后一种意见。

表4-9　　　　　　　　　德国黑色冶金业产品价格指数表

	甲类（受垄断组织控制）	乙类（不受垄断组织控制）
1900年第一季度	100	100
1907年第一季度	102	79
1907年第二季度	114	76

资料来源：克莱因：《大型铁工业中的行情变动影响》，转引自［苏联］门德尔逊《经济危机和周期的理论与历史》第三卷，斯竹等译，生活·读书·新知三联书店1977年版，第65页。

不仅仅是工业原料和工业品，农产品方面同样如此。表4-10呈现了三个经济周期中美国农产品价格上涨，且涨幅越来越大的趋势。垄断组织虽然没有直接控制农业的生产，却对农产品的销售有很大的影响，它们通常按垄断低价收购农产品，然后以垄断高价出售给消费者，这不仅压低了农业生产者的利润空间，而且使劳动者收入中用于食品的那一部分开支增加，相应地减少了对工业品的需求，从而加剧工业品生产过剩。表4-11还反映了从1900年直至第一次世界大战前，主要资本主义国家人民群众的生活成本是在不断上升的，尤其是在危机爆发之时。与此同时，帝国主义的军备竞赛导致苛捐杂税负担加重，也使群众购买力进一步下降。据德国的数据统计，仅1909年一年，欧洲各国直接和间接的军费开支就高达180亿马克，摊到欧洲每个家庭上，则大约需要占家庭平均收入的15%。以上表明，19世纪末20世纪初相较于生产（尤其是生产资料）的新一轮高涨，市场扩大的步伐显然是远远落后的。垄断则加剧了这种供求关系的不平衡，并使价格不能随供求的变化而波动，从而破坏了危机中对过剩资本和商品进行清场的最重要机制。因此，生产过剩无法通过前次危机来有效缓解，下一次危机的提前爆发就在所难免。在这里，国民经济的军事化也与钢铁等（部类Ⅰ）产能过剩的长期积累有很重要的关系。此外，这一时期垄断组织的大规模涌现和巩固也推动了危机的到来，因为这一切都是通过大大小小的股份公司合并重组来完成的，在合并重组的每一个阶段垄断组织都发行新的股票，即对股份资本进行掺水，通过交易所投机，从中攫取创业利润，这无疑大大助长了投机风潮，最终引发金融恐慌。

表4-10　　　　　美国的粮食价格（1890—1899年=100）

	1890年	1900年	1907年
鲜牛肉	99.5	106.5	119.1
鲜猪肉	97.0	107.7	142.5
羊肉	95.8	109.7	157.3
蛋品	100.6	99.9	137.7
玉米面	100.0	97.4	131.6
马铃薯	109.3	93.5	120.6
面包	100.0	99.7	104.5
糖	118.6	104.9	99.6
总指数	102.4	101.1	120.6

资料来源：卡尔维尔：《1907年会计年度年报》，转引自［苏联］门德尔逊《经济危机和周期的理论与历史》第三卷，斯竹等译，生活·读书·新知三联书店1977年版，第68页。

表4-11　　　主要资本主义国家生活费指数（1900年=100）

	1901年	1902年	1903年	1904年	1906年	1907年	1908年	1909年	1910年
英国	93	100	101	101	101	104	105	105	106
德国	101	102	102	103	113	114	114	117	120
美国	102	105	109	108	112	119	114	114	121
法国	—	—	—	—	93	98	100	99	103

资料来源：［苏联］门德尔逊：《经济危机和周期的理论与历史》第三卷，斯竹等译，生活·读书·新知三联书店1977年版，第12、186页。

这一时期的危机不仅可以反映生产方面的上述变化，也反映出了世界体系结构上的深层变化，如资本主义各国实力的此消彼长。这一点，明显地体现在1900年、1907年和1913年的危机之中。

1900年危机的导火索是1899年俄国爆发的金融危机，事实上，危机之所以演变成世界性的，也跟西方各国19世纪末对俄国的大力投资和开发有很大关系，正是对外国资本的吸收和对机器设备的进口推动了俄国资本主义的加速发展和成熟。1900年，外资在俄国全部股份资本中所占比例已由1890年的约25%上升到40%以上，主要来自法国、比利时、德国、英国等欧洲国家，它们大规模投资于矿产资源、铁路等。俄国的各类重工业部门，包括石油、生铁和钢的生产在 19 世纪 90 年代都出现了大跃进式的增长，铁路线长度位居世界第二。从大约 1893 年开始，俄国出现了历史上最引人注目的经济高涨，随之而来的是外资持续大量涌入、滥设企业、投机狂热，直到 1899 年 9 月，彼得堡发生严重的交易所危机，继而工业生产出现大幅度下滑，铁路建设和建筑削减，钢铁进口也猛烈下降。受俄国经济危机影响最大的是作为主要投资者和出口国的法国、德国、比利时，英国随后跟进。危机在美国虽然爆发的稍晚，程度却最为严重。受欧洲危机影响，美国生产的下降最早出现在 1900 年，但直到 1903 年，美国周期性高涨的余劲才过去，陷入生产过剩的全面危机，而同一年，早先出现危机的许多国家却已逐渐进入复苏，这一点也反映了世界经济周期中各国发展的不平衡。1903—1904 年，美国钢铁生产削减了 51%，铁路机车生产减少了 33.2%，失业率高达 10.1%。[①] 日本在 1900 年也首次爆发了经济危机，这表明，日本资本主义自明治维新以来处于壮大过程中，具备了危机成熟的条件，介入世界市场竞争的程度也日益加深。为了摆脱经济危机，美国和德国这两个垄断组织最为强大和发达的国家在海外经济扩张上表现得最为积极，它们大力对外倾销，相互缔结瓜分世界市场的协议，不断蚕食英国在世界市场上所占的份额。特别是德国，通过出口增长和限制进口，工业复苏的时间比其他国家都早。相反，由于受德国贸易扩张之害，英国的危机被拖长，虽然比美国早 3 年爆发，复苏却晚于美国。

1907 年的世界经济危机以美国 3 月股票市场崩溃开始，不过之前世界市场就已出现了危机的种种征兆。美国之所以成为这次危机的发源地，不仅与它作为危机前周期性高涨的主要拉动者，生产过剩最为严重有关，而且还由于它是 20 世纪初全球投机活动的中心。[②] 1903—1907 年的高涨阶段，固定资本的扩大仍然以重工业为主，但电力、机电和汽车是新的重要投资领域。如前所述，作为新一轮产业发展的引领者，美国和德国的相关投资最为迅猛，创业投机也最为猖獗，来自英国和法国的短期贷款则成了投机活动的主要资助者。资金的大规模投入支撑了生产能力，尤其是重工业建设的扩张，由此引起了新一轮经济高涨。大部分新建的生产能力于

---

① 陈宝森、郑伟民等：《美国经济周期研究》，商务印书馆 1993 年版，第 140 页。
② 参见［苏联］门德尔逊《经济危机和周期的理论与历史》，斯竹等译，生活·读书·新知三联书店 1977 年版，第 77 页。

1906—1907年建成投产，并带动了原材料价格的飞涨，直至抵达周期的拐点。股市暴跌两个月后，美国经济就步入了衰退。10月，两名华尔街投机商做空联合铜业公司股票的投机活动失败，引发了对信托机构的更大挤兑风潮，来自国内和海外的资金开始撤回，这又引起连锁反应，波及其他银行和信托机构。危机随后蔓延到了世界各地，从日本到埃及、从亚洲到美洲、从宗主国到殖民地和第三世界国家，普遍被卷入其中。1907—1908年，美国312家信托机构、31家铁路公司破产，多数银行停止了现金支付，大批新兴产业的工商企业和铁路公司倒闭。以月度数字计算，钢、生铁、机车、货车厢产量分别下降60%、38%、69%和75%，生产下降的程度超过以往任何一次危机。① 英国和德国都是最早受到美国金融危机冲击的国家，柏林和伦敦的股市危机在3月份就与美国股市同期爆发，其危机深度也仅次于美国。1907年，英国的工业生产实物指数下降了6%，而1900年危机时只下降了2%，生铁产量、钢产量、造船业分别下降了11%、19%、48%，黑色金属消费量下降了20%。对于德国来说，这次危机同样是历史上最为严重的，工业实物产量指数下降了6%—7%，与之相比，1900年时只下降了不到1%；危机时间也拖得很长，直到1912年经济才重新高涨。此外，法国工业生产也下降了6.5%，丝纺出口遭受重大打击，人民生活水平恶化，罢工风潮席卷全国。在这场危机中，由J.P.摩根领导的私人银行家首次接手了美国反危机的主导工作，这一特殊行动也最终促成了中央银行美联储的建立。但是经济衰退仍然在持续，直到1909年，美国和欧洲国家的经济才开始陆陆续续复苏。

1907年危机结束后的经济繁荣非常短暂，只持续了不到三四年时间，1913年危机再次初露端倪。这次危机并没有以以往危机的常规方式爆发和充分展开，但这并不妨碍将它作为一次世界经济危机来对待。由于国际政治形势等特殊因素影响了1912—1913年初交易所的繁荣，从而使交易所危机爆发时表现得不那么剧烈和明显，也掩盖了它作为生产过剩危机来临的先兆，但是，英国、法国、德国等西欧国家和美国1913年初交易所营业额的缩减、有价证券价格的下跌和超过前两次危机的商业破产登记数量，仍然清楚地表明存在着货币危机。与此同时，在疯狂的军备竞赛条件下，世界范围内有色金属价格、煤炭价格、航运费仍然普遍下跌，也反映

---

① 宋则行、樊亢主编：《世界经济史》上卷，经济科学出版社1994年版，第476页。

了重工业生产过剩的增长和基础建设的萎缩。战前阶段,从1913年1月至1914年5月,美国全部工业实物总产量下降了14%,在半年内煤炭开采量下降了50%,8个月期间生铁产量和钢产量下降了33%,作为新兴消费品的汽车产量到1914年7月下降了56%,建筑业和棉花消费量同样呈萎缩状态,无论是重工业品还是轻工业品的价格都出现了下跌,出口和进口总额也下滑,这说明,美国一切主要部门中,确实存在着生产过剩的危机,而不仅仅是危机的征兆。德国和英国的危机开始得稍晚,在1903年下半年相继爆发,但两国的重要产业黑色冶金业和煤炭工业年初就出现了价格和销售额的明显下跌,最终陷入了普遍萧条。危机随后同样席卷了两国的其他一切主要工业部门。包括法国、奥地利、俄国、意大利、荷兰、瑞典在内的欧洲国家,以及日本、印度、中国、加拿大、澳大利亚、巴西等亚洲和美洲国家,也都陷入了危机,只不过程度没有前面三国那么严重,表现也没那么明显,但毫无疑问,1913年,危机就具有了世界性。到1914年第一次世界大战前,危机还进一步蔓延到1913年未波及的一些国家,不过还没有一个主要资本主义国家抵达危机的最低点。① 危机的进一步尖锐化伴随着战争的爆发和进程,生产周期自身的矛盾与战争激化的矛盾交织在一起,也正是这一点影响了人们对危机的判断,仿佛由于战争开始,危机刚刚展开就遂告结束。

(四)突如其来的转折:第一次世界大战及其经济影响

在经历1893年以来20年左右的经济繁荣之后,第一次世界大战爆发似乎是出人意料的,尽管之前1913年危机成熟时已进行了几次小规模的战争。有不少作者极力证明,第一次世界大战的爆发与战前资本主义经济形势,包括最近几次危机密切相关,例如,战争可以看作是转移矛盾、解决危机的自然而然的结果。它强制性破坏掉多余的生产力,制造出新的大规模需求,使资本主义生产重新步入稳定的轨道,况且1913年危机之前的经济高涨很大程度上的确是由军备竞赛拉动的,正是由此克服了1907年的危机,但仍然没有特别有力的证据表明,危机与世界大战之间就一定存在直接联系。第一次世界大战的爆发有非常复杂的原因,不能仅仅从经济还原论的角

---

① [苏联]门德尔逊:《经济危机和周期的理论与历史》,斯竹等译,生活·读书·新知三联书店1977年版,第92页。

度来剖析这一问题。举个例子，恩格斯是较早同时对19世纪末的危机形式和趋向以及世界大战作出预测的人。早在19世纪80年代，他就既指出了周期性危机向大萧条的转变，又指出了欧洲分裂成两大军事阵营并进行战争的可能，但他对战争爆发前景的判定并未重点指向任何经济上的严重问题（包括危机），而是更多地将之归结为欧洲大国长期的帝国式占领和争霸所积累起来的矛盾。这也从一个侧面反映出，即便世界大战的根源包含深刻的资本主义经济危机因素，也不能由此过高估计后者的作用。

利用战争来解决危机或许只是一种主观意愿，战争一旦发动，它就不顾任何人为因素毫不留情地依照自己的规律来运行。首先，战争最初并未能够表现为阻缓危机的有效手段；相反，它对参战国经济的影响首先相当于一次严重的危机。战争引起了绝大多数欧洲国家GDP下降。如表4-12所示，从世界主要地区战争前后直至1929年大危机十多年的经济发展情况来看，战争爆发后，除了基本未卷入战火的亚洲GDP呈增长趋势外，受战争波及较多的地区的GDP都有明显的下降。从1913年到战争开始后两三年，西欧GDP总额一直占全球第一位，但相比世界其他地区，其同一时期下降则更为迅速，直到1924年才恢复到1913年的GDP水平。西欧参战国中，比利时、法国和奥地利的生活标准受到的损害最大。在十年内，整个西欧人均产值明显低于战前水平。战争造成了资源的巨大浪费，大部分原来可用于投资和消费的资源，都改用于战争目的。

表4-12　　　　1913—1929年世界主要地区年度增长实绩
（以1990年10亿美元为单位的地区GDP总和）

	西欧	西方衍生国	南欧	东欧	拉美	亚洲	非洲
1913年	732.3	583.4	83.8	365.8	94.2	657.7	36.9
1914年	696.6	539.9			89.0	667.9	
1915年	714.4	553.5			89.8	684.0	
1916年	742.6	626.2			92.5	710.9	
1917年	717.1	614.1			92.9	730.3	
1918年	687.8	661.0			96.9	698.6	
1919年	654.2	663.9			97.8	742.9	
1920年	667.5	660.4			104.5	718.3	

续表

	西欧	西方衍生国	南欧	东欧	拉美	亚洲	非洲
1921年	659.5	645.7			104.1	752.0	
1922年	718.3	682.0			110.6	762.1	
1923年	720.1	765.8			121.7	764.1	
1924年	774.8	790.1			126.2	779.5	
1925年	813.8	812.0			128.8	791.9	
1926年	813.1	860.9			135.5	807.8	
1927年	857.6	872.5			141.7	818.9	
1928年	892.9	885.6			153.1	841.9	
1929年	922.3	934.2	116.2	403.4	158.3	858.3	57.5

注：西方衍生国指美国、加拿大、澳大利亚、新西兰。

资料来源：[英]麦迪森：《世界经济二百年回顾》，改革出版社1997年版，第38页。

其次，战争发挥的阻缓危机、修复生产的作用，或许只对某些特殊国家有效，这主要指的是美国、日本。

西方衍生国的经济同样遭受了战争的重大打击，作为一个整体，战争之初其GDP也出现了迅速下降，但很快便得以回升，直至1929年大危机之前一直保持着强劲的增长势头，表明战争对西方衍生国的经济是有一定刺激作用的。其中，美国在世界经济中地位的改变尤为引人瞩目。1913年危机使美国出现严重的经济衰退，直至战争爆发，这一现象仍未有明显的改观。但随着战争进程的推进，远离战争中心的美国便成为欧洲各国进口战备物资的重要来源地，使得美国对欧洲出口（特别是对英国、法国）货物激增，这推动了美国的经济衰退在1915年到达顶点后的短短几个月内就转为繁荣。表4-13显示，从1916年起，美国的各项重要经济指标便出现较强的增长势头。从1913—1916年，按1958年价格计算的国民生产总值增长了2%左右，工业生产指数上升了约30%。从1914—1918年，当欧洲各国经济遭受战争的重大灾难时，美国却出现了1918年参战前的繁荣，物价普遍上涨，联邦政府开支急剧扩大。

表 4-13　　美国 1913—1919 年期间重要的经济指标

指标	1913 年	1914 年	1915 年	1916 年	1917 年	1918 年	1919 年
国民生产总值（10 亿美元，1958 年美元）	131.4	125.6	124.5	134.3	135.2	151.8	146.4
按人口平均的国民生产总值（1958 年美元）	1351	1267	1238	1317	1309	1471	1401
工业生产指数（1899=100）	198	186	218	259	257	254	222
就业人数（百万人）	38.5	37.6	37.7	40.1	42.7	44.2	42.0
农业生产指数（1935—1939=100）	91	93	98	92	90	95	96
农工产品平均比率	100	99	93	94	118	118	109
农业总收入（10 亿美元）	7.8	7.6	10.0	9.5	13.1	16.2	17.7
工业工人平均年工资（当年美元）	578	580	568	651	774	980	1158
批发价格指数（1926 年=100）	69.8	68.1	69.5	85.5	117.5	131.3	138.6
联邦支出（10 亿美元）	0.72	0.73	0.76	0.73	2.0	12.7	18.5

资料来源：[美] 吉尔伯特·C. 菲特、吉姆·E. 里斯：《美国经济史》，司徒淳、朱秉铸译，辽宁人民出版社 1981 年版，第 615、635 页。

日本是另一个重要的第一次世界大战受益国。战前，日本还是一个债务国，战争结束，它已转变成为债权国，并趁西欧帝国主义参战无暇旁顾之际，攫取了它们在亚洲的部分势力范围。1914—1919 年，日本企业实缴资本金额从 22.18 亿日元增加到 61.23 亿日元，工业生产力增加 4 倍以上，实际工业产量增加 1.8 倍，出现了以出口工业为中心的新建扩建企业高潮。

因而，第一次世界大战最重要的结果是，欧洲国家（包括无论是老牌帝国主义国家英国、法国等，还是新兴帝国主义国家德国）的经济实力普遍遭到削弱，美、日经济地位大大上升，美国更是一跃而成世界头号经济强国、世界金融中心。依据战争结果建立的战后国际体系也成了各帝国主义国家重新分配势力范围的制度基础，而这恰恰是 20 世纪 20 年代经济动荡的一个重要根源。例如，凡尔赛体系加诸战败的德国的种种不平等条约和经济压榨某种程度上促成了德国战后初期严重的经济危机。

此外，战争催生了另外的新鲜事物。战争当中发展起来一种特殊的国家统制经济：国家成为整个经济的主要组织者或指导者，自由资本在这方面的作用则相对削弱。对于无论哪个主要参战国来说，第一次世界大战都是一次动员全国经济力量的战争，交战的各国普遍建立了战时经济管理体制。首先是政府对某些关系到社会经济生活的重要具体部门进行干预和控制，稳定国内经济秩序。例如，英国在战争之初对金融机构和货币市场实施了特殊的保护措施，以防止出现金融危机，设立了农业委员会，以应对战时粮食问题，并接管了生产军需品的工厂和车间，以保证军需品的供给。其次，政府直接参与了对国家主要经济部门的干预和指导，对整体生产和分配进行严格控制。例如，德国建立了战时工业委员会和战时原料管理处，作为战时国家对国民生产进行管制和计划的总机构；俄国设立了国防、运输、燃料和粮食四个专门委员会，以统筹全国有限资源供战争之需；美国成立了国防委员会，经国防委员会批准设立战时工业局、食物管理局、战时铁路局、物价管理委员会、燃料管理局等职能部门，涉及交通运输、军火、劳动等国民经济各个重要领域，其职能包括分配物资、调动劳动力、控制物价、调节和监管企业生产。这些战时职能部门根据战争进程不同阶段的要求，不断协调生产者、消费者以及军事部门各方的利益关系。再次，国家对某些特殊和关键的领域，譬如交通运输和通讯事业实行国有化。战争期间，政府接管铁路是各交战国，包括德国、美国、英国、法国在内普遍采取的做法，但国有化措施并不仅仅局限于此，还延伸到其他部门。在英国，除铁路外，煤矿也是另一国有化的重要资源。在德国，国家不仅接管了运输系统，还亲自兴建了一批钢铁企业和军事企业。这些国有经济部门的出现，可以看作是国家政权与垄断资本结合的产物。

战时国家统制经济的出现，对于像德国这样战前已实行过国家资本主义的国家来说，只是水到渠成的事情，它进一步加强了国家资本主义的基础，但对于那些具有自由放任资本主义传统的国家来说，则是一次全新的转折。例如，美国是首次有意识地建立了一套全面计划和统制国民经济的制度，到了1918年，美国几乎所有重要的经济部门都建立了管制或统制机关。即便是英国，国家一向对经济生活干预薄弱，在战时国会也通过国防法案，宣布政府享有管理国民经济的全权。

战时统制经济可以被视为20世纪30年代大危机中西方国家全面干预经济做法的先导。但是，这种具有计划色彩的"临时经济体制"是否有效地缓和了危机，在何种程度上缓和了危机，仍然是一个充满争议的话题。一些敏感的作者，尤其是马克思主义者，不仅关注这种体制与经济危机的关系，而且注重探讨它产生的更深刻根源，在此意义上，它被视为一种全新的资本主义经济制度形态——国家垄断资本主义——的标志。

二 庸俗经济学的"科学"辩护

毋庸置疑，理论不是现实被动的反射器，理论的确立有自身特殊的动力，同样，理论史的发展也有相对独立的内在逻辑，这一逻辑与历史的逻辑并非总是一致。因而，我们不难理解，即便处于同一时代的历史巨变之中，学者们的各种危机理论也呈现出了与现实不一的距离。例如，一些理论具有鲜明的时代问题意识，它们着意从时代特征寻找危机的根源，尽管未必能就此触及事物本质。另外的理论则基本无视时代的属性，与其说它们是现实投射的产物，不如说它们与前人危机理论逻辑的顺延有着更紧密的联系。在后者的意义上，历史与现实只是提供了一个底板，用以映照出理论的特质。

（一）边际主义的兴起

19世纪下半叶至20世纪30年代以前，"萨伊定律"不仅依然主导着资产阶级的危机理论，而且通过数学等工具的包装越发显现出"科学"的光芒。19世纪70年代兴起的边际主义是这方面的代表。

边际主义之所以被称作经济学思想的"一场革命"，根本原因在于它确立了以彻底的个人主义为基础的一整套主观心理主义方法。它主张完全从满足个体消费需求出发，关注产品的边际效用，以此来把握和解释社会经济现象的变化，因此，遵循享乐原则的能将效用最大化的原子式"理性个人"被看作一切分析的前提。这显然异于古典经济学的方法。此外，同样是为自由市场辩护，与古典经济学不同的是，边际主义强烈反对劳动价值论，而主张效用价值论。同时，脱离历史的抽象演绎法在边际主义者这里也发展到极致。边际效用理论的先驱，德国人赫尔曼·戈森最早用数学公式来阐述人类欲望的满足与被享用的物品量之间的关系，边际效用学派的瓦尔拉斯、杰文斯、帕累托等人将数学方法发扬光大，用来研究经济系统如何能够将享乐的原子最大化及确定最大化数量。门格尔和奥地利学派则反对在经济行为分析中纳入具体的社会结构因素，极力推崇所谓适用于一切经济秩序的"科学的经济学"，为后来的庸俗经济学发展奠定了新的理论基础。

正是通过纯粹抽象的演绎，边际效用学派构建了所谓完美的市场模型，宣称在完全竞争的市场条件下，价格、工资和利息率的自动调整将使总需求趋向于充分就业的水平，从而达到均衡状态。换而言之，自由市场本身会自动克服它发展的障碍。这样，它们就否定或掩盖了资本主义经济内在的不稳定性，经济危机不过被当作孤立的偶然的现象来理解。例如，在瓦尔拉斯看来，市场的常态是不断趋向于"一般均衡"，所谓经济危机，只是"对平衡的突然的和普遍的干扰"，而"我们对于平衡的理想条件知道得越多，就越加能够控制和防止这种危机"①。总的来说，在边际效用学派对经济变动的说明中，制度和历史的场景往往被取消，个体感受和欲望通常成了唯一可靠的依据。危机考察的视角相应地从总体的经济过程转移到了微观琐碎的演绎式的讨价还价过程。

不难理解，边际效用学派总是试图把经济危机宣扬成一种与资本主义制度完全不相关的特殊现象。例如，其创始人之一，同时也是气象学家的杰文斯提出过一种太阳黑子经济周期学说，认为太阳黑子周期活动影响了气候变化，继而影响农业收成的丰歉，从而导致生产和经济过程出现周期性波动。这一学说明显牵强附会、漏洞百出，因此流传范围并不是很广。但边际效用学派另一代表人物——阿尔弗雷德·马歇尔的危机理论就具有较大的影响力了。

在1890年出版的《经济学原理》中，马歇尔认为，如果某种商品的生产力增加一倍，供给增加一倍，那么对其他商品的购买力也将相应增加一倍。② 换而言之，普遍的生产过剩是不可能的。这一观点无疑是对"萨伊定律"的重申。那么普遍的萧条又从何而来呢？马歇尔把它归结为"不顾一切的危险的信用膨胀"，归结为人们"信心的缺乏和动摇"③。在马歇

---

① ［法］莱昂·瓦尔拉斯：《纯粹经济学要义——或社会财富理论》，蔡受百译，商务印书馆2009年版，第426页。
② ［英］马歇尔：《经济学原理》（下），朱志泰、陈良璧译，商务印书馆2009年版，第205页。
③ ［英］马歇尔：《货币、信用与商业》，叶元龙、郭永麟译，商务印书馆2009年版，第264页。

尔看来，工商业的波动具有如下过程：起初，信用的改善发端于人们旧的不信任因素的消除。而信用一旦好转，就会越来越好，它反过来促进了生产者、消费者和投机者的信心，从而信用、工商业活动都处于上升过程，物价也不断上涨。但信用继续膨胀到人们依靠借贷来从事巨额交易的时候，工商业就处于危险状态了。放贷者最先察觉到危险，想收紧贷款，但对贷款的需求却在增加，于是贷款利率陡涨，市场的不信任情绪开始增长。出于自我保护，放贷者拒绝延长还债期，部分投机者不得不出售货物来还债，这样就阻止了物价上涨，从而也引起了一系列连锁反应——其他投机者竞相抛售货物，物价大幅度下降，市场陷入紊乱，不信任情绪弥漫，引起了投机者和放贷者的相继破产，生产也被迫中止。1923年出版的《货币、信用与商业》中，马歇尔明确说道："导致危机的真正原因并不是少数企业的破产，而是许多信贷没有坚实的基础。""信用陷于混乱的主要原因之一，是公众盲目想向合股公司提供资金。"他进一步把信用的混乱从经济危机的产生归咎于公众的盲目信任和不信任，而这又来源于知识的缺乏，"知识的更广泛、更深入的传播，将防止出现过分信任的状况，从而避免信贷的猛烈扩张和物价上涨，并将防止随后出现过分不信任的状况"①。显然，这是用货币、信用问题和主观心理因素来阐释危机。

总体而言，马歇尔的说明并无太多新奇之处，19世纪中早期的许多经济学家就已经把危机与信用问题联系了起来，在约翰·穆勒那里，更是对信用和心理因素都做了类似描述，马歇尔显然受到穆勒的很大影响。② 此外，马歇尔和穆勒一样，都把经济危机看作是价格机制的正常作用受到了偶然因素的干扰，只是市场的暂时失调。但马歇尔的关键作用在于，由于他作为资产阶级经济学史上将古典政治经济学与边际效用论进行综合的一代宗师，门徒众多，因而影响力大。此后的庸俗经济学者对危机过程的描述基本没有超出过马歇尔的框架，他也由此确立了20世纪的庸俗经济学关于经济危机爆发原理的两大重要因素：货币和心理因素。

马歇尔强调了信用的波动，但他没有解释信用的周期波动是如何产生的，这一工作由瑞典的边际主义者维克塞尔来完成。维克塞尔把利率区分

---

① ［英］马歇尔：《货币、信用与商业》，叶元龙、郭家麟译，商务印书馆2009年版，第269、279页。

② 从19世纪的经济危机理论史中我们可以看到，20世纪早期的许多资产阶级危机理论，如纯货币危机论、奥地利学派的危机理论，都能在19世纪中早期找到其较早的版本。

为自然利率（又称均衡利率）和货币利率（又称实际利率）。前者指投资（对借贷资本的需求）与储蓄（货币资本的供给）相一致时的利率，实际上等于投资的预期收益率；后者指由银行等金融机构和其他因素决定的金融市场上的实际利率。维克塞尔认为，正是两种利率之间的相对变化引起了物价的变化。如果自然利率高于货币利率，那么企业家借款会从两种利率差中赚取利润，从而刺激他们增加投资、扩大生产，对生产要素的需求增加，对借贷资本的需求也进一步增长，促进了生产要素价格上涨和信用膨胀，生产要素所有者由于货币收入增加也加强对消费品的需求，最终一切商品价格不断上涨。反之，如果自然利率低于货币利率，那么企业家借款则会由于两种利率差而遭受损失，使他们停止投资，从而一切商品价格下跌。如果自然利率与实际利率相等，则生产、利润和物价等都保持稳定，经济处于均衡状态。我们将会看到，维克塞尔的两种利率理论是后来的许多庸俗经济学家解释经济危机的一块基石。

20 世纪 20 年代晚期，马歇尔的学生阿瑟·庇古进一步发展了他的货币—心理危机说。与马歇尔不同，首先，庇古承认"经济波动"（危机）存在一定周期性，但他也认为，繁荣孕育萧条，只要防止过热就能防止萧条。其次，庇古虽然把心理因素当作经济周期的直接原因，即工商业者获利预期的变动不定，但他把导致这一变动不定的因素扩展为三个方面：既有自主的经济因素（货币因素）、心理因素，也有真实的因素（例如，农作物的歉收、技术的进步、资源的开发、国际市场的变化、劳资的矛盾，等等）。庇古反对用单一因素来说明危机，认为危机是多种因素共同作用的结果，因此相应地，他对恢复市场均衡也提出了多种对策，其中最重要的是政府的积极调控、稳定物价和提供更好的经济数据。

后来的评论者西蒙·克拉克批评早期马克思主义者的经济危机理论时，说他们由于将危机片面地归结为某一方面，"开创了西方马克思主义危机理论从单一因素出发主张危机必然性的传统……从而不自觉地使危机理论纳入了资产阶级经济学的框架"[①]。这种说法是有失偏颇的。且先不论马克思主义方面，就资产阶级经济学而言，单因素说并不是其危机理论的特点；相反，多因素的特点更明显。举个例子，从古典时期的约翰·穆勒

[①] ［英］西蒙·克拉克：《经济危机理论：马克思的视角》，杨健生译，北京师范大学出版社 2011 年版，第 3 页。

到20世纪早期的庸俗经济学，再到后来的凯恩斯主义，解释经济危机时都强调心理因素，但这一因素通常是与其他因素一起综合考虑的，从未形成一个用单一的心理因素来解释经济危机和周期的理论框架。不光庇古明确反对单因素说，20世纪30年代的奥地利学派经济学家哈伯勒也宣称，经济周期是一种复杂现象，不能用任何一种个别因素来说明，先前的各派（指资产阶级经济学各流派——笔者注）观点差异不是因为他们各自列举的原因不同，而只是他们各自强调的重点不同而已。[①] 只不过，在庸俗经济学那里，这种多因素综合表现为脱离资本主义基本矛盾和动力机制的许多特殊现象的罗列，表现为无原则的折衷主义。例如，哈伯勒认为，造成周期的各因素中，重点不是区分外部因素和内部因素、经济因素和非经济因素，而是区分可控因素和非可控因素。这恰恰表明，庸俗经济学最关心的，是要从不可能性（消除危机）中找出一堆可能性（预防危机、治疗危机）来。

总的来说，19世纪末以来的庸俗经济学的危机理论存在着以下几点共同的特征，结合当时的时代背景，从社会心理学角度来对此进行剖析会很好地揭示其思维的本质。[②]

首先，19世纪末20世纪初的资本主义事实上开启了一个金融资本统治和专制权力残余结合的早期帝国主义时代。资本职能与资本所有权日益分离，产业资本家逐渐处于从属地位，食利者阶层成为现代资产者的代表。他们凭借货币资本所有权（或社会资本所有权），利用随着私有制推动下的生产社会化发展起来的金融工具，从生产外部支配了整个剩余价值的分配，因而他们的一切活动与生产劳动、商业行为无关，只是围绕金融投机和消费（尤其是奢侈品消费）领域打转。[③] 反映在最典型的资产阶级思想者的思想中，那就是生产过程被排除出了他们的视野。他们疏离实际的经济活动，完全以金融投机者和消费者的心理来看待所有的经济行为，

---

① ［美］哈伯勒：《繁荣与萧条》，朱应庚、王锟、袁绩藩译，商务印书馆1988年版，第21页。

② 从这个角度对庸俗经济学做过最深刻剖析和批判的当属布哈林。当然，也有其他学者如希法亭和匈牙利经济学家安加什，对边际效用学派与马克思主义的经济学方法做过很有价值的比较，指出了两者的明确界限，但笔者下文的分析基本参考了布哈林的观点（参见［苏联］布哈林《食利者政治经济学》，郭连成译，商务印书馆2002年版）。

③ 布哈林称，"消费者心理——这是食利者生活的基本特征"。参见［苏联］布哈林《食利者政治经济学》，郭连成译，商务印书馆2002年版，第18页。

消费和满足欲望被当成人们活动的全部出发点,这就是为什么帝国主义时代的庸俗经济学家会把效用、稀缺性、需求、利息、利率、价格等作为整个理论体系(包括危机理论)的基础概念和问题核心。然而在他们的眼界中,这些范畴却是亘古以来就存在的,具有永恒性。与此形成对照,在反映产业资产阶级还蓬勃向上的古典经济学时代,斯密和李嘉图等人却是从生产者视角出发,关心生产及组织形式、劳动与价值的创造,及其所带来的长期发展。当斯密把价值区分为工资、利润和地租时,奥地利学派的庞巴维克却把一切剩余价值形式都当作利息。

其次,如果说边际主义在19世纪中期的产生和兴起跟时代背景不一定密切的话,那么它在19世纪末20世纪初广泛传播,并成为占主导地位的资产阶级经济学就具有深刻的时代根源了。[①] 风云动荡的时代变革从两方面对最积极的资本主义卫道士们形成了主要的压力:一方面是生产的高涨伴随垄断加剧的趋势,海外投资的巨大扩张与殖民侵略战争相互交织,形成了繁荣中包含着尖锐而明显的对立;另一方面是马克思主义指导或影响下的国际工人运动正蓬勃发展。害怕变革,害怕即将到来的社会灾难,即便清楚危机反复发作不可避免,仍然故意对此视而不见,这是他们的普遍心理,因而追求一般均衡、否定劳动价值论,以及企图用自由竞争来限制垄断,以便进行一定改良的边际主义最大程度地契合了卫道士们的需求。

最后,虽然个人主义是一切资产阶级的心理特征,但在金融食利者阶层那里,个人主义的膨胀尤为严重。他们完全站在有组织的社会生活之外,变幻莫测的商业与金融投机活动、当中所包含的稍纵即逝的机会——这样的发财致富方法很大程度上与偶然性相联系,往往取决于个人的种种主观判断和决定。这种主观心理主义在庸俗经济学那里找到了最充分和完整的理论表达形式。在庸俗经济学看来,在一堆充满风险的乱象中你根本找不出所谓客观恒定的规律,人们变动不定的内在感受、预期和意愿本身就影响和扰乱了原本已够复杂的经济系统,这就是为什么当这个经济系统出现问题时,他们通常热衷于从心理方面寻求答案。

[①] 张旭昆编:《西方经济思想史18讲》,上海人民出版社2007年版,第258页。

（二）纯货币危机论

强调货币或信用紧缩是导致经济周期和危机的决定性因素，这种观点在庸俗经济学中普遍存在，但把货币或信用说成经济危机的唯一根源却较为少见，它是货币危机论发展的极端。持这种纯货币危机论的主要代表人物是英国的霍特里。

在霍特里看来，资本主义本身是不稳定的，但他不是从生产过程来寻找不稳定的原因，而是将之归咎于货币体系内在的不稳定，这种不稳定性又主要来源于银行的作用。1919年出版的《通货与信用》中，霍特里指出，发达的资本主义中，主要的流通手段是银行所发行的信用货币，而不是金属法定货币（硬币），后者只起辅助作用。在这一体系当中，银行创造并调节信用，"而所有的购买力实际上都以信用形式存在"[①]，因此，银行体系实际上处于信用体系的中心权力地位。霍特里借助商人的"存货"和"消费者支出、收入"的概念来说明信用的波动如何与经济周期产生关联。他认为，银行信用具有很大的弹性，由于商人所持有的资本绝大部分来自于银行贷款，商人对银行利率的变动非常敏感，商人的存货或对固定资本的投资也相应具有很大的利率弹性。当银行体系降低利率，放宽贷款条件或通过收购有价证券增大货币流量时，商人便有足够的资金向生产者增加订货，而生产的增加又引起了消费者收入和支出的增长，这样，"一般商品的需求将普遍地提高，商人的存货就要减少。结果是向生产者进一步扩大订货量，使生产活动、消费者收入与支出以及一般需求都进一步地提高，而存货则更加减少。加速活动足以提高需求，需求提高又足以刺激活动。这样就形成了恶性的周期现象，使生产活动变成了累积性的扩张"[②]，这就形成了繁荣。累积性的收缩过程则相反，银行的信用不可能无限制扩张，当价格上涨到达一定顶点，变成疯狂的通货膨胀后，或者为防止国际收支逆差过大，银行便开始转向紧缩信用。在利率提高的情况下，商人减少订货，一切生产、消费收入和支出以及价格又启动了逆转的过程，直至普遍通货紧缩，于是，萧条出现。累积性的上升和下降一旦开始

---

① 樊苗江、柳欣：《货币理论的发展与重建》，人民出版社2006年版，第133页。
② ［英］霍特里：《中央银行经营技术》，转引自［美］哈伯勒《繁荣与萧条》，朱应庚、王锟、袁绩藩译，商务印书馆1988年版，第34页。

后都有自身的动力，但所有推动力的源头却是银行非均衡的货币供给。而要达到均衡状态，这几乎很少发生或从未发生，否则，"货币供额如果能取之不尽，繁荣时期就可以延长，萧条就可以永久防止"①。就此看来，霍特里是以瓦尔拉斯的均衡状态假说为前提的。同样，通过对维克塞尔"两种利率"的借鉴，他还试图进一步论证利率与产出之间的关系。既然银行信用是引起危机的原因，那么通过实施反周期的货币政策，即繁荣时期紧缩货币，萧条时期扩张货币，是可以缓解危机的。

与霍特里同时代的欧文·费雪对银行信用、货币与经济危机的看法几乎和前者毫无二致，不过他增加强调了债务清算这一环节对危机结局产生的重要影响。认为在类似霍特里的银行信用驱动经济扩张的过程中，容易导致过度负债，从而形成资产泡沫，泡沫破裂后进入一个债务—通货紧缩的恶性循环，最终引发危机。这一理论被后人称作"债务—通缩"危机论。但根据费雪的描述，在我们看来，问题的根源同样可以追究到银行的货币供给那里，因而从本质上讲，"债务—通缩"论也是一种纯货币危机论。

纯货币危机论在整个 20 世纪早期并未产生多大的影响，但到了 20 世纪中后期，当凯恩斯主义的实践出现一系列严重问题，惊慌失措的资产阶级迫切需要寻找另外的替代指导理论时，它以新的形态重新出现在人们的视野里，并拥有了较多的追随者，那就是以米尔顿·弗里德曼为代表的货币主义。货币主义与霍特里一样，都把经济周期看作是"一种纯货币现象"。其最大的问题在于，把伴随普遍萧条产生的一种派生现象——货币信用危机当成是经济危机的原因，甚至是唯一原因，这无疑是倒果为因。的确，危机来临总是引起对货币（现金）的普遍需求，而货币紧缩又加剧危机程度。但正如马克思所说，危机时的"货币荒"不是由于缺少货币，真正成为问题的是"汇票能否兑换成货币"，大量资本（商品资本、虚拟资本）能否转换为现实的支付手段。这些资本多数又是代表现实买卖的，它们不能有效转换成货币，根源实际在于"现实买卖的扩大远远超过社会需要的限度"②。整个经济危机史也表明，货币信用危机与经济危机之间并不必然存在绝对相关性，不是每一次普遍萧条都伴随着货币信用危机，二

---

① ［英］霍特里：《中央银行经营技术》，转引自［美］哈伯勒《繁荣与萧条》，朱应庚、王锟、袁绩藩译，商务印书馆1988年版，第44页。
② ［德］马克思：《资本论》第 3 卷，人民出版社 2004 年版，第 555 页。

者也并不一定同时开始出现。①

(三) 储蓄过多的消费不足论

消费不足论的历史源远流长,同时它也是20世纪早期较为典型的一种危机理论。如果说西斯蒙第和马尔萨斯是古典经济学时期的消费不足论代表,那么帝国主义时代的消费不足论代表无疑非英国的霍布森莫属。但问题是,"消费不足"一词的意思具有相当大的模糊性,因为它又涉及对导致消费不足的不同因素的理解。西斯蒙第的进步性在于他把"消费不足"与资本主义生产方式的矛盾联系在一起,马尔萨斯则通过错误的"流通创造利润"理论,从为封建寄生阶级辩护的角度把"消费不足"给庸俗化了,霍布森的"消费不足"确切地说比较接近于介于前二者之间的立场,既不是那么激进,同时又不是那么保守。他和西斯蒙第一样,某种程度上都把消费不足看作是资本主义条件下货币收入过少(分配的失衡,劳动人民的贫困)的产物,但同时又和马尔萨斯一样,在储蓄相对过多的意义上来理解消费不足。

霍布森明确指出,"导因于国民收入分配的不当而生的过度储蓄所引起的消费不足是周期性经济衰退的正常原因"②。在他看来,过度的储蓄造成了过多的投资,而过多的投资超出了人们消费的能力,结果造成了生产的过剩。消费不足和生产过剩问题在"帝国主义时代"更为突出了,因为生产集中和垄断加剧带来了更多的经济剩余,从而也导致了更多的储蓄;另外,垄断利润通过提高产品价格来获取,进而缩小了销售市场。因此,资本家不得不转向海外去争夺更多的投资场所和销售市场,帝国主义由此产生。霍布森的消费不足论无疑包含着投资过度的因素,与接下来将涉及的投资过度理论有重合之处,但不同之处在于,霍布森整个理论体系的重点一直是与消费不足紧密联系的分配问题。霍布森从19世纪90年代就开始探讨这一问题,并持续了将近半个世纪。在他看来,"试图把不能转为新资本的大部分国民收入储蓄起来"的长期倾向之所以存在,"不是因为各个储蓄者的愚蠢,而是一般收入的分配使工人阶级所占的份额太少,雇佣阶级和占有阶级所

---

① 宋承先:《资产阶级危机理论批判》,上海人民出版社1962年版,第25页。
② [英]霍布森:《失业经济学》,转引自宋承先《资产阶级危机理论批判》,上海人民出版社1962年版,第52页。

占的份额太多。储蓄过度正是由后者所造成的"①。这种过度储蓄在霍布森那里相当于富人过剩的但又不运用的消费能力。对霍布森来说,实际的"欲望"(即有效的消费力)才是最重要的,那种"不能满足的需要和欲望没有经济的意义"。而要使欲望"有效",必须通过购买力表现出来,"只有通过实际收入的使用表现出来的那种效用,才可以作数"。此外,供给和需求是相互影响的,边际上的变动只是表现产业变动的工具,"而不是变动的原因",② 这成为他反对当时流行的边际效用论的一个理由。因而同时也意味着,在他看来,通过调整各阶级的收入分配比例,减少富人剩余收入、资本和劳动力的浪费,就不会有消费不足和帝国主义。

到了 20 世纪 20 年代,美国的福斯特和卡钦斯从另一个角度来阐释储蓄过多的消费不足论。在他们看来,消费对于生产循环的维持来说具有最终决定性的意义,因为消费不但能保证企业家收回先前垫付的生产成本,而且还能使他们的利润得以实现。在一个生产始终以同一规模进行的社会中,即假设用于购买消费品的货币流通量不变,生产者把全部利润重新付给消费者,而消费者的全部货币所得又都拿来消费,是不会出现所谓的生产过剩的。但现代经济却存在朝向消费不足的长期趋势,因为企业家和个人都会将一部分利润或收入储蓄起来,以便用于投资或追加投资。新增的投资最初可以增加雇员人数和他们的收入,同时消费品的供给暂时没有增加,此时供给相对落后于需求,致使物价上涨。但当新增的投资最终转化为更多的消费品时,供给增加了,货币收入却依然如故,需求与供给无法匹配,必然会导致存货增多、物价下降,最后生产缩减和失业增加。在其论述中,工资落后于生产增长以至于人们消费不足,是一个始终存在的矛盾,而企业和个人储蓄被看作是这一切的根源。

认为除非社会剩余收入全部用于消费,同时生产不能超过一定规模扩张,否则消费不足问题难以解决——福斯特和卡钦斯的这种说法表面上看似荒诞,但它不过是以另一种方式提出了先前的一切消费不足论者(从西斯蒙第到卢森堡)已经提过的一个相同问题:如果消费者的货币收入或消费能力不变,那么在扩大再生产的条件下,新增的那部分价值由谁,或如何能实现?然而话又说回来,一切剥削社会都存在着劳动人民贫困和消费

---

① [英]霍布森:《帝国主义》,纪明译,上海人民出版社 1964 年版,第 3 页。
② [英]霍布森:《财富的科学》,于树生译,上海人民出版社 1962 年版,第 105、112 页。

能力不足现象，为什么只有在资本主义社会，消费不足会导致普遍生产过剩的危机？这始终是消费不足论者需要充分回答的。

（四）投资过度的比例失调论

与储蓄过多的消费不足论针锋相对的是一种消费过多或储蓄不足的投资过度危机论，同时又叫资本不足论。消费过多与储蓄不足是一个硬币的两面，它们最终都导向了生产资料（又叫资本品）生产相对于消费品生产的过剩（即过度投资）。但是根据投资过度论者对经济周期和危机过程不同因素的强调，又可分为货币投资过度论和非货币投资过度论。[①]

坚持货币投资过度论的是奥地利学派的现代代表人物，如米塞斯、哈耶克、马克洛普、罗宾斯等。他们的具体观点有分歧，但基本都认为，危机的实质是已经生产出来的资本品由于供过于求而价格下跌，销售疲软，以致生产停滞或锐减。但是，引起资本品相对过剩的不是消费品生产部门对其需求不足，而是因为流通中的货币资本供给相对不足，无法支持其继续生产。在货币与银行信用的区别、银行信用的高度弹性以及银行地位问题上，货币投资过度论者基本沿袭了霍特里的观点，只不过他们不是像霍特里那样把危机直接等同于纯货币现象，而是强调由货币金融当局不当的货币政策所引发的生产结构比例失调才是危机的原因。他们还以维克塞尔的两种利率理论为基础，承认他对利率、货币流量变动与价格水平之间关系的解释，并以此来说明繁荣如何转向了危机。例如，米塞斯认为，正是银行高度弹性的信用，使得两种利率出现差异，从而引起通货紧缩或通货膨胀，才出现繁荣和萧条的更替。

但是，对货币投资过度论者来说，利率的重要性不仅在于调节货币量，而且还在于调节和引导经济资源在不同生产部门之间的分配。哈耶克的经济周期理论尤其反映了这一点。哈耶克的解释，除了以充分就业条件（即一切原始生产要素都被充分利用）下的均衡为前提外，庞巴维克的资本理论是其另一个重要的基础。他用后者的迂回生产方式（又叫资本化方式）概念来说明纵向生产结构如何在两种利率差异下发生变动。如果市场利率低于自然利率，将促使企业家采取更迂回的生产方式，即把更多资金

[①] 参见［美］哈伯勒《繁荣与萧条》，朱应庚、王锟、袁绩藩译，商务印书馆1988年版，第91页。

投入早期生产阶段的部分来扩大投资，因为这种生产方式更能提高效率，那么生产的纵向结构将不断扩展，从而每一单位消费品生产所使用的资本及其他固定资本的量越来越大，资本品的增长超过了消费品的增长。在充分就业条件下，货币流量增加引起的对资本品需求的上升，只会使原来用于制造消费品的生产要素转而投入资本品生产，从而使消费品产量减少，消费者的消费需求却并未因此减少，结果是消费品价格上涨。如果消费者的货币收入赶不上价格上涨，那么他们将被迫减少消费，从而出现强迫储蓄，这些储蓄又转化为新的资本品投资。这是经济扩张阶段的表现。萧条阶段则相反。银行的信用扩张最终会通过企业家的新增投资转化为消费者的货币收入，消费者则会用新增的货币来努力恢复原先的消费水平，从而引起了消费品价格超过资本品价格的上涨，资金也更多地投入消费品部门，生产结构出现收缩。此外，银行也不可能无限制地扩张信用。当市场利率高于自然利率，银行放贷无法抵消消费品价格上涨势头时，它与过多消费这两个因素将共同导致资本品生产的货币资本供给短缺，使得其生产设备闲置，或因需求相对减少而价格下跌。在哈耶克看来，只要货币数量保持稳定，资本品需求和消费品需求之比与它们的供给之比将自动恢复均衡，然而，正是银行信用的变动干扰和破坏了生产结构的均衡。因此，废除弹性货币的中央银行制度成了他与其他奥地利学派学者共同的反危机主张。

非货币投资过度论产生于19世纪、20世纪之交，比货币投资过度论出现时间稍早。那一时期，如第一节所述，正是1893年危机和战前最后一次大危机之间的一段经济繁荣时期，固定资本大规模更新，帝国主义国家在海内外的投资急剧扩大，同时伴随着新技术的应用与新产品的发明，使得部分资产阶级经济学家更倾向于从生产过程来寻找危机根源，强调技术等方面的因素对生产结构比例失调的决定性影响，尽管他们大都也指出了货币因素的重要性。非货币投资过度论代表人物有德国的司匹托夫、瑞典的卡塞尔、英国的罗伯逊等，但无疑，俄国的杜冈-巴拉诺夫斯基被视为这一理论的先驱。

杜冈-巴拉诺夫斯基的"自由资本"（货币资本的储蓄）导致固定资本积累波动的比例失调论是众所周知的，司匹托夫则试图解释自由资本转化为固定资本与繁荣和衰退交替之间的关系。他将新技术的发明和应用看作是刺激和扩大投资，从而引起经济高涨的主要原因，因为它一方面创造了新的商业机会，把先前闲置的货币资本释放到经济中来；另一方面它使市场利率低于自然利率（维克塞尔的概念），诱发自由资本加速转向投资，促进了固定资本积累与耐用消费品生产的快速增长。[①] 但经济高涨的后期，随着货币工资上升和生产设备使用效率降低，生产成本增加、利润减少，剩余的自由资本数量也随之减少，从而货币资本供给逐渐减少，出现了对资本品和耐用消费品需求的下降。然而，先前繁荣时期扩大投资所形成的生产能力却开始不断向市场提供日益增多的资本品和耐用消费品，导致其供过于求，资本品部门出现相对过剩。要解决这一过剩，在司匹托夫看来，并不是只靠增发货币那么简单，而是要调整货币资本在生产各部分之间的分配，将一部分用于消费品生产的劳动力和其他生产资料转到资本品部门，为此就要在繁荣阶段的后期缩减消费，增加储蓄。卡塞尔通过实证分析得到一个结论：在经济周期的各个阶段，资本品，尤其是固定资本的生产和价格波动幅度最高，消费品的波动则较小。他在类似杜冈—巴拉诺夫斯基和司匹托夫的模型中加入了利率这一因素，认为在经济高涨前期阶段，储蓄增长超过资本品生产增长，使得利率降低，从而促进投资。到了后期阶段，资本品生产增长超过储蓄增长，导致储蓄相对不足，继而使利率上升，这样才出现了货币资本供给不足的资本品，尤其是固定资本的相对过剩。卡塞尔明确指出，导致固定资本过剩的，并不是消费的不足，而是资本家的储蓄落后于固定资本的生产。罗伯逊同样强调投资扩大是固定资本更新和技术创新的结果。他提出了与美国的克拉克相似的观点：固定资本的积累有一个加速的过程，即积累本身又容易导致更多的积累。经济周期的形成基本基于对资本品需求的变化，货币资本的供给只不过是放大了这种变化，并没有直接导致这一变化。

很清楚，货币投资过度论与非货币投资论对危机的理解并没有多大的实质差异。不过，这一理论存在的最严重问题是，它基于充分就业的前提对生产资料部门和消费资料部门比例关系的变化所做的解释是站不住脚的，因为无论是假定充分就业还是劳动生产率固定不变都与资本主义现实不符。[②] 如果要从现实出发，那么在自然资源经常闲置、产业后备军大量

---

① ［挪威］拉斯·特维德：《逃不开的经济周期》，董裕平译，中信出版社 2008 年版，第 55—56 页。

② 就此而言，杜冈-巴拉诺夫斯基显然不属于此列。不仅如此，他还明确反对把技术进步说成是危机的原因（如对洛贝尔图斯的批判），因为工业危机并不是发生在技术进步之后，相反是工业危机引发了技术进步。他的观点下一节将有所介绍。

存在,以及劳动生产率变化的条件下,消费资料的增长、消费需求的增长,只会引起对生产资料需求的增长,从而也是生产资料生产的增长,而不是相反抑制了后两者。①

(五) 对经济危机的周期与形态的研究

19 世纪末与前一段历史时期一样,对几乎所有的资产阶级学者来说,经济危机的存在已是不容置疑的事实。但承认危机并不等于承认危机的周期性,如前所述,当时主流的新古典经济学很大程度上只是把危机看成一种"偶然的干扰"。而在那些承认危机会周期性爆发的学者当中,与其说危机(像马克思主义一样)被当作一种关键的因素成为研究的重点,不如说危机只是作为经济往复波动的一个普通环节被看待,对危机的分析是隶属于所谓的"商业周期"的研究的,尤其是朱格拉在 19 世纪 60 年代"发现"10 年左右的经济周期之后。这种研究趋向到了 19 世纪末 20 世纪初已占了主导。在此语境下,危机是一个中性的现象。

进入 20 世纪,人们开始用统计数据来计算工业生产水平和失业率的变化,从而也以此为根据来探究繁荣与衰退交替出现的奥秘。美国人韦斯利·米切尔 1913 年出版了《经济周期及其原因》一书,他像朱格拉一样,也采用统计学的实证方法研究经济周期。米切尔提出,经济周期是主要按工商企业组织的国家总体经济活动中出现的一种波动现象。他把经济周期划分为四个阶段:扩张、衰退、紧缩和复苏,后来又修正为繁荣、危机、萧条和复苏。与均衡论者相反,米切尔认为经济均衡不是常态,波动及纷扰才是正常。周期的各个阶段与其说是由特殊原因引发的,不如说是经济自然发生和累积变化的过程,因而萧条和衰退的种子是由之前的繁荣种下的。米切尔基于经济总产量的扩张和收缩来看待经济周期,例如,20 年代,他把周期明确定义为"经济变量水平的扩张和收缩的系列"。与此同时他认为,经济周期重复出现,但出现的时间并不固定,持续时间也从 1 年到 10 年、12 年不等,而且不能再被细分为更短的性质相似、振幅接近的周期。显然,米切尔是想强调经济的波动事实上并无太强的规律性,然而事实是,经济学家探讨波动中隐藏的经济规律的兴趣在增长,因此,关于不同周期的有影响力的观点在这一历史时期大大增多了。1920 年,米切

---

① 宋承先:《资产阶级危机理论批判》,上海人民出版社 1962 年版,第 70—71 页。

尔也与他人合伙创办了美国国家经济研究局,用以专门研究经济周期问题,这一机构后来成为经济周期的权威研究机构。

1923年,英国的统计学家约瑟夫·基钦提出了新的周期理论。他通过分析英国和美国1890—1922年的物价、生产、就业和利率数据,认为存在着平均波长为40个月的库存周期,即生产企业生产过多时,就会形成库存,从而不得不减少生产的周期性行为。这一周期被称为基钦周期,用以标明历时较短的经济波动。

紧接着到了1924年,杜冈-巴拉诺夫斯基的学生康德拉季耶夫在一项研究报告中声称资本主义的经济波动存在更长的周期,不过之前的1920年,他就已经提到了长波(也即长周期)。康德拉季耶夫不是最先关注和发现长波的人,司匹托夫、帕累托等人,还有马克思主义者帕乌尔斯和托洛茨基,早在第一次世界大战前后就已经不约而同地提出了长周期的设想,但康氏的贡献在于通过大量的统计数据检验并支持了这一设想,使之成为系统化的理论。康德拉季耶夫主要通过处理过的价格数列的长期趋势观察到,一个长波通常为50—60年,包含着繁荣(上升期)和衰退(下降期)两个阶段,每个阶段平均为25年左右。在上升期,虽然也会出现经济增长的若干个短期波动,但经济总体处于繁荣状态;此后,经济增长的动力渐渐耗尽,经济指数开始了长时期的下降,乃至发生大的衰退或萧条,其间指数即便出现好转,时间也较为短暂,基本改变不了总体经济下降局面。在1925年出版的《经济生活中的长期波动》和1928年出版的《大经济周期》中,康德拉季耶夫进一步对发达资本主义国家100多年的物价、工资、利率、进出口额等36个项目统计序列进行了分析,指出截至20世纪20年代,资本主义经济发展可能一共经历了三个长波。他很谨慎地未把长波的长度和转折点固定在某一年份,而只是划分了大致界限:第一个长波从18世纪80年代末90年代初至19世纪40年代末50年代初,共60年左右,上升期约为25年,下降期约为35年;第二个长波始于19世纪40年代末50年代初,终于19世纪末(1896年左右),将近50年,上升期与下降期平均约为25年;第三个长波从1896年左右开始,到第一次世界大战前至1920年为上升期,下降期则始于第一次世界大战爆发后(1914—1920年)。也就是说,直到康德拉季耶夫著述之时,第三个长波的下降期仍未结束,换而言之,他考察的数据资料确切只涵盖了两个半长波(近140年)。这一点成为那些质疑康德拉季耶夫长波理论者的理由之一,在他们看来,仅仅两个半长波并不足以证实存在相对稳定的具有规律性的长波系列。此外,康德拉季耶夫长波仅限于康氏自身的检验方法,如果采用别的方法,挑选别的数列,那么人们基本上未发现康德拉季耶夫长波的存在或它表现得并不明显。因而毫不奇怪,到了1930年,西蒙·库兹涅茨以19世纪初到20世纪初的主要工、农产品生产量和价格为观测指标时,他发现的长波平均就只有20年而不是50年!

不管怎样,长短不一的若干个周期同时存在都是有可能的。显然,问题不在于时间序列的不同,而在于不同的时间序列对应着什么样的经济现象,这取决于人们主要采用何种指标和何种角度来把握经济过程的往复循环和波动。例如,朱格拉周期可以用来说明固定资本投资占GDP比重的发展情况,基钦短周期以库存的变动为研究对象,康德拉季耶夫长波用康氏本人的话说也许与科技革命浪潮和过度投资有关,库兹涅茨周期则与房地产价格波动周期相一致。因此,为了从各个方面衡量和反映资本主义经济整体发展状况,需要建立起一种综合的周期理论体系,而在这点上,美籍奥地利裔经济学家熊彼特的工作最为突出。

熊彼特是以所谓的"创新理论"为基础来阐释经济危机和经济周期的。1911年,熊彼特出版了《经济发展理论——对于利润、资本、信贷、利息和经济周期的考察》一书(德文本修订版于1926年出版),他指出,"资本主义本质上是经济变动的一种形式或方法"①,它不断地破坏旧的经济结构,创造新的结构。在资本主义社会中,企业家只有进行"生产要素的新组合",包括革新生产技术、变革生产方法,即实现创新,才能获得利润,由此,创新构成了资本主义经济发展的一个内在因素和动力。对于经济周期,熊彼特认为,创新在时间序列上并非是均匀分布、连续出现的,而是时断时续,密集和稀疏交替。新的企业一旦产生便是成群成组,形成创新浪潮,因此企业家对信用和生产资料的需求大批出现,带动了整个工商业体系的繁荣,之后创新扩展,竞争加剧,这本身又导致物价下跌,盈利减少,信用收缩,最后转入衰退,直至下一次创新浪潮的出现,从而形成繁荣和衰退的交替。但是,熊彼特并不满足于单一的周期论。1935年,他在一篇论文《经济变动的分析》中首次提出"三种周期体系"

---

① [美]熊彼特:《经济发展理论——对于利润、资本、信贷、利息和经济周期的考察》,何畏等译,商务印书馆1990年版,第iv页。

说,指出,创新是形式各异、多种多样的,对经济发展的影响也千差万别,这就造成了周期性的波动起伏过程长短不一,因而,"更加现实的态度似乎就是要承认有很多的周期在同时运行"[①]。三种周期即康德拉季耶夫长波、朱格拉中周期和基钦短周期。熊彼特认为,它们在统计观察上已得到证实,每个康德拉季耶夫长波包含着 6 个朱格拉周期,而每个朱格拉周期又可划分为 3 个基钦周期。除此之外还有其他周期,但"三种周期"体系已足以初步说明资本主义工业发展过程。此外,熊彼特用重大长期的技术创新活动这一内生化因素来解释康德拉季耶夫长波现象,并在此基础上以三次产业技术的变迁作为主导特征,重新划分了三个长波的界限,从而也建立了自己的创新长波理论。

马克思主义阵营的情况稍稍有些不同。尽管不乏对周期问题的提及,马克思主义者更关心的是说明危机而不是说明周期,然而,社会民主党主流直到批驳伯恩施坦之前,对危机的认识仍然停留在 8—10 年一次的周期上。20 世纪 20 年代著名的苏联经济学家瓦尔加则提出,经济周期的长度不断缩短是现代资本主义发展的总趋势。另外,恩格斯和考茨基无疑最早明确指出了危机的另一种形态,即长期萧条,但在卢森堡那里,危机才具有了较为完整的形态体系,三种危机以不同的时间尺度昭示着资本主义命运的不同阶段。在长波理论方面,马克思主义的步伐更显得落后一些,这一问题受到长期的轻视,甚至被认为是伪问题。直到 20 世纪 70 年代晚期,欧内斯特·曼德尔以利润率变动来解释长期经济波动,系统的马克思主义长波理论才得以确立。

三 正统马克思主义[②]的反击与突破

恩格斯逝世后,即便面临着 19 世纪末资本主义的新变化,马克思主义也一度仿佛陷入了失语症,至少还未来得及对此作出有效反应。第二国际的领导人更多地停留在对经典表述的重申上,理论表现出了某种停滞不

[①] [美]熊彼特:《经济发展理论——对于利润、资本、信贷、利息和经济周期的考察》,何畏等译,商务印书馆 1990 年版,第 297 页。
[②] 这里的"正统马克思主义"指的是第二国际内部相对于"修正主义"和"无政府主义"而言的派别,也是马克思、恩格斯逝世后继续坚持马克思、恩格斯思想基本原则的马克思主义者的总称。

前。与此形成对照,"修正主义者"显得更加敏锐和"与时俱进",他们的战斗力大概也主要源于此。但来自伯恩施坦和杜冈-巴拉诺夫斯基的攻击同时也起到了另一种相反作用,它们成了推动正统马克思主义不得不正面阐释自身的危机理论的有利契机,从而形成了早期马克思主义经济危机理论发展的一个高潮。

(一) 伯恩施坦的挑战

伯恩施坦对马克思主义的修正主义攻击是多方面的,但核心论点是否认普遍性生产过剩危机的必然性,和以此为基础的所谓"资本主义崩溃"的必然性。其依据首先来自对马克思资本积累理论的批判:资本积累的趋势不是集中而是分散,如股份资本的出现;资本家的人数不是在减少而是在增加;中产阶级崛起,社会财富在扩散,减缓了消费不足对社会剩余产品吸收的阻碍。此外,世界市场的扩大,通讯和交通的改进,信用制度的发展以及卡特尔的兴起,增强了资本主义的适应能力,"以致至少在较长时期内可以把象从前那种类型的普遍营业危机看成根本不可能发生的了","所以必须抛弃一切把它当成巨大社会变革的前导的那种冥想"①,因而那种认为在由"普遍营业危机"激起的群众运动压力下,资本主义制度"不可收拾地崩溃"的传统看法也落后和过时了,通过改良主义进入社会主义是理所当然的选择。伯恩施坦对现实的敏感表现在他对19世纪末资本主义特点的这些即时概括上,但另一方面也反映出他肤浅的经验主义。这就难怪他会把马克思的劳动价值论和戈森、杰文斯等人的边际效用价值论等同起来,看作是同样缺乏经验证明的抽象产物。

伯恩施坦的言论在德国社会民主党和第二国际内部引起轩然大波是可以预见的,但其领导人,例如考茨基暧昧不清的态度,以及伯恩施坦出现了一众追随者的情况却有些出人意料,某种程度上它无疑表明,马克思主义阵营对19世纪末的资本主义发展趋势在理论上尚缺乏明晰和统一的认识。此外,伯恩施坦的所谓反"崩溃论",也把几个关键问题提到了正统马克思主义者面前,这不仅包括什么叫"崩溃",在何种意义上理解崩溃,而且包括在何种意义上理解经济危机和资本主义的极限。每个人的回答都暴露出他们在这些问题上的分歧或认识的不确定。

---

① 中央编译局编:《伯恩施坦言论》,生活·读书·新知三联书店1966年版,第137、37页。

伯恩施坦指出，第二国际眼中的"崩溃"，"指的不是现代社会已经屡次遭遇的普通的营业危机，而是真正的、巨大的世界历史性危机；不是指哪几家资本主义企业的破产，而是整个资本主义经济全盘崩溃"①。换而言之，伯恩施坦所理解的"崩溃"，是包括经济崩溃在内的"无所不包的危机"。他总结的这一"崩溃论"基本针对从马克思、恩格斯到考茨基，以及第二国际决议中通常与"普遍生产过剩"联系在一起的普遍危机说。但考茨基除了竭力否认马克思、恩格斯有一个社会灾变的崩溃思想，指责伯恩施坦的主张自相矛盾，对马克思有误解外，并没有对"崩溃"问题作出正面回答，相反，考茨基一再坚持生产过剩的危机的必然性。但是，他根据生产力的发展和市场扩张之间的差额来论证生产过剩，以此批驳伯恩施坦时，却得出了缓慢的生产过剩，即停滞和长期萧条的结论，并且认为这种缓慢的生产过剩是资本主义"生存能力的最终界限的确定"。这意味着，考茨基把危机更多地与一种长期的趋势而不是周期性联系了起来。普列汉诺夫在给考茨基的公开信中，替考茨基，也替马克思主义阵营概括了对崩溃论的看法，即似乎无论是考茨基还是其他人，都没有认为社会灾变"只能是巨大而普遍的经济危机之结果"，"无产阶级的未来胜利未必要跟尖锐而普遍的经济危机联系起来"，所以伯恩施坦实际上是在无的放矢，"崩溃论"并没有被推翻。② 在此，普列汉诺夫相当于从概念上把"崩溃"和"经济危机"做了切割，否认经济危机是资本主义制度崩溃的充要前提，但他并不否认"崩溃"的必然性，只是强调它是阶级斗争尖锐化的直接结果，这样，就不再必然从纯粹经济意义上来理解"崩溃"，而是从政治意义上来理解。德国社会民主党内左派，如倍倍尔、李卜克内西、蔡特金等人对伯恩施坦都是持毫不妥协的严厉批判态度的，他们当中，卢森堡的态度表现得尤为激烈和彻底。但卢森堡的回击是直接把反"反崩溃论"的大旗举了起来，针锋相对地论证崩溃论的成立，尤其是它与资本主义经济危机内在必然的联系。

在批判伯恩施坦修正主义的一组文章《社会改良还是社会革命》的第一篇中，卢森堡开宗明义地说道："到目前为止，社会主义理论认为，社

---

① 中央编译局编：《伯恩施坦言论》，生活·读书·新知三联书店1966年版，第35页。
② 中央编译局编：《德国社会民主党关于伯恩施坦问题的争论》，生活·读书·新知三联书店1981年版，第95页。

会主义革命的出发点将是一个普遍的、毁灭性的危机。"但她同时提醒，所谓的"普遍的、震动一切的商业危机"，只不过是崩溃的一定形式，而不是崩溃本身。接着她指出，正是资本主义经济不断增长的无政府状态，"使得它的崩溃成为不可避免"，而伯恩施坦认为"资本主义的发展不是走向一个普遍的经济危机"，他就"不仅否定了资本主义灭亡的一定形式，而且也否定了资本主义灭亡本身"。① 由此可以看出：首先，卢森堡区分了"普遍的商业危机"和"崩溃"，前者只是后者的表现形式之一。"普遍危机"将引起社会主义革命，导致了资本主义制度的灭亡。其次，卢森堡坚持资本主义崩溃的必然性，并将它说成是生产的无政府状态的结果。接下去，卢森堡分别从信用、企业主联合组织、中小企业的作用等方面逐一驳斥伯恩施坦的"资本主义适应论"和"危机缓和论"。当谈到信用制度如何加剧资本主义危机时，她明确将其与生产过剩趋势联系起来，认为信用使生产的扩张得以不断突破市场的界限，一方面作为生产过程因素召来了生产过剩，另一方面又作为流通手段摧毁了生产力。

最关键的部分是，卢森堡在回答为什么20年来没有发生普遍商业危机（这也是伯恩施的主要论据之一）时，她指出，迄今为止发生的10年一次的商业危机只是资本主义危机一定时期的外在形式，是资本主义处于青少年阶段的表现，其爆发的原因是"资本主义经济范围的突然扩大"，而不是力量的用尽。资本主义力量的用尽是"世界市场的发展和力量消耗已经达到了如此程度，以致生产力同市场的框框将发生致命的周期性的冲撞，即发生资本主义的老年危机"，相当于崩溃时期的到来。而19世纪末的危机，在卢森堡看来，既不是"伴随着资本主义的繁荣昌盛而来的阶段，而且也不是伴随着资本主义的衰退而来的阶段。这种过渡时期的特征也就是20年来一般表现出来的营业不景气过程，即短期的繁荣同长期的萧条交替出现"②。这也意味着，伯恩斯坦不能根据10年一次周期性商业危机的结束来否定崩溃的必然到来。

卢森堡事实上区分了经济危机的三种形态：10年一次的周期性危机、长期性下降（萧条或停滞）和终极危机（也即资本主义的总崩溃），它们分别对应资本主义发展的早期阶段、过渡阶段（或中间阶段）和晚期阶

---

① [德] 卢森堡：《卢森堡文选》，李宗禹编，人民出版社2012年版，第7页。
② [德] 卢森堡：《卢森堡文选》，李宗禹编，人民出版社2012年版，第17—18页。

段。这是她比考茨基在马克思主义的危机认识进一步具体化上迈出的更大一步,也为我们分析后来的危机理论提供了一个有价值的参考框架,尽管我们不能说卢森堡总结的三种对应关系就一定是正确的。此外,卢森堡的论述也存在着一定的前后思维混乱,例如她一方面把 10 年一次的周期性危机看作资本主义早期的危机,另一方面又不否认它是本应在晚期阶段发生的"崩溃"的一定形式;前面的论述中,崩溃是与生产的无政府状态联系在一起的,后面又明显与"世界市场的饱和",一种最终的消费不足趋势联系起来。由此我们还很难断定,卢森堡所同时涉及的生产的无政府状态、生产的过剩、消费不足在她那里究竟具有什么样的关系。

无疑,伯恩施坦的攻击较为牵强和短视,具有浓厚的实用主义色彩,但正统派对资本主义质变的断然否定也还不足以彻底地打击修正主义,因为他们自身对危机问题的认识都还需要进一步的梳理和深入。同时,围绕崩溃论的论战焦点也在发生着转移,从会不会崩溃转到了资本主义的表象中有没有包含着崩溃的因素,这一点却有助于推动对危机认识的具体化。但是,反击伯恩施坦仅仅是推动这一过程的第一波,而在反击杜冈-巴拉诺夫斯基的第二波中,我们发现问题将表现得更为明显。

(二) 杜冈-巴拉诺夫斯基的挑战

当杜冈-巴拉诺夫斯基还是个"合法的马克思主义者"时,他既在资产阶级学派中也在马克思主义中有一定影响,集中阐述其危机理论的《英国商业危机的理论和历史的研究》[①]一书于 1894 年出版后,它在双方阵营都激起了强烈的反应。作为与俄国民粹派争论的产物,同时也是对先前危机理论的总结(从古典学派到马克思),一方面杜冈的危机和周期理论被司匹托夫等人视为"非货币投资过度论"的基础,另一方面却引起了马克思主义阵营的不满。

杜冈的比例失调说最根本的出发点是要反驳"消费需求是市场界限"这样一种假设。他认为,先前的所有危机理论,即便是作为对立双方的李嘉图和西斯蒙第,也都是以此为共同的潜在前提的。而马克思和恩格斯,及其后的马克思主义者同样被视为不同程度的"消费不足论"者,因为,

---

① 等到该书 1913 年第三版时,杜冈加入了对第二国际批评的一些回应。第三版书名改为《周期性工业危机》。

在他们看来，"资本主义生产的市场容量决定于社会消费量。如果产品产量比消费量增加得快，就会有一部分产品卖不出去和一部分资本闲置起来。于是商品普遍生产过剩。资本主义生产的发展必然会使这种生产过剩现象愈来愈无法摆脱……这样下去，总有一天商品的普遍生产过剩会成为经常性的现象，于是资本主义经济制度就会因为资本主义工业的产品不能继续销售而崩溃"①。在如此概括马克思主义的危机思想时，杜冈显然与伯恩施坦一样，把它视作一种"崩溃论"，同时也和后来的斯威齐一样，都把生产过剩和消费不足理解为"一物的两面"。然而马克思主义阵营中，在杜冈所针对的"消费不足"意义上，真正与他构成直接对立的，确切地说只有卢森堡。其他人，例如马克思和恩格斯，众所周知不只有强调有限市场一条线索（杜冈也承认这一点）；考茨基的观点较为含糊，但在生产过剩不完全等同于消费不足上，考茨基与恩格斯、列宁一样都批判过消费不足论。

杜冈从对马克思再生产公式分析中得出的结论是：只要"社会生产比例适当，无论社会消费需求怎样减少，社会需求和社会供给都会保持平衡"②。据称，社会消费需求的减少完全可以被对生产资料需求的增长所抵消，特别是在资本主义社会，生产力的增长主要来源于生产资料的增长。资本主义生产可以不顾消费需求无限扩大，它的界限只有社会生产力——从而另一个自然而然的结论是：杜冈不认为所谓"马克思主义的崩溃论"能够站得住脚。然而他比伯恩施坦聪明之处在于，后者把危机和"资本主义崩溃"紧密联系在一起，试图通过论证"危机已大大缓和"来得出改良主义的结论；杜冈则把危机看作是资本主义周期性的一种正常现象，不认为它与"崩溃"有什么关系，所以，即便"崩溃论"是错误的，也并不否定资本主义的危机必然性。对于后一点，许多马克思主义者当然是赞同的，但"资本主义生产可以脱离消费自行实现积累"的观点却普遍遭到了他们的不屑，因此，批判的矛头主要对准的是杜冈对马克思再生产公式的"修正"和"滥用"，他关于危机的周期性如何形成的解释则较少受到关注。

马克思主义者并不否认比例失调，但把生产与消费完全割裂显然是他

---

① ［俄］杜冈-巴拉诺夫斯基：《周期性工业危机》，张凡译，商务印书馆1982年版，第211页。
② ［俄］杜冈-巴拉诺夫斯基：《周期性工业危机》，张凡译，商务印书馆1982年版，第235页。

们完全无法接受的,而从统一生产过程各环节的割裂中探寻危机根源的做法恰恰也是杜冈本人所反对的。最初提出批评的是被杜冈称为"修正主义者"的施米特,不过他只是重申了消费与危机以及资本主义崩溃间关系的正统看法:"如果说危机的祸害只根源于生产的比例失调,那末,在现存经济制度的整个基础动摇以前,它决不会随着资本主义的发展而必然加剧。然而,实际情形却会是完全另一样的,因为生产扩大自然会(与所谓危机发生原因的生产比例失调根本无关)受到居民消费需求的限制,即使这限制是有伸缩性的。从这个观点出发,可以用最浅显的话说明资本主义的发展注定要引起经济的总崩溃。"① 考茨基一方面通过重新解释再生产公式驳斥杜冈对马克思利润率下降规律的否定,另一方面极力缩小杜冈图式的意义,认为即便论断中具有某些合理成分,但它说明的只是从简单再生产向扩大再生产过渡的特殊时期,不能作为资本主义的典型情况。

杜冈对崩溃论的否定尤其使卢森堡反感。她尖刻地嘲讽道,关于再生产两大部类关系的见解"只是杜冈-巴拉诺夫斯基的具有庸俗经济学的典型性幻想","只是萨伊的陈腐而无知的谬论——即任何一种商品的生产过剩仅足以表明另外一种商品的生产不足——的翻版"②。卢森堡进一步指出,生产资料超过消费资料增长并不是资本主义特有的规律,而是人类劳动的普遍规律,也适用于社会主义。但前者发生危机后者却不发生,根源不在于比例失调,而在于前者存在剩余价值生产后者则不存在。布哈林同样尖刻,认为杜冈"装腔作势地谈论"生产资料增长快于消费资料增长的"真理"时,"他只是在剽窃马克思的观点"③,恰恰是在资本主义社会,生产资料的增长比社会主义更慢。布哈林说道,整个社会生产是一连串相互联系的生产部门,这根链条的终端则是消费资料的生产。其他人如潘涅库克、鲍丁④和希法亭,同样从"生产资料最终要转化成消费资料"的角

---

① [德]施米特:《商业危机和生产过剩理论》,转引自[俄]杜冈-巴拉诺夫斯基《周期性工业危机》,孔凡译,商务印书馆1982年版,第212页。
② [德]卢森堡:《资本积累论》,彭尘舜、吴纪先译,生活·读书·新知三联书店1959年版,第251、254页。
③ [苏联]布哈林:《帝国主义与资本积累》,选自[德]卢森堡、[苏联]布哈林《帝国主义与资本积累》,紫金如等译,黑龙江人民出版社1982年版,第224—225页。
④ 当时美国的马克思主义者,同样参与了与杜冈的论战。其观点参见[美]保罗·斯威齐《资本主义发展论》,陈观烈、秦亚男译,商务印书馆1997年版,第190—191页。

度来反驳杜冈。①

如斯威齐所说,以上批评背后隐藏着一个为各派马克思主义者所公认的思想:生产从其自然本质上讲终究是为人类消费而生产产品的过程,而不管其历史形式如何。②但这种"生产一般"又与其一定的具体历史形式(资本主义生产)构成了矛盾,因为后者的目的,如马克思指出,不是为消费而生产而是为生产而生产。因此,在资本主义社会,生产资料的生产与消费的关系变得异常复杂和有趣,两个方面分别对应着《资本论》所论述的剩余价值的剥削条件和实现条件。对马克思主义者来说,比例失调论和消费不足论都可以看作是对这一问题的片面回应。我们看到,列宁的观点尤其反映了这种"折中"的立场,因为他既批判了民粹派的"消费不足论",又批判了杜冈的"比例失调论"。当列宁批判民粹派时,他的说法从根本上说与杜冈没有太大差异:"资本主义国内市场的扩大,在某种程度上并'不依赖'个人消费的增长,而更多地靠生产消费。"与此同时对杜冈的批判是:"但是,如果把这种'不依赖性'理解为生产消费完全脱离个人消费,那就错了:前者能够而且也应该比后者增长得快(其'不依赖性'也仅限于此);但是不言而喻,生产消费最终总是同个人消费相关联的。"③ 也就是说,生产资料与个人消费无关只是相对的不是绝对的,不过,"在这种相对独立性中,资本主义具有无视大众需求而发展自己的一种趋势"④。

在类似的观点当中,马克思主义者们似乎对危机的两种趋势或类型做了区分(尽管并不是所有人都充分意识到了这一点):在一定时期内,生产是可以不顾消费需求膨胀的,从而产生了以"生产的无政府状态"为基础的周期性危机;而从长期积累趋势来看,生产必定会受到市场规模的限制,这又不可避免与消费不足联系在了一起。那么对于后一点来说,是否意味着这就是资本积累的终极极限或普遍的总体性危机呢?这个问题除了

---

① 但是,几乎没有人注意到杜冈言论中的某些明显的漏洞或自相矛盾之处。例如,他说"只要比例恰当,压缩消费资料生产和减少工人人数也不影响资本积累,不会产生危机",然而"消费资料生产减少"和"工人失业"这些现象存在本身就已经表明是危机了!

② [美]保罗·斯威齐:《资本主义发展论》,陈观烈、秦亚男译,商务印书馆1997年版,第192页。

③ 《列宁选集》第1卷,人民出版社1995年版,第180页。

④ [日]佐藤金三郎等编:《〈资本论〉百题论争(三)》,刘焱、赵洪、陈家英译,山东人民出版社1992年版,第193页。

卢森堡，几乎没有人明确回答。列宁把上述生产和消费之间的矛盾归结为资本主义的"内在矛盾"，到了20世纪40年代，斯威齐对此做了进一步发挥，把"创造使用价值的生产目的"与"扩大交换价值的资本主义生产目的"说成是"构成资本主义社会的基本矛盾"，"一切其他的矛盾，最后都是从这个矛盾派生出来的"①。然而值得注意的是，无论是马克思本人还是列宁，都没有明确提到这就是资本主义极限的最终根据，因此问题仍然存留了下来。如果再联系到批判杜冈的情形（对伯恩施坦的批判是即时的，且集中在短短几年间，对杜冈的批判则断断续续延续了20多年，且都是在许多作者论证自己危机理论时提出的），它表明了一个重要事实：杜冈的挑战或许是不成功的，但他无意中揭开了正统马克思主义关于马克思危机理论传统认识的一些空白之处，尤其是在再生产问题上，因为杜冈就此提出：再生产公式的均衡性质与资本主义的现实矛盾到底是什么样的一种关系？这迫使他们中的一些人一再深思，从而衍发出某些不同的新的思路。这可能也是西蒙·克拉克说杜冈的批评使马克思主义出现分裂的原因吧。②

（三）考茨基、希法亭和卢森堡的观点

围绕伯恩施坦"反崩溃论"的争论和杜冈-巴拉诺夫斯基"再生产理论"的争论实质上都指向了同一个问题，即如何理解资本主义19世纪末以来的巨大变化，尤其是它的前途或命运将走向何方？但这个问题事实上又包含着两个维度：从深度上如何理解资本主义危机？它主要涉及对马克思危机理论的进一步把握。从广度上如何理解资本主义危机？它主要涉及帝国主义问题。这两个维度并不能够截然分离，但还是可以有所区分的。因此，尽管许多马克思主义者或多或少都同时涉及二者，但我们可以说，仅就第一个维度而言，第二国际所诞生的较有代表性的成果无疑来自考茨基、希法亭和卢森堡。

考茨基被公认为第二国际的理论权威，他关于危机的论述基本以力图维护马克思主义创始人的观点为特点，然而在考茨基对导师观点的"忠

---

① ［美］保罗·斯威齐：《资本主义发展论》，陈观烈、秦亚男译，商务印书馆1997年版，第193页。

② 参见［英］西蒙·克拉克《经济危机理论：马克思的视角》，杨健生译，北京师范大学出版社2011年版，第40页。

实"阐述中，实际上是包含着某种程度的"偏离"的。

在1886年写成的《马克思的经济学说》这部以通俗化方式介绍《资本论》第1卷的著作中，考茨基只是简单地概括了经济危机，把它看成商业周期的一个方面，是由资本主义生产方式"只受到原料和销售市场的限制"所导致的。在该书增补版中，考茨基再次提到作为10年一次"循环运动"的一个方面的危机，而结束危机的，是市场容量适当扩大，能够吞纳剩余商品，这样，"旧的循环又重新开始，只不过规模比以前更扩大了"。① 在考茨基对危机做如此粗线条的描述中，危机仿佛不是资本主义生产方式内在矛盾爆发的结果，而只是由外部的市场因素来驱动的。1892年出版的《爱尔福特纲领解说》中，考茨基关于危机的论述就显得较为复杂，线索也比较凌乱。

在主要为批判杜冈而写成的《危机理论》中，考茨基一再重申危机的"相对生产过剩"属性。他明确说道，危机是生产过剩的结果，但问题是"生产过剩从何而来"。在考茨基看来，"商品生产不仅使危机有可能由于生产过剩而引起，它也使生产过剩概念本身具有新的形态"②，它不仅与消费不足相关，也与比例失调相关。对于比例失调，考茨基把它归结为其中一个具体原因，也就是说，就短期而言，比例失调论是可以站得住脚的。"我们认为资本主义生产过程的无计划性是危机的先决条件之一和有时单独也会引起危机或者还会使普遍危机加剧的一个因素"。但比例失调与生产过剩的关系考茨基表述得明显有些混乱。他说道，比例失调可以造成危机，为此并不一定需要任何普遍的生产过剩。与此同时，比例失调也只是生产过剩的一个可能后果，因为，比例失调不仅可以由生产过剩引起，也可以由生产不足引起。但另一方面，生产过剩毫无疑问也是由"生产的无政府状态"所造成的。从长远看，生产过剩同样是消费与生产比例失调（消费不足）的后果，因为，"资本主义生产方式必然一方面导致限制资本家的个人消费，而另一方面恰恰由于这样而导致生产资料的不断增长和劳动生产率不断扩大。被剥削者的消费不足限制不再通过剥削者的相应的消

---

① ［德］考茨基：《马克思的经济学说》，区维译，生活·读书·新知三联书店1958年版，第147、194页。

② ［德］考茨基：《危机理论》，载赵洪主编《国外〈资本论〉研究》，东北财经大学出版社1987年版，第17页。

费而得到补偿"①。考茨基强调，马克思、恩格斯把消费不足看作危机的最后原因，而不是直接原因。这样，在考茨基那里，生产过剩与危机的短期趋势和长期趋势都具有密切相关性。

确切地说，考茨基始终都没有一个足够明确和完整的经济危机理论，他对马克思、恩格斯片言只语的引用和发展没有足以使他建立起一定的系统性思想，然而他论述焦点的不断转移某种程度上恰恰反映了马克思、恩格斯关于危机的论述所包含线索之复杂和丰富。就此来看，希法亭和卢森堡的危机论在理论深度和逻辑完整性上超过了考茨基，但同时也有一定的片面性，因为与考茨基不同，后二者持有明显的经济危机单因素说。

尽管希法亭参与了对杜冈－巴拉诺夫斯基的批判，但后者显然同样使他受到启发，如他明确所说，杜冈－巴拉诺夫斯基的贡献正是在于，他指出了再生产理论对研究危机问题的意义。1910 年出版的被视为马克思主义进一步发展的经典著作《金融资本》中，希法亭比杜冈更进一步地发挥了比例失调论。希法亭的危机论和他的货币论一样，基本是从流通角度来阐释的——"一般地说，危机就是流通过程的阻碍"。但他认为，流通的破坏决不能由消费不足来说明，消费不足不过是比例失调的一个方面，而"消费过度膨胀本身像生产资料的生产保持不变或减少一样，也必然导致危机"②。不仅如此，希法亭认为，消费不足和信用的发展、生产的无政府状态，都只是危机的一般条件，即危机发生的一般可能性条件而已，危机的现实性条件（即真正原因）应该从资本主义生产的特殊性中寻找。所谓的特殊性，就是资本主义生产消除了生产和消费的直接联系，并在二者之间"插入了资本按当时的一定比率进行增殖的条件"，这种按一定比率增殖的条件，正是通过社会再生产过程来实现的。因此，希法亭和杜冈一样，都试图通过对马克思再生产公式的解读来说明，只要资本主义再生产两大部类之间保持一定的平衡，尤其是固定资本的折旧和更新能有效平衡，那么资本主义生产就能不受干扰地进行；相反，在比例失调情况下，即便是简单再生产也可能会发生危机。

在希法亭的论述中，不变资本，尤其是固定资本因素占据着决定性的

---

① ［德］考茨基：《危机理论》，载赵洪主编《国外〈资本论〉研究》，东北财经大学出版社 1987 年版，第 21 页。

② ［奥地利］希法亭：《金融资本》，福民等译，商务印书馆 1994 年版，第 270、289 页。

作用。在他看来，生产的比例关系的失调实际上根源于固定资本对价格规律和利润率的干扰，因为后者引导着资本家投资的方向。首先，不变资本比可变资本增加得快，且固定资本比流动资本增加得快，使资本有机构成提高，从而导致利润率下降，这便是危机到来的时刻。与此同时，固定资本的周期性发展还为危机的周期性准备了物质基础，因为产业周期是从固定资本的更新和增加开始的，而后者又是推动繁荣到来的主要动因。在繁荣阶段，利润率提高；在萧条阶段，利润率下降。但从繁荣到衰退的转折又是如何发生的呢？希法亭解释道，繁荣阶段初期，技术进步、市场需求增加、资本周转时间缩短等多种因素共同提高了剩余价值率和利润率。与此同时，固定资本量大、资本有机构成较高的部门由于首先获得超额利润，更多地吸引了投资，也由于这些部门产品制造时间较长，供给越落后于需求，价格上涨越厉害，利润率就越高，生产的扩张越厉害，从而生产过剩也就越严重。当这些新产品进入市场时，生产的不均衡就表现了出来。因此，固定资本高的部门具有过度投资和过度积累的倾向，固定资本量越大，危机的作用也就越强烈。除了资本有机构成的差别产生的价格构成不协调外，希法亭还提到由自然情况产生的不协调，那就是固定资本比重越大，对原料的需求越多，原料生产就越相对不足，由此引起原料价格剧烈波动，这也是导致危机的一个原因。此外，固定资本再生产方式所需的补偿条件（如一定的商品储备和货币储藏）的变化，以及生产和消费关系变化（繁荣时期积累增长快于消费增长）都对生产比例造成干扰。

从以上分析我们可以看出，希法亭对危机的阐释包含着多个方面：既有比例失调因素，也有消费不足、利润率下降、生产过剩因素。但是，在他看来，这些都不过是用来说明繁荣期间的价格构成如何干扰生产调节，从而最后必然导致销售停滞罢了。希法亭提到的上述因素都跟传统的马克思主义解释有所区别，例如，在他那里，利润率下降并非马克思所说的一种长期趋势，而只是跟投资周期挂钩的周期性现象。生产过剩不是泛指一般意义上的普遍生产过剩，而是由固定资本生产因素达到较大规模引起的相对生产过剩。[1]

希法亭的危机理论具有折衷主义的色彩。一般来说，比例失调论本身

---

[1] 希法亭不仅区分了"相对生产过剩"和"普遍生产过剩"，还指出危机时期的普遍生产过剩不单纯是商品生产过剩，而是资本生产过剩。

就很容易被看成修正主义，因为它主张资本主义的缺陷仅仅根源于生产的无政府状态和市场调节的失灵，这也意味着，通过加强国家或垄断组织对生产的调节就有可能改善。但在希法亭那里，温和的前提却有可能得出激进的结论：一方面，他的危机论事实上跟资产阶级经济学的危机论一样，都从一般均衡前提出发，假定资本如果能在生产各部门之间自由流动，从而形成平均利率，就能使资本分配关系平衡，供给和需求也就处于均衡状态，危机则是对均衡的破坏。另一方面，固定资本由于自身的特点使资本容易沉淀下来，于是对资本的自由流动构成了障碍，尤其是在他分析的帝国主义时代——希法亭用"金融资本"一词概括了该时代的基本特征。由于固定资本积累的加速，卡特尔的形成，金融资本的垄断，更是加强了这一障碍，使资本转移更加困难，从而扭曲了价格信号，导致了生产的紊乱，因而，金融资本的垄断被看成资本主义不稳定的根源。希法亭认为，卡特尔不仅不能阻止危机，而且还加剧了导致危机的基本矛盾，通过卡特尔来消除危机的说法是荒谬的。"生产的无政府状态不能通过各个因素在增强它们的效率和强度的条件下同时减少量来消除。它根本不能分期分批地或逐渐地加以消除。有调节的生产和无政府的生产不是量的对立，以致可以通过补缀越来越多的'调节'便由无政府状态变成自觉的组织，而是只有通过把整个生产置于自觉的监督之下，整个转折才能突发式地产生。谁实施这种监督，生产属于谁，是一个权力问题。"① 从中得出的结论必然是，只有消灭金融资本的垄断统治，实施社会主义的计划调节，生产的不稳定才能够被克服。

希法亭所着重分析的，正是前文第一节里指出的早期帝国主义时期的重要现象。然而，由于他只片面强调固定资本积累、垄断组织与危机的关系，在此意义上可以说，希法亭企图用比例失调来说明危机一般，实际上只能解释早期帝国主义阶段危机的某种特殊原因。而他理论中所包含的不彻底和机会主义的因素，也许正是为他今后从激进立场的转变埋下了种子。

卢森堡的危机理论也首先建立在对再生产问题的研究基础之上。卢森堡《资本积累论》一书的核心仍然是对"崩溃论"的探讨：如果资本主义的再生产（积累）可以自行实现和无限持续，那么资本主义的崩溃如何能

---

① ［奥地利］希法亭：《金融资本》，福民等译，商务印书馆1994年版，第339页。

够发生？如前所述，"崩溃"对卢森堡来说并不是指周期性危机，而是由资本主义生产方式内在矛盾决定的必然爆发的总危机。对她来说，"企图利用危机的周期性特点来解决再生产问题，正如企图利用供求波动来解决价值问题一样，基本上是庸俗经济学的一种手法"①。

卢森堡在对从魁奈、斯密到马克思再生产理论，以及围绕此问题的一系列历史争论进行回顾后，所得出的结论是资本主义积累没有自我实现的可能。那么如何不可能呢？问题集中在对马克思再生产公式第二例的批评上。卢森堡认为，马克思并没有回答：就社会总产品价值等式（$c+v+m$）而言，其中 c 补偿不变资本，v 构成工人的消费，m 的一部分 m' 构成资本家的消费，扩大再生产条件下，剩下的那部分，即用于积累的部分 $m-m'$ 将不断增加，那么它靠谁去支付和实现？这也是卢森堡理解的，资本积累的中心问题就是剩余价值的实现。卢森堡进一步批评道，马克思的公式没有解答扩大再生产为谁进行的问题，整个再生产过程呈现出了一种循环反复：部类Ⅰ扩大再生产的实现依赖部类Ⅱ——部类Ⅱ扩大再生产的实现依赖部类Ⅰ——部类Ⅰ再依赖部类Ⅱ，变成了为扩大再生产而扩大再生产。该图式也完全没有考虑到在资本积累增大的条件下，资本有机构成和剩余价值率是逐年提高的。按此假定，卢森堡提出了自己的修正公式，结果显示：4年下来，生产资料将出现供应不足，消费资料则逐年增加。这使得她有理由声称，在马克思假定的只有资本家（包括其依附阶级）和工人两大阶级的社会里，只要没有人购买新增的产品，那么公式描述的资本积累正常过程将中断，即到达了积累的极限。于是，非资本主义环境的"第三者"，即殖民地的小生产者就被引进来，作为解决资本积累矛盾的出路，因为他们被看成是实现资本主义多余价值的销售对象。由此，卢森堡把资本主义发展的动力问题转换成了必须依靠外部解决的最终的消费不足问题。

马克思主义阵营内部，卢森堡的观点遭到了普遍的批判，几乎没有人支持她对马克思再生产问题的解决方式，不管是她的同时代人还是后来者，尽管每个批判者的具体理由都不尽相同。例如，对于列宁来说，他先前对民粹派的批判完全可以用在卢森堡身上：现实中资本主义国家之所以

---

① ［德］卢森堡：《资本积累论》，彭尘舜、吴纪先译，生活·读书·新知三联书店1959年版，第6页。

要有国外市场，绝不是由其社会产品的实现规律决定的，而是取决于资本主义另外的自然发展的和竞争的因素。斯威齐指责道，卢森堡的逻辑矛盾在于，她讨论扩大再生产，却内在地保留了简单再生产中的假定——似乎可变资本是恒定而不是可增加的，事实上积累本身就包括了可变资本的增加，即消费的增加。此外，如果资本主义封闭体系中的自我积累不可能，那么引入外部的第三消费者也不会改变这种状况，因为从他们那里不可能只销售而不购买，剩余价值不会用这种方式来处理。布哈林认为，卢森堡的理论从目的论出发，这在社会科学中是错误的，扩大再生产客观上就已回答了为"谁"服务的问题。但几乎所有重要的批评都集中在她对再生产公式的理解上。潘涅库克认为，卢森堡用公式表明的扩大再生产矛盾根本就不存在，因为也可以根据另外的前提制定出符合某些条件的公式来，她也不理解马克思的公式要说明的是资本主义追逐利润的本质。鲍威尔为了驳斥卢森堡对马克思公式任意性的批评，重新制定了一个"摆脱任意性"的与人口增长保持一定平衡的公式，计算结果是并无卢森堡公式表明的那些问题，积累完全可以通过两大部类间的交换实现。鲍威尔进一步指出，积累的界限是由积累过剩（即积累超过工人人口增加）引起一般利润率急剧下降，而不是卢森堡所说的积累正常过程的中断，但这一界限完全可以在资本主义内部通过周期性危机来得以解决。布哈林也根据马克思的公式制定了三个方程式，用以说明卢森堡对马克思的歪曲和误解。卢森堡在后来的《资本积累——一个反评判》中又对鲍威尔、潘涅库克、埃克什坦等人进行了回击，重申她对公式的理解。围绕着再生产公式的这一切争论使得再生产问题成为卢森堡危机理论中最引人瞩目和最关键的部分，以致她书中涉及的更有现实意义的具体政治分析基本没有得到应有的讨论。

然而卢森堡危机理论的复杂性在于，她的抽象研究是与说明"帝国主义"的必然性及其后果——资本主义崩溃这一重大现实问题紧密联系在一起的，事实上，后者才是她为了探索资本主义新变化需要关注的终极对象。而她的论战对手们对马克思再生产公式的均衡性质极力维护，也就不大可能理解卢森堡对公式前提批判的真正意图——从均衡状态不可能推导出非均衡的结果。这说明，卢森堡对修正主义危害的敏感超过了她的论战对手。总之，对再生产公式的纠缠使得争论不断偏离了原来的问题。的确，卢森堡把抽象公式直接用于解释资本主义的现实变化是错误的，同时，（正如布哈林正确指出的）《资本论》所设想的抽象条件下一般资本主义积累的可能与现实条件下资本主义的崩溃并不矛盾，公式与现实积累的逻辑完全可以相分离。不过这样一来，也很容易回避或抹杀了《资本论》与资本主义具体历史阶段内在的逻辑联系。卢森堡所做的，正是试图架构一座从《资本论》第2卷到现实积累之间的桥梁，虽然她进行得并不成功，但由此也使得她的理论具有了一种奇特的矛盾品质：不合理的外壳包含着一定正确的内核，具有改良主义色彩的消费不足论与激进的革命因素结合了起来。多年以后，人们对卢森堡作为前提的再生产理论不再给予过多的关注，她在分析帝国主义的种种现象（包括军国主义、殖民主义、国际借款等），以及对世界体系的独特理解上所表现出来的敏锐洞察力和超前意识却日益彰显出新的时代光芒。她所开创的激进崩溃论传统也引导着20世纪20年代的危机问题争论。

（四）帝国主义时代的新问题

1. 空间、帝国主义与经济危机

如果说前一节中把握危机的视角是对经典理论从深度上进行挖掘的话，那么，帝国主义理论实际上是将空间的视角引入了同一问题的分析。就该方面而言，许多马克思主义者都做了非常有价值的探讨。例如，考茨基的帝国主义论无疑是将他的比例失调论应用到分析世界范围的工农业关系上的结果，希法亭对作为帝国主义外在形式之一的资本输出的描述也包含着深刻的空间征服的思想，但帝国主义，或空间问题基本不是他们危机理论的基点。沿着上述思路来阐释危机的最突出的理论来自布哈林、列宁和卢森堡。

布哈林的重要性在于，他有意识地建立了经济危机分析的空间整体观，这一整体观集中体现在他的"世界经济"的独特概念中。布哈林认为，各个国民经济体在全球地理空间中的生产和交换关系形成了世界经济。"世界经济"不是国民经济的简单加总，而是一个有机的总体，它超越了国家疆界，对空间进行开拓和统治（"世界经济在广度上和深度上不断发展"），其驱动力是资本主义生产力发展的内在要求。现代资本主义发展的结果是，各个国民经济体并不是孤立地存在，而是彼此之间具有了非常紧密的联系，囿于一国疆界内的单个国民经济不过是世界经济的"一个构成部分"。与世界经济紧密联系在一起的"帝国主义"同样具有征服空间的内涵。布哈林把世界经济这个广阔的领域看成帝国主义活动的舞台。

在他看来，世界经济是资本主义发展到金融资本主义时代才出现的，金融资本实施的政策就是帝国主义国家在世界范围内争夺销售市场、争夺原料市场和争夺投资范围，帝国主义甚至是"金融资本条件下的世界经济"[①]，因此，理解世界经济在空间上的发展趋势是理解帝国主义的基础。

布哈林的上述思想，使他对经济危机的理解在那个时代具有一定的独到之处：第一，布哈林主张从整体的视角来看待经济危机。他指出，对于危机，我们"不应该从单独一个国家的角度去研究，而应当从所有国家的普遍联系中，从整个世界经济的角度去研究"[②]。换而言之，对经济危机的把握不应再局限于一国范围，而应放置于全球空间的背景中，这也是对马克思"世界市场与危机"设想的具体化。第二，布哈林认为，帝国主义空间征服政策的动力之一是对外转嫁危机（此外还有追求较高的利润率）。他认为，现代资本主义国家激烈争夺销售市场、争夺原料市场和争夺投资范围，无非是这些国家工业品生产过剩、农产品生产不足和资本生产过剩的结果。第三，布哈林强调，危机在全球空间的层面继续存在。在他看来，正如不能仅从一国范围来理解国民经济危机，同样也不能仅从国民经济层次来理解危机。现代世界经济的特征是结构上的高度的无政府状态，这种无政府状态结构的表现之一就是世界性工业危机，另一方面是战争。一国内部消灭了无序竞争和危机，并不等于同时消灭了世界性的危机，"由于各'国民经济'体之间建立的混乱关系依然存在，就是说，世界经济的无政府状态依然存在，那么，危机也将继续存在"[③]。最为重要的一点，布哈林提示道，危机在民族经济与世界经济两个空间的对立中得以激化，最终表现为资本主义的总危机。他指出，19世纪末20世纪初资本主义发展的一个趋势是资本日益民族化，即资本在一国范围内（通过卡特尔化或托拉斯化）组织起来，形成了民族资本主义，但与此同时，各个民族资本主义之间的竞争却日益激烈起来，世界经济呈现出更为混乱的状态。资本主义发展的内在规律必然驱使资本冲破"民族"国家的局限，扩展更大的外部空间，因此，各帝国主义国家疯狂对外扩张和争夺势力范围，从

---

① 陈其人：《布哈林的世界经济和帝国主义理论》，《上海社会科学学术季刊》1988年第3期。
② 中央编译局编：《布哈林文选》（下册），东方出版社1988年版，第378页。
③ [苏联]布哈林：《世界经济和帝国主义》，蒯兆德译，中国社会科学出版社1983年版，第34页。

而也加剧了彼此之间的利益冲突,并最终导致世界大战,因为"战争也不过是在资本家的竞争扩大到世界经济领域时,资本家进行竞争的方法之一"。战争蕴藏着资本主义总危机和总崩溃的必然性,这是因为,"生产的无政府状态引起了战争,战争又使阶级矛盾空前激化;于是战争引起了革命。资本主义在开始从两个基本方面倒跨。资本主义崩溃的时代到来了。"①

空间在卢森堡的危机理论中占据着更重要的地位,在她看来,资本主义不光需要对外转嫁危机,而且只有依靠外部的非资本主义空间才能存活。非资本主义环境帮助消化资本主义生产超过自己需要的商品,实现剩余价值,克服消费不足的危机,还帮助剩余价值实现资本化,即为资本主义提供扩大再生产所必需的物质资料和劳动力。离开这两点,资本主义积累根本无法进行,同时也就表明资本主义抵达了自己的极限。在此语境下,消费不足不单指向资本主义的周期性危机,还主要指向资本主义的终极危机,这也意味着,在卢森堡那里,空间不仅与周期性危机联系在一起,更是与终极危机联系在一起。对于布哈林来说,世界空间不过是历史地形成的客观结果,相比之下卢森堡则更进一步,把空间的重要性提升到了本质的高度。

卢森堡把资本主义的整部历史,描述成首先是资本主义与非资本主义环境之间关系的历史,它包含着三个阶段:资本对自然经济的斗争、资本对商品经济的斗争、资本在世界舞台上为争夺现存的积累条件而斗争(帝国主义阶段)。每一个阶段向下一个阶段的发展,都意味着资本主义对适应自身生存条件的空间改造客观上的不断扩大,但同时也意味着资本主义生存余地本质上的不断缩小。因为资本所到之处,强制创造它的商品销售市场、原料产地、投资场所和劳动力储备池的同时,也不可避免地发展了新的资本主义,消灭了原有的非资本主义环境,从而不断挖掉了自身立足的根基。其结果是,世界范围内尚未侵占的非资本主义环境越少,出于积累的内在要求,资本主义对它们的争夺就越激烈——卢森堡明确用这一点来表述帝国主义。在这个意义上,她认为,帝国主义的各种手段(包括资本输出、保护关税、军国主义)虽然有助于资本积累,从而延长资本主义

---

① [苏联]布哈林、普列奥布拉任斯基:《共产主义ABC》,东方出版社1988年版,第121页。

寿命，但"它也是带领资本主义走向迅速结束的一个可靠手段"①。

应该说，卢森堡的理论一定程度上反映了资本主义发展的现象过程，尤其是 19 世纪末 20 世纪初的帝国主义。然而，将"外部空间"视为危机唯一的解决出路和资本主义存在的根本条件的观点，一与历史实情相比照，其错误则是毋庸置疑的。帝国主义国家对殖民地半殖民地的侵占和瓜分从 19 世纪 70 年代末开始加剧，与 1873 年后出现的长期萧条不能说没有关系，但卢森堡显然夸大了这种关系，因为帝国主义国家首先争夺的，恰恰不是非资本主义的落后地区，而是其他资本主义国家的市场和经济领土。此外，如前述历史部分所指，资本主义在 19 世纪末期从萧条转入新一轮长期繁荣的关键，不是宗主国与殖民地的贸易和投资，而是科技革命驱动下主要资本主义国家部类 I 的变革和加速积累。

卢森堡的独特价值在于，她是从生产关系的本质联系来理解空间问题的。"空间"在卢森堡那里并不仅仅是我们通常所说的政治地理概念，而主要的是一个社会经济学的概念。例如，在她看来，所谓的内部市场和外部市场，不是以国家为界，而应该以生产关系为界。她说道，从经济的观点出发，"德国与英国在相互交换商品上，主要构成了国内市场，即资本主义市场。但德国工业与德国农民间的交换，就德国的资本上看，表现为国外市场的关系"②。社会空间，这是卢森堡把握资本主义世界体系的一个富有创造性的视点。在这之后的 20 世纪，从空间角度阐释资本主义体系危机的相关理论得到了很大的发展，对空间的理解也在深化，例如，从依附论、世界体系论的对事物表面联系描述的"世界体系"，到新马克思主义空间理论的多元结构的"空间生产"。遗憾的是，卢森堡的空间观几乎没有得到足够的关注和继承。

列宁基于金融资本全球化的帝国主义理论并非直接来分析经济危机，但它显然比前两者的阐释更接近于当代世界金融危机的情形。其帝国主义论的特点是，它揭示了金融资本统治条件下，资本主义世界体系的空间统治结构，正是这一结构构成了全球危机爆发的背景和基础。列宁指出，帝国主义经济的根本特征在于，首先一国之内，自由资本主义转变成了垄断

---

① ［德］卢森堡：《资本积累论》，彭尘舜、吴纪先译，生活·读书·新知三联书店 1959 年版，第 359 页。
② ［德］卢森堡：《资本积累论》，彭尘舜、吴纪先译，生活·读书·新知三联书店 1959 年版，第 290 页。

资本主义，产业垄断和银行垄断的基础上形成了金融资本的统治。金融资本的本质是垄断。在这种统治结构中，产业资本对银行资本处于依附地位，它导致整个经济向食利化、腐朽化的方向发展。"商品生产虽然依旧'占统治地位'，依旧被看作全部经济的基础，但实际上已经被破坏了，大部分利润都被那些干金融勾当的'天才'拿去了。这种金融勾当和欺骗行为的基础是生产社会化……"[1] 因此，投机直接引发金融危机绝不意味着危机与产业资本的发展无关，金融危机的基础仍然是资本主义生产的社会化。

其次，金融资本的统治在全球空间层面上形成。垄断超出了一国范围，产生了国际性的垄断，几大跨国垄断组织结成垄断同盟。最关键的是，帝国主义国家的银行网在全球密布，出现了国际性的大银行，把全球各个产业联系在一起，加强了生产的集中和金融资本的国际垄断，金融资本由此把帝国主义经济变为了世界性的资本主义经济。国际性大银行与世界经济的发展紧密相关，其垄断地位不仅使经济危机不可避免地具有了全球共振性，而且还往往容易成为危机的震中。

金融资本必然要向外攫取空间。其主要原因在列宁看来，是金融寡头作为极少数的垄断者，通过对整个社会的剥削攫取了巨额的垄断利润，手中积聚和支配着巨额的货币资本，因此，"在先进国家里出现了大量的过剩资本"。在国内资本主义"已经过度成熟"的情况下，这些过剩资本只有输出到国外，才能保持和提高利润。资本输出又包括直接投资和间接投资，间接投资通常是输出的资本以投机的形式获利。列宁重点谈到了后一种方式，认为以放高利贷和剪息票为生的帝国主义的寄生性在增强，"资本主义的发展是从小规模的高利贷资本开始，而以大规模的高利贷资本结束"[2]。今天，金融资本在全球的投机通常是全球性金融危机的导火索，也正如列宁所指出的，这是帝国主义时代的重要特征之一。

列宁认为，金融资本统治下的世界体系包括两个方面：一个是资本主义世界殖民体系；另一个是资本主义世界金融体系。在世界殖民体系中，少数先进国家通过军事的暴力征服手段，把落后国家变为自身殖民地，或集体瓜分世界殖民地。在后一种体系中，资本输出则作为少数大国掠夺其

---

[1] 《列宁选集》第2卷，人民出版社1995年版，第594页。
[2] 《列宁选集》第2卷，人民出版社1995年版，第619页。

他国家人民的财富,实行经济剥削和统治的主要方式。但这两种掠夺方式又是交织在一起的,例如,金融资本对世界各国的剥削,这方面起很大作用的是设在殖民地的银行及其分行。金融资本不同的统治方式造成了不同的国家形式,不光有政治上经济上都不独立的殖民地占有国和殖民地,还有各种形式的附属国,"它们在政治上、形式上是独立的,实际上却被金融和外交方面的依附关系的罗网缠绕着"①。后一种国家形式即我们通常所说的"经济殖民地"或"经济附属国"。在世界殖民体系已经瓦解的当代,经济殖民地的处境和命运更易一目了然。由于金融上和经济上的依附地位,它们往往是西方资本主义大国发动金融危机的受害者和转嫁危机的对象。

2. 垄断、国家干预与经济危机

与帝国主义紧密联系在一起的资本主义经济特点无疑是垄断。第一次世界大战爆发后,战时统制经济以及战后经济的新变化,又使国家干预或国家垄断成为诸多文献关注的问题焦点。

马克思主义者中,较早指出垄断会加剧经济危机的是拉法格。20世纪初,拉法格就通过研究美国托拉斯的情况指出,托拉斯与独立的私人企业一样,都无法消除生产过剩,尽管前者试图去调节生产。这是因为,托拉斯属于资本有机构成高的企业,它们的设备占去了本应带来利润的巨额资本,倘若生产一停顿,就会造成巨大的损失,因此它们不管市场上的商品是否积压也得照样生产。而且为了获得更多的利润,托拉斯还会继续不断把钱投到扩充自己的设备或其他工业的设备上去,从而进一步加剧了生产资料过剩。此外,由于托拉斯工业体系与银行紧密结合在一起,生产领域中的任何麻烦都会给所有信贷机构带来严重的影响。这也意味着,垄断组织反而比独立企业更容易引发全面的金融危机。

与拉法格相反,普列奥布拉任斯基认为,垄断条件下出现的不是投资过度而是投资不足,需求增加并不会导致生产增加,而只会导致价格上升。此外,垄断使经济资源不能灵活地在各个部门进行分配,使总生产对总需求不能作出及时反应,从而使比例失调越来越严重。后一点上,普列奥布拉任斯基某种程度上与希法亭是不谋而合的。

第一次世界大战期间,列宁阐述了和拉法格相似的观点——垄断不可

---

① 《列宁选集》第2卷,人民出版社1995年版,第648页。

能消灭危机。"相反,在几个工业部门中形成的垄断,使整个资本主义生产所特有的混乱现象更加厉害,更加严重"①,"从自由竞争中成长起来的垄断并不消除竞争,而是凌驾于竞争之上,与之并存,因而产生许多特别尖锐特别剧烈的矛盾、摩擦和冲突"②,也就是说,垄断加剧了国民经济的比例失调,导致了一系列矛盾、摩擦和冲突,使资本主义生产社会化与生产资料私人占有制之间的基本矛盾尖锐化,从而使帝国主义时代的经济危机更加频繁。垄断加速了危机,危机反过来也促进了集中和垄断。

瓦尔加则从消费不足的角度来说明垄断是如何加深资本主义的基本矛盾的。一方面,由于资本集中大大增长,工业资本和银行资本融合为金融资本,越来越多的剩余价值落入了财阀腰包,但不论财阀怎样穷奢极欲,用于个人消费的只能是其所榨取的一小部分剩余价值;另一方面,哪怕是生产过剩,垄断组织也有维持着高度的价格水平的趋势,减少了独立资本家、中间阶层特别是工人阶级的收入,这样就相对地更加缩减了社会的购买力。因此,在垄断资本主义条件下,危机必定比在自由竞争条件下更深刻和更频繁,危机阶段和萧条阶段也必定更长久。

在国家干预与国家垄断问题上,许多人包括列宁和布哈林,都提及了战争如何加速使私人垄断资本主义向国家(垄断)资本主义的过渡,但是布哈林进一步指出,1914—1918年期间的战时统制经济(即战时国家资本主义)与战后的国家资本主义存在着原则差别。战时国家资本主义以保证消费为目的,但这种消费一是特种消费(如非生产性的军事消费);二是比较短时的,而不是越来越增长的群众消费,而且很大程度上是对"现有物质财富储备"的合理吞噬。换而言之,战时消费是靠牺牲生产、损害生产来进行,因而从消费的长远发展观点来看,对消费是有害的。因此,在战时国家资本主义制度下,资本主义生产的刺激因素受到了抑制。相反,战后国家资本主义则是作为"正常的"资本主义制度而日益发展起来的,它和先前的资本主义形式一样,都是牺牲消费而生产。这一观点与瓦尔加的分析有异曲同工之处。瓦尔加认为,战后初期的经济危机来源于生产的不足。战争造成对由国家支付的物品需要的巨大市场,使消费超过了生产,并由求过于供引起了价格猛涨,从而在直接参战的国家中发生了真正

---

① 《列宁选集》第2卷,人民出版社1995年版,第595页。
② 《列宁选集》第2卷,人民出版社1972年版,第807—808页。

的贫困；与此同时，国家用增加国债的手段来筹集军费，又使战争公债持有人以利息的形式获得社会生产未来的很大一部分产品。实际贫困伴随着表面富裕，正是这种矛盾的状况造成了战后危机的前提条件，包括普遍的通货贬值、国际信贷体系瓦解和国家破产。

不过，对布哈林来说，国家资本主义与其说加重了经济危机，不如说加重了整体的制度危机。尤其是在战后，资产阶级学者对国家资本主义的大量研究为布哈林的批判提供了坚实的靶子。他首先斥责社会民主党将国家资本主义冒充为社会主义，但是资产阶级的理论家，如施马兰巴赫、凯恩斯、桑巴特等人却都懂得，这不是社会主义，而是新形式的资本主义。其次，布哈林利用资产阶级学者"国家资本主义效率低下、滋生腐败、浪费巨大、官僚主义严重"的结论，指出国家资本主义有使经济出现停滞的危险，垄断的普遍性既然打击了竞争的矛头，就必然会导致大规模的寄生蜕化现象。从竞争的观点来看，国家资本主义在一国之内变成了竞争消亡和"经营不善"的组织问题，在国际范围内则转化为各资本主义国家间竞争的极大尖锐化问题，而最终的解决方法是战争。换而言之，国家资本主义激化了世界资本主义的内在矛盾，并促发了帝国主义战争。

鲍威尔认为，战争与战后重建使国家不可避免地走上了对经济进行强力干预的轨道，国家也的确在应对危机和欧洲战后复苏中发挥了有效作用。国家经济权力的极大增长导致了国家资本主义的出现，而在作为战争胜利者的盎格鲁撒克逊国家，经济生活可以通过国家资本主义逐步民主化和社会化。到了20世纪30年代中期，鲍威尔意识到了一场新的世界大战迫在眉睫，同时他也否定了国家资本主义式的社会主义幻想，指出国家对经济的调控并不是真正的社会主义经济计划，它只是提供了计划的可能性而非现实性，因此，国家资本主义不可能消除资本主义的基本经济矛盾，不可能消灭危机。

四 战后阶段：平稳发展抑或资本主义总危机

（一）马克思主义内部的进一步分裂

第一次世界大战并没有中断马克思主义内部围绕着经济危机的争论，但由于战争爆发后第二国际的破产，马克思主义者不仅在组织上，而且在理论、观点上的分裂在战后显得更加突出。

帝国主义战争没有如先前许多人所期望和预料的那样，推动国际无产阶级革命的胜利和促使世界资本主义体系走向崩溃。经历1921年短暂的危机后，战后资本主义似乎进入了一个相对平稳的发展时期。原先属于第二国际正统派的大多数西欧社会民主党人此时已放弃了"社会主义即将到来"的乐观信念，转而逐渐倾向于伯恩施坦渐进社会主义的改良主义主张，相应地，危机缓和论和资本主义稳定论、长期论也成为他们对资本主义未来发展的判断。例如，考茨基不再坚持自己先前的长期萧条观点，相反他认为这一观点已变得不切实际，声称："指望有朝一日，危机变得那么广泛、持久，致使资本主义生产不可能继续进行下去并且不可避免地要为一个社会主义所替代，这样的一种预料，今日再也得不到支持了。"① 在《金融资本》中，希法亭还坚决否认了垄断资本主义缓和危机的任何可能性，到了1924年，他已经发展起了一套系统的"有组织的资本主义"理论，认为战争期间和战后，集中化趋势的加强推动着资本主义由自由竞争向有组织的资本主义过渡。"在有组织的资本主义中，资本主义生产关系的不稳定性减少了，危机或至少是它们对工人的作用缓和了，对新的投资也能有计划地加以分配。"② 这意味着，在他看来，"有组织的资本主义"在不断削弱比例失调的危机。不仅如此，希法亭还痛批所谓的"崩溃论"："我对每一种经济崩溃理论一向都是深恶痛绝的……战后，拥护这种理论的，主要是布尔什维克，他们相信，我们现在正处在资本主义制度崩溃的边缘。我们没有理由害怕它。我们始终相信，资本主义制度的推翻，不是用宿命论的态度可以等待的，它也不是在这个制度的内在规律的作用中到来的，它必须是无产阶级的自觉行动。"③

另外，随着卢森堡的牺牲，持激进的资本主义崩溃论的观点也一度陷入沉寂，但20世纪20年代中后期斯滕伯格、格罗斯曼等人的争论再一次使这个话题得到恢复。其中，"马克思有没有崩溃理论"，以及"资本主义的崩溃如何表现"成了人们争议的焦点。从思路上看，斯滕伯格是卢森堡

---

① ［美］保罗·斯威齐：《资本主义发展论》，陈观烈、秦亚男译，商务印书馆1997年版，第231页。

② 殷叙彝：《从"有组织的国家资本主义"到民主共和国崇拜——论鲁道夫·希法亭的国家观》，《当代世界社会主义问题》2003年第2期。

③ 转引自［美］保罗·斯威齐《资本主义发展论》，陈观烈、秦亚男译，商务印书馆1997年版，第231—232页。

消费不足论的忠实追随者。斯滕伯格在1926年出版的《帝国主义》中，延续并扩展了卢森堡关于资本积累的分析，着重从劳动后备军作用的角度来说明非资本主义环境对资本主义发展的不可或缺。他提出，资本主义积累对剩余人口（即劳动后备军）的需要胜于对技术的需要，因为只有剩余人口才提供剩余劳动和剩余价值，而机械对劳动的替代效应在一定历史条件下完全可由外部市场过度补偿。此外，剩余人口有助于抑制工资水平的持续上涨，解除其对资本积累的威胁。剩余人口有资本主义内外部两个来源，当外部因素成为造就剩余人口的主要因素时，就进入了帝国主义阶段。斯滕伯格同样用剩余价值的实现问题来论证海外市场的关键性，但基本没有超出卢森堡的分析框架，只不过将资本有机构成提高趋势扩大到消费资料部门。他认为，正是这一点增加了剩余价值实现的困难。

斯滕伯格的理论很快受到了格罗斯曼的批评。格罗斯曼肯定马克思有崩溃的思想，肯定资本主义存在崩溃的趋势，但他认为，不能仅仅停留在资本主义的流通领域或商品交换等表面现象，而应从作为资本积累根本目的的剩余价值生产出发来探讨这一趋势。从1922年左右开始，格罗斯曼就一直在准备一部从内在经济运行机制来探讨资本主义发展规律的手稿，最终的成稿《资本主义制度的规律与崩溃：危机理论》于1929年大萧条前夕出版。在该书中，为了说明资本积累规律如何必然导致资本主义崩溃，他以鲍威尔为反驳卢森堡所制定的再生产公式为基础，并做了简单修正（如取消两部类的划分）。结果发现，在鲍威尔假定不变资本高于可变资本积累率，且二者积累率不变的前提下，如果利润率不断下降，即便不会消失，到了第35年，资本家获得的剩余价值会低于开启下一年再生产所需投入的资本额，积累将不得不停止，此时，资本家的消费已降为零，这意味着，生产在第36年完全崩溃。然而，崩溃（与利润率下降一样）只是一种趋势，并不是绝对和必然的。在此，格罗斯曼得出了和卢森堡一样的结论：为了阻止崩溃，资本主义走向了帝国主义。不过，在格罗斯曼含混的推论中，利润率下降有可能导致资本主义崩溃，也有可能造成周期性危机，后者作为一种调整机制，可以使积累过程重新开始。但他又明确主张，周期性危机也是崩溃趋势日益深化的外在表现，在资本主义经济达到崩溃极点之前，危机不仅不可避免，且将一次比一次严重。危机激化了资本主义各方面的矛盾，也激发了阶级斗争与无产阶级革命，从而使崩溃从可能的趋势变为现实。这一分析表明，格罗斯曼否定了卢森堡的分析过程，却赞同她的立场。他本人的著作同样遭到了多方的批判，它们既来自社会民主党，也来自苏联共产党，还来自其他独立的马克思主义者，例如斯滕伯格和莫斯科斯卡。

具有讽刺意味的是，尽管苏联官方将格罗斯曼的理论斥为"机械的资本主义自动消亡论"，他们同样被改良主义的社会民主党人看作"宿命的"崩溃论的重要代表。毋庸置疑，此种看法与他们对格罗斯曼的批评一样，都是有失公正的。正如我们已经看到的，"资本主义自动消亡"从来不是那些著名的崩溃论者的原意。毫无疑问，与社会民主党的温和保守形成对照，布尔什维克仍然持激进的危机观点和替代资本主义的观点，但他们已不再单纯基于经济的逻辑来探讨资本主义灭亡的命运，而是关注帝国主义和世界大战，以及由此引起的阶级斗争和民族解放运动对替代资本主义的影响，并从中阐发了资本主义总危机理论。这一理论与"崩溃"有一定联系，但由于上述特点，不能简单地视之为以往崩溃论的翻版。

"资本主义总危机"的概念最早由瓦尔加在分析第一次世界大战后的经济危机和经济周期时提出。他认为，1921年的经济危机不是通常生产过剩的危机，而是长期受经济危机支配的资本主义进入了最后阶段的危机。① 第一次世界大战揭开了资本主义的总危机，周期性的危机将变得越来越频繁、越来越长和越来越深刻，因而，在瓦尔加看来，即便1921年的危机结束，资本主义仍然处于一个长期的危机过程中，生产不会出现普遍高涨。"资本主义总危机是资产阶级统治开始崩溃的时期，是无产阶级在世界六分之一的土地上已消灭了资产阶级的统治并建成了社会主义社会的时期，是早已为推翻资产阶级统治准备好历史前提条件的时期，是各个国家中工人阶级的革命爆发和革命起义直接打击资产阶级的统治的时期。"② 总而言之，瓦尔加用"资本主义总危机"表示资本主义的最后阶段，表示从资本主义过渡到社会主义的一个较为漫长的历史时期。

瓦尔加的这个说法在苏联党内和共产国际流传开来，被许多人采用。布尔什维克们对"总危机"有不同的具体理解，但都普遍坚信，资本主义的周期性经济危机发展到最后阶段，各种矛盾会有一个总的爆发，这个总

---

① [苏联] 瓦尔加：《资本主义世界的经济危机》，转引自陈其人《关于资本主义总危机的几个问题》，《世界经济研究》1986年第4期。
② [苏联] 瓦尔加：《现代资本主义和经济危机》，叶中林等译，生活·读书·新知三联书店1975年版，第30页。

的爆发将最终导致资本主义的灭亡。显而易见，这个"总的爆发"即总危机无论是在性质内容还是时间尺度上都不同于周期性危机。周期性的危机同时也意味着周期性地从经济危机中复苏，总危机却是不会再有复苏的最后的挣扎。周期性的危机只是总危机一个方面的表现。对于总危机的到来，党的著名理论家，无论是瓦尔加、布哈林还是斯大林，基本都是从苏联社会主义革命的胜利、帝国主义国家间的战争以及第三世界人民的革命和民族解放运动这三个方面来寻找依据的，这样就相当于把矛盾焦点从资本主义内部转移到了外部。斯大林给总危机下过一个明确的定义："世界资本主义总危机……是世界资本主义体系的总危机，是既包括经济、也包括政治的全面危机。"① 这是苏联官方关于总危机的最为权威的解释。然而，"全面危机"的说法由于内涵泛化，也具有了某种程度的模糊性，此外在别的场合，斯大林"总危机"的语义指向又有所跳动，这就使后人根据斯大林的定义对总危机进行阐释时出现了一定的理解上的混乱。

（二）布尔什维克内部的争论

如何看待战后资本主义的发展，不仅马克思主义各派别歧义纷呈，布尔什维克内部也有一定争论，意见不一主要体现在布哈林与斯大林之间。

战后初期，布哈林一度认为，帝国主义大战表明，资本主义已经耗尽了潜力，不可能再向前发展了。但是，即便在1915年完成的经典著作《世界经济和帝国主义》中，布哈林也不得不清醒地看到世界经济"特别迅速的发展"，看到资本主义生产力的空前提高和技术的进步，并指出，"最近十年中最重要的技术成就，是以各种方法生产电力和远距离输变电能"②。正是对战后资本主义技术发展持续的密切关注，对相关统计资料的搜集和研究，使布哈林逐渐改变了原先的看法。他多次指出，资本主义经济、技术的进步，尤其是1923年以后电气化的发展，生产管理的"组织化"和"合理化"，一定程度上缓和了资本主义的矛盾，使之达到了"某种经济上的稳定"。布哈林还把战后资本主义的发展划分为三个时期：第一个时期从1917年俄国二月革命和十月革命开始，这是无产阶级革命胜

---

① 《斯大林选集》（下），人民出版社1979年版，第582页。
② ［苏联］布哈林：《世界经济和帝国主义》，蒯兆德译，中国社会科学出版社1983年版，第10页。

利的时期；1921年后进入了第二个时期，其他国家无产阶级革命逐一失败，资本主义政治上、经济上都出现了相对稳定；第三个时期即资本主义改造时期，这种改造在质与量上都超过了战前的范围。① 由此也意味着，资本主义存在继续发展的可能。

斯大林反对布哈林的看法，强调所谓的稳定只具有相对性和暂时性。在联共（布）第十四次代表大会上，斯大林宣称："党把这种情况叫做资本主义的局部稳定或暂时稳定。"② 在他看来，暂时稳定意味着新的危机正在孕育，意味着"在资本主义内部不可调和的矛盾日益增长的条件下资本主义危机的某种暂时的缓和，而不可调和的矛盾的发展必然会引起下一次新的资本主义危机。不管这方面发生什么变化，新的危机总是避免不了的"③。斯大林认为，稳定之所以只是暂时的，是因为帝国主义之间的矛盾及其与外部革命力量之间的矛盾在继续发展。"英美之间由于石油，由于加拿大，由于销售市场等等而引起的斗争；英美集团和日本之间由于东方市场而引起的斗争；英法之间由于争夺欧洲势力而引起的斗争；以及被奴役的德国和占统治地位的协约国之间的斗争，——这些大家都知道的事实表明，资本的成就是不巩固的，资本主义'恢复健康'的过程里隐藏着它内部腐朽和瓦解的前提"，从而他得出结论，"稳定不仅没有阻止这个总的和根本的危机的发展，反而成为这个危机进一步发展的基础和根源"④。1927年联共（布）第十五大报告中，斯大林进一步提出，资本主义稳定所孕育的新危机有可能转变为战争。他说道："恰恰相反，正是从这种稳定中，从生产增长，贸易扩大，技术进步，生产能力提高，而世界市场、世界市场范围和各个帝国主义集团的势力范围仍旧相当固定的情况中，——正是从这种情况中产生着最深刻最尖锐的世界资本主义危机，这种危机孕育着新战争和威胁着任何稳定的存在。"⑤ 必须说明，上述斯大林所说的"危机"如果没有加限定语，指的是资本主义的经济危机，而非总危机。

随着1927年底苏联国内经济政策开始显露出实施效果的不理想，布哈林重新评估了国际国内形势，他明显不满意资本主义"相对稳定"的性

---

① 中央编译局编：《布哈林文选》（下册），东方出版社1988年版，第368页。
② 《斯大林全集》第7卷，人民出版社1958年版，第219页。
③ 《斯大林全集》第7卷，人民出版社1958年版，第195页。
④ 《斯大林全集》第10卷，人民出版社1954年版，第243页。
⑤ 《斯大林全集》第10卷，人民出版社1954年版，第234页。

质判定。1928 年 7 月，在共产国际第六次代表大会的执委会工作报告中，布哈林明确指出，资本主义已经进入了改造时期，"资本主义正在改造，并且基本上相当稳固"，因此，几年以前关于资本主义正在瓦解和命运不断下降的说法现在"就要进行某些修正，也就是资本主义经济状况和命运开始稳定。尽管前面加上'暂时'或'局部'的限制词"，"关于相对稳定的估计，在许多方面已经不符合目前的形势了"[1]。布哈林的"稳定论"和"改造论"遭到了斯大林的极力抨击。在 1928 年 12 月的共产国际执委会主席团会议上的演说中，斯大林重申了"资本主义稳定不可能巩固"的观点："这个时期（即第三个时期。——斯大林注）必然会经过资本主义稳定本身矛盾的进一步发展而走向资本主义稳定的进一步动摇和资本主义总危机的急剧尖锐化。"[2] 1929 年 4 月联共（布）中央委员会和中央监察委员会联席会议上，斯大林对布哈林的观点进行了全面批驳，将其称作党内"右倾分子"，并坚持认为，资本主义的发展形势是"……在资本主义国家里，促成新的革命高潮的因素正在增长"[3]。1929 年爆发的世界资本主义大危机似乎也证实了斯大林的论断，因此，1930 年的联共（布）第十六次代表大会上，斯大林再次批评了希法亭、布哈林等人，"右倾分子曾经表示不同意布尔什维克的预言，用'有组织的资本主义'的自由主义空谈来代替马克思主义的分析"[4]。

然而客观地来说，就资本主义及其总危机的发展趋势而言，布哈林与斯大林的观点事实上并不存在根本的分歧。布哈林从来不否认资本主义总危机在继续发展，但他认为，总危机的形式改变了，这是由于世界体系"根本的结构变化"和"力量配置的变化"所引起的；布哈林同样认为经济危机孕育着战争，他通过分析帝国主义的矛盾明确指出："由于这些矛盾是与生产力的增长相联系的……所以这无非意味着帝国主义的最大问题——重新瓜分世界，瓜分殖民地或其它地区的问题的'复活'。而这意味着战争。""战争是今天的中心问题。"[5] 区别在于，经济危机是斯大林对总危

---

[1] 中央编译局编：《布哈林文选》（下册），东方出版社 1988 年版，第 374 页。
[2] 《斯大林全集》第 11 卷，人民出版社 1955 年版，第 255 页。
[3] 《斯大林选集》（下），人民出版社 1979 年版，第 123 页。
[4] 《斯大林全集》第 12 卷，人民出版社 1955 年版，第 209 页。
[5] ［苏联］布哈林：《在共产国际第六次代表大会上关于执行委员会的工作报告》，载《国际共产主义运动史文献资料选编》第五卷，中国人民大学出版社 1986 年版，第 288 页。

机分析的理论起点。而在布哈林看来，资本主义以经济危机和危机期间生产力的消耗为代价，换来的是新的一轮扩大再生产的可能。因此，无论经济危机还是战争，都不必然是资本主义发展的终结，而是资本主义进一步发展的基础。资本主义总危机不是资本主义在几乎一切国家或绝大多数国家垮台，而是由战争和战后的结果引起的世界经济根本的结构性变化，加剧了资本主义体系的矛盾，从而最终导致资本主义的灭亡。但是，如果批评斯大林当时一味夸大资本主义危机的严重性，和低估了资本主义的生命力，那同样存在一定的片面性。我们看到，哪怕是在1929—1933年大危机还未完全结束时，斯大林也已指出，资本主义经济的复苏（哪怕只是少许）是肯定会到来的。二者的分歧或许因为掺杂了对国内社会主义建设下一步所采取的方针政策或路线的不同设想。布哈林偏向于继续实施温和迂回的新经济政策，对世界资本主义一段时间内的发展做如此判定，恰恰支撑了"在暂时的退却中利用资本主义的技术进步"这个他一贯以来的想法；斯大林刻意强调世界资本主义危机的加剧和革命高潮的来临，可能是试图从国际因素方面论证其转向直接进攻式的国内路线的合理性。无论如何，在理解二者的相关思想及其演变时，从1927年底开始的日益激烈的苏共党内第三次大论战是不得不考虑到的影响因素。

（三）资本主义总危机论的继续发展

第二次世界大战后，斯大林根据更长历史跨度的资本主义新变化，对其总危机理论做了新的发展。斯大林先前把始于第一次世界大战的世界资本主义总危机分为三个时期：1917—1923年（无产阶级直接革命行动）；1923—1928年（资本主义相对稳定）；1929—1933年（资本主义总危机和大崩溃）。第二次世界大战后，他变为把资本主义总危机划分成两个阶段：第一次世界大战，特别是俄国十月革命胜利到第二次世界大战前，是总危机的第一个阶段；第二次世界大战，特别是欧亚一系列人民民主国家的建立，开始了总危机的第二个阶段。在阐明总危机的根源时，斯大林继续以一种世界体系视角的消费不足的经济危机论为基础。但是，此前他强调的是苏联脱离世界资本主义体系使世界市场缩小，从而引发了资本主义总危机，第二次世界大战后，他强调欧亚社会主义阵营的建立进一步缩小世界资本主义市场，加剧了资本主义总危机。在他看来，社会主义阵营形成了新的世界市场，其结果是，"统一的无所不包的世界市场瓦解了，因而现在就有了两个平行的也是相互对立的世界市场"①，这导致了"各主要资本主义国家（美、英、法）夺取世界资源的范围，将不会扩大而会缩小；世界销售市场的条件对于这些国家将会恶化，而这些国家的企业开工不足的现象将会增大"②，这种情况就决定了世界资本主义体系总危机必将进一步加深。

瓦尔加无疑是另一位最具有代表性的总危机论者，然而令人遗憾的是，第二次世界大战后他对资本主义总危机的阐述基本上是斯大林理论或苏共中央文件了无新意的重复。根据对斯大林的总危机定义的理解，瓦尔加于20世纪50年代提出了一个内涵更广泛的定义：资本主义总危机"包括了资产阶级社会制度的一切方面——基础与上层建筑：经济、内政与外交、劳资之间的斗争、战争力量与和平力量之间的斗争、资产阶级意识形态"③。这种解释明显是布哈林曾经批评过的"把总危机设想为资本主义一切部门的削弱"。在总危机的发展趋势方面，瓦尔加同样指出帝国主义及其对立面的实力对比上的根本性变化，认为殖民体系日趋瓦解，两个平行的对立的世界市场已形成，帝国主义实力整体削弱，帝国主义之间的战争不可避免，这些都是总危机在战后必然加深的表现。此外，资本主义总危机的加深，还表现为处于长期经济危机状态或正在走向这种危机的生产部门增加，因为在瓦尔加看来，战后经济周期持续的时间在缩短，主要是萧条阶段和高涨阶段缩短，而且高涨程度也并不高，周期曲线变得比过去更为平坦，他将此看作是国家垄断资本主义作用的后果。20世纪60年代初，瓦尔加对1960年"莫斯科声明"中提出的"资本主义总危机发展的新阶段"做了发挥，把斯大林的总危机两阶段延长为三阶段，认为60年代初资本主义总危机进入了第三阶段，在这一阶段，国家垄断资本主义的制度性矛盾各方面都在发展，并把社会主义体系与资本主义体系的竞赛优势视为资本主义不可避免衰落的决定性力量。

这里值得一提的是著名的苏联《政治经济学教科书》，由其建立的经济危机的基础理论框架曾影响了20世纪50—80年代社会主义阵营的几代学者。在总危机理论方面，它不仅是对斯大林理论的高度总结，也包含了当时苏联学术成果的结晶，自苏联科学院经济研究所于1954年首次出版

---

① 《斯大林选集》（下），人民出版社1979年版，第561页。
② 《斯大林选集》（下），人民出版社1979年版，第562页。
③ ［苏联］尤·瓦尔加：《帝国主义经济与政治基本问题》，生活·读书·新知三联书店1958年版，第1页。

以来，虽历经多次修改，但基本框架变动并不大。

《政治经济学教科书》危机内容的要点可概括为：周期性经济危机的本质是生产过剩，其根源是生产的社会性和劳动产品的私人资本主义占有形式之间的矛盾。这一矛盾有两种表现形式：（1）单个资本主义企业生产的组织性和整个社会生产无政府状态之间的独立；（2）资本主义生产能力的巨大增长和劳动群众有支付能力的需求相对缩小之间的矛盾。资本主义的基本矛盾暴露在无产阶级和资产阶级之间的阶级对抗上。资本主义的总危机是整个世界资本主义体系的全面的危机，既包括政治，也包括经济。其基础一方面是资本主义世界经济体系的瓦解日益加剧，另一方面是已脱离资本主义的各国的经济实力日益增长。总危机包括整整一个历史时期，其内容是资本主义的崩溃和社会主义在全世界的胜利。总危机的特点是企业经常开工不足、经常性大批失业和市场问题尖锐化，由这些原因所致，资本主义周期发生了重大的变化。① 战后的许多苏联学者都是在《政治经济学教科书》所确立的基础框架上，对资本主义基本矛盾的展开形式进一步深化和具体化，以及总结经济危机周期的新变化和总危机的新特点。

不管战后经济发生了多大的变化，从联共十六大到苏共二十七大，苏联人对世界体系的描述一直坚持着"资本主义总危机在不断深化"的论断，并依据战后资本主义每一个阶段的新变化来提供支持这一论断的论据。然而，问题恰恰不在于总危机论者们所列举的资本主义种种具体矛盾是否确实存在，而在于这一分析思路中，这些充满矛盾的现象与资本主义内在的、基本的运行规律之间缺乏严格的逻辑联系，甚至可以说二者之间的联结根本没有建立起来，这同时也意味着，马克思指出的资本主义中反方向起到抵消作用的增长因素，与其衰落的总体趋势之间的关系并没有得到令人信服的阐释。因此，如果说在分析1917年以后直至第二次世界大战这一资本主义长波下降阶段的实质上，之前布哈林、斯大林等人的总危机论还较有说服力的话，那么，对于如何说明第二次世界大战后资本主义经济的新增长阶段，总危机论显得力不从心，哪怕瓦尔加极力求助于"作为战争结果的特殊效应"也是如此。我们不难理解，第二次世界大战后就

---

① 参见苏联科学院经济研究所编《政治经济学教科书》，中央编译局译，人民出版社1955年版，第237—238、297—298页；人民出版社1959年版，第255—268页。

不断有西方的作者试图用更灵活的概念或理论框架来替代斯大林所确立的较为僵硬的总危机论，因而也在分析战后资本主义的繁荣和衰退问题上取得了新的进展，例如曼德尔的"晚期资本主义"、调节学派的"积累体制"等。

结语　过渡时代的危机与危机理论

1893年至20世纪20年代末大萧条之前的这段历史时期被我们视为"早期的帝国主义阶段"是有一定深意的，因为不仅是从历史，还是从那一时代许多理论的佐证上，都明显地折射出了"帝国主义"的特性。但是这一定义又不完全确切，因为这一早期阶段还包括了20世纪30年代直至第二次世界大战的那段时期。但是由于经济危机史叙述的特殊性，使"大萧条"不得不成为一个需要特别突出和进行独立分析的重要部分，这样，早期的历史就以大萧条为分界点被分割了。这也从一个侧面再次反映出19世纪末20世纪初的这段历史对于危机史本身来说只不过是两个大危机节点之间的连接线。然而，过渡时期并非是平淡无奇的代名词，它是混乱的流动的延续，也是孕育着新爆发点的前奏，同样包含着矛盾与冲突、创新与突破。我们概括了该时期的这种过渡性质：生产力方面，基础能源结构以及相应的主要资本主义国家主导产业开始发生重大变化；生产关系方面，劳动组合方式上新的探索层出不穷，但还未达到制度化；国家体系上，霸权力量由英国向美国转移。此外，旧的专制体系与资本积累的新形式相互交织，使世界经济呈现出了矛盾面目：生产高涨伴随着频繁危机，世界市场的扩张与殖民侵略战争并存，最终，世界大战与战后重建揭开了下一次世界性大危机的序幕。

这一时期的"帝国主义"特点以极其隐晦或直接的方式反映在资产阶级和马克思主义的经济危机理论之中。对于前者来说，它的右翼以金融食利者的视角来解读危机，温和的左翼则把危机当作需要防止的帝国主义的恶果。20世纪30年代，这两种倾向进一步发展，并且资产阶级阵营中作为对庸俗经济学的异议者还将出现新的流派（如凯恩斯主义），这有待下一章来进行阐述。但是无论如何，20世纪资产阶级危机理论的基础和大致的特点在该时期已然确立。另外，对于马克思主义来说，它在该时期的主要任务不光是应对庸俗经济学和修正主义的理论挑战，还有时代本身的变化所提出的挑战，这就意味着，"死守经典"已不合时宜，马克思主义者需要进一步补充和发展马克思、恩格斯未完成的叙述。时代的各种特殊因素——战争、革命、国家制度、战后资本主义恢复等——都丰富和拓宽了马克思主义把握经济危机的视角，从而形成了马克思之后马克思主义危机理论发展的第一个高潮。其理论的特点之一就是，危机不再只是"经济性"的和"周期性"的，因为这同时也意味着"无法跳脱"的"循环宿命"。由俄国革命催发出来的总危机理论代表了理论发展的这一方向。然而，产于时代也囿于时代，随着第二次世界大战后新的经济增长阶段的来临，以及社会主义阵营在20世纪80年代末的衰落，苏联版的总危机论也逐渐终结了它的意义。马克思主义的其他一些危机理论则找到了另外的生发点，并在20世纪中期迎来了新的一轮高潮。

第五章

崩溃的体系：大萧条及其理论纷争

现实经济生活往往会超前于理论的发展，经济周期性波动遵循的是其自身的逻辑。20世纪就是在这种波动下拉开了序幕。在渡过1907—1913年间两次小的危机后，各主要资本主义国家内部的经济压力骤然增加，其向外部寻求转移矛盾的努力似乎取得了一点效果。至少从表面上看，1914—1918年的第一次世界性战争，在短时期内极大地摧毁了资本主义生产体系的过剩产能，缓和了资本主义各国围绕市场争夺产生的矛盾。在第一次世界大战后的短暂和平下，资本主义世界似乎可以喘息并重新走向繁荣。但后来的事实证明，这不过是一次更彻底、更大规模危机的前奏。

在对资本主义经济周期和波动的分析中，20世纪30年代的大萧条（Great Depression）是一个分界岭，没有任何一个事件比它具有更重要的意义。大萧条似乎成为资本主义命运的一个预言，它也同时标志着古典自由主义的真正终结。在某种意义上，大萧条是与资本主义的繁荣相联系的。实际上，1929—1933年的危机来得如此突然，围绕大萧条原因的争论尚未来得及展开，战争机器这个终结者就再次粉墨登场①，以至于很多理论观点成为一种事后的论证。可以说，大萧条对自由资本主义经济理论的冲击，丝毫不亚于世界性战争带来的破坏力。即使在许多年以后，资产阶级经济学者仍然难以理解，此前正常运转的自由市场体制为何在一夕之间突然崩溃？

---

① 很多学者已经指出，资本主义各国之所以走出大萧条的危机，主要得益于世界性战争对"相对剩余"资本的摧毁和战争后的重建。直到最近，许多学者仍然坚持从这个分析视角出发，对资本主义经济危机进行研究。

一 增长的难题：生产集中与经济失衡

马克思曾经指出，资本主义越是发展，其内在的矛盾就越是激化。历史的发展证明了这一点。20世纪30年代的萧条与20年代的经济快速发展恰成一个鲜明的对照，以至于事后人们很难将两者联系起来。[①] 本来，得益于第一次世界大战后的恢复重建，20世纪早期欧美资本主义各国展现出一派生机，似乎要重新走向一个辉煌的时代。战争推动了一些新发现和新发明，使新技术被大规模地应用，战后的短暂和平也表面上保证了世界市场的稳定。不过，在欧美资本主义各国快速发展的表象之下，其社会结构内部的矛盾也以前所未有的速度在加剧。各主要资本主义国家经济的暂时繁荣，是以危机因素的快速积聚为基础的。技术进步为资本积累带来的暖意并不是春天，而不过是寒冬前的一次回暖。

（一）新技术的开发应用及其带来的新难题

第一次世界大战的结果对20世纪的影响是深远的。第一次世界大战的原因既与殖民扩张有关，也与科技进步有着必然的联系。"19世纪末，无论就贸易和科技还是地理而言，世界都变小了，非洲已被列强瓜分；美国西部已开垦完毕。世界变小了，变富了，但也变得不安定了。"[②] 从生产的技术方面来看，19世纪早期的技术进步进程的加速，这一通常被喻为"工业革命"的变革在20世纪早期仍然是世界经济的特征。区别在于，20世纪早期技术进步带来的变化已经不再限于工业部门之内。实际上，其对经济活动的影响越来越广泛，并深刻地影响到资本主义的社会结构及资本积累的进程。

1. 新技术的开发与广泛应用

资本的魔力总是与新的技术手段联系在一起的。19世纪后期至20世

[①] 与此后资本主义的历次危机一样，大萧条期间重要事件的发生几乎都没有先兆，相反，整个社会甚至对未来前景充满了信心。1929年10月29日（黑色星期二）报纸的内容是：洲际商会决定推进其依法收回超额铁路收入的计划、康涅狄格州制造者协会成功地引进了一条有利出口的关税条款、墨索里尼发表了激动人心的演说、法国总理宣布了未来的内阁外长、一家小型飞机失踪、一批科学家开始对北极和南极进行探险……。参见［美］罗伯特·J. 希勒《非理性繁荣》，中国人民大学出版社2007年版，第101页。

[②] ［英］鲍勃·斯瓦卢普：《金融危机简史：2000年来的投机、狂热与崩溃》，万娟等译，机械工业出版社2015年版，第221页。

纪初，随着资本积累的加快，资本主义各国的新技术开发也在迅速进行并不断被整合进入资本主义生产过程。新技术的广泛应用和一些新的技术的开发，为资本主义各国的生产集中奠定了更坚实、更现实的基础，生产集中化进程也相应达到了一个历史新高度。20世纪早期，影响资本主义各国生产集中的主要因素，集中体现在以下几个方面：

（1）交通和通信的发展。交通的发展是资本主义生产体系扩大空间和范围的前提和基础，而通信技术的进步则是促进市场交换在规模上急剧扩张的一个条件和加速器。这两个条件在20世纪早期有了巨大的改变，当时在交通和通信领域的技术进步步伐，是此前资本主义发展时期所未曾有过的。就交通领域来说，技术进步首先发生在能源使用结构的改变上。早在19世纪60年代，煤作为能源就已经成为船舶工业的常态。由于煤炭作为能源的利用，也引发了船舶工业生产本身的革命。到1913年，在英国煤炭能源驱动的船只已经占据统治地位，只有不到2%的英国船只使用船帆作为动力。陆路交通同样如此，蒸汽动力的客车开始大面积取代马车，能源利用的改变使得交通工具引发的运输革命大大加快了进程。1913年，西欧各国的客车总量仅为30万辆，但战后则增加到近600万辆。同一时期，美国的客车数量则从110万辆增加到4000万辆。通信技术的发展，使得无论是船舶运输还是陆路运输，都具有了更便捷的沟通条件和更可靠的安全保证。客车生产的快速扩张，使道路货运的组织方式同步发生了变化。在通信技术的支持下，有计划的生产调度活动开始取代零乱的运输组织活动。在农业等传统领域，农业生产中马匹普遍地被拖拉机取代，机械化开始被零散地应用到农业生产体系中，大大增加了农业劳动生产率。

（2）新能源的开发和利用。能源在资本主义工业化生产体系中居于基础性地位，新能源的突破性发现和被引入到生产过程中，会直接推动原有生产体系的大调整甚至重构。在20世纪早期，能源革命突出体现在电的运用方面。电的开发为原有生产体系带来了革命性的影响。电的运用不仅可以产生热、光和动力，其派生性影响还体现在对生产规模和布局的影响。由于电作为动力具有便利性和普遍适用性，它能够被每个人利用，使得传统的能源利用具备了新的形式和新的使用特点。这是因为，电一旦被广泛运用于生产，资本主义原有生产体系中的机器和工具，将极大地摆脱地理位置和生产空间的束缚。现实也证明了这一点，电的发明并被广泛利用，使能源基地、生产场所和生产过程的联系具备了新的形式，新型工厂的建立也具备了前所未有的便利条件。这样，传统的部门类别界限和生产布局就被打破了，从而极大地改变了资本主义生产的部门结构。从资本主义各国工业部门的发展看，电的利用也改变了不同资本的竞争态势，一些新兴部门的劳动生产率空前提高，对传统部门则形成了巨大压力。在20世纪早期，这主要体现在一些工业品的装配和成批生产开始利用电能驱动。例如，汽车、缝纫机、洗衣机、收音机等产品的生产和装配都利用了电能，从而大大提高了生产的效率。相比之下，那些利用传统生产作业方式的企业则日益陷入困境，使这些领域内的生产集中程度大幅度提高。

（3）原材料的开发。原材料的开发和广泛利用，是现代工业发展的不可或缺的前提和条件。在20世纪早期，原材料的开发与现代科学在化学方面的重要突破有关。对物质材料成分和性质的新认识，以及对这些新材料提取和合成的知识的掌握，改变了传统资本主义生产主要依赖于单纯地从自然资源中直接地利用原料和材料的生产方法。现在，新的人工合成材料产生了，化肥和化学药品的制造开始走上历史舞台，成为资本集中投资的对象。在20世纪的前20年，化学药品领域获得了空前的发展，而化肥和人工合成材料的生产也日益走向规模化。这些新产品的出现昭示了新兴产业部门的诞生，并极大地拉动了资本主义各主要国家的经济增长。

（4）技术开发路径的转变。技术既服务于资本所要求的生产，也服从于资本主导的生产。资本规模的扩大和在各领域的扩张，要求打破传统的技术发明的分散化状态，并且要求技术开发服从于资本主义生产过程的整体性需求，转向组织化和体系化。早在19世纪末期，技术创新的动力就已开始发生变化，进入20世纪后这一变化更加明显了。其特征体现在个人发明者的作用下降，而体系化的研究发明开始崭露头角，其主要实践起始于美国。与英国不同，美国的做法主要是使技术创新制度化。1913年，在美国的制造业中大约有370个研究单位，雇用了3500名员工。到了1946年，该领域的研究单位则增加到2300个，雇用人数增长到以前的10倍以上。在美国制造业中每1000个雇员中就有4名科技工作者，这一比率是英国的5倍。与英国相比，美国政府资助的研究在农业和采掘业中发挥了更为重要的作用,美国企业和大学之间的联系也更为紧密。① 到1913年,美国已经取代英国站在技术创新国家的前沿。这种趋势由于美国本土远离战火甚至延续到了第二次世界大战结束后。据测算,在1913—1950年,美国的全要素生产率年均增长1.6%,成为美国经济快速增长的历史时期,其增长水平是英国从1870—1913年所达到的生产率增长速度的4倍多。

(5) 军事技术民用化和管理制度变革。战后恢复更应归于第一次世界大战后军事技术民用化导致的劳动生产率提高。在资本主义经济制度下,战争本身就是对经济的一次推动。"冶金术、工艺和自动化等方面的进步被用于制造杀伤力更大的武器。"② 然而,战争一旦结束,这些领域的技术就会被转用于满足剩余价值生产的需要。由于一些应用于战争的新技术被转用于民用品的生产,工业部门的技术革新步伐加快了。企业管理制度也发生了质的改变,例如,装配线技术被引入机械加工、造船、汽车制造、飞机引擎及军火等部门,仅连续轧钢机被引入钢铁工业就使效率提高了40多倍。在1920—1929年,欧洲国家的机器制造业、汽车业及新兴产业部门化工、电气等得到迅速发展。这些因素大大促进了欧洲各国的经济恢复。

(6) 基础设施重建和债务重组。第一次世界大战结束后,欧洲面临着两大严重问题:一是基础设施的恢复,由于大量工厂建筑、桥梁、道路和矿井被破坏,重建成为一个紧迫的任务。二是参战国的债务负担。建筑业的发展是第一次世界大战后经济恢复的一个推动力,这既是恢复战争中被破坏房屋的需要,也是经济建设应对战后人口流动的需要。建筑业发展带动了经济增长,使得欧洲各国的资本盈利能力得到恢复,但面临的难题则是资本不足。资本不足既与战争的摧毁有关,也与战争花费有关。例如,在财政方面,战争导致的债务使得主要参战国向海外的贷款急剧上升。"英国的国债占GDP的比例从1913年的33%飙升到1924年的144%,而

---

① [英]安格斯·麦迪森:《世界经济千年史》,伍晓鹰等译,北京大学出版社2003年版,第94—95页。
② [英]鲍勃·斯瓦卢普:《金融危机简史:2000年来的投机、狂热与崩溃》,万娟等译,机械工业出版社2015年版,第222页。

其他欧洲国家也经历了类似的债务爆炸。"① 美国在战争后期,动用国内财富和储蓄发放战争贷款。而协约国则更多的是从殖民地筹集款项,并将美国作为主要债权人。这一变化,使英国的头号经济强国地位逐步丧失,英国利用殖民地平衡贸易逆差的做法不再有效了。而美国的贸易顺差则显著增长,逐步取代英国的地位,传统的世界经济格局被打破了。

2. 资本主义各国的增长难题

科技进步创造的奇迹并不能自发演绎为资本的神话。的确,19世纪末期至20世纪早期的新技术开发及其在经济活动中的快速应用,促进了新投入资本向新型产业部门的大规模转移,极大地拉动了资本主义各国的经济增长。这显然有利于相对剩余价值的生产,会缓和资本积累和利润率下降之间的矛盾。然而,资本的这种转移和生产率的快速提升也带来了一系列难题。一方面,它激化了主要资本主义国家之间的矛盾,使得资本主义世界生产体系出现了巨大的裂痕;另一方面,它也强化了主要资本主义国家内部的固有矛盾,导致了一系列新的难以克服的问题。

(1) 农业部门的危机。技术进步是一柄"双刃剑",既可以改造传统农业,大幅提高农作物产量,也会使农业生产陷入困顿之中。农业作为一个传统的弱势部门,抵御风险能力弱,注定了要成为矛盾的焦点。在20世纪早期,技术进步对农业部门的影响一开始就以加剧农业部门的困难为特点,并且使资本主义各国的农业提前陷入了慢性危机状态。1914年以后由于农业机械化的推行和电力被应用于发展灌溉的因素,农业生产的组织化程度有了很大提高,劳动力被大量节约。同时,化肥替代了有机肥被应用于农耕之中,改良品种的采用和新品种的培育、防治病虫害等新的农业技术的使用,使农业产量急剧增长。相比之下,农产品价格则在迅速下跌,最终导致农民的收入大幅下降。

不幸的是,在农民收入减少的同时,同一时期农民们所负担的税款却在不断增加。以美国为例,1929年与1920年相比,农产品价格下跌了32.3%,与此同时,农庄财产税却增加了72%。② 农业部门的危机日益加重,是与农业生产技术的进步密切相关的。

---

① [英] 鲍勃·斯瓦卢普:《金融危机简史:2000年来的投机、狂热与崩溃》,万娟等译,机械工业出版社2015年版,第223页。
② [美] 福克纳:《美国经济史》(下卷),王锟译,商务印书馆1964年版,第31页。

与农业危机相关的一个因素,是银行业合并对农业的冲击。1921年美国共有30812家银行,[①] 但在10年以后,银行的数目则下降到了22000家,一部分缘于倒闭,而另一部分则是由于银行业的合并。问题在于,倒闭的银行主要集中在小型农业储蓄银行,倒闭速度据估算为每年平均接近500家。但是,政府和金融部门对此采取了漠视的态度。原因是显而易见的:大工业的融资才是利润最高的,而农业客户从来就不是他们的主要资金来源。[②] 有必要指出,小型农业储蓄银行承担着向农民提供小额农业信贷的功能,它们的倒闭事实上切断了农业赖以生存的信贷命脉,因而加重了农业领域的危机。

(2) 失业问题的加重。新技术发展带来的另一个问题是失业问题。20世纪20年代的快速增长动力更多地来自新兴部门的发展,各主要资本主义国家的经济增长在部门结构层面是极不平衡的。由于大量资本被投入到这些新兴产业领域中,导致传统的产业受到抑制,生产规模扩大步伐减缓。有些受冲击严重的部门,则直接面临着产业萎缩的压力。另外,新技术被运用于传统部门时,固然会快速提高生产效率,但这种生产率提升是以极大地减少对劳动力的需求为代价的。在上述两个因素的共同作用下,失业问题开始成为各主要资本主义国家面临的一个紧迫问题。相关资料显示,新技术发展使一些传统的重工业部门,如英国的采煤业,美国的纺织、制鞋、航运、铁路等部门,都处于停滞甚至衰退状态。以美国为例,1921—1929年主要工业部门的开工率只有60%—70%,开工不足再加上"生产合理化运动"排挤工人,使同期美国年平均失业者在220万以上。

(3) 消费市场的日益萎缩。建立在新技术基础上的产业发展,在急剧扩大生产能力的同时,也对产品的销路提出了更大的要求。在工人阶级和农民的收入增长缓慢的情形下,资本越是兴奋地集中投资于新兴部门和新技术产业,生产和消费就越易失衡。第一次世界大战后,各主要资本主义国家特别是美国的国内消费市场虽然在扩大,但这种扩大具有相当的盲目性,生产能力和社会总体消费能力并不平衡。实际上,当时开始推广并流行的广告推销手段,以及分期付款和赊销的方法,在很大程度上掩盖了消费不足的困

---

① [美] 约翰·戈登:《伟大的博弈》,祁斌译,中信出版社2005年出版,第289页。
② 关绍记:《从经济政策的角度阐释美国30年代大萧条的原因》,《山东大学学报》(哲学社会科学版) 2001年第2期。

境。在广告和赊销的推动下，汽车、家具及收音机、吸尘器、洗衣机、电冰箱等家用电器设备出现了广泛的需求。按比较保守的估计，1925年美国分期付款的零售商品总额为48亿7500万美元。而在以后各年中，这些数字都还在继续增加，到1927年，用分期付款方法售出的汽车大约占60%。① 虽然分期付款可暂时刺激消费，但赊销本身潜伏的危机却没有引起厂家和政府的重视。显然，如果消费者还贷出现困难时，生产过剩的情形就会显现。

（二）短暂的繁荣

每次萧条的来临都有一个前奏。和平与秩序（即使是暂时的）可以为资本扩张提供良好的时间之窗。如马克思曾经指出的，工厂制度的巨大的跳跃式的扩展能力和它对世界市场的依赖会造成热病似的生产，并随之造成市场商品充斥。第一次世界大战后的情形亦然。《凡尔赛和约》签订后，美国成为战争的最大获益者，欧洲各国经济逐步恢复，资本主义世界生产体系步入了一个新阶段。

1."柯立芝繁荣"

如果不是大萧条的发生，美国将以"黄金时代"为其20世纪20年代完美地画上句号。战前，美国的工业生产增长率就已超过欧洲。由于远离战场、参战晚、欧洲军工订货等因素，美国作为战胜国获得了巨大的利益。②在战争中，美国的出口、就业岗位大幅增加，而物价水平则相对稳定。由于大量黄金的涌入，战后美国拥有世界黄金储备的40%，并成为西方世界最大的债权国。相应地，纽约也成为与伦敦并存的国际金融中心。

在整个国家的乐观情绪下，美国步入了"咆哮的二十年代"。1920年，哈定在其竞选美国总统的演说中承诺，会尽快消除战争影响和恢复到"正常状态"。他信誓旦旦地表示："美国应该在商业中少一些政府（行为），在政府中多一些商业，寻求美国政府与美国商业的深刻理解，随之而来的将是经济繁荣。"③ 虽然美国当时（以1913年为基期）的工业生产

---

① ［美］福克纳：《美国经济史》（下卷），王锟译，商务印书馆1964年版，第342页。
② 根据沙伊贝等的研究，美国在第一次世界大战中所用的费用约占国家总资产的8.7%，而英国则为35%，法国为19%，德国为32%。
③ ［英］克里斯·哈曼等：《1930年代的大萧条与当前经济危机》，《经济社会体制比较》2009年第3期。

指数达到了148,① 但他仍持"自由主义"政策，让"看不见的手"自发作用，从而忽略了已经悄然产生的通货膨胀和生产过剩。1924年柯立芝在总统选举获胜后，提出新的口号："美国的事情就是做生意！"在其任期内美国开辟了"柯立芝繁荣"。在政府的鼓舞下，美国企业大力推行"生产合理化"运动，广泛采取自动传送装置，革新技术，实行标准化生产，以提高劳动生产率、降低成本和提高利润率。资料表明，1923年至1929年，美国制造业每个工人每个工时的产量提高了32%，而1919年至1929年其整个工业生产率则提高了40%，农业提高了26%。需要指出的是，劳动生产率与产量的提高，是与工人劳动强度的强化相随的。

当然，没有任何理由怀疑美国的未来。相比于1899—1915年年均4.3%的工业增长率，20世纪20年代美国的经济增长无疑是空前的。② 1921—1929年美国工业总产值大约增长了72.4%，年增长率为5.4%左右。国民收入1921年为594亿美元，1929年达到872亿美元，而其间总人口数量只增加了12%，致使人均收入增长30%，普通民众的生活水平大幅提高（见表5-1）。截至1929年，美国对外资本输出比第一次世界大战前增加3倍以上，对外贸易8年间增加110%；其石油生产量占世界生产总量的70%，煤炭生产占40%，工业品生产占世界的46%。国民生产总值首次突破1000亿美元，在世界制造业中的份额也从1923年的23%上升到1929年的36%。从美国工业产值占世界工业生产中的比重来看，已经达到48.5%，超过了当时的英、德、法三国比重总和的79%，成为名副其实的世界强国。然而，这种短暂的繁荣，更多的是与美国的金融繁荣相联系的。真实的美国经济并不如人们所看到的那样景气。"失业、庄稼歉收、利率突然上升、销量或利润下降，都可能令个人或企业破产。经济繁荣变得不堪一击，希望的田野埋藏着无数地雷。"③

---

① 同一时期，英国的工业生产指数仅为84，而法国为74，德国也只达到95。
② 也有学者将美国这一阶段的经济增长分为两个不同阶段，即将1922—1924年视为战后萧条的"修复阶段"，而将1925—1929年的快速增长期看作"泡沫时期"。参见 Kindleberger, Charles P., *Manias, Panics, and Crashes*, New York: Basic Books, 1978, p. 16。
③ ［英］鲍勃·斯瓦卢普：《金融危机简史：2000年来的投机、狂热与崩溃》，万娟等译，机械工业出版社2015年版，第235页。

表 5-1　　　　　　　1921—1929 年美国的经济发展情况　　　　　　　单位：美元

年份	工业生产 （1933—1939 年为 100）	批发价 （1926 年为 100）	国民收入 （按 10 亿元计算）	每一人口得实际收入 （按 1929 年物价计算）
1921	58	97.6	59.4	522
1922	73	96.7	60.7	553
1923	88	100.6	71.6	634
1924	82	98.1	72.1	633
1925	90	103.5	76.0	644
1926	96	100.0	81.6	678
1927	95	95.4	80.1	674
1928	99	96.7	81.7	676
1929	100	95.3	87.2	716

资料来源：［美］福克纳：《美国经济史》，王锟译，商务印书馆 1964 年版，第 318 页。

2. 欧洲在第一次世界大战后的恢复重建

第一次世界大战后的经济重建，对 20 世纪早期资本主义各国的发展起到了巨大的推动作用。不过，这种战后重建，又极大地改变了资本主义世界生产体系的格局。

（1）法国的战后重建。法国的恢复重建是成功的。在战争中法国的损失高达 1913 年 GDP 的 113%，并且其中 60% 属于生产性资本、房产和土地的损失。不过法国作为战胜国收回了阿尔萨斯—洛林，取得了对萨尔煤矿 15 年的代管权，解决了其长期存在的原料和燃料缺乏问题。同时，战后法国加大了对遭破坏地区大规模的恢复和重建，政府出台措施加快固定资本的更新，使对机器设备、原料和消费品的市场需求急剧扩大，推动了经济发展。此外，来自德国的巨额战争赔偿，从资金层面为法国战后经济恢复创造了条件。不仅资本遭到破坏，法国还面临国债的压力，1913 年法国国债只占当年 GDP 的 66%，而 1919 年则高达 170%。法国的通货膨胀也比较严重，其国内商品价格仅在战争期间就增长了 3 倍，导致法郎币值大幅贬值。[①] 1926 年后，担任总理的普恩加莱推行整顿财政、稳定法郎的

---

① 加拿大学者 Paul Beandry 认为，法郎的持续贬值一直伴随着 20 世纪 20 年代欧洲经济的增长，实际上，法国法郎直到 1928 年才维持了相对稳定。

政策，大规模减少公共投资和稳定公共支出，并采取增加税收和关税等措施，有效缓解了国债和通胀的压力，并使法国的工业生产和国民收入都取得了较快增长。1921—1929 年法国工业生产增长率达到 9.4%，居欧美各国首位。

（2）德国的经济恢复。战后德国经济同样取得了迅速增长。由于战后背负着赔偿的沉重包袱，德国战后经济恢复一度波折。1921 年 4 月 27 日协约国赔款委员会把德国赔款的总额定为 1320 亿金马克，分 66 年内付清。1922—1923 年由于赔偿巨额债款，德国发生灾难性的马克贬值和财政崩溃。人们的储蓄、保险金顿时化为乌有，工资远远赶不上物价暴涨，高利贷者、投机商、企业家乘机发财，普通人民不能维持最低限度的生活。古诺政府采取消极抵抗方式，令占领军侵占地区的企业一律停工并由国家补偿损失，结果造成德国工业产量急剧下降，大批工人失业，通货恶性膨胀，马克严重贬值。1923 年仅补偿莱茵区和威斯特伐利亚大工业家的损失费就达 700 万金马克。美元与马克的兑换比值 1923 年 10 月为 1∶400 亿马克，年底猛增到 1∶42000 亿马克。8 月，爆发了几乎遍及全国的总罢工，参加人数达 300 万，迫使古诺政府下台。不过，在道威斯计划达成妥协后，由于赔偿危机的暂时化解，德国经济发展也出现了高涨。得益于外国资本特别是美国资本的流入和输血作用，"德国开始大兴土木，兴建地铁、公共住房和交通等公共基础设施。这些开支很快令经济快速增长"①。同一时期，德国也开始在国内大规模开展工业固定设备的更新工作。在淘汰落后企业的同时，推行延长劳动时间和加强劳动强度，德国经济发展速度开始加速，工业生产年均增长率仅次于英国。其结果并不令人意外：1927 年，德国的对外贸易总值超过了战前水平。1921—1929 年，德国工业生产年均增长率达到 7.1%，仅次于法国。②

不过，在战败的废墟上重建起来的德国经济，垄断程度远远超过战前。据统计，德国的康采恩对生产的控制程度，玻璃业达到 90%，煤矿企业达到 93%。机器制造业的 80%、染料工业的 96.3% 和电气制造业的 86.9% 以上也都控制在康采恩手中。但是德国的原料来源和市场都依赖于

---

① ［英］鲍勃·斯瓦卢普：《金融危机简史：2000 年来的投机、狂热与崩溃》，万娟等译，机械工业出版社 2015 年版，第 231 页。
② ［澳］A. G. 肯伍德、A. L. 洛赫德：《国际经济的成长：1820—1990》，王春法译，经济科学出版社 1997 年版，第 232—233 页。

国外，其经济振兴主要依靠美国的短期贷款，这是导致德国经济不稳固的主要因素。据统计，1919—1931 年资本流入总量占到德国国民总收入的 5%，而其中的资本流入净值超过了德国国民总收入的 2%。① 危险之处在于，"赔款是通过由美国向德国贷款这样一个脆弱的机制来进行的，但赔款又是需要的，因为美国政府的坚持，对美国政府的贷款要还本付息"②。很显然，一旦美国经济"伤风"，德国的经济就会"感冒"。③

（3）英国的战后发展。与德国、法国不同，英国展示的是另一幅图景。英国在战争中损耗了巨大的国力，花费达 400 亿美元之巨。致命的是，战争使英国第一次从债权国变成债务国，导致其更新固定资本所需资金严重缺乏，国内投资能力不足。因此，英国在战后初期没有出现经济高涨，长期处于萧条状态。

战前的 1913 年，英国在资本主义世界工业生产中所占的比重为 14.5%，而 1929 年则降至 9%，次年再次被德国超过。此前，商业兴旺曾于 1920 年初短暂出现，很快便经历了战后的第一次危机，两年后才摆脱危机状态。尽管英国政府采取了一些保护措施，使其汽车业、电子业、有色金属业和化学工业等新兴工业部门发展较快，这些部门产值在整个工业产值中的比重，由 1917 年的 6.5% 上升到 1929 年的 13.6%。英国汽车产量也跃居世界第二位，仅次于美国。不过，构成英国工业基础的传统工业部门却日趋衰落。如煤产量从 1913 年的 2.91 亿吨下降到 1929 年的 2.61 亿吨，生铁产量从 0.1 亿吨下降到 0.077 亿吨。英国的出口总值在世界出口总值中的比重，从 1913 年的 13.9% 下降到 1929 年的 10.8%。仅 1921—1927 年，英国的出口额就减少了 1/5。1921—1929 年前，英国工业生产增长率仅为 1.7%，远远落后于其他主要发达国家，曾经的大英帝国开始衰落。1929 年，英国在世界制成品出口贸易中所占份额只有 23.8%，低于 1913 年的 30.6%。而 1928 年英国在世界初级产品进口贸易中所占份额却与 1913 年相同，都是 19%。④ 由此产生的贸易逆差消耗了无形收入，

---

① Peter Temin, "Transmission of the Great Depression", *Journal of Economic Perspective* 7.2 (1993): pp. 87 – 102.
② ［美］查尔斯·金德尔伯格：《西欧金融史》，徐子健等译，中国金融出版社 1991 年版，第 493 页。
③ 吴于廑、齐世荣：《世界史（现代史编）》，高等教育出版社 2003 年版，第 261 页。
④ ［澳］A. G. 肯伍德、A. L. 洛赫德：《国际经济的成长：1820—1990》，王春法译，经济科学出版社 1997 年版，第 216—221 页。

缩小了经常项目的顺差，无法抵偿伦敦资本市场上流通的外国长期证券。

(4) 意大利的战后状况。意大利虽为战胜国，但是由于经济基础比较薄弱，战后经济发展遇到许多障碍。战后初期，意大利经济异常困难。它的国民总收入仅200亿里拉，但在大战期间的军费支出高达1459.36亿里拉，其中外债200亿里拉，内债350亿里拉。巨额的债务不仅使意大利战后通货膨胀，物价飞涨，还造成严重的金融混乱和财政崩溃。战争加剧了意国内政治经济生活中固有的矛盾，同时也使意大利与其他欧洲列强的矛盾更为尖锐。

3. 资本主义外围国家的发展

在欧洲之外，由于置身战事之外以及战后20年代欧洲经济重建的带动，一些外围国家的民族产业也进一步融入世界资本主义生产体系，并得到了迅速的发展。

在北美，加拿大的工业化发展迅速起步，仅1919年加拿大制造业产值就高达322150加元，超过其1890年制造业产值的7倍，而且其中的大部分归功于第一次世界大战后的增长。[1]

在拉美，"第一次世界大战以后，工业化的进展是拉丁美洲生活中最显著的倾向"[2]。仅仅在澳大利亚，其战争期间被首次投入生产的工业产品，就多达400余种，使其工业生产水平得到迅速提高。[3]

在南美地区，阿根廷1913年仅生产水泥2900吨，而国内消费量为45.61吨，但至1929年，阿根廷国内的水泥厂已达到10家，生产水泥达40万吨，占到全国消费量的50%。[4]

资本主义宗主国的发展直接带动了其势力范围内民族国家地区的经济发展。在远东，印度减少了对宗主国部分商品进口的依赖，并加快奠定了民族工业的基础。以钢铁工业为例，仅塔塔钢铁公司1916/1917年生铁和钢产量分别为14.7万吨和13.9万吨，到1927/1928年又分别增至64.4万吨和60万吨。[5] 在轻工业方面，战前印度进口棉布曾占国内机织棉布消费量的70%，战后由于国内棉纺织业飞速发展，外国（尤其是英国）布匹

---

[1] 樊亢、宋则行：《外国经济史》第三册，人民出版社1980年版，第79页。
[2] 樊亢、宋则行：《外国经济史》第三册，人民出版社1980年版，第231页。
[3] 郑寅达、费佩君：《澳大利亚史》，华东师大出版社1991年版，第191页。
[4] [苏联] 叶尔莫拉耶夫主编：《阿根廷史纲》（下），生活·读书·新知三联书店1972年版，第431、502页。
[5] [美] 福斯特：《美洲政治史纲》，冯明方译，人民出版社1956年版，第479页。

进口量显著减少。至 1921—1922 年度外国棉织品就丧失了在印度的统治地位。据米尔沃德估计，1913—1923 年英国对印度出口棉织品下降了 52%，其中 1/4 是由于战后印度棉纺工业发展造成的。①

外围国家的发展，是资本主义世界生产体系日益扩张的一个必然结果。然而，外围国家的经济发展和生产能力的扩大，不仅影响到世界贸易格局的变化，同时对欧美发达工业国家内部危机因素的积累以及萧条的广度和深度，也产生了一定的影响，压缩了其通过外部市场扩张缓解危机的空间。

（三）财富分化与总供需失衡

在经济快速增长过程中，生产的集中过程是伴随技术进步同步发生的现象。20 世纪前期，大量新技术的发展便于新兴产业占有配置资本之利，也便于其分散风险和提高生产率。而大企业则利用这些技术加快推行标准化工作，通过规模经济效应扩大市场占有率，进而挤压中小企业的生存空间。新技术带来的竞争优势加速了大资本积累的步伐，同时，生产的管理组织形式也发生了改变。在美国新型职业化的企业管理模式开始走上前台，而拥有多个部门的企业，则在各部门之间协调广告、包装、运输和市场营销业务，为其转向垄断创造了条件。

1. 生产集中与财富分化

在生产向集中发展的过程中，缩减原有生产能力后无法维持简单再生产的企业，会不可避免地遭到破产。本来，在市场波动过程中，企业可以根据市场需求减少的程度相应地调整生产，确保社会生产能力限定于社会消费水平的范围内，使社会生产总供求的矛盾得以缓解。但是，生产集中导致的垄断资本的形成，却加快了生产大规模地集中。由于企业规模极大地膨胀，产品销量和销售地都得到扩张，产量和产能都在同步大幅提高。生产集中使资本主义各国的生产成本大幅下降，相应地导致物价不断降低，这大大地拉低了工人的实际收入水平，使工资整体水平降到市场可接受的新低。工人阶级的生存状况恶化了，而垄断企业在不断兼并扩张，中小企业面临的破产风险也进一步加大。

生产集中对社会财富的影响是巨大的。固然，生产的集中可以提高全社会的劳动生产率，使先进的生产组织形式成为可能。但在私人垄断资本

---

① ［英］米尔沃德：《两次世界大战对英国经济的影响》，麦克米伦公司 1977 年版，第 50 页。

的主导下，先进技术的采用和扩张的产量并不与劳动收入的增长同步。20世纪20年代，美国的劳动生产率由于"泰勒制"和"福特制"的推广迅速提高，劳动力的价值却出现了相对和绝对的下降。1923—1929年，美国制造业中工人的每小时工资虽然增加了8%，但每个工时的产量则增加了32%；煤矿工人每个工时的产量增加了4%，但每小时的工资却降低了14%。① 从全社会情况看，根据美国官方的统计，从1924年到1929年，美国国民生产总值从834亿美元增加到1038亿美元，国民收入从691亿美元增加到874亿美元，分别增长了24.5%和26.5%，而同期美国工人和职员的工薪收入则从441亿美元增加到508亿美元，只增长了15.2%。② 其结果是加快了工业领域私人垄断资本的发展。到1929年，美国最大的20家非金融公司资产总额已达810亿美元，约占美国全部财富的22%。③

2. 生产过剩和消费不足

财富集聚于垄断企业和大企业主手中，对资本主义生产体系产生了极其严重的后果。由于财富过分地集中于少数人和企业手中，1929年美国企业在其手中握有的资金，实际上已经比美国经济扩大再生产所需的资金还多。美国全部工业的总开工率在实际上只达到了80%，即使不考虑商品的库存积压，全社会的生产能力也大大超过了消费能力。财富集中和生产的过剩，也使得社会的平均利润率水平大幅下降。仅从公司债券看，1923年至1929年其收益率就一直呈下降趋势，其中优等债券收益下降8%，一般债券收益下降19%，而具有签约价格买卖权的债券收益则下降了45%。④ 这一事实说明，当时的投资已经难以找到市场出路。

实际上，面对消费市场相对萎缩的境况，当时很多生产部门都开始抱怨"生产力过剩"。最先呈现出衰退征兆的，是当时美国工业三大支柱之一的建筑业。1926年，当多数工业部门的投资还在增长时，住房建筑业的投资已开始下降，到1929年住房建筑业总投资额已经低于1923年的38亿

---

① [美]乔治·索尔：《繁荣的十年：从战争到危机，1917—1929》(George Soule, *Prosperity Dacade: From War to Depression*, 1917—1929)，纽约1976年版，第325—326页。
② 联邦经济统计局：《基本经济统计手册》(Economic Statistics Bureau of Washington D. C., *Handbook of Basic Economic Statistics*, Vol. 5, No. 4)，华盛顿1951年版，第224、230页。
③ [美]吉尔伯特·C. 菲特、吉姆·E. 里斯：《美国经济史》，司徒淳、朱秉铸译，辽宁人民出版社1981年版，第681页。
④ [美]乔治·索尔：《繁荣的十年：从战争到危机，1917—1929》(George Soule, *Prosperity Dacade: From War to Depression*, 1917—1929)，纽约1975年版，第322页。

美元。社会生产失衡和财富分化还导致了另一个恶果，即当时美国企业和少数富豪将大部分手中集聚的巨额资金投入了股票交易，却很少投入真正的工业生产，这为大萧条的爆发埋下了线索。投机还与资本主义信用扩张有着内在的联系，1929 年初美国全部工业股票的卖出价，从平均值来看已经高于其利润 16 倍以上。然而，投资者购买股票所需要的保证金仅仅只有 25%，这就为大规模的投机行为打开了通道。

（四）增长不平衡与生产体系矛盾

战后和平所赢得的喘息，促进了发达资本主义各国的发展。总体来看，美国靠对德国贷款和国内信贷消费繁荣，法国靠巨额赔款和贸易保护取得经济增长，英国经济则在国际竞争中衰落。相反，德国却依靠巨额外债更新了工业设备，重新成为第二工业强国。同期的日本由于完成了向资本主义的转型，且在第一次世界大战期间坐享战争带来的有利发展时机，经济同样取得了较快增长[①]（见表 5-2）。不过，战后的这种增长其基础和后果却并不相同。尽管战后各国的增长率都比较高，但增长是极不平衡的。

表 5-2　　1921—1929 年间发达资本主义国家工业生产平均年增长率

美国	英国	法国	德国	日本
4.3%	1.7%	9.4%	7.1%	3%

资料来源：[美] 福克纳：《美国经济史》，王锟译，商务印书馆 1964 年版。

1. 主要资本主义国家在世界生产体系中的地位变化

第一次世界大战后资本主义各国的不平衡增长，改变了世界生产体系的格局。相比而言，法国与德国的增长率很高，而英国与日本相对较低。其次，在美国向世界主要贷款国转变的同时，欧洲失去了资本国际输出的主体地位。德国由于战争的失败和赔款，从主要债权国变成了债务国，英、法则因在敌国和俄国的资产被没收而遭受重大损失。只有美国不仅在大战期间赎回了英法所持有的美国债券，而且还通过战争贷款成为债权国。战后初期美国拥有 130 多亿美元的债权，其中欧洲各国政府欠美国战

---

① 不过，日本战后因国际经济形势的变化，同时受到 1923 年关东大地震的影响，经济一直处于困境。

债即达 103 亿多美元，另有 30 亿美元属于私人债务。从 20 世纪 20 年代起，美国成了世界主要贷款国，其对外投资总额从 1919 年的 70 亿美元增长到 1930 年的 170 亿美元，其中约 40% 的证券投资在欧洲。

2. 关税保护主义抬头

战后国际经济贸易格局的一个重要特点，就是经济民族主义的盛行。各国都倾向于高筑关税堡垒，以保护本国市场。据国际联盟估计：1925—1929 年德国关税水平提高了 29%，法国提高了 38%，而比利时提高了 50%。① 另外，它们在日益缩小的世界市场上展开激烈竞争：英国和美国展开的经济竞争遍及全球，而英国和日本的竞争，则主要围绕东南亚、印度、中国、澳大利亚市场展开。作为后发的资本主义国家，德国将经济扩张的焦点集中于拉美和中东欧市场。尽管一些主要资本主义大国对外贸易有较大增长，但各国的情形却迥然不同。1929 年美国第一次夺占了资本主义世界贸易首座，德国对外输出 1926 年超过战前水平，1929 年成为世界第三大贸易国。② 相比之下，英、日等对外贸易则不乐观，特别是出口出现了停滞不前和衰退。作为老牌资本主义国家的英国，其占世界出口的比重由 1913 年的 13.9% 下降至 1929 年的 10.8%。在国际市场领域，各主要资本主义国家对海外贸易的依赖度发生了巨大的改变。以英国海外领地为例，1913—1929 年英国海外领地商品输入中占全部贸易的比重由 44% 减至 34%；而美国海外贸易占全部贸易的比重，则由 22% 上升至 26%。贸易格局的改变，标志着各主要资本主义国家间矛盾的进一步加深。

3. 世界生产和国际贸易的失衡

战后资本主义世界生产体系面临的另一个挑战，是世界贸易增长日益落后于生产的增长。1913—1929 年世界工业平均年增长率为 2.7%，而世界贸易平均年增长率仅为 0.7%。③ 资料表明，1925—1929 年世界制成品增加 26%，食物和原料生产增加 11%，而国际贸易额只增长了将近 29%（由于价格下跌，实际价值仅增加 5.5%）。④ 不仅贸易的实物总量在下降，

---

① 杜德：《世界政治》，上海生活书店 1937 年版，第 127 页。
② 苏联科学院：《世界通史》第九卷（上），吉林人民出版社 1975 年版，第 52 页。
③ ［法］米歇尔·博德：《资本主义史 1500—1980》，吴艾美等译，东方出版社 1986 年版，第 249 页。
④ ［英］C.L. 莫瓦特：《新编剑桥世界近代史》第 12 卷，中国社会科学出版社 1987 年版，第 79 页。

世界贸易的格局也发生了极大的改变,传统的国际贸易区域和贸易内容都面临新的变局。1913—1928 年非欧洲国家之间的贸易在世界贸易总额中所占比例几乎翻了一番,而初级产品在国际贸易中也开始占有重要地位。至 20 世纪 20 年代末,国际贸易的近 40% 由粮食和农产品构成,原料则占到了 20% 左右的份额。这就表明,国际贸易的 36% 是由不发达国家构成的。[①] 显然,各主要资本主义国家的生产力快速发展,并没有与之相应的世界市场来提供支撑,资本主义生产出来的庞大商品已经在价值实现上面临着难以逾越的鸿沟。

就发达国家占优势的工业品领域而言,情况也不乐观。本来,工业制成品一直是各主要资本主义国家在国际贸易中的优势领域。这一领域的出口值,无论在绝对值上还是在相对值上,都是快速提高的。不过,资本主义生产力的快速发展和生产集中程度的提高,尽管大幅度增加了工业制成品的生产规模,但在贸易份额上却没有保持快速增长的态势。相反,第一次世界大战后主要资本主义国家在世界工业制成品的出口比重不仅没有提高,反而有所降低。1913 年,美、英、德、法、意、日在世界工业制成品的出口中所占比重为 87.5%,到 1929 年却下降到了 81.8%。[②] 这种与欧洲战后恢复进程同时发生的世界贸易格局变化,导致了一个必然后果,即各主要资本主义国家都企图将内部的压力转向外部,寻求通过贸易战来缓和国内矛盾。而这必然构成对自由资本主义体制的冲击,使资本主义自由市场不再可能通过自身的发展,在过去的经济周期路径上得到摆脱。

二 困境重重:大萧条与旧体制的没落

无论从哪个角度而言,1929 年的危机都给资本主义发展留下了最深刻的烙印。相比于此前的历次危机,这次危机所造成的冲击和破坏是史无前例的。从 1929 年危机的爆发到 1933 年,整个资本主义世界工业生产下降 40%,各国工业产量倒退到 19 世纪末的水平,资本主义世界贸易总额规模低于危机前的 40%,美、德、法、英共有 29 万家企业破产,

---

[①] [美] 德里克·H. 阿尔德克罗夫特:《从凡尔赛到华尔街 1919—1929》,加利福尼亚大学出版社 1977 年版,第 219 页。

[②] [法] 米歇尔·博德:《资本主义史 1500—1980》,吴艾美等译,东方出版社 1986 年版,第 196 页。

资本主义世界失业工人达到 3000 多万。危机还导致资本主义各国的政局动荡，使资本主义国家之间的矛盾激化，引出一连串的关税战、倾销战和货币战。危机遍及工、农、商、金融等各行各业。这次危机波及范围广、失业率高、持续时间长，使它成为资本主义发展史上破坏性最大的一次经济危机。①

（一）从美国股市崩溃到世界性萧条

灾难往往是在人们最不经意的时候，而且是在最有信心的地方降临的。作为资本主义的后起之秀，美国经济更自由，更少像欧洲大陆国家那样受到历史负担的制约。但就是这样一个对英国自由市场体制复制得最彻底的国家，竟引发了历史上前所未有的资本主义最大危机，既在预料之外也在必然之中。即使在今天，也不能不承认，"大萧条已经成为美国文化记忆的一部分"②。

1. "黑色星期四"

1929 年的危机是在美国这一资本主义的新中心地带发生的，其标志性事件就是华尔街股市的崩溃。其实，早在华尔街崩溃之前的 1927 年，美国经济始于工业投资的短暂高潮就经历了一个回调，经济衰退已经显现了征兆。到 1929 年七八月份，随着美国产出水平的下降，这股投资高潮也正式结束。正如后来有学者指出的那样："经济在华尔街崩溃之前就已经陷入麻烦之中。"③

不过，单纯从金融层面看，危机的来临是突然的。1929 年 10 月以前，华尔街股市的涨势持续了 7 年左右，所有股票价格都节节上升，吸引了大批投资者和投机者。据估计，当时投资于证券市场的美国人约占全国人口的 8%。④ 也有学者指出，当时共有 1548707 人在美国 29 家股票交易所拥有账户。即是说，美国 1.2 亿人口中，有 0.3 亿户家庭参与股票交易。其

---

① 克里斯·哈曼认为，美国经济在华尔街崩溃之前就已经步入衰退。经济衰退始于 1927 年，但工业投资的短暂高潮使其结束了。到 1929 年夏初这股投资高潮结束，七八月份产出开始下降。"经济在华尔街崩溃之前就已经陷入麻烦之中。"参见［英］克里斯·哈曼等《1930 年代的大萧条与当前经济危机》，《经济社会体制比较》2009 年第 3 期。

② ［英］鲍勃·斯瓦卢普：《金融危机简史：2000 年来的投机、狂热与崩溃》，万娟等译，机械工业出版社 2015 年版，第 231 页。

③ ［英］克里斯·哈曼等：《1930 年代的大萧条与当前经济危机》，《经济社会体制比较》2009 年第 3 期。

④ 转引自韩铁《1929 年股市大崩溃以前的美国证券管制》，《世界历史》2004 年第 6 期。

中至少有 100 万投机交易者，而其中的 2/3 即 60 万用客户的保证金炒股。① 9 月 3 日，悲观情绪开始蔓延。10 月 7 日，关于征收保证金的广播传递出某种信贷收缩的信号，10 月 9 日（星期一）股票下跌的消息开始通过私下的渠道传播。由于机构投资者几乎都采用保证金交易，因此，前述消息严重打击了投机者特别是机构投机者的信心。

10 月 12 日，股票直线下跌，由于没有买盘，很多人的账户因为无法满足保证金的要求被强行平仓。10 月 19 日，那些正在表现良好甚至正在上涨的股票也遭到了大量的抛售。真正的恐慌始于 10 月 24 日（星期四），一天内有 1289 万股的股票易手；10 月 28 日股指狂泻 13%。到 10 月 29 日，所有的股票被"不计代价地抛售"。② 当天共有 1638 万股股票易手，股市崩溃达到极点，损失比协约国所欠美国的战争债务还大 5 倍。至 11 月 13 日，股票指数从 452 点下降到 224 点。悲观的气氛一直持续到 1932 年年中，历经 34 个月。在此期间，美国道琼斯工业指数下跌了 87.4%，冶金、机械、汽车、电力、化工等行业股票跌幅最大，均在 90% 以上。740 亿美元的财富被蒸发，与股市最高涨的 1929 年 9 月相比，相当于 5/6 的财富蒸发了。

2. 胡佛政府的作为

股票市场的崩溃反映了资本主义内部的深层危机，是资本主义制度本身的结果。在危机之初美国政府就已意识到其毁灭性的力量。面对股市崩盘，参加总统竞选活动的胡佛说："我们可以什么都不做。但那样就会导致毁灭。相反，面对这种局面，我们应该采取经济防御和反击计划，对于私营企业和国会来说，这可能是合众国历史上最为庞大的一项计划。"③ 他主张采取一系列措施来对抗萧条，包括抬高工资和物价、扩张信贷、扶植濒临破产的企业和对失业人口进行补贴以及为公共工程融资等。④ 11 月 18 日，胡佛召开了第一次白宫会议，敦促铁路公司总裁们要扩大建设和维护计划，以吸纳更多的就业。在 3 天后召开的第二次白宫会议上，胡佛宣

---

① ［美］约翰·肯尼思·加尔布雷：《1929 年的大崩溃》（John Kenneth Galbraith, *The Great Crash: 1929*），波士顿 1954 年版，第 83 页。
② ［美］约翰·肯尼思·加尔布雷：《1929 年的大崩溃》（John Kenneth Galbraith, *The Great Crash: 1929*），波士顿 1954 年版，第 83 页。
③ ［美］默里·罗斯巴德：《美国大萧条》，谢华育译，上海人民出版社 2009 年版，第 153 页。
④ 早在 1923 年胡佛就提交了"齐尔曼议案"（Zihlman Bill），该法案旨在稳定就业、扩大公共建设，但并没有得到通过（参见罗斯巴德，1963）。

称，工资率最终必须下调，下调的幅度和速度也必须小于生活费用在先前下调的幅度，经济下滑的负担不能降到普通劳工的身上。胡佛对于大萧条的理解是，萧条意味着建筑活动的减少和工资的下降，从而带来需求的进一步下滑。因此，他一再要求企业家们保持（名义）工资率、扩张建设并将减少的工作均摊到所有的劳工身上。

工资稳定政策在整个萧条期间都始终得到贯彻，但考虑到通货紧缩的程度，大部分行业工人的实际工资水平是上升的。赤字财政是胡佛时期开创的重要经济干预政策。主要思路是通过扩大政府公共工程项目开支、提高关税、降低个人和私人企业的所得税等财政政策，创造就业机会、保护国内市场、提高国内购买力。在其担任总统的4年里，美国政府公共工程开支达7亿美元，是1900年以来到1929年总和2.5亿美元的近3倍。

1931年胡佛政府颁布了联邦法令，建立有关反萧条机构，以稳定金融秩序和防止萧条的扩散。次年1月签署了建立复兴金融公司（RFC）的法令，设立5亿美元的基金。同年2月27日，签署"格拉斯—斯特高尔法案"，规定了政府公债和一些新的商业票据可以代替联邦票据作为支付工具，并使7.5亿美元的政府黄金向商业借贷开放。7月21日，胡佛签署了恢复重建法案，根据法案复兴金融公司可以向各州的复兴计划和公共工程提供总额达18万美元的贷款。次日他又批准了联邦住宅贷款银行法建立8—12家住宅贷款银行，提供总额为1.25亿美元的贷款，刺激私人住宅建设、稳定国内的金融秩序。在农业援助政策方面，胡佛政府成立了谷类稳定公司，力图通过收购多余的粮食来制止价格的下滑。并敦促国会批准了一项由联邦农业局以红十字会名义向灾民发放4000万蒲式耳小麦的计划，并追加了4500万蒲式耳。从道义劝告、信贷扶植（建立RFC）到公共建设等，尽管胡佛政府全力救市，但危机并没有根本的好转。[①]

3. 经济危机的国际传播和发展深化

1929年的经济危机尽管最初以美国股市危机为其标志性事件，但这一

[①] 1929—1933年出现了大量企业的破产和倒闭。但这些倒闭的企业主要是农场、银行和中小企业，而非控制主要部门的行业巨头。有学者认为："这些企业的子公司持有超过5000万美元的资产并在这一时期继续保持良好的盈利，而只剩下小公司暴露在危机之下。"这些工业巨头通过保持低水平运营规模和剥削工人继续经营，而不是倒闭。而胡佛政府提供的资金援助，主要用以保护一批受到破产威胁的非银行业大公司，如铁路公司。在这种环境下，以往大公司相互吞并的资本主义危机恢复方式已不再起作用。

危机,具有深刻的国际背景,并经历了国际演化和发展。

(1) 危机的国际传导和恶化。在危机之前,英国在第一次世界大战期间为了战争筹款放弃了金本位制,战后英国于1925年以战前平价恢复了金本位制。但这一恢复是建立在英镑高估的基础上的。其结果使英国的出口贸易逆差加重,并导致了资本外流。为维持国际收支的平衡,英国政府被迫提高利率,结果进一步损害了经济发展,并使得失业增加。类似的情况也发生在意大利和奥地利。意大利因为里拉被高估,奥地利则由于《圣日耳曼条约》造成的银行系统缺陷,都先于美国陷入萧条。德国的境况是最糟糕的,在1928年就已经开始进入经济衰退。"在世界大战中形成的合理化计划指导下的德国工业生产正在接近饱和点,其资本重建任务接近完成……迫使美国海外投资规模迅速下降。""到1929年夏,经济衰退已经是毋庸置疑了。"① 因为这时的失业人数已经达到了190万,而且法兰克福保险公司的倒闭引发了一系列的破产。1929年3月开始,比利时经济也出现了衰退,当年产出下降了7%。然而英国的经济拐点却出现在7月。在大崩溃时,只有法国的产出仍在增长。也有学者指出,导致美国股市繁荣以致破裂的因素之一,是因德国投资机会越来越少,在德国进行短期投资的美国资金的撤回。②

美国证券市场崩溃后,随着外资撤出纽约市场,欧洲的贷款形势一度有所缓和,但旋即又因持续的物价下跌和通货紧缩而紧张,1931年更爆发了扩散性金融危机。该年5月,奥地利发生挤兑存款风潮,随即波及匈牙利、捷克斯洛伐克、罗马尼亚、波兰等国。7月初,德国的银行危机迫使美、英、法决定让其延期偿还贷款3个月;7月中下旬,英国的挤兑风潮在2个月内流失了2亿英镑以上的黄金,政府被迫于9月21日宣布脱离金本位。股市暴跌不仅扩大到加拿大、日本等国,还波及许多殖民地半殖民地和不发达国家。

(2) 危机对各国劳动者的直接影响。每一次危机带给劳工阶层的都是苦难。在危机之前的1924—1929年,美国国内的公司税后利润就从43亿美元上升到84亿美元,但是工资的增长远不及利润的增长。到1929年,

---

① [英]克里斯·哈曼等:《1930年代的大萧条与当前经济危机》,《经济社会体制比较》2009年第3期。

② [英]克里斯·哈曼等:《1930年代的大萧条与当前经济危机》,《经济社会体制比较》2009年第3期。

占人口5%的富人享有全部个人收入的1/3，而贫困家庭竟然占到全部家庭数量的60%以上。失业是加剧人民苦难的另一因素。危机爆发后，美国失业人口由1929年9月的132万增至1930年9月的300万，1932年头两个月竟超过了600万，这些还只是登记的失业数字，实际的失业情况还要严重得多。有学者估计，危机期间美国城市约有1300万工人失业，总失业率由1929年前的3.2%上升至1933年的24.9%，1934年甚至达到了26.7%。1933年澳大利亚失业率上升到19.7%，加拿大上升到17.6%，而英国也上升到15.6%。失业加剧了人民生活的贫困（见表5-3）。

表5-3　　　　大萧条前后欧洲各主要资本主义国家失业率对比　　　　单位:%

年份	德国	英国	加拿大	日本	澳大利亚
1925	6.7	7.9	4.4	—	6.3
1929	13.1	7.3	2.9	5.3	6.7
1930	15.3	11.2	9.1	6.1	9.8
1931	23.3	15.1	11.6	6.8	16.4
1933	30.1	15.6	17.6	5.6	19.7
1939	1.2	5.8	11.4	3.1	8.5

资料来源：《帕尔格雷夫世界历史统计·美洲卷》和国际货币基金组织数据。

德国的情况更糟，危机最严峻的时刻，其失业率曾达到30%。尽管政府被迫采取了一些反危机的措施，如削减工资、失业救济金、养老金，提高纳税额等，但由于工人实际收入在危机年代减少了1/3，而纳税额却提高了数十亿马克，广大中小农纷纷破产。然而，政府却给垄断资产阶级和容克地主提供了100多亿马克的贷款和补助金。这一措施激起了小资产阶级和人民群众的不满。国内矛盾迅速激化，工农运动高涨。1930年10月，柏林14万冶金工人大罢工；1931年1月，鲁尔30万矿工罢工；1932年11月，柏林交通运输工人大罢工；1930—1933年，德国爆发了1000多次罢工。与此同时农民运动也不断高涨，1931年有250多个庄园的农业工人同庄园主展开激烈的斗争。[①] 可以说，大萧条彻底改变了德国的经济状况和政治生态，对后来德国的发展走向产生了决定性的影响。

---

① 刘德斌：《国际关系史》，高等教育出版社2003年版，第260页。

(二) 被摒弃的自由资本主义体制

1929年的经济危机,直接打击的是资本主义生产体系。但是在制度层面上,它却揭示了资本主义无法通过自身克服危机这一历史事实。

1. 自由资本主义体制的没落

经济危机在国际范围内的发展,直接宣告了自由资本主义制度的失败。在风暴的中心美国,1929—1932年其私人投资总额从158亿美元急剧下降到9亿美元,降幅达94.3%。同期,工业品批发价格指数则从91.6下降到70.2,降幅达23%。由于长时期的缩减生产,保持产品价格,危机的形势不可能得到缓解。大垄断企业的自身调节,已无法使它们摆脱危机和渡过难关。随着危机的扩散,欧洲各国相继陷入同样的困境中,市场的自发性调节失灵了。

由于大量企业倒闭或停产,欧美各主要国家的生产总值急剧下降。直到第二次世界大战前的1939年,美国、法国、加拿大、澳大利亚等国的国民生产总值还没有恢复到危机前的水平。德国、日本等虽然恢复了生产能力,但主要是扩军备战的需要。仅有20世纪20年代发展缓慢的英国是个例外。(见表5-4)就美国来说,在1932年7月到达历史低谷后,直到1954年才回到了其1929年的最高水平。

表5-4 大萧条前后主要资本主义国家生产总值(GDP)变动情况

单位:百万本币

年份	日本	澳大利亚	法国	德国	英国	美国	加拿大
1925	16265	1722	55724	67346	4215	931000	—
1929	13735	907	63912	51694	4216	1039000	16894
1930	13493	918	62079	49289	4210	912000	16174
1933	14660	898	58453	47375	4046	560000	11811
1939	22117	1051	61884	81479	5190	913000	17774

资料来源:根据国际货币基金组织和世界银行的数据整理。

在实体经济方面,经济大萧条引发了遍布美国全境的企业破产,农产品价格猛跌,失业人数激增。到1933年企业倒闭85600家,工业生产降幅55.6%,进出口减少77.6%,银行倒闭10500家,占总数的49%。大萧条对整个资本主义经济危害还体现在利润率的大幅降低，主要制造产业的利润率直线下降。1926—1929年，美国经济中金属、纺织、化工、食品以及木制品5个制造业的利润率基本都在10%以上，其中纺织、化工以及木制品的利润率高达30%左右，而1930年以后一直到1933年，所有主要制造业的利润率大幅度下滑，1932年降至最低点。直到20世纪30年代末期才开始逐渐复苏。[1]

在德国，危机期间工业设备利用率下降到36%，工业生产下降了46.6%，下降幅度仅次于美国。农业生产下降了30%，大批小农破产。对外贸易锐减，德国的出口从1928年的123亿帝国马克降到1932年的57亿帝国马克，对外贸易额下降6%。国家黄金储备从23.9亿马克锐减到13.6亿马克，而1931年到期必须偿还的外债高达64亿马克。整个金融信贷体系濒于崩溃。

在亚洲，日本作为当时亚洲唯一的资本主义国家也未能幸免，爆发了从1930年持续到1932年的"昭和经济危机"。危机中，金融、工业、贸易、农业等多个行业都受到冲击，工业总产值下降了30%以上。危机首先从商品和股票的价格暴跌开始。1930年的批发物价比1929年下跌了18%，1931年与1929年相比则下跌了30%以上。与美国危机爆发时物价和产量都下降相比，日本的经济危机只是表现为物价的下跌，而产量所受影响较小。

2. 金本位的废弃

金本位在20世纪以前一直是自由资本主义制度的支柱，但在危机中，这一支柱再也无力发挥支撑作用了。货币的竞相贬值似乎是危机的一个必然后果。在危机开始后，以德国的达姆斯塔特银行和德累斯银行等大银行的破产为开端，引发了信用危机。1929年12月，美国削减了中长期贷款。由于当时世界农产品价格处于暴跌状态，且各工业国加大了关税保护，以阿根廷和乌拉圭为代表的一批外围国家宣布放弃传统的黄金自由兑换。随之而来的，是巴西、巴拉圭、匈牙利、智利、委内瑞拉、秘鲁、澳大利亚和新西兰等国汇率纷纷下跌。1931年7月德国也已经实施了汇兑控制，两个月后英镑放弃传统平价，全部英国自治领（除南非以外）、英帝国的其

---

[1] ［日］侘美光彦：《世界大恐慌：1929年恐慌の過程と原因》，东京御茶の水书房1994年版，第569页。

他成员、北欧四国、葡萄牙、埃及、玻利维亚和拉脱维亚都相继贬值,紧随其后的是希腊、日本和泰国等。

1933年美国实施黄金汇兑限制,1934年1月美元的实际黄金平价只达到此前的59%。之后,南非、拉美和日本等国又因此而实行了报复性货币贬值。1934年以后,法国、比利时、荷兰、意大利、波兰和瑞士等少数维持金本位制的国家处境全面恶化、难以为继,在1936年第四季度之前全部放弃了金本位制。

(三)"罗斯福新政"与垄断资本主义体制的确立

在有些学者看来,历史似乎给了"罗斯福新政"过高的评价。从1933年3月9日到1936年6月16日,罗斯福政府和国会先后颁布了700多个新政法规和命令。罗斯福新政采取了与传统的自由放任主义完全相反的国家直接干预经济政策,这在当时的情况下具有一定的必然性。例如《农业信贷法》《谷物贷款法》等一系列法案出台,使农产品过剩和农民收入过低的状况得到了明显好转,农民的净收入得到了有效提高。1934年时农产品的购买力平均等于战前水平的73%,而1933年3月的最低点是55%。[①]

严格说来,与后来人们所认识的不同,平衡预算曾是新政推行之初的追求目标。新政期间,1933年3月颁布的第一个有关财政政策的法案,是关于节约开支的法案。其主要举措,是降低议员和联邦雇员的薪金以及退伍军人的养老金和补助金。然而在经济不景气的压力下,为了使国家能够应付对资金的各项紧急需求,美国不得不开始大量增加开支,最终形成大规模的财政赤字。

很显然的一个事实是,在"罗斯福新政"中,后来的财政观念是被重新塑造的。1934年1月,罗斯福提出"双重预算"设想,区分了正常预算和非正常预算。罗斯福提出的方案中所说的收支平衡,着眼于正常预算的收支平衡,而不包括非正常预算。可见,"双重预算"是新政的财政节约政策向赤字财政政策的过渡。1936年,工商业状况稍有好转时,罗斯福政府就立即采取紧缩政策,削减开支。不过,就在人们认为已经接近于达成平衡预算的目标时,1937年秋又爆发了新的经济危机,其直接原因在于政府为平衡预算而采取的紧缩政策。因此,当政府被迫增加了开支之后,

---

① Ben Bernanke, *Essays on the Great Depression*, New Jersey: Princeton University Press, 2000.

经济危机很快也就渡过了。① 此后，罗斯福政府不再提及平衡预算的方案，转而开始强调政府财政政策的稳定。1933—1937 年，美国每年平均的货币供给（M1）以接近 10% 的速度增加，20 世纪 40 年代早期的增长速度甚至更高。得益于扩张性的货币政策，美国才勉强在 1933—1937 年和 1938—1941 年分别实现了年均实际 GNP 超过 8% 和 10% 的高速增长。②

"罗斯福新政"实际上标志着美国国家垄断资本主义制度的形成，它意味着资产阶级的集体理性的最终确立。正如恩格斯指出的那样，资本主义国家力量作为"理想的总资本家"，终于以全新的面目出现在历史舞台，试图为资本主义制度本身走出困境提供可行的解决方案。不过，就大萧条本身而言，事情还远远没有完结。实际上，无论是在美国，还是在欧洲，经济的恢复都没有真正得到实现。美国从 1929—1933 年的"大危机"，后来直接演变为 1929—1938 年的 10 年经济大衰退。1940 年，在战争因素影响甚微的情况下，美国国民生产总值也仅仅达到 1014 亿美元，勉强恢复到危机前的水平。

尽管有些学者后来说，如果按照当时美国的做法，危机可以最终克服。然而，历史并没有给美国以证明自由资本主义体制复活的机会，在美国围绕新政的争论还没有结束的时候，美国已不得不转入战时体制。③ 1933 年，德国退出国联，同年公开撕毁《凡尔赛条约》，开始扩充陆军和重建空军，并大量建造军舰。在"要大炮不要黄油"的口号下，加速发展军事化经济。据统计，1933—1939 年，德国消费资料的生产只增长了 43%，军需生产却增长了 1150%，到 1939 年，德国的军火生产已经超过了美、英两国总产量的 2 倍。资本主义各国拯救危机的忧虑很快就消散在战争准备的忙碌中了。

---

① Samuel. Rosenman, ed., *The Public Papers and Addresses of Franklin D. Roosevelt*, New York: Harper and Brothers, 1938, p. 45.

② U. S. Bureau of Economic Analysis, *National Income and Product Accounts, 1929 – 1982*, Washington D. C., 1986, p. 6.

③ 哈曼认为，在大萧条下，"国家资本主义"下的政府干预是不可避免的。这是因为在私人还掌握着主要的投资决策现实下，政府干预能够达到的效果必然有限。而只有当完全陷入战争时，随着美国政府加强对私人运营的工厂的监督，才迫使大公司接受政府控制并协调其投资决策，大萧条才能最终走向结束。

三 理论纷争：关于大萧条的不同解释

关于20世纪30年代的"大萧条"，学术界的讨论从来没有中断。即使到今天，仍然还不断有一些新的观点试图作无力的辩解。就大萧条的直接原因来看，最普遍的观点莫过于将大萧条归结为股市崩盘导致的结果。在后来资本主义的历次危机中，这一说法总会再现。① 然而，正如经济史资料所表明的，证券市场的崩溃并不能根本上抑制人们的消费热情。1929年之后的4年中，美国人均实际收入下降12%，消费者才不得不降低自己的储蓄率，以免消费水平急剧下降。当时崇尚享乐的美国人，不会为了应付一场预料要发生的大灾难而进行储蓄，而是完全拿出来用于消费。② 无论从证券市场对整个国民收入的影响程度，还是从它对于企业投资和消费者消费的影响来看，股票市场的崩溃都不足以成为20世纪30年代大萧条的根源，充其量只是大萧条的表象。③ 不过，在大萧条发生后，西方经济学者间的分歧比以前的任何一个历史时刻都要大，则是确凿无疑的。

（一）西方学者的几种早期解释

在西方资产阶级经济学者对大萧条的几种早期解释中，既有从外部针对政府的货币政策的讨论，也有从内部分析市场信用因素作用、投资因素影响等观点。这些观点总体上看，更多地具有脱离总体论而重视个体经济活动影响、脱离所有制度而重视企业外部制约因素的特点。而从现象角度侧重于供需的总量分析，也曾是一种比较流行的观点。

1. 货币政策和信用因素根源论

在探讨大萧条的原因时，货币政策是一些西方学者热衷于讨论的重点。在早期的分析中，抨击政府的货币政策失误成为一种时尚。

霍特里的货币政策失误成因说。霍特里是抨击货币政策失误的一个主

---

① 在最近的一次美国由次贷引发的危机中，金融领域本身的因素作为老调重弹，仍然吸引了一些为资本主义制度辩护的学者的目光。
② 参见［美］杰拉尔德·冈德森《美国经济史新编》，杨宇光等译，商务印书馆1994年版。
③ 例如，Barry Eichengreen（1990）就认为"经济史学家很久以前就排除了股票市场崩溃是导致产出下降和失业的因素，原因在于股票只是家庭部门总财富的一小部分，因而其对边际消费一项的影响很小"。

要代表。他从货币政策的作用角度提出了其个人的解释,其观点后来被一些学者加以改造,产生了极大的影响。在1913—1933年的《通货与信用》《商业萧条和解脱的方法》等书中,霍特里认为,经济周期乃是"一种纯货币现象"。在霍特里看来,经济周期之所以会发生,繁荣与萧条之所以会此起彼伏、交替出现,"货币流动"是唯一的具有充分说服力的原因。而导致大萧条的原因,根源还是政府在货币政策方面的失误。霍特里关于经济周期的纯货币理论,大部分是从马歇尔和剑桥传统得来的。纯货币理论在描述货币因素渗入周期的扩张、收缩累积过程方面具有一定的意义。然而,他认为经济周期完全是一种货币现象,却很难令人同意。[①]

费雪的"债务—通缩"成因说。在早期的分析中,信用制度和债务问题是另一种直观的视角。作为一种从生产企业角度给出的解释,过度债务的观点尽管与萧条前的实际并不符合,但从一个侧面反映了危机后企业的困境。1932年欧文·费雪提出了一种新解释,将大萧条归因于企业过度的负债。在1932年出版的《繁荣与萧条》一书和1933年发表的《关于大萧条的债务——通缩理论》一文中,费雪认为,过度负债导致通货紧缩,通货紧缩加重实际债务负担,两者构成的螺旋形恶性循环导致了历次经济危机。

"债务—通缩"理论建构的基础,是古典经济学的基本理念。即市场价格由供给和需求自发决定,不同之处在于,该价格极可能是一个"过度生产"价格,也可能是个"不足生产"的价格。因此,价格的波动仅仅是一个周期性因素的表现,如果没有外部的冲击,那么过度的或者不足的生产、消费、投资或者其他的因素都会"倾向于"平静。在费雪看来,引起经济体波动的内生性因素既有资本的因素,如住房、工厂、船舶以及其他的生产性投资和存货、黄金、货币以及票据;也有收入因素,如实际收入、贸易总量、贸易份额;还有价格因素,如利率和债券价格等。这些因素的波动都可能会引起经济的波动,但它们只能导致经济的小失调,而不可能造成经济大规模的失调现象。而真正的大波动应该来源于两个因素,即前期的过度负债和此后的通货紧缩,所有引起经济失调的因素都将通过这两个进程而导致经济的崩溃以及萧条。

[①] 哈伯勒为此指出:"认为货币额如果能取之不尽,繁荣时期就可以延长,萧条就可以永久防止,这个看法受到了多数经济学者的攻击。"

在对大萧条的具体分析中，费雪提出，1929年时美国经济的债务水平已经累积到历史的最高水平。危机爆发后，在政府和联储机构的干预下，有20%比重的债务得以减少。但1933年债务总规模却增加了75%，由此计算的名义债务负担增加了近40%。启动这一轮"过度负债"周期的国内因素主要是长期的低利率政策、新技术和新行业的运用以及第一次世界大战后的乐观情绪，国外因素则是英国1925年回归金本位导致的美国对外放债。"除非是有某种措施来阻止这一螺旋式的通货紧缩趋势，那么大萧条实际上是不可避免的。"①

2. 生产周期与投资波动成因说

在对20世纪30年代资本主义经济大萧条起因的研究中，奥地利学派以其商业周期理论给出了自己的解释。

米塞斯和哈耶克的商业周期成因说。作为奥地利学派的代表人物，米塞斯和哈耶克主张货币非中性论。他们提出，由于现实的经济活动由不同生产阶段组成，且现实的生产过程并非单一产品的生产，因此，货币总是要被不同的人所持有。当中央银行人为地增加货币供给，或者人为地使货币利率低于自然利率时，就会诱使企业错误地将资源分配给资本品的生产，这种货币错配尽管能够实现经济快速增长的目的，但它却使经济活动本身受到了人为的扰乱，从而导致表面的繁荣不能持续。当货币停止增长，经济活动中的错误不断涌现时，快速增长繁荣的经济状况就会结束，并且迎来经济下滑或者萧条。

在商业周期理论看来，经济运行中任何一次人为制造的增长和繁荣，一般都会伴随着一次衰退。经济危机其实并不如凯恩斯主义者所说的那样，是由有效需求不足所引起的，也不是源于自由市场经济本身。更不是像货币主义者主张的那样，是源于1929年后的信贷紧缩政策。他们认为，大萧条从根源上说是由于20世纪20年代美联储持续的信贷扩张政策导致的恶果。大萧条的诱因本身就隐藏于20世纪早期的快速增长中，过度的经济繁荣必然会带来一次大的经济衰退。

在对危机的应对上，与凯恩斯学派主张政府干预经济相对立，商业周期论主张减少来自政府的干预。他们普遍不赞同通过信贷扩张、政府大规模投

---

① Fisher Irving, "The Debt-Deflation Theory of Great Depressions", *Econometrica*, October 1933, 1: pp. 337–357.

资、公共设施建设等方式,来对经济实行刺激市场需求。他们认为,通过产权制度和激励制度的改进可以刺激生产,并在供给增加的基础上拉动经济进入下一个经济增长周期。因此,其解决经济萧条的最好的办法,是让市场进行自身调整,只有当生产力水平得到提高,供给增加才能刺激总需求。

罗斯巴德的政府干预成因说。奥地利学派的罗斯巴德将大萧条归因于政府的干预。他提出,大萧条的扩散和持续,原因在于政府的干预太多。因为政府的干预破坏了市场自身的调整。如果没有政府的干预,就像以前的每次危机证明的那样,市场调整将会很快结束危机。正是政府的救市措施延缓了市场的自身调整,使萧条持续了更长的时间。如果只靠信贷和公共财政支出刺激过度的投资而不解决长期信贷扩张所导致的经济结构扭曲,即使短期复苏了,也很有可能没多长时间经济又会衰退。[①]

斯特里尔等人的投资过度成因说。投资过度问题是与货币相关的一个问题。在对经济危机的商业周期解释之外,哈耶克曾提出货币投资扩张导致结构性困境的观点。这一观点后来在马克路普、罗柏凯和斯特里尔等人那里得到了发展。鉴于现实生活中流通媒介主要体现为银行货币(存款),且银行可以通过变更贴现率与公开市场业务等方法调节货币量,马克路普、罗柏凯和斯特里尔等人认为,现代社会中的货币供应是具有弹性的。这一观点显然是对霍特里的纯货币理论的继承。不过,他们在此基础上还提出,银行信用或者是货币因素本身并不直接导致萧条,只有当银行信用扩张造成了生产结构的失调,才会使繁荣趋于崩溃。就两者的区别而言,货币投资过度理论认为周期性波动源于银行信用的扩张与收缩,但周期本身并不是纯货币现象,繁荣时期表现为信用扩张引致的投资过度,而萧条时期则是信用收缩引致的投资不足。这种理论的主要贡献在于分析了经济循环期间所出现的生产结构不平衡,尤其是资本品生产与消费品生产之间的不平衡。正如哈伯勒在《繁荣与萧条》中所说:"货币投资过度理论最有价值、最有创造性的贡献是这几点:(1)对于繁荣状态下信用扩张引起的生产结构失调分析;(2)对于由失调所引起的崩溃现象的解释。"[②] 但按照投资过度论的说法,上述现象只是在高涨时期发展起来的一种严重失

---

① 参见[美]默里·罗斯巴德《美国大萧条》,谢华育译,上海人民出版社2009年版。
② [美]哈伯勒:《繁荣与萧条》,朱应庚、王锟、袁绩藩译,商务印书馆1963年版,第44—45页。

调的症状。从根源来说，原因还是在于资本品工业的过度发展超出了消费品工业所能长期忍受的程度，"促使繁荣趋于崩溃的原因，是生产结构实际上的失调，并非仅仅是由于银行准备不充分而形成的资金不足"①。因此，经济周期本身并不仅仅只是一个纯货币现象，而是产生于生产活动的现实基础之上。

3. 供给和需求失衡成因说

消费不足论是一种有广泛影响的理论，此前西斯蒙第等曾提出其理论解释，这一观点对凯恩斯和斯威齐等人的观点产生了较大的影响。消费不足论的基本解释是：随着人口的增加、新发明的出现、工具和其他生产手段的改进，生产量有一种长期增长的趋势，这样就要求有相应的消费能力相适应。但由于购买力本身不足，或者由于收入分配的不均导致过度储蓄，使得人们的消费能力相对下降，出现消费不足，从而导致经济萧条。"生产资料或资本品工业，跟生产消费品工业对照下，有了过度的发展。"②不管怎么说，供给和需求失衡都是经济危机中的必然现象，但不同的学者在解释危机中的生产过剩问题，所采用的理论模型和论证逻辑又是不同的。在关于大萧条的讨论中，霍布森（J. A. Hobson）、福斯特（W. T. Foster）和卡钦斯（W. Catchings）、莱德勒（E. Lederer）等人围绕消费导致危机问题，都提出了自己的解释。

霍布森等人的储蓄过度成因说。储蓄过度论是消费不足理论中的一个代表性理论，持该观点的主要学者是霍布森、福斯特和卡钦斯等。在霍布森等人看来，"消费不足"意味着"储蓄过度"。危机和萧条之所以会发生，并不是源于购买力的不足，而是因为人们在其收入中用于储蓄的部分比重过大。换言之，是由于人们的购买力未能充分地用于"消费"。而过度储蓄则会打乱生产和销售之间的平衡。

在对危机深层原因的进一步分析基础上，霍布森认识到，储蓄来源中的大部分总是来自高收入阶层。因此，过度储蓄的起因在于收入分配不均等。由此他主张，消除危机和失业的最好办法是通过资本主义国家的政府制定措施，来实现财富和收入的再分配。

---

① [美]哈伯勒：《繁荣与萧条》，朱应庚、王锟、袁绩藩译，商务印书馆1963年版，第44—45页。
② [美]哈伯勒：《繁荣与萧条》，朱应庚、王锟、袁绩藩译，商务印书馆1963年版，第44页。

需要指出的是，正如早期的消费不足论并不能全面地解释经济周期的整个过程，储蓄过度论也不能说明储蓄过度的真正来源。尽管它能解释经济周期中的萧条时期的局部现象，但并不能解释整个周期收入不均等的根源。①

道格拉斯的总产品过剩成因说。将购买力与社会产品总价值的实现结合起来，分析大萧条的成因，也是一些资产阶级学者的解释路径。在这方面，P. H. 道格拉斯以购买力不足为基础，建立了自己分析大萧条的模型。他提出的解释是，由于购买力自身的不足，社会上可利用的购买力低于社会产品总价值，导致总产品不能按包括成本在内的价格全部销售出去，由此引起了产量过剩并最终引发经济萧条。

刘易斯·科里等人的产出和消费失衡成因说。在总供求的分析中，对利润率问题的分析也是一个重点。约瑟夫·吉尔曼、谢恩·玛治、吉拉尔·杜梅尼、多米尼克·利维和刘易斯·科里等人对大萧条前数十年美国的资本利润率所作的估计都表明，19世纪80年代到20世纪20年代前期，利润率经历了一个长期的下降过程，大约下降了40%。这个趋势可以归因于资本有机构成的长期提高，大约上升了20%。他们所作的一些估计显示，20世纪20年代仅仅是通过加强对劳动者的剥削，即雇主努力增加工人劳动强度和阻止工资上涨，才使得利润率水平有了小幅回升。1922—1929年，实际工资仅上涨了6.1%，总消费水平仅上涨了18%，而工业产值却增长了1/3。这种差距在1928—1929年是最显著的，产出增长速度是消费增长速度的3倍。

伯恩施坦等人的生产性投资缺口成因说。米切尔·伯恩施坦（Michael Bernstein）认为，20世纪20年代后期尽管主要资本主义国家曾出现短暂的经济繁荣，但在这一过程中占非农业人口93%的低收入阶层，其人均可支配收入却在下降。事实上，如果经济在充分就业水平上运行，产出与消费之间日益扩大的缺口就能够被填平，即不断增加的生产性投资能够弥补这个缺口。但现实是，只有部分缺口得到了填补。实际总投资的增速明显慢于过去几十年的增速，根据吉尔曼的测算，比过去的增速慢了1/3，而根据斯坦德尔（Steindl）的测算则慢了50%。

---

① 正是由于这个原因，莱德勒后来曾试图用吸收纯货币论和投资过度论来弥合这一理论，以期对整个经济周期给出解释。

(二) 凯恩斯主义者关于大萧条的分析

凯恩斯主义对大萧条的分析与古典自由主义学者不同，他们承认资本主义制度所导致的失衡，但并不将其与资本主义制度的内在矛盾联系起来考察，而是将其与经济行为心理等因素相联系。其代表作是英国经济学家凯恩斯本人在1936年发表的《就业、利息和货币通论》，书中对大萧条提出了自己的经典解释（其观点我们将在下一章详述）。与凯恩斯持相同观点的一些西方经济学者，也从不同角度提出了各自关于大萧条的解释。

1. 投资双周期叠加成因说

1941年，美国经济学家汉森（Alvin Hansen）在《财政政策与经济周期》一书中，进一步发展了凯恩斯的理论，提出了其本人关于大萧条的解释。在汉森看来，经济中的周期主要有两种：一是由真实投资率变动决定的主周期；二是由建筑投资变动决定的建筑周期。根据美国的经验，汉森认为主周期的长度一般为8年左右，而建筑周期的长度一般为17—18年。如主周期处于萧条期，而建筑周期处于繁荣期，那么二者叠加的结果将使经济走出萧条；反过来，如建筑周期处于萧条期，即便主周期处于繁荣期，也难以使经济走出萧条。

汉森运用美国在大萧条时的投资数据证明，美国在整个20世纪20年代的建筑周期达到了一个顶峰，随后建筑业投资在1928—1929年出现了急剧下降，进入了萧条期。不幸的是，主周期在这时也处于萧条期，两个周期的萧条期的相互叠加，造成了史无前例的"大萧条"。与凯恩斯一样，汉森也强调了投资支出的下降导致了大萧条的爆发。但他更强调建筑业投资支出的大幅下降。[①] 在汉森看来，消费支出的下降在大萧条中所起的作用是不重要的，重要的是投资支出特别是建筑业投资支出的下降。

2. 投资过度成因说

关于投资过度问题，一些凯恩斯主义者从另一个角度提出了解释，即将制成品需求变动作为分析的出发点，探讨过度投资的形成原因与作用机制。

---

① 不过，也有批评者说，汉森的分析中没有区分用于工业的生产性投资和用于零售和金融的非生产性投资，并且总是把家庭住宅建设算作一种投资。而斯坦德尔和吉尔曼的解释则被一些学者通过细分投资各部分加以证实。

制成品需求变动引起的投资过度成因说。该理论主要立足于派生需求的加速与扩大原理，早期代表人物是法国经济学家阿夫塔利翁。他认为投资过度导致生产过剩从而引发周期危机。这一理论后来得到克拉克、西蒙·库兹涅茨以及庇古和哈罗德等人的发展。西蒙·库兹涅茨主要研究经济周期中资本品与制成品的关系，庇古研究工业波动和失业之间的关系，而哈罗德主要研究经济周期理论。他们认为，投资过度与不均衡状态的反复出现，是由于各种货币因素造成的。使扩张过程向前进展的动力主要来自投资方面，而不是消费方面，消费品需求间接地受到投资变动的影响。而关于投资过度的原因，他们更倾向于将之归因于技术原因引起的消费品需求的细微变动，后者引导了生产品需求更大的变动，也就是加速原理与乘数原理的共同作用。因此，由制成品需求变动引起的投资过度，可以用来解释经济周期的形成和危机的发生。

斯庇索夫的储蓄不足成因说。与上述观点相对立的，是一些学者尽管赞成投资过度是导致危机的原因，但主张这种过度是由非货币因素导致的。该理论的先驱者则是俄国经济学家杜冈-巴拉诺夫斯基。[①] 非货币投资过度理论看重的是属于生产范围内的那些因素，如新发明、新发现、新市场开辟，等等。因此，引起资本不足并使繁荣终止的原因，并不是消费不足，而是在某种意义下的消费过度。在巴拉诺夫斯基之后，德国经济学家斯庇索夫和瑞典经济学家卡斯耳继承了其基本观点。他们认为，投资活动的恢复会产生收益和购买力，从而促使需求增长，并首先促进资本品和投资资料的需求增长，带动消费品需求的增长。在他们看来，价格上涨特别是资本品和投资资料（钢、铁、水泥、木材、砖瓦）的价格的上涨，会促进投资的扩大，最终推动经济进入繁荣阶段。[②] 不过，繁荣阶段并不能无止境地继续下去。这是因为，在现实经济活动中，资本经常出现短缺和不足，生产结构的调整往往使一定的有限种类的商品生产中产生严重的不均衡。繁荣之所以会走向崩溃，不是由于储蓄过度而是由于储蓄不足。

供给能力不足成因说。关于投资需求不足导致危机的观点，在后来遭受到来自供给学派的激烈批评。以美国的万尼斯基（J. Wanniski, 1978）

[①] 参见［俄］杜冈-巴拉诺夫斯基《周期性工业危机》，张凡译，商务印书馆1984年版。
[②] 戈登（Gordon）认为，大萧条前虽然存在着一个投资浪潮，但并没有用于资本品的生产："20世纪20年代的设备投资浪潮具有明显的缺陷，只有大约5%的投资用到了生产性耐用设备上。"

为代表的供给学派认为,造成经济危机的原因不是有效需求不足而是实际的供给能力不足,供给是实际需求得以维持的唯一源泉,政府不应当刺激需求,而应当刺激供给。国民产量增长率的主要决定因素,无论是短期内还是长期内,都是经济中的劳动和资本的配置与有效利用。因此,如果生产要素的供给存在障碍,或者生产要素不能被有效利用,就会导致经济的周期性剧烈波动和经济危机。而政府过度干预经济生活,则是生产要素供给障碍和不能有效利用的原因,从而也是造成经济危机的原因。因此,供给学派学者的主张,是要求政府放弃凯恩斯主义的需求管理政策,转而积极采取供给管理政策。

(三) 来自货币学派的观点

对"大萧条"的解释持有极端观点的,是货币学派的解释。货币学派一般认为市场经济会通过自身恢复失衡。因此,他们坚持认为,国家干预是不需要的,即使没有后来的"罗斯福新政",美国经济也能渡过危机。在自由主义思潮复活的历史时期,货币学派对大萧条的解释曾经一度占据西方经济学的主流地位。不过,在20世纪80年代末以后,由于经济危机的不断重现,该学派的解释受到了越来越多的质疑。

1. "只有货币最重要"

弗里德曼(Friedman)对大萧条的解读,突出体现在其与施瓦茨(Anna J. Schwartz)合著的《美国货币史:1867—1960》的第七章中。当然在其他著作和其他场合,也曾多次表述过他对大萧条的看法,但在《美国货币史:1867—1960》一书中表述得最为完整和透彻。在其看来:"美国的经济大萧条远远不是私有企业制度固有的不稳定性的象征。"[①]

弗里德曼等认为,货币供应量的变化与经济变动之间的相互联系具有高度的稳定性。第一次世界大战后,美国作为战胜国获得了巨大的利益。在战争中,美国的出口不断增加,就业岗位也不断增加,物价水平保持相对比较稳定的状态,经济快速发展。由于交战时期欧洲各国大量地购买作战物资和逃避战争所带来的资产风险,大量的黄金涌入美国。截至1919年,世界黄金储备的一半都被美国持有,这就为整个20世纪20年代美国

[①] [美] 米尔顿·弗里德曼:《资本主义与自由》,张瑞玉译,商务印书馆1986年版,第50页。

的货币扩张埋下了祸根。弗里德曼对大萧条总的看法是：1929年的股市暴跌，引发了经济衰退；但随后美联储的一系列错误政策，导致经济中的货币供给量大幅下降，由此使得一次温和的经济衰退演变成了大萧条。大萧条的程度之深、范围之广，均应归咎于美联储的错误决策。换言之，如果美联储能够保持正常的货币供给，那么就不会发生大萧条。

弗里德曼断言，"大萧条是对货币政策有效性的悲剧性证明，而不是像凯恩斯及其同时代的许多人所认为的那样，是货币政策无效性的证据。"[1] 他还进一步认为："那次经济大萧条像大多数其他严重失业时期一样……不是由于私有制经济的任何固有的不稳定性而造成的。"[2] 对于1929年10月的股市暴跌，弗里德曼认为其并未对货币存量的减少造成太大的影响，其影响完全可以由货币流通速度的下降来解释：从1929年到1930年，货币流通速度下降了13%。但他后来又指出，一般在经济萧条时，都会有货币流通速度的下降，如在1907—1908年下降了10%，在1913—1914年下降了13%，在1920—1921年下降了15%。[3] 按照弗里德曼的看法，既然1929年股市暴跌的影响完全可以表述为货币流通速度的下降，那么美国历史上其他时期经历过类似的货币流通速度下降，但却并未引发大萧条。可见，股市暴跌并不是引发大萧条的原因。

弗里德曼等对美国政府的救市政策持批评态度。在他们看来，1930年10月到1933年的三次银行倒闭风潮，导致货币存量和货币乘数急剧下降。银行倒闭使得公众失去了对银行偿付存款能力的信心，由此导致存款——通货比率下降，同时，银行失去了对公众持有银行存款的信心，由此导致存款——准备金比率大幅下降。而美联储不仅未能通过公开市场操作和再贴现向银行提供流动性，反而于1931年10月提高贴现率，从而进一步加剧了货币存量的下降，使得一次衰退最终演变为大萧条。总之，货币供给量的下降和实际产出之间的因果关系，货币供给量下降是"因"，实际产出下降是"果"。这种观点显然与凯恩斯主义的主张是对立的。当然，在后来的一次访谈中，弗里德曼特别提到曾任法国中央银行行长的Emile Moreau所写

---

[1] Friedman M., *Monetarist Economics*, Basil Blackwell, 1991, p. 452.

[2] [美] 米尔顿·弗里德曼：《资本主义与自由》，张瑞玉译，商务印书馆1986年版，第38页。

[3] [美] 米尔顿·弗里德曼、安娜·施瓦茨：《美国货币史：1867—1960》，巴曙松等译，北京大学出版社2009年版，第212—216页。

的备忘录,并表示在导致大萧条这一问题上,之前对美国自身倾注了过多的关注,而忽略了法国所扮演的角色。如若重写《美国货币史:1867—1960》一书,他的结论将是:美国和法国联合作用导致了世界范围内的萧条。①

2. 对货币学派观点的质疑和批判

弗里德曼在《美国货币史:1867—1960》一书中对股市暴跌的影响所作的解读,遭受到诸多批评者的挑战。布朗(Brown)就指出,尽管弗里德曼和施瓦茨也强调美联储的政策不是美国经济恢复的原因,他们已经注意到1933—1941年这段时期,美国联邦储备系统基本上没有试图改变货币量供给。但是,他们没有注意到,美国在缓解危机中采取的财政政策具有非扩张性,主要原因在于美国各级政府的税收结构调整和税收收入突然上升,特别是1932年《收入法》的增税措施,抵消了增加支出的扩张作用。② 并且,就实体经济而言,货币政策本身对于现实中的生产总量变动并不具有预测能力,这说明利用货币经济周期模型来解释大萧条不能完全成立,也缺乏说服力。

显然,避免经济周期波动的前提条件是使货币流动稳定,但现实中该条件很难达到。现代社会中,银行作用是主要的支付工具,流通的媒介主要是银行信用,法偿币只是属于辅助性的。"创造信用并调节信用量的,是银行体系。调节的手段是贴现率,是在公共市场买卖证券。"③ 因而,单纯注重于货币发行的货币政策本身并不能完全避免危机。

1976年,经济史学家特敏(Peter Temin)在其《货币因素导致了大萧条吗?》一书中,从另一角度回应了货币学派的挑战,并对大萧条进行了全新的、凯恩斯主义的解读。在特敏看来,1929—1930年投资支出的下降幅度并不足以解释大萧条的严重程度,因而凯恩斯及汉森等人将大萧条归于投资支出的减少并不成立。另外,他认为弗里德曼等人的货币主义解读也站不住脚,理由是这种解释实际上并没有表明一个特定的因果关系,因为他们的方程式也可以反过来证明,货币存量下降是大萧条的结果而非原因。于是,总需求的减少,自然就被归为消费支出的自发减少。凯恩斯及

---

① Parker R. E., *Reflections on the Great Depression*, Edward Elgar Publishing Ltd, 2002, p. 47.
② Brown E. Cary, "Fiscal Policy in the Thirties: A Reappraisal", *American Economic Review*, December, 1956.
③ [美]哈伯勒:《繁荣与萧条》,朱应庚、王锟、袁绩藩译,商务印书馆1963年版,第32页。

汉森等人的解读，强调的是投资支出的自发减少，而特敏强调的是消费支出的自发减少。

不过，特敏本人并没有真正回答问题。在考察了诸如股市崩盘导致公众消费预期降低、个人财富缩水、农业收入减少等各种说法之后，特敏得出的结论是：消费支出的自发减少是无法解释的。因此，特敏对大萧条的解读可概括为：无法解释的消费支出的自发减少导致了有效需求的减少，同时导致货币存量减少，经济陷入"流动性陷阱"，因而引发了大萧条。

（四）马克思主义经济学家对"大萧条"的早期解释

关于1929—1933年"大萧条"，马克思主义理论家对这次危机的本质作出了不同的解释。不同于格罗斯曼在"大萧条"前夕提出的"崩溃论"，考茨基驳斥了德国社会民主党认为只有社会主义才能结束这次危机的观点，认为这次危机既不是资本主义制度的彻底崩溃，也不是世界革命的来临。考茨基认为，像先前所有的危机一样，复苏是不可避免的。20世纪30年代中期，斯大林宣布了代表苏联官方的观点，称此次危机为"特种的萧条"，会有"有限的复苏"。用共产国际的经济发言人瓦尔加的话来说：大萧条已经"引起资本主义制度的极大紊乱，开始了资本主义总危机的一个新的、更高的阶段，致使伴随危机的革命的客观条件日趋成熟"[①]。"资本主义的总危机"，这是苏联官方对"大萧条"本质的界定。托洛茨基和马蒂克更进了一步，把这次"大萧条"看作资本主义的"垂死挣扎"。马克思主义理论家们对"大萧条"成因的早期解释，主要集中于消费不足论、比例失调论和利润率下降论三者之间的争论。霍华德和金认为最严谨的理论来自斯威齐，斯威齐强调消费不足和投资减少的作用。普列奥布拉任斯基对此次危机的解释，则是以比例失调在资本主义新的垄断阶段变得越来越严重为依据的。他认为，在垄断资本主义条件下，资源流动受阻，需求的变动带来非对称的后果。科里引用官方统计数据证明，美国的有机构成不论在长期（1849—1914）还是在"大萧条"前期都在持续增长。科里把技术进步、资本有机构成的提高、劳动生产率的提高与剥削率的提高联系起来，作为对"大萧条"成因的解释。

---

① 转引自［英］M. C. 霍华德、J. E. 金《马克思主义经济学史（1929—1990）》，顾海良、张新总校译，中央编译出版社2003年版，第2页。

在对"大萧条"之后资本主义发展前景的预测中,垄断资本主义的观点在当时的马克思主义理论界占据了主导位置,其代表人物是斯威齐、波洛克和鲍威尔。斯威齐的看法是"经济主义"的,而欧洲的马克思主义者更加关注国家的作用。法兰克福研究所的学者波洛克以罗斯福"国家产业复兴法案"为主要例证,强调如果国家管制进一步增强、政治制度发生相应转变,有计划的、稳定的资本主义经济完全是有可能的。权力越来越集中在经济寡头手中,中间阶级将失去独立性,技术性失业将挫败工人罢工。他在1933年得出结论:"走向终结的不是资本主义,而仅仅是其自由主义阶段。无论在经济上、政治上还是文化上,大多数人将拥有越来越少的自由。"① 鲍威尔根据当时德国的实践,把"大萧条"看作新的"官僚主导的垄断资本主义"的征兆。鲍威尔认为,欧洲在1932年以后的有限的工业复苏,是建立在不断膨胀的军事开支基础上的,并伴随着国家对外贸易、国内价格、工资构成的严格控制。鲍威尔相信,回归到自由竞争的资本主义是不可能的,国家经济权力的提升是不可逆转的。

霍华德和金评论说:"尽管马克思主义经济学家们存在着分歧和疑虑,但是与新古典理论家相比,他们无论在概括性地论述两次世界大战期间的发展问题方面,还是在专门阐述大萧条的具体问题方面,都做得相当出色。"② 他们指出,新古典经济学家缺乏整体的社会理论,世界大战和法西斯主义完全处于他们的范式之外,而马克思主义者具有理解这些现象的较为成熟的理论框架。其潜在含义是,在运用马克思的危机理论来解释具体的危机现实时,纯粹"经济主义"的看法是不全面的。总之,马克思危机理论的优势在于它能深入到社会关系的整体框架中,结合资本主义发展的历史趋势,以一种世界历史的眼光来构筑认识经济危机的宏观视野。

四 后续的争论

在回顾关于大萧条的争论时,如果不提及后来者的争论,西方学者在理论上的分歧将不会完整地体现。实际上,在过去很多年之后,西方学者

---

① 转引自 [英] M.C. 霍华德、J.E. 金《马克思主义经济学史(1929—1990)》,顾海良、张新总校译,中央编译出版社2003年版,第6页。
② 转引自 [英] M.C. 霍华德、J.E. 金《马克思主义经济学史(1929—1990)》,顾海良、张新总校译,中央编译出版社2003年版,第14页。

关于大萧条的讨论仍然在持续。

（一）围绕信用中介和货币因素的重新解释

20世纪80年代，西方在货币主义重新抬头的潮流中，兴起了关于信用中介成本的讨论。伯南克提出了对大萧条的一种新解释，他认可对大萧条爆发原因的货币主义解读——货币量的下降。不过，他又指出，大萧条期间爆发的银行业危机，直接导致了由于信息不对称导致的信贷中介成本上升。其原因在于金融机构很难甄别哪些贷款人具有良好的资质，从而导致放贷意愿降低，信贷中介成本上升，进而从供给和需求两个方面影响经济中的产出水平：一方面，潜在的借款者得不到资金从事生产活动，减少了总供给；另一方面，信贷成本的上升，使得潜在消费者将推迟消费，潜在的投资者减少投资，减少了总需求。对给定的无风险利率，信贷中介成本的上升降低了对当前产品和服务的需求，这意味着更低的总产出和无风险利率，而低产出、低利率正是大萧条时期的特征。[①]

在上述意义上，伯南克认为就20世纪30年代的金融领域和总产出之间的联系而言，弗里德曼等对大萧条的货币主义解释不是一个完整的分析。原因在于：它不仅无法解释持续的货币非中性，并且从数量上不足以解释产出下降的幅度，因而其提供的对策，即增加货币供给在逻辑上是不成立的。[②]

对大萧条期间货币量的下降，伯南克提供了进一步的解释。他认为至少有两个原因导致了货币量的变化：一是美联储未能增加货币供给；二是信贷中介成本上升导致的放贷意愿下降。因而，在当时的情形下即便美联储增加货币供给，也未必能阻止大萧条的发生。美联储增加货币供给只能保证银行手中有资金，但银行愿不愿放贷出去进而增加经济中的货币量，却并非美联储所能左右。

与伯南克将注意力集中于中介不同，金德尔伯格（Kindleberger）尽管同样重视货币市场的作用，但并不将单纯的货币供给量作为决定性的因素。相比而言，他认为市场中的货币供给量与货币体制及市场信心高度相

[①] Bernanke B. S., "Nonmonetary effects of the financial crisis in the propagation of the Great Depression", In *Essays on The Great Depression*, Princeton University Press, 1983, pp. 41–67.

[②] Bernanke B. S., *Essays on The Great Depression*, Princeton University Press, 2000.

关，并从后者的角度对大萧条给出了自己的解释：危机之所以深化和蔓延，是由于当时缺少一个国际上的"最后贷款人"。在其名著《大萧条中的世界：1929—1939》第十四章中他写道："1931 年的危机中有五个方面特别引人注目：（1）英国无力扮演最后贷款人的角色；（2）美国不愿扮演这一角色，仅对英国这一'特殊关系国家'提供了有限的帮助；（3）法国想在奥地利和德国（但没有对英国）达到政治目的；（4）1923 年之后德国的妄想狂们决不提通货膨胀问题；（5）小国不承担责任。"① 这样，就把危机的根源问题转化为危机的演化和发展问题，从根本上脱离了对大萧条本质的讨论。

（二）从生产率变动和财富分配出发提出的新观点

在对大萧条的近期研究中，真实经济周期理论从生产率的变化和财富分配角度，对大萧条进行了重新审视。其代表人物李·瓦尼安和哈罗德·科尔从总供给角度入手，通过大规模的计量经济模型得出了与货币主义和凯恩斯主义均不相同的解释。在李·瓦尼安和哈罗德·科尔的分析中，大萧条时期的基本宏观经济变量，如产出、消费、投资、劳动力供给等，对经济的冲击及其对大萧条的贡献率均可以加以量化。他们指出，在其模型下 1929—1933 年的各种冲击虽然均为负面影响，但其中尤以生产率冲击最为严重，大萧条期间的生产率下降了 40%。直至 1936 年，生产率才回归到长期趋势水平。

李·瓦尼安和哈罗德·科尔认为，1933 年之后，经济中的货币量迅速回升，银行业危机也停止了。但是，1936 年的就业率仍低于正常水平 27 个百分点，且直到 1939 年仍低于正常水平 21 个百分点。1933 年之后本应迎来经济复苏，因为在 1933 年之后生产率大幅提高了，金本位约束也不复存在，但是经济却并未及时复苏。因此，他们把经济未能及时从萧条中复苏的原因归结为罗斯福"新政"中采取的一系列政策，尤其是 1933 年的《国家产业复兴法案》。原因在于该法案使得工资水平居高不下，从而导致整个 20 世纪 30 年代就业不足、产出下降，从而延长了大萧条的持续

---

① ［美］查尔斯·金德尔伯格、罗伯特·阿利伯：《疯狂、惊恐和崩溃：金融危机史》（第五版），朱隽等译，中国金融出版社 2011 年版，第 268 页。

时间。① 在另一篇论文中,他们又采用月度价格和工资数据,分析了罗斯福新政期间所采取的政策对经济复苏的影响。他们认为,在新政的政策出台后,相对价格水平和实际工资水平要比完全竞争情况下高出30%。换言之,新政出台的政策妨碍了市场竞争机制的正常运作,使得本应及时复苏的经济继续处于萧条之中。因此货币因素只能解释30%的大萧条,更重要的因素是生产率的下降。②

莱维·巴特拉(Ravi Batra)则从财富分配角度提出了一个完全不同的观点。他认为,大萧条的真正原因,或者任何类型萧条的真正原因都是财富的集中,而不仅仅是收入的集中。莱维·巴特拉在其所著《1990年大萧条》中指出,财富集中的速度变化通常是极其缓慢的,但是在20世纪20年代,有一次财富集中的飞跃。他的分析表明,1922年美国1%的家庭拥有国民财富的31.6%,但1929年即仅仅7年之后,这些家庭所占份额就上升到36.3%。③ 简言之,财富的分化不仅导致了危机的爆发,而且还使政府针对收入分配格局的干预政策难以从根本上发挥作用。这就决定了20世纪30年代的危机在广度和深度都是空前的。

(三) 社会积累结构学派提出的新见解

自戴维·M. 戈登1978年提出"积累的社会结构"概念以来,戈登、理查德·爱德华兹和迈克尔·赖克等学者共同对这个概念进行了拓展,并依托该概念提出了关于资本主义经济周期的新解释。④ 他们将"影响个体资本家资本积累可能性的政治、经济环境作为宏观动力分析的出发点",认为"如果没有一个稳定的和有利的外部环境,资本家不会进行生产投

---

① Cole H. L. & L. E. Ohanian, "The Great Depression in the United States from a Neoclassical Perspective", *Federal Reserve Bank of Minneapolis Quarterly Review*, Winter, 1999.

② Cole H. L. & L. E. Ohanian, "Re‐examining the Contributions of Money and Banking Shocks to the U. S. Great Depression", In B. S. Bernanke & K. Rogoff (eds), *NBER Macroeconomics Annual*, The MIT Press, 2000.

③ [美] 莱维·巴特拉:《1990年大萧条》,国际信托投资公司国际研究所译,上海三联书店1988年版,第95页。

④ [美] 戴维·M. 戈登、托马斯·E. 韦斯科夫、塞缪尔·鲍尔斯:《力量、积累和危机:战后积累社会结构的兴衰》,外国经济学说研究会:《现代国外经济学论文选:第15辑》,商务印书馆1992年版,第103页。

资,我们称这种外部环境为社会积累结构"①。根据他们的研究,1870—1930年美国的资本有机构成从18.4急剧上升到100。② 这个过程的实质是劳动均质化的过程,工人的技艺日益接近。由于当时的生产过程大量采用机械化,导致工人的劳动技能趋于简单,技能差别趋于缩小。其最突出的表现是半技术工人(所谓熟练工)比率迅速上升,结果是加强了资本对劳动的控制,大公司发展成为主流并居主导地位。

他们的研究表明,美国制造业中生产人员对非生产人员的比例1900年为0.077,而到了1930年这个数字已变为0.154;③ 随着全国统一市场的形成,统一的全国劳动市场日益巩固,相应地形成了驱赶制度。这个适于资本积累的制度环境产生了投资热潮和快速的经济活动。不过,如果本次繁荣之初就存在的条件难以再生,或者需要向新的劳动过程和劳动市场的转移,资本积累就会趋缓,社会就会进入长波的停滞时期。他们认为,大萧条正是进入停滞时期的关键节点。

按照社会积累结构理论,一个长时期的、相对快速和稳定的经济扩张需要一个有效的社会积累结构。该结构在一段时期内会促进经济的增长和稳定,但最终要衰落。跟随其后的是一个较长时期的停滞和不稳定时期。因此,科茨认为:"历史表明,资本主义总是周期性地爆发体制危机。资本主义制度在不同阶段采取了不同的体制。然而,尽管这些资本主义的某一特定的体制形式,或积累的社会结构(SSA)可能在一段时间内有效地刺激了高利润和促进经济的扩张,但资本主义的体制矛盾最终会破坏其继续运行,导致体制危机的爆发。"④ 20世纪20年代属于增长和稳定的时期,而30年代则是停滞和不稳定的时期。战后,由于资本主义各国建立了一个新的社会积累结构,停滞才最终得以摆脱。

---

① Gordon David M., Richard Edwards & Michael Reich, Segmented Work, *Divided Workers*: *The Historical Transformation of Labor in the United States*, New York: Cambridge University Press, 1982, p. 23.

② Gordon David M., Richard Edwards & Michael Reich, Segmented Work, *Divided Workers*: *The Historical Transformation of Labor in the United States*, New York: Cambridge University Press, 1982, p. 230.

③ Gordon David M., Richard Edwards & Michael Reich, Segmented Work, *Divided Workers*: *The Historical Transformation of Labor in the United States*, New York: Cambridge University Press, 1982, p. 230.

④ [美]大卫·科茨:《目前金融和经济危机:新自由主义的资本主义的体制危机》,《当代经济研究》2009年第8期。

(四) 马克思平均利润率下降观点的再讨论

马克思主义理论家曼德尔在《资本主义发展的长波——马克思主义的解释》一书中将长波归于平均利润率变动和资本积累速度变动,并用这个理论来解释大萧条。他认为,在资本主义经济的长波中,利润率是决定性的因素。因而,大萧条是资本主义国家利润率下降导致的结果。而在对走出大萧条困境的分析中,他认为战争等外生变量起到了至关重要的作用。换言之,战争等带有明显的历史偶然性的非经济因素是危机被克服的关键。这种解释显然是用"非对称性的长波理论"来分析大萧条了。而对曼德尔观点的批评者则认为,利润率下降理论有一个根本缺陷,它抽象了产品创新这一重要的因素,假定资本积累是在生产不变的使用价值的基础上进行的,假定经济增长的主导部门是不变的。将新熊彼特派范式与马克思主义范式相结合,只有在一个全新的利润率动态的理论基础上才是可能的。①

进入21世纪后特别是2007年美国金融和经济危机后,危机理论的研究重新出现了"向马克思的回归"趋势,推动了对大萧条的新一轮反思。2009年,克里斯·哈曼在《1930年代的大萧条与当前经济危机》一文中,主张重新用马克思平均利润率下降并结合资本积累理论,对大萧条进行重新解释。

克里斯·哈曼指出,整个20世纪20年代英国都经历了萧条。第一个因素是利润率的下降,利润率下降的影响在1914年以前就已经出现了,并抑制了投资。第二个因素是英国试图通过将英镑汇率恢复到战前水平来保持其世界金融和政治的领导地位,结果却经历了20年的重工业——煤炭、钢铁、造船业的不景气和失业。当时的失业即使在"好的年份"里也比半个世纪前的最坏年份还要严重。美国及德国的经济衰退使这些已经深陷危机的工业雪上加霜。但先前未有过真正繁荣的事实产生了矛盾效应,即整体上来说英国的萧条从未达到过美国和德国的深度。因此,马克思关于利润率下降的理论能够解释产生全球性衰退的原因。他指出,经济停滞并不是因为基于消费和房地产的非生产性支出、投机泡沫和债务,而是由于低利润率之下,生产性投资是在低水平进行的,最终导致增长疲软及与其相伴的生产性支出的下降,从而带来与生产性部门产出相对应的市场迅

---

① 孟捷:《新熊彼特派和马克思主义长波理论述评》,《教学与研究》2001年第4期。

速缩小。①

不过，在对大萧条期间的衰退之深和持续之长的解释上，克里斯·哈曼认为不能单纯通过利润率下降提供解释，而应从马克思时代以来大公司的增长以及它们在整个经济中比重增加的角度寻找答案。在理论上，则要借助于马克思的资本集中和资本积聚理论。他认为，凯恩斯对大萧条的解释，暗示了资本主义制度缺陷仅仅通过货币政策和财政政策是难以克服的，凯恩斯将"投资社会化"作为唯一有效的反衰退措施，可能是选择了正确的方向，但却无法在现实中实施。显然，在正常的和平环境下，除非从资本家手里剥夺资本的控制权，否则投资社会化是不可能实现的。因此，大萧条及后来的世界性战争之间具有内在的联系，因为后者提供了关于大萧条的政治解决方案。

结语　如影随形的危机与无力的辩护

1929—1933 年的危机是资本主义世界性危机的第一次、全方位的爆发和展示，围绕大萧条的争论延续至今。②此后，西方的各种经济理论从不同视角提出了结论迥异的解释，给出了不同的药方，然而危机却始终是资本主义世界挥之不去的阴影。在理论上，大萧条不仅成为宏观经济学理论的试金石，更为资本主义世界长期奉行的自由市场信条画上了句号。在实践中和经济政策上，此后各资本主义国家均放弃了自由放任的法则，资产阶级政府作为"理想的总资本家"直接干预现实经济生活的必要性大大地增强了。

大萧条是自由资本主义转向垄断资本主义的一个节点。在 1907—1913 年的两次危机中，战争成为危机普遍激化的具体体现。而 1915 年开始的因军事工业发展带来的短暂复苏，是资本主义经济的周期性高涨阶段。不过，由于军事订货形成的生产过剩却大大增加了，这为 1919 年始于欧洲、逐渐扩展到资本主义世界的投机活动打下了基础。在这一过程中，垄

---

① ［英］克里斯·哈曼等：《1930 年代的大萧条与当前经济危机》，《经济社会体制比较》2009 年第 3 期。
② 莱维·巴特拉亦曾指出："事实上，这场萧条乃至认同其他萧条的基本原因至今仍然困惑着专家们。"参见［美］莱维·巴特拉《1990 年大萧条》，国际信托投资公司国际研究所译，上海三联书店 1988 年版，第 9 页。

断组织的统治已经成为促使资本主义再生产矛盾尖锐化的重要因素。就这个意义而言，大萧条是垄断资本主义阶段世界经济周期达到顶点后的伴随物。资料表明，在危机爆发后的 1932 年，美国全国 3/4 的私人电力掌握在 13 个控股公司手中，其中 3 个最大的控股公司则控制了这些私人电力的 40%。[①] 可见，垄断企业在很大程度上已经左右了美国经济的命脉，这些企业在危机中自然要求国家的干预。在罗斯福新政的反危机措施中，平衡预算目标被放弃及至过渡到赤字财政政策，实际上标志着垄断资本主义制度的最终确立。马克思论述信用对资本主义生产的作用时曾指出："它在一定部门中造成了垄断，因而要求国家的干涉。"[②] 大萧条后来的历史进程证明了这一科学判断。

严格说来，大萧条所带来的危机并没有在资本主义国家经济发展的正常路径和历史逻辑中化解。直到第二次世界大战前，各资本主义国家仍然在危机的旋涡中挣扎。当时无论是在理论上对大萧条作出的解释，还是在政策上出台的解决方案，都没有从根本上触及危机的核心问题。在后来总结大萧条的性质和后果时，加尔布雷斯（J. K. Galbraith）曾悲观地指出："三十年代大萧条从来没有结束。它只是在四十年代的大动员中消失了。"[③] 在大萧条以后，资本主义国家尽管为国家干预披上了理论的外衣，但那些熨平经济波动的措施只是推迟了经济危机的发生时间，或者仅仅改变了经济危机的具体表现形式。

随着垄断资本向国际垄断资本的过渡和统治的加强，经济危机发生的领域、范围和影响面反而进一步扩大了。在某种意义上，围绕大萧条的争论是关于资本主义命运争论的一个组成部分。正如阿特韦尔所指出的："总的看来，引起危机理论新发展的因素主要包括：建立在资本主义从危机中恢复的能力的基础之上的来自外部的对危机理论的挑战；可能潜在地修改或逆转危机的新的社会政治现象的出现；作为一种自我生产力量的危机理论研究内部存在的持续的争论。"[④] 从经济史的角度看，再没有任何一

[①] [美] 小施莱辛格：《罗斯福时代：动荡的政治》（A. M. Sehlesinger, Jr., *The Age of Roosevelt: The Politics of Upheaval*），波士顿 1960 年版，第 303—304 页。

[②] 《马克思恩格斯全集》第 25 卷，人民出版社 1974 年版，第 496 页。

[③] [英] 克里斯·哈曼等：《1930 年代的大萧条与当前经济危机》，《经济社会体制比较》2009 年第 3 期。

[④] Paul A. Attewell, *Radical Political Economy since the Sixties: A Sociology of Knowledge Analysis*, New Jersey: Rutgers University Press, 1984, p. 196.

个历史事件,能够像大萧条那样为马克思的经济危机理论提供注脚了。即使在今天,在资本主义提防经济危机再次光顾的每一个历史时点,马克思的经济危机理论都仍然是一面镜子,衬映出各类辩护者的无力。

第六章

黄金年代：从大萧条到滞胀的过渡及其理论解释

第二次世界大战后，西方发达资本主义国家迎来了一段平稳快速发展的"黄金年代"。第二次世界大战后"黄金年代"的出现，曾一度让人怀疑，资本主义经济危机是否已经终结。虽然资本主义主要发达国家经历了近30年的繁荣，然而，20世纪70年代"滞胀"的出现终结了"黄金年代"，无情地打破了资本主义无危机论的"谎言"。"滞胀"的出现是对资本主义无危机论的最大"嘲讽"。对于战后"黄金年代"作为资本主义从"大萧条"向滞胀迈进的过渡期及其相关的经济危机与经济周期，在西方主流经济学界和马克思主义经济学界分别有着不同的解释。这一时期的西方主流经济理论对经济危机与经济周期的解释主要体现在凯恩斯主义与新自由主义等不同观点的交锋当中，并呈现出多样化的演进态势。马克思主义的经济危机与经济周期理论则处于不断深化发展之中，既有对繁荣出现原因的探求，又有对资本主义停滞发展趋势的预判，还有对资本主义危机再次出现的探源。可以说，这一时期的马克思主义的经济危机与经济周期的理论不仅得以发展，还实现了从单一因素研究范式向综合研究范式的转变。

一 "黄金年代"的到来：经济危机的终结？

西方主要资本主义国家在第二次世界大战结束到20世纪60年代末的这段时间迎来了前所未有的经济繁荣与扩张，尤其是20世纪五六十年代成为资本主义发展史上经济增长表现最好的时期，堪称资本主义的"黄金年代"。① 战后"黄金年代"的出现,曾一度让人相信经济繁荣的势头会一直保持下去,所有关于 OECD 国家的前景预测都是非常积极的,很多人甚至认为资本主义已经摆脱了经济危机的阴影。然而,20 世纪 60 年代末主要发达资本主义国家的利润率开始呈现下降趋势,"黄金年代"实际上已经走到了尽头,其后主要资本主义国家出现的经济滞胀,表明资本主义生产方式面临更为深刻和复杂的危机,"黄金年代"终结资本主义经济危机的幻想就此破灭。

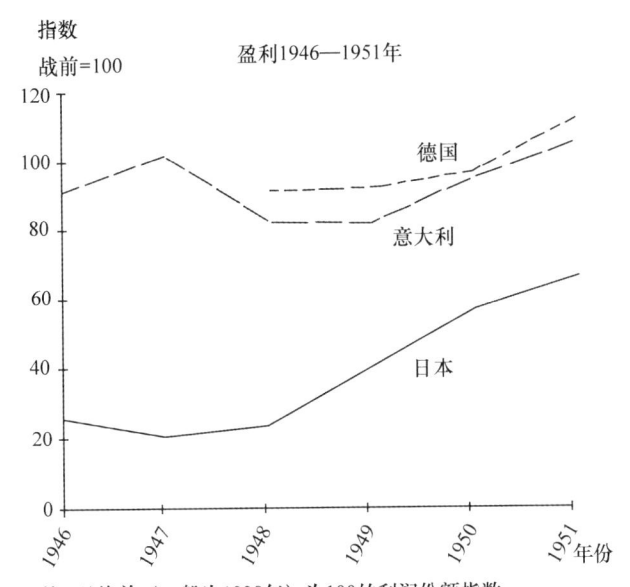

注:以战前(一般为1938年)为100的利润份额指数。
图 6-1 战后资本主义国家利润率的恢复状况
资料来源:[英] P. 阿姆斯特朗等:《战后资本主义大繁荣的形成和破产》,史敏、张迪恳等译,中国社会科学出版社 1991 年版,第 133 页。

(一) 繁荣盛况

与所有战争相同,第二次世界大战对于发生了战争的国家来说无论是财力还是人力都是一场巨大的浩劫。与第一次世界大战相比,更高水平的军事工业技术发展使得遭受战争蹂躏的地区的伤亡更加惨烈、损毁更加严重。战争带来了巨大的人力损失,首先体现在伤亡人数上:德国 420 万,德国盟国

---

① [英] 麦迪森:《世界经济千年史》,伍晓鹰、许宪春等译,北京大学出版社 2003 年版,第 116 页。

150万，日本150万，西方列强（法、英、美）100万，苏联大约2500万；其次体现为因战争带来的死亡、苦难、离异、疾病减少的人口出生上。[①] 同时，战争造成了燃料、食品等物品的短缺，基础设施的损毁和交通的中断，生产力下滑，产出急剧下降，资本主义制度本身也受到了严重的质疑。可以说，战争阻碍了劳动力再生产，重创了资本主义生产方式。

第二次世界大战后到50年代初，西方资本主义国家普遍采取了恢复政局稳定、促进经济发展等重建措施，主要资本主义国家的投资、燃料供应、交通运输等得以较快恢复，使得资本积累循环重新开始，经济日趋好转。与此同时，产业后备军的重新形成、工人运动的失败也为主要资本主义国家战后繁荣的到来提供了条件。

20世纪50年代初到60年代末，被称为战后资本主义的"黄金年代"。在这一时期，欧美主要资本主义国家如美国、英国、意大利、德国、法国、日本等经济保持了较长时间的高速增长，多国呈现出空前繁荣盛况的指征。这些主要资本主义国家的GDP、人均GDP、人口、资本存量等在这一历史时期实现了前所未有的快速增长。"1950年到1975年期间……发达国家国内生产总值和人均国民生产总值增长的速度，比1820年以来任何一个时期都要快将近一倍。劳动生产率的增长也比以前快了一倍，资本存量的增长率也大大加快了。资本存量的增长标志着一个投资高潮，其时长和力度之大都是史无前例的。"[②]（见表6-1、表6-2）

表6-1　　资本主义发展不同阶段主要国家、地区人均GDP、人口和GDP年均复合增长率　　单位：%

主要地区、国家	1820—1870年（资本主义发展的初始时期）	1870—1913年（旧"自由秩序"时期）	1913—1950年（两次世界大战时期）	1950—1973年（黄金时期）	1973—1998年（新自由秩序时期）
	人均GDP				
西欧	0.95	1.32	0.76	4.08	1.78
西方衍生国[a]	1.42	1.81	1.55	2.44	1.94

---

① ［英］大卫·兰德斯：《解除束缚的普罗米修斯》，谢怀筑译，华夏出版社2007年版，第483—485页。

② Glyn Andrew, Alan Huges, Mlain Lipietz and Ajit Singh, "The Rise and Fall of the Golden Age" in S. A. Marglin and J. B. Schor, eds., *The Golden Age of Capitalism. Reinterpreting the Postwar Experience*, Oxford: Clarendon Press 1991, pp. 41–42.

续表

主要地区、国家	1820—1870 年（资本主义发展的初始时期）	1870—1913 年（旧"自由秩序"时期）	1913—1950 年（两次世界大战时期）	1950—1973 年（黄金时期）	1973—1998 年（新自由秩序时期）
人均 GDP					
日本	0.19	1.48	0.89	8.05	2.34
亚洲（不含日本）	-0.11	0.38	-0.02	2.92	3.54
拉丁美洲	0.1	1.81	1.42	2.52	0.99
东欧和苏联	0.64	1.15	1.5	3.49	-1.1
非洲	0.12	0.64	1.01	2.07	0.01
世界	0.53	1.3	0.91	2.93	1.33
人口					
西欧	0.69	0.77	0.42	0.7	0.32
西方衍生国	2.87	2.07	1.25	1.55	1.02
日本	0.21	0.95	1.31	1.15	0.61
亚洲（不含日本）	0.15	0.55	0.92	2.19	1.86
拉丁美洲	1.27	1.64	1.97	2.73	2.01
东欧和苏联	0.87	1.21	0.34	1.31	0.54
非洲	0.4	0.75	1.65	2.33	2.73
世界	0.4	0.8	0.93	1.92	1.66
GDP					
西欧	1.65	2.1	1.19	4.81	2.11
西方衍生国	4.33	3.92	2.81	4.03	2.98
日本	0.41	2.44	2.21	9.29	2.76
亚洲（不含日本）	0.03	0.94	0.9	5.18	5.46
拉丁美洲	1.37	3.48	3.43	5.33	3.02
东欧和苏联	1.52	2.37	1.84	4.84	-0.56
非洲	0.52	1.4	2.69	4.45	2.74
世界	0.93	2.11	1.85	4.91	3.01

注：西方衍生国包括美国、加拿大、澳大利亚和新西兰。

资料来源：[英]麦迪森：《世界经济千年史》，伍晓鹰、许宪春等译，北京大学出版社2003年版，第116页。

表6-2　　　　　　1820—1979年不同阶段的增长特征
　　　　　　　　　（16个国家的年平均复合增长率）　　　　　单位:%

阶段	非住宅固定资本存量	出口量
Ⅰ 1820—1870年	/	4.0^a
1870—1913年	2.9	3.9
Ⅱ 1913—1950年	1.7	1.0
Ⅲ 1950—1973年	5.5	8.6
Ⅳ 1973—1979年	4.4^b	4.8

注：(1) 10个国家的平均；(2) 1973—1978年。

资料来源：Glyn Andrew, Alan Huges, MlainLipietz, and Ajit Singh, "The Rise and Fall of the Golden Age" in S. A. Marglin and J. B. Schor, eds., *The Golden Age of Capitalism. Reinterpreting the Postwar Experience*, Oxford: Clarendon Press, 1991, p.42.

　　法国、德国、意大利、日本、英国在1950—1960年与1960—1970年两个时期的国内生产总值平均增长率与劳动生产率相较于1913—1950年上升显著。其中，日本在1960—1970年的国内生产总值年均增长率高达10.3%，劳动生产率平均增长率高达9.6%。但是相较于其他国家，美国的GDP只略微增长，劳动生产率的平均增长率则略微下降（见表6-3、表6-4）。

表6-3　　　　　　1870—1980年国内生产总值平均增长率　　　　　单位:%

国家	1870—1913	1913—1950	1950—1960	1960—1970	1970—1980	1973—1980
法国	1.7	1.0	4.7	5.6	3.5	2.8
德国^a	2.8	1.3	8.1	4.8	2.8	2.4
意大利	1.5	1.4	5.1	5.3	3.1	2.8
日本	2.5	1.8	8.6	10.3	4.7	3.2
英国	1.9	1.3	2.7	2.7	1.8	1.0
美国	4.1	2.8	3.2	3.2	2.9	2.1

注：联邦德国1950—1980。

资料来源：[英]弗里曼、[葡]卢桑:《光阴似箭：从工业革命到信息革命》，沈宏亮译，中国人民大学出版社2007年版，第307页。

表6-4　　　　1870—1980年劳动生产率平均增长率（每人时GDP）　　　　单位:%

国家	1870—1913年	1913—1950年	1950—1960年	1960—1970年	1970—1980年	1973—1980年
法国	1.8	1.7	4.3	5.1	3.8	3.7
德国[a]	1.9	1.2	6.6	5.2	3.6	3.2
意大利	1.2	1.8	4.3	6.3	2.5	1.7
日本	1.8	1.4	5.7	9.6	4.3	2.6
英国	1.1	1.5	2.3	3.2	2.4	1.6
美国	2.1	2.5	2.4	2.4	1.5	0.8

注：联邦德国1950—1980。

资料来源：[英]弗里曼、[葡]卢桑：《光阴似箭：从工业革命到信息革命》，沈宏亮译，中国人民大学出版社2007年版，第308页。

在"黄金年代"，主要发达资本主义国家企业的平均利润伴随着国内生产总值和劳动生产率的增长而呈现出稳步增长的态势，在20世纪50年代初到60年代末这段时间，除了1958年略低于15%之外，其余年份都保持在较高水平，制造业利润率在大多数年份都维持在20%以上（见图6-2）。

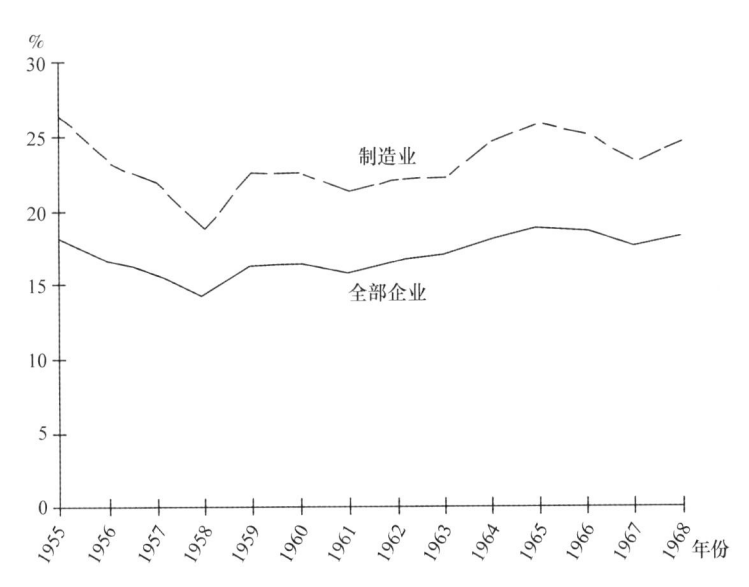

图6-2　主要发达资本主义国家1955—1968年间的利润率

资料来源：[英]P.阿姆斯特朗等：《战后资本主义大繁荣的形成和破产》，史敏、张迪恳等译，中国社会科学出版社1991年版，第147页。

这些国家在经济不断增长的同时，产业结构与劳动力在部门间的分布也出现了结构性变动。主要表现为农业的雇用劳动力向工业、服务业的转移，另外，各个产业的雇员人均产出增长率均有明显提高，尤其是农业部门的提高更为显著，这就为劳动力的非农化转移奠定了基础（见表6-5）。

表6-5　1870—1981年部门雇用人口的百分比与雇员人均产量的增长率　　单位：%

国家	产业部门	雇用比例				雇员人均产出增长率		
		1870年	1960年	1973年	1981年	1870—1950年	1950—1973年	1973—1981年
法国	农业	49.2	21.4	11	8.3	1.4	5.6	3.5
	工业	27.8	36.2	38.6	34.3	1.4	5.2	3.2
	服务	23	42.4	50.3	57.4	0.7	3	1.6
德国	农业	49.5	13.8	7.3	5.8	0.2	6.3	3.9
	工业	28.7	48.2	46.6	43.4	1.3	5.6	2.6
	服务	21.8	38	46.1	50.8	0.7	3	1.6
日本	农业	72.6	30.2	13.4	10	0.7	7.3	1.1
	工业	/	28.5	37.2	35.3	1.7	9.5	4.7
	服务	/	41.3	49.3	54.7	0.5	3.6	1.9
英国	农业	22.7	4.1	2.9	2.8	1.4	4.7	2.8
	工业	42.3	47.8	42	35.8	1.2	2.9	1.8
	服务	35	38.1	55.1	61.4	0.2	1.6	0.7
美国	农业	50	8	4.1	3.4	1.3	5.5	1.6
	工业	24.4	32.3	32.3	29.5	1.6	2.4	-0.2
	服务	25.6	50.7	62.4	67.1	1.1	1.8	0.1

资料来源：Glyn Andrew, Alan Huges, MlainLipietz, and Ajit Singh, "The Rise and Fall of the Golden Age" in S. A. Marglin and J. B. Schor, eds., *The Golden Age of Capitalism. Reinterpreting the Postwar Experience*, Oxford: Clarendon Press, 1991, p.44.

除了上述指标，总体上，主要发达资本主义国家在"黄金年代"的各项经济数据都表现出稳定的、较低波动的长期增长趋势。与历史上的其他时期相比，这段时期每年的经济波动较为缓和，出口波动幅度较弱，物价相对平稳，失业率比 1870—1913 年低近 1/3，与 1913—1950 年相比则少一半还多（见表 6-6）。

表 6-6　1820—1979 不同阶段的周期特征（不同国家的算术平均数）　　单位:%

阶段	平均每年峰值到最小值的降幅	出口量峰值与最低值的降幅	平均失业率	消费者价格的平均每年增长率
Ⅰ 1820—1870 年	-6.7[a]	-21.7[b]	/	0.2[b]
1870—1913 年	-6.1	-18.2	4.5[c]	0.4
Ⅱ 1913—1950 年	-11.9	-36.5	7.3	-0.7[d]
Ⅲ 1950—1973 年	+0.4	-7.0	3.0	4.1
Ⅳ 1973—1979 年	-1.3	-6.4	4.1	9.5

注：a. 只有丹麦、法国和英国；b. 只有法国、德国、瑞典、英国和美国；c. 英国和美国为 1900—1913 年；d. 澳大利亚和德国为 1924—1938 年，比利时为 1921—1938 年。

资料来源：Glyn Andrew, Alan Huges, MlainLipietz, and Ajit Singh, "The Rise and Fall of the Golden Age" in S. A. Marglin and J. B. Schor, eds., *The Golden Age of Capitalism. Reinterpreting the Postwar Experience*, Oxford: Clarendon Press, 1991, p.45.

（二）黄金年代的支撑与动力

第二次世界大战后，主要发达资本主义国家的持续繁荣得益于多种因素的共同支撑。其中，科技与创新、劳动与资本、政府与市场以及国与国之间的关系等多个方面都呈现出新的变化和新的特征，成为"黄金年代"出现并得以持续的主要动力与支撑。

1. 科技与创新：变更的主导产业与变革的主导生产方式

20 世纪的科技发展极大地促进了工业化进程，从而引起了产业结构的调整与生产方式的变革。第二次世界大战后资本主义"黄金年代"所对应的技术变革时期被称为第三次科技革命。继工业革命和前两次科技革命带来的蒸汽机对手工动力的替代、消费品的机器化生产与动力机器的机器化生产，第三次科技革命促使原料与食品也转变为机器化生产，出现了大量的炼油厂、合成纤维工业、自动化食品工厂。第三次科技革命以第二次世界大战中开始得到发展的原子能、电子计算机和航天技术为标志，促进了信息产业、航天、新能源、新材料等新兴产业的崛起。如能源、通信、计算机技术的发展，不但建立了一系列新的工业部门，而且随着工业部门的自动化，进一步推动了企业管理的科学化，促成了传统产业的调整。以微电子和原子能技术为核心的高端集成科技大大拓展了人类的脑力发展空间，发明了新的生产工具，扩大了劳动对象范围，形成了新的产业结构和生产方式。① 这样，一切经济部门都转变为机器化生产，经济部门的资本有机构成得到了迅速提高。以具体产业为例，美国的石油精炼厂中固定资本费用的比例从1913年的0.21%上升到1955年的10%，生产10万吨汽油所需的活的劳动力工时从1913年的56下降到1955年的0.4。法国的雷诺汽车厂中充分自动化传输机器对万能生产机器的替代使得每辆车的劳动力费用与设备费用的比例从640/131下降到53/200。②

与"黄金年代"科技创新相适应的产业特征表现为汽车成为主导产业，石油成为核心资源，这两种产业创新最快并促进了整体经济的增长，高速公路网络成为新的运输基础设施（见表6-7）。汽车的大规模生产与人均收入的上升使得普通民众也有了购买汽车的机会和能力，汽车成为一种普遍的耐用消费品。与此相对应，只有足量可得的低成本的汽油才可以满足汽车的大规模需求。石油的产量自1939年达21亿桶后一直迅速增长（见表6-8）。石油价格进一步降低（见图6-3），促进了汽车的迅速普及。汽车行业的迅速发展引起了广泛的带动效应。首先，钢铁、橡胶、玻璃等产业受汽车工业和石油工业强烈带动效应的影响，需求迅速增加，产能扩大，技术变革随之发生，效率迅速提升。其次，这些技术的扩散影响了相关技术和材料行业的生产变革，电冰箱和洗衣机等耐用消费品规模迅速扩大。此外，服务业和建筑业也获得了迅速的发展，如高速公路、汽车加油站和维修厂、旅游经济、郊区不动产、商业分期付款等都得以迅速发展成为新型工商业态。

---

① 丁冰、刘立人：《战后科技革命与现代资本主义经济》，《群言》1996年第12期。
② ［比］厄尔奈斯特·曼德尔：《晚期资本主义》，马清文译，黑龙江人民出版社1983年版，第212—258页；［比］欧内斯特·曼德尔：《资本主义发展的长波——马克思主义的解释》，南开大学国际经济研究所译，商务印书馆1998年版，第39—62页。

表6-7　　　　1929—1980年世界汽车产量和出口量（百万）

	1929年	1938年	1950年	1960年	1970年	1980年
产量						
北美	4.8	2.1	7.0	7.0	7.5	7.2
西欧	0.6	0.9	1.1	5.1	10.4	10.4
日本	—	—	—	0.2	3.2	7.0
中央计划国家	—	0.1	0.1	0.3	0.7	2.1
其他西方国家	—	—	—	0.4	1.0	1.8
总产量	5.4	3.1	8.2	13.0	22.8	28.6
出口						
北美各国之间	0.1	—	—	—	0.9	1.1
北美出口	0.4	0.2	0.1	0.1	0.1	0.1
西欧国家之间	—	0.1	0.2	1.0	2.7	3.7
西欧国家出口	0.1	0.1	0.4	1.2	1.8	1.3
日本出口	—	—	—	—	0.7	3.9
其他国家出口	—	—	—	—	0.2	0.8
总出口	0.6	0.4	0.7	2.3	6.4	10.9

注：—表示资料不详或者可以忽略不计。

资料来源：[英]弗里曼、[葡]卢桑：《光阴似箭：从工业革命到信息革命》，沈宏亮译，中国人民大学出版社2007年版，第290页。

表6-8　　　　　　　1939—1991年的世界原油产量

年份	原油产量（10亿桶）
1939年	2.1
1950年	3.8
1960年	7.7
1973年	20.4
1991年	22.6

资料来源：[英]弗里曼、[葡]卢桑：《光阴似箭：从工业革命到信息革命》，沈宏亮译，中国人民大学出版社2007年版，第290页。

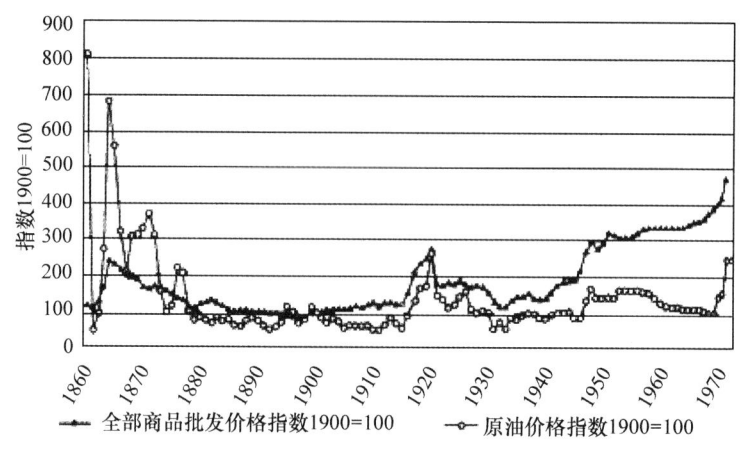

图 6-3 1860—1970 年美国石油价格指数与批发价格指数的变化

资料来源：[英] 弗里曼、[葡] 卢桑：《光阴似箭：从工业革命到信息革命》，沈宏亮译，中国人民大学出版社 2007 年版，第 293 页。

在资本主义的"黄金年代"，伴随自动化技术在流水线生产的应用与相应的组织创新，产生于战前的"福特主义"资本主义企业管理和组织方式在发达资本主义国家扩散成为占主导地位的生产方式。福特制生产方式的主要特点为自动化或半自动化流水线生产模式、大规模生产技术与泰勒管理制的结合，由管理部门控制劳动过程的设计、进度、时间安排。福特制的生产方式大大提高了劳动生产率，使大规模生产成为可能（见表 6-9）。

表 6-9　　　　　　　　　康德拉季耶夫长波鸟瞰

技术和组织创新集群	技术成功、盈利丰厚的最显著的创新特征	经济中的支柱部门和其他主导部门	核心投入和其他关键投入	交通和通讯基础设施	管理和组织变革	近似的"上升"（繁荣）时期
						"下降"（调整危机）时期
1. 工业机械化（水力）	阿克赖特设在克罗福德的工厂（1771）；亨利·科特的"搅拌"工艺(1784)	棉纺织、铁制品、水车、漂白剂	铁、棉花、煤	运河、收费公路、轮船	工厂系统、企业家、合伙制	1780—1815 年
						1815—1848 年

续表

技术和组织创新集群	技术成功、盈利丰厚的最显著的创新特征	经济中的支柱部门和其他主导部门	核心投入和其他关键投入	交通和通讯基础设施	管理和组织变革	近似的"上升"（繁荣）时期 / "下降"（调整危机）时期
2. 工业和运输机械化（蒸汽）	利物浦-曼彻斯特铁路（1831）；布鲁奈尔的"伟大的西部"大西洋蒸汽船（1838）	铁路、铁路设备、蒸汽机、机床、碱业	铁、煤	铁路、电报、蒸汽船	合股公司、与有责任心的手工工人签订再承包合同	1848—1873年 / 1873—1895年
3. 工业、运输和家庭电气化	卡耐基贝西默钢轨厂（1875）；爱迪生	电器设备、重型机械、重化工、钢制品	钢、铜、合金	钢轨、钢制船舰、电话	专门人才、管理系统、"泰勒主义"巨型企业	1895—1918年 / 1918—1940年
4. 运输、民用经济和战争动力化机动化	福特海兰德公园装配线（1913）；伯顿重油裂化工艺（1913）	汽车、卡车、拖拉机、坦克、柴油机、飞机、炼油厂	石油、天然气、合成材料	无线电、高速公路、机场航线	大规模生产消费、"福特主义"、层级制	1941—1973年 / 1973年至今
5. 国民经济计算机化	IBM1410和360系类（20世纪60年代）；Intel处理器（1972）	计算机、软件、电信、设备、生物技术	"芯片"（集成电路）	"信息高速公路"（互联网）	内部网、局域网和全球网	?

资料来源：[英]弗里曼、[葡]卢桑：《光阴似箭：从工业革命到信息革命》，沈宏亮译，中国人民大学出版社2007年版，第145—146页。

2. 资本与劳动：制衡与妥协

自20世纪50年代以来，充足的劳动力供给是使大多数欧洲国家经济迅速恢复增长的一个重要因素。如联邦德国战后吸引了1000万以上的避难者和数以百万计的外国工人，意大利把数以百万计的南方农民和乡村农民整合到了北方的工业中，日本将数百万传统部门农民和劳动者、妇女劳动者吸收到了日本的现代大工业中，美国将1000万以上的已婚妇女和400万以上的农民和农业劳动者吸引进了城市。[①] 从表6—10中可以看到1955—1968年发达资本主义国家农业就业人口向工业和服务业转移的情

---

① [比]厄尔奈斯特·曼德尔：《晚期资本主义》，马清文译，黑龙江人民出版社1983年版，第190页。

况。大量超额的劳动力供给，使得资本形成了对劳动的优势，资本通过压低工资增长的方式提高剩余价值率成为较普遍的做法。同时食品的工业化生产与劳动力从农村向城市的转移为消费规模的迅速扩大提供了人口基础。

表6-10　　1955—1968年发达资本主义国家就业的年平均增长率　　单位:%

全部	农业	工业	服务业
1.0	-3.8	1.5	2.0

资料来源：[英] P. 阿姆斯特朗等：《战后资本主义大繁荣的形成和破产》，史敏、张迪恩等译，中国社会科学出版社1991年版，第209页。

与此同时，日益组织起来的工人阶级力量也不断地对劳资关系提出挑战。以美国为例，罢工的压力使得国会通过并由罗斯福总统签署生效了《瓦格纳法案》（Wagner Act）（1935），建立了国家劳动关系委员会（NLRB）来调节企业和工会的关系，阻止雇主不公平使用劳动的行为，监督工厂中工人关于是否组建工会的投票决定，强迫雇主与工会领导人开展谈判。这样工会中的工人有足够的力量迫使雇主承认工会并与之谈判，从而形成了"劳动协议"。通过集体谈判，工会为其成员争取获得了一定的工作保障和稳定增长的实际工资，雇主则拥有引进新技术、在认为适当时重新组织生产、以利润进行投资的自由。这样在劳资关系层面确立了合作性的劳动—管理关系。从图6-4可以看出工会力量的改变与工人工资变动呈现出同方向波动的趋势。

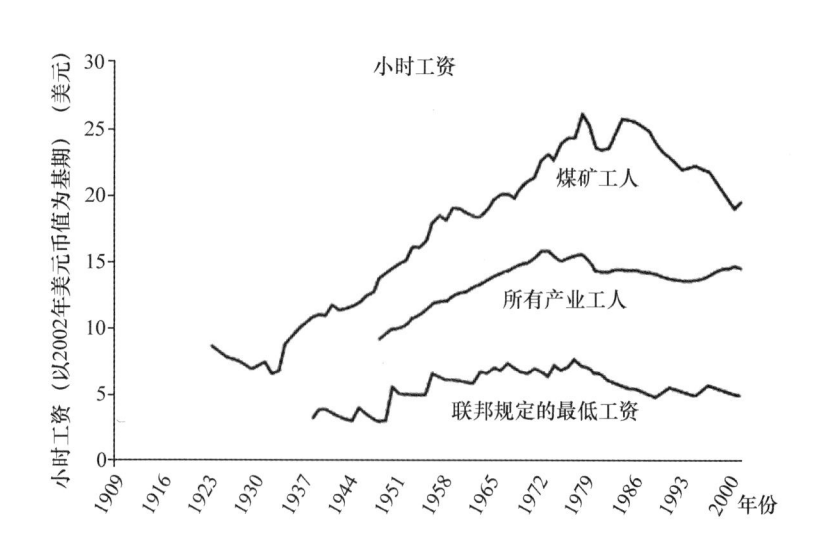

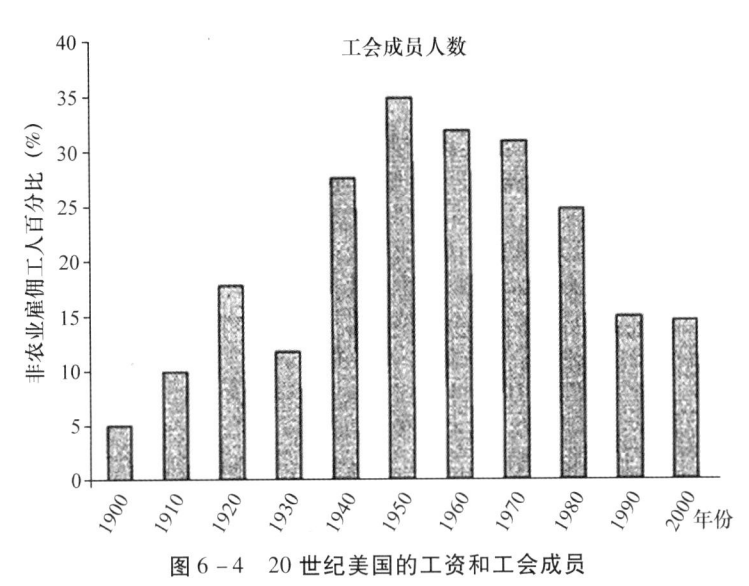

图 6-4　20 世纪美国的工资和工会成员

说明：从图 6-4 可以看出，美国工会成员比例在 20 世纪整体上呈现先上升后下降的形态。在 20 世纪上半叶，实际工资随着工会力量的增强而上升，从 20 世纪 70 年代开始，实际工资呈现停滞或下降。由于从第一次世界大战结束开始连续的工资数据只能在煤矿工人的工资统计中找到，因此图中使用煤矿工人的工资进行比较。图中的工资已经过美国劳工统计局的消费价格指数进行调整，因此是实际工资。

资料来源：［美］塞缪尔·鲍尔斯等：《理解资本主义：竞争、统制与变革》（第 3 版），孟捷等译，中国人民大学出版社 2009 年版，第 148 页。

不过，福特制劳动过程对自动化技术的采用又在一定程度上缓和着劳资之间的冲突。福特制一方面减少了直接进行劳动操作的工人，另一方面使工人去技能化，这样消除了熟练技术工人对劳动过程的控制，取而代之使管理部门获得对生产过程的控制权，产生了以办公室工作为基础的纵向科层分工体系，形成了劳资关系的官僚控制，其特征为"将劳动过程内部等级权力的行使制度化，资本通过建立规则和程序的权力来维持对企业运作的全面控制"[①]。通过绩效评估、报酬分配、惩罚等措施雇主促进了工人的个人主义化和对个人利益的追求，抑制了工人集体形式的抗争，缓和了劳资之间的冲突。

既冲突又不断缓和是"黄金年代"主要发达资本主义国家劳资关系的主要特征，同时资本与资本的关系也呈现出一些新变化。第一次世界大战

---

① 谢富胜：《控制和效率：资本主义劳动过程理论与当代实践》，中国环境科学出版社 2012 年版，第 224 页。

后，资本与资本关系的调节方式从完全竞争转变为寡头垄断。资本的大量集中，金融托拉斯集团的兴起，以及现代企业的出现，使得垄断资本对资本竞争、市场和投资环境的控制力量得以增强；投资风险降低与劳动过程中工艺控制的衰落，促进了体现着技术进步的固定资本投资的飞跃，它们通过对资本间竞争的调节，实现了对市场的一定程度的控制，促进了福特制劳动过程的建立。第二次世界大战之后，这种调节日渐趋于成熟。寡头垄断消灭了价格战这一传统的争夺市场份额的方式，更多采用企业之间在广告和产品差异化上的竞争。资本间的竞争不再完全取决于价格，平均成本加利润的定价模式更加普遍。从图6-5中可以看出发达国家最大企业在制造业生产中所占比重的增加。

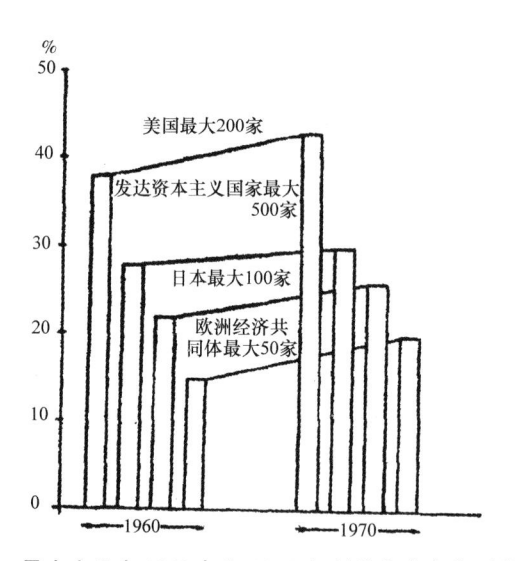

图6-5 最大企业在1960年和1970年制造业生产分别所占比重

资料来源：［英］P. 阿姆斯特朗等：《战后资本主义大繁荣的形成和破产》，史敏、张迪恩等译，中国社会科学出版社1991年版，第190页。

3. 政府与市场：强弱组合

第二次世界大战后，受凯恩斯主义的影响，政府对经济的调控逐渐增多，政府的规模相对增大。对此，有学者指出国家功能的扩大是由固定资本周转期的缩短、技术革新的加速和第三次科技革命带来的资本积累主要规划费用大量增长及相应带来的风险增大三个因素的结果，这造成了国家经济计划的增加。① 政府对经济的调节主要体现在两方面：对资本的调节与对劳动力的保护。政府对于资本的支持作用体现在越来越多地应用国家预算来支持研究和发展费用，如拨款或补助核动力发电站、喷气式飞机和各种庞大的工业计划，此外还通过原料的国有化提供廉价的原料来为私有部门提供隐蔽津贴。表6－11体现了国家以较低的电力价格来支持垄断资本家的利益。

表6－11　　1973年某些国家电力平均价格每一千瓦小时的价格　　单位：美分

	手工业	手工业＋小规模的工业	大规模工业	超过平均应用的大规模工业
法国	3.01	2.38	2.19	1.75
大不列颠东北电力部门	2.36	2.24		
西北电力部门			1.85	1.72
意大利	2.33	2.00	1.77	1.56
美国（田纳西河流域）	1.67	1.37	1.09	0.92

※　四个购买者的等级＝
　　Ⅰ：50kW/12500kWh 低压
　　Ⅱ：150kW/45000kWh 低压
　　Ⅲ：500kW/180000kWh 高压
　　Ⅳ：1000kW/450000kWh 高压

资料来源：［比］厄尔奈斯特·曼德尔：《晚期资本主义》，马清文译，黑龙江人民出版社1983年版，第570页。

政府对于劳动力的保护体现在福利制度的建立。医疗、失业保险及各种转移支付制度的建立和不断完善，对于总需求的下降起到了一定的弥补作用，对于防止过高的失业率、克服短期经济周期发挥了积极的作用。同时，福利国家体系为失业人员打造了一张安全网，实现收入的再分配。第二次世界大战后发达资本主义国家政府的民用支出占国内生产总值的比重由1952年的15%上升到1973年的24%。福利计划不仅在数量上增长，范围也得到了扩大。战前规定仅限于工业工人的福利计划一般都扩大到包括独立劳动者、农场工人和家庭佣人，如英国医疗保险改革进行了大力度的革新，用英国的全国保健服务（NHS）代替了疾病保险。这种服务完全免费，且无须核查财产或纳税。此外，福利与不断提高的生活水平挂钩，如联邦德国在1857年实行的养老金改革将养老金与过去的纳税密切联系起

---

① ［比］厄尔奈斯特·曼德尔：《晚期资本主义》，马清文译，黑龙江人民出版社1983年版，第569页。

来。战后福利国家的建立在一定程度上缩小了贫富差距。①

上述分析表明,福特制生产方式通过自动化技术的采用提高了资本有机构成进而提高了劳动生产率,移民、人口自然增长、农业工人向城市的转移等多重因素形成的产业后备军则为生产提供了丰富的劳动力供给。缓和的劳资关系、资本间相互尊重的竞争方式、福利国家的形成以及国家对私人资本的扶持等多个方面进一步扩大了资本积累。这些因素综合起来为主要发达资本主义国家带来了长达15年左右的繁荣期。

4. 国与国:霸权与依附

第二次世界大战末期到战争结束,世界政治经济力量对比发生了巨大的变化,资本主义体系遭到空前的削弱,战前在国际舞台上争霸的资本主义列强英、法、德、日、意五国,均已今不如昔。德、意、日三个法西斯国家先后沦为战败国,被彻底排除出国际政治大国之列;英、法虽属战胜国,但力量大大削弱,殖民体系瓦解。唯有美国作为"民主国家兵工厂",在支持反法西斯战争的同时,大发战争财,到战争结束时,它开始登上资本主义世界霸主的宝座,经济、军事实力均居世界第一,特别是独家垄断原子弹,客观上为美国遏制苏联,争夺世界霸权提供了条件。

随着资本主义政治经济发展不平衡的加剧和世界大国力量的消长,以及美国称霸世界战略的推行,苏联大国沙文主义、强权主义的膨胀,世界两大阵营的分化格局不断加速。总体上,第二次世界大战后,在雅尔塔体制的基础上逐渐形成了以美、苏为首的两大阵营的对峙,即国际格局的两极化局面。② 在资本主义世界,欧洲国家和日本依附于美国,而不发达国家依附于发达国家成为战后国际关系的重要特征。

第一,发达国家之间的关系主要表现为主要资本主义国家不得不依附于美国这一资本主义世界的超级大国。这主要是由当时的形势和战后经济恢复的要求所决定的。

其一,西欧国家摆脱衰退、恢复经济,提升国际地位离不开美国的帮助。战后初期,典型资本主义国家的政府普遍采取了多种形式的经济控制计划来鼓励投资,恢复生产。如日本大藏相提出向关键工业部门提供补助

---

① [英] P. 阿姆斯特朗等:《战后资本主义大繁荣的形成和破产》,史敏、张迪恩等译,中国社会科学出版社1991年版,第168—171页。
② 王妍:《第二次世界大战后国际格局的形成及演变》,《牡丹江师范学院学报》(哲学社会科学版)2002年第2期。

金以鼓励恢复的计划,德国官方控制了所有物价、工资以及原材料和消费品的分配,意大利则将基本公用事业——铁路、煤矿、电话和部门电力的供应国有化,并有效地控制了信贷,法国政府则进行了一系列工业现代化的努力。① 这些措施在一定程度上促进了生产的恢复,但是直到1947年,西欧的整体经济恢复状况仍不尽如人意。物价的螺旋式上升、投机猖獗、工人生活状况的艰辛与工会力量的加强引发了此起彼伏的罢工或停工运动。高通胀、高赤字、高逆差,以及不断的劳资冲突为资本主义复兴带来了不稳定因素。"战后的两年几乎是停滞的两年。欧洲发现自己已走到财政崩溃的边缘。10年的经济萎缩和随之而来的历史上破坏力最强的战争已经极大地削弱了这种结构,而崩溃更有可能将其颠覆。"② 整个资本主义世界走出低谷有赖于美国的出手相助。

其二,应对工人运动与共产主义的威胁需要美国发挥主导作用。1947年欧洲经济恢复的停滞与失调,工人运动的兴起以及共产党政治影响力的不断扩大,使美国感受到欧洲存在着的共产主义威胁,同时美国也意识到欧洲经济的复兴将带来的直接经济效益。1947年3月,杜鲁门主义的发表标志着美国冷战政策的出台,这是以遏制苏联、称霸世界为目标的全球战略。继杜鲁门主义之后,美国又推出了"马歇尔计划",名为复兴欧洲,实则以经济手段为美国铺平控制西欧的道路,是美国称霸全球战略的关键步骤。1949年1月,杜鲁门政府又提出了"第四点计划",即"技术援助和开发落后地区计划",这是对马歇尔计划在地域上的补充,把视线指向亚非拉广大中间地带,同苏联进行争夺,成为美国全球战略的重要环节。同年4月,美国和加拿大、西欧等12国组成北大西洋公约组织,受控于美国的军事集团形成,实现了美国以欧洲为重点的对苏联的全面遏制。这样,以美国为首的帝国主义阵营形成了,成为两极格局中的重要一极。"马歇尔计划"在帮助欧洲经济扭转颓势上起了决定性的作用。截至1952年6月,美国对欧洲国家的援助达255亿美元,其中197亿美元以直接赠

---

① [英] P. 阿姆斯特朗等:《战后资本主义大繁荣的形成和破产》,史敏、张迪恩等译,中国社会科学出版社1991年版,第53—87页。
② 特里芬:《1947—1956年的欧洲及其货币混乱》,转引自[英]大卫·兰德斯《解除束缚的普罗米修斯》,谢怀筑译,华夏出版社2007年版,第492—493页。

与的形式划拨。例如马歇尔计划还对德国给予了13亿美元的援助。[①] 再如英国,当时英国的关键问题在于国际贸易中的赤字,进口需求的增加给英镑带来了很大的压力,英国通过"马歇尔计划"获得了援助资金的1/4,这就为英国解决了很多严重的货物短缺问题,并促进了商品生产线的升级,一个显著的成果就是英国出口货物总价值在马歇尔计划实施后的3年内实现了61%的增长。再如法国,1948年"马歇尔计划"实施的第一个完整年度就为法国的"现代化基金"提供了1550亿法郎的支持。从1947年到1952年,法国从美国获得的资金累计达50亿美元,其中22%流入电力行业,13%流入采矿业,11%流入铁路国有化计划。1952年法国的工业总产值比1929年的水平高出8个百分点,实现了让·莫奈的"装备现代化计划"。[②]

除了对生产投资进行帮助外,美国的"马歇尔计划"在对工人运动的压制和与共产主义的抗衡方面也取得了明显效果。如美国国会通过了塔夫脱—哈特莱法案剥夺了工会的权力,通过政治宣言禁止共产党人掌握领导权。1947年后,欧洲和日本都普遍加强了经理的控制权,通过解雇工人,实行紧缩性的财政政策,生产率得到了显著提高。如法国在1947年秋削减了对煤矿和其他工业的补贴,1948年秋对信贷的扩张实行了强有力的控制。意大利在1947年秋天大大紧缩货币政策要求银行将大部分资金存入中央银行而不是借给私人企业,企业雇主利用紧缩对工会力量发动了进攻。1947年后美国为日本提供了34亿美元的资金,1948年底,日本当局实行了平衡预算、控制工资和物价,延长工作时间和进行大量解雇来稳定经济,不仅解雇了约70万名工人,还清洗了雇员中的共产党员。欧洲和日本工人运动的失败使得工资与劳动生产率大大有利于雇主,德国、意大利与日本等资本主义国家的利润得到了恢复。

第二,不发达国家与发达国家之间主要表现为一种依附关系。在战后的世界体系中,霸权与依附、中心与边缘的不平等格局的逐渐形成,为发达资本主义国家战后繁荣的持续搭建了必要的国际关系框架。战后美国成为资本主义世界第一强国,伴随着实力的不断增长,其主导世界的野心也不断膨胀。同时,随着国际贸易的兴起与国际分工格局的形成,国家之间的经济竞争越来越激烈,国际经济政策冲突与协调就成为一个重要问题,

---

① [英]大卫·兰德斯:《解除束缚的普罗米修斯》,谢怀筑译,华夏出版社2007年版,第490—491页。
② [英]大卫·兰德斯:《解除束缚的普罗米修斯》,谢怀筑译,华夏出版社2007年版,第493—494页

这些冲突的升级甚至产生了巨大的灾难性影响。从某种意义上说，两次世界大战的根源都有国际经济冲突的重要因素。因此，在第二次世界大战以后，各国都认识到了国际宏观经济政策协调对于全球经济发展的重要性。国际经济合作与发展的新秩序成为各国的普遍需要，美国凭借其难以超越的经济实力成为主导国际经济秩序的核心。在美国主导下成立的IMF、WB、GATT等国际经济组织一直是国际经济政策协调的主要平台，但同时也成为美国巩固和扩张霸权的工具，可以说1945—1967年成为美国在世界体系中毫无疑义的霸权时期。在以美国为霸权的资本主义世界体系中，一大批不发达国家处于受控制、受剥削的地位，弱小国家的权益受到严重侵犯，并在经济上依附于发达国家，在国际贸易处于不平等交换地位，从而形成了不发达国家、边缘地区对发达国家、中心地区的依附及两者关系的不平等。

此外，第二次世界大战后不发达国家、边缘地区开始实行"进口替代"战略，一个以"边缘"出口廉价制成品为基础的新的国际分工开始形成。"这种分工能够加强决策权威的集中化和技术创新的职能。……当这一点渗入各企业后，就加深了不平等交换。"[①] 不发达国家、边缘地区出口廉价的制成品是新的国际分工形成的基础，这些廉价制成品源于普遍的低工资，从而在整个资本主义世界体内，利润率都能够得到提高。那么，从边缘向中心这种特殊的转移能够在利润平均化，从而降低相对价格的过程中得到掩盖。这种不平等交换根源于第二次世界大战后新的劳动分工，这种分工不断发展，并使不平等交换进一步恶化。由新的劳动分工造成的不平等交换，使不发达国家、边缘地区丧失控制自己发展的能力，整个世界资本主义体系倾向于增大从"边缘"向"中心"的剩余转移，不平等的发展得以持续存在和加剧。

（三）繁荣尾声：无危机的"嘲讽"

资本主义的"黄金年代"并未持续下去，其成功之源也同时形成了削弱其发展的基础。"它带来了全面就业，却也壮大了工人的力量；它导致能源和其他材料的需求高涨，却也增加了可实现供给的巨大压力；它加快了欧洲和日本追赶美国的步伐，却也打乱了原有的国际经济关系；它充分

---

① Amin S., *Unequal Development: An Essay on the Social Formations of Peripheral Capitalism*, New York: Monthly Review Press, 1976, p. 212.

挖掘了现有的技术潜力，但生产率的提高却似已筋疲力尽。"① 1965—1973年，世界主要发达资本主义国家逐步从繁荣走向危机。

1. 繁荣瓦解

随着生产力的发展，原来促进经济繁荣的福特主义生产方式逐渐暴露出僵化、保守的缺陷，加上工资、原材料等价格上涨的压力，资本主义世界经济繁荣的基本面开始发生逆转，最终导致繁荣的瓦解。

首先，福特主义生产方式带来的劳资冲突难以协调。持续不断的资本积累和不断继续提高的资本有机构成结合起来产生了更高的劳动力需求，但进入20世纪60年代后期，资本主义世界的劳动力不再充足，从而导致劳动力市场的紧张，带来了货币工资的迅速上升。从反映劳动力需求状况的一个指标即职位空缺数来看，英、美、日的职位空缺数从1971年开始上升，联邦德国从1972年开始上升（见图6-6）。这种劳动力相对短缺给福特主义生产方式带来了严重的影响。由于获取劳动力的成本上升，机械

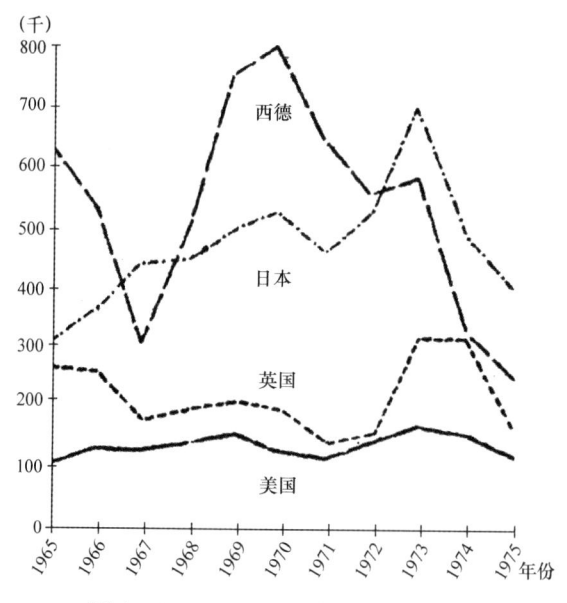

图6-6 1965—1975年的职位空缺数

资料来源：[英] P. 阿姆斯特朗等：《战后资本主义大繁荣的形成和破产》，史敏、张迪恩等译，中国社会科学出版社1991年版，第212页。

---

① [英] 安德鲁·格林：《放纵的资本主义》，孙杰、靳继东译，东方出版社2009年版，第2页。

式的福特主义生产方式、重复单调的工作内容造成了工人的严重不满,相应的产品质量也难以得到保障。此外,大规模生产带来了供给的相对过剩,市场对于标准化的工业制成品需求已基本饱和,企业创新能力无法跟上市场需求,从事大型机械化生产体系的资产专用性过高,应对需求变化的灵活性不足,也导致了市场的相对疲软。

福特主义生产方式从20世纪60年代中期开始凸显各种问题,工人对劳动的不满增加、效率下降,大规模标准化的消费品市场饱和;劳资定期谈判提高的工资加剧了生产成本的提高;大规模生产体系设计的僵化导致了对消费市场变动性的忽视,企业盈利能力下降。在这种背景下,劳资谈判往往陷入困境,工资提升进一步加剧了企业的困难。这些问题的出现表明资本主义制度所产生的固有矛盾已无法通过调节控制来解决。

其次,工资、原材料等价格上涨引致成本上扬。伴随着劳动力需求的不断增大,工会的力量日渐强大,工人中工会成员的比例快速增长,工人的平均工作时间急剧减少,从20世纪50年代的平均年约2000个小时下降到1973年的1750个小时。此外,枯燥的劳动过程以及工会力量的加强使得劳资冲突频发,从图6-7中可以看到20世纪60年代末到70年代中期OECD国家工人罢工强度有明显上升。

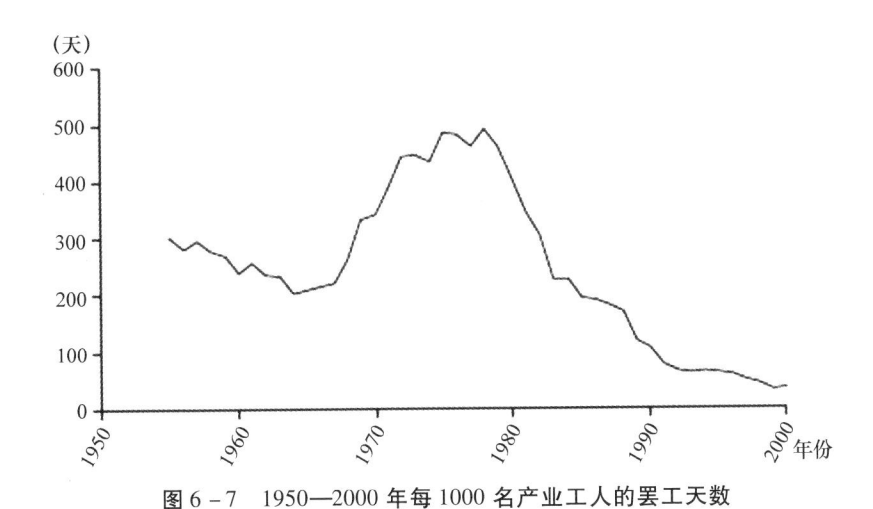

图6-7 1950—2000年每1000名产业工人的罢工天数

资料来源:Glyn Andrew, *Capitalism Unleashed*, Oxford University Press, 2006, p.6.

高的劳动需求、强大的工会以及频繁发生的罢工都促进了工人实际工资的增长。图 6-8 显示 20 世纪 60 年代中期到 70 年代初工人的实际工资呈现出稳步增长态势。

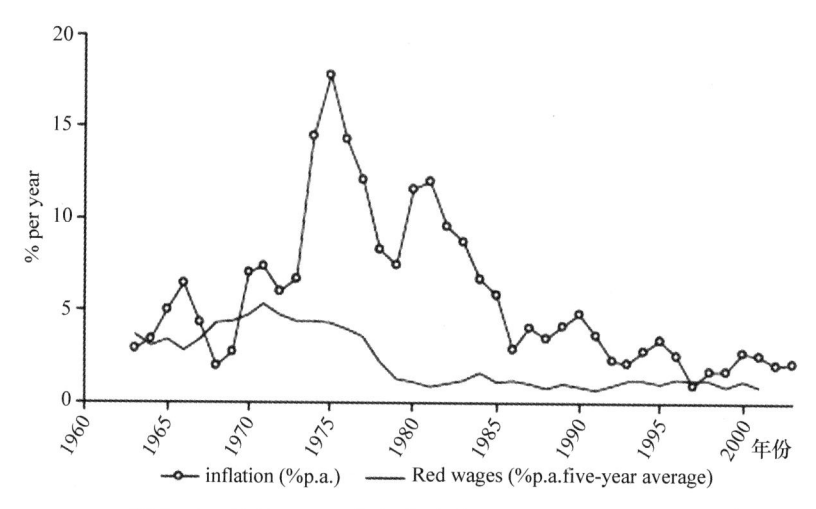

图 6-8　1960—2000 年通货膨胀率和实际工资增长率

资料来源：Glyn Andrew, *Capitalism Unleashed*, Oxford University Press, 2006, p. 6.

此外，原材料价格也在逐步提高。以石油为例，对石油需求的增长导致了石油价格的上升。1960—1973 年 OECD 国家能源和金属消费量以每年 5%—6% 的速度增长，这导致了石油价格的逐步上升，1973 年中东政治局势的发展造成了欧佩克石油价格的暴涨。石油作为"黄金年代"领军创新产业——汽车工业的关键投入品，其价格的上涨严重冲击了相关产业。其余进口原材料也基于同样的因素开始出现价格上涨（见图 6-9）。工资、原材料价格的急剧增长，进口原材料费用的加速上升导致了 20 世纪 60 年代中期开始出现的通胀延续到 70 年代且无法扭转。1965 年发达资本主义国家消费品价格平均上升 3%，1973 年通胀率则高达 7.8%。

福特制生产方式提高生产率潜力的枯竭，产业后备军的消失，工资的上涨，原材料费用的上升以及通胀的产生，这些因素挤压了资本可以获得的利润，逐步瓦解了资本主义经济繁荣持续的基础。

2. 危机重现

繁荣结束的同时也是衰退的开始，随着支撑繁荣的各种因素的潜力耗尽，各主要发达资本主义国家经济纷纷开始下滑，资本主义"经济危机的终结"被证明只是一个神话。经济衰退从 1965 年后的美国开始，1965—1973 年，美国制造业和私人实体部门的利润率分别下降 40.9% 和 29.3%，

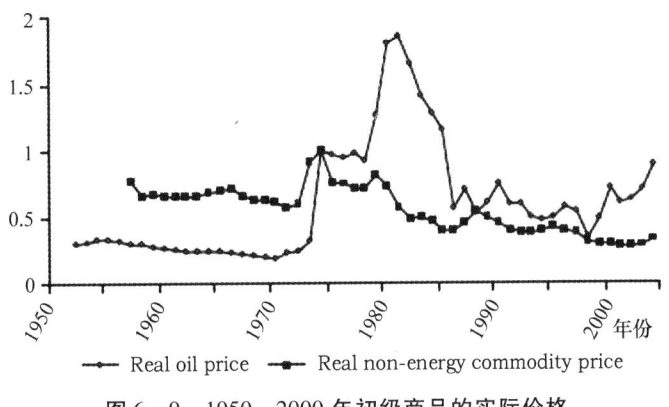

图 6 - 9　1950—2000 年初级商品的实际价格

资料来源：Glyn Andrew, *Capitalism Unleashed*, Oxford University Press, 2006, p. 10.

20 世纪 60 年代后期，美国的积累率下降，在钢铁和汽车业这一状况尤为明显。而西欧和日本以低工资成本获得了比美国更高的积累速度。1965—1973 年间，德国、日本通过使用相对先进的生产技术与较低的工资水平降低了生产成本。根据美国劳动统计局的数据，1970 年德国和日本制造业的单位劳动成本分别只相当于美国的 80% 和 50% 以下。20 世纪 60 年代末与 70 年代初美国经历了贸易危机，相比 1958—1965 美国的制造业出口下降 1/3，同时大量的制造业进口商品进入美国，美国制造业进口渗透率从 1959—1966 年的平均 6.9% 增长到 1966—1969 年的平均 11.9%。①

美国生产成本的相对大幅增加刺激了美国跨国公司在制造业方面的海外投资，过度投资和生产过剩导致了美国制造业利润率的总体下滑，1965—1973 年制造业利润率下降了 40.9%，非制造业私人部门的利润率下降了 23.1%（见图 6 - 10）。

这种背景下政府为了促进经济发展而加快推进巨大刺激计划，引起了物价加速上涨与国际收支失衡的进一步恶化。美国对外贸易状况的恶化在金融市场给美元带来了贬值的压力，为马克和日元带了升值的压力，一次

---

① ［美］罗伯特·布伦纳：《全球动荡的经济学》，郑吉伟译，中国人民大学出版社 2012 年版，第 103—114 页。

次对美元的投机性操控导致的世界性货币危机不可避免地爆发。

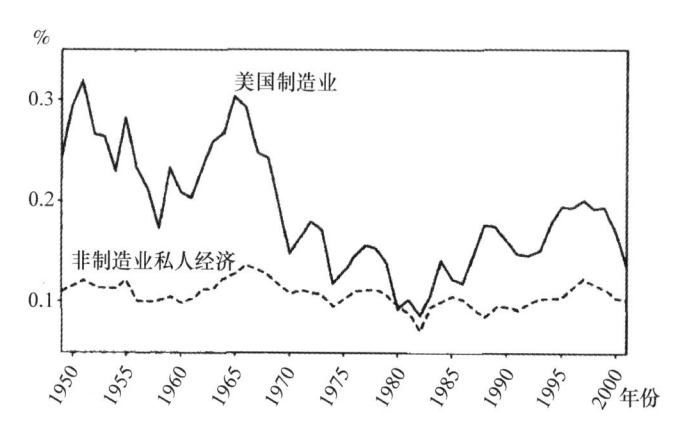

图 6-10　1950—2000 年美国制造业和非制造业的私人部门的净利润率

资料来源：[美] 罗伯特·布伦纳：《全球动荡的经济学》，郑吉伟译，中国人民大学出版社 2012 年版，第 112 页。

1968 年和 1969 年期间物价的加速上涨与日益增长的经济、社会不安定促使发达资本主义国家整体转向实行紧缩政策，随之产生的是一次较轻的衰退。1969 年下半年到 1971 年下半年未被利用的生产能力的比率上升了大约 3 个百分点，美国登记的失业率上升到 5.9%，欧洲则上升到 3.0%。[①]

20 世纪 70 年代中期美国当局转向宏观经济扩张，美国贸易赤字创造了 20 世纪新纪录。为使经济降温德意志联邦银行提高贴现率，而美国开始放松货币政策，资金大量涌入德国寻求马克以赚取利息差，通胀压力继续增大，德国政府只能让货币大幅升值。在马克价值的巨大提高下，德国制造业者通过降低价格来维持出口份额，利润率下降。1969—1973 年德国经济陷入长期衰退，1970 年后日本制造业也继续了德国制造业利润率的演变路径（见图 6-11）。

第二次世界大战后美国建立的积累结构通过在劳资调和、美国统治下的和平、资本家与民众关系调和中的支配地位及资本主义内部竞争的缓和支持了利润率的增长，而 20 世纪 60 年代后这种积累结构的力量削弱，导

---

① [英] P. 阿姆斯特朗等：《战后资本主义大繁荣的形成和破产》，史敏、张迪恩等译，中国社会科学出版社 1991 年版，第 259 页。

致福特制生产方式提高生产率潜力的枯竭,产业后备军的消失,劳资的不断冲突下工资的上涨,原材料费用的上升以及通胀的产生,这些因素挤压了资本可以获得的利润,国际国内资本竞争的加剧逐步瓦解了资本主义经济繁荣持续的基础,资本主义国家开始从繁荣走向危机。

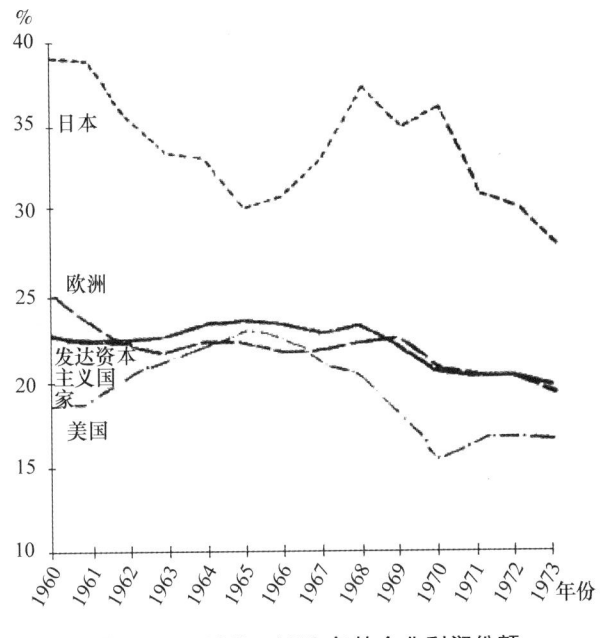

图 6-11 1960—1973 年的企业利润份额

资料来源:[英] P. 阿姆斯特朗等:《战后资本主义大繁荣的形成和破产》,史敏、张迪恩等译,中国社会科学出版社 1991 年版,第 217 页。

二 主流观点的"转折"

凯恩斯主义是对"大萧条"以前居于主流地位的新古典经济学的一次"革命"。第二次世界大战后,主要资本主义国家采用凯恩斯主义的宏观经济政策,实现了经济持续繁荣的奇迹,凯恩斯主义的理论也得到了进一步发展。凯恩斯和后凯恩斯主义发展了一套关于经济危机与经济周期的理论,并认为经济周期可以通过宏观经济政策熨平,经济危机能够克服。但20 世纪 60 年代末,资本主义世界出现了危机重重的局面,凯恩斯主义不能经受实践的检验，说明这一理论还不够完善或本身存在问题。在此背景下，货币主义、理性预期学派、新制度主义等纷纷跳出来反对凯恩斯主义，掀起了回归新古典经济学的"革命的革命"，并提出了各自的经济危机与经济周期理论。

（一）"黄金年代"的经济学：凯恩斯主义的兴盛

1929年资本主义经济"大萧条"以后，凯恩斯主义登上历史舞台。凯恩斯主义认为经济危机与经济周期源于总需求的周期性变动，后凯恩斯主义通过计量方法、乘数—加速数原理等进一步深化和完善了凯恩斯理论。

1. 凯恩斯时代的来临

20世纪30年代震撼资本主义世界的经济大危机的爆发、蔓延，使得资本主义国家的生产力遭到巨大破坏，工业产量倒退，失业人数剧增，资本主义经济陷入发展的困境。在理论上，当时主流的新古典经济学否认生产不足或生产过剩的经济危机结果出现了，而且导致了规模空前的破坏。主流经济学既未能经受住这次经济大萧条的考验，也不能在理论上给出解释，更无法在政策上提供解决困境的切实措施。直到1936年，凯恩斯所著《就业、利息和货币通论》一书的出版，提出了与已有主张自由放任的新古典经济理论截然不同的政府干预理论。这部著作对政府干预经济的必要性以及政府的干预方式作出了系统性、理论性的概括和总结，主张建立一套通过国家干预经济来调节和稳定经济的宏观经济理论体系。凯恩斯的思想不仅颠覆了传统经济学教义所秉持的主张，而且为解决生产过剩与需求不足导致的经济危机提供了政府干预的方案。凯恩斯的"新"理论对第二次世界大战以后到20世纪70年代初期西方国家的政府政策、经济实践等诸多方面产生了巨大的、深远的影响，并深刻影响了西方主流经济学关于经济危机和经济周期的观点。

第一，凯恩斯主义确立了政府干预经济的指导思想。凯恩斯认为，在短期，由于有效需求不足，市场出清只是偶然现象，而不是新古典经济学所认定的必然前提。在此基础上，需要政府扩大财政支出，降低利率，扩大有效需求，人为实现总供给和总需求的平衡，从而为通过政府干预摆脱经济危机、促进充分就业奠定了理论基础。第二次世界大战后期，英、美等资本主义国家相继根据凯恩斯的理论制定经济政策，以政府"有责任促进充分就业"为目标，这不仅是资本主义国家经济政策史上一个重要的转折点，也标志着凯恩斯主义理论成为这些政府制定经济政策的指导思想。

对此，加尔布雷思描绘并高度评价了凯恩斯的政策思想被政府所遵循和运用的状况："一种观念和两种建制由于这些年的成就而获得重要的信誉。这种观念就是凯恩斯财政政策。……凯恩斯体系是一种十分保守的思想，但似乎在起作用，且为所有工业国家所接受。据认为，对美国尤为重要的两种建制安排是布雷顿森林会议（the Bretton Woods）协议和《1946年就业法》（The Employment Act of 1946）。第一个使国际货币调整了秩序，第二个通过总统经济顾问委员会和美国国家经济委员会（即后来的联合经济委员会）给联邦政府和国会提供了使一个凯恩斯思想发挥作用的结构。凯恩斯是布雷顿森林方案的一位主要策划者，因此他的名声不仅与因这些年的成功而享有信誉的思想有关，也与这两种建制有关。"[①]

第二，凯恩斯主义的实践推动了"黄金年代"的形成与持续。战后凯恩斯主义经济理论取得"正统地位"，其学说思想、方法被政府所遵循、被官方政策所执行是不争的事实，而资本主义的大繁荣也在这一时期出现。对于凯恩斯主义的实践影响，加尔布雷思曾经这样描述："历史学家很可能会对1948—1967年这20年倍加颂扬，认为是工业经济史也是经济学史中最美好的时期。这20年间没有出现恐慌、危机、萧条或严重衰退的现象。只有在1954年和1958年这两年中，美国的生产没有扩大。就是在这两个年代，国民生产总值，即GNP，才进入词汇；这是一种如往常所肯定的那样一向被誉为健康发展的事物。健康发展的确毋庸置疑。至少从20世纪30年代准则看，这些年失业率很低——只是在1958年和1961年这两年中，失业率平均才为劳动力的6%多。"[②] 从实践的角度来看，各西方国家所采取的以凯恩斯理论为基础的财政政策和货币政策，确实对解决失业和危机问题、缓解资本主义社会矛盾、稳定资本主义经济发展发挥了积极的作用。由此，凯恩斯在《通论》提出的有效需求不足论及危机解决之道，被普遍认为是战后资本主义国家走出萧条、走向繁荣的经济学"圣经"。

第三，凯恩斯主义占据了西方经济学的主流地位。凯恩斯在《就业、

---

① [美]约翰·肯尼斯·加尔布雷思：《货币简史》，苏世军、苏京京译，上海财经大学出版社2010年版，第189—190页。

② [美]约翰·肯尼斯·加尔布雷思：《货币简史》，苏世军、苏京京译，上海财经大学出版社2010年版，第188页。

利息和货币通论》中以有效需求理论为核心,基于消费倾向、资本边际效率和流动性偏好三个基本心理因素,提出了现代国民经济中收入与就业决定的新理论。凯恩斯的理论不仅否定了"供给本身会创造自己的需求"的"萨伊定律"及由此所决定的就业理论,还否定了传统主流经济学所主张的市场自由理论。凯恩斯以前的新古典经济学倡导的资本主义经济样板,是通过市场上的自由竞争可以自动调节到充分就业均衡状态,因此主张政府极少干预经济,并由此认为不可能发生生产不足或生产过剩的经济危机。然而事实胜于雄辩,西方传统经济学既未能经受住20世纪30年代经济大萧条的考验,凯恩斯主义经济学取而代之就有了充分的理论与实践基础。

2. 危机与周期理论的深化

凯恩斯的经济周期理论以有效需求理论为基础。他认为经济危机的直接原因是有效需求不足,经济出现周期性波动的主要原因是资本边际效率的周期性变动,资本边际效率的周期性变化的时间决定经济周期的持续时间和爆发频率。

凯恩斯进一步运用《就业、利息和货币通论》中提出的边际消费倾向、资本边际效率和流动性偏好因素来解释经济周期波动。当经济周期处于扩张期时,人们盲目乐观,过高估计产品的需求、价格和利润,不仅会增加与自己直接相关的货物和服务的需求,也影响到其他行业,从而导致总需求的增加,这样过多的投资被不断引发出来,资本品的价格也会随之提高,从而导致资本边际效率下降。而收入的上升,对货币需求的增加提高了利率,导致企业经营者不能从一些项目中获利。这些因素综合发生作用,使得扩张投资产生了负效应,经济下滑,人们不再持有乐观的预期,悲观预期蔓延,股票价格下跌,人们所持有的财富减少引起自发消费的减少,厂商存货相对过多,于是开始缩减生产,通过乘数作用萧条出现。凯恩斯的经济周期理论侧重于投资率变动,决定性因素是人们的投资心理,一个重要指标是资本边际效率。所以,决定当前投资总额的职责应由有关政府谨慎的控制和管理,由此建议加强国家对经济的干预,实行财政金融政策,加大公共开支,降低利率,从而刺激投资和消费,使得有效需求提高,促进"充分就业"目标的实现。

凯恩斯通过运用总需求理论来分析投资变动的原因及其对经济周期的影响,并未将国民收入理论与经济周期波动和经济危机理论结合起来。第二次世界大战以后，凯恩斯的追随者们根据战后经济发展状况，对凯恩斯的经济理论进行了解释、补充和修正，试图解决凯恩斯没有解决的问题。后凯恩斯主义两大学派的代表人物分别从不同的角度对凯恩斯有关经济危机与经济周期的理论进行了深化研究，对资本主义国家的经济是充分复苏还是未来趋向停滞，如何看待以及如何度量资本主义国家出现的经济周期性波动等问题进行了理论阐释。克莱因按照凯恩斯的经济波动理论提出了一套数理宏观经济理论框架。出生于美国的劳伦斯·克莱因将计量经济学方法和凯恩斯主义宏观经济学分析结合起来，创立了宏观经济计量学，对资本主义的经济波动作出了一定解释。克莱因不仅在其成名之作《凯恩斯革命》中，把凯恩斯的经济理论第一次完整地表述为数学形式，还在他的另一本代表作《美国的一个经济计量模型，1929—1952》中，以当时公认的经济学说为基础，引进凯恩斯提出的有效需求理论，通过设立税收、政府支出等外生变量，采用计量经济分析工具构建了宏观经济模型，并将此宏观经济模型运用于分析美国经济波动实践，对宏观经济形势进行预测并提出经济政策建议。

克莱因的贡献是多方面的，他为现代宏观经济模型奠定了基础，在结构、规模、计量方法论方面开创了现代宏观经济分析理论模型实践化的先河，对于经济周期的解释、经济形势的预测和经济政策的制定都有广泛的影响。

此外，克莱因在其《供求经济学》等著作中通过评价其他西方经济学者的经济周期理论给出了自己对经济周期规律的观点。他认为："在这一领域内有许多关于持续时间、振幅、超前与滞后的形式和其他特征的学说，但是我发现最有吸引力的命题是'正弦曲线限制定律'。这一定律是由 R. 弗里希、G. 尤尔和 E. 斯鲁茨基三人单独提出的，它是一项数学结果，表明了无规律的时间序列的重复平均值（平滑）是如何使它变成正弦波的。弗里希极敏锐地发现了这一概率过程与动态经济生活的关系。不过，赋予经济周期内容最大意义的是艾尔玛·阿德尔曼和弗兰克·阿德尔曼，他们给出了宏观计量经济模型的随机模拟，产生了有规律的持久的循环，在循环中只有严重阻尼的波动才以一种确定的方式存在。后来的研究已经延伸、重复和证实了阿德尔曼的发现。这个道理为经济周期的存在提供了统计上和分析上的证据，它形成了自由振动的周期系统，并使经济生活具有一种动态——随机特征。它还为作为一个基本的经济动态规律的经济周期的存在和说明提供了令人信服的证据。"①

资本主义国家的经济波动需要数理考量，同时有关经济波动的周期即经济周期的研究也需要深化。对此，后凯恩斯主义的新古典综合派认为，凯恩斯的经济理论是从比较静态的角度出发研究了经济波动问题，基于经济本身的不确定性和有效需求不足，认为资本主义市场经济存在不稳定性，经济波动不可避免，但是并没有说明经济波动的周期性质。对于如何看待经济周期，新古典综合派的汉森、萨缪尔森、希克斯等人在凯恩斯乘数理论的基础上提出了以"乘数—加速数"为核心的经济周期理论模型，分析方法实现了从比较静态向动态分析的转变。

萨缪尔森对经济周期的阶段进行了重新划分，他认为经济形势越来越复杂多变，"萧条和复苏"两个阶段已不能很好地概括经济发展阶段面貌，进而把经济周期划分为繁荣、衰退、萧条和复苏四个阶段。② 以汉森、萨缪尔森为代表的新古典综合学派提出了加速原理，进一步发展了凯恩斯经济周期理论。他们认为，不只是投资影响收入，同时收入变化也会影响投资。国民收入增加是通过消费增加而引致投资增加的，是属于内生变量变动引起的，可称为"引致投资"。他们引入加速原理说明收入、消费和投资之间的关系，以便估计乘数的作用，并最终解释经济增长中周期波动现象，为政府干预经济提供理论指导。

这一模型的基本思想是：将外部因素和内部因素结合在一起解释经济周期，强调影响投资变动的因素。社会总需求将会由于新发明的出现而增加，这是由于新发明会引起投资增加，通过乘数作用导致收入增加，从而总需求增加，更多的商品被售出。通过加速数的作用，销售量增加又会使得投资以更快速度增长，进而使得国民收入增加，从而再提高销售量，导致国民收入不断增加，社会处于经济周期的复苏和繁荣阶段。反之则会陷入衰退和萧条。萨缪尔森指出，乘数与加速原理相互作用会形成一个不断强化的扩张或紧缩螺旋。产量或销售量的增加通过加速原理的作用引起投资加速增加；通过乘数原理，投资增加又引起产量的成倍增加。社会经济因此形成上升的膨胀螺旋。经济此时处于复苏阶段。然而，在一定的技术

---

① ［美］劳伦斯·克莱因：《供求经济学》，司一、向宁译，邓英淘校，商务印书馆1988年版，第133页。
② ［美］萨缪尔森：《经济学》（上册），高鸿业译，商务印书馆1979年版，第351页。

条件下，由于边际收益递减规律，当实际产出水平接近潜在国民收入时，经济增长速度将呈现递减趋势，周期将从复苏阶段过渡到高涨阶段。如果产量增加相对下降，根据加速原理，总投资将下降更快，社会经济将呈现下降的紧缩螺旋。经济此时处于衰退阶段。社会经济呈现下降的紧缩螺旋时，并非是无限制的，它有一个极限。这个极限是重置投资的存在导致总投资不能小于零，同时边际消费倾向也不可能等于零，这样经济的收缩就有一个限度。一旦降低到这个极限以下，经济收缩会停止。经济处于萧条阶段。但是重置投资通过乘数作用又会使收入逐渐增加，经济就由于收入和投资的互相影响再次提高，经济波动进入复苏阶段，一个新的周期再一次形成。

汉森运用乘数—加速原理解释了第二次世界大战后期经济周期波动，他又在凯恩斯的有效需求理论基础上，对凯恩斯的财政政策、货币政策思想作了进一步发挥和补充。他指出，资本主义经济发展呈现由繁荣到萧条的上下周期性波动，要消除这种剧烈波动的经济周期，不能只靠货币政策，应采用补偿性财政政策。即经济繁荣时期，缩减政府开支，提高税率，降低社会总需求，以使财政盈余；经济萧条时期，扩大政府开支，降低税率，增加社会总需求，以使财政亏空。可以使两个时期的财政盈亏互补，达到"熨平经济波动"①，实现充分就业。在此，汉森主张赤字预算，通过发行公债和通货膨胀，实现投资刺激，增加社会消费，实现经济增长的目的。

汉森—萨缪尔森模型是对凯恩斯经济周期理论的进一步补充与发展，是西方经济周期理论的重要基础。凯恩斯经济周期理论只是运用比较静态均衡分析方法，从外在因素角度考察经济周期理论，而汉森—萨缪尔森模型将乘数理论和加速原理两者相结合，运用动态均衡分析方法，同时从内因和外因角度考察经济周期的扩张和收缩阶段。

汉森针对经济周期波动提出的政策与凯恩斯的政策思想不同的是，凯恩斯经济学是关于萧条的经济学理论，其政策目标是要解决失业和消灭危机，因此，凯恩斯更多的是强调实行通过扩大政府支出以提高有效需求的扩张性财政政策；汉森则是主张在经济繁荣和萧条时期交替使用扩张性和紧缩性政策。这样，每年的国家财政收支不一定要保持平衡，可以盈余或亏损，从整个经济周期来看，一些年份的财政盈余可以弥补另一些年份的财政亏空。即补偿性财政政策是从整个经济周期来考虑财政收支平衡，以

---

① 姚开建主编：《经济学说史》，中国人民大学出版社2003年版，第405页。

达到稳定经济的目的。汉森提出的补偿性财政政策引起西方主要资本主义国家的重视,各国纷纷将其作为财政政策的核心,一定程度上缓解了资本主义经济周期波动。但是20世纪60年代末期资本主义经济增长日趋缓慢,汉森的政策没能从根本上解决资本主义经济危机。

在20世纪50年代,约翰·希克斯将"乘数—加速数"模型进一步完善,创建了更为精确的乘数—加速数模型用于系统地说明经济周期。[①] 他认为投资的变动是影响经济周期理论各阶段的决定性因素,他将投资分为两个部分:一部分是自发投资,包括固定资本折旧的投资、外生政府投资等;另一部分是引致投资,即收入或消费变动引致的投资。与萨缪尔森将自发投资设为常数不同,希克斯认为诱导经济体系重新扩张的重要的、外在的刺激因素是自发投资的增长,因此希克斯在其模型中假定自发投资并非不变,收入开始变化的前提是自发投资有一个暂时的增加,希克斯把自发投资设定为以外生给定的增长率不断增长的变量。

在这个乘数—加速数模型中,他选择总收入、总投资、总消费和总储蓄几个总量,建立一套反映这些变数的函数方程式,运用数学方法论证和说明资本主义周期波动的动态序列或过程。希克斯指出,自发投资增加,收入随之增加。通过加速原理,收入增加又引致投资扩大;投资增加又由于乘数作用使得收入进一步提高,受到资源能力限制而使其达到一个上升的极限,一旦超过这个极限,根据加速原理,投资开始下降;收入的绝对水平下降,生产过剩,乘数和加速数又会反向发挥放大作用,收入将回落到向下的极限。之后自发投资又会增长,引致正投资,形成一个新的周期。

通过运用乘数—加速数机制对经济形势进行分析可以得出,在乘数和加速数的结合下,收入变动很有可能会导致经济周期的振幅将越来越大,并由此可以预测经济周期和提供反危机措施。希克斯认为,从经济发展的长期历史过程来看,社会经济中商品与劳务实际总量的波动呈现为一种趋于上升或增值而上下运动的状态。

(二)其他学派的不同观点

任何理论都存在反对的声音,凯恩斯主义经济学开始大行其道之时,

[①] 杨小卿:《64位诺贝尔经济学奖获得者学术贡献评价》,社会科学文献出版社2010年版,第33页。

另有一些西方经济学学派作为凯恩斯主义经济学的挑战力量活跃在历史舞台上,他们大多数都反对凯恩斯提出的以政府干预为核心的国家调节政策,提出了不同于凯恩斯学派的经济危机与经济周期理论。

1. 货币供应管制不当论:货币学派的观点

在所有挑战凯恩斯主义的学派中,以美国芝加哥大学教授密尔顿·弗里德曼为首的货币学派拥有较大影响。该学派形成于20世纪50年代,主要以现代货币数量论为理论根基,提倡放松管制,实行单一规则的货币政策,主张通过自由市场实现经济均衡。

从货币学派对凯恩斯学派的挑战历史来看,弗里德曼早在1956年就已经表示出与凯恩斯学派不同的观点。他声称,芝加哥传统"坚持认为货币是至关重要的理论方法,即:坚持认为,如果忽略了货币方面的变动及其影响,如果对人们为什么愿意持有存在的名义货币的某一特定数量不加以解释的话,那么,对经济活动的短期波动所作的任何解释都可能出现严重失误"①。弗里德曼在此表明货币学派的理论和政策主张是建立在货币数量论的基础上,与凯恩斯理论建立在以有效需求不足作为基础的不同。1958年弗里德曼曾经与凯恩斯主义学派的学者就凯恩斯所主张的通过需求量或收入量的调节来稳定经济的做法进行过争论。

在20世纪60年代后期,资本主义世界经济日益恶化,以弗里德曼为首的货币学派对凯恩斯主义学派提出了更大的挑战。他发表了著名的演说《货币政策的作用》。在这篇演说中,弗里德曼比较全面和系统地论述了货币学派对于资本主义经济的运行方式和货币因素作用的观点,并阐明了货币学派关于资本主义世界面临的通货膨胀、失业、经济波动和停滞等重大问题的政策等主张。② 总的来说,货币学派批评凯恩斯主义造成资本主义"滞胀",而为了遏制通货膨胀,让资本主义恢复到正常的经济发展轨道上,应以现代货币数量论为基础,反对国家干预,主张实行自由放任、自由竞争的市场经济。货币学派认为只有运用货币主义的理论才能消除资本主义"滞胀",实现充分就业和经济增长。

货币学派在解释经济周期性波动的形成时,十分强调货币供给在经济

---

① [美]米尔顿·弗里德曼等:《货币数量论的研究》,瞿强、杜丽群译,中国社会科学出版社2001年版,第2页。
② 胡代光、厉以宁、袁东明:《凯恩斯主义的发展和演变》,清华大学出版社2004年版,第70页。

波动中的作用，主要是以现代货币数量论的视角解释货币供给冲击对经济周期性波动的影响机制，并提出为了确保经济系统能够合理运行，需控制货币数量以遏制通货膨胀的政策主张。具体来看，与凯恩斯学派不同，货币学派认为外生的货币扰动导致经济波动，并对货币作用传导机制给出了自己独到的解释。货币学派认为私人支出包括私人投资在没有外生波动的影响情况下，一般是保持稳定的。产出、就业等自然增长率决定了私人支出以稳定的增速增长。政府政策实际上通过价格调整和工资调整，导致货币供给增长偏离了原有趋势，货币增速与经济趋势不再一致，而是时高时低地交替运动，造成产出与就业的波动。货币存量偏离其趋势的变化，在货币学派看来是自发性的、独立性的外生变量。货币存量实际上决定着经济波动，是导致经济周期性波动的最重要原因。

货币学派认为经济波动的产生主要是由于货币政策的变化，而非政府的支出水平。他们认为货币供给增加直接的影响是投资，金融活动中的投资会由于收益的明显变化而变化，但是支出和通货膨胀也会受到影响，从而进一步影响实物资产的投资回报率。他们认为，政府支出上升主要依靠税收的增加，这将直接降低私人消费需求，即财政政策不会改变社会总需求水平。对此，货币学派认同"不恰当的货币政策导致经济周期波动"这一"萨伊定律"式的结论，这表明，经济危机发生和经济周期出现波动在很大程度上要归因于货币供应管制不当。对此，他们指出，货币供给的超额增加是导致通货膨胀的主要原因，紧缩银根则是造成经济衰退的重要根源。而经济要在充分就业的水平下趋于稳定的增长，必须采取保持货币供给增长速度，保持稳定的货币政策。货币学派还认为，单一规则的货币政策的实施有助于抵消对经济系统造成冲击的其他因素，同时采取适当的货币政策能够有效防止货币自身对经济周期的冲击，要想保持一个稳定的发展环境，当局必须采取适当的货币政策。

总的来说，对于经济周期性波动的原因，凯恩斯主义与货币学派都认为总需求不稳定会对经济波动产生直接的影响，分歧在于货币学派认为货币供给不稳定造成了总需求不稳定，认为货币数量的变动造成经济周期波动。货币学派运用货币数量的膨胀和收缩以及工资的灵活性和刚性来说明经济波动，其核心仍是主张经济自由，市场自身能够调节国民经济运行状态，反对政府对经济运行的过分干预。而凯恩斯主义则与之相反，强调国家对经济的干预。

凯恩斯主义的经济周期理论受到了以弗里德曼为代表的货币学派的批判，也促使其经济周期理论得到了进一步的发展，开始由原来主张"利用政策熨平波动"转向进一步寻找引致经济周期波动的原因。

2. 货币经济周期论：理性预期学派的观点

理性预期学派，又被称为"新古典宏观经济学派"，产生于20世纪70年代，与货币学派一样，也对凯恩斯主义构成了重大挑战，主要代表人物是美国经济学家罗伯特·卢卡斯（Robert Lucas）、萨金特、华莱士、巴兰等。理性预期学派反对凯恩斯以有效需求不足论来解释经济周期的理论，通过引入理性预期理论解释经济周期，弥补新古典宏观经济学经济周期波动理论的缺陷。

卢卡斯在《经济周期理论研究》一书中，以理性预期为基础，研究了资本主义经济繁荣与衰退的周期性波动。关于经济周期性波动的两个重要问题，即经济波动的初始根源和经济波动的传导机制是卢卡斯的经济周期理论研究的主要问题。①

卢卡斯在分析经济周期产生的原因以及构建经济周期模型时，出发点是历史上周期波动特征的共性。卢卡斯指出，经济周期分析的基础在于新古典经济学提出的"理性人或经济人"这种理性原则，即厂商追求利润最大化和个人追求效用最大化。理性预期学派提出了反映这种理性原则的两个假说：首先是理性预期假说，即在信息完备时，理性的从事经济活动与经济主体对经济理论的预期和对未来经济活动与经济事件的主观预期是一致的；其次是短暂替代假说，即产品的供给者厂商进行产品生产的替代选择时，主要根据当时产品的相对价格（比价），劳动的供给者劳动者则在进行劳动和闲暇之间的替代选择时，则主要依据劳动的相对价格（工资变动）。只要市场完全自由竞争，理性的经济人就可以进行这种替代选择。

卢卡斯在研究资本主义经济中存在的经济周期问题时，归纳出了各个经济周期的共同特点，认为通过这些共同特征可以找到周期波动发生的原因。他指出资本主义经济周期波动特征可归为以下几点：（1）国民经济中存在的不同行业、不同部门的产出波动具有一致性；（2）消费性耐用品和生产性耐用品的波动幅度相对于其他非耐用消费品和资本品的波动幅度更大；

---

① ［美］小罗伯特·E. 卢卡斯：《经济周期理论研究》，朱善利等译，商务印书馆2012年版，第212—286页。

(3)一般加工后产品的生产和价格波动幅度大于初级产品的生产价格波动幅度;(4)企业利润的波动幅度较大,但是具有较强的一致性;(5)能源、原材料等大宗产品的价格波动先于其他产品;(6)在经济周期中,长期利率与短期利率相比,超前性不明显;(7)货币流动速度和货币总量呈现周期变动。卢卡斯通过这些共同的经济周期特征得出,经济周期波动的特征,不会因国家和时期的不同而不同,对于所有的非集中化的市场经济来说,它们具有共同的规律性。

卢卡斯认为,既然经济周期波动的特征表现为产量与就业的波动,而产量与就业在波动之前出现了价格和货币流动速度及总量的波动,因此对经济周期波动的原因需要从价格及货币量的波动影响中去找寻。通常价格波动有两种情况:一个是一般物价水平的波动;另一个是产品相对价格的波动,即不同价格之间的比例关系的波动。物价总水平的波动是产品相对价格波动和物价普遍性上涨或下跌的共同影响的结果。因此,理性生产者在面对名义价格发生波动时,会根据信息分析和判断这一价格变化是通货膨胀因素而发生波动还是相对价格波动产生的影响。由于存在"理性预期",物价总水平的波动只会呈现"货币中性",即全社会物价总水平上升,不会波及社会就业水平和实际产量,也不会调节国民经济的资源配置和影响国民经济具体发展方向。生产者只有当以产品相对价格波动为基础调整产能和雇佣劳动力时,才能获得利润的保障;国民经济决策只有当国民经济各部门中产品相对价格波动时,才能发挥积极的作用。但是,市场信息完全对称和彻底完备是不可能实现的,这就给经济主体在市场中对名义价格波动的成分进行清晰的区分造成了困难。物价水平在政府提高货币供给量时必然上升,但生产者由于信息偏差等原因,可能误将产品的相对价格上升归为这种物价水平上升的原因。生产者基于错误的判断,扩大生产规模,增加投资,推动经济向"繁荣阶段"迈进。但是,当生产者一旦掌握完备的信息,就会形成理性判断,发现前期的预期错误,从而缩小投资,削减经济规模,经济就会由"繁荣阶段"转为"衰退阶段",经济周期性波动由此产生。

卢卡斯通过研究经济周期波动的特征认为,当政府在平稳的物价水平超出预期提出要提高货币供给量时,经济将出现繁荣局面,但当政府将此决策作为经常性政策实施时,生产者预期将会逐渐适应政策变化,因此政策产生的效果将越来越微弱。

由此，卢卡斯认为经济结构的信息不完整、不全面导致了经济周期波动，由于信息缺乏产生了与经济周期波动相关的经济变量。这就表明，除了某些十分必要的干预以外，实行所有的政府干预政策都是无用的，因为经济决策的参与者已经预见到了即将要发生的事情。根据该观点，经济周期或经济波动现象被看作正常经济过程的表现形式，经济在此可适应于变化。经济周期是经济正常增长过程中的一部分，它不需要受到经济干预的扰乱。可以说，"均衡经济周期"就是在这样一种理性的运动中产生。从这种观点中可以看出，以卢卡斯为代表的理性预期学派认为稳定的政策应以维持经济平稳发展为重心，因此认为政府的经济政策并不是积极、有效的。这反映出理性预期学派的一个核心思想，即为保证经济的长期稳定运行，应减少政府对经济活动的干预，让市场充分发挥自我调节作用，政府的作用在于为经济发展提供一个良好的且稳定的环境。

总的来说，卢卡斯等理性预期学派的学者抨击凯恩斯主义并提出自己的相应见解，特别强调了理论预期的概念，不仅如此，还全盘接受了市场连续出清这一古典假设，这在某种意义上来说又回到了凯恩斯主义之前的经济学，是一种新自由主义经济理论。

3. "丰裕社会论"和"新工业国论"：新制度主义的观点

20世纪60年代，凯恩斯主义经济学不仅受到货币主义的挑战，也受到新制度主义的非难。新制度主义作为现代资本主义"批判者"的面貌出现，它与货币学派对凯恩斯主义批判的角度、观点完全不同，可谓在西方经济学各流派中独树一帜，也被称为"异端"学派。新制度主义公认的重要代表人物是约翰·肯尼思·加尔布雷思。

从历史发展的角度看，新制度主义的产生绝非偶然。西方资本主义国家在20世纪60年代又一次走到了一个转折点，科技进步、经济增长迅速的同时，生产过剩、能源危机加剧、社会矛盾日益尖锐，改革呼声不断高涨。凯恩斯主义理论由于没有考虑经济、社会、政治和文化等制度因素，也没有强调技术进步对制度演变所起的作用而受到批评，认为是导致失灵的重要原因。在此背景下，新制度主义应运而生。新制度主义认为只有制度经济学才能缓解资本主义经济矛盾，才能实现资本主义经济发展，认为必须在新方法的基础上创立"真正的政治经济学"，应抛弃传统经济学中的大部分。

对于如何认识经济周期和应对经济危机，以加尔布雷思为代表的新制度学派提出了后工业社会论及危机解决之道，这些思想体现在其"丰裕社会论"和"新工业国论"对经济危机和经济周期理论的阐述中。加尔布雷思分别在1971年出版的《丰裕社会》、1972年所著的《新工业国》中提出了"丰裕社会论"和"新工业国论"。而"丰裕社会论"和"新工业国论"提出的前提是现在资本主义社会为什么存在很多问题，例如，失业、通货膨胀、贫富不均、经济畸形化、环境污染、城市腐败、道德败坏、生活质量下降等。对此，加尔布雷思认为存在这些问题的主要原因在于忽视了"公共目标"，应正视这些问题的存在，着重强调"公共目标"，只有这样才能缓和社会矛盾。

加尔布雷思指出，理论和现实存在严重脱节。现实情况是美国等许多国家由于产量增加和低收入者就业情况的改善，"分配不均作为经济问题的兴趣已趋下降"，不平等现象日益消除，资本主义已进入"丰裕社会"，而理论上人们仍然被建立在贫困假设上的传统经济学理论所束缚，理论与现实的脱节导致以下问题的产生：

一是经济周期性波动的加剧。消费者的基本生存需要已得到满足，但是生产者又通过广告和推销术将消费者的许多欲望激发出来，各种各样的推销手段以及分期付款的发展使得许多人债务累累，很多人因收入有限，不能如期付款，加之广告令人麻木时，投资者会失去信心，萧条和失业将会接踵而至。过去只是投资的变动让人捉摸不透，如今信用的扩张与收缩也让人无所适从，同时争取顾客的营销手段使得消费不稳定，各种因素交织在一起，加剧了经济波动的幅度。

二是通货膨胀的产生。新投资尚未引起产量增加时，一系列诱导消费者消费的手段（广告、推销术和分期付款等）已创造出大量的需求，导致需求大大超过供给，通货膨胀不可避免地产生。

三是生产和消费的结构性失调。从生产结构方面看，公共部门基本服务（教育、医疗等）提供不足、治安较差、交通不畅、环境污染等，而私人部门却提供大量的危害社会的产品，如生产毒品、发行黄色书刊，等等。

四是投资的结构失调。加尔布雷思指出，传统的经济学理论认为只有资本形成才能决定经济增长，只把技术进步看成一个偶然的外生因素，从而导致对技术投资的不足，忽视了技术进步带来的巨大影响。

正因为存在上述一系列问题，经济波动不可避免，加尔布雷思提出了一系列的政策主张加以应对。他认为，人们要享受丰裕的果实，首先应该把传统经济理论不合时宜的内容抛弃，关于经济增长和福利的旧观念应当得到更新。福利的增进会减轻社会冲突和不平衡,而非生产水平的提高。非基本需求的商品生产不值得人们忍受残酷的市场机制和物竞天择的折磨。由此,他提出三点主张:第一,反对加重个人所得税的做法,主张利用销售税增加政府收入。第二,解决失业和贫困问题,实施"商业循环分等补偿"制度和人力投资政策。第三,削减军费,应该尽可能同假想的敌人达成谅解,削减军费,并以此来加速科技发展。[1]

加尔布雷思的"新工业国论"分析的重点是战后20余年美国社会经济制度与政治结构的变化。他认为,必须认识到美国已经进入了新"工业国阶段",是以现代大公司为基础的一个发展的崭新阶段,因此美国社会经济性质发生了重大变化,这正是由于科学技术进步对社会发展起了决定性作用。加尔布雷思指出,新工业国具有如下的特征:(1)权力从资本家手中转移到"技术结构阶层"。他认为,在不同的历史时期,"最难获得或最难替代的"生产要素是不同的;谁拥有这种"最难获得或最难替代的"生产要素,谁就可以控制其他生产要素,谁就拥有权力。据他对美国战后20余年的社会经济发展情况的观察研究,工业随着科学技术的进步而迅速发展,资本供给充足,储蓄过多的倾向日益增加,而企业发展和成功的决定性因素在于工业和技术发展所需要的专门知识。因此,资本所有者手中的权利就转移到了专门知识的拥有者——"技术结构阶层"手里。(2)由于权力的转移,现代公司的结构发生了重大变化。现代公司的核心内层是"技术结构阶层",向外一层是基层管理人员,再向外一层是生产工人,最外层是普通股东。(3)公司目标发生了变化。只有"成熟的公司",权力才转移到"技术结构阶层"。"成熟的公司目标是技术专家组合目标的反映。……成熟的公司不一定要使它的利润最大化,它也不这样干。"[2] 权力转移到"技术结构阶层"的公司的主要目标是企业的稳定和增长。(4)"生产者主权"取代"消费者主权"。(5)工业资本战胜银行资本。加尔布雷思说:"在'丰裕社会'或'新工业国'里,技术结构层控制的企业以稳定为目标,尽量减少对银行信贷的依赖,以免受银行控制。同时,大企业通过生产者主权保证一定的利润水平,实现资本积累;作为股息分配给股东的部

---

[1] 周志太编著:《外国经济学说史》,中国科学技术大学出版社2009年版,第288—289页。
[2] John Kenneth Galbraith, *The New Industrial State*, Boston: Houghton Mifflin, 1971, pp. 160 – 161.

分并不多,保存了'大量未分配收入'。"① (6) 资本主义和社会主义两种制度的趋同。

加尔布雷思提出的"丰裕社会论"和"新工业国论"非常注重制度因素的分析,沿用了凡勃伦以来的制度经济学的传统分析方法,着重强调"权力的分配"。他所关注的"后工业社会"的问题——环境污染和破坏、城市管理紊乱和服务设施落后、垄断企业势力膨胀和个人自由受到压抑、人们的生活单调和青年人放荡不羁、盲目追求各种消费品以及由此造成的巨大浪费、社会风气败坏和犯罪率增长、贫富差距扩大和社会上对现实不满的情绪的增长,等等,无一不与制度相联系,而凯恩斯主义经济学对这些问题是忽视和不加注意的,并没有给出解决问题的方案。因此,加尔布雷思从制度经济学理论出发,批判了凯恩斯主义对"后工业社会"的制度方面的忽视,批判它对经济增长的迷信和"一切为了增长"的说教。

三 西方马克思主义的新理解

(一) 繁荣出现的解释:不同观点

马克思主义认为资本主义经济危机是不可避免的,每隔一段时间就会周期性爆发。第二次世界大战结束后,许多马克思主义(以及一些非马克思主义)经济学家预测,短暂平静时期应当以一次与原来类似的危机结束,继而资本主义走上与原来类似的发展道路。但是"12年以后,原先预想的危机并没有发生,发达资本主义国家仍然迅速而平稳地进行着资本积累,马克思主义者面临对其整个政治经济学进行重新审视的压力"②,现实要求马克思主义经济学必须对这一情况作出解释。

资本主义"黄金年代"的出现是否意味着资本主义"经过不断进化,已经足以避免像1929—1933年那种类型的大萧条"了呢?③ 支持的观点认为,资本主义完全有可能进入一个新的发展时期,在吸收了历史上资本主

---

① John Kenneth Galbraith, *The New Industrial State*, Boston: Houghton Mifflin, 1971, p. 284.
② [英] M. C. 霍华德、J. E. 金:《马克思主义经济学史:1929—1990》,顾海良、张新总译校,中央编译出版社2003年版,第75页。
③ [日] S. 都留重人:《资本主义发生变化了吗?》(*Has Capitalism Changed*? Tokyo: Iwanami Shoten, 1961),第3页。转引自 [英] M. G. 霍华德、J. E. 金《马克思主义经济学史:1929—1990》,顾海良、张新总译校,中央编译出版社2003年版,第79页。

义发展经验的基础上，找到了克服经济危机的新办法。如一些新费边主义者认为，资本主义已经变革为一种新的东西，甚至已经不再是资本主义。① 资本主义"黄金年代"的出现意味着资本主义发生根本性变化了吗？是什么原因导致资本主义"黄金年代"的出现，这些都成为马克思主义学者亟待回答的问题。西方马克思主义学者也运用马克思主义原理从不同角度对这一时期的资本主义经济发展新情况作出了解释。

1. 内部积累与技术进步②

西方马克思主义经济学家莫里斯·多布、都留重人等认为战后资本主义生产方式出现了一些新的变化，内部积累和技术进步构成了促进经济持续增长的新要素。对于战后经济繁荣的持续，仅仅用战争破坏的恢复来解释显然是不够的。例如多布发现，虽然长期战争的破坏形成了大量被压制的需求，但这些需求并不能总是维持在高涨的状态。20世纪50年代这些与战后恢复相关的投资和开支都已经急剧下降，但在信贷紧缩、利率上升的情况下，主要发达资本主义国家的个人投资仍然能够持续增长，按照传统的理论是难以解释的，必须在理论与实践中寻求新的因素，"这种事实越突出，就越迫切地需要作出解释"。

当时主张循序渐进推行社会改革的新费边主义认为资本主义生产方式发生了新的变化，在相当程度上抑制了经济波动。他们的解释主要涉及三个方面的：一是"管理革命"，他们认为管理精英实际上控制了工业生产决策，由于他们的专业知识和经验更为丰富，投资波动会更小。二是"收入革命"，相对缓和的劳资关系和更为全面的福利政策提升了收入水平，降低了收入不平等的分化程度，平均消费倾向有所提升，支撑了总需求的持续增长。三是国家经济作用的增强，国家的大量经济干预对经济稳定起到了重要促进作用。多布否定了前两个因素，他不认为资本所有者的控制权有转移的倾向，也不认为收入均等化在短时间内能够发生急剧的变化。或者说，这两个因素在多布看来对于战后几年经济变化的解释是不符合逻辑的。斯威齐也认为这完全是1945年以前的事情；平等的增长不存在固

---

① [英] M. 多布：《第二次世界大战以来资本主义发生的变化》(*Changes in Capitalism Since the Second World War*, Marxism Today, December 1957)，第79页。转引自 [英] M. G. 霍华德、J. E. 金《马克思主义经济学史：1929—1990》，顾海良、张新总译校，中央编译出版社2003年版，第75页。

② [美] M. C. 霍华德、J. E. 金：《马克思主义经济学史：1929—1990》，顾海民、张新总译校，中央编译出版社2003年版，第75—90页整理。

有的或长期的趋势。但是多布认为国家经济作用增强是不容否定的事实。以军事支出为典型的国家支出迅速扩张，支撑了工业高产出和高就业在战后十几年的持续。

除了国家经济干预在第二次世界大战以后显著增强，通过支出的扩张有力地支撑了经济增长以外，多布又提出两个重要因素，即内部积累和技术进步，指出这两个因素是资本主义在第二次世界大战之后持续繁荣的重要原因。不同于第二次世界大战以前的企业融资主要通过银行，战后企业投资的资金来源更多来自企业保留利润，这种方式一方面能够鼓励大企业投资；另一方面，大公司投资的自主权明显增强，减少了对外部融资者的依赖。这种"内部积累"因素对于第二次世界大战后私人投资持续增加是一种更为有力的解释。技术进步是另一个不可忽视的因素。第二次世界大战期间的军事工业技术发展很快，战后迅速向民用领域渗透。伴随着工业化的加速，更为高级的技术得到了广泛的普及。多布认为，由于投资率随着技术进步显著提高，因而抑制了投资率在面对需求变化时的波动。按照多布的分析，马克思社会再生产理论中的两大部类在技术进步的背景下实现了新的动态平衡。主要是第Ⅰ部类出现扩张，从而使得消费不足的倾向被部分抵消了，否则第Ⅱ部类的消费不足就可能导致再生产规模的收缩。但这并不意味着"上升阶段像一些新费边主义者认为的那样，可以无限制的进行下去，将一个创新'阶段'（我认为我们必须承认它的存在）转变为一个新的'发展时期'"。

都留重人也认为资本主义能够保持在战后的持续繁荣，只能部分地归因于对战争破坏的恢复。与多布一样，他看到了1945—1947年、1953—1954年军费支出的大幅度缩减，但主要资本主义国家的私人投资并未出现相应的下滑。美国长达20年的经济持续增长，仅仅用战争与备战的临时性经济影响因素解释是没有足够说服力的。但是，对于军费支出的重要性，都留重人还是给予了相当程度的肯定，他认为军费对于维持总需求起到了重要作用。他认为如果确实要维持经济增长，那么它只能以巨大的浪费为代价，例如通过加速折旧、巨额广告费用和持久的军事化维持有效需求。

对于技术进步的作用，保罗·斯威齐是有所保留的。他认为技术进步与投资之间的联系在垄断资本主义条件下不能维持长期的正向相关性。公司能够通过折旧储备为新技术的引入融资，因此不会产生额外的有效需求，对于迅速的技术进步与创新，经济增长并不是必然的结果，经济停滞也是正常的。对于国家支出有利于资本主义发展,因此将不断扩大并维持下去的观点,斯威齐认为过于简单化了。在斯威齐看来,资本主义国家既不是中性的调解人,也不是联合的统治阶级的驯服工具。经济政策的制定是不断斗争的主题,至少从美国的情况来看,增加公共支出的反对者总的来说占据了上风。

虽然对于内部积累和技术进步的作用,不同学者有不同的观点,但西方马克思主义学者开始从不同角度探寻资本主义战后持续繁荣的原因,并且有力地驳斥了资本主义基本矛盾已经被克服的观点。多布认为,资本主义基本矛盾只是以新的通货膨胀的形式表现出来,经济危机爆发的可能性不可能被排除。多布指出,对于资本主义世界的新形势,两种极端观点都是错误的。一种观点认为资本主义与以往一样,没有发生任何变化,显然这种观点是错误的;另一种观点认为资本主义进化到一个全新的制度同样是错误的。战后资本主义世界确实作出了一些重要调整,如技术的加速进步、国家作用的增强、金融资本趋于崩溃都是资本主义的重要变化,但是这些变化并未改变资本主义的本质,因而不能"在任何意义上证明'新阶段'言论的有效性,或者在任何基本方面改变我们对资本主义作为一个制度的评价和对其未来的估计"。

2. 平均利润率和资本积累①

对于战后资本主义的持续繁荣,长波理论的代表人物曼德尔主要从平均利润与资本积累的角度进行了解释。曼德尔对资本主义经济发展的长波进行了研究,把马克思主义有关平均利润率和资本积累的理论引入长波分析中。他认为资本主义经济发展长波确实是存在的,通过平均利润率的变动和资本积累速度的变动能够对于长波现象作出解释。利润率变动是由于剩余价值率、资本有机构成以及资本周转速度等因素直接引起的。而这些因素又是由人口、技术与投资等经济、社会与地理环境因素的变化所导致的。战后的经济形势及资本主义国家的政策调整形成了一些因素组合,导致了平均利润率的高涨,从而形成了资本主义经济的持续繁荣。

曼德尔认为利润率的长期变动决定了资本主义长波的扩张或衰退。他

---

① [比]欧内斯特·曼德尔:《资本主义发展的长波——马克思主义的解释》,南开大学国际经济研究所译,商务印书馆1998年版;[比]厄尔奈斯特·曼德尔:《晚期资本主义》,马清文译,黑龙江人民出版社1983年版。

把资本主义长波划分为扩张性长波和萧条性长波并进行了理论阐释。他认为，当抵消平均利润率下降趋势的力量较强、作用方式较为同步的时期，扩张性长波就可能形成；而当抵消平均利润率下降趋势的力量较少、较弱，作用方式也不同步的时期，萧条性的长波就可能出现。在扩张性长波中，复苏和繁荣阶段持续较长而且更加明显；在萧条性长波中，复苏和繁荣就显得较为无力，而衰退则更加明显，持续时间也相对较长。值得注意的是，扩张性长波中也存在平均利润率下降的阶段，即衰退阶段；萧条性长波中也存在短暂的经济复苏与繁荣阶段。

在扩张性长波中，资本有机构成、资本周转速度、剩余价值率等因素部分或全部较为同步发生作用，且方向一致，共同导致平均利润率快速上升，与此同时，导致平均利润率下降的因素不是不起作用，而是作用效果被抵消了。以日本为例，战后日本大规模的劳动力产业后备军及工资增长缓慢，为经济发展提供了源源不断的廉价劳动力，在工业生产中劳动力成本长期压低，形成了较高的积累率，从而实现了较高的利润率。在此基础上，技术引进迅速提升了劳动生产率，但产品价格仍能通过压低劳动力成本而保持低价优势，从而迅速扩大出口，对经济增长形成推动。私人投资的扩大是战后联邦德国、日本、美国等国家经济繁荣的重要因素，20世纪50年代和60年代的前半段，主要资本主义国家的消费比例下降，积累率上升，民间投资迅速增长，导致了剩余价值率的上升，这表明剩余价值率的上升得益于军备领域以外的积累性的经济增长。

同时曼德尔也认为，第三次科技革命导致的技术进步也是推动平均利润率上升的重要因素，它使扩张性长波的出现获得了动力，必须被看作是战后繁荣出现的重要原因。第三次科技革命对经济带来了广泛的影响。曼德尔进行了归纳总结，如机器设备的更加广泛使用导致死劳动更多替代活劳动，从而提高了资本有机构成，劳动力转向更多的监督性工作导致生产社会化程度提高，劳动力维护功能变得更加重要；高度自动化企业内部剩余价值的创造和对其他企业剩余价值占有间的比例变化；工业建筑投资相对应设备投资比例变小，生产周期、流通周期缩短，进而资本周转更迅速；研发费用上升，折旧加快，商品价值中不变资本比例增加。所有这些变化导致资本主义生产方式的基本矛盾加深，包括劳动力的社会化与生产资料私人占有、使用价值与交换价值的实现，劳动过程与增值过程，资本积累与其增值之间的矛盾等。①

但是扩张性长波不会永远持续下去，资本主义生产方式的固有矛盾说明扩张性长波内部蕴含着导致平均利润率下降的固有趋势，最终将导致扩张性长波的终结和萧条性长波的开始。在长波的扩张期间，资本有机构成是持续提高的，技术创新带来的超额利润最终会由于技术普及而消失，商品价格下降、从而平均利润率下降。资本周转的速度会受到分配制度、国家干预等因素的限制无法进一步提高，原材料供给不可能无限增长，尤其是资源型原料，如石油价格的上涨对资本主义经济形成了严重的冲击，生产过剩不断加剧，工业设备利用率持续降低。工人产业后备军逐渐减少并消失，工人组织的谈判能力加强，第二部类生产率上升，导致维持平均利润增长越来越困难。对于通胀及消极"实际"利息率的预期，导致资本家对长期项目投资缺乏信心，跨国公司规模越来越庞大，与国家对经济的干预形成矛盾。平均利润率下降作为资本主义生产方式的总趋势越来越无法通过其他因素抵消，最终扩张性长波结束，资本主义经济的繁荣阶段也走向终结。

3. 垄断调节与福特主义积累体制②

以阿列塔为代表的法国调节学派主要从调节方式和积累体制及两者共同作用形成的资本主义发展方式的角度来认识、揭示资本主义的发展变化。对于资本主义战后"黄金年代"，法国调节学派认为垄断调节方式下的福特主义积累体制是促成其出现的主要原因。

调节学派所说"调节方式"，指的是某种经济运行模式中的一系列关系，如企业间的关系、资本间的关系以及资本和劳动间的关系，这些关系的特征由特定的制度结构决定，决定经济增长模式的积累体制就是这种制度结构相对应的各种关系。因此调节学派认为积累体制包含着一系列的规定，即企业内生产组织的模式决定了雇佣者使用生产工具所从事的工作；资本形成决定所需的时间；收入在工资、利润和税收间的分配；有效需求的多少与构成；资本主义和非资本主义生产方式的联系。

每一种调节方式都是一组历史上形成的制度网络，可以再生产基本的

---

① [比]厄尔奈斯特·曼德尔：《晚期资本主义》，马清文译，黑龙江人民出版社1983年版，第222—225页。

② 本部分内容主要根据以下资料整理而成：Brenner R., Mark Glick, "The Regulation Approach: Theory and History", *New Left Review*, No. 188, 1991. 孟捷：《战后黄金年代是怎样形成的——对两种马克思主义解释的批判性分析》，《马克思主义研究》2012年第5期。

资本主义所有权关系，引导现行积累体制，促使经济体中的个体单位作出无数协调或冲突的分散决策，通过调节方式以求达到生产条件（雇佣人数、生产标准等）转变和消费条件（雇佣工人和其他社会阶层消费）转变间的匹配。

调节学派认为，社会结构特征，如资本雇佣劳动关系的性质、资本间的竞争类型、货币和信贷关系的特点、企业所在国家经济与世界经济的关系、国家干预经济的形式都是特定调节方式所建立的制度组合掌管的内容。其中雇佣关系和资本主义制度下生产关系的社会化是调节学派强调和利用较多的两点。调节方式与积累体制组合形成的发展方式，内含着特定类型的非威胁性的可自我调节的危机。随着时间的推移，一种发展方式最终会引发矛盾，导致现存调节方式对积累体制形成障碍，最终导致结构性危机。

调节学派把资本主义积累体制划分为外延型和内涵型两种类型，把调节模式划分成竞争性和垄断性两种模式。外延型积累对应于手工生产，潜力有限。内涵型积累更为适应资本主义新变化的情况，主要通过技术进步和新技术主导的固定资产投资为生产和消费长期发展奠定基础，进而促进经济增长。竞争性调节模式的劳动过程由工人手工控制，价格和工资是竞争性的；垄断性调节模式对应实行科学管理的劳动过程，商品价格垄断决定，工资由劳资关系和政府制度的复杂系统运作共同决定。

调节学派认为垄断调节下的福特制积累体制是战后资本主义持续繁荣的主要原因。这种调节方式使得消费快速增长，内涵型积累得以充分发挥，并使得大批量生产方式在大多数经济部门得以普及，其重要的生产基础是大量消耗石油和福特主义的推广。可以说，垄断调节下的福特制积累体制导致了这一时期资本主义获得了前所未有的成功。

调节学派认为，新的"垄断调节"方式建立起一套复杂的制度体系，主要源于20世纪30年代的阶级斗争。这套制度体系把劳资关系作为调节的重点，而不是仅仅停留于调节资本之间的关系，从而使得内涵型资本积累的需要与工人消费的增长得以配合。这种垄断调节方式的建立有其深刻的历史与现实背景，它是大规模危机的产物，特别是20世纪30年代巨大阶级矛盾的产物。工人阶级斗争的成功，如产业工会联合会（Congress of Industrial Organization，CIO）的建立、瓦格纳法案的签署等一系列的事件，促成了保障工人阶级消费水平的社会调节制度的建立。在垄断调节方式下，各方社会力量通过一系列的妥协条款缓和了冲突，包括资本与劳动、企业与企业以及国家、公民与资本之间的收入分配都实现了社会化调节。因此，纯粹的价格调节机制对社会供给与需求的调节作用被大大弱化。一系列复杂的制度、惯例和规则的建立，确保了有效需求的增长跟得上产能的增长，这反过来又在一定程度上影响了技术变革的方向和速度。第二次世界大战之后，这种垄断调节方式趋于成熟，寡头垄断消灭了价格战这一传统的争夺市场份额的方式，企业之间的竞争主要体现在广告和产品差异化上，平均成本加利润定价规则更为普遍。

这种新的垄断调节方式实现了对劳动力需求及劳动力再生产层面的管控。资产阶级通过对生活必需品（生活资料）的控制，实现对劳动力再生产的管理。垄断调节方式中最核心的制度是集体谈判制度，劳动者在这种制度中放弃了对劳动过程的控制权，以换取工资随着生产率和通货膨胀一同增长的权利。这就使得资本能够加快创新和固定资本投资的步伐，而不用担心来自工人的反抗。集体谈判制度由政府的凯恩斯主义财政和货币政策所支撑，不仅短期的需求下降可以得到弥补，经济周期也能受到一定的平抑，过高的失业率得以受到控制。同时，福利国家体系为失业人员打造了一张安全网，在实现收入再分配的同时具有反周期的功能。此外，垄断调节方式所形成的新的制度体系还促进了长期消费信贷的发展。最终的结果就是使得生产和消费能够维持长期的平衡，从而克服消费不足并为战后的"黄金年代"的出现和持续提供了支撑。

这种垄断调节方式下形成的"福特主义积累体制"实现了资本主义"增长的良性循环"：即以大批量生产的规模经济为基础的生产率增长，与生产率增长相联系的工资收入的增长，由工资增长带来的大规模需求的增长，以产能充分利用为基础的利润的增长，用于改善大批量设备的投资的增长以及生产率的进一步增长。①

调节学派的代表人物之一布瓦耶曾用图形象地描绘了上述增长的良性循环。从图6-12中可以看到，工会接纳了技术变革和泰勒主义科学管理，管理方则允许工人分享生产率增长所带来的收益；围绕货币工资的集体谈判扩散到全社会，保证了工人阶级消费标准的持续提高；收入和消费增长促进了投资，为投资品部门带来了高额利润；而投资又创造出新的生

---

① 湖海峰：《福特主义、后福特主义与资本主义积累方式——对法国调节学派关于资本主义生产方式研究的解读》，《马克思主义研究》2005年第2期。

产能力，并使整个过程不断地自我循环。根据调节学派的上述模型，福特主义积累体制下的经济增长是依靠扩大内需而实现的。

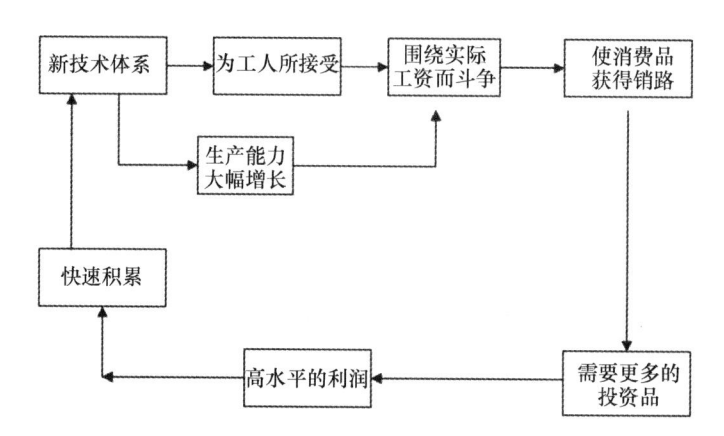

图 6-12 战后"黄金年代"福特主义积累体制的良性循环

资料来源：Boyer R., "Technical Change and the Theory of 'Regulation'", in Dosi, G., et al., eds, 1988, *Technical Change and Economic Theory*, p. 85.

美国马克思主义学者大卫·哈维进一步借助调节学派有关"积累体制"及其相关的"社会与经济调节方式"等基本论点，进一步阐释了资本主义战后繁荣的原因。他认为战后从1945年到1973年资本主义的持续繁荣得益于建构起了"一系列劳动控制的实践、技术上的组合、消费习惯和政治—经济控制力量的结构，而这种结构可以合理地称之为福特主义—凯恩斯主义"[①]。

在哈维看来，1945年之后，凯恩斯主义的适当的国家权力结构及其运用促使福特主义逐渐成熟，这种积累体制呈现出较强的活力并维持了更长时间。就这样，福特主义与凯恩斯主义有了牢固的联系，"福特主义—凯恩斯主义"所形成的结构体现在劳动控制、技术组合、消费习惯以及政治—经济控制力等一系列层面，形成了战后长期繁荣的基础。哈维肯定了战后以技术为基础的工业的兴起成为经济增长的推进器，如汽车、造船、运输设备、钢铁、石油化学产品、橡胶、电器消费品和建筑。有效需求在这些技术工业中被迅速带动，伴随美国的市郊化、都市更新、运输和交通系统在地理上的扩

---

① ［美］大卫·哈维：《后现代的状况——对文化变迁之缘起的探究》，阎嘉译，商务印书馆2003年版，第164—165页。

大、发达资本主义世界内部与外部基础设施的发展，国家出资重建经济也创造了大量的投资需求。而作为世界经济的核心地区如美国、英国等通过相互联系的金融中心调节，从非共产主义世界的其他地方获得了大量原材料供给，并用它们的产品获得了对日渐同质化的世界大众市场的支配。

不过，在哈维看来，资本主义能够保持战后持续繁荣更主要地得益于资本主义发展过程中政府、企业与劳动力等主要角色的一系列妥协与复位。在此过程中国家必须担当新的（凯恩斯主义的）角色，建立新的机构的权力；企业资本必须在某些方面见风使舵，以便在确保有利可图的轨道上更加顺利地运行；有组织的劳动力必须在劳动力市场和生产过程的表现方面担当新的角色和功能。

哈维也认为这种调节模式的形成与维持是多年斗争的产物。工人组织、大企业与民族国家并非能够自然形成平衡的关系。各种力量通过反复博弈后才出现这种牢固的平衡。例如，战争时期刚结束时挫败复苏的激进工人阶级运动，为使福特主义成为可能的各种劳动控制与妥协奠定了政治上的基础。在盛行于战后繁荣时期的一般社会契约中其他伙伴的作用，相似地也受到了很好的限定。比如大企业的力量被调动来确保稳定地提高生产力的投资、保证增长、提高生活标准，同时确保获取利润的坚实的基础。这意味着企业运营环境更加稳定，能够专心投资于稳定而强有力的技术变革过程、大规模的固定资产投资、生产和市场营销方面专门管理知识的增长，以及通过产品的标准化来调动规模经济。

在这一过程中，"凯恩斯主义"发挥了重要作用。国家职责被扩展到更大的范围。大规模生产有赖于大量固定资本的顺利投资，稳定的需求是满足大量投资持续的必要条件，凯恩斯主义被用来维持相对稳定的需求。第二次世界大战后主要资本主义国家通过财政与货币政策的适当混合而竭力控制经济循环，保持有效需求处于合理区间。运输、公用事业等公共投资领域由于与大规模生产和大众消费的增长关系密切，成为政府政策被导向投资的重点，而这也将保证相对充分的就业。其他公共领域如医疗、教育、住房也为社会投资提供了广阔的空间。此外，国家权力还被直接或间接地用来影响生产中的工人的工资协议与权益。国家干预主义的各种形式在不同发达资本主义国家之中也极为不同，但很明显的是，福特主义依靠民族国家在社会调节体系内部起到了一种非常特殊的作用。

值得注意的是，战后的福特主义具有国际性。世界贸易与国际投资的大规模扩张对于战后的长期繁荣具有决定性意义。福特主义在战后时期得到了巩固和扩张，或者直接通过在占领地强行实施的政策，或者间接地通过"马歇尔计划"和随后的美国直接投资构建起来。而福特主义国际性的进展则意味着在社会主义阵营之外全球大众市场的形成，以及把大批世界人口吸收到新型资本主义的全球体系之中。此外，世界性需求的稳定增长意味着成熟的商业经验广泛地弥补了世界市场的动荡。在最终影响方面，开辟国外市场意味着经常性的更为廉价的原材料供给（尤其是能源供给）的全球化。这种新的国际主义也随之带来了大量其他活动——银行业、保险、服务、饭店、机场，最后是旅游。

哈维认为所有这一切都在得到军事优势支持的美国金融和经济力量的霸权保护伞之下得到了保证。在这张保护伞之下，福特主义随着各个国家寻求自己的劳动关系管理方式、货币与财政政策、福利与公共投资战略而不平衡地扩展，在国内只受到阶级关系状态的限制，在国外只受到它在世界经济中的等级地位和对美元的固定汇率的限制。因此，福特主义的国际性扩展出现在国际政治—经济调节和地理政治结构的特定构架之内，美国在其中通过非常独特的军事联盟和权力关系的体系而起着支配作用。

总的来说，国家在"福特主义—凯恩斯主义"体制中担任着指挥的角色。这种体制适合于大规模、较集中、标准化的生产流水线的模式。这种体制虽然并不完善，如严重的工作乏味、社会紧张关系、大众消费无新意、第三世界国家现代化进程缓慢等，但"福特主义—凯恩斯主义"体制有力地支撑了战后"黄金年代"的持续。

4. 四支柱的社会积累结构[①]

社会积累结构学派以戈登为代表，认为资本主义通过建立一种积累的社会结构来缓和资本主义经济内在矛盾，为资本积累提供较为稳定的经济、政治和文化环境，提高资本的盈利能力，从而促进资本主义进入经济持续增长的阶段。因此，对于资本主义战后持续繁荣的出现，社会积累结构学派提出了积累的社会结构视角的解释。

社会积累结构学派对于"积累的社会结构"的阐释是以马克思有关利

[①] ［美］戴维·M. 戈登、托马斯·E. 韦斯科夫、塞缪尔·鲍尔斯:《力量、积累和危机：战后积累社会结构的兴衰》，外国经济学说研究会编:《现代国外经济学论文选（第15辑）》，商务印书馆1992年版，第102—123页。

润、积累和经济增长间关系的论断为起点的。社会积累结构学派认为马克思把增长速度看作积累的结果，因此受到积累过程的制约，而积累进程是由利润决定的。"除非资本家能够对预期的利润率进行确切的计算，否则他们不会在生产中进行投资。"① 公司的外部社会经济环境是利润预测的重要影响因素，资本家只有在能够确定一个稳定的和有利的外部环境的基础上，才会进行投资。导致这种外部环境的具体机制被称为"积累的社会结构"。"积累的社会结构"所包括的具体内容的结构和稳定对于资本积累是必不可少的，如金融体系的稳定决定了资本市场是否活跃。这样积累的社会结构将对资本积累的进程交替发挥促进和限制作用。由此可见，在积累的社会结构学派看来，资本积累是资本主义经济的变革之源，资本积累的产生要建立在一系列制度安排的基础上，这些制度安排构成了积累的社会结构。

社会积累结构学派从积累的社会结构的核心思想和基本思路出发，认为以劳资关系调和、美国统治下的和平、资本—民众关系调和、资本家内部竞争缓和的四大制度性支柱为特征的积累的社会结构是促成美国战后繁荣出现的主要原因，这种具体结构相对稳定地持续到了20世纪60年代。这四大制度性支柱，每一个方面都包含了一套特殊的制度性力量关系，它们使得美国公司能够在战后初期对潜在的挑战具有绝对的控制力，可以说这种建立在以美国资本主义力量为基础的四大制度性支柱的积累的社会结构是战后资本主义繁荣的主因，具体来看：

第一大制度性支柱：劳资关系调和。戈登等人认为，第二次世界大战后资本和劳动间的关系受到了建立在劳资关系调和基础上的制度安排制约。这种劳资关系调和是劳资双方博弈最终达成妥协的结果。双方的权利和收益最终被明确划定，管理者对企业拥有决策权和控制权，工会妥协，作为报偿，工人增加实际收入、改善工作条件、提高就业保险等权利和福利将随着劳动生产率的提高得到保障，即工人有权利分享资本家的繁荣。这种调和还加剧了劳动阶级间的分裂，工会会员工人对非工会会员工人的相对优势在就业、性别以及种族方面得到了进一步稳固。在资本家方面，监督和执行纪律的管理岗位大量增加，通过对劳动者实行愈益加强的官僚

---

① ［美］戴维·M. 戈登、托马斯·E. 韦斯科夫、塞缪尔·鲍尔斯：《力量、积累和危机：战后积累社会结构的兴衰》，外国经济学说研究会编：《现代国外经济学论文选（第15辑）》，商务印书馆1992年版，第108页。

和等级管理制度，这种调和关系得到维持。①

第二大制度性支柱：美国统治下的和平。战后美国成为世界最强大的国家，以强大的经济实力、制度结构及国际政治关系为基础，美国在世界资本主义经济中起支配作用。美国统治下的和平格局有利于美国在国际贸易分工中居于有利地位并在贸易中得到更为有利的条件。同时，在日益开放的环境下，资本家能够以关闭工厂来威胁就工资、工作环境和征税率进行讨价还价的工人和民众。美国从国外获得商品和服务条件对国内经济获利产生最直接影响，价格越优惠，美国公司获得进口投入的条件就越有利。在此基础上，战后美国贸易条件得到了极大改善。②

第三大制度性支柱：资本家与民众关系的调和。民众对经济保险和企业社会责任的要求与资本家对利润的要求不可避免地存在冲突，这种矛盾的调和成为战后积累的社会结构必须包含的一套政治安排，对于为民众提供必需品和资本获利之间的调和，政府需要恰如其分地加以限定。③

第四大制度性支柱：资本主义内部竞争缓和。美国资本家令人羡慕的领先地位，首先得益于美国能够利用战争造成日本和主要欧洲国家的经济遭到破坏的有利时机，对其他发达资本主义国家的公司进行有效的控制。在第二次世界大战后的相当长一段时间内，美国公司从资本主义内部竞争的大大减弱中受益。基于这种优势，美国本土大公司得以积累并发挥在所在行业的竞争优势，得以保持领先地位，从而减少了工业内部的兼并或资本入侵。④

美国公司在第二次世界大战后通过建立以四大制度性支柱为基础的积累社会结构而获得了巨大的力量。然而，美国这四大支柱的积累的社会结构于 20 世纪 60 年代中期开始遭受来自工人、外国原料供应者以及国内民

---

① [美] 戴维·M. 戈登、托马斯·E. 韦斯科夫、塞缪尔·鲍尔斯：《力量、积累和危机：战后积累社会结构的兴衰》，外国经济学说研究会编：《现代国外经济学论文选（第 15 辑）》，商务印书馆 1992 年版，第 111 页。
② [美] 戴维·M. 戈登、托马斯·E. 韦斯科夫、塞缪尔·鲍尔斯：《力量、积累和危机：战后积累社会结构的兴衰》，外国经济学说研究会编：《现代国外经济学论文选（第 15 辑）》，商务印书馆 1992 年版，第 112 页。
③ [美] 戴维·M. 戈登、托马斯·E. 韦斯科夫、塞缪尔·鲍尔斯：《力量、积累和危机：战后积累社会结构的兴衰》，外国经济学说研究会编：《现代国外经济学论文选（第 15 辑）》，商务印书馆 1992 年版，第 112 页。
④ [美] 戴维·M. 戈登、托马斯·E. 韦斯科夫、塞缪尔·鲍尔斯：《力量、积累和危机：战后积累社会结构的兴衰》，外国经济学说研究会编：《现代国外经济学论文选（第 15 辑）》，商务印书馆 1992 年版，第 113 页。

众等多方面力量的对抗而日趋不稳定并开始遭受破坏,从而出现积累社会结构的危机,美国开始走向经济停滞。1948—1979 年美国经济积累的社会结构动力的增强和削弱的变动趋势可以从表 6-12 中看出。

在戈登等人看来,在资本主义经济中,资本家的力量和积累的速度受一定的积累的社会结构的构成制度影响。这种社会结构和制度如果能够稳固资本家的支配地位,就能够促进资本积累;反之,当这种社会结构和制度不能支持资本家获利,资本积累就不能有效进行。

表 6-12　　　　　　　　　　战后积累的社会结构的兴衰

阶段	劳资关系调和	美国统治下的和平	资本家—民众关系调和	资本主义内部竞争
兴旺 1948—1966 年	失去工作的代价增大 工人的反抗减弱	美国的军事支配地位 贸易条件改善	政府支持积累 政府把保证利润作为优先目标	公司没有受到国内外的竞争
受到伤害 1966—1973 年	失去工作的代价降低 工人的反抗扩大	军事力量受到挑战 贸易条件无变化	民众运动展开	外国的竞争和国内的兼并开始对公司产生影响
停滞 1973—1979 年	经济停滞使劳资关系僵化	欧佩克、美元贬值使美国的贸易条件急剧恶化	民众运动对企业产生新的束缚	国内外竞争加强

资料来源:[美] 戴维·M. 戈登、托马斯·E. 韦斯科夫、塞缪尔·鲍尔斯:《力量、积累和危机:战后积累社会结构的兴衰》,外国经济学说研究会编:《现代国外经济学论文选(第 15 辑)》,商务印书馆 1992 年版,第 115 页。

5. 世界体系重构与不平等

聚焦于一国内部来看资本主义发生的变化以及变化的原因是不够的,从国际视角研究发达国家间、发达国家与发展中国家间世界体系发生的巨变,对资本主义"黄金年代"的影响,成为一些马克思主义学者关注的焦点问题。

世界体系理论的代表人物沃勒斯坦指出,世界体系作为一个整体在 20 世纪五六十年代实现了更大的产出。西欧、美国、日本及一些东亚国家,不仅完全从战时破坏中恢复过来,而且其主要产业部门在世界市场的竞争力得到了明显提升，尤其是在所有那些能获得较高利润、所谓主导产业的产品上具有较高竞争力。他认为美国在产生并推动这次世界性的经济扩张上起到了核心作用——直接地是通过它在境内的经济活动；间接地则是通过国际援助，主要是对西欧和东亚，对大部分第三世界地区（尤其是拉美和中东）的援助则是有限的。

美国之所以能够对繁荣出现起到核心作用，在于1945—1967年美国在世界体系中所形成的霸权控制体系。美国在1945年之后主要采取四个方面的政策措施形成了自己的霸权时期，从而把经济上的优势转换为政治和文化上的优势。首先，美国的这种优势是围绕着它自己和西欧的（以及日本）"联盟体系"而建立的，其特征是美国作为"自由世界"的领袖，投资于这些地区的经济重建（如马歇尔计划）。这样，美国既确保了西欧和日本作为主要经济消费者的角色，又保证了国际政治的稳定和他们的国际政治的委托者身份。

其次，美国与苏联形成格局化的"冷战"关系，给苏联保留一个小的地区性主导地位（在东欧地区）。这就是所谓的雅尔塔协议，两个国家都避免其领导层在意识形态问题上无限制的冲突；此外还有一个重要前提，即东西方边界不作变更，而且确保没有实际的军事对抗，特别是在欧洲。

再次，美国寻求实现逐渐的、相对不流血的亚非的非殖民化。在不与苏联和世界共产主义的领导有显著的意识形态冲突，甚至愿意推进非殖民化国家加入当时的国际经济体系的前提下，美国通过所谓的温和领导权来加以安排。在温和派的控制下，非殖民化过程得到了美国军事力量以不触动敏感神经为原则的方式的帮助。

最后，美国寻求通过减少国内的阶级冲突而创立一个国内联合阵线。一方面通过与熟练的、联合的工人在经济上妥协，取得他们稳定的支持；另一方面通过把美国劳工吸收到世界范围内的反共阵营。另外，美国也通过消除在政治领域内喧嚣的歧视从而减弱潜在的种族歧视。美国的这些政策的结果是形成了20世纪50年代相当平稳运行的霸权控制体系，这种霸权使美国在第二次世界大战之后在生产效率上取得了难以置信的优势。它使世界经济的持续扩张成为可能，也使全世界范围的"中等"阶层受益匪浅。它还使联合国的国际机构的建立成为可能，这些机构在那时反映了美国确保相对稳定的国际政治形势的意愿。这对于后来以惊人的速度形成的第三世界大部分地区的"非殖民化"很有帮助。总体上说，它促成了西方一个政治相对平静时期的形成。[①]

世界体系的经济增长，核心是以美国为首的发达国家。世界工业产出的大规模扩张增长，必然带来初级产品生产的大规模增加，农业和矿业区的经济从而受到拉动，走向繁荣，居于世界体系边缘区国家的收入水平也得到一定程度的提高。大多数国家谋求经济繁荣，参与世界体系是必然的选择，这种参与促使赚取工资部门的扩张，特别是在国家官僚机构和国家管理的企业中。当然还远不止于此，它也促使用于教育部门和医疗机构的资源出现世界性的大规模增长。资本主义发达国家间关系的重塑是繁荣时期以美国霸权为主要特征的世界体系形成的重要原因。虽然发达国家的繁荣带动了不发达国家、边缘区国家的经济发展，但是总体上，发达国家与发展中国家，或者说中心国家与边缘国家的关系依然是不平等的，发展中国家、边缘国家的发展依附于发达国家、中心国家。对此，埃及经济学家阿明通过进一步发展依附理论，提出了他的深层思考。他认为资本积累按照"中心"和"边缘"的世界资本主义体系划分，形成了"中心型"和"边缘型"两大模式。"边缘"生产的剩余不断流向"中心"，是这种积累模式的重要特征，在世界资本主义体系内部，这种流动造成了中心资本主义国家的发达的资本积累和边缘资本主义国家的不发达的积累。他认为"中心"和"边缘"之间不平等交换产生的原因主要有两个方面：其一，资本输出方式的出现是不平等交换产生的基本条件；其二，"中心"和"边缘"受生产率差距制约的工资差距是不平等交换产生的根本原因。

对于第二次世界大战以后中心与边缘国家之间的不平等交换为何持续存在，阿明认为，战后是"边缘"国家实行"进口替代"战略的时期，一个以"边缘"出口廉价制成品为基础的新的国际分工开始形成。阿明认为，这种分工能够加强决策权威的集中化和技术创新的职能，从而加深了不平等交换。整个世界体系在这种"中心"和"边缘"积累模式中得以提高利润率，主要原因在于这种国际分工要求边缘出口廉价制成品，而这种廉价正是基于边缘国家的低工资。从边缘向中心这种特殊的转移通过世界范围的利润平均化所导致的相对价格降低被掩盖，这种劳动分工将使不平等交换持续存在并不断加剧，使"边缘"丧失控制自己发展的能力，整个

---

① [美]伊曼纽尔·沃勒斯坦：《沃勒斯坦精粹》，黄光耀、洪霞译，南京大学出版社2003年，第421页。

世界资本主义体系处于持续的不平等发展过程之中。①

但是,即使第二次世界大战后发达国家与发展中国家,或者说中心国家与边缘国家的关系依然是不平等的、依附的,阿明仍然把战后繁荣界定为一个以三个支柱为主的长期进步时期。他认为这三个支柱是部分冲突但又部分互补的:在西方,社会民主和福特主义式的积累由凯恩斯主义的国家政策调整,它向整个世界市场开放,而且积累模式与劳资妥协之间形成了内在的一致性,西方的社会民主和福特主义式的积累与这种一致性融为一体;新独立的外围国家的现代化和工业化是由"万隆计划"推动的,而"万隆计划"是一个在独立性有限的范围内实现追赶的民族资产阶级计划;苏联通过一个相当类似于历史上的资本主义积累的战略来追赶西方国家,不过,它避免了来自资本主义世界体系的约束,在民族国家或多民族国家中,该计划通过国家所有以及把政治经济权力高度集中在领导阶层手中来进行管理。这三个支柱体系为经济增长打下了基础,而且在这个体系的三个区域组成中,经济增长通常都是强劲的。

总体上,第二次世界大战后的繁荣时期是边缘国家在不平等、不平衡的积累体制中推进工业化的时期。工业化构成了亚洲和拉丁美洲外围国家主导的社会因素,但这种工业化在这些刚刚获得政治自主的外围国家里具有明显的不平等、不平衡特征。②

(二) 繁荣中的危机预言:消费不足论的发展

1. 崩溃论的现实局限性:理论研究的转向

资本主义繁荣时代到来之前,马克思主义有关资本主义危机的理论中崩溃论占据主流地位,崩溃论认为经济危机必然带来资本主义的崩溃,如卢森堡的需求不足崩溃论;格罗斯曼的剩余价值不足崩溃论等。这些理论成为第二次世界大战后西方马克思主义经济危机理论发展的渊源。

但是,资本主义"黄金年代"的到来,使得崩溃论日渐暴露出其现实解释力的局限性,西方马克思主义学者对资本主义经济危机理论的研究,开始从危机崩溃必然性的证明转向对资本主义周期性危机和长期萧条、停滞趋势

---

① Amin S., *Unequal Development: An Essay on the Social Formations of Peripheral Capitalism*, New York: Monthly Review Press, 1976, p. 212.

② [埃] 萨米尔·阿明:《全球化时代的资本主义:对当代社会的管理》,丁开杰等译,中国人民大学出版社2013年版,第2、41—42、51—55页。

的研究。第二次世界大战后,在西方马克思主义经济危机理论的研究中,学者们研究的重心不再放在资本主义必将崩溃的主题上,对于经济危机与崩溃必然性的证明开始转向对周期性危机和长期萧条趋势的证明。探究资本主义存在基础永久性的不稳定成为危机理论的重要任务。经济危机理论研究的转向为消费不足论的复兴提供了契机。消费不足论认为由于消费不足的存在,资本主义的发展依旧存在着危机的隐忧,会出现资本主义停滞的趋势。

在此阶段上的消费不足论,是以1942年斯威齐的《资本主义发展论》为开端的。斯威齐认为非生产性消费和政府支出是造成需求不足的主要障碍,对于资本主义来说,唯一可行的危机理论,就是基于消费不足的长期萧条趋势。作为第二次世界大战后马克思主义经济危机理论第一位重要作者,斯威齐的这部著作已经显示出马克思主义危机理论从研究资本主义崩溃开始向研究资本主义停滞趋势的这一转折。其后以斯威齐与吉尔曼、巴兰、佩洛等人为代表,形成了美国的消费不足危机理论。

2. 消费不足论的复兴:对资本主义停滞趋势的思考

(1) 经济剩余与垄断资本主义的发展趋势

1942年,美国经济学家保罗·斯威齐在《资本主义发展论》中提出了以消费品供求为基础的消费不足危机论。斯威齐理论的前提假设是消费品生产与生产资料生产同步增长,但消费增长率与生产资料增长率的比值趋于下降。社会总消费尽管在绝对量上是不断增长的,但消费所占比重,无论是工人还是资本家的消费与资本积累的增幅相比,都是递减的。因为,资本家总是在利润中拿出尽可能大的部分作为追加的资本进行积累,目的是攫取更多的剩余价值,由此造成积累在剩余价值中的比重提高。同时,技术进步也使得不变资本在积累中的比重不断上升。由此造成消费品生产的增长速度超过消费增长速度必然形成过剩,而生产资料生产的增长速度更快,生产过剩经济危机必然周期性爆发。[①]

此后,1966年斯威齐与美国经济学家保罗·巴兰共同合作出版了《垄断资本》一书,在这本书中进一步提出了经济剩余理论,并认为垄断资本主义最根本的矛盾就是经济剩余的产生和吸收之间的矛盾。他们认为在垄断资本主义阶段,经济剩余有不断增长的趋势,包括实际经济剩余和潜在经济剩余都在不断增加。但是,垄断资本主义对于日益增长的剩余的吸收

---

① 何自力、冯新舟:《马克思经济危机理论的创新与发展》,《经济纵横》2009年第11期。

却没有机制性保障，消费和投资出路有限，导致剩余的不断积累。巴兰主张用剩余增长的规律去代替利润率下降的规律。因为他的判断是，利润率下降趋势规律变得不再适用于垄断资本主义阶段，这一阶段资本主义危机的基本特征是需求不足所造成的停滞。

他们的具体分析是，在垄断资本主义条件下，由于巨型公司价格政策和成本政策的性质，必然产生一种趋势，即剩余在绝对数上和作为总产品的份额均在增长。剩余的吸收有以下几种方式：（1）被消费；（2）用来投资；（3）被浪费，但无论是哪种剩余吸收的方式都不能有效地解决经济剩余问题。针对被消费的剩余吸收方式，斯威齐与巴兰通过对垄断资本公司股息分配方式的考察，得出结论：资本家的消费在绝对数上会增加，但作为剩余的一部分将会下降，而作为总收入的一部分则会下降很多。

对于投资，如果只考虑内源投资，他们认为垄断资本倾向于使寻找投资出路的剩余供应不断增长，而按其性质，它们又不能使投资出路得到相应的增长，如果只靠内源增长，垄断资本主义会陷入永久的萧条。考虑外援投资，即不随这个制度的正常运转所产生的需求因素转移为全部的投资，主要包括三种：随着人口增长用于满足新增人口生产和消费需要的投资，对于新技术、新产品、新方法的投资和国外投资。关于人口增长所产生的投资需求，他们认为人口增长不是独立变数，是战争导致的繁荣促进了出生率的增长，较高的出生率对投资出路的相应影响是造成繁荣的一个因素，但不是决定性因素。如果人口急速增长，而其他投资出路减少，结果可能是失业水平的提高而不是持久的投资景气。因此关于人口增长带来的外援投资可以解决剩余吸收问题的观点没有根据。对于新方法和新产品的投资，他们认为从垄断资本家的观点来看，当采用新技术会增加他的生产能力时，垄断企业普遍会选择避免采用。在垄断资本主义条件下，原来存在于竞争制度下的技术进步速度和投资出路大小之间的关联关系不再明显。技术进步更多地取决于投资的方向和形式，而不是数量。新产品和新工序的资本支出，总是拖延到严格的科学发展的时间以后，直到销售前景证明有建立大规模设备的必要之时。技术革新和投资出路的相关性很小，如果有的话，垄断资本主义能够用折旧提成来满足它的投资需求。因此技术进步对于剩余吸收的解决的贡献不大。关于国外投资，他们认为实际上会使剩余吸收问题变得更加困难，因为国外投资会把海外形成的剩余转移到投资国，因此并不是国内形成的剩余的出路，反而形成更多无法吸收的剩余。

总之，垄断资本主义是一个自相矛盾的制度，它总是形成越来越多的剩余，资本主义制度和谐运转需要消费和投资出路，从而吸收日益增长的剩余，但资本主义恰恰无法提供这种出路。战后的繁荣在他们看来可以解释为：军事预算的大量增长对于高就业与收入水平的支持，汽车化和市郊化的第二次巨大浪潮，不动产抵押与消费信贷增长的支撑等。但尽管这些刺激是强大的和持久的，剩余吸收不足的症状，包括失业和设备利用不足却已开始显现，并日益严重（见表6-13）。

表6-13 美国的设备利用率与失业率（1950—1963年）

年份	设备利用率（1950年＝100）	失业对劳动力的百分比（%）
1950	100	5.0
1951	103	3.0
1952	99	2.7
1953	98	2.5
1954	87	5.0
1955	92	4.0
1956	89	3.8
1957	85	4.3
1958	76	6.8
1959	81	5.5
1960	81	5.6
1961	80	6.7
1962	83	5.6
1963	83	5.7

资料来源：[美]保罗·巴兰、保罗·斯威齐：《垄断资本》，南开大学政治经济学系译，商务印书馆1977年版，第231页。

（2）经济稳定吗？[①]

1973年，美国学者佩洛在其著作《不稳定的经济》一书中用价值范畴分析了不断增加的生产能力和停滞的消费需求之间的矛盾，从而造成了资本主义经济的不稳定。

---

① [美]V.佩洛：《不稳定的经济》，南开大学政治经济学系、南开大学经济研究所译，商务印书馆1975年版。

佩洛认为假如剥削率固定不变，榨取得来的剩余价值由资本家用来按一种会保持整个经济中的平衡结构的固定比例进行投资和消费，那么，生产就会或多或少地顺利发展起来，不存在经济周期。然而这些条件从来没有完全实现过，而只是在比较短暂的时间内趋于接近。因此，不稳定性唯一最重要的因素植根于剩余价值的存在和特性之中。对此，佩洛考察了1947—1969年制造业的剩余价值率的变动趋势，以及生产工人的工资增长率及生产力增长率，并对三者进行了比较。数据显示，这一时期剩余价值率的增长远远快于生产工人的工资增长率，工人的每一人时的生产力增长率也要远高于工人实际所得报酬的增长率，这无疑表明了消费品的基本群众市场基础的狭窄，正如马克思所说的，由生产相对过剩和群众消费能力相对不足表现出来的资本主义基本矛盾迅速加剧，加速了危机的出现。因此不难理解，多年来不断积累的矛盾在1969年达到了尖锐的阶段。也不难理解，多年来日益成熟的生产过剩危机在1969年开始恶化。

但是，佩洛认为剥削率的迅速增长却只带来比较温和短促的危机的原因在于存在着可以抵消剥削率迅速增长效果的因素，对周期的影响起到了限制的作用。他讨论了能够平衡或抵消那些比生产工人群众的消费力增长得更快的生产增长的因素，主要包括：国民产品用途的转变，对工人提供额外的、生产劳动的工资以外的消费收入，如从1946—1969年国民生产总值的支出数据来看（见表6-14），国民生产总值中消费所占的份额有了较大的减少，而投资和政府支出则相应增多。

表6-14　　制造业中剩余价值率的趋势*（1947—1969年）　　　　单位：%

年份	工资占新增价值的百分比	相应的剩余价值率	工资和薪金占新增价值的百分比	相应的剩余价值率
1947	40.7	146	52.4	87
1953	40.3	148	54.7	83
1957	35.6	181	51.6	94
1960	33.9	195	51.0	96
1963	32.6	207	48.9	104
1967	31.2	221	47.5	111
1969	30.7	226	46.7	114

注：*不包括制造业公司在中央行政部门和辅助性单位所支付的薪金。

资料来源：[美] V. 佩洛：《不稳定的经济》，南开大学政治经济学系、南开大学经济研究所译，商务印书馆1975年版，第25页。

表 6-15　各次商业周期中国民生产总值的平均分配百分比（1946—1969 年）

单位：%

年份	消费支出	厂房设备支出	政府的商品和劳务支出			其他支出
			共计	军用	民用	
1946—1948	68.6	9.6	12.0	5.0	7.0	5.8
1949—1953	64.9	9.4	18.0	9.4	8.6	7.7
1954—1957	64.0	9.9	19.3	10.1	9.2	6.8
1958—1960	64.6	9.4	20.3	9.6	10.7	5.7
1961—1969	62.9	10.0	21.4	8.6	12.8	5.7

来源：《总统经济报告》，1970 年，表 C-1。《商业现况调查》，1970 年 7 月，第 177 页。周期平均百分比系各年度百分比的平均数，而不是整个周期总数的百分比。

注："其他支出"包括住宅建筑、货物和劳务的净出口，以及商业存货的变动。1946—1948 年和 1949—1953 年之间"其他支出"的下降，主要在于净出口的减少。这是因为在战争结束以后的年代中，政府停止了大量的对外援助输出，这种输出也可列为政府支出。如果那样做了，第二周期中政府支出的增长就不会那么显著。（译者按：1946—1948 年的"其他支出"疑为 9.8。）

1949—1953 年以后，"其他支出"的下降主要在于住宅建筑的减少。

资料来源：[美] V. 佩洛：《不稳定的经济》，南开大学政治经济学系、南开大学经济研究所译，商务印书馆 1975 年版，第 36 页。

政府在经济中份额的增长，通过提供对群众消费力的增加额，在很大程度上抵消了私人经济部门中劳动份额的相对下降。此外，在这一时期，金融业和服务业迅速扩张，其工资和薪金一直高于制造业的工资和薪金，在整个战后时期，金融和服务业的工薪保证了群众消费能力维持在一个经常的较高比例。其中，服务业中工资薪金的很大一部分，代表了整个资本家阶级转移给这些行业中的工人的那部分剩余价值。当这种转移额增长时，它就部分地抵消了制造业和其他商品生产业中工资的下降。自从第二次世界大战以来，在这种长期的作用之上，增加了一种温和的反周期的作用，因为每一次生产下降期间，在金融和服务业中支付的工资有一定的继续增长。在越南战争年代，金融和服务业中工资薪金的极其迅速的增长，可以看作一个长期高涨的顶点时期寄生性和浪费增长的标志。

除上述抵消剥削缓和战后经济周期的因素外，佩洛还考察了消费信贷，认为消费信贷在战后刺激了经济增长，特别是耐用品工业。但是在日益增高的消费债务中，美国资本主义已经为一次可能发生的金融危机安置了最危险的导火线之一。

总体来看，这些抵消剥削的因素加在一起缓和了战后时期经济周期的波动。但是佩洛认为，20 世纪 60 年代后这些因素的潜力已经大为削弱并在某些情况下甚至产生了相反的效果。同时，它们所调和的那些矛盾变得更加严重，因此可能导致更大的不稳定、更严重的危机。

（3）利润率下降了吗？[①]

斯威齐的"消费不足论"在 1957 年吉尔曼出版的《利润率下降》一书中得到了实证验证并进一步发展，吉尔曼将对生产和消费领域研究的消费不足扩展到剩余价值实现领域，认为剩余价值实现越来越受到非生产性费用上升的影响。

斯威齐把资本主义的生产过剩和消费不足当作一物的两面，把投资和消费当作相互对立、相互抵消的两种力量，用这个二分法来区分加重还是抵消消费不足的因素。虽然斯威齐的研究视野创造性地拓展到国家在促进消费中的作用，但是在再生产领域中，则停留在生产和消费的分析上，尤其是消费上。吉尔曼认为斯威齐《资本主义发展论》的研究视野过于限制在与消费有关的领域内，在此领域中垄断的作用最多也不过是资本相对集中提高了积累率，从而投资的增加抑制了消费而已。

同时，吉尔曼认为传统的马克思主义在分析利润率变动问题时，视野仅仅停留在剩余价值的生产上有些太狭窄了。他在《利润率下降》一书则突破了这个视野上的限制，对抵消消费不足趋势进行了分析。在吉尔曼看来，垄断资本主义阶段的剩余价值生产和实现都出现了新的"转化"。他认为垄断资本主义阶段的生产社会化程度进一步加深，企业规模不断扩大，企业经营变得越来越复杂，认为企业由单一的资本家来管理是不符合现实的，因此马克思主义意义上的个体资本家消失了，资本主义企业的管理者是资本家集体。利润不再等于剩余价值，而是剩余价值扣除了管理费用之后的余额。不但如此，随着垄断的发展，销售、广告、促销等费用不断增加，大大提高了产品实现的成本，减少了利润。也正是这些"垄断竞争"成本的增加，解决了垄断资本主义阶段剩余价值不断增加的问题，克服了消费不足倾向。

吉尔曼通过统计资料进一步验证他的理论，他发现从 1880 年至第一次世界大战之前，资本有机构成迅速提高，利润率不断下降，与马克思

[①] 杨健生：《马克思主义经济危机理论史研究》，博士学位论文，厦门大学，2004 年。

所预见的相符合。但第一次世界大战之后，资本有机构成趋于稳定，剩余价值率不断提高，而且利润率趋于上升。统计数据不支持马克思的利润率下降趋势规律，在吉尔曼看来，主要原因不是马克思的理论只适合于自由竞争资本主义阶段而不适合于垄断资本主义阶段，而更可能是马克思所说的起反作用的因素作用在这一阶段得到了加强，以至抵消了利润率的下降。

（三）危机初现与探源：利润率下降论的再崛起

按照消费不足论，生产过剩引起物价暴跌，利润率下降伴随危机发生，是危机的结果而不是原因。但是资本主义国家20世纪六七十年代发生的危机显示，物价不跌反涨，利润率下降在危机前已发生。理论与现实的相左，使得消费不足论更加无力解释这种颠倒了"因"和"果"的危机现象。消费不足危机理论遇到了如何对滞胀的出现作出合理解释的这一挑战，为20世纪40年代后一直处于沉寂状态的利润率下降论的崛起和发展提供了历史机遇。利润率下降从危机的结果变成危机的原因的客观现实，引致了70年代马克思主义危机探源理论的重构。

利润下降的危机理论，其基本点与消费不足理论正相反，他们认为经济危机的出现不是因为剩余价值太多，而是太少，不足以维持积累的正常进行。利润率下降论中有两种主要观点，一是以格林和萨克利夫为代表的利润挤压论，主要是以工资对利润的侵蚀来解释利润率下降的利润挤压理论；二是以保罗·麦蒂克为代表的资本有机构成提高论，主要是以资本有机构成提高来解释利润率下降的理论。

1. 利润挤压论

1972年，格林和萨克利夫合著的《英国资本主义、工人和利润挤压》在伦敦出版之后，同年以《危机中的资本主义》为书名在纽约出版，这成为20世纪70年代利润挤压危机理论的起源。

他们认为工资挤占的不仅仅是国际收支和固定收入者的实际收入，而且是对利润的挤占，利润率和工资之间存在反方向的变动关系，工资的提高意味着对利润的挤压。足够的利润存在是资本主义经济的正常运行的基础，作为投资的来源，利润如果下降到一定程度将会导致经济无法正常运行。资本主义经济危机的根本原因是利润不足所导致的投资不足、流通中断。资本家的利润被工资"挤压"掉了，而且国民收入在工人和资本家之间的分配份额取决于资本家和工人之间阶级力量的对比，由此，资本家和工人之间的阶级力量对比形成了经济周期性循环的机制。可见，他们将阶级斗争引入资本主义积累和危机分析的核心，强调了工人阶级的斗争在资本主义发展趋势中的作用。

对于经济的衰退与复苏，格林和萨克利夫也从工资与利润此消彼长的关系角度进行了解释。他们认为，国民收入如何在资本家和工人之间分配，取决于他们之间阶级力量的对比。工资和利润率是逆向变动的，因此利润下降意味着投资下降，生产率增长缓慢，生产、投资进一步下降，利润降低导致经济危机。危机会导致失业增加，削弱工会力量，资本家因此能够在国民收入的分配中占得更大的份额，避免利润被工资挤压。从利润挤压论的角度看，经济周期性循环的机制源于资本家和工人之间的阶级力量对比。20世纪70年代初期，英国工会的力量变得强大起来。强大的工会组织增加了工人阶级的谈判力量，结果使得工资的增长水平超过了生产率的增长水平。与此同时，各资本主义国家在贸易、汇率方面的斗争非常激烈。面对激烈的国际竞争，资本家不可能通过提高产品的价格来转嫁愈来愈高的工资成本。因此，资本家的利润被工资"挤压"掉了。[①] 他们认为，20世纪60年代末和70年代初，英、美等国工人阶级力量的增强使得他们有能力通过有组织的工会谈判向资产阶级索要高工资，较低的失业率使得资本家阶级没有足够的力量威胁工人，因此工人挤占了资本家的利润获取了高工资。这种利润挤压很快引起了经济危机的纠正机制。

2. 资本有机构成提高论

1969年，德国经济学家保罗·麦蒂克在《马克思和凯恩斯》一书中提出，利润率下降的原因，在于资本家提高劳动生产率的努力提高了资本有机构成，同时国家开支的增加进一步挤占了用于积累的剩余价值，使资本主义危机进一步恶化。资本主义危机的实质是剩余价值或资本的不足。与吉尔曼的观点类似，他认为消费不足的原因恰恰在于剩余价值不足，而不是剩余价值太多。正是剩余价值的不足导致生产设备闲置和失业。资本有机构成提高论虽然与利润挤压论都是从利润率下降出发解释经济危机的，但是两个理论有着本质的不同和对立，前者强烈反对把工资提高作为利润率下降的原因，主张遵从马克思的利润率下降趋势规律，从价值分析

---

① 何自力、冯新舟：《马克思经济危机理论的创新与发展》，《经济纵横》2009年第11期。

入手，将资本有机构成的提高作为经济危机的原因。

麦蒂克是这一时期资本有机构成提高论的倡导者和先行者。他认为，如果不变资本的价值和可变资本的价值能够保持相同的速率增长，资本积累就可以保持稳定的利润率，但这意味着在不提高劳动生产率的情况下进行积累。但是，在资本主义制度下，资本家总是试图使用机械设备来代替劳动，不变资本价值的增长速度在劳动生产率提高的条件下很快超过了可变资本价值的增长速度，随着资本有机构成的提高，扩大再生产所需要的剩余价值量越来越大，而实际的剩余价值量却没有增加甚至减少，利润率因此下降。利润率下降导致扩大再生产所需要的剩余价值不足，从而削弱了资本积累，生产设备闲置和失业不可避免，经济陷入危机。此外，麦蒂克和斯威齐关于国家作用的看法截然相反。斯威齐认为国家开支的增加缓和了垄断资本主义消费不足的趋势，麦蒂克则认为，本来用于积累的剩余价值就不够，国家开支的增加进一步挤占了用于积累的剩余价值，使资本主义危机更加恶化。

（四）危机理论的综合：单因素研究范式的抛弃

无论是消费不足论还是利润下降论都强调从单一因素出发来研究资本主义经济危机，即认为由某一种决定因素加上诸多的抵消因素导致了资本主义的经济危机。但是到20世纪60年代末70年代初，对于资本主义经济危机出现原因的解释出现了多因素和综合的倾向，一些马克思主义学者的研究开始出现否定、抛弃单一因素决定的理论趋向，向多因素综合的新危机理论研究范式转变，马克思主义经济危机理论综合趋势开始出现。这种倾向在曼德尔的经济长波理论和奥康纳的国家财政危机论等理论当中体现得最为明显。

曼德尔早在1962年的《论马克思主义经济学》中，就开始了从多因素综合决定的角度对利润率下降进行了初步研究。曼德尔以投资品和消费品的弹性差别为基础，提出一个生产资料部门和消费资料部门之间利润率周期性差别的理论。

到了1972年，曼德尔在《晚期资本主义》中明确批评了资本主义经济危机研究的单因素假设观点，"对资本主义生产方式的长期发展趋势问题和不可避免要崩溃问题的讨论，进行了半个多世纪，每一个著作家都想试图把这个问题压缩成一个简单的因素"，对此曼德尔指出马克思曾经说过，"世界市场危机必须看作资产阶级经济一切矛盾的现实综合和强制平衡"，并进一步指出，"在这些危机中综合起来的各个因素，必然在资产阶级经济的每一个领域中出现并得到阐明"①。由此曼德尔提出对资本主义发展动态的研究必须进行多因素的分析的观点。

他主张应从6个基本变量入手研究利润率的变化，如总的资本有机构成，特别是在最重要的那些部类中（除了其他事物之外，这还包括资本总额及其在这些部类中的分配情况）；永久资本在固定资本和流动资本之间的分配情况；剩余价值率的发展；积累率的发展（生产性剩余价值与非生产性活动消耗掉的剩余价值之间的关系）；资本周转时间的发展；两大部类之间的交换关系等。曼德尔认为利润率的变化是这6个变量相互作用的结果，这种相互影响的结果与以资本增值为基础，即以利润为基础的资本主义生产方式的逻辑相符合。6个变量相互影响，从而形成利润率的波动，能够说明资本主义的内在规律性和已经表露出来的种种矛盾的历史。但是，这种波动的结果还需要进一步用这些变量的相互影响来加以解释。②

美国激进政治经济学的代表人物之一詹姆斯·奥康纳在其主要著作《国家的财政危机》中赋予国家在积累中的重要角色，这与此前认为国家是纯粹消费性的理论观点截然不同，由此提出了一个在突出国家作用的基础上综合生产、交换、分配各领域的经济危机理论，并指出资本主义的经济危机是经济和国家共同作用的结果。

奥康纳强调了政府支出的作用，赋予了国家资本积累组织者和参与者的地位。战后国家垄断资本主义条件下，国家开始对经济进行干预，国家不再仅仅作为守夜人，也不只是财政货币政策的主体和调控者，而是越来越成为社会生产的直接参与者，成为国家资本家。国家职能的扩张带来了财政的困境。奥康纳对第二次世界大战后资本主义国家的财政危机进行了深入的研究，通过研究战后美国资本主义的发展，提出"国家财政危机理论"。他认为，资本主义国家的财政支出有两个特征，即"社会资本"和"社会支出"。社会资本包括社会投资和社会消费两种形式。社会投资指政府为私人部门提供的道路、供水等基础设施建设和服务设施建设；社会消

---

① 《马克思恩格斯全集》第26卷Ⅱ，人民出版社1973年版，第582页。
② [比]厄尔奈斯特·曼德尔：《晚期资本主义》，黑龙江人民出版社1983年版，第26—31页。

费促进了资本主义再生产的商品和服务（主要是住房和教育）以及社会保险。社会开支指用于警察和军队等强制性军事项目支出和福利支出。政府支出对资本积累和资本主义再生产起到了重要作用。政府支出可以认为是社会资本，有利于私人资本家获取剩余价值。政府投资可以提高劳动生产率，也能使劳动力再生产费用减少，也就能提高服务设施投资的利润率。政府在发展福利制度上的支出，是为了维持社会的稳定和谐。奥康纳发现，在资本主义社会中，工人希望得到更多的社会福利支出，资本家也希望政府能够在社会支出上有更多的供给，而无业人员则更需要政府给予社会保障。"社会对国家预算的需求似乎是无限的，但人们支付这些需求的意愿及能力却是有限的。而且，财政支出的增长速度明显比整个社会生产快……我们将这种财政支出超过财政收入的趋势称为'国家的财政危机'。"[①] 资本主义的剩余价值大部分被资本家获得，而社会支出却由政府承担，政府面临大量的财政缺口，容易造成财政危机。归根结底，财政危机产生的原因就是资本主义私有制的矛盾。

奥康纳的财政危机理论在一定程度上继承和发展了经典马克思主义的危机理论，他认同马克思的国家具有阶级性的观点，资本主义国家通过经济上的统治地位占有了政治上的地位，获得了剥削压迫无产阶级的手段，奥康纳在此基础上发展了这一理论，认为资本主义国家在维护统治阶级利益和维护社会公共利益之间的冲突是难以调和的，国家超越了上层建筑的范畴将政治功能嵌入生产过程中，具有经济积累的职能。

结语 "黄金年代"的落幕与资本主义无危机论的终结

第二次世界大战后的"黄金年代"，可称得上是资本主义国家历史上前所未有的辉煌时代。在此期间，诞生于20世纪30年代的凯恩斯主义经济学在彰显其旺盛生命力的同时也受到了来自于货币主义、理性预期、新制度主义等不同学派的挑战。在这些不同观点、学派的交锋中，有关经济危机与经济周期的理论研究不断深入演进。但是"黄金年代"的终结、经

[①] J. Connor, *The Fiscal Crisis of the State*, NewYork: St. Martin's Press, 1973: 1-2. 转自余美兰：《詹姆斯·奥康纳的"国家财政危机理论"研究》，博士学位论文，福建师范大学，2014年，第57页。

济危机的初露端倪，都在不同程度上表明西方主流经济危机与经济周期理论的局限，尤其是凯恩斯主义经济学更是无法对日益严重的滞胀作出合理解释并提供有效解决方案。如果说"黄金年代"的落幕意味着资本主义无危机论的终结，凯恩斯主义经济学的尴尬遭遇则意味着西方主流经济危机与经济周期理论需要重新改写。

但是，资本主义国家"黄金年代"的出现和持续，的确给马克思主义学者带来重新审视其政治经济学的压力，尤其是给崩溃论带来了巨大的挑战。该如何对"黄金年代"时期作出解释，成为马克思主义经济危机与经济周期理论必须要解决的问题，由此引发了基于不同视角的研究，既有具体因素的深度挖掘，又有体制因素的不断建构，繁荣探因研究呈现出多样化发展特点。然而，仅仅探因研究还是不够的，"黄金年代"的出现意味着资本主义发展趋势的改变吗？带着对这个问题的追问，消费不足论给出了答案，即资本主义的发展依旧存在着危机隐忧，资本主义停滞进而衰退的长期趋势不会改变。而繁荣尾声经济危机的再次到来，又引发了马克思主义者对资本主义危机探源的深入研究与讨论，利润率下降论则再次迎来了发展的春天，这更引发了一些学者不再局限于单一因素来对资本主义经济危机的发生进行探源研究，多因素综合研究日渐成为马克思主义经济危机与经济周期理论研究的趋势。

要对第二次世界大战后"黄金年代"西方主流、马克思主义的经济危机与经济周期理论作出客观评判，必须要走进那个历史时代，通过大量史料的阅读、分析，在生产力与生产关系的变革中去理解、把握，尤其是要与"黄金年代"的不同历史发展阶段契合起来，才能全面系统梳理这一时期西方主流经济学和马克思主义的经济危机与经济周期理论的发展脉络，在生产力与生产关系的变革中探寻理论演进、研究的发展路径，在理论研究的形成、系统化中透视生产力与生产关系发生的不断变革，唯有如此，才能对西方主流经济学和马克思主义的经济危机与经济周期理论作出客观评价。

第七章

长期繁荣的终结：滞胀与理论的
危机和危机的理论

第二次世界大战结束后一直到20世纪60年代中期，发达资本主义国家经历了一段历史上罕见的经济繁荣时期。这一时期不仅经济增长率普遍较高，而且失业率和通货膨胀率均处于历史较低水平。虽然期间也发生过几次经济波动，但经济下滑幅度不大且持续时间很短，对整个宏观经济的影响十分有限。总体来看，这一时期是经济平稳快速发展的时期，因而有人把它称为资本主义发展的"黄金时期"。一些主流经济学家也乐观地宣称，资本主义将从此告别经济危机。然而事实证明，他们过于乐观了。

一 滞胀的到来

（一）昨日重现：资本主义再一次陷入危机

从20世纪60年代中期开始，发达资本主义国家的经济就逐渐显现出恶化的苗头，这主要表现为制造业和实体经济利润率出现了下降的趋势。1965—1973年，美国制造业和私人实体经济部门的利润率分别下降了40.9%和29.3%。[①] 尽管如此，至少在宏观层面，发达国家经济依然在快速增长。但是进入70年代后，发达资本主义国家终于再一次陷入经济危机的深渊，而且危机断断续续一直持续到80年代初，演变成继"大萧条"之后资本主义世界的又一次长期衰退。

第一，西方发达国家经济增长率与之前相比明显下降。以美国为例，

---

① ［美］罗伯特·布伦纳：《全球动荡的经济学》，郑吉伟译，中国人民大学出版社2012年版，第105页。

1949年到1960年,实际GDP平均增长率为4.30%,1961—1969年达到5.69%,而1970—1982年这13年,下降为2.93%。美国,西欧、日本等发达资本主义国家均出现了类似的情况。从表7-1可以看到,除日本外,发达资本主义国家在20世纪70年代的大部分时间里经济增长率都在5%以下,1974年工业国的平均增长率只有0.6%,1975年为-0.4%,虽然随后几年有所恢复,但与60年代相比,下降非常显著。

表7-1 主要发达国家1970—1979年GDP年增长率
(不变价格计算) 单位:%

	1970	1971	1972	1973	1974	1975	1976	1977	1978	1979
工业国	2.9	3.6	5.4	6.0	0.6	-0.4	5.0	3.6	4.0	3.3
美国	-0.2	3.3	5.6	5.5	-0.8	-0.9	5.3	5.5	4.9	2.4
加拿大	2.9	6.8	6.1	7.5	3.6	1.2	5.8	2.0	3.6	3.2
日本	9.9	4.7	9.0	8.8	-1.2	2.4	5.1	5.3	5.1	5.2
法国	5.7	5.4	5.9	5.4	3.2	0.2	5.2	3.0	3.8	3.3
联邦德国	5.1	3.1	4.1	4.6	0.5	-1.7	5.5	3.1	3.1	4.2
意大利	5.3	1.6	3.2	7.0	4.1	-3.6	5.9	1.9	2.7	4.9
英国	2.2	2.7	2.2	7.9	-1.1	-0.7	3.9	0.9	3.8	2.1

资料来源:《国际金融统计年鉴(1985)》,第131页。转引自钱荣堃《八十年代西方国家"滞胀"的转变》,《南开经济研究》1986年第3期。

第二,失业率显著上升。第二次世界大战结束到20世纪60年代末,整个西方世界失业率都处于较低水平,大部分时期都在5%以下。按照主流经济学的说法,这属于充分就业状态。到了70年代,随着经济增长下滑,除了日本和联邦德国外,主要发达国家失业率出现明显上升。美国1949年到1960年的平均失业率为4.65%,1961年到1969年为4.69%,而1970年到1982年上升为6.67%。西方7国这一时期失业率的具体情况见表7-2。

表 7-2　　　　　　　　主要发达国家失业率　　　　　　　单位:%

	1966—1973	1974	1975	1976	1977	1978	1979
美国	4.4	5.5	8.3	7.5	6.9	5.9	5.7
加拿大	5.2	5.3	6.9	7.1	8.0	8.3	7.4
日本	1.2	1.4	1.9	2.0	2.0	2.2	2.1
法国	2.2	2.8	4.1	4.4	4.7	5.2	5.9
联邦德国	0.9	1.6	3.6	3.7	3.6	3.5	3.2
意大利	5.7	5.3	5.8	6.6	7.0	7.1	7.5
英国	3.3	3.2	4.7	6.0	6.3	6.3	5.6

资料来源：转引自钱荣堃《八十年代西方国家"滞胀"的转变》，《南开经济研究》1986 年第 3 期。

第三，通货膨胀十分剧烈。以往在危机期间，随着生产过剩加剧，通常会出现物价普遍下跌的情形。但是 20 世纪 70 年代的危机情况正好相反，与经济滑坡、失业增加相伴随的是剧烈的通货膨胀。美国 1949 年到 1960 年，通货膨胀率平均为 2.33%；1961 年到 1969 年平均为 2.87%，而 1970 年到 1982 年上升到 10.46%。[①] 不仅美国，全部工业化国家都发生了严重的通货膨胀问题。具体情况见表 7-3。

表 7-3　　　　　　　西方工业国消费品价格上涨率　　　　　　单位:%

	1970	1971	1972	1973	1974	1975	1976	1977	1978	1979
工业国	5.6	5.2	4.6	7.6	13.3	11.1	8.3	8.4	7.2	9.1
美国	5.9	4.3	3.3	6.2	11.0	9.1	5.8	6.5	7.6	11.3
加拿大	3.3	2.9	4.8	7.5	10.9	10.8	7.5	8.0	9.0	9.1
日本	7.6	6.1	4.5	11.7	24.4	11.8	9.3	8.0	3.8	3.6
法国	5.9	5.5	6.2	7.3	13.7	11.8	9.6	9.4	9.1	10.7
联邦德国	3.4	5.2	5.5	7.0	7.0	5.9	4.3	3.7	2.7	4.1
意大利	4.9	4.8	5.7	10.8	19.1	17.0	16.8	17.0	12.1	14.8
英国	6.4	9.5	7.1	9.2	15.9	24.3	16.6	15.8	8.3	13.4

资料来源：转引自钱荣堃《八十年代西方国家"滞胀"的转变》，《南开经济研究》1986 年第 3 期。

---

① 上述关于美国的数据来源于美国劳动局、美国经济分析局以及兴业证券研发中心。参见兴业证券研究报告《美国 70 年代滞胀研究》，2008 年 3 月 1 日，作者为张忆东、范妍。

第四,生产率增长明显下降。从表 7-4 可以看出,西方 7 国生产率的平均增长率在 1974 年到 1979 年这 6 年间,比 1963 年到 1973 年这 11 年的平均水平出现了非常显著的下降,美国的生产率甚至出现绝对下降。

表 7-4　　西方 7 国 20 世纪 60 年代与 70 年代平均生产率增长率对比　　单位:%

	美国	加拿大	日本	法国	联邦德国	意大利	英国
1963—1973 年	1.9	2.4	8.7	4.6	4.6	5.4	3.0
1974—1979 年	-0.1	0.1	3.3	2.7	2.9	1.4	0.8

资料来源:经济合作与发展组织《经济展望》各期,转引自《新帕尔格雷夫经济学大辞典》第 4 卷,经济科学出版社 1992 年版,第 507 页。

(二) 旧病未去,又添新疾:滞胀

20 世纪 70 年代的资本主义经济危机不但经济增长下滑幅度大、持续时间长,而且表现出以往经济危机所没有的新特点。瑞典经济学家伦德堡把这次危机的特点概括为以下 11 个方面:(1) 经济增长率很低或是出现负增长,劳动生产率也很低;(2) 高失业率;(3) 生产能力利用不足;(4) 通货膨胀率高于可以接受的程度,通货膨胀预期成为长期的普遍的现象;(5) 利润率下降,对利润的预期悲观;(6) 对工业和住房的投资处于相当低的水平;(7) 名义的和实际的利息率高;(8) 政府预算赤字巨大;(9) 对外经常账户的逆差巨大;(10) 在某几种主要的工业分支如钢铁、造船和航运、石油化工业、飞机制造业、铁矿等发生过剩,生产能力发生了结构性危机;(11) 在更大的范围内发生了结构性失调,即工业部门比重太小,出现了"反工业化"和公共部门太大。[①] 上述 11 个方面归纳起来,实际上就是我们前面所揭示出的三个特点:经济停滞、高失业率、高通货膨胀率。

与此前资本主义世界的历次经济危机相比,本次危机表现出的一个突出的新特点:与低增长率、高失业率这些经济衰退典型特征伴随而来的,不是物价下跌等通货紧缩现象,而是通货膨胀。美国著名经济学家保罗·萨缪尔森给这种前所未有的经济现象起了一个新名字——滞胀(Stagfla-

---

① 转引自钱荣堃《八十年代西方国家"滞胀"的转变》,《南开经济研究》1986 年第 3 期。

tion）。但到底什么是滞胀？不同学派的学者都给出了定义。萨缪尔森自己就给出两个不同的定义。第一个定义是：增长着的失业与价格膨胀同时发生。第二个定义是：生产和就业的停滞伴随着爬行式的价格膨胀。① 美国普林斯顿大学教授阿兰·布林德（Alan Blinder）下的定义是："滞胀是我们这个喜欢简化的社会制造出的一个术语，它意指经济停滞与较高通货膨胀率同时发生的现象。"② 美国著名左翼经济学家霍华德·谢尔曼（Howard Sherman）下的定义是："滞胀是指经济停滞或生产下降、失业率增加的过程中价格上涨的情形。"③ 这几个定义虽然侧重点有所不同，但内容大同小异。简言之，滞胀就是指高失业率与高通货膨胀率同时出现这样一种前所未有的"反常"现象。

滞胀现象与菲利普斯曲线所刻画的失业率与通货膨胀率之间的交替关系完全相反，从而超出了传统主流经济学的解释范围。菲利普斯曲线是战后到20世纪70年代西方经济学的主流——新古典综合派描述通货膨胀与失业关系的标准理论。根据这一理论，一个经济体的失业率与通货膨胀率之间通常存在一种负相关的关系，即当失业率上升时，一般价格水平趋于下降；当失业率下降时，价格水平趋于上升。在坐标图中，菲利普斯曲线是一条从左上方向右下方倾斜的曲线，它揭示了失业与通货膨胀之间的相互替代关系。菲利普斯曲线为西方国家宏观经济调控提供了重要的理论依据和可操作的政策选择。当经济出现衰退、失业率上升时，政府可以通过增加财政支出或宽松的货币政策来提高总需求，以通货膨胀率上升为代价降低失业率；当经济出现过热，通货膨胀率上升时，政府可以通过削减财政支出或者紧缩的货币政策来抑制总需求，以经济降温、失业率提高为代价来抑制物价水平的过快增长。在20世纪70年代之前，西方国家的政府利用相机抉择的财政政策和货币政策对宏观经济进行干预，较好地维持了宏观经济的稳定。

然而，滞胀现象的发生不仅使菲利普斯曲线受到挑战，而且也给政府的宏观调控出了一个难题。对于新古典综合派理论而言，滞胀现象违背了它关于通货膨胀与失业关系的理论阐述，在其理论框架下很难对滞胀现象

---

① 转引自萧琛《美国滞胀问题初探》，《经济科学》1986年第2期。
② Alan Blinder, *Economic Policy and the Great Stagflation*, Academic Press, 1981, p. 1.
③ Howard Sherman, *Stagflation: A Introduction to Traditional and Radical Macroeconomica*, Happer and Row Publisher, 1983, p. 186.

给出一个合理的解释。新古典综合派宏观经济学的理论核心是凯恩斯主义，后者是第二次世界大战以来西方国家宏观经济管理的主要理论依据。滞胀的出现从根本上动摇了凯恩斯主义的统治地位。更加严峻的是，滞胀使得政府宏观调控面临两难局面：如果采取宽松的财政政策和货币政策来刺激总需求，也许能让经济走出衰退，降低失业率，但这样做势必加剧通货膨胀；相反，如果采取从紧的财政政策和货币政策以抑制通货膨胀，则会使失业率进一步上升，经济势必陷入更加严重的衰退之中。

滞胀的发生是第二次世界大战以来西方经济的一个重要的转折点，它不仅彻底击碎了资本主义经济摆脱周期性经济危机困扰的美梦，而且对西方国家政府长期倚重的凯恩斯主义理论和政策主张造成沉重打击。面对滞胀的严峻形势，西方主流经济学家给不出一个合理解释，政府束手无策。在这种情况下，供给学派、货币主义和理性预期经济学等乘势而起，对凯恩斯主义展开猛烈攻击，终于把它从西方宏观经济学主流的地位上赶下来，并最终导致20世纪80年代以来新自由主义经济学的兴起和泛滥。

（三）外忧内患：动荡的70年代

20世纪70年代是一个全球经济政治格局发生重大变化的年代。随着美国国力的相对下降，战后初期形成的美国主导的世界经济政治体系面临着重大挑战。原有的制度和规则已经越来越不适应新形势了，但新的制度和规则还没有形成。在这新旧交替的时刻，全球经济政治形势都处于动荡之中。滞胀危机正是在这一大背景下发生的。

第二次世界大战中，一大批新技术被开发出来，如电子技术、信息技术、原子能技术等。战后这些新技术在生产中得到了广泛应用，形成了第三次科技革命，极大地推动了生产力的发展。可以说，新技术革命推动的产业升级是战后发达资本主义国家20多年经济繁荣的最主要的推动力量。战后初期，美国作为新技术革命的主要发源地，成为家电产业、计算机产业、宇航产业和原子能产业等新兴产业的霸主，其产品在国际市场占据主导地位，吸引了大量的投资。同时西欧和日本的战后重建形成了巨大的市场需求，进一步刺激了包括美国在内的各国投资，推动了这些国家经济的高速成长。但是随着西欧和日本生产力的全面恢复和发展，全球生产能力过剩的苗头逐步显现，发达资本主义国家之间的经济竞争加剧。到20世纪60年代，西欧和日本利用相对廉价的劳动力等后发优势，在国际市场上同美国展开竞争，并逐步蚕食美国的市场份额。1948年，美国在资本主义世界工业中所占比重达到53.9%，到1970年，这一比重下降到40.9%；1947年美国出口额几乎占到资本主义世界出口额的1/3，到1960年下降到18.2%，1970年进一步降到15.5%。日本、联邦德国和加拿大对美国的出口先后于1965年、1966年、1968年超过了从美国的进口。[①]尽管各国生产能力的高速增长使国际市场日趋饱和，但是私人资本的逐利冲动和生产的盲目性驱使它们仍然不断扩大投资。随着市场竞争的加剧，产品价格不断下降，导致利润率下滑。实际上，美国制造业和私人实体部门的利润率从1965年就开始下降。随着企业利润减少或亏损增加，企业破产数迅速增加，私人固定资本投资逐步减少，到1969年底，终于爆发了经济危机。从1969年12月到1970年11月这一年间，美国破产企业数量达到1.2万家，经济增长率变为负数。西方7国除日本外，经济增长率都大幅下滑。为了应对危机，西方各国政府利用财政政策和货币政策对经济实行干预。这些措施虽然在短期内扩大了需求，但由于它不仅没能解决生产过剩的问题，反而使问题进一步加重，在经历了短暂的恢复之后，到1973年底，危机再一次爆发。从1973年12月到1975年5月，美国私人固定资本投资下降了16%，破产企业数达1.5万家。面对日益加深的危机，西方各国不顾赤字的大幅增加，硬着头皮继续加大刺激力度。实践表明，这样的政策无异于饮鸩止渴。到1979年4月，危机以更为迅猛的方式再次爆发，一直持续到1982年11月，在这44个月期间，美国私人固定资本投资下降了26.6%，破产企业累计达2.5万家。[②]

战后资本主义出现的生产过剩依然是相对过剩，即相对于工人阶级有限的购买力而言的生产过剩。在战后经济繁荣时期，工人阶级的实际工资确实有较大幅度的提高，但工资的增长速度始终低于利润的增长。随着国内外市场的饱和以及利润率的下降，资本家开始降低工资增幅并提高工人劳动强度。1858年到1965年，美国制造业工人工资增长速度与1950—1958年这一期间相比，下降了40%。到20世纪60年代中期以后，工资增速被进一步压低。这种情况长期积累的结果，就是收入和财富的两极分

[①] 上述数据参见陈宝森《美国经济与政府政策——从罗斯福到里根》，社科文献出版社2014年版，第35页。

[②] 上述数据参见兴业证券研究报告《美国70年代滞胀研究》，2008年3月1日，作者为张忆东、范妍。

化，并最终导致工人阶级消费能力相对下降，引发生产过剩的危机。从表 7-5 可以清楚地看出，美国从 1947 年到 1984 年，收入差距总体上进一步拉大。

表 7-5　美国家庭税前货币收入按五等分各占的比率（1947—1984 年）

	1947 年	1958 年	1968 年	1970 年	1984 年
收入最低的 1/5	5	5.1	5.7	5.5	4.7
收入次低的 1/5	11	12.4	12.4	12.0	11.0
收入居中的 1/5	16	17.9	17.7	17.4	17.0
收入较高的 1/5	22	23.7	23.7	23.5	24.4
收入最高的 1/5	46	40.9	40.6	41.9	42.9
收入最高的 5%	21	15.8	14.0	14.4	16.0

资料来源：转引自陈宝森《美国经济与政府政策——从罗斯福到里根》，社科文献出版社 2014 年版，第 518 页。

20 世纪 70 年代持续的通货膨胀的发生，也与布雷顿森林体系的内在缺陷有着密切的关系。战后确立了以美元为国际支付和结算货币的国际金融体系，即布雷顿森林体系，但是这一体系存在着内在的矛盾。第一，它无法解决"特里芬难题"；第二，随着日本和西欧国家的崛起与美国经济实力的相对下降，国际收支不平衡的问题不断加剧，美国持续出现贸易逆差，危及布雷顿森林体系的稳定；第三，战后美国在全世界范围实行军事扩张，巨大的军事开支导致财政出现了庞大的赤字。在这种情况下，美国通过大量发行美元来弥补贸易和财政赤字，向世界输出通货膨胀，实际上是变相地掠夺其他国家的财富。美国的这一做法引起其他国家的不满，它们纷纷在国际金融市场抛售美元抢购黄金，结果导致美元大幅贬值。从 1965 年到 1974 年，黄金与美元的比价从 1 盎司黄金兑换 35 美元上涨到 1 盎司兑换 186.50 美元。美国政府的做法最终害人害己，致使国内发生严重的通货膨胀。

通货膨胀也是发达资本主义国家长期实行凯恩斯主义经济政策的恶果。凯恩斯主义主张利用政府的财政支出来弥补市场需求的不足，以解决生产过剩的矛盾。这一政策在短期内确实可以恢复经济增长和就业，于是发达国家把它作为对付危机的"法宝"。但由于它无法从根本上消除资本与劳动之间的利益对立,无法避免生产相对过剩的发生,因此它不但不能克服经济危机,反而由于大量积累的财政赤字,使问题更加严重。滞胀这一反常现象的发生,就是发达国家长期实行赤字财政政策的必然结果。

  进一步加剧滞胀危机的,还有一个看似偶然,实际上却带有必然性的外部因素——石油危机。石油危机在20世纪70年代爆发,具有一定的偶然性,但它所反映的长期以来帝国主义国家与发展中国家的矛盾,特别是与中东产油国之间的矛盾,则是这一危机的深刻根源。石油危机是资本主义世界体系矛盾激化的表现,是处于资本主义中心的发达资本主义国家与处于资本主义外围的发展中国家之间剥削与反剥削、掠夺与反掠夺的矛盾发展的必然结果。战后科技革命使得作为基本能源的石油的地位越来越重要,西方国家的经济发展在很大程度上依赖中东地区的廉价石油。随着阿拉伯国家民族意识的觉醒,它们开始反抗帝国主义国家对石油资源的掠夺。石油危机就是它们之间矛盾激化的结果。第一次石油危机发生于1973—1974年。1973年10月,由于阿拉伯产油国与外国石油公司就提高原油标价的谈判破裂,海湾地区5个阿拉伯产油国以及伊朗宣布把原油标价提高70%,由每桶3.01美元提高到每桶5.11美元。紧接着,第四次中东战争爆发,美国与阿拉伯国家之间的矛盾激化,阿拉伯产油国决定对美国和西欧国家实行石油禁运。世界市场每日石油供应量一下子减少了500万桶,导致油价飞涨。国际油价在短短3个月时间里上涨了将近200%,这对严重依赖廉价进口石油的西方发达国家产生了巨大冲击。第一,油价大幅上涨导致GDP增长率大幅下降。由于短时期内油价急剧上涨,不同程度地提高了产品的生产成本及销售价格,抑制了市场需求,从而导致发达国家1974年和1975年的经济增长率急剧下降。这从表7-1中可以清楚地看出。第二,油价上涨导致失业率上升。油价上涨导致供给成本增加,使总供给曲线向左上方移动,产出缺口加大,从而使失业率上升。从表7-2中我们可以看出,除了英国和意大利1974年失业率略低于前一时期,西方7国的失业率在1974年和1975年普遍高于前一时期。第三,通货膨胀率上升。第二次世界大战以来,国际市场石油价格长期维持在较低水平。廉价的石油使发达国家纷纷弃煤用油,石油在发达国家的能源消费结构中的占比由1960年的29.6%上升到1970年的44.0%,成为全球第一大能源。由于能源在经济活动中居于基础地位,其产业关联度极广,所以当

1973 年国际市场石油价格出现暴涨时，很快就导致了物价水平普遍的、大幅度的上涨，造成严重的通货膨胀。图 7-1 通过消费品价格的变化反映了这一点。

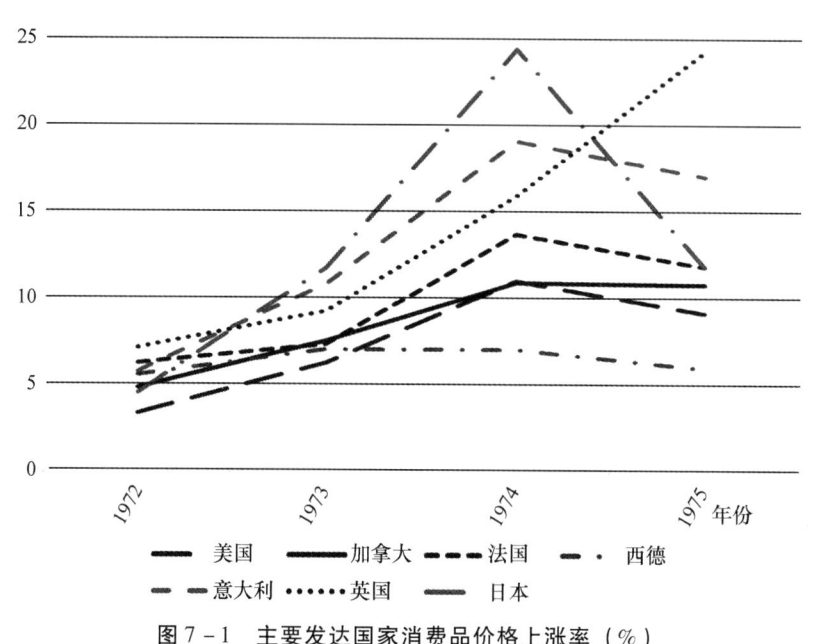

图 7-1　主要发达国家消费品价格上涨率（%）

资料来源：《国际金融统计》1985 年年报。

第二次石油危机发生于 1978—1980 年。1978 年伊朗爆发伊斯兰革命，巴列维王朝被推翻。伊朗政局动荡严重影响了石油生产和出口。1978 年底至 1979 年 3 月初，伊朗连续停止输出石油 60 天，使得国际石油市场每天短缺石油 500 万桶，约占世界总消费量的 1/10，导致油价动荡和供应紧张。而 1980 年 9 月爆发的两伊战争致使伊朗和伊拉克这两个产油大国的石油生产完全停止，进一步加剧了国际石油市场石油供应的紧张局面。在此期间欧佩克成员国由于对油价的主张不同而发生分裂，失去了对国际油价的控制能力，导致油价骤升，从 1979 年的每桶 14 美元飞涨到 1980 年底的每桶近 40 美元。这次石油危机再次严重冲击了世界经济，主要发达资本主义国家的经济再一次陷入困境。其一，发达国家工业生产出现收缩，经济增长速度下滑。从 1979 年 4 月至 1980 年 7 月的一年多时间里，美国的工业生产指数下降了 8.6%，1981 年 7 月工业生产刚刚回升到危机前水平，但从8月份起，工业生产再度下降，到1982年10月，工业生产指数为136.3，比1981年7月的水平下降了11.4%。与此同时，美国的企业开工率下降到68.4%，成为1948年开始进行这项统计以来的最低纪录。英国的经济危机是从1979年7月开始的，到1981年5月工业生产指数跌到最低点时，降幅高达15%，接近于1975年的水平。英国工业联合会1982年11月初的报告称，英国76%的工厂开工不足，多数工厂的开工率徘徊在50%—70%。日本工矿业生产也从1980年2月至8月下降了6.1%。[①]整个工业化国家GDP年增长率由1978年的4.0%下降到3.3%及1980年的1.3%。其二，发达国家再次出现了严重的通货膨胀。发达国家消费品物价上涨率由1978年的7.2%上升到1979年的9.1%以及1980年的11.9%。其三，发达资本主义国家的失业率大幅上升。美国的失业率1979年为5.7%，1982年上升到9.5%；英国的失业率1979年为5.6%，1982年上升到12.5%；联邦德国的失业率1979年为3.2%，1982年上升到6.1%；法国的失业率1979年是5.9%，1982年达到8.0%；意大利的失业率1979年为7.5%，1982年达到8.9%；加拿大的失业率1979年为7.4%，1982年达到10.9%。[②]

二 凯恩斯主义经济政策的失效

（一）相机抉择：危机前的经济政策

第二次世界大战后，西方资本主义国家受凯恩斯主义的影响，纷纷放弃了传统的"自由放任"政策，对经济实行全面干预。发达资本主义国家的这一基本政策取向持续了30多年，直到20世纪80年代初。

凯恩斯主义政策的初衷就是对付经济危机的。它认为，资本主义经济周期性地发生波动是由于总供给与总需求之间的失衡，因此，通过政府逆经济周期的"需求管理"政策，可以恢复总供求的平衡，从而消除周期性的经济危机，实现经济的平稳增长。它的主要政策手段是利用"相机抉择"的财政政策和货币政策这两大政策工具对总需求进行直接或间接的调

[①] 上述数据参见李长久、郭勇《经济危机的阴云笼罩着西方世界》，《世界经济》1983年第1期。

[②] 钱荣堃：《八十年代西方国家"滞胀"的转变》，《南开经济研究》1986年第3期。

控,以保持总供给与总需求的基本平衡。具体而言,财政政策主要包括政府购买、税收和转移支付政策等几项,它通过改变政府收支来刺激或抑制社会总需求。例如,当经济由于需求不足出现增长下滑、失业率上升时,政府通过增加政府购买、减税和提高转移支付等政策,提高总需求;当经济由于需求旺盛而出现通货膨胀时,政府通过减少政府购买、增税和降低转移支付等政策抑制总需求。货币政策主要包括调节利率、调节存款准备金率和进行公开市场操作等。例如,当经济下滑时,政府通过下调利率,降低存款准备金率,以及在公开市场回购政府债券等政策手段向市场提供流动性,从而刺激总需求;当经济出现过热时,通过提高利率和存款准备金率,在公开市场出售政府债券等手段减少市场流动性,以抑制总需求。

在实践中,尽管西方各国在不同时期其经济政策的具体形式和干预力度有差别,但基本上都认同凯恩斯主义的观点,把国家干预作为施政的基调。以美国为例。1946 年 2 月,杜鲁门总统签署了《1946 年就业法案》,其中写道:"使用所有与其需求和义务相一致的实际手段……协调并利用其计划、机能和资源,采取鼓励和促进自由竞争企业以及公众福利的手段,创造和维护一种环境,为有能力、愿意寻找工作的人提供实用性的工作,促进最大限度的就业、生产和购买力,乃是联邦政府持续的政策和职责。"[①] 这一法案为战后美国的经济政策提供了基本方向。此后不管是民主党执政,还是共和党执政,政府干预始终没有停止。1952 年,主张减少政府干预的共和党在总统竞选中获胜,新总统艾森豪威尔尽管在竞选中承诺要削减政府活动,但在他执政的 8 年时间里,政府对经济的干预并没有明显减少。他不仅延续了以前的农产品价格补贴政策及社会福利政策,而且还 3 次提高了社会保障津贴,纳入社会保障系统的人比上届政府增加了 1000 万人;他支持了联邦教育补贴计划,并实施了新的公共工程。1953 年,美国经济出现衰退,艾森豪威尔尽管反对国会关于刺激经济的建议,但他允许财政赤字的出现,并通过停止朝鲜战争时期开征的附加税以及削减消费税等措施来刺激经济。同时美联储主动放松银根,把政府长期债券利率由 3.29% 下调到 2.70%,使得贷款数量大幅增加,刺激了住房等投资。1955 年和 1956 年,美国出现了通货膨胀,消费物价指数分别上涨了

[①] 转引自陈宝森《美国经济与政府政策——从罗斯福到里根》,社会科学文献出版社 2014 年版,第 73 页。

2.9%和3%，美联储从1955年初开始收紧货币政策，严格控制货币供应量，到1957年利率提到1933年以来的最高水平。1957年到1958年，美国经济再一次出现衰退，尽管艾森豪威尔为了避免财政赤字的进一步增加而拒绝实施扩张性财政政策，但美联储于1957年10月通过公开市场操作放松了银根，11月下调贴现率，这一宽松的货币政策一直持续到1958年8月。

1960年民主党人肯尼迪当选为美国总统。他本人是凯恩斯主义的忠实信徒，这为凯恩斯主义政策的全面施行提供了机会。他的经济顾问委员会主席瓦尔特·海勒提出周期预算平衡理论，主张运用财政杠杆对付经济周期。他的智囊们还提出充分就业预算的设想，主张以实行充分就业为目标决定预算收支。为了促进就业，可以有意识地出现财政赤字。1963年，在经济没有出现下滑的情况下，肯尼迪推出了以实行充分就业为目标的刺激性的减税政策，它的主要内容有三方面：一是把个人所得税税率从20%—91%降到14%—65%；二是把公司所得税税率从52%降到47%；三是把公司所得税中的最低档次（25000美元以下）税率从32%降到22%。这一政策使美国的失业率从1963年的5.7%降到1964年的5.2%和1965年的4.5%，而同时期物价上升低于2%。在肯尼迪执政期间，美联储的货币政策总体趋向宽松。约翰逊总统延续了肯尼迪的积极经济政策，他推出向贫困开战的政策，并使国会通过了医疗照顾和教育援助计划，使得政府对经济的干预程度大大加强。刺激性的经济政策加上越南战争的巨大开支使美国在1966年到1968年出现了较为严重的通货膨胀，1968年6月美国国会通过了增税立法，实行紧缩性财政政策。在约翰逊执政期间，货币政策虽然出现过短暂的收紧，但总体上是宽松的。在实施积极财政政策和宽松货币政策的同时，为了抑制通货膨胀，约翰逊实行了直接限制工资和物价上涨的收入政策。

与美国相比，西欧和日本面临着重建经济的急迫任务，加之受社会民主主义传统的影响，它们对经济的干预力度比美国更大。除了实施反周期的财政政策和货币政策，它们还通过国有化，以及利用产业政策扶持本国支柱产业的快速成长，同时还通过制订长期经济计划来促进经济的长远发展。

总体而言，在20世纪70年代之前，发达资本主义国家的经济政策具有明显的凯恩斯主义色彩。它通过政府主动干预经济，虽然在短期内降低了经济危机的冲击,维持了经济的相对平稳发展,但它带来巨额的财政赤字,使得政府的政策空间越来越小,从而为绵延整个 20 世纪 70 年代的滞胀危机埋下了伏笔。

(二) 左右为难:英美等国的反危机政策的失败

在 20 世纪 70 年代的滞胀危机中,美国和英国问题最为严重,这两个国家为了应对危机,采取了各种措施,但最终都以失败告终。

1. 美国的反危机政策

美国经济在 1970 年又一次陷入危机,这次危机表现出一个新特点:在失业率由 1969 年的 3.5% 上升到 4.9% 的同时,消费品价格上涨率高达 5.9%。当时的美联储主席阿瑟·伯恩斯就指出:"我们正在对付一个新问题——在庞大的失业面前的顽固的通货膨胀。在这种场合,经典式的药方可能难以足够好和足够快地起作用。"① 面对两难的局面,之前忙于对付通货膨胀的尼克松总统放弃了他的反通胀政策,转而赞成在 1971 年初实行财政刺激,美联储同时放松了货币政策。为了避免由此而加剧的通货膨胀,尼克松于 1971 年 8 月 15 日宣布实行冻结工资、物价和房租 90 天的收入政策,期满后又改为对工资和物价实行管制,规定工资年增长率不得超过 5.5%,目标是把通货膨胀率控制在 2%—3%。这一多管齐下的政策在短期内对抑制物价和提高就业发挥了作用。美国消费品价格上涨率在 1971 年和 1972 年下降到 4.3% 和 3.3%,同时失业率分别下降到 5.6% 和 4.9%。然而,冻结工资和物价的管制政策带来了严重的问题。随着世界市场物价上涨超过国内管制价格,大量产品出口到国外,造成美国国内市场供应匮乏。由于肉类价格被冻结而饲料价格却可以不受控制地上涨,导致畜牧业无利可图,农场主大量屠宰牲畜,最后导致肉类短缺。这些问题迫使尼克松政府把越来越多的商品从管制名单中取消,并最终完全取消管制。随着管制的放松,被压制的物价开始猛烈上涨,1973 年消费品价格上涨了 6.2%,是第二次世界大战结束以来最严重的一年,而失业率与上一年相比没有任何下降。这标志着尼克松反危机政策的失败。尼克松在其执政的最后时期不得不收紧财政政策和货币政策。

---

① 转引自陈宝森《美国经济与政府政策——从罗斯福到里根》,社会科学文献出版社 2014 年版,第 141—142 页。

到 1974 年，美国经济还没有从上次危机中恢复，就再次陷入危机之中。尼克松反危机政策失败带来的副作用，再加上第一次石油危机的冲击，使得这次危机成为第二次世界大战以来最为严重的一次。美国的主要经济指标全面恶化，经济增长率从 1973 年的 5.5% 变为 -0.8%，失业率从 1973 年的 4.9% 上升到 5.5%，消费品价格涨幅更是从上年的 6.2% 猛增到 11.0%。面对严峻的经济形势，刚刚接任的福特总统匆忙实施了一个公用事业就业计划，并签署了一项减税法案，来刺激需求和就业，但收效甚微。1975 年美国的实际经济增长率仍然是负数，失业率继续上升到 7.1%，只是通货膨胀率有轻微下降，而刺激政策造成的财政赤字累计高达 452 亿美元，1976 财政年度进一步上升到 664 亿美元。卡特总统上台后，把解决失业问题放到优先地位，他签署了汉弗莱—霍金斯法案（充分就业及平衡增长法），使政府在就业问题上承担了更多责任。但面对严峻的通货膨胀和庞大的财政赤字，卡特在扩张性财政政策的使用上不得不小心谨慎。例如，他反对把 3% 的失业率作为政府的政策目标，并主张对政府的作用要有所限制，承认"政府不能解决我们所有的问题……政府不能消灭贫穷或者提供富足的经济；或者减少通货膨胀或者拯救我的城市；或者医治文盲或者提供能源；并且政府不能靠命令行善"[①]。为了解决巨额财政赤字问题，卡特主张降低财政支出占国民生产总值的比率，他承诺在任期内把这一比率从 1976 年的 22.3% 降到 21%，并于 1981 年消灭财政赤字。这一目标基本实现了。到 1979 年，联邦财政支出总额占国民生产总值的比重下降到 20.9%，财政赤字也下降到 277 亿美元。在货币政策方面，美联储响应卡特就业优先的目标，加大了货币供应量。1977 年到 1979 年的 3 年间，货币供应量是战后最多的 3 年。宽松的货币政策加上其他鼓励就业的政策，在一定程度上提高了就业率。1977 年美国的失业率为 6.9%，比 1976 年下降了 0.6 个百分点，1978 年下降到 5.9%，1979 年进一步下降到 5.7%。但与此同时，充裕的货币供应加剧了通货膨胀，1977 年，美国消费品价格上涨了 6.5%，比 1976 年高了 0.7 个百分点，1978 年上涨到 7.6%。严重的通货膨胀迫使美联储于 1979 年 10 月收紧了货币政策，通过在公开市场出售总额达 1500 亿美元的政府债券，美联储试图控

---

① 转引自陈宝森《美国经济与政府政策——从罗斯福到里根》，社会科学文献出版社 2014 年版，第 145 页。

制货币供应量。卡特政府也授权美联储进行信贷管制，并推出了一个预计能够使财政预算实行平衡的计划，以收紧财政政策。但是这一切为时已晚。通货膨胀的压力仍在持续，再加上第二次石油危机的影响，1979年美国消费品价格进一步上涨了11.3%。不仅如此，紧缩的财政政策和货币政策使美国经济于1980年初再次出现滑坡，到1980年7月，失业率上升到了7.8%，美联储无奈再次放松银根，信贷管制也于8月份被取消。最终结果是1980年的各项经济指标都惨不忍睹，实际经济增长率为-0.2%，年平均失业率高达7.1%，消费物价指数更是上涨了12.4%。直到1983年里根执政时期，美国经济才从滞胀危机的泥潭中逐渐走出来。

2. 英国的反危机政策

第二次世界大战后，英国的经济政策一方面深受凯恩斯主义的影响，另一方面又受到英国传统的费边社会主义思想的影响。在战后20多年里，英国无论是工党执政，还是保守党执政，都把需求管理作为基本的政策手段，把充分就业作为政策目标，都赞成一定程度的国有化。只是在一些具体政策上，两党会有分歧。从20世纪60年代中期开始，为了应对严重的通货膨胀，英国两党政府开始频繁地使用工资—物价管制政策（收入政策）。

20世纪60年代末70年代初，英国经济出现了明显的滞胀迹象。消费品价格上涨率从1968年的4.7%和1969年的5.4%进一步增加到1970年的6.4%，与此同时经济增长率却连续3年下滑。面对这种情况，刚刚上台的保守党希思政府宣布要通过税收刺激和减少政府干预来发展经济并抑制通货膨胀。其主要措施有：第一，减税。所得税从1971年4月开始削减，公司税从1971年1月1日开始减少2.5%。第二，削减政府开支。取消学校的免费牛奶，增加学校的伙食费，处方费和牙医费也要增加；废除《工业扩张法案》，取消工业重组公司；以税金奖励取代投资补贴；逐步取消地区就业津贴。第三，取消原先议定的港口国有化。[①] 在货币政策方面，英格兰银行于1971年下半年取消了银行信贷上限，同时降低了银行存款准备金率，这一政策扩大了市场货币供给。但希思的政策并没有使英国经济好转。1971年英国的经济增长率只有1.8%，比上一年还低，而消费品

---

① 参见赵建民《英国希思政府经济政策U型转弯研究》，硕士学位论文，山东师范大学，2008年，第29页。

价格却上涨了9.5%，比上一年高出3个百分点，失业率也比上一年有所上升。面对这种尴尬局面，希思政府被迫改变了原来的政策基调，重新加强国家干预。首先，希思政府加强了政府对企业的援助和干预。1972年3月，希思政府决定成立一个工业发展执行委员会，以促进工业发展和经济增长。同年5月颁布了新的《工业法》，要求政府对英国的工业提供财政和金融帮助，为工人提供更多的工作。其次，搁置了1971年通过的《劳资关系法》，该法本来是要遏制工资的不合理增长，以及为此目的进行的非正式罢工，以减少通货膨胀压力。最后，重启物价和收入政策。1972年11月，希思政府宣布实行工资和物价管制政策，对物价、工资、房租和股息冻结90天，同时通过了一项反通货膨胀法案（临时条款），对违反上述规定者实施罚款制裁。为了对付通货膨胀，英格兰银行也于1973年5月开始提高最低贷款利率和特别存款利率。然而希思政府的这一政策转向也没有能够拯救英国经济。1972年英国的失业率进一步上升，通货膨胀率虽然有所下降，但仍高达7.1%，经济增长率仍然在低位徘徊。1973年，英国经济仍然难言乐观，经济增长虽然得到恢复，但通货膨胀率却上升到9.2%。希思政府反通胀政策的失败直接导致了保守党在1974年大选中的失败。

1974年3月，工党重新上台。由于受第一次石油危机的影响，此时的英国通货膨胀问题更加严重，同时失业率也达到了战后最高水平。威尔逊政府首先与工会达成协议，满足了它们提高工资的要求。然后废除了产业关系法，实行租金冻结，并引入食品补贴，加强对物价的控制。同时，通过向企业注入流动资金来控制失业问题。但这些措施并未能消除通货膨胀。到1975年夏天，英国零售物价指数同比上涨了30%，失业率也急剧上升，在外汇市场上，英镑大幅度贬值。在经济形势十分严峻的情况下，威尔逊于1976年4月辞职，詹姆斯·卡拉汉接任首相。卡拉汉上台后，立即着手削减公共开支减少赤字，以减轻通货膨胀压力，同时稳定英镑汇率。1977年，英国政府一方面削减税收，另一方面严格控制公共开支，全年预算赤字不到上一年的一半。紧缩政策的结果是通货膨胀比上一年有所缓解，但失业和经济增长问题似乎更严重了。在这种情况下，1978年卡拉汉政府转而采取有限的扩张性政策，在增加公共开支的同时，进一步实行减税政策。货币政策方面，英格兰银行于1978年1月下调了利率，但由于货币供应量增长过快，它被迫于6月份把利率上调一个百分点。到年底，由于政府债券销售下降，英格兰银行连续两次上调利率。卡拉汉政府总体上偏紧的经济政策取得了一定效果。1978年,通货膨胀率下降到8.3%,经济增长也有所恢复,但失业率仍居高不下。总体上看,英国仍然没有从滞胀危机中摆脱出来。而随着第二次石油危机的爆发,英国的经济形势于1979年初迅速恶化,最终导致工党政府大选失利和保守党撒切尔夫人的上台。

总体上看,英美两国的反危机政策差异并不大。两国都把凯恩斯主义作为反危机政策的理论基础,具体操作上都以扩张性政策为主,都把刺激需求作为反危机的突破口。正因为两国政策如此相似,在面对失业和通货膨胀并存的两难局面时,两国的反危机政策都以失败告终也就不奇怪了。另外,两国的政策在某些方面又存在一定差异,比较明显的是,与美国相比,英国更频繁地使用收入政策来控制通货膨胀。这与英国的具体国情有关。在一些人看来,英国的工会势力较为强大,它在工资决定上有很大发言权。正是工会不合理的工资增长,导致了工资、物价螺旋式上涨,从而引发了严重的通货膨胀。因此要控制通货膨胀,必须对工资上涨进行强制性的干预。其实这一理由并不成立,美国没有强大的工会,照样发生了严重的通货膨胀,而且英国的收入管制政策并没有能够解决通货膨胀问题。

三 西方正统经济学的滞胀危机理论

西方正统经济学的基本立场是肯定和维护资本主义制度的。滞胀危机发生以来,西方正统经济学的各种理论流派,纷纷根据自己的理论框架,对滞胀这一全新现象给出解释,并试图开出"药方"。其中,影响较大的有新古典综合派、货币主义、供给学派和新剑桥学派。

(一) 外部冲击:新古典综合派的滞胀危机理论

滞胀危机发生后,占据主流地位的新古典综合派经济学理论受到严峻挑战,其他流派的经济学家纷纷指责其以凯恩斯主义为核心的宏观经济理论是错误的,其以需求管理为主要内容的宏观经济政策是导致滞胀危机的罪魁祸首。作为回应,新古典综合派的经济学家力图在自己的理论框架内对滞胀现象给出一般性解释。[1] 总体而言,他们把滞胀归结为某种外生变

---

[1] 参见 Alan Blinder, *Economic Policy and the Great Stagflation*, Academic Press, 1981, Chapter 2.

量的扰动，即经济体原有的均衡状态被某种临时性的冲击打破后，经济在重新恢复均衡过程中所经历的一个特殊阶段。这种临时性的冲击既有可能来自供给方面，也有可能来自需求方面。下面分别从这两个方面来解释。

首先考虑来自需求方面的冲击。假定经济原来处于均衡状态，不存在通货膨胀。这时总需求受到某种临时性的冲击，这种临时性（一次性）的冲击可能是由于货币供给增加，也可能是由于减税，等等。总而言之，它使得总需求增加。在这种情况下，价格水平和产出水平的变化要经历三个阶段。在第一阶段，价格暂时不发生改变，而产出会随着总需求的增加而提高，即总需求的增加完全体现为实际产出的增加；但是随着时间的推移，需求的增加逐步导致了存货的枯竭和生产成本的上升，这时就进入了第二阶段。在这一阶段，一方面实际产出继续增加，另一方面价格水平开始上升；随着时间的继续推移，越来越多的要素价格趋于上升，通货膨胀压力越来越大，同时，商品和劳务价格的上升对需求形成了抑制，经济进入第三阶段。在这一阶段，随着需求的下降，产出开始回落，同时价格继续上升，直到产出回到原初水平，价格上涨才会停止，这时经济重新恢复均衡。这第三个阶段所表现出来的，就是滞胀现象。在新古典综合派看来，滞胀是一种暂时性的现象，是经济受到外生冲击偏离均衡状态后，供求机制自动调整过程中表现出来的一种短期现象，发生这种情况的主要原因是工资和价格对外生冲击的反应比较迟缓，表现出一定的黏性，使得实际产出暂时偏离了均衡水平，不得不进行回调。

接下来考虑来自供给方面的冲击。假定经济在均衡状态时突然受到某种外生的供给冲击，这种冲击可能是自然灾害，如洪水、旱灾或地震等，也可能是因为工人要求更高的工资，或者是垄断某种自然资源的集团提高资源价格，如欧佩克提高石油价格，等等。我们先以水灾为例，因为它对长期供给曲线不会产生持久性的影响。假定一个经济体由于发生严重水灾而导致农产品短缺，由于产品价格短期内主要是由成本决定的，而农产品的产业关联性很强，成本的增加很快就表现为价格水平的上升。但价格和产出的变动分为两个阶段，在第一阶段，价格水平迅速上升，但产出基本没有变化，这一阶段持续时间很短；接下来的第二阶段，由于价格提高，需求会随之下降，这样一方面产出会相应地下降，另一方面价格仍在上升，直到经济在更高价格水平和更低产出水平上重新恢复均衡。这一过程实际上就是总供给曲线向左上方移动，与总需求曲线重新相交的过程。这第二阶段反映出来的现象就是滞胀。像水灾这样的偶发性冲击是一次性的。随着下一年农产品产量恢复正常，产出和价格会回归初始水平。现在我们以欧佩克提高石油价格为例，油价提高导致价格水平总体上升，随着总需求的下降，产出下降，价格上升，和前面描述的一样，出现滞胀现象。但与水灾不同的是，油价提高是持久性的，因而价格和产出水平将在新的均衡点上持续下去。

新古典综合派认为，供给冲击可以有效地解释20世纪70年代石油危机和粮食歉收引发的滞胀现象。但是这次滞胀危机之所以如此严重，还因为石油和农产品价格上涨改变了收入分配结构，导致消费需求下降。首先，农产品价格上升使得农场主收入相对于城市工人增加，由于农场主储蓄倾向相对较高，这样的收入分配无疑会减少消费需求；其次，油价上涨的主要受益者是两个阶层：一个是欧佩克国家的政府，显然，更多美元从美国人手中转移到外国人手中，导致对美国商品的需求下降，尽管出口会有轻微的增加；另一个是美国石油公司，在短期内，油价上涨带来的收益除了一部分用于投资和发放红利外，还有相当一部分以公司存款的形式保留下来，从而使消费需求减少。正是供给冲击和由此导致的需求下降的双重打击，使得20世纪70年代的衰退异常严重。

关于菲利普斯曲线，新古典综合派认为，应当把它与它所反映的通货膨胀与失业之间的交替关系区分开来。菲利普斯曲线所描绘的是一个经验规律，可以观察到失业与通货膨胀之间的关系。更重要的是，它宣称，当其他条件不变的情况下，通货膨胀与失业之间存在着一种负相关的关系。它只是一种对经验数据的事实描述，这种描述可以被经验证实或否定。实际上，从1860年一直到1970年的经验数据都很好地支持了菲利普斯曲线，只是自那以后情况发生了改变。但是，即使菲利普斯曲线被否定，也并不意味着彻底否定通货膨胀与失业之间的交替关系。首先，当宏观经济波动主要是需求方面的变化所导致时，菲利普斯曲线所反映的这种关系是存在的；其次，政府对宏观经济的管理几乎完全倚仗需求管理，如果彻底否定了通货膨胀和失业的交替关系，政府面对宏观经济问题将束手无策。因此，即使发生了像20世纪70年代那样的供给大幅波动，政府依然面临着基本的抉择：要么用扩张性的稳定政策暂时减少失业率，这当然需要忍受更严重的通货膨胀；要么通过紧缩抑制通货膨胀，同时要接受经济进一步下滑以及失业加剧的事实。在新古典综合派看来，货币主义的自然失业率理论并不能抹杀宏观调控政策的作用,毕竟经济只是从长期看才会自动趋近自然失业率的就业水平,只要通货膨胀率和失业率在短期内存在交替关系,需求管理政策就有它的作用空间。

20世纪90年代以来,一些新凯恩斯主义经济学家对供给冲击现象重新进行了理论解读。① 按照这种理论,70年代滞胀的发生主要是由于两次石油危机的冲击。石油作为一种基本的能源,其产业关联性极强。它的价格大幅度地提高,导致生产成本普遍提高,从而提高了厂商愿意供给产品的价格,这使得总供给曲线向左上方移动,在总需求曲线不变的情况下,二者相交于原来交点的左上方。这意味着总产出减少的同时,价格水平比以前提高了。但这只是短期现象。如果政府不进行干预,听任市场机制自发作用,那么随着产出减少和失业率的提高,工人为了就业会接受较低的工资,工资水平下降将提高就业水平,同时降低了生产成本乃至商品的供给价格,供给价格降低使得总供给曲线逐渐向右下方移动,并最终会恢复到原来的产出和就业水平,只不过工人的工资水平比以前降低了,同时自发调节过程会持续较长的时间。实际情况是,石油危机发生后,政府刺激需求的货币政策和财政政策使总需求曲线向右上方移动,如果要恢复原来的产出和就业水平,势必会加剧通货膨胀。为了得到一个公众能够接受的结果,政府实际上采取了一种折中的办法,即采取适度的刺激措施,使总需求曲线停留在低于冲击前的水平,这样就产生了一个中间结果,即一定程度的通货膨胀和一定程度的失业并存的现象。上述解释是凯恩斯主义经济学家在吸收真实经济周期理论的某些观点的基础上对滞胀现象给出的一个较为完整的理论解释。事实上,在滞胀危机发生之初,许多凯恩斯主义者就把滞胀归罪于石油危机,但是他们并没有拿出一个令人信服的分析框架。总之,凯恩斯主义认为,滞胀现象可以在凯恩斯主义理论的框架内得到合理解释,它既没有否定凯恩斯主义理论,也没有否定需求管理政策的作用。

(二) 自作自受:货币主义学派对滞胀危机的解读

货币主义的代表人物,著名经济学家米尔顿·弗里德曼认为,滞胀危

---

① 参见[美]多恩布什、费希尔《宏观经济学(第六版)》,李庆云、刘文忻译,中国人民大学出版社1997年版,第193—197、411—420页。

机的发生是因为战后西方国家采取了错误的经济政策，把充分就业和福利国家作为自己的政策目标，而这一切的根源，在于凯恩斯主义经济理论对失业与通货膨胀之间关系的错误理解。① 在弗里德曼看来，菲利普斯曲线把失业和通货膨胀解释为相互替代的关系，即菲利普斯曲线斜率为负。这是非常不准确的。为了说明这一问题，弗里德曼引入了"自然失业率"的概念，即经济达到一般均衡时的失业率，这时的失业主要是摩擦性失业和自愿失业。在弗里德曼看来，任何一个社会都不可能实现完全就业，只要失业率不高于自然失业率，就不是问题。如果政府试图通过扩张性的财政政策或货币政策来把失业率降到自然失业率之下，短期内可能奏效，但从长期看，它不仅不能降低失业率，还会引发通货膨胀。假定政府为把失业率降低到低于自然失业率的某一水平，实施了扩张性的财政政策和货币政策，随着名义总需求的增加，价格水平会相应上升。刚开始工人对此没有作出准确预期，工资没有随之上升，或者没有按照相应的比例增长，这相当于工人的实际工资下降了，这时企业主会增加工人数量，提高产量，就业水平提高了。所以短期看通货膨胀率与失业率之间确实存在替代关系。但是随着时间的推移，工人一定会发现工资增长幅度低于物价上涨幅度这一事实，并要求工资按比例增加，这样实际工资最终会回到原来的水平，工资上升意味着生产成本提高，企业随之减少产量和雇用工人数量，这样就业水平又回归到原处，政府的刺激政策只是使物价提高了。所以从长期看，菲利普斯曲线并不是斜率为负的曲线，而是垂直于横坐标轴的。进一步地，随着政府刺激措施的频繁使用以及刺激力度的加大，通货膨胀率变得越来越高，而且越来越不稳定，在这种情况下，工资合同调整的缓慢性使得整个社会的经济效率降低，更多的人为寻找工作而奔波，失业率因此会提高。此外，通货膨胀会扭曲价格机制，降低市场配置资源的效率，失业率也会因此而提高。所以高通货膨胀率会导致失业率的提高。这时菲利普斯曲线的斜率就为正了。在弗里德曼看来，滞胀现象实际上就是凯恩斯主义的刺激政策作用下高通货膨胀率与高失业率相互促进的结果。

弗里德曼认为，新古典综合派把滞胀归因于石油涨价等外部因素的冲击是不符合事实的，因为早在1973年石油价格暴涨之前，大多数发达国

---

① 参见［美］米尔顿·弗里德曼《弗里德曼文萃》，高榕等译，北京经济学院出版社1991年版，第445—473页。

家就已经出现了通货膨胀增长与失业增长相结合的倾向。①

(三) 药不对症：供给学派的滞胀理论

美国供给学派是在20世纪70年代滞胀危机中异军突起的一种经济理论，是在批判凯恩斯主义经济理论及其政策主张的基础上形成的。与凯恩斯主义相反，供给学派认为美国经济的问题不是出在需求方面，而是出在供给方面。凯恩斯主义的需求管理政策开错了药方，它不但不能根治美国的经济问题，反而使问题恶化。滞胀正是凯恩斯主义干预政策带来的恶果。

供给学派并没有一个解释滞胀危机的一般性的理论框架，它只是在批判凯恩斯主义的过程中，提出了自己的一些观点。供给学派认为，凯恩斯主义的理论本身存在着缺陷，导致它提出了错误的政策主张，从而不可避免地引发滞胀危机。

第一，凯恩斯主义认为实际产出或收入（均衡收入）取决于有效需求，即需求决定产出或供给，只要有效需求提高，产出和就业就会相应地增加。进一步地，它把经济危机归因于有效需求不足，通过提高有效需求，就能够解决经济停滞和失业问题。这使得它的政策主张完全着眼于需求管理，无论是财政政策，还是货币政策，其调控对象都是总需求。而供给作为决定经济均衡状态的另一个方面，被它完全忽视了。供给学派认为，凯恩斯主义过分夸大了需求的重要性，忽视了供给方面的作用。事实上，在供给与需求的关系问题上，凯恩斯主义的观点是错误的，不是需求决定供给，而是供给决定需求。正如萨伊定律所揭示的，供给会自己创造需求。因此从长期看，导致经济停滞的根本原因是供给不足，供给不足的根源是生产率增长下降。导致生产率增长下降的原因主要是资本形成不足、工作积极性下降、创新不足，等等。因此，解决经济停滞和失业问题的根本出路在于鼓励储蓄和减税等，然而凯恩斯主义的政策与此背道而驰，结果使问题雪上加霜。20世纪80年代初，信奉供给学派理论的美国参众两院联合经济委员会主席劳埃德·本特纳指出："长期以来，我们都集中注视短期政策以刺激花费或需求，同时却忽略供给——劳动、储蓄、投资和生产。""结果，需求受到过度刺激，而供给却被窒息在不必要的管

---

① [美] 米尔顿·弗里德曼：《弗里德曼文萃》，高榕等译，北京经济学院出版社1991年版，第459页。

制、税收、通货膨胀和我们国外竞争者并不关心的经营法规的各种阻碍生产措施的绞索之中。"① 事实上，从1968年以来，美国劳动生产率的增长不断下降。每一工时的产量增长率已经从1948—1968年的年平均3.1%下降到1968—1973年的年平均2.1%。从1973年到1980年，美国私人企业劳动生产率的增长率平均为0.6%，而1979年和1980年这两年的劳动生产率甚至有所下降。② 但是受凯恩斯主义的影响，美国政府不是想办法提高劳动生产率，增加供给，却试图通过需求管理来解决经济停滞问题。结果，扩张性的财政政策和货币政策没有能够提高就业，却导致了通货膨胀，使得宏观调控处于两难境地：抑制需求会加剧失业和停滞，扩张需求会加剧通货膨胀。正如我们所看到的，20世纪70年代美国政府的经济政策不停地左右摇摆，却始终没有消除滞胀危机。

第二，在税收、资本积累和经济增长的关系问题上，凯恩斯主义的解释也是错误的。在凯恩斯主义的理论框架中，讨论税收、资本积累和经济增长关系的，主要是索罗模型（新古典增长模型）。在这一模型中，储蓄率被假定为收入的一个固定比例，资本收益被看作净租金，因而对其征税不会改变资源配置结构。不仅如此，凯恩斯主义还认为，由于边际消费倾向递减，通过累进所得税制，把从高收入者那里取得的税收，通过转移支付转移到低收入者手中，可以提高社会整体的消费需求，同时累进所得税制还能够为扩张性的财政政策提供支持。上述观点受到供给学派经济学家的批判。供给学派认为，无论是对资本收入还是其他收入征税，都会对资本积累和经济增长产生重要影响。供给学派的经济学家坎托、乔伊尼斯和拉弗用一个简单静态模型得出的结论代表了供给学派在此问题上的基本观点："政府的税收政策对市场生产部门用一定的资源存量所取得的产出量有影响，特别是，税率的提高，会减少市场的就业量及其产出额。然而，税率的这种提高，对于资源存量的规模也有着长期影响。无论是人力资本还是非人力资本，二者都是可以再生产出来的资源，只有支出某些成本才可以增大这些资源。在任何时点上，这类资本的存量，都依过去的投资决定为转移，而将来的存量却依现今的投资决定为转移。生产要素纳税后收

---

① 《现代国外经济学论文选》第五辑，商务印书馆1984年版，第45页。
② 参见［美］保罗·罗伯茨《供应学派革命：华盛顿决策内幕》，杨鲁军、虞虹、李捷理译，上海译文出版社1987年版，第72页。

益若有变化,将不仅影响对当前现有生产要素的利用程度,而且影响对新资源的投资决定,从而影响未来生产要素存量的规模。"① 供给学派进一步认为,凯恩斯主义为了实施扩张性财政政策和货币政策,需要用高税率来增加政府收入,过高的税率和累进税制不仅抑制了投资和资本形成,而且也减少了可支配收入和有效需求。这一方面导致经济停滞和失业,另一方面也导致需求不足。扩张性政策试图弥补这一需求缺口,但是它无法解决投资激励不足的问题。供给学派的一个核心观点就是:"增加的政府开支能够满足被高税收吸走的消费开支,但却不能增加同样被高税率吸走的刺激。"② 实际上,扩张政策并不能刺激经济增长和就业率上升,政府却错误地认为是刺激力度不足,而力度不断加大的扩张性政策最终导致了高失业率和高通货膨胀率同时出现的滞胀危机。

(四) 成本转嫁:新剑桥学派的滞胀危机理论

英国新剑桥学派的代表人物之一尼科拉斯·卡尔多在《世界经济中的通货膨胀与衰退》③一文中,从不同生产部门市场力量的差异出发,对欧美国家20世纪70年代的滞胀危机给出了解释。他按照产品性质把经济活动划分为三个部门:初级部门为工业活动提供不可缺少的基本供应品,如食物、燃料和基本原料等;第二级部门将原料加工为成品以供投资和消费使用;第三级部门提供辅助其他部门的各种服务以及各种消费性服务。卡尔多认为,第三级部门不会发生重大问题。引发通货膨胀或滞胀问题的根源,在于初级部门和工业部门。"持续和稳定的经济发展要求这两个部门的产量的增加符合必要的相互关系——这就是说,可出售的农矿产品产量的增加,应该和需求的增加相一致,这种需求的增加又是反映第二级(以及第三级)部门的增长的。"④ 要做到这一点,需要价格机制能够充分发挥作用,通过初级产品和制造品之间的相对价格的变化,自动调节两个部门的供求。但是在现实中,由于这两个部门市场性质的不同,使得市场机制无法正常发挥作用。一方面,初级部门接近于完全竞争市场,对个别生产

---

① 《现代国外经济学论文选》第五辑,商务印书馆1984年版,第27页。
② [美] 保罗·罗伯茨:《供应学派革命:华盛顿决策内幕》,杨鲁军、虞虹、李捷理译,上海译文出版社1987年版,第18页。
③ 参见《现代国外经济学论文选》第一辑,商务印书馆1979年版,第320—335页。
④ 《现代国外经济学论文选》第一辑,商务印书馆1979年版,第322页。

者和消费者而言，它们无法左右市场价格，只是价格的接受者，市场价格完全取决于市场供求关系的变化，并以此来调节未来的生产和消费。另一方面，在工业部门，现实的情况是，大部分生产集中在大公司手中，这些大公司凭借自己的市场地位对价格实行控制，也就是说，价格是被"管理"的。生产对需求变动的调节是通过库存调节机制进行的，和价格变动无关。这种"管理价格"是由成本决定的，而不是由市场决定，即在直接的劳动和原料成本之上，加上作为企业管理费和利润而附加的种种百分比。因此，工业部门产品的价格对需求变动不敏感。由于初级部门和工业部门的市场性质不同，使得工业部门的大企业通过操纵市场价格，把市场变化的成本几乎完全转移到初级部门。不仅农矿产品的价格下跌不利于初级生产者，即使农矿产品的价格上涨也不见得有利于初级生产者。由于农矿产品的价格是由需求决定的，而工业产品的价格是由成本决定的，当前者价格上涨时，增加的价格通过各个生产阶段，以提高成本的形式进入产品价格，表现为工业品价格的上涨。不仅如此，农矿产品的涨价效应还会被放大，因为工业部门会在最初成本之上接二连三地加上各种百分比，使得利润在加工所增加的价值中占比上升。价格的上升在工会力量强大的国家进一步产生提高工资的压力。总之，具有优势市场力量的工业部门，会通过价格操纵和转嫁成本的办法来对付初级部门的价格上涨，以保持自己的利润水平。结果，初级产品价格的上涨会造成显著的通货膨胀效应。在卡尔多看来，通货膨胀本身有缩小工业品有效需求的作用，这一方面是因为初级产品价格上涨带来的利润不会全部转化为需求，最典型的例子就是石油输出国积累了大量的金融资产；另一方面是由于大多数发达国家政府为对付通货膨胀而采取的紧缩政策会减少消费需求并抑制工业投资。"这样，农矿产品价格上涨很可能在工业部门引起工资——物价螺旋上升的通货膨胀，它反过来又使工业活动受到限制。"① 这种通货膨胀条件下的经济收缩就是滞胀现象。显然，新剑桥学派与美国的主流凯恩斯主义一样，把滞胀现象的起因归结于外部冲击，只不过在外部冲击的传导机制上，二者观点不同。卡尔多认为，工业部门的垄断引起的市场价格机制失灵，是导致滞胀的根本原因。卡尔多还认为，美国 1972—1973 年的滞胀现象很好地印证了他的理论。这次滞胀发生过程如下：首先是石油等农矿产品价格

---

① 《现代国外经济学论文选》第一辑，商务印书馆 1979 年版，第 325 页。

上涨,接着工业部门和工会这两大垄断力量导致工业品价格和工资的大幅上升,从而导致了全面的通货膨胀,政府采取了紧缩性的货币政策对付通货膨胀,结果造成了严重的经济衰退。

四 西方左翼经济学的滞胀理论

西方左翼学者总体上对资本主义制度持批判和否定立场。滞胀危机爆发以来,一些西方左翼学者依托马克思主义经济危机理论,对滞胀现象进行了解读。根据他们对滞胀形成机制的不同理解,这些观点归纳起来主要有四种:利润率下降论、过度投资论、长波危机论、多因素论。

(一) 没钱可赚了:利润率下降论

把滞胀危机归因于利润率下降的学者认为,从 20 世纪 60 年代末开始,发达资本主义国家都出现利润率下降的趋势,利润率下降降低了资本家的预期,从而抑制了投资和资本积累,使经济逐步陷入停滞,失业率上升。为提高就业率,这些国家采取了凯恩斯主义的扩张性政策。由于凯恩斯主义对危机的解读是错误的,以此为政策依据,不仅不能解决失业问题,反而导致市场流动性泛滥,引发通货膨胀。

至于是什么原因导致利润率下降,左翼学者中形成三种观点:第一种观点认为是由于利润挤压;第二种观点认为是由于资本的过度积累;第三种观点认为是国际间竞争导致的生产过剩。

利润挤压理论认为,滞胀危机是由有利于工人阶级的收入分配引起的利润率下降而导致的。它的基本原理可以从马克思的利润率公式中推导出来。①

$$\pi = \frac{S}{C+V} = \frac{S/V}{C/V+1} = \frac{(1-\lambda_2 D)/\lambda_2 D}{\lambda_1 K/\lambda_2 DL + 1}$$

其中,π 代表利润率;S 代表剩余价值(利润)总额;V 代表可变资本(工资)总额;C 代表不变资本总额;D 代表工人的实际工资,即一个工人的工资能够购买到的消费品数量;K 代表投入生产的资本数量;L 代表

---

① 参见 Michael Webber & David Rigby, *The Golden Age Illusion: Rethinking Postwar Capitalism*, The Guiford Press, 1996, p. 156.

投入生产的工人数量；λ_1 代表全部资本品的单位价值；λ_2 代表全部消费品的单位价值。在没有技术进步的条件下，能够改变生产过程中新增价值在资本和劳动之间分配比例的唯一因素就是工人的实际工资水平（D），从上面公式可以清楚地看出，如果工资水平提高，利润率就会下降。这样问题的焦点就集中到资本和劳动围绕新增价值在利润和工资之间的分配而展开的斗争上。利润挤压理论被用来解释经济周期中利润率的波动现象。英国学者格林和萨克利夫（Glyn and Sutcliffe）指出，英国从20世纪60年代中期以来利润率趋于下降，经济逐渐陷入停滞，主要是由于工会势力的崛起，使得工人在劳资斗争过程中占据上风，工资以比经济增长率更快的速度增加，同时由于国际竞争日趋激烈，资本家不能以涨价的方式把由此增加的成本完全转嫁出去，导致边际利润和利润率的下降。[①] 美国学者博迪和克罗蒂（Boddy and Crotty）用美国的经验支持了上述观点。他们研究了美国1952年到1972年非金融企业税后利润与雇员工资总额比率的变化情况，发现在每个经济扩张时期的后半段，这一比率都出现了显著的下降，这表明利润挤压现象确实存在。他们进一步研究发现，这种挤压不是来自税收和利息支付，而是来自工人工资，因为在经济扩张的后半段，人均小时工资水平增长率明显高于其他阶段。在经济扩张的前期，单位产品的劳动成本相对于出厂价格是下降的，而在经济扩张的后期，单位产品的劳动成本相对于出厂价格和批发价格出现了显著的上升。而工资之所以对利润形成挤压，是因为在经济扩张的后半段，劳动后备军耗尽，劳动力越来越稀缺，这提高了工人阶级的谈判筹码。[②] 另一位美国左翼经济学家托马斯·韦斯科普夫（Thomas Weisskopf）研究了美国从1949年到1975年的5个经济周期中利润率变化的情况，结论是：战后美国利润率的长期下降，几乎完全归因于实际工资份额的上升，这表明劳动者力量的增强。但这种上升本质上是防御性的，因为工人阶级并没有使实际工资的增长步伐跟上劳动生产率的增长，而只是比资本家更成功地避免了长期贸易条件恶化的伤害。周期性的利润率下降，也主要是由于劳动者力量的增长。与利润率

---

① 参见 [英] M. C. 霍华德、J. E. 金《马克思主义经济学史（1929—1990）》，顾海良、张新等译，中央编译出版社2003年版，第319—320页。
② Raford Boddy & James Crotty, *Class Conflict and Macro - Policy*: *The Political Business Cycle*, See Samuel Bowles and Richard Edwards（eds.），*Radical Political Economy*，Volume II，Edward Elgar, 1990, pp. 1 – 23.

长期下降原因不同的是，在周期性的利润率下降中，实际工资的增长既有防御性的，也有进攻性的，即在周期性扩张的最后阶段，实际工资增长往往超过了实际生产率的增长，实际工资份额周期性的增加只有一部分是由于劳动者转嫁相对价格变化的负担。劳动力市场条件的证据表明，当产业后备军耗尽时，劳动相对于资本力量就会增强。①

与上述工资上升造成利润挤压的观点不同，美国左翼经济学家霍华德·谢尔曼提出另外一种利润挤压理论。他认为，利润挤压来自两方面：上升的成本和受到抑制的需求。在每一次经济扩张时期，产品成本中上升最快的是原材料价格（在经济收缩时它同样是下降最快的）。而在经济扩张的绝大多数时候，工资成本提高的速度并没有利润的增长速度快（在收缩时期利润工资下降的速度同样没有利润快）。结果，在经济扩张时，会出现收入从工资向利润的转移。由于工人工资的95%用于消费，而利润获得者的消费倾向要低很多，收入的这种转移意味着收入的平均消费比率出现下降。这样，一方面是单位产品成本的提高，另一方面是受到抑制的消费。其结果，是利润受到两边挤压，投资相应下降。②

对利润率下降的第二种解释是资本的过度积累。这一理论是由阿姆斯特朗、格林和哈里森于1984年提出的。虽然它认同利润挤压的观点，但认为利润挤压的根源在于资本的过度积累，由此产生了对劳动力的过度需求。他们把过度积累的基本观点概括如下："资本主义有时候会产生一个比它所能支撑的积累率更高的积累率，这样，积累率最终会跌落下来。在战后的繁荣时期，积累与劳动力供给之间的不平衡，导致劳动力日益严重的短缺。对劳动力的过度需求使旧机器更快地变成废物。实际工资被提了上去，旧设备变得无利可图，这使工人更快地转向新设备。在原则上，这个过程可以平稳地进行：随着盈利能力的下降，积累率平稳地降到可以支撑的水平。但是，资本主义制度不具备在这种情况下保证它平稳过渡的机制。20世纪60年代后期，过度积累的最初结果是一段时期的过热增长，同时伴有工资、物价的迅速上升，以及对迅速致富的热切渴望。这一切暂时掩盖了、却不能阻止盈利能力的恶化。资本家的信心遭到破坏，投资崩

---

① Thomas Weisskopf, "Marxian Crisis Theory and The Rate of Profit in The Postwar U. S. Economy", *Cambridge Journal of Economics*, Vol. 3, 1979.

② Howard Sherman, "Monopoly Power and Stagflation", *Journal of Economic Issues*, Vol. XI, No. 2, June 1977.

溃，大规模的破产随之发生。过度积累带来的不是增长率的适度下降，而是一种典型的资本主义危机。"① 该理论提出，资本家为转嫁工资上升带来的成本压力，通常会提高产品价格。而商业信贷的扩张使得价格的提升得以实现。但物价上涨反过来造成工资的新一轮增长，使得工资、物价轮番上涨。所以过度积累的危机往往伴随着通货膨胀。

美国左翼经济学家罗伯特·布伦纳认为，发达国家20世纪60年代后期出现的利润率下降与失业率下降引起的工资对利润的挤压无关。事实上，根本不存在工资对利润的挤压问题。因为美国60年代的繁荣时期里几乎所有的失业率下降都发生在1961—1966年，那时的失业率从6.7%下降到3.8%，而与此同时，制造业和私人实体经济领域中的利润率却分别上升了46.6%和46.3%。从1966年到1969年，失业率仅仅从3.8%下降到3.5%，因而很难用它来解释这些年里的利润率大幅下降。特别是，1969年之后失业率上升时，利润率却进一步大幅下降。实际上，从1965年至1973年，美国工人实际工资增长平均每年下降2.3%，而私人实体经济的利润率总体上下降了29.3%。② 在布伦纳看来，导致美国利润率下降的真正原因，是由于资本主义国家总体上出现生产过剩，发达国家之间激烈的市场竞争使得价格下降的压力越来越大，这导致美国制造业者不能充分地在成本之上提高价格，因而无法完全实现它们的投资。③ 1965—1970年，西方7国除美国和加拿大外的其他5国制造业投资平均每年增长13.2%，制造业的产出和劳动生产率总体上分别增加了8.0%和6.3%，都明显高于之前的水平。这些国家生产能力的扩张导致总体上的生产过剩逐步显现，国际市场竞争日趋激烈。由于美国制造业竞争力的相对下降，不但失去了部分国际市场，而且外国制造的钢铁、汽车、机床、机械设备、消费电子产品等占据了美国市场的大量份额。美国制造业者为了避免损失市场份额，不得不改变将价格提高到与成本相对应的程度的做法，这对利润率不可避免地造成影响。"随着低成本的、低价格的制造业者加速

---

① 转引自［英］M.C.霍华德、J.E.金《马克思主义经济学史（1929—1990）》，顾海良、张新等译，中央编译出版社2003年版，第321页。
② 参见［美］罗伯特·布伦纳《全球动荡的经济学》，郑吉伟译，中国人民大学出版社2012年版，第106—107页。
③ ［美］罗伯特·布伦纳：《全球动荡的经济学》，郑吉伟译，中国人民大学出版社2012年版，第111—112页。

进入到国际市场——体现在国际范围过剩产能和过剩市场的增长——这也因此构成制造业价格在这个时期相对缓慢增长之谜的关键,结果导致制造业利润率下降。"①

(二) 冲过头了:过度投资论

美国著名左翼经济学家,每月评论派的代表人物保罗·斯威齐和哈里·马格多夫等人用过度投资来解释20世纪70年代的滞胀危机。他们的理论本质上仍属于消费不足论,只不过同之前的观点相比,他们强调的重点,从"剩余增长规律"转向了过度投资。他们指出:"资本家的投资是经济增长的发动机,这是真实的;而投资趋向于引起资本过度积累、反过来导致周期性的经济危机,这也是真实的。"② 斯威齐对过度投资导致经济停滞的过程进行了详细分析。他指出,20世纪70年代的经济停滞与30年代的大萧条一样,其直接原因是储蓄倾向过强,投资倾向过弱。第二次世界大战以后的大约25年时间里,发达资本主义国家没有发生过经济停滞问题,期间的投资激励很强而且具有持久性,经济增长是资本主义历史上最好的时期。这一切是由于战争改变了世界经济形势,极大地强化了投资激励。激励投资的因素主要有:第一,修复战争造成的破坏;第二,由于战争而被搁置或被大大削减的消费需求需要实现,如住房、汽车、家电等,战时积累起来的企业和个人的巨大购买力在战后由潜在需求变成了实际需求;第三,第二次世界大战确立了美国的全球霸权,美元成为国际货币,战前的贸易和货币结算障碍被拆除,为资本自由流动创造了条件,所有这一切促进了国际贸易的巨大发展;第四,军用技术向民用的转变,特别是电子技术和喷气飞机;第五,美国和平时期军事工业的构建,特别是受朝鲜战争和越南战争等局部战争的推动;还有一个十分重要但却容易被忽视的因素是商业气候的改变:当人们意识到战后繁荣具有坚实的根基时,大萧条时期的悲观心态转变为长期的乐观心态。受上述因素刺激,现代资本主义的所有重要产业都出现了投资热潮:钢铁、汽车、能源、造船、重化工,等等。不仅所有的发达资本主义国家,而且像墨西哥、巴

---

① [美] 罗伯特·布伦纳:《全球动荡的经济学》,郑吉伟译,中国人民大学出版社2012年版,第116页。
② 转引自 [英] M.C. 霍华德、J.E. 金《马克思主义经济学史(1929—1990)》,顾海良、张新等译,中央编译出版社2003年版,第315页。

西、印度和韩国这样的第三世界国家，都出现了产能的巨大增长。但是，上述所有导致战后繁荣的力量都具有自我限制（Self-Limiting）的特点。各种刺激投资的需求逐步得到了满足，而产能却还在扩张，很快就出现了产能过剩问题。对投资的强烈刺激引发了投资热潮，而这种投资热潮反过来却在破坏对投资的激励。这既是战后长期繁荣的秘密所在，也是20世纪70年代经济停滞的秘密所在。随着投资的消退，经济停滞的苗头逐步显现，只不过它被下列因素延缓了几年：越来越多的国内外债务创造，越来越疯狂的投机行为，以及越来越严重的通货膨胀。但是这一切并没有消除经济停滞，只是推迟了经济停滞，同时却造成金融形势的迅速恶化。①

关于美国20世纪70年代的严重通货膨胀，斯威齐认为，它是20世纪资本主义世界价格长期上涨趋势的一种延续，只不过由于越南战争的巨大开支、布雷顿森林体系崩溃造成的美元贬值，以及推动战后长期繁荣的力量在60年代后期消退这三个因素导致70年代物价出现了加速上涨的趋势。而发达资本主义经济中价格长期上涨的根源，在于资本主义垄断。资本主义在20世纪从自由竞争发展到垄断阶段，少数大企业控制了生产和市场，不再需要削价这个市场竞争的武器了；相反，涨价成为获得更多利润的有效手段。价格上涨趋势就成为贯穿垄断资本主义全过程的基本特征。②

（三）慢性病：长波危机论

比利时左翼经济学家欧内斯特·曼德尔和美国左翼经济学家罗伯特·布伦纳等人把20世纪70年代发达资本主义世界的滞胀现象看作资本主义发展的长周期（康德拉季耶夫周期）中的一次新的下降期（长期萧条期）。此外，积累的社会结构学派（SSA学派）、调节学派和新熊彼特派也有相近的观点。③ 不过，不同派别对长周期的划分以及形成机制的理解存在着明显区别。

曼德尔指出，从第二次世界大战结束到20世纪60年代末的大约25年，是资本主义的一个扩张性长波。从60年代末开始，资本主义进入了停滞性长波阶段。至于这次转折的具体原因，曼德尔列举了八个方面：第

---

① Paul Sweezy, Why Stagnation? *Monthly Review*, 34, June, 1982.
② Paul Sweezy, A Marxist View of Inflation, *Business and Society Review*, 1979.
③ 参见孟捷《资本主义经济长期波动的理论：一个批判性评述》，《开放时代》2011年第10期。

一，资本有机构成持续提高是贯穿扩张性长波之始终的资本主义生产方式的基本运动规律之一。第二，一个起始中的技术革命的特殊条件、工业部门中新行业兴起的特殊条件——确保领先公司得到巨大的技术租金（超额利润）——随着技术革命成果的普及而消失，计算机工业就是一个很好的例子。第三，资本周转速度的进一步增加变得更加困难了。第四，长时期的加速增长使得两方面的增长率之间比例失调加重：一方面是固定资本设备和消费品的生产能力的增长率，另一方面是原料部门的生产能力的增长率。第五，在整个扩张性长波中，潜在的生产过剩牢固地形成了。第六，在所有上述日益加重的诸种矛盾存在的情况下，资本用来消除平均利润率下降影响的手段仅剩下不断地、大幅度地提高剩余价值率。第七，在价值实现日益困难，加之盈利能力下降的情况下，只有每过一个危机周期就增加通货膨胀的剂量，经济才能延迟最后"算总账"时间的到来。第八，作为典型的近代资本主义公司的组织形式的多国公司的继续增长日益同近代资本主义国家经济干预的有限的效率相冲突，同反周期的经济规划，以及许多在扩张性长波中使资本主义制度的矛盾得以部分减轻的措施发生冲突。如果将第七、第八两个因素结合起来分析，还可以包括两个原因：某些导致布雷顿森林体系崩溃的技术原因，以及由此产生的与日俱增的国际货币无政府状态。①

布伦纳用长波理论分析了战后发达资本主义国家的经济。他把始于20世纪60年代后期的滞胀现象看作从战后开始的新一轮康德拉季耶夫周期中由长期繁荣向长期衰退的转折点，并认为这一衰退期一直延续到21世纪。他把战后发达资本主义经济演化分为三个阶段：第一阶段从1950年到1965年，是长期繁荣期；第二阶段从1965年到1973年，是危机爆发期；第三阶段从1973年至今，是长期衰退期。他指出："从一些主要的宏观经济指标如生产率、GDP、人均GDP、实际工资以及投资的增长来看，自1973年以来的经济表现确实构成了一个长波的经济衰退期，并一直持续到千年之交，以致我们现在还不能说康德拉季耶夫经济长周期的低谷阶段已经过去了。"② 布伦纳认为，长期衰退仍在持续的证据是，发达资本主

---

① ［比］欧内斯特·曼德尔：《资本主义发展的长波——马克思主义的解释》，南开大学国际经济研究所译，商务印书馆1998年版，第63—72页。
② ［美］罗伯特·布伦纳：《全球生产能力过剩与1973年以来的美国经济史》，孙宗伟、许建康译，《国外理论动态》2006年第2期。

义国家的利润率在 1965—1973 年大幅度下降,这种下降集中在制造业,然后扩展到整个私人经济,从美国开始,然后扩散到西欧和日本,并且到现在仍没有得到恢复。由于利润率不能恢复,投资增长和产出增长也在长期下降,失业因此上升。布伦纳指出,导致利润率下降并长期无法恢复的因素,并不是工资对利润的挤压,而是资本主义国家之间强化的、平行的竞争导致的全球长期性的生产过剩。生产过剩的根源则在于资本主义竞争和生产的无政府状态。随着西欧和日本经济的战后恢复和发展,以及劳动生产率的提高,其生产能力迅速增长。从 20 世纪 60 年代早期开始,它们的出口加速,在国际市场上挤占了美国的空间,导致美国企业销售困难,利润率下降。但是资本主义竞争压力下,各国生产能力继续扩张,最终导致了全球性的生产过剩,利润率普遍下降,经济增长停滞,失业率上升。各国政府为了解决失业问题,纷纷实施凯恩斯主义的扩张性政策,结果引起物价加速上涨。[①]

积累的社会结构学派虽然也用资本主义经济的长期波动危机解释 20 世纪 70 年代的滞胀危机,但它并不认同康德拉季耶夫长周期理论。它用 "Long Swings" 一词,而不是用通常的 "Long Waves" 来描述长期性波动。它所说的长期波动危机指的是由于积累过程的社会结构(能够维持经济稳定、缓和经济政治冲突,从而有利于预期利润以及资本快速积累的一套制度安排,如劳动管理制度、国际货币体系、原材料供给的调节制度,等等)变得不适应,导致资本快速积累的条件无法自动恢复而引起的危机,它是一种非再生产性危机。由于积累的社会结构失效,使得预期利润率下降,导致投资下降,引发经济危机。由于它是非再生产性的危机,经济下滑并不能像再生产性危机那样使预期利润率恢复,从而演变成长期危机。按照这一思路,它把 1937 年到 20 世纪 70 年代末的美国经济划分为长期性波动的两个不同阶段:1937 年至 1973 年为繁荣阶段;1973 年至 1979 年为危机阶段。[②]

[①] 参见[美]罗伯特·布伦纳《全球动荡的经济学》,郑吉伟译,中国人民大学出版社 2012 年版。

[②] David M. Gordon, Thomas W. Weisskopf & Samuel Bowles, Long Swings and the Nonreproductive Cycle, *The American Economic Review*, Vol. 73, No. 2, Papers and Proceedings of the Ninety-Fifth Annual Meeting of the American Economic Association (May, 1983), pp. 152–157.

(四) 问题多多：多因素论

实际上，几乎对滞胀现象的所有解释都涉及多个因素，只不过不同的理论强调的重点有所不同。这里所说的多因素论是指把滞胀明确归因于多个因素的理论，我们介绍霍华德·谢尔曼的一个观点。

霍华德·谢尔曼在《停滞膨胀：激进派的失业和通货膨胀理论》一书中，明确提出导致美国滞胀问题产生的三个因素：第一，垄断势力的增长；第二，美国政府的干预；第三，不利的国际形势。

谢尔曼认为，经济衰退中之所以发生通货膨胀现象，首先是由于集中的垄断力量的巨大增长。垄断资本面对石油价格上升，为保证其垄断利润而大幅提高产品价格，结果导致了通货膨胀。谢尔曼引证官方资料显示，1973年12月到1975年5月危机期间，竞争部门的价格上涨了1.8%，而垄断部门的价格则上涨了27.0%。他指出："1973—1975年萧条时的物价资料表明垄断价格在萧条时期以惊人的百分比增长。目前占优势地位的整个垄断部门的价格的这种大幅度增长，甚至使竞争价格在萧条中也创纪录地表现出轻微的增长。这无疑地造成竞争部门的巨大混乱，减少生产，增加破产，增加失业。"① 谢尔曼认为，第二次世界大战以后垄断资本的实力大大加强，进而能够操纵和控制所在部门的市场价格。当石油价格大幅提高时，竞争程度较高的部门里单个企业不可能通过大幅度地提价把成本完全转嫁给下游企业或消费者，垄断企业则不仅可以做到，而且为了弥补销售量下降造成的利润损失，它倾向于以更大的幅度提高价格。这样就造成了失业率和通货膨胀率同时上升的局面。谢尔曼进一步指出，人们往往把1973—1975年萧条时期的石油价格暴涨归咎于阿拉伯产油国，但事实上，几乎所有阿拉伯的石油生产都归英美的公司所有。在这之前的许多年，美国的石油公司就开始人为地限制产量。甚至在石油匮乏期间，美国各石油公司在石油储存地区持有大量的石油。"所以，引起石油匮乏，提高美国物价，并从中谋取了巨额利润的，正是美国各石油公司。"②

其次，美国政府本质上是维护资本主义制度和资本的利益，特别是垄

---

① [美] 霍华德·谢尔曼：《停滞膨胀：激进派的失业和通货膨胀理论》，厉以平、厉放译，商务印书馆1984年版，第166页。
② [美] 霍华德·谢尔曼：《停滞膨胀：激进派的失业和通货膨胀理论》，厉以平、厉放译，商务印书馆1984年版，第167页。

断资本集团的利益的。经济的不平等导致了政治的不平等，这使得很多经济政策实际上成为保护资本利益的工具。虽然美国政府在经济严重衰退时刺激需求，但当充分就业预示着提高工资和减少对工人的控制时，它将以抑制通货膨胀为借口牺牲就业。在垄断企业利益受到保护的情况下，通货膨胀并不能被抑制，只是失业更为严重。此外，由于在经济停滞时期出现了通货膨胀，在累进税制下，名义工资上涨使得许多人进入了更高的纳税等级，从而限制了消费，进一步加剧了经济停滞。"联邦所得税不再是最重要的自动稳定器，而成为一个较大的自动不稳定器。"①

最后，国际方面，随着多国公司的发展，集中和垄断在国家范围内蔓延，这些垄断性公司在不发达国家攫取了大量的利润，资本积累超过了国内外的投资机会。在萧条时再加上储蓄过剩，情况就更严重了。对于不发达国家而言，巨额资本流出加深了它们所特有的滞胀。随着美国经济地位的下降，美国的国际贸易积累了大量逆差，美元超发导致其贬值，引发了国际金融危机，加剧了美国的滞胀问题。

结语　滞胀危机与新自由主义时代的来临

20世纪70年代席卷整个发达资本主义世界的滞胀危机是资本主义发展史上影响深远的重大历史事件。它不是一次普通的周期性危机，而是资本主义发展的长周期中的长期萧条阶段。与30年代的大萧条一样，滞胀危机具有转折性意义。在理论上，它导致30年代兴起的凯恩斯主义的破产和主导地位的终结，以货币主义和新古典宏观经济学为代表的新自由主义经济学乘势而起，成为宏观经济学的主流。自由放任理论再次取代国家干预理论，成为经济学的主导思想。这标志着从资本主义诞生以来就轮流坐庄的自由放任和政府干预两大理论和政策主张的地位再次发生转换，战后近30年的国家干预时代结束了，资本主义将进入新自由主义的时代。

凯恩斯主义的失败是必然的，因为它的理论分析是错误的，它的政策主张是无效且有害的。第一，凯恩斯把资本主义经济危机归因于有效需求不足，是对经济危机表面现象的肤浅理解，它没有抓住危机的本质。在传

---

① ［美］霍华德·谢尔曼：《停滞膨胀：激进派的失业和通货膨胀理论》，厉以平、厉放译，商务印书馆1984年版，第195页。

统的经济危机中，确实会发生商品销售困难，企业产品积压，资金难以回笼，价格下跌，企业破产倒闭的现象，似乎是需求跟不上生产所致。凯恩斯把它解释为有效需求不足。但这仅仅是表面现象，问题的根源并不在需求方面，而在于资本主义生产方式的内在矛盾。资本主义生产是以获取剩余价值为唯一目标的生产。为了最大限度地获得剩余价值，资本家一方面不断地进行资本积累和扩大再生产，另一方面又加强对工人的剥削。这样，一方面是生产不断扩大的趋势，另一方面是收入分配两极分化，贫富差距日益拉大，极大地限制了大众的消费能力，其结果必然是生产过剩的经济危机。凯恩斯撇开资本主义制度本身的缺陷，笼统地用有效需求不足来说明经济危机的成因，是无法抓住问题的实质的。第二，凯恩斯把有效需求不足的原因归纳为三大心理规律：一是边际消费倾向递减；二是资本的边际效率递减；三是流动偏好。按照凯恩斯的逻辑，既然有效需求是人类心理因素导致的，那么有效需求不足乃至经济危机是超越社会制度的永恒现象。这显然是经不起实践检验的。不仅前资本主义时期不会发生普遍生产过剩的危机，就是传统社会主义时代，也不存在生产过剩，而是一种短缺经济。可见，凯恩斯的分析是没有事实依据的。第三，凯恩斯的需求管理政策属于饮鸩止渴。凯恩斯主义的扩张政策，说穿了就是通过政府的直接或间接支出，制造需求上升的假象，引诱企业增加投资，扩大生产，达到提高就业率的目的。这就如同通过吸毒来增强体力一样，虽然暂时会产生精神亢奋，但体力终究不会增强，而且后果十分严重。新古典宏观经济学因此而批评凯恩斯主义是一种欺骗性政策，是有一定道理的。政府支出增加只能是暂时性的，而由此恢复或新增的产能到最后依然无法找到需求，反而会加剧产能过剩的局面。如果企业预计到这一点，就不会随着政府的节拍起舞，政府的刺激政策就会落空。不仅如此，政府的扩张政策产生的巨额财政赤字，最后只能通过货币超发来填补这个窟窿，这必然导致流动性泛滥，引发通货膨胀。所以说，滞胀危机的发生，是凯恩斯主义错误政策的直接后果。

凯恩斯主义的失败，也使西方主流经济学对待经济危机的态度发生了根本改变。此前无论是哪一派经济学，都认为经济危机是资本主义经济的"顽疾"，是一个需要解决的问题。凯恩斯主义的失败，使主流经济学意识到这一疾病在资本主义框架内是无法根治的。面对这一尴尬局面，资产阶级学者不是从制度层面寻找解决办法，反而一改常态，不再把经济危机看作"问题"。例如真实经济周期理论就把危机解释成理性的经营者和理性的劳动者面对外部冲击时合理应对的结果，是外部冲击条件下的最优选择。因此，经济危机不需要治理。这从另一个方面反映了西方主流经济学面对经济危机时的无奈。在实践中，凯恩斯主义刺激政策的失败导致了以自由放任和保护资本利益为基调的新自由主义经济政策的崛起。20世纪70年代末80年代初以来，随着里根和撒切尔的上台，英美等国的政府一反过去30年的做法，对经济的管制大大放松，同时大量的国有企业被强行私有化。此后的近30年里，以"华盛顿共识"为核心的新自由主义政策盛行一时。直到2008年全球金融危机和经济危机爆发后，人们品尝到了新自由主义政策的苦果，对政府放松管制的态度开始转变，新自由主义经济理论和政策名声扫地。凯恩斯主义的萧条经济学再次回归。

第八章

世纪末的动荡：
新自由主义时代的危机与理论

20世纪末的世界是一个大调整、大变革、大动荡的时代，发生了苏联解体、东欧剧变等重大历史事件，经济格局也发生巨大变化，中国等新兴经济体国家的力量不断壮大。在这一时期，凯恩斯主义走下了神坛，新自由主义开始粉墨登场，英、美等国在很多领域掀起了私有化运动，市场原教旨主义在全球蔓延，经济全球化趋势进一步加速，信息技术革命获得迅猛突破，产业转移和经济虚拟化趋势明显加快，资本主义呈现出一些新的特征。

一 资本主义新时代的开启

资本主义经过20世纪70年代的滞胀之后，各主要资本主义国家的产业结构、产业形态、经济政策都发生了巨大变化。从80年代开始，以美国总统里根入主白宫和英国撒切尔夫人上台执政为标志，新自由主义开始主导世界主要资本主义国家的政策走向。与此同时，世界各国之间的经济联系日益紧密，经济全球化浪潮袭来；信息技术取得巨大进展，信息经济逐渐兴起；产业形态出现虚拟化趋势，经济金融化迅猛发展。资本主义开始进入了一个新的时代。

（一）经济全球化浪潮袭来

"经济全球化"一词出现于20世纪80年代中期，90年代得到普遍认可，但目前并没有一个统一的解释。国际货币基金组织（IMF）在1997年

5月发表的一份报告中指出,"经济全球化是指跨国商品与服务贸易及资本流动规模和形式的增加,以及技术的广泛迅速传播使世界各国经济的相互依赖性增强"。而经济合作与发展组织(OECD)认为,"经济全球化可以被看作一种过程,在这个过程中,经济、市场、技术与通讯形式都越来越具有全球特征,民族性和地方性在减少"。

伴随全球化时代的到来,几乎所有的国家和人民都被卷入资本主义的体系中,跨国公司开始主导世界生产,跨国资本家阶级开始崛起。在资本主义以往的阶段,每个国家都在各自发展国民经济,各国通过国际市场上的贸易和金融体系而相互联系。不同的国民经济体和不同的生产方式被"链接"进一个更大的社会形态或世界体系中。各个民族国家在一个由不同的国民经济构成的世界内部划界而治,将各种生产方式链接起来。但是,当前我们所看到的却是生产过程本身全球化程度的急剧提升。全球资本的流动使得资本可以按照一系列促使赢利机会最大化的策略来重组世界范围内的生产。在这一进程中,国民生产体系被打破并被整合到外部新的全球积累循环之中。①

20世纪80年代之后的世界经济与之前的世界经济有着巨大区别。我们把前者称为"全球经济",把后者称为"世界经济",二者的决定性区别就在于生产过程本身的全球化。自80年代起全球跨国资本流动加速,使得世界上巨大的生产链和分配链变得分散化,生产过程出现史无前例的碎片化和分散化。与此同时,跨国资本及其代理人在全世界的经济管理、控制及决策权力则变得更加集中化和集权化。如果把80年代之前各国主要通过贸易联系起来的经济称为"世界经济",而把现在主要通过生产的分工而联系的经济称为"全球经济",那么,全球经济的经济一体化程度明显高于世界经济的经济一体化程度。在世界经济时代,国家资本家阶级组织起全国性的生产和服务链,在各自的国家疆域内生产商品,然后与别国生产的商品进行贸易,更多地表现为流通过程的全球化,这是一种"肤浅的一体化"②。在全球经济时代,跨国公司在全球范围内组织生产,货物和服务生产出现跨国化,更多地表现为生产过程的全球化,是一种"深度

---

① [美]威廉·L.罗宾逊:《全球资本主义论》,高明秀译,社会科学文献出版社2009年版,第13页。
② 参见[英]彼得·迪肯《全球性转变》,刘卫东等译,商务印书馆2007年版,第5页。

的一体化"。

在全球经济时代,跨国公司成为推动经济全球化的主要载体。20世纪80年代以来,随着科学技术的进步,生产力飞速增长,生产社会化程度进一步提高,垄断程度进一步加强。西方发达国家对其生产资料占有形式进行了又一次重大调整,跨国公司这一资本组织形式兴盛起来。

跨国公司是垄断资本集团为了进行对外经济扩张,攫取最大限度利润,在国外设立分支机构,进行生产、销售活动,控制所在国家经济的一种国际化垄断资本组织形式。目前,跨国公司的网络已遍布全球各国和各地区,其自身已形成了一个巨大的多种多样和不断发展的世界。跨国公司依靠其雄厚的经济实力,垄断了最先进的科学技术,其触角渗透到各个经济领域。它们对整个世界的投资、生产、贸易、金融等方面都起着越来越大的作用,充当着当今世界经济的主要角色和主导力量。

第一,跨国公司是国际生产活动的主体。跨国公司既是生产资本国际化的产物,又极大地推动了生产资本国际化的发展。它与以往的卡特尔、托拉斯等垄断组织最大的不同,在于它实施了全球一体化发展战略。跨国公司利用高度发达的信息和交通网络,在全球范围内设置工厂、组建子公司,实现资本、技术、劳动力、原材料等生产要素的最优组合,在全球基础上实现生产、研发和营销的规模效益。20世纪70年代中期以来,跨国公司的发展盛况空前,无论就其数量、经营规模,还是就其经营活动范围来说,都空前地增大了。1977年西方国家的跨国公司达到10727家,拥有海外子公司82266家;2000年,跨国公司数目已激增至63300余家,拥有海外分支机构82万家。跨国公司的经营规模迅速扩大。以《财富》全球500强为例,1971年世界上销售额超过100亿美元的工矿企业仅4家,2000年却增至385家。20世纪90年代以来,随着竞争的加剧,西方国家爆发了历史上第五次大规模的企业并购浪潮,使生产和资本的集中突破了国家和地域疆界,正在形成全球寡头垄断市场。据统计,世界500强1994年的销售额为10.23万亿美元,利润额为0.28万亿美元,1998年分别增至11.46万亿美元、0.43万亿美元。经过第五次企业并购浪潮的推动,越来越多的行业被操纵在越来越少的巨型企业手中。就美国国内而言,企业疯狂并购的结果使美国的铁路、汽车、电话、百货、计算机、烟草、广告和饮料等行业的市场,均被垄断和操纵在五个寡头公司手里,并且垄断性也在不断增强。1988年五大寡头占有59%的市场份额;到1998年,五大寡头已经占有了 76% 的市场份额。①

第二，跨国公司是国际直接投资的主要承担者。跨国公司是国际直接投资的产物，同时国际直接投资又是跨国公司在全球扩展的主要手段。20 世纪 70 年代后，资本输出的迅速增长，是与跨国公司的扩张活动分不开的。据统计，20 世纪 70 年代初，在资本主义国家私人对外长期投资总额中，由跨国公司进行的国外投资占 75%；2000 年全球直接投资额为 1.27 万亿美元，全球直接投资累计额达 6 万亿美元，其中 90% 以上为跨国公司的投资。②

第三，跨国公司是国际贸易的主角。当今国际贸易持续而迅速的发展，也是与跨国公司的活动密不可分的，跨国公司从全球战略目标出发，在世界范围内实行专业化生产与协作，对国际贸易的迅速发展起了极大的推动作用。目前，跨国公司已成为发达的资本主义国家对外贸易的主角。不仅跨国公司之间的贸易在国际贸易中占有很大比重，跨国公司内部贸易在国际贸易中所占比重不断增大。根据联合国贸发会议和世界贸易组织有关统计，20 世纪 90 年代以来，世界贸易中约 1/3 份额是在各个跨国公司内部进行的，不同跨国公司之间的贸易额也占世界贸易总额的 1/3，也就是说，跨国公司在世界贸易总量中的份额约为 70%。若从美、英、日等发达国家按公司分类的贸易份额来看，跨国公司在母国贸易流量中占 3/4 以上，其中公司内部贸易在母国贸易中占 30%—40%。③ 由此可见，尽管跨国公司尚未完全垄断世界贸易，但却在当今世界贸易中占据了主导地位。

第四，跨国公司在新技术研究与开发中占据主导地位。跨国公司在当代世界的科技研究与开发中占有突出地位。当代先进技术绝大部分是由跨国公司所开发、掌握和传播的。1994 年，美国跨国公司自己出资用于研究与开发的支出达 917 亿美元，其中国内母公司的投资额占开发总额的 87%；跨国公司从事研究与开发的科研人员达 68.3 万人，其中 59.1 万人在国内母公司工作，占美国企业科研人员总数的 77%。④

20 世纪 70 年代中期以来，随着信息技术的发展，使全球的经济活动、经济过程联结在一起，这一方面形成了超国家的经济空间和史无前例的规

---

① 刘昀献：《国际垄断资本主义论》，河南人民出版社 2005 年版，第 125—126 页。
② 刘昀献：《国际垄断资本主义论》，河南人民出版社 2005 年版，第 107 页。
③ 齐兰、王国华：《垄断资本全球化问题探究》，《马克思主义研究》2007 年第 8 期。
④ 刘昀献：《国际垄断资本主义论》，河南人民出版社 2005 年版，第 108 页。

模空前的统一的大市场,另一方面为增强各种资源在全球的最佳配置提供了强有力的手段和基础,从而推动了生产、资本、金融、贸易和技术的全球化。国家垄断资本主义已经不能完全适应生产社会化程度进一步提高的要求,资本主义生产方式已无法像过去那样驾驭迅猛增长的社会生产力。这就迫使垄断企业实行全球化的经营方针,在全世界范围内寻求技术和廉价劳动力的最佳组合。资本主义进入了全球经济时代。

(二) 信息经济时代的到来

资本主义的每一次大的发展都是和技术革命相联系的。20 世纪 80 年代的经济全球化是和信息技术的成熟紧密联系的。20 世纪 40 年代发明的计算机代表着信息技术的开始,但直到 1990 年后,国际互联网(Internet)的出现才使计算机信息技术开始对人类社会及经济的发展产生重要影响。经济全球化的新技术基础在于信息技术革命,或计算机化和电信化的结合以及互联网的出现。全球经济的生产、流通、消费等过程已经与信息化紧密地结合在一起,因此,这个时代又可称为信息经济时代。在信息经济时代,世界范围的电脑联网使越来越多的领域以数据流通取代产品流通,将生产演变成服务,将工业劳动演变成信息劳动。

信息经济是一种以信息技术为基础、由知识要素驱动的经济,有时候甚至将之称为新经济或者知识经济。20 世纪 90 年代,新经济最先在美国兴起。根据经合组织的定义,知识经济就是以现代科学技术为核心的,建立在知识信息的生产、存储、使用和消费之上的经济。新经济与传统经济有很大的区别。传统经济所依赖的三大生产要素(土地、劳动、资本)都有稀缺性,都有数量硬约束,这三种要素的报酬都是递减的。但是,在依靠知识经济的生产、交换、分配而发展的"新经济"中,知识无疑成为传统三种生产要素以外的第四种要素。这一生产要素的最大特点便是具有充裕性以及网络效应,边际成本递减甚至可为零,它的报酬是递增的。

知识可以在不离开其原来拥有者的情况下被转移、赠送、出售和交流。借助于网络,知识还可以在不增加费用的情况下成百万倍地分发出去。在知识这种非物质化财富的生产过程中,只有开发费用,其传播与分发的边际成本事实上为零。"当知识一旦被用于社会经济活动时,它们又是能够成倍地提高社会生产率的,与技术有关的知识可以直接提高生产效率,而与信息有关的知识则可以通过降低经济活动的信息成本来提高人们经济活动的效率。因此,当'新经济'用知识要素取代传统的劳动要素与资本要素作为经济发展的主要动力时,就会因为知识生产与传播的成本递减与社会生产率的普遍提高而实现报酬递增。正是因为知识所具有的这种成本递减与报酬递增的特点,决定了知识经济是报酬递增经济。"[1]

在传统经济中,当一种商品的价格上涨时,生产者会增加产出,但是消费者却会减少消费;反之亦然。这种反馈机制会使一种失衡的市场重新恢复均衡。但是,新经济这种报酬递增式的经济决定了传统经济学中所讲的这种均衡并不存在。以互联网经济为例,需求增加会创造更高的效率和更高的报酬,从而导致供给方的价格进一步下降,进而创造出更多的需求。这种需求与供给互为因果的反馈机制使得"新经济"发展具有自我实现的滚雪球式效应,而非自我恢复的均衡效应。这种自我实现的滚雪球效应,使新经济成为一种"赢家通吃"和追求市场垄断的经济。一旦某种技术被采纳,报酬递增就会阻止该技术被即便在客观功能上优于它的技术所替代,使这种技术以及相应的生产模式称雄于整个市场,获得垄断地位。

显然,由旧经济进入"新经济"总是以生产方式产生重大革命为基础的。20世纪90年代信息产业(包括计算机硬件和软件、通信设备和服务及工具等)已成为美国经济新的增长点,促进了产业结构升级和劳动生产率提高。从1993年到1999年,全美信息产业的投入占投入资本总额的45%左右,远远超过其他产业的投入。其中美国计算机软件业从1990年到2000年以12.5%的速度增长,比美国整个经济增长率高出数倍。2000年,计算机软件业成为仅次于汽车和电子行业的全美第三大产业。据美国商务部报告,1995年到2000年,信息产业对经济增长的平均贡献率达30%,其中信息产品进出口额平均每年增长11.8%,占商品进出口总额的比重为25%。

信息经济与传统经济相比,具有新的特征,它包括:信息产品不需要离开它的原始占有者就能够被买卖和交换;这一产品能够通过电脑网络大量复制和分配而不需要额外增加费用,它的边际生产成本为零;价值增加是通过知识而不是工作来实现的;知识和产品结合的主要形式是软件。在

---

[1] 华民:《新经济与经济增长方式的转型》,《学术月刊》2000年第10期。

如今的现代企业中，高科技投入、知识投入已占生产成本的90%。在发达国家，技术在经济增长中的贡献率：20世纪初为20%左右，50—60年代为40%—50%，70—80年代为60%—70%，随着信息高速公路的建设，这一比例达到90%。1990年以来，美国计算机及其他信息设备的投资占全部投资的一半以上。发达国家的服务业比例持续增长，1998年已经达到71%，出现产业结构"软化"的现象，世界经济进入非物质化时代，信息正在取代物质资源而成为创造财富的主要源泉，经济增长从资源消耗型转向知识和技术型，彻底变革着人们的工作与生活模式。信息技术将成为推动经济全球化和新经济发展的最主要的物质基础。

（三）经济金融化的迅猛发展

在20世纪80年代，金融资本开始主宰全球资本积累和循环，货币资本而非生产资本成为生产全球循环的调节器。金融资本是资本主义发展到一定程度的产物，随着垄断资本的发展，必然产生强大的金融资本，形成高度的垄断控制。当今在全球金融市场上，不仅出现了足以与巨型跨国公司相匹配的巨型跨国银行，而且还出现了适应跨国公司在世界范围敛聚资本需要的巨型保险公司、证券公司等一大批跨国金融垄断企业。这些巨型跨国银行、保险公司和证券公司虽然不直接经营跨国公司的生产和销售活动，但它们通过股权参与等形式实现与巨型跨国公司的相互融合，甚至在相当程度上影响和左右着跨国公司的生产经营和发展趋向。美国《财富》杂志公布的2004年全球500强最大的跨国公司中，金融机构达133家，占全球500强的26.6%，这些跨国金融机构在世界银行、国际货币基金组织等配合下，在全球金融市场中占有举足轻重的地位，其作用不可低估。

到20世纪80年代末，传统经济结构已经让位于新的经济结构，在新的经济结构中，急剧膨胀的金融部门获取了高度独立性，并高高凌驾于实体生产体系之上。实际的经济运行中越来越多地出现了自身完全没有实物资产所对应或完全脱离于所对应实物资产的银行票据、债券、股票这些不同形式。完全被信用化或资本化了的有价证券及期货、期权等金融衍生工具。这些以信用设定为基础的虚拟资产与实际资源的联系越来越弱，甚至已完全脱离于实际经济活动之上。金融化成为当代资本主义的一个新的特征，资本积累和经济增长主要借助金融而非实体经济。它加速了资本主义经济的去工业化进程，使资本主义积累和增长更加依赖信贷扩张和资产泡沫，虚拟资本超越现实资本而过度积累，也因此使得经济危机主要以金融危机的形式呈现。

（四）科技进步与高新技术产业的崛起

在20世纪的最后20年里，科学技术有了重大突破，一些新的产业初见端倪。事实上，技术进步一直是推动经济增长的重要推动力。社会学家丹尼尔·贝尔，从技术发展的角度将人类社会的发展分为三个阶段：农业社会、工业社会和信息社会，认为人类社会目前正处在信息社会的阶段。一个不争的事实是：人类社会目前正处在科学技术狂飙突进的时代。芯片传输速度每18个月增长1倍，光纤容量每12个月增长1倍，无绳电话通话量每9—12个月增长1倍，计算机硬盘存储能力每9—12个月增长1倍的事实，充分说明人类社会确实已进入了一个科学技术令人难以置信的飞速发展时期。

科学技术的进步也在不断推动着产业结构的变迁。一些国家通过制定科技政策和产业政策使本国处于科技领先地位，在产业结构升级中占据先机，从而领跑世界经济。在第二次世界大战后的发达国家，特别是日本和美国为了能保持科学技术的领先地位，国家制定和推行了一系列科技政策和产业政策。20世纪80年代，日本利用其特有的体制优势和有效的产业政策，在照相机、摩托车、钢铁、汽车、造船、机床、机器人视听设备、半导体、通信终端、计算机辅助设备和复印机等制造业领域全面击败美国，成为令人生畏的世界第二大经济体。在90年代，美国依靠其灵活的研究开发体制和科学技术优势，重新回到制造业并在复印机、激光打印机、移动通信设备和半导体、汽车、半导体（新型芯片设计）、微处理器、微控制器（包括信号处理器）、半导体加工（如光刻机和测试仪器）、个人电脑和操作系统、电视数字化技术、互联网络技术等信息和其他高新技术产业取得支配地位。正是由于在高技术产业特别是信息产业的优势地位，美国经济获得了前所未有的生机。

美国一直在执行自己的公开的、隐蔽的产业政策。例如，1993年克林顿公开宣布支持投入760亿美元发展制造技术、高速计算机和通信设备、原材料和加工计划、生物工程、基础科学六大项目。美国政府还制定清洁轿车计划、超薄屏幕工业计划、高效计算和通信计划（超级电脑硬件、超级电脑软件、网络技术、基础研究和培训），并通过了旨在推动信息高速公路建设的电信法。美国的战略防御计划则更是涉及一系列高技术的发展。其中包括：光电通信技术、超快速信号处理、超高敏传感器、人工智能、微型化超级电脑、新型激光、新型能量产生和储存系统、廉价空间运输系统和复杂的软件体系。

由于科技革命新浪潮的迅猛发展，以及世界主要工业国家在新技术领域的激烈角逐和竞相投资，使得一批新兴产业迅速成长起来，并在国民经济中日益发挥重要作用，以至成为新的经济增长点。其中数字信息、电子技术、航空航天、海洋工程、生物工程、自动化、新材料和新能源等新兴高科技产业，对世界经济增长的贡献日益突出。高科技产业的突破性发展，将首先集中在信息技术和生物工程技术两大领域。生物工程技术正在成为许多国家产业投资的新热点，将成为继电脑之后兴起的又一个快速发展的高技术产业。在未来，将形成一个以信息技术产业和生物工程技术产业为中心，以信息技术、生物技术、新材料技术、先进制造与自动化技术、资源环境技术、航空航天技术、能源技术和先进防御技术等新兴高科技产业为增长点的世界产业格局。

在20世纪的最后十几年里，发达国家产业结构发生了巨大变化。美国制造业占GDP的比重持续下降。而在制造业的增长中，电子及其他电器设备与纺织服装业明显地呈现出上升与下降两种完全相反的趋势。在GDP中服务业尤其是金融保险和不动产中的比重显著上升。在1945年，美国服务业在GDP中的比重只有30%左右，到1997年这一比重已经上升到55%。其中金融、保险和房地产三个产业的就业人数在就业总人数中的比重由1964年的6%以下上升到1996年的35%左右。日本产业结构变动趋势与美国基本一致。在1983—1997年的14年间，服务业在GDP的比重中上升了近5个百分点，金融保险不动产则从16.2%增长到19.8%，制造业下降了近5个百分点。在欧洲主要国家中，农业增加值占GDP的比重持续下降，工业增加值占GDP的比重也明显减少，其中制造业的降幅最大，服务业增加值占GDP的比重继续大幅度上升。值得注意的是，在服务业中与信息技术有关的服务所占的比重正在提高。它们的产业结构变动，反映了这些国家实现工业化和向信息经济跨越的历史进程。80年代中期之后，高科技产业开始逐步转化为主导产业。这种转变的标志是，高科技产业在国民经济中所占的比重不断提升，在经济增长中的作用日益突出，它对其他产业的成长和发展起着重要的影响和导向作用，以及它的发展能够揭示经济发展的时代特征。例如在美国，信息产业占国内生产总值的比重从 1985 年的 4.9% 上升到 1998 年的 8.2%。而包括信息产业在内的整个高技术产业对经济增长的贡献，则从 70 年代后半期的约 21% 提高到 1996 年的 33%。

二　资本主义的分化与危机的新形态

（一）世界经济版图的变化

20 世纪 80 年代，世界发生了许多重大的政治、经济事件，世界的政治版图和经济版图也随之发生了巨大变化。西方主要发达资本主义国家为了摆脱滞胀，采取了一些重大的变革举措。1980 年里根当选美国总统后，开始采用供应学派的主张，提出《经济复兴计划》，在很多领域推进改革。1979 年撒切尔夫人上台后，为了重新振兴英国经济，她一反传统的对凯恩斯主义的崇拜，转而信奉货币主义理论，对经济政策进行了重大改革。与此同时，在世界的东方，邓小平领导中国走向了改革开放之路，中国经济开始从传统的计划经济向社会主义市场经济转型。20 世纪 80 年代末 90 年代初，令世界震惊的东欧剧变和苏联解体事件终结了美苏两大超级大国争霸世界的"冷战"格局，东欧的原社会主义国家和苏联的加盟共和国纷纷放弃了社会主义制度，转向了资本主义市场经济，这些国家的变革主要是在新自由主义的指导下进行的。到了 20 世纪末，世界主要国家的力量对比发生了重大变化，总体上呈现出了以中国、印度、巴西为代表的新兴经济体蓬勃发展，以美国、日本、欧盟为代表的成熟的发达经济体发展相对迟缓，以俄罗斯、东欧为代表的转型经济体仍然在徘徊中前行的局面。

1. 美国经济实力明显上升

在 20 世纪的最后 20 年里，美国经济总体上增速较快，在世界经济中的比重也明显上升，在世界中的霸主地位仍然无人能撼动。1980 年，美国 GDP 占世界的比重只有 23.41%。美国经济从 1981—2000 年的 20 年间，GDP 年均增长 3.4%。根据世界银行公布的数据，2000 年美国 GDP 为 9.84 万亿美元，占当年世界 GDP 总量 31.49 万亿美元的 31.25%。而 2000 年日本 GDP 为 4.84 万亿美元，约为美国的一半，位列世界第二；中国 GDP 为 1.08 万亿美元，位列世界第六。

里根当选美国总统后，进行了一系列的改革。里根改革最初采用供应学派的主张，但在 1981 年 2 月提出的《经济复兴计划》中，也吸收了货币主义的某些政策观点，到里根第二个任期后期，甚至还采用了凯恩斯主义的一些做法。里根政府实行了美国历史上最大规模的减税计划，将 600 多万名贫困者从纳税队伍中剔除，税法将个人实际免税额提高到 2480 美元，并根据通货膨胀率加以调整。同时，还加强了货币政策的地位，使联邦储备系统的货币政策的终极目标由稳定物价转为促进经济持续增长。里根还紧缩社会福利规模并逐步扩大私人和地方经营的规模，减少联邦政府的干预，减轻联邦政府的财政负担。里根政府的政策为应付滞胀发挥了积极作用。1982 年美国渡过了最严重的经济危机，并自 1983 年以来取得了连续六年多的经济增长，使得里根能够在高龄连任。里根的一系列经济政策还对西欧和日本产生了不可忽视的影响。

进入 20 世纪 90 年代后，美国经济持续高增长。1992—2000 年美国 GDP 年均增长率达到 3.8%，其中 1997 年为 4.5%，1998 年为 4.3%，1999 年为 4.2%，2000 年高达 5.2%。而 1975—1990 年美国 GDP 的增长率平均仅为 2.4%。这一时期的高速增长主要得益于新经济的兴起。由于新经济是以高新技术规模收益递增、高速的创新速度以及巨大的需求弹性为基础，它具有传统经济不同的特征。美国经济在这一时期呈现出"一高两低"的特征，即高经济增长率、低通货膨胀率和低失业率同时并存。1992—2000 年美国通货膨胀率保持在年均 2.6% 的较低水平，1998 年更是降到 1.6% 的超低水平，1999 年也仅为 2.2%，2000 年受油价上涨的影响有所上升，达到 3.2%。失业率已降到公认的"充分就业"水平之下，自 1992 年以来，失业率逐年下降。1992 年为 7.5%，2000 年降到 4.1%，为 1971 年以来的最低点。美国经济的这种"一高两低"的特点，在正统的经济理论看来似乎是不可思议的。这也意味着在短期中菲利普曲线已经不复存在。

新经济使美国的超级大国的地位更加稳固。这一时期，日本在广场协议之后陷入泡沫经济的泥潭；欧洲忙于整顿财经，经济增长的步伐放慢；苏联解体，陷入衰退之中，实力大减。美国的产品、服务和资本通过国际贸易、国际投资、国际化大生产，高速度、大容量地跨国界流动，各种资源的利用也大大超越国界。美国在迅速发展的国际贸易、国际投资和国际金融的推动下,资源配置的全球化特点日益明显。

新经济使美元继续保持强势地位。20世纪90年代以来,美元总体上保持强势,一直扮演世界储备货币的角色。美元的这种特殊地位,使美国在国际经济交往中获得巨大收益。坚挺的美元使美国可以进口更便宜的商品,大量地利用别国资源,降低了美国投资成本,避免了因工资增长过快而推动的通胀,从而使通货膨胀率处于较低水平,延长了美国的经济扩张期。

2. 从辉煌走向衰落的日本

日本在20世纪的最后20年里可分为界限分明的两个阶段。前十年的日本经济延续了此前的高速增长,创造了又一个辉煌的十年;后十年的日本经济却陷入了漫长的衰退之中,被人们称为"失去的十年"。日本在经历了第二次世界大战后的恢复和改革后,经济进入高速发展期。1953—1973年的20年中日本经济实际增长率达到10%,其中制造业以年均13.2%的速度增长。日本的GDP,1967年超过英国和法国,1968年超过德国成为仅次于美国的资本主义世界第二大经济体。受石油危机冲击,1974年日本经济增长率为-1.2%,这是战后日本经济第一次出现负增长。此后,日本经济再次进入中高速增长期。1975—1991年的17年中,日本经济实际增长率年均4.06%,最高为1988年的6.2%,最低为1983年的2.3%。然而,1990年的泡沫经济破灭之后,从1992年开始,1985年《广场协议》的负面作用开始显现,日本经济开始陷入长期的衰退之中。从1992年到2001年的10年间,日本经济的实际增长率年均只有0.92%,最高为2000年的2.9%,最低为1998年的-2.0%。[①] 泡沫经济的破灭,造成了整个日本经济的萧条。连续多年日本经济出现零增长,股票、房地产价格大幅下跌,企业倒闭数量激增,失业率创下历史纪录,金融机构相继倒闭,不良债权急剧增加,居民经济水平下降,出现连续的通货膨胀。到20世纪末,与美国经济实力相比,出现明显的下降。

3. 欧洲联盟成为世界经济的一极

1967年,以法国和联邦德国为首,组成了欧洲经济共同体,参加的国家有法国、联邦德国、比利时、荷兰、卢森堡和意大利。1973年,英国、丹麦、爱尔兰加入。1991年12月欧共体通过了《马斯特里赫特条约》,

---

① 数据来源:根据日本统计局的数据计算而得。

确立了实现欧洲经济联盟和货币联盟的具体计划，决定在未来实行单一货币欧元和在实行欧元的国家实施统一货币政策。1998年6月，欧洲中央银行于法兰克福正式成立。1999年1月1日，欧盟当时15个成员国中的11个成员国：德国、法国、意大利、荷兰、比利时、卢森堡、爱尔兰、西班牙、葡萄牙、奥地利和芬兰，达到了《马斯特里赫特条约》在1992年确立的欧洲经济一体化并向欧元过渡的四项统一标准，因此，欧元成为这11个国家的单一货币。1999年1月，欧元进入国际金融市场，并允许银行和证券交易所进行欧元交易。欧元纸币和硬币于2002年1月正式流通；2002年7月，本国货币退出流通，欧元成为欧元区唯一的合法货币。一个经济、货币、政治、科技、防务等全面区域化和一体化的欧洲正在实现。欧元正式启动，标志着欧盟的一体化程度大大提高。这样，欧盟就成为可以和美国、日本并立的一极力量。在20世纪80年代末，美国、日本、欧共体的国民生产总值占世界的比重，分别为25.2%、11.8%、18.6%。随着欧共体发展成欧盟，特别是统一货币欧元的问世和正式进入流通领域，标志着欧盟在建设统一的内部市场方面取得历史性突破。同时，对于国际经济和政治，特别是对国际货币体系，也有着长远而深刻的影响。它使国际货币体系开始向多元化方向发展。2001年，用欧元结算的对外贸易额占世界贸易总额的15%左右，欧元占世界官方外汇储备的比重超过12%。2001年第一季度，在国际债券市场发行额中，欧元债券约占47%，超过美元债券所占比重。这是在欧元问世前，任何欧洲国家货币都无法做到的。欧元问世和进入流通领域巩固了统一市场的建设，增强和提高了欧洲市场的统一性质和程度。

4. 苏联东欧地区发生剧变

20世纪的最后20年发生的最大历史事件，无疑就是苏联的解体和东欧的剧变，这标志着冷战的结束和世界格局的重新洗盘。苏联的解体和东欧的剧变有着深刻的政治、经济、社会原因。1985年戈尔巴乔夫就任苏共总书记后，在苏联开始推行所谓的改革，他用他所著的《改革与新思维》一书中的"公开性""民主性""多元化"和"全人类的价值高于一切"等所谓的新观点取代了马克思主义的一系列基本原理，主张取消共产党的领导，实行多党制和私有化，全面抛弃社会主义制度，这最终导致了苏联的解体和苏共的垮台。

表8-1　　　　　　苏联1970—1985年的国民收入及增长率

（国民收入按实际价格计算）单位：亿卢布；%

年份	国民收入	增长率	年份	国民收入	增长率
1970	2899	10.69	1978	4225	4.17
1971	3050	5.21	1979	4406	4.28
1972	3136	2.82	1980	4622	4.90
1973	3378	7.72	1981	4867	5.30
1974	3540	4.80	1982	5234	7.54
1975	3633	2.63	1983	5481	4.72
1976	3820	5.15	1984	5696	3.92
1977	4056	6.18	1985	5777	1.42

资料来源：《苏联国民经济统计年鉴》，1970年，第534页；1975年，第564页；1978年，第386页；1980年，第379页；1982年，第378页；1983年，第407页；1984年，第424页；1985年，第409页。

从1991年苏联解体，到20世纪末，俄罗斯国内生产总值比1990年下降52%，而1941年至1945年战争期间仅仅下降了22%；同期工业生产减少64.5%，农业生产减少60.4%，卢布贬值，物价飞涨五千多倍。[①] 在1990—1998年的九年间，GDP的增长率年均为-6.16%，1998年的GDP降为1989年的44.54%（见表8-3）。

表8-2　　　　　　1976—1990年苏联经济增长率简表　　　　　　单位：%

年份（年）	1976—1980	1981—1985	1986—1990	1990
社会总产值	4.2	3.3	1.8	-2
国民收入	4.3	3.2	1.0	-4
劳动生产率	3.3	3.1		-3

---

① 参见李慎明主编《2005：世界社会主义跟踪研究报告》，社会科学文献出版社2006年版，第67页。

表 8-3　　　　　俄罗斯 1990—2013 年的 GDP 实际增长率　　　　　单位：%

年份	GDP 增长率	年份	GDP 增长率	年份	GDP 增长率
1990	-3	1998	-5.30	2006	8.15
1991	-5.05	1999	6.40	2007	8.54
1992	-14.53	2000	10.00	2008	5.25
1993	-8.67	2001	5.09	2009	-7.82
1994	-12.57	2002	4.74	2010	4.50
1995	-4.14	2003	7.30	2011	4.26
1996	-3.60	2004	7.18	2012	3.44
1997	1.40	2005	6.38	2013	1.32

资料来源：根据世界银行提供的数据计算所得。

5. 中国经济的崛起

1978 年，中国在邓小平的领导下开始实行改革开放政策，自此中国经济发生了翻天覆地的变化。在国内，大力推进改革，经济体制逐渐从传统的计划经济转变为社会主义市场经济；在国际上，加强与世界主要经济体的联系，中国经济开始融入全球经济的大循环中去。2001 年 11 月 12 日，经过长达 15 年的谈判历程，中国正式达成加入世界贸易组织协议，这标志着中国正式融入经济全球化的大浪潮中。从 1978 年到 2001 年，中国经济年均增长率为 9.73%，2001 年的国内生产总值（按不变价格计算）是 1978 年的 8.23 倍。[1] 随着经济长期高速增长，中国在世界经济中的地位发生了巨大变化。经济总量在世界经济中的位次不断上升。2000 年，按汇率法[2]计算的中国国内生产总值为 1.08 万亿美元，超过意大利，跃居世界第六位，仅次于美国、日本、德国、英国、法国。中国的对外贸易持续增长，中国在世界贸易中的地位日益增强。中国的国际贸易规模在 1978—2000 年间扩大了约 22 倍，世界排名从改革开放之初的第 32 位上升到 2000

---

[1] http：//data.stats.gov.cn/workspace/index? a = q&type = adv&m = hgnd&x = index&y = time&z = region&index = A02030202&region = 000000&time = 2004，-1&selectId = 000000.
[2] 世界银行按美元计算的各国 GDP 数据采用的是各国最近三年的一种平均汇率，而不是当年汇率，这种平均汇率考虑了美国、英国、法国、德国和日本的汇率变化因素。

年的第7位。2000年进出口总额达到4742.9亿美元,占到世界进出口贸易总额131820亿美元的3.6%。[①]

表8-4　　　　　　　　1978—2001年国内生产总值指数

年份	国内生产总值指数（上年=100）	年份	国内生产总值指数（上年=100）
1978	111.7	1990	103.8
1979	107.6	1991	109.2
1980	107.8	1992	114.2
1981	105.2	1993	114
1982	109.1	1994	113.1
1983	110.9	1995	110.9
1984	115.2	1996	110
1985	113.5	1997	109.3
1986	108.8	1998	107.8
1987	111.6	1999	107.6
1988	111.3	2000	108.4
1989	104.1	2001	108.3

资料来源：中华人民共和国统计局网站（http：//data.stats.gov.cn/workspace/index? a = q&type = adv&m = hgnd&x = index&y = time&z = region&index = A02030202&region = 000000&time = 2004, -1&selectId = 000000）。

（二）出口导向发展模式遭遇挑战：日本泡沫经济的破灭

在20世纪最后的20年里,日本经济经历了盛极而衰的历程。在80年代第二次石油危机之后,日本又一次经历了高速增长的黄金时代,到90年代初日本经济在西方发达资本主义国家中已成为一枝独秀。但是,在90年代初日本泡沫经济破灭后,日本经济陷入了长期的衰退之中,人们把90年代称为日本"失去的十年"。日本的出口导向发展模式,在这一时期遭

[①] 根据世界贸易组织网站的数据计算而得（http：//www.wto.org/english/res_e/statis_e/statis_bis_e.htm? solution = WTO&path = /Dashboards/MAPS&file = Map.wcdf&bookmarkState = {%22impl%22:%22client%22,%22params%22:{%22langParam%22:%22en%22}}）。

受到了严重挑战。20世纪70年代末,随着美元贬值,特别是1985年《广场协议》之后的10年里,随着日元的不断升值和美国不再愿意承担作为世界经济创造需求的旧角色,日本的出口导向道路越来越艰难了。

日本在整个20世纪80年代,虽然从GDP的年平均增长率来看,还是比较高的,但是,这一时期的利润率特别是制造业的利润率与此前相比已大大下降。日本80年代初的衰退远远不及同时发生在美国和德国的衰退那么严重。在1980—1983年,制造业和私人实体经济部门的利润率与1978年后石油危机的高点相比分别下降20%和15%。但是,GDP和制造业的产出在1980—1983年继续保持相当高的增长,制造业投资保持积极状态。在20世纪80年代前半期,日本资本形成特别是制造业资本的形成只在1984—1985年有大量增长。在这一时期的GDP和劳动生产率的增长率大大低于20世纪70年代后半期的增长率。到1985年,当它再一次达到顶点时,还不及1965—1970年平均水平的一半。

日本经济主要靠出口增长来推动,这注定是不会持久的。出口增长带来美国经常项目的巨额赤字和日本经常项目的大量盈余。随着《广场协议》的签订,美元贬值,日元升值,日本经济因此遭受前所未有的困境。在1985—1988年,日元从贸易加权角度看升值56%,对美元升值93%。实际上,日元与美元的汇率在1985年3月是260∶1,到1988年为120∶1,几乎是1971年12月汇率360∶1的3倍。1986年是日本经济被迫面对长期繁荣结束以来最严重危机的一年。在这一年,出口实际下降4.9%,私人实体经济增长率滑落到1.2%,制造业产出实际下降。

第二次世界大战后日本发展的制度和政治安排从一开始偏向以牺牲消费、国内需求和进口的增长为代价来为投资增长创造好条件。随着国内需求受阻,该经济最终依赖于出口增长,倾向于产生外贸盈余,从而只能推动日元上升。面对出口受阻,日本政府企图运用宽松的货币制度,提高日本主导公司的投资能力,以实现提高这些公司的出口竞争力。结果,超级廉价的货币正如预期的那样导致投机盛行,土地价格大幅上升,住房和商业资产价格在1986—1989年翻了一番。同时,东京证券交易所的股票价格在1989年达到了历史高点,也在过去两年里翻了一番。

日元的升值,一方面使日本产品的出口遇到了巨大阻力,另一方面却为日本到海外进行直接投资创造了有利条件。在20世纪70年代之前,日本的国外直接投资规模很小,主要是为了在东南亚形成原材料的海外供应和在北美建立贸易分支机构。但是，《广场协议》成为日本海外投资的转折点。在1985—1989年，日本国外直接投资以日元计算增至原来的3倍，以美元计算增至原来的6倍。在1981—1990年，它比美国国外直接投资高出10%以上，几乎是美国在1987—1990年的2倍。①

日元大幅升值导致日本出口增速大幅下滑。在1985—1991年，日本出口平均每年增长只有3.95%，而在1980—1985年则为7.7%。日本出口占世界出口总额的比例也从1986年的10.3%这一高点下降到1990年的8.5%。② 在1991—1995年，日本生产商企图增加它们的出口，但其增长率速度也只有3.1%。由于出口价格被压得太低，制造业出口的利润率自然受到挤压。到1990—1991年，日本私人经济总体上的利润率仍然没有超过在1985年和1978年扩张时的高点水平。随着美国在1990年第二季度开始新一轮周期性下降，日本经济进入战后时期时间最长、程度最深的衰退，在1991—1995年GDP平均每年只增长0.8%。而非金融公司的利润率在1988年达到最高点，此后就开始下降，到1995年下降了37%，而制造业则下降了55%。

事实上，日本在20世纪90年代，危机特别严重，经济的复苏也非常困难。日本政府于1992年开始启动多轮公共支出增长的政策，同时继续降低利率。但是，宏观经济扩张的刺激效果由于受到日元新一轮升值的影响而大打折扣。日本复苏受阻的部分原因也由于政府的政策不能一以贯之。由于早期的一揽子刺激计划，到了1996年日本经济出现重要的持续恢复增长，但到了1997年初，由于国家过分急于弥补在前5年里的大幅增长的债务，而重新使收支平衡，政府实施了大幅增税，这又大大削弱了刚刚开始的经济复苏。而在20世纪90年代，日本之外的东亚经济的崛起也使日本经济雪上加霜。

（三）进口替代模式神话的破灭：拉美国家债务危机的肆虐

拉美国家从20世纪30年代开始就一直采用进口替代模式。所谓进口替代模式，就是通过建立和发展本国的制造业和其他工业，替代过去的制

---

① ［美］罗伯特·布伦纳：《全球动荡的经济学》，郑吉伟译，中国人民大学出版社2012年版，第223页。
② 转引自［美］罗伯特·布伦纳《全球动荡的经济学》，郑吉伟译，中国人民大学出版社2012年版，第225页。

成品进口，以带动经济增长，促进国家的工业化。通过几十年的发展，拉美国家大都初步建立起现代工业体系，进口替代模式对于拉美国家工业化的发展起到广泛的推动作用。但这一模式也对拉美国家的工业化产生了一些消极影响。主要体现在以下几方面：一是对产业的过度保护导致竞争力下降；二是资源配置不合理难以发挥自身比较优势；三是对外贸易持续逆差国际收支恶化；四是国内资金积累不足外债大幅度增加。

在20世纪70年代，各发达资本主义国家经济低迷，大量国际游资没有投资场所，美元的利率和汇率走软，因而拉美国家大量进行借贷，以期利用低利率来加速实现本国的工业化。在这种情况下，拉美各国债务总量迅速攀升，私人债务和短期债务比重大大增加，并且多采用浮动利率计量。正是这一不合理的债务结构加剧了拉美各国的债务危机，到20世纪80年代初期，伴随着美元利率走高、石油等自然资源价格下降，拉美各国的债务负担变得相当沉重，经济发展也举步维艰。整个地区的经济增长率从70年代的平均6.1%骤降为0.4%。同时，拉美各国的国际收支急剧恶化，对外贸易条件（即进出口商品价格之比）下降了7.6%，经常项目逆差达400亿美元。拉美长期积累的巨额外债负担也越来越重，外汇储备和对外贸易盈余已经无法支付债务本息，债务危机一触即发。最先爆发债务危机的是墨西哥。1982年8月12日，墨西哥政府宣布无期限关闭全部汇兑市场，暂停偿付外债，并把国内金融机构中的外汇存款一律转换为本国货币，与此同时，墨西哥私人部门也借口政府实行外汇控制而推迟还债。到1982年底，墨西哥外债高达876亿美元，负债率（外债额占国内生产总值的百分比）为53%，偿债率（外债还本付息额占本国商品和劳务出口额的百分比）为75%，大大超过国际公认的临界线（分别为5%—20%和20%—25%）。墨西哥进入20世纪80年代后经济发展停滞，加之石油价格下跌，国家外汇储备大幅度下滑，无力支付到期本息，于是要求外国银行准予延期支付，却屡遭拒绝，一场严重的债务危机终于在墨西哥首先爆发了，并进而引爆了整个拉美债务危机。在墨西哥之后，智利、巴西、阿根廷、秘鲁、委内瑞拉也相继陷入危机。智利在1982年爆发了30年以来最严重的危机，当年国民生产总值下降了14.1%，对外贸易额下降28.9%，公共赤字达13亿美元，通货膨胀率回升到46%，当年负债率和偿债率达77.2%和62.1%，失业率高达30%。巴西作为拉美最大的国家也未幸免，在1982年也陷入危机之中。从1974年开始，巴西所借外债主要用于支付债务本息和弥补国际收支不平衡，导致外债没有产生相应的经济效益，债务像滚雪球一样越滚越大。到 1982 年，巴西外债总额达到 640 亿美元，相当于出口收入的 4.2 倍，仅付息就占出口收入的 56.3%，其国家负债率和偿债率分别达到 35.9% 和 71.1%。阿根廷历史上一直依赖外债来发展本国经济，其外债规模一直较大。到 1982 年外债猛增到 436.34 亿美元，当年负债率和偿债率分别达到 83.5% 和 38.2%，成为拉美第三大债务国。阿根廷的外债也主要用于归还到期贷款、弥补财政赤字和购买武器，持续还债能力降低。秘鲁到 1982 年底，外债达 110 亿美元，负债率和偿债率分别达到 47.1% 和 44.2%，而其外汇储备仅 9 亿美元。

拉美债务危机的发生，不仅造成了拉美经济的困难，而且使得延续几十年的进口替代发展模式受到质疑。为解决债务问题，拉美各国相继采取各种应对措施，不仅没有从根本上解决问题，反而使问题越积越深，并引发新的问题。受债务危机影响，拉美金融体系极其脆弱，金融危机频发。1994 年爆发了墨西哥金融危机，1994 年 12 月 20 日政府宣布新比索贬值 15.3%，到 22 日新比索下跌了 40%。1999 年巴西爆发货币危机，巴西币值大幅度贬值，股市暴跌，大量外资抽逃，引发一场金融动荡。2001 年阿根廷金融危机爆发，股市暴跌，银行发生挤兑风险，大规模群众示威抗议不断升级，社会动荡不安，又是一场由债务危机引发的金融乃至社会危机。

（四）东亚奇迹的终结：1997 年东南亚金融危机

1997 年以泰铢的巨幅贬值为肇始，爆发了东南亚金融危机，此次危机对全球经济产生了重要影响。这次危机的深层次根源仍然是由产能过剩和生产过剩导致的利润率下降。在 1985 年《广场协议》签订之后的 10 年里，东北亚和东南亚经济利用日元超高升值的机会而实现强劲增长，进入了原来由日本生产者占据的市场——特别是北美市场。由于这些国家采取钉住美元的货币政策，在 1990—1995 年，这些国家的货币对日元的汇率下降 40% 或者更多。这些国家的产品变得非常便宜和极具竞争力，它们不仅开始占据北美市场并在较低程度上满足日本，而且开始满足亚洲大陆不断扩大的市场。从而使这些国家接受大量资本供给，并使制造业部门形成了巨大的生产能力。东亚新兴经济体经历了高速发展的 10 年。

但是，在 1995 年春天，美国、日本、德国政府为了阻止日本经济崩溃而达成了"反广场协议",自此,日元和德国马克开始对美元贬值,东亚新兴经济体面临的竞争更加激烈。然而,东北亚和东南亚大部分经济体对竞争的加剧和对它们的商品需求下降的普遍应对办法就是将更多资金投入新工厂和设备上。这似乎是矛盾的,但是,从它们主要依赖于出口以及短期内不可能重新转向国内市场方面看,这一地区的制造业只能通过更大的投资来提高竞争力。现存的过剩产能(每年投资增长达到20%)的后果就是使情况变得更加恶化。不可避免地,所有这些国家的经济突然受到出口和(或)利润增长显著下降的打击,特别是受到日本以及中国竞争加剧的影响,这些国家的海外销售增长整体上从1995年的20%下降到1996—1997年的4%—5%。随着经常项目赤字的突然上升,这些地区的增长前景明显变得黯淡。外部资金注入的规模不久开始缩小,对地方货币的投机性攻击在增长,最终迫使这一地区的货币出现大幅竞相贬值的局面。在这种形势下,西方和日本的银行不久前还为制造业过剩生产和这些国家的过分建设投入提供大量的资金,现在突然撤回它们的大部分短期资本,带动了货币市场的直线下滑。东亚新兴经济体发现自己受到多米诺骨牌效应的影响,加速了债务危机,证券市场在恐慌中螺旋式向下滑落。每个国外借款人害怕其他借款人会撤回它们的资金,力图尽可能快地出逃。结果使形势变得更加糟糕。而亚洲制造业者的债务水平一般都较高,现在他们不得不用已经大大贬值的本国货币来偿还他们的贷款,这使得他们的处境更加艰难。

在不到一年的时间里,东北亚和东南亚国家的货币对美元下降35%—40%,更大范围的价值毁灭也在很大程度上使危机变得更加严重。自1997年6月起,印度尼西亚证券市场的市值已经下降89%,韩国下降75%,马来西亚下降73%,泰国下降71%,菲律宾下降57%,香港下降47%。这种恐慌引起的溃退,只能引起全球的需求相对于供给的下降和国际竞争的加剧。

(五)网络经济泡沫的破灭:美国新经济面临挑战

1995年"反广场协议"被证明是美国在20世纪90年代经济扩张的一个转折点,所以也是世界经济的转折点,因为它不仅引发了新经济繁荣,而且证明这种繁荣的根基可能并不牢固。

在1995—2000年,新经济繁荣因受到企业和家庭的资产价格不断上升引起财富效应的支撑而起飞，GDP 平均每年增长率达到 4.1%，而在 1990—1995 年却只有 2.5%。在 1995—2000 年，在非制造业部门，产出和资本存量都显著加速增长，它们每年平均增长率比 1979—1990 年的水平分别高出 60% 和 30%，与战后长期繁荣时候的水平相同甚至更好。建筑业受益于对住房的惊人的似乎无止境的需求增长，持续了长达 10 年的繁荣，它的利润率也突破了该行业的所有历史纪录。零售贸易和批发贸易业在来自东亚的廉价进口商品的直接推动下，也表现得特别优异，生产率实现了加速提高。金融部门继续创纪录地增长。政府也放松了对银行的管制。一个标志性的事件就是废止了 1934 年的《格拉斯—斯蒂格尔法》，这为商业银行、投资银行和保险的混合经营开辟了道路。在 1994—2000 年，金融部门的公司总利润率包括获得的利息，已经翻一番，占这些年里支付利息之后的公司总利润增长额的 75%。金融利润到 1997 年时占总体公司净利润的 30%，在 3 年之后的 2000 年几乎达到 40%。

在 20 世纪的最后 5 年里，信息技术实现了惊人的增长。信息技术只占 GDP 的 8%，但在 1995—2000 年却占到总 GDP 增长的 33%。在这 5 年间，计算机、通信设备和半导体的生产能力加起来增长到原来的 5 倍，占制造业总体在这 5 年里生产能力增长的一半。

20 世纪 90 年代，美国经济发展进入新经济时代，从其结构到运行方式都发生了重大变化。在经济结构方面，以信息技术为中心的高技术产业在经济中占据了主导地位；在经济运行方式上，经济持续增长的时间拉长，从 1991 年 4 月至 2001 年 4 月，美国经济实现了长达 120 个月的经济增长，而信息技术行业成为经济快速持续增长的强有力支撑因素。作为美国经济健康状况最重要的指标之一的劳动生产率，从 1973—1995 年平均 1.4% 上升到从 1995—2000 年的 2.8%，增长了一倍。信息技术不仅从宏观经济层面，而且从企业层面大大地促进了劳动生产率的提高。与此同时，宏观经济出现了低通胀、低失业率、低赤字及高增长率的"三低一高"的局面，经济周期的阶段性特征明显淡化，成为美国历史上经济发展的黄金时期。

在 20 世纪的最后 10 年里，美国各大股指随着经济的高增长一路攀升。纳斯达克指数从 1990 年的 500 余点上涨到 2000 年的 5000 点以上，是之前的 10 倍。道琼斯工业指数在 1998 年 4 月 6 日跨上 9000 点后，用了不到一年的时间就上涨了 1000 点，实现了 10000 点的历史性突破。从 1998 年第四季度到2000年第一季度，由于风险投资的过度介入，网络股与科技股急剧升温。计算机及网络领头羊的许多公司市值上升了数倍，思科增长近6倍，微软增长了2倍，太阳公司和甲骨文公司各增长了9倍。而到了2000年3月，纳斯达克指数开始从高位下跌，与此同时对高科技网络股一系列不利消息发布，这成为引发股市暴跌的导火线。4月14日，市场卖压持续涌现，道琼斯指数与纳斯达克指数收盘双双创出下跌点数最高的纪录，道琼斯指数暴跌374.47点，跌幅为3.68%，降到了9796.03点，相对于2000年1月的近期最高点下跌了16.4%，是自1998年8月全球金融动荡以来跌幅最大的一次调整。以高科技为主的纳斯达克指数到5月26日，降到3205点，比最高点5000点下降近36%，到2000年底，纳斯达克指数已跌去50%以上。而到了2002年10月9日，纳斯达克指数下跌到1114.11点，已不足最高点时的1/4。股市暴跌导致美国经济开始走下坡路。2000年，美国家庭金融资产自1952年以来出现第一次下降。资产价值贬值引起财富效应逆转，个人实际消费支出出现剧烈收缩。由于前期的繁荣，导致很多行业生产严重过剩、行业利润率下降、负债率提高、失业率增加。电信业、网络设备、计算机服务器、软件、光纤等众多行业都陷入了衰退之中。从2001年初开始，美国就不断发生大型企业破产事件。网络公司的破产率非常高，仅2001年上半年，破产倒闭的网络公司就比2000年同期增加9倍以上。从2000年12月起，大量信息产业员工被裁，在13个月时间里，美国失业率由3.9%上升到2001年末的5.4%。GDP增长率由2000年的3.7%迅速降到2001年的0.8%。持续了整整10年的经济增长被宣告结束。

三 20世纪80年代后的金融危机理论

在20世纪的最后20年里，先后爆发了多次对全球经济有重要影响的经济危机，如1982年拉丁美洲债务危机、1990年日本经济泡沫危机、1997年东南亚金融危机、2000年美国网络经济危机等，这些危机都与金融领域有着紧密的联系。围绕着这些危机，有着不同的解释，但大致可以分为两大类。一类是从马克思主义的视角来进行解读的，他们认为这些危机的根源就在于资本主义制度本身，只要资本主义存在，危机就是不可避免的。另一类是从非马克思主义的视角来进行解读的，他们认为资本主义制度本身是合理的，出现危机只是由于资本主义的一些具体运行机制出现了问题，危机还是可以避免的。本部分主要对从非马克思主义视角来对20世纪最后20年的危机进行解读的理论进行梳理和总结。

（一）外债危机理论

1. 债务危机产生的根源

1982年以墨西哥债务危机为起点，拉开了拉美国家债务危机的大幕。这次债务危机给拉美经济造成重创，也对世界经济带来很大冲击。一些非马克思主义者认为造成这次危机主要有国内国际两个原因。[1]

国内原因主要包括：一是拉美国家经济结构单一，发展计划不切实际。这些国家制订了一些过于庞大的经济发展计划，实行高目标、高投资、高速度的"三高"政策，其资金需求超出了财力所能承受的压力。加之拉美多数国家的经济结构是以出口少数几种农矿产品为主的单一经济结构，易受世界经济起落的影响。二是筹借资金使用不合理，长期推行赤字财政、信用膨胀政策。大量资金被过多地用在周期长、收效慢的工程上，或者将外债用于非建设性开支，所借债务自身不能创造清偿能力。拉美国家长期以来推行赤字财政和信用膨胀政策刺激经济增长，造成国家和私人债务迅速增加，通货膨胀日趋严重，进一步缩小了国内需求，加剧了生产和消费之间的矛盾和冲突。三是债务管理失当，政局不稳。没有处理好私人银行借款与官方优惠贷款的结构关系，导致偿债资金周转不灵，不得不大量吸收短期债务，引起长、短期债务结构比重不合理，偿债率和负债率超出安全范围。在整个20世纪七八十年代，拉美国家政局不稳，执政当局制定的长期经济规划、政策也不能得到有效地执行，这阻碍了地区国家的经济发展，并导致外债规模的增加。

国际原因主要是：发达国家以邻为壑、转嫁危机等保护政策，也是加速债务危机爆发的重要因素。在20世纪70年代石油危机冲击下，发达国家为保护自身利益，采取经济紧缩政策，实行名目繁多的贸易保护主义，从而极大地限制了拉美国家的出口，加重了它们的债务负担。进口替代型战略使拉美国家产业结构高度畸形，经济呈依附增长，使拉美各国形成了

---

[1] 参见王道俊、高大敏《拉美国家债务危机的成因分析》，载徐明主编《透视危机——百年来典型经济危机回顾与启示》，经济科学出版社2009年版，第126—129页。

过度依赖外国资本,特别是通过举债促进经济发展,外债成为困扰拉美国家的一大难题。国际借贷市场高利率加重了债务负担,从而造成不得不以借新债来还旧债的恶性循环。此外,在高利率的诱惑下,大量资金纷纷从本国银行提取资金存入外国银行,或到国外消费,这大大削弱了拉美国家偿还外债的能力。

2. 克鲁格曼的"三元悖论"

该理论是国际金融领域的经典理论,是经济学家对国际货币体系演变历程的理论归纳,是主流经济学家们的共识,并经受住了各国现实经济的检验。三元悖论中的三元分别指汇率固定、资本完全流动以及一国货币政策的独立性。汇率固定有助于一国更加有效地进行国际贸易,参与世界分工,规避汇率风险;资本完全流动则有助于合理分配经济资源,最需要资本的领域能够得到充分的资本分配;而货币政策独立性有利于纠正市场失灵,控制通货膨胀或紧缩,维持经济平稳运行。因此,三者都是一国在经济发展中所渴求的。克鲁格曼是三元悖论最有影响力的代表人物。他在亚洲金融危机之后强调,在资本流动情况下,固定汇率是危机爆发的主要原因,并将三者之间的关系高度概括为:资本自由流动情况下,货币政策的独立性和固定汇率制度不可能同时存在。[①] 如果将名义汇率固定在某一水平上,则必须任由货币供应量和利率自动调整,即货币政策丧失了独立性;如果将货币供应量固定在某一水平上,则必须任由利率和汇率自由浮动,即需要放弃固定汇率制度;如果将利率钉住某一水平,则必须放弃对货币供应量和汇率的控制。如果同时兼顾货币政策独立性和固定汇率制度,则必须实行资本管制。也就是说,中央银行和外汇管理当局只能在三者之间控制两个,不能完全兼顾。克鲁格曼特别比较了资本流动情况下,三种基本汇率制度:一是浮动汇率制度,政府可以运用货币政策应对经济衰退,缺点是汇率过度波动;二是固定汇率制度,以牺牲货币政策独立性保持汇率稳定;三是实施资本管制,保持货币部分独立性,同时有比较稳定的汇率水平,但是会有较大的成本。拉美国家在债务危机前后,欲极力维持严格固定汇率制度、货币政策完全独立和资本完全流动的局面,这是不可能的。从这个意义上说,拉美国家在 20 世纪 80 年代的债务危机不可避免。

---

① Krugman, 1998, *What Happened to Asia?*

第二次世界大战之后，随着经济金融一体化的发展，私人部门资本流动对世界经济增长的作用日益重要，但也是造成危机的核心因素。资本项目可自由兑换引起发展中国家经济和金融十分不稳定的现象。1974年与1979年，两次石油危机期间，石油价格两次急剧攀升，使得石油出口国的经常账户出现大幅盈余。"石油美元"通过资本流动形式由石油出口国流入石油进口国。而石油价格上涨，是欧美国家"滞胀"的直接诱因，从而使得这些国家的通货膨胀率高企，实际利率很低，甚至为负。更为严峻的是，拉美国家均实行与美元挂钩的固定汇率制度，通货膨胀率上升意味着本币的升值，进口大量增加造成经常项目的大量赤字。而拉美进口替代政策适逢其时，为"石油美元"的流动提供了方向。同时，本国高利率导致拉美国家盲目向发达国家借款，增加了该地区国家银行的风险，埋下金融危机的隐患。由于拉美国家债务利率为浮动利率，债务利率随美国等发达国家利率水平上下浮动。美国里根政府为了维持规模庞大的预算赤字，不惜一再提高利率，使拉美国家一方面直接蒙受利息快速上升带来的损失，另一方面拉美国家为偿还本金，不得不继续提高利率吸引国际资本，使得债务越滚越大。在国际收支失衡和固定汇率的作用下，拉美国家债务危机首先爆发于墨西哥，随后，智利、巴西、阿根廷等国也相继爆发债务危机。

3. 其他债务危机理论

（1）欧文·费雪（Owen Fisher）的"债务—通货紧缩"理论。美国著名经济学家欧文·费雪针对20世纪30年代的大萧条中金融市场对宏观经济的影响提出了"债务—通货紧缩"理论。该理论的核心思想是：企业在经济上升时期为追逐利润"过度负债"，当经济陷入衰退时，企业赢利能力减弱，逐渐丧失清偿能力，引起连锁反应，导致货币紧缩，形成恶性循环，金融危机就此爆发。其传导机制是：企业为清偿债务廉价销售商品—企业存款减少、货币流通速度降低—总体物价水平下降—企业净值减少、债务负担加重、赢利能力下降—企业破产、工人失业—人们丧失信心、悲观情绪弥漫—人们追求更多的货币储藏、积蓄—名义利率下降、实际利率上升—资金盈余者不愿贷出、资金短缺者不愿借入—通货紧缩。

（2）沃尔芬森（Willfenshen）的"资产价格下降论"。美国经济学家詹姆斯·沃尔芬森曾担任世界银行行长一职，在担任行长期间，他非常重视给发展中国家减免债务，也对债务问题进行了长期研究。他的资产价格下降理论的核心思想是：由于债务人的过度负债，在银行不愿提供贷款或减少贷款的情况下，被迫降价出售资产，就会造成资产价格的急剧下降。由此产生两方面的效应：一是资产负债率提高，二是使债务人拥有的财富减少，两者都削弱了债务人的负债承受力，增加了其债务负担。债务欠得越多资产降价变卖就越多，资产降价变卖越多资产就越贬值，债务负担就越重。①

（3）"综合性国际债务"理论。苏特（Suter）1986年从经济周期角度提出的综合性国家债务理论认为："随着经济的繁荣，国际借贷规模扩张，中心国家（通常是资本充裕的发达国家）的资本为追求更高回报流向资本不足的边缘国家（通常是发展中国家），边缘国家的投资外债增多；债务的大量积累导致债务国偿债负担的加重，当经济周期进入低谷时，边缘国家赖以还债的初级产品出口的收入下降导致其逐渐丧失偿债能力，最终爆发债务危机。"②

（二）货币危机理论

在20世纪的最后20年里，以货币贬值为导火索而引发金融危机影响最为深远的当属1997年的东南亚金融危机。这场危机在后来又迅速蔓延到韩国等国，从而演变为一场亚洲金融危机。这场危机同样对世界经济产生了巨大冲击。西方学者从对外关系、产业结构、金融自由化等角度对危机产生的根源进行了深入研究，并形成两种主张不同的新古典主义金融危机理论和国家主义金融危机理论，同时还有学者从产业和发展模式的角度解释了亚洲金融危机的根源，提出金融危机综合论。

1. 新古典主义金融危机理论

东亚金融危机爆发后，新古典主义学派开始责怪政府干预以及由此带来的副作用，并认为政府干预是东亚金融危机的真正根源。③按照新古典主义学派的观点，东亚金融危机的根源不是对金融部门放松监管或自由资本流动，而是来自于过了时的政府领导的裙带资本主义。因为这种过于密切的政企关系导致四种内在的缺陷：①暗含的政府担保；②猖獗的腐败；

---

① ［美］塞巴斯蒂·马拉比：《世界银行行长沃尔芬森传》，李莉译，世界知识出版社2009年版。
② 张雄：《金融危机理论演进与发展研究》，《商业研究》2007年第5期。
③ *The New York Times*, 1998 – 02 – 13.

③非透明性；④缺乏监督机制。著名经济学家克鲁格曼指出，亚洲的银行和金融公司是在一个存在政府暗含担保的环境中运营的，这样会导致道德风险和资产泡沫两个严重的问题。由于暗含政府的担保，金融机构会倾向于把贷款贷给风险高的项目，如果幸运的话，它们会有丰厚的利润；如果不幸运的话，政府无论如何会弥补亏损。因此道德风险扭曲了投资。太多的政府担保还会导致整个经济投资过热或者对某个行业过度投资而产生资产泡沫。只要有政府的担保，资产泡沫就会持续。① 由于有过多的政府干预还产生了猖獗的腐败问题。政府干预一般采取贸易限制、补贴、价格控制、多种外汇汇率等形式，这些干预措施带来的很多套利空间很容易产生腐败。很多人通过贿赂官员，从银行那里大举借债，而不必考虑足够的投资回报率盲目地进行扩张。紧密的政企关系是基于个人关系建立起来的，这使得在西方不可想象的巨额贷款或高负债在东方成为可能。而这种过于紧密的政企关系还导致没有充分的监督机制。政府控制的银行往往被视为企业或产业集团的伙伴，而不是债权人或贷款发放方。在缺乏有效监督的情况下，这种体制很容易滋生腐败或导致资源的无效配置。

2. 国家主义金融危机理论

与主张自由市场经济模式的新古典主义学派不同，国家主义学派认为亚洲的发展型国家模式是一种"高负债模式"。国家主义学派的代表人物有美国学者查默斯·约翰逊（Chalmers Johnson）、罗伯特·韦德（Robert Wade）、爱莉丝·阿姆斯登（Alice Amsden）。他们认为，亚洲的发展型国家模式在东亚和东南亚，尤其是在日本和韩国特别明显，即大型企业的负债率都在200%以上。导致这种普遍存在的企业高负债的原因有两个：一是这些国家和地区的储蓄率特别高，银行自然倾向于向企业贷款；二是旨在占领世界主要产业市场的大型企业，必须要在短时期内获得巨大的资源支持，就只能靠借债加以解决。② 然而，高负债模式会造成脆弱的金融部门，容易受到国际金融市场波动的影响和国际投机资本的攻击。因此，东亚危机并不是由于东亚经济自身的问题造成的，而只是一场自我实现的金融恐慌。著名的国家主义学派学者美国的日本政策研究所所长约翰逊认

---

① Krugman Paul, 1998, Asia: What Went Wrong, http://web.mit.edu/Krugman/www/.
② Wade Robert & Veneroso, 1998, "The Asian Crisis: The High Debt Model Versus the Wall Street – Treasury – IMF Complex", *The New Left Review*, 228.

为，东亚金融危机与其说是由所谓的"裙带资本主义"或者过于密切的政商关系所致，不如说是由于放松监管造成的。① 总之，与新古典主义学派责怪有太多的政府干预相反，国家主义学派则埋怨放松政府监管后所造成的太多的自由市场。然而，这两个学派都有许多内在的弱点甚至错误。新古典主义学派的"裙带资本主义论"，虽然符合西方传统的自由市场理念，但很难信服地解释为什么危机爆发前已经存在几十年的裙带资本主义要对新近出现的危机负责。同样，国家主义学派的亚洲高负债模式也许能部分解释韩国的金融风暴，但很难合理解释发生在完全自由资本主义的中国香港的金融危机。

3. 亚洲金融危机综合论

从表面看，亚洲金融危机表现为货币危机，即由于危机各国（或地区）货币购买力或汇兑价值的投机性冲击导致货币币值的急剧下降，而当局为了维护本币币值，采取提高利率、运用外汇储备补充流动性等措施，最终耗尽外汇储备而不得不放弃固定汇率，导致本币大幅贬值引发危机。但从深层次分析，亚洲金融危机的根源在于亚洲各新兴工业化国家（或地区）在发展过程中，过度依靠流入资本发展经济，外债负担过重，债务结构严重错配；同时这些国家（或地区）产业结构升级缓慢，经济发展后劲乏力，外来资本大量流入房地产和股市，导致严重的泡沫经济，在泡沫经济破灭后，各国（或地区）金融机构形成了大量不良资产。这样一种经济发展模式，致使这些亚洲国家（或地区）即使没有外来冲击，也迟早要出现危机。同时，世界货币基金组织（IMF）向危机国家（或地区）开出的千篇一律的"药方"，没有考虑各国（或地区）的具体情况对症下药，也在一定程度上加重了危机。②

（1）对外经济关系严重失衡，债务结构不合理。危机爆发前，亚洲主要新兴工业化国家普遍存在巨额的经常项目逆差，经常项目逆差占 GDP 的比重都比较高，一般都在 3% 左右，最高的如泰国、马来西亚超过 8%，泰国甚至连续 20 年保持经常项目赤字。这些国家常年保值巨额外债，远远超过其偿付能力。如危机前的 1996 年，印度尼西亚的外债总额与 GNP

---

① Johnson Chalmers, 1998, "Economic Crisis in East Asia: The Clash of Capitalisms", *Cambridge Journal of Economics* 22, No. 6: 653 – 61.

② 参见李晓刚、黄安《亚洲金融危机的根源》，徐明主编：《透视危机——百年来典型经济危机回顾与启示》，经济科学出版社 2009 年版，第 276 页。

的比重达到 60%，与出口总额的比率达 221%。在这些国家的负债中，短期负债过高，在 1997 年底，在亚洲国家（或地区）3800 亿美元国际银行债务中，约 60% 的偿还期不到一年。

（2）市场体制不完善，过早地扩大了金融自由化。从 20 世纪 80 年代开始，随着美国里根共和党政府和英国撒切尔夫人保守党政府上台，新自由主义经济思潮在世界范围内开始盛行。新自由主义以美、英两国重新提倡自由放任，反对国家干预的政策为代表和开端，在西方国家掀起了一股强大的私有化浪潮。20 世纪 80 年代拉美国家爆发的债务危机，为西方国家向发展中国家输出新自由主义提供了良机。20 世纪 80 年代以来，亚洲主要新兴工业化国家相继开始推进金融业的自由化，取消和放松了对金融业的管制、限制和强制性规定，90 年代以后，这种金融自由化进程进一步加速。如泰国在 1991 年接受了 IMF 的第八条款，加速开放资本项目。主要包括：①开放和扩大离岸金融业务；②允许非居民开设泰铢账户可自由存款借款；③对外国的直接投资完全不加限制；④将国内股票和债券市场完全对外开放；⑤对金融机构不实行外债规模控制；⑥企业可以自由对外借款，设立泰铢的外汇市场，开办现汇、远期和掉期等业务。

（3）过度依赖外向型经济，经济结构性矛盾突出，经济增长乏力。亚洲新兴工业化国家实行出口替代战略。这种经济发展模式，在 20 世纪 90 年代后，其弊端日益显现。随着越来越多的发展中国家开始实行外向型经济发展战略，这使得世界市场上来自发展中国家的低附加值产品大量过剩，只能靠相互压价来竞争，使这些产品的利润大幅度降低，东亚国家（或地区）在这些产品的国际竞争中不再具有优势。加之，东亚国家（或地区）的劳动力成本、生产成本等不断上升，必然导致资本利润率下降，而这些国家又没有及时推动产业结构升级调整，这必然导致这些国家的经济竞争力大大下降。这为危机的爆发埋下了伏笔。

（三）泡沫经济危机理论

1990 年日本的房地产经济泡沫的破灭和 2000 年美国的网络经济泡沫的破灭是 20 世纪最后 20 年里两次最重要的经济事件。这些事件对当事国的经济产生了长期的负面影响，也对世界经济产生了很强的冲击。

1. 日本泡沫经济的形成与破灭

20 世纪 70 年代，日本经济很快就从石油危机的打击中恢复并发展起来，到了80年代，日本制造业称霸世界。这时美国却陷入通货膨胀和失业的泥潭中，超大型企业也面临运营危机，那时正是所谓的美国经济"衰退期"。但是以1990年为分界点，日、美双方经济局势发生了急剧转换。

日本经济形成泡沫的直接原因就是1985年9月的广场协议。在签订广场协议的会上，美国、日本、联邦德国、法国、英国5国决定联合干预外汇市场，下调美元对其他货币的汇率，结果日元从之前的1美元兑240日元涨到了1美元兑150日元。日元升值后，日本的出口情况严重恶化，尤其是钢铁、造船等"重厚长大型产业"失去传统优势，竞争力急剧下降。[①]为了应对"日元升值萧条"，政府采取了宽松的金融政策，结果1987年日本法定利率降到了2.5%，创历史新低。加之在金融自由化的推动下，日本的存款利率实现自由化，导致日本国内市场流动性大量过剩，大量资金涌向高利息、可融资的不动产和建筑方面。结果地价上涨，"土地神化"流行。导致企业只要有不动产的担保，不经审核，银行也提供融资。最后造成企业投资过剩，加速泡沫经济的发展。

而导致泡沫经济破灭的诱因是1989年5月日本银行调高法定利率和1990年3月大藏省对房地产融资实行的总量规制。1990年1月股市就开始暴跌。在资产价格开始暴跌后的一段时间内，大藏省和日本银行都还在推行挤泡沫政策，致使情况雪上加霜。结果许多公司倒闭，银行不良债权规模空前，总债务超过1万亿日元。日本的泡沫经济被刺破。

随着泡沫经济的破灭，日本企业走向萎靡不振，美国经济重获生机。实际上，IT革命是美国经济发展的原动力，是电脑、网络带来了美国经济复活。但这其实是因果倒置，所谓信息革命，其实是美国经济结构转换的结果。日本经济长期停滞不前的一个最大的原因就是日本没能及时赶上20世纪80年代的第三次工业革命（信息革命）。

日本在20世纪80年代没有及时进行产业结构的升级换代，仍然是制造业主导型的产业结构。80年代是日本的黄金时代，但现在看来，日本企业的成功不过是20世纪传统产业结构创造的最后辉煌。在激烈的国际竞争中，日本的制造业出现了海外生产的倾向，造成了日本产业的空洞化。由于制造业转移海外，造成国内岗位越来越少，没有工作的劳动者只有转

[①] 余斌、李建伟：《资产泡沫：国际经验与我国现状》，中国发展出版社2011年版，第57页。

向流通等服务业。结果就是简单的体力劳动者供给过多,工资下降。

日本经济长期衰退的另一个主要原因在于20世纪90年代以来生产率增长率低下。90年代生产要素从衰退产业到发展产业的移动脚步过缓,公共事业建设耗钱又分布过散,其中效率低下的建筑业从业人口增加,这些都造成了日本潜在增长率大幅度下降。① 90年代日本经济急速降低的原因,泡沫经济的崩溃自是脱不开干系的,但泡沫崩溃后实施的经济政策本身也有很大问题。

2. 美国泡沫经济的形成与破灭

美国经济泡沫的产生与新经济条件下经济增长方式转变、股票涨价的财富效应、外资大量流入和实体经济层面的增长密切相关。诱发经济泡沫的因素包括:"在企业利润稳定增长时期到来的互联网、胜利主义,外国经济对手的衰落,赞美经营成功或形象的文化变革,共和党国会及资本利得税的削减,生育高峰期及其对市场的显著影响,媒体对财经新闻的大量报道,分析师愈益乐观的预测,规定交费养老金计划的推广,共同基金的增长,通货膨胀的回落及货币幻觉的影响,交易额的增加和赌博机会的增加等。"② 促使经济泡沫形成的原因有以下几方面。

第一,经济的快速增长和利率的下降。在20世纪90年代初期,美联储为了扩大就业机会,刺激经济增长,曾经在1990年大幅度降低中央银行贴现率,由过去的7%下调到3%。同时,政府投入大量财政资金扶植信息产业发展。这些政策的实施提高了设备投资,增加了消费,出口也有较大幅度的增长。在80年代的金融革命的浪潮推动下,利率决定逐渐向自由化转变,与此相应的美国10年以上长期国债利率呈现不断下降的趋势。长期国债的利率低下改变了投资方向,许多投资者把大部分资金投入股票市场。结果,必然拉动美国股市的上涨。③

第二,技术冲击和生产率的提高。20世纪90年代,美国的新技术特别是信息技术获得了突飞猛进的发展。90年代后期计算机技术日新月异,互联网迅速普及,极大地提高了生产率。1995—1999年美国生产率每年增速达2.5%,远远超过1972—1995年生产率年增长1.4%的速度。信息技

---

① [日]池田信夫:《失去的二十年:日本经济长期停滞的真正原因》,胡文静译,机械工业出版社2012年版,第11页。
② [美]罗伯特·J. 希勒:《非理性繁荣》,廖理译,中国人民大学出版社2004年版。
③ 文红星:《经济泡沫研究》,光明日报出版社2013年版,第214页。

术革命引发的生产率提高,降低了成本,推动了经济增长,促进了股市繁荣,从而吸引大量外国资本进入美国股票与证券市场,而股市的财富效应更促进了消费和投资。

第三,外来投资的大量流入。外来资金的大量流入也是美国股市高涨、泡沫膨胀的重要原因。1994年以来,墨西哥、东南亚诸国、韩国、日本、俄罗斯以及巴西等国家和地区危机的相继爆发,使得美国和欧洲成为巨额国际游资的投资场所。亚洲金融危机爆发不到一年,亚洲地区约有7000亿美元的资金流向美国。

第四,过度消费。庞大而持续增长的消费是美国经济增长的一大原动力。网络泡沫时期的消费支出对美国GDP增长的贡献率达到68%。而支撑美国经济增长的消费主要是来自股市泡沫和向未来借钱,在非理性的股市泡沫刺激下,美国人的消费完全寄托在乐观的未来收入预期上。实际上,与庞大的消费支出相比,美国居民的个人收入增长率却达到了相近年份的最低点(1998年为5%),也就是说,消费增长和可支配收入增长是完全脱节的。

第五,美国长期执行强势美元的政策。这一政策导致美元长期被高估,损害了美国的国际竞争力,进一步放大了经济泡沫。

这轮美国经济泡沫的主要背景在于以信息及通信技术为核心的新经济,其产生的机制也与新经济密切相关。在IT革命的作用下,美国20世纪90年代生产率增长速度比70年代和80年代都要快。生产率的较快增长,不仅提高了经济增长的质量和效率,抑制了物价上涨,而且还推动了股市的长期繁荣。股市的繁荣反过来又促进了企业投资和居民消费的增长,导致国内需求和经济的进一步增长。1990年底,美国股市市值为3.06万亿美元,相当于美国GDP的55%。到1999年底,市值高达16.64万亿美元,相当于GDP的191%。股市的高涨使虚拟经济超越了实体经济的发展,出现过度繁荣。在IT技术密集型产业和传统产业中的表现形式有所不同。在IT技术密集型产业中,机构投资者的货币资本被作为风险基金,以股权形式投入到创新型企业中,形成了风险资本的金融创新。在这种金融创新中,由于无形资产占有很高的比例,因此比传统产业有更高的风险。随着美国股市的高涨,资产价格与其内在价值的背离、财富获得与财富创造的背离,以及资源耗费与效用创造的背离越来越明显。这种背离严重程度的提高意味着经济泡沫对整体经济负面效应的增加。

面对股市的疯狂上涨，美联储开始采取措施进行应对。从 1999 年 6 月 30 日就开始逐步提高联邦基金目标利率，但是由于当时的通胀水平和利率水平都不高，市场并没有对货币政策给予任何反映。1999 年 10 月中旬之后，美联储又连续几次提高联邦基金目标利率，这使市场开始关注美联储实施紧缩货币政策的决心，引发了 NASDAQ 综合指数的下跌，2000 年 3 月 21 日美联储再次提高联邦基金目标利率，更加速了 NASDAQ 综合指数的下跌速度。自此，美国股市进入了调整期，截至 2002 年 9 月，已经跌至 5 年来的最低点。股价下跌是十多年来美国虚拟经济超越实体经济的发展而出现过度繁荣、股市泡沫过度膨胀的必然结果。

经济泡沫破裂导致美国经济增长放缓。从 2001 年 3 月美国股市泡沫破灭开始，美国股市进入了一轮调整阶段。股价下跌严重阻碍美国经济复苏的进程。美国 2001 年的前三个季度的经济增长率都为负数，分别为 -0.6%、-1.6%、-0.3%。美国经济泡沫的破裂也产生了一系列后遗症形成连锁反应。股市下跌使财富泡沫破灭，恶化了企业和居民部门的债务，导致企业紧缩投资，居民紧缩消费。美国经济泡沫的破裂，使银行资产的有价证券因价格狂跌带来巨额损失，对企业的债权也会因为企业破产倒闭等原因形成银行的不良资产或不良债权，使银行变成有问题银行，进而可能引发金融危机。

以网络经济为代表的新经济泡沫的破灭值得我们反思。20 世纪 70 年代以来，美国靠发展信息技术而成为信息产业的主导者，新经济也以其独特的经济特征向传统经济规则发起了强大挑战。比如，信息产业的低成本甚至零成本扩张，使得边际成本递减的法则代替了边际成本递增的经济法则，由此而带来了边际收益递增的新经济规律。正是由于这些特征，使美国人强化了对新经济的乐观预期，使得新经济的代表网络股票"身价倍增"。实际上，当时真正的信息时代还远未到来，新兴的高科技产业还没有成为主导产业。网络经济的发展必将经历两个阶段：产业阶段和媒体阶段。当时网络经济还只是处于产业的初创阶段，网络企业实际上就是经营互联网产品与服务的企业，经营互联网的企业绝大多数还没有实质性的净收益。这些网络经济的经营现状与预期收益的巨大差距注定网络经济的泡沫终究是要破灭的。

四 马克思主义学者的全球性资本主义危机理论

(一) 布伦纳的生产过剩危机理论

罗伯特·布伦纳是当代美国著名马克思主义经济学家,他认为资本主义经济在20世纪60年代到70年代初处在危机爆发期,70年代初到90年代末处在长期下滑期,其根源是世界性的生产能力过剩和生产过剩。而生产过剩的结果必然导致利润率下降,这最终引发了经济危机。

布伦纳认为,总的利润率下降是长期衰退的原因,它并不是劳动对资本形成的挤压的结果,而是由于资本主义之间强化的、平行的竞争而引起的过剩产能和过剩生产的结果。资本主义互相竞争的升级本身是由低成本的、低价格的商品进入国际市场而引起的,特别是在制造业中,这是以牺牲高成本的、高价格的现存生产者及其利润率和生产能力为代价的。长期衰退得以持续,在很大程度上是因为发达资本主义经济已经证明不能有利可图地充分缩减或重新配置其生产能力,以克服制造业部门的过剩产能和过剩生产,从而恢复利润,特别是在东亚新兴经济体在国际市场中的地位不断提高的情况下。因为利润率不能恢复,投资增长和产出增长也在长期下降,引起生产率增长和工资增长的长期下降,失业因此上升。[①] 布伦纳在判断经济增长还是衰退时,他更加重视利润率的变化,而不是产出率的变化。他认为,利润率不仅是基本指标,而且是整个制度的健康状况的核心决定因素;平均利润率表示经济能够从它的资本存量中产生剩余的能力,所以成为近似于它能够积累资本(投资)以及由此增加生产率和增长的能力。平均利润率也表明这个制度可能发生经济动荡的程度:如果利润率离差保持不变,利润率的变化将决定处于存亡边缘的公司的比例,以及可能产生的严重的衰退或萧条。最后,因为投资者不能预测或控制市场,他们一般必须根据已实现的利润率来估计预期的利润率,并在这个基础上决定如何分配他们的资金。

根据布伦纳的看法,发达资本主义世界的经济(主要包括美国、日本、德国)在1950—1973年,处于战后繁荣阶段,而自1973年开始,就一直处

---

① [美]罗伯特·布伦纳:《全球动荡的经济学》,郑吉伟译,中国人民大学出版社2012年版,第6页。

于长期衰退之中。在 1950—1970 年,美国、德国、日本和 G7 的制造业年平均利润率分别为 24.4%、23.1%、40.4%、26.2%,而在 1970—1993 年,年平均利润率分别下降为 14.5%、10.9%、20.4%、15.7%。① 他认为,发达资本主义世界的利润率下降是同一时期特别是制造业中投资增长率下降以及随之出现的产出增速减缓的基本原因。投资增长率显著下降以及产出本身的增长率显著下降成为生产率增长下降的首要原因,是失业率增长的主要决定因素。就业和生产率的增长率下降是实际工资增长率显著下降的根源。

从 20 世纪 80 年代中期开始,美国制造业实现了相对成本的大幅下降,为出口增长的加速和世界出口市场的相应增长提供可能。但是这种提高绝不可能归因于生产率增长,而应完全归因于实际工资增长受到压制和美元价值的大幅降低。

从 1979 年开始,制造业劳动力的规模达到顶点,制造业就业在经济中的地位开始迅速下降。制造业劳动力在 1979—1990 年下降了 110 万人,在 1990—1996 年进一步下降了 83 万人。但与此同时,服务业就业却出现了大幅增长,1979—1990 年增长了 2000 万人,在 1990—1996 年进一步增加了 860 万人。但是,美国在制造业之外的就业岗位在这段时间的快速净增长,并不是表明经济恢复活力,而是表明美国经济下降。②

(二) 伍尔夫的新经济危机论

美国马萨诸塞大学经济学系里查德·D. 伍尔夫运用马克思主义原理分析了美国的"新经济",认为美国 1990 年以来的"繁荣"是特定和暂时历史条件的特殊产物,资本主义经济并没有寻找到永久增长的动力。"美国的'繁荣'是以工人实际工资的降低、家庭和人际关系的破裂、政府的干预、其他资本主义国家的经济衰退为代价的,因而存在着潜在的矛盾和危机。要真正克服危机,必须改变资本主义的生产结构。"③

---

① [美] 罗伯特·布伦纳:《全球动荡的经济学》,郑吉伟译,中国人民大学出版社 2012 年版,第 4 页。
② [美] 罗伯特·布伦纳:《全球动荡的经济学》,郑吉伟译,中国人民大学出版社 2012 年版,第 211—212 页。
③ [美] 里查德·D. 伍尔夫:《2000 年的美国经济:一个马克思主义的分析》,《当代经济研究》2001 年第 1 期。

美国的"繁荣"是特定和暂时历史条件的特殊产物,不是寻找到永久增长和繁荣魔力的资本主义的产物。20世纪90年代高速增长的美国经济需要联系在日益全球化经济中其他地区的经济发展来理解。20世纪90年代美国的经济表现重演了日本经济在七八十年代的经历。那时,全球一致对日本的经济奇迹大加褒奖。在经过了前所未有的经济繁荣后,日本经济衰退了,时至今日,十多年也没有从不景气中走出来。2000年的美国经济在哪些方面重复着日本的老路?从哪些方面讲日本的衰退促成了美国的繁荣?在20世纪90年代后期,一个短期的危机严重打击了大部分亚洲国家和地区,而长期的危机也已破坏了非洲大陆大部分国家的经济。在日本、亚洲的其他大部分地区和整个非洲,正是资本主义经济遭受了各种困境。

伍尔夫认为美国资本主义"繁荣"的原因是由于政府实施了一系列有利于资本积累的政策。首先,政府稳步地减少提供给大众的服务和支持,降低税收、减少雇佣工人。资本主义企业的税收减少了,使他们有更多的利润用于"计算机化",从而替代更多的工人或者为降低成本而进行大规模兼并。税收的减少意味着美国政府比战后早期雇佣越来越少的职员。没被雇佣的劳动者不得不去竞争私人部门的工作,从而使私人部门的工资被压低。工资下降又会导致企业利润的上升。同时,"计算机化"用机器代替了工人,而大规模兼并使雇员数量缩减。这进一步压抑了工人的工资,提高了企业的利润。更多的家庭成员加入劳动大军,加上大规模的移民涌入也促使实际工资下降。总之,美国政府采取的政策增加了资本家的利润,而同时减少了通过税收方式征收的利润。这一政策"成功"地扭转了美国企业利润率的下降,因而奠定了20世纪90年代繁荣的基础,特别是在股票市场上,它真实地记录了这一过程。

但是,美国的这些政策也导致了家庭和公共服务的瓦解、教育的下滑、犯罪和罪犯的增加、毒品泛滥、心理障碍盛行以及公共政治生活堕落。企业的赢利危机依靠转移危机得到"解决",将它转移到家庭、监狱和个人生活中。愤怒、沮丧、暴力、不满都从人群中生发出来——加剧了族群紧张、排外情绪被煽动和种族主义,等等。与此同时,快速的股市财富创造(作为这些"危机—解决—危机—置换"政策的最高表现)产生了两大矛盾和危险的结果。第一,贫富差距的拉大是20世纪以来最严重的。潜在的社会冲突随着差距的扩大在滋生着,特别是在一个宣扬"机会均等"、每个人都跨入"中产阶级"的文化里。第二,富人财富的迅速增长在他们中间以及在那些想加入富人行列的人中间产生了投机股市的狂热。随着票面财富的升值，个人和企业的消费也在上升，这正蕴藏着过度生产的通货膨胀的危机，最后会以股市和生产的崩溃结束。而且，这一崩溃特别危险，因为巨额的私人以及企业债务和贫富差距是崩溃发生的社会背景。

资本主义总是周期变动的。在任何国家的历史上，它的繁荣总要跌落至衰退或萧条。而后，越来越多的受苦大众就对资本主义作为组织生产的方式和资本主义经济本身提出质疑和挑战。资本主义的支持者就面临着一个危机：他们如何在资本主义运行糟糕时将它保持下来？他们往往提出这样的对策——实行劳动改革、外贸管制，使用货币政策、财政政策等，希望以此来减缓劳动者受剥削的程度、克服危机。但是，这些措施没有改变资本主义生产的基本结构。所谓"资本主义的生产结构"，马克思主义者认为是指谁生产出社会的剩余，谁获得这种剩余，它是如何分配和用来塑造经济和社会的。

伍尔夫认为，马克思主义者解决任何类型的资本主义危机的办法是用非资本主义的方式组织经济和社会。马克思主义者的观点和计划首先是组织生产的方式要变化，不再是由工人创造剩余然后转给别人（私人资本家或国家资本家），资本家再用剩余去维持资本主义生产的阶级结构。而是工人创造剩余并由工人集体占有剩余、分配剩余。不再有生产者和剩余占有者之间的阶级划分。"共产主义"意味着工人作为一个集体或共同体自己占有和分配他们生产出来的剩余。当然，马克思主义者还致力于其他诸如平等、民主、正义的社会变革，但他们最鲜明的特征是坚持将这些社会目标与工人生产剩余的集体占有联系起来。"面对美国目前的繁荣和它迟早要遭受的危机，马克思主义者应该主要做好三件事情。第一，马克思主义者应揭露所谓'繁荣'掩盖下的瘤疾，以及繁荣是如何依靠从美国和其他国家工人剥削更多的剩余价值建立起来的。第二，马克思主义者应该揭示资本主义在国家资本主义和私人资本主义之间摇摆的高代价的历史，以及社会民主主义想超越国家资本主义形式的失败。第三，马克思主义者现在应开始组织起来，在资本主义危机和危机前的'繁荣'时采取行动，包括将向共产主义的生产组织转变列入议程。"①

---

① ［美］里查德·D. 伍尔夫：《2000 年的美国经济：一个马克思主义的分析》，《当代经济研究》2001 年第 1 期。

(三) 大卫·哈维的新帝国主义危机论

哈维认为，从20世纪70年代开始，世界进入了新帝国主义时代，与以往不同，作为世界的霸主美国转向通过金融领域来维持自己的霸权。在新帝国主义时代，危机的表现形式和解决方式也有了新的变化。剥夺性积累成为资本进行原始积累的重要手段。哈维针对资本积累内部矛盾的危机倾向，提出了"空间修复"的理论。这一理论的核心所关注的是资本主义内部的长期趋势，从理论上讲，它来源于对马克思关于利润率呈不断下降并导致过度积累危机的趋势这一理论的重新阐释。这种危机最典型的特征是接踵而至的资本盈余（以商品、货币或生产能力的形式）和劳动盈余，以及没有任何明显方式将二者集合起来进行赢利的机会。[①]

20世纪70年代之后，随着美国在全球制造业中的主导地位逐步削弱，它开始将金融力量的触角伸向整个世界，通过金融领域来维持自己的霸权。与世界其他国家相比，美国正逐步走向一种食利经济，而在国内，美国则正逐步走向一种服务经济，金融部门成为增长最具活力的部门。在国际上，金融资本越来越具有易变性和掠夺性。一次次的资本贬值和资本损失作为一剂良药，被用来应对在扩大再生产过程中无法保持资本积累平稳进行的困境。比如在20世纪80年代的拉丁美洲，美国金融资本侵入了拉丁美洲整个经济并重新获取了它们的资产。在1997年，对冲基金对泰国和印度尼西亚货币的攻击，导致整个东亚和东南亚地区陷入金融危机。但这场危机却大大提升了美元的地位，确定了华尔街的主导地位，大幅增加了美国富人的资产价值。还有一些特定的国家，由于国外资本的进一步渗透而发生了债务危机。由于这些国家陷入危机，美国、日本、欧洲的公司接管了这些国家的金融体制、产品市场以及逐步壮大的公司。通过攫取从海外赚取的高额利润，中心地区的低额利润得到了有效补充。哈维所称之为"剥夺性积累"的行为成为全球资本主义的核心特征。

在20世纪最后的二三十年里，马克思所着重指出的某些原始积累的机制经济调整，比过去发挥了更加强大的作用。信贷体系和金融资本已经成为掠夺、诈骗和盗窃的重要手段。1973年之后所形成的强大的金融化浪

[①] ［英］大卫·哈维：《新帝国主义》，初立忠、沈晓雷译，社会科学文献出版社2009年版，第72—73页。

潮已经完全展现出了其投机性和掠夺性的特征。"股票促销、庞氏骗局、由通货膨胀而导致的整体资产的破坏、由合并和兼并所带来的资产剥离、债务水平的提高，使得大众甚至发达资本主义国家的大众都陷入用劳役偿还债务的境地，以及公司诈骗、利用信贷和股票而进行资产剥夺"①——所有这些就是当前资本主义的核心特征。剥夺性积累是从20世纪70年代之前的幕后状态重新走上前台，成为资本主义逻辑的主要特征。

那么剥夺性积累是如何帮助解决过度积累的问题呢？所谓过度积累是指这样一种情况，即过剩的资本（或许还伴随着过剩的劳动）被搁置起来，没有可以看得到的赢利性出路。剥夺性积累所做的是以极低的价格释放一系列资产。过度积累的资本能够抓住这些资产，并迅速利用这些资产进行赢利活动。要做到以极低的价格购买贬值后的资本资产，然后利用过度积累的资本再次将其投入赢利性的资本循环之中的条件，就是出现某种形式的危机。为了使这一切变得合理化，危机可能在精心安排、操纵和控制之下进行。这通常就是国家实施的经济紧缩方案（利用利率和信贷制度等重要杠杆）所要做的。有限危机可以通过外力被强加于资本主义活动的某个部分或某个区域，甚至整个资本主义领域。由此而带来的结果就是在世界上某些地方周期性地创造一些贬值的资产，然后利用在其他地方缺乏盈利机会的资本盈余对这些资产进行赢利性使用。1997—1998年东亚和东南亚的金融危机就是一个典型的例子。区域性危机和高度本地化的货币贬值成为资本主义为了存在下去而不断创造其自身的"他者"的一种初级手段。而国家干预和国际机构所要做的就是，以自己的方式精心安排贬值，既确保剥夺性积累又不会引起普遍的崩溃。

（四）威廉·L. 罗宾逊的全球资本主义危机论

罗宾逊认为，资本主义已经全球化，因此资本主义的危机也带有全球性。20世纪的后几十年经历了新的科学和技术革命，尤其是通信和信息革命，同时也包括了在交通、营销、管理、自动化、智能化等领域的革命。这些新技术使得资本"走向全球"，正是从这个意义上说，这些新技术也是"面向全球化"的。"面向全球化"的技术所开创的新的积累范式，既

---

① 朱彦振：《哈维新帝国主义意识形态批判理论探析》，《中共南京市委党校学报》2011年第4期。

要求有一种名副其实的全球规模的经济,并使之成为可能,又要求世界经济的更加普遍商品化。[①] 与之伴随的就是跨国资本的出现,它构成了经济全球化的基础。当资本主义体系进入到跨国的新阶段后,我们就走进了经济全球化时代。尽管技术和组织创新非常重要,但全球化并不受技术决定论左右,因为技术并非是导致社会变化的根本原因,它只是一个因变量。经济全球化的动力,包括新的创新型"全球化"技术的发展,来源于资本主义本身,是由竞争和阶级斗争、降低劳动和其他"因素"的成本使利润最大化趋势推动的。竞争驱动着每一个资本主义企业通过发展新技术和降低生产成本的各种方法来提高利润。

经济全球化和以往的世界经济最大的区别就是,生产过程本身的全球化程度急剧提升。全球资本的流动使得资本可以按照一系列促使赢利机会最大化的策略来重组世界范围内的生产。这使得资本主义的危机也具有了全球性。在世纪交替之际,随着1997—1998年东亚金融危机的爆发以及2001年美国网络经济泡沫的破灭,全球资本主义体系的正统地位开始动摇,资本主义进入新的周期性危机中。罗宾逊认为,全球资本主义在世纪之交遭遇的危机与以下四个方面相关:(1)过度生产或需求不足,或者换个说法叫作积累过剩;(2)全球社会的两极分化;(3)国家合法性和政治权威面临的危机;(4)可持续发展危机。这次波及面很广的危机,看起来既像是短期内的周期性危机,又像是长期的结构性危机。资本主义一方面带来了巨大的财富,另一方面随之产生了两极分化和社会危机,这是资本主义体制发展的固有趋势。两极分化和社会危机并不是政策太差的结果,而是根植于这种制度的本性。21世纪全球资本主义面临的一个最大问题就是生产过剩或者说消费不足。由于工人的工资远远低于他们所生产的所有商品和服务的价值,他们没有能力购买那些商品和服务。因此,资产阶级始终面临一个不可避免的问题,就是不得不断地寻找新的市场来卖掉那些剩余商品和服务。可是到某个节点,资本家们多少会陷入市场不足的困境,换言之,他们手中的商品和服务仍远远超出他们的市场销售能力。这也就是生产过剩或者消费不足造成的危机,因为在既定的资本主义生产关系下,社会创造的财富无法全被消费掉。罗宾逊将这种情况称为"积累

---

① [美]威廉·L. 罗宾逊:《全球资本主义论》,高明秀译,社会科学文献出版社2009年版,第12页。

过剩"的危机。全球资本主义所面临的正是这种难以克服的积累过剩危机。

全球范围内的收入两极分化、流动性不断下降、购买力不断减弱，致使世界上的大多数人没有能力消费全球经济所生产出来的商品。这是消费不足的典型危机，现在这种危机在特定条件下转嫁给了作为一个整体的全球经济。全球化带来了全球性的劳动力资源，使得工人的工资更低了，资本家的利润却大大增加了。全球化使劳动力的供给增加了，使用先进的设备和技术替代工人的趋势更加明显了，这两种力量使世界范围内失业和半失业的规模出现惊人的增长。这种情况使生产过剩或者消费不足的矛盾进一步恶化。总之，突破以国家为单位的利益再分配体制，一方面促进了经济增长，提高了经营利润；另一方面却使资本主义内在的积累过剩问题更加严重，收入两极化和不平等问题都进一步加剧。1997—1998 年的亚洲金融危机和随后的经济停顿乃至衰退，深层次原因都在于生产能力过剩。传统的抵消积累过剩危机有两种机制：一是转嫁危机，正统的帝国主义使中心国家将资本主义自身产生的最尖锐的社会矛盾转嫁到殖民地；二是运用信用体系和再分配机制来提升消费需求。这两种机制所起的作用已经越来越有限。在全球化形势下，单靠一个国家的力量已经没有那么容易解决形形色色的多种危机了。

结语 新自由主义不能拯救资本主义

在 20 世纪即将结束的时候，世界仍然处于大调整、大变革、大动荡之中，新自由主义并没有拯救资本主义，也不可能拯救资本主义。新自由主义所主张的政策只会促使资本主义的内在矛盾更加尖锐，使矛盾在更大规模、更大范围内爆发。资本主义的一些新的趋势变得日益明显：经济全球化趋势进一步加速，信息技术革命获得迅猛突破，经济金融化虚拟化趋势明显加快。这些也将促使下一次的危机更具全球性、更具破坏性、更具持久性。在对危机的本质的认识上，显然马克思主义学者比西方学者要深刻得多。当代美国著名马克思主义经济学家罗伯特·布伦纳认为危机的根源仍然是世界性的生产过剩。伍尔夫认为美国 1990 年以来的"繁荣"是特定和暂时历史条件的特殊产物，资本主义经济存在着潜在的矛盾和危机，要真正克服危机，必须改变资本主义的生产结构。哈维认为世界进入了新帝国主义时代，危机的表现形式和解决方式也有了新的变化，剥夺性积累成为资本进行原始积累的重要手段。罗宾逊认为，资本主义已经全球化，因此资本主义的危机也带有全球性。这些马克思主义者都认识到，危机的根源就在于资本主义制度本身，只要资本主义存在，危机就是不可避免的。

第九章

又见大萧条：21世纪初的危机与理论

21世纪的前10年，世界经济发展得并不平顺。信息技术、智能技术的飞速发展并未使经济呈现出同样繁荣的景象，"新经济"泡沫、房地产泡沫的连续破灭，全球金融危机的爆发使世界经济陷入对大萧条的恐慌中；与新自由主义生产全球化伴随产生的全球生态问题使得全球在21世纪初陷入重重危机的境地，这些危机证实了新自由主义的不可持续性。

一 危机重重的21世纪初

（一）危机重重：从新经济泡沫到房地产泡沫

"新经济"泡沫破灭以及"9·11"事件以后，为了阻止证券市场、经济各种关键指数的进一步下降，美联储从2001年1月起连续11次降低短期利率并放松信贷，使短期利率在一年时间内从6.5%下降到1%。全球化背景下，外围出口导向性国家赚到的钱被大量投资于美国债券，发展中国家带来的金融市场流动性的增加使得信贷供给持续攀升，降低了借贷成本，实际长期借贷利率持续下降，如图9-1所示。

但不幸的是，降低利率并未在短期内有效刺激私人企业，实体经济仍然缺乏投资和雇佣的动机，美联储只得继续采用"资产价格的凯恩斯主义"。然而2000—2001年证券市场的崩溃证明只靠公司资产的价格推高是失败的，资本积累的"时间修复"原则使得资本从初级循环进入次级循环。1995年以来，美国政府连续几届总统大力推广"居者有其屋"的"美国梦"工程，在此背景下，美联储促使按揭利率下降，住房价格上涨，以推动住房信贷并扩大个人消费。短期借贷成本的下降使得资本市场获得流动性更为方便，支持了易受到利率影响部门——房地产市场与各种债券的杠杆投资。家庭和金融部门的借贷增长促成了房地产市场和信贷市场的泡沫，两个市场泡沫的相互作用推动了新一轮泡沫经济的扩张，埋下了引发危机的火种。

2007年房地产泡沫破灭，进而引发了世界范围内的金融危机。我们将在下文阐述房地产泡沫产生到破灭背后的经济运行规律。

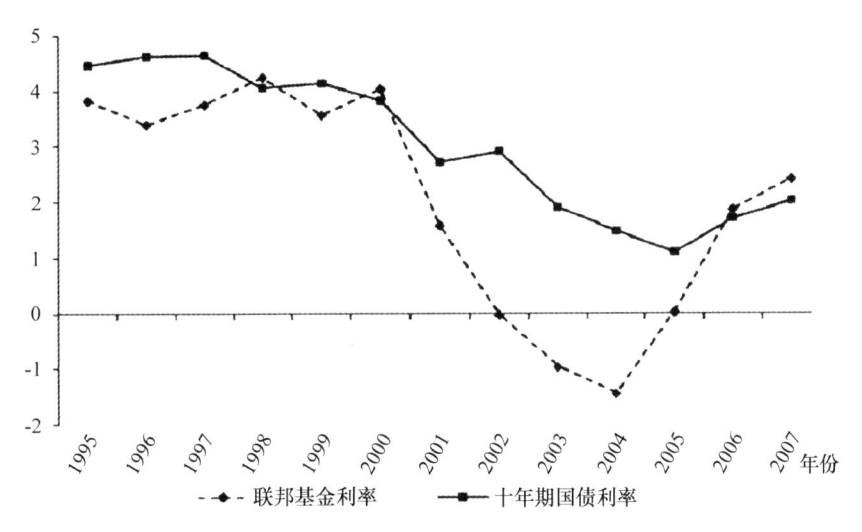

图 9 - 1　1995—2007 年美国实际长期利率和实际短期利率（经过 GDP 平减指数调整）

资料来源：[美] 罗伯特·布伦纳：《高盛的利益就是美国的利益——当前金融危机的根源》，《政治经济学评论》2010 年第 2 期。

1. 实体经济的停滞趋势

从实际经济增长率来看，这一轮泡沫推动下的经济扩张并不理想，2000—2007 年美国经济增长率仅为 2.6%，低于以往任何一个年代，失业率相比则有所下降，通胀率也比较温和，如表 9 - 1 所示。事实上，从整个新自由主义时期来看，经济增长表现一直不佳，如美国在 1979—2007 年平均经济增长率只有 2.80%，而即使在 1973—1979 年危机期间 GDP 年均增长率也有2.5%。① 从季度数据来看，在20世纪五六十年代有35%—40%的季度实际GDP以大于或等于6%的速度高速增长，七八十年代这个比率下降到20%—25%，90年代进一步下滑到10%，而21世纪初十多年这个比例下降到仅有4%②，如图9-2所示。

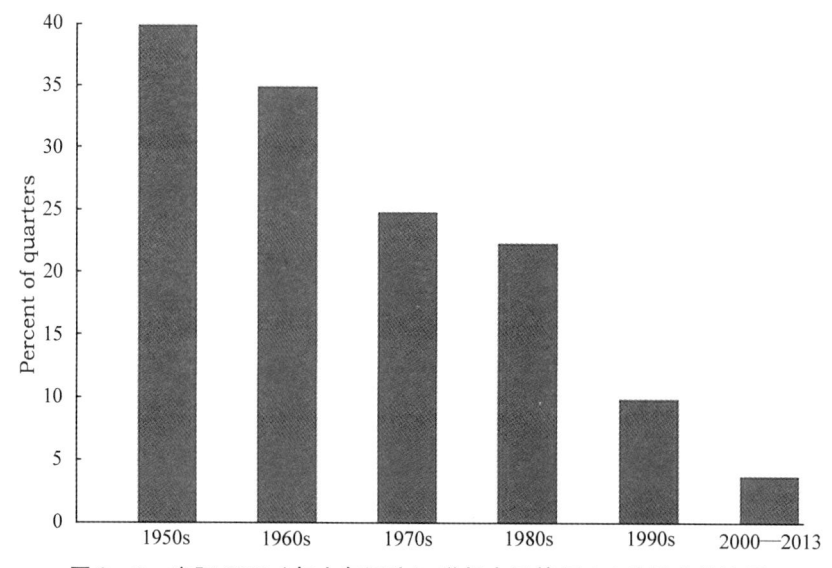

图9-2 实际GDP（与上年同比）增长大于等于6%的季度的比例

资料来源：Magdoff, Fred, John Bellamy Foster & William Morris, "Stagnation and Financialization: The Nature of the Contradiction", *Monthly Review* 66.1 (2014).

从全球来看，20世纪60年代全球总体经济增长率在3.5%左右，即使在困难的70年代，也只降到2.4%。但是在80年代和90年代，全球经济增长率只有1.4%与1.1%（2000年之后，勉强接近1%）。③ 按地区来看，相较于新兴市场与发展中经济体，发达经济体在21世纪初的表现要差很多，可以说新兴市场与发展中经济体支撑了这一轮的全球经济发展，如表9-2所示。

---

① 以上数据是从美国总统经济报告（Economic Report of the President）2009年表B-4中计算获得。

② Magdoff Fred, John Bellamy Foster & William Morris, "Stagnation and Financialization: The Nature of the Contradiction", *Monthly Review* 66.1 (2014).

③ ［美］大卫·哈维：《新自由主义化的空间》，王志弘译，群学出版有限公司2008年版，第36页。

表 9-1　　　20 世纪 60 年代以来美国宏观经济状况　　　单位:%

年代	实际 GDP 增长率	失业率	通货膨胀率
20 世纪 60 年代	4.4	4.8	2.4
20 世纪 70 年代	3.3	6.2	8.7
20 世纪 80 年代	3.1	7.3	5.1
20 世纪 90 年代	3.2	5.6	2.9
2000—2007 年	2.6	4.0	2.3

资料来源：美国总统经济报告（Economic Report of the President）2009 年、2010 年，表 B-4、表 B-42、表 B-63 计算获得。

表 9-2　　　　　2001—2007 年世界产出变化率　　　　　单位:%

年份	世界	发达经济体	新兴市场与发展中经济体
2001	2.4	1	4.1
2002	3	1.6	4.8
2003	4	1.9	6.5
2004	5.3	3.2	7.7
2005	4.8	2.5	7.5
2006	5.1	3	7.9
2007	5.2	2.7	8.3

注：发达经济体包括美国、欧盟、日本、英国、加拿大。
资料来源：IMF, World Economic Outlook, 2001-2008.

除了表现欠佳的经济增长率，实体经济还呈现出积累的停滞。2001 年美国非金融企业的积累率一路下跌至第二次世界大战以来的最低点，利润率与积累率的差距越来越大，如图 9-3 所示。1980—2007 年积累占税后利润率的比率平均仅为 0.43，而此前 1948—1979 年为 0.61[①]，如图 9-4 所示。这表明相较于前一个阶段，1980—2007 年间越来越多的利润未用于生产性投资。实际非地产固定投资总额的平均年增长率从 20 世纪 60 年代以来一路下降，尤其在设备与知识产权产品投资方面急速下降，如表 9-3

---

① Bakir Erdogan & Al Campbell, "Neoliberalism, the Rate of Profit and the Rate of Accumulation", *Science & Society* 74.3 (2010).

所示。

2. 金融资本的扩张与统治

实体经济停滞背景下,产业资本越来越多地加入金融资本的循环。金融资本逐渐演变成为支配经济运行,渗透到整个社会关系的特权系统。

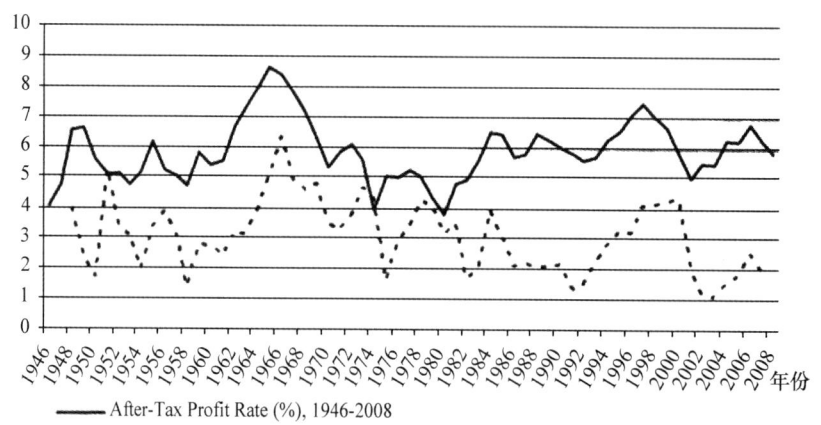

图 9-3 美国非金融类企业税后利润率与资本积累率

资料来源:Bakir Erdogan & Al Campbell,"Neoliberalism, the Rate of Profit and the Rate of Accumulation", *Science & Society* 74.3 (2010).

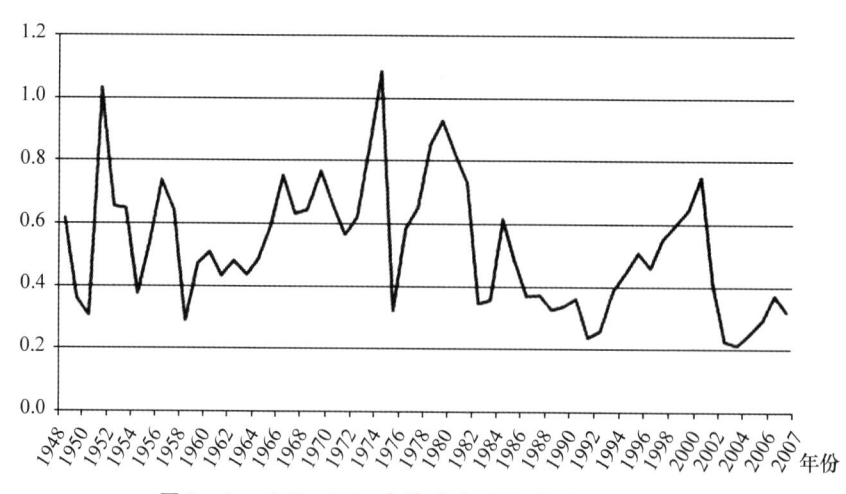

图 9-4 1948—2007 年资本积累占税后利润的比例

资料来源:Bakir Erdogan & Al Campbell,"Neoliberalism, the Rate of Profit and the Rate of Accumulation", *Science & Society* 74.3 (2010).

表 9-3　　　1960—2013 年实际私人非地产投资总额的平均年增长率　　　单位:%

	Total	Structures	Equipment	Intellectual property products
1960s—1970s	6.4	4.2.7	7.6	6.9
1980s—1990s	5.2	1.3	6.4	8.5
2000—2013	2.3	0.4	3.4	3.3

资料来源：Magdoff F., Foster J. B. & Morris W., "Stagnation and Financialization: The Nature of the Contradiction", *Monthly Review*, 2014, 66 (1).

金融资本对经济运行的支配体现为非金融企业的金融化、商业银行职能的转变以及劳动力再生产条件的金融化。实体经济的停滞背景下，由于投资渠道的短缺，非金融公司越来越通过金融而非生产性活动来获取利润。积累占税后利润的比重急剧下降，越来越多的利润未用于生产性投资而是加入金融资本的循环。而垄断企业在信息、通信技术进步的支持下自设金融部门以回避监管。大公司越来越倾向于通过留存利润、通过公开市场直接借款进行融资，减少了对银行融资的依赖性，如图9-5所示。

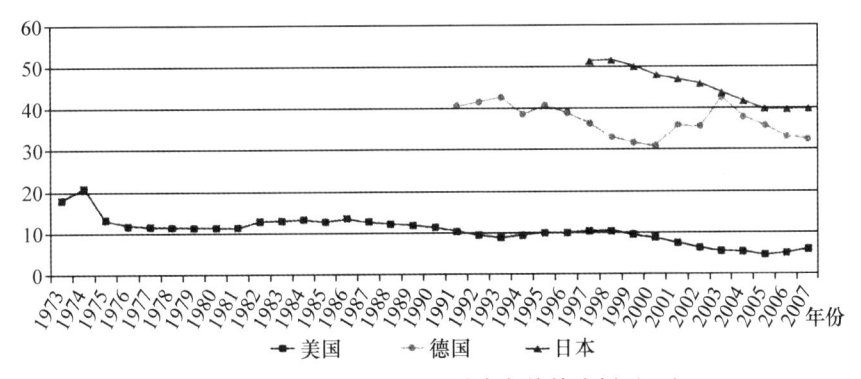

图 9-5　银行贷款占公司融资负债的比例（%）

资料来源：[英]考斯达斯·拉帕维查斯：《金融化了的资本主义：危机和金融掠夺》，《政治经济学评论》2009年第1辑。

这导致传统商业银行获利机会减少，转而寻找其他利润来源：一是转向做金融市场中介，1999年格拉斯—斯蒂格尔法案（Glass-Steagll Act）的废除为这一转变移除了藩篱；二是转向将工人和其他个人收入作为利润来源，如图9-6所示，而工人通过住房、教育、医疗和养老更大程度地卷入了金融机制。

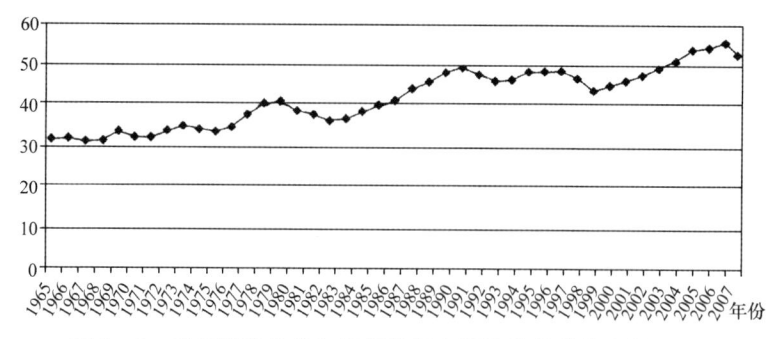

图 9-6　美国消费信贷与抵押贷款占银行总贷款的比例 (%)

资料来源：[英] 考斯达斯·拉帕维查斯：《金融化了的资本主义：危机和金融掠夺》，《政治经济学评论》2009 年第 1 辑。

金融资本的扩张体现为金融、保险、地产（FIRE）部门在国民收入中比重的上升。1957 年美国制造业部门在 GDP 中的比重是 27%，金融、保险和房地产业占 13%，而到 2008 年，形势发生了逆转，制造业部门的比重跌至 12%，金融、保险和房地产业的比重升至 20%。[①] 金融利润在总利润中比重的上升，图 9-7 至图 9-10 分别从价值增加值、税前利润、税后利润与非房地产资产四个方面说明了这一点。

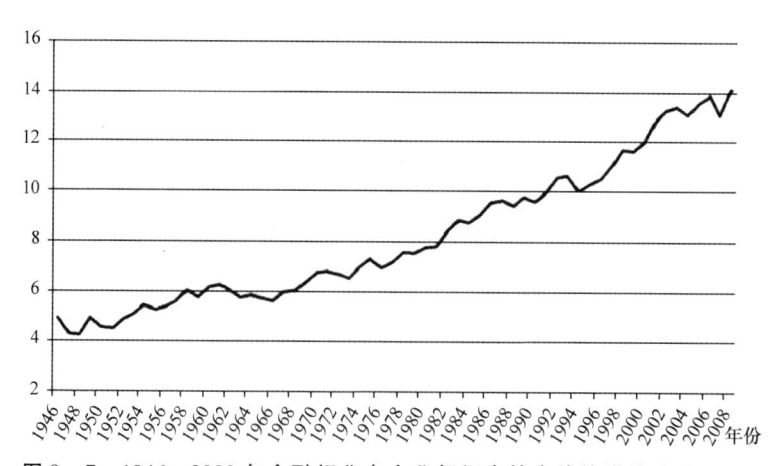

图 9-7　1946—2008 年金融行业在企业部门中的净价值增值比重 (%)

资料来源：Bakir Erdogan & Al Campbell, "Neoliberalism, the Rate of Profit and the Rate of Accumulation", Science & Society 74.3 (2010).

---

① [美] 福斯特：《资本积累的金融化》，《国外理论动态》2011 年第 9 期。

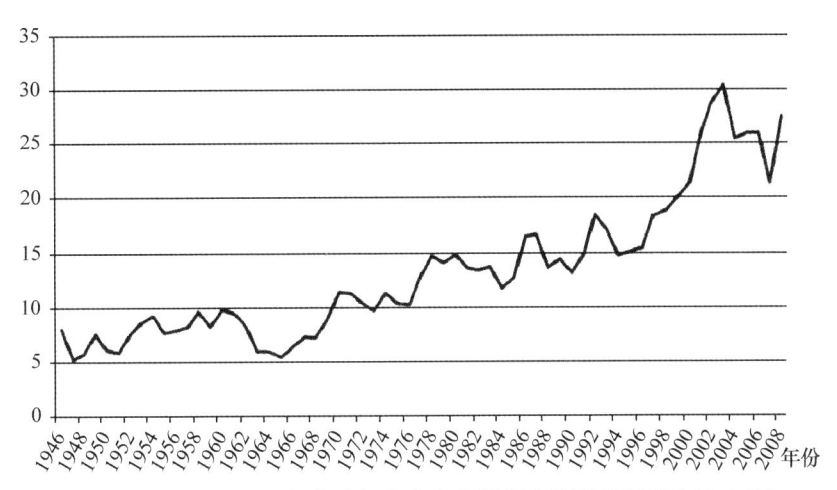

图 9-8　1946—2008 年金融行业在企业部门中的税前利润比重（%）

资料来源：Bakir Erdogan & Al Campbell, "Neoliberalism, the Rate of Profit and the Rate of Accumulation", *Science & Society* 74.3 (2010).

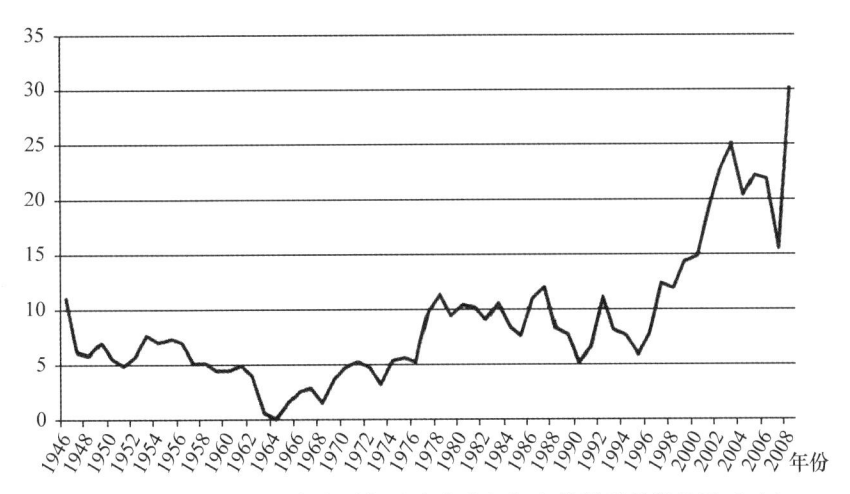

图 9-9　1946—2008 年金融行业在企业部门中的税后利润比重（%）

资料来源：Bakir Erdogan & Al Campbell, "Neoliberalism, the Rate of Profit and the Rate of Accumulation", *Science & Society* 74.3 (2010).

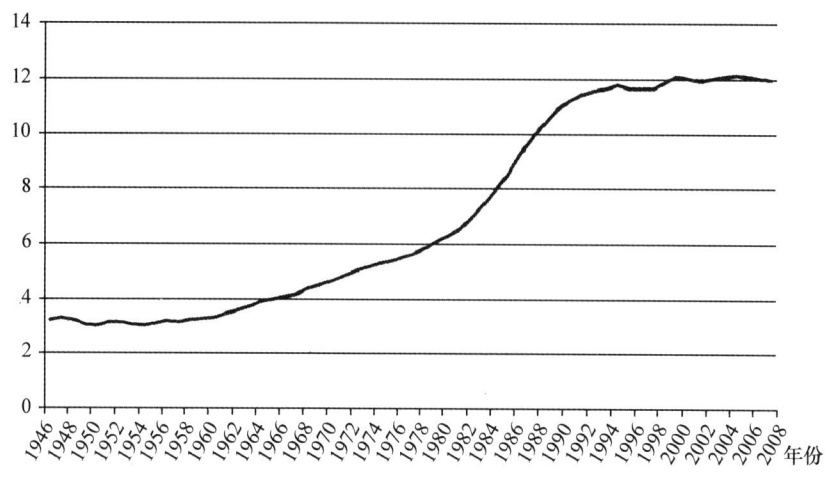

图 9 - 10　1946—2008 年金融行业在企业部门中的非房产资产比重（%）

资料来源：Bakir Erdogan & Al Campbell, "Neoliberalism, the Rate of Profit and the Rate of Accumulation", *Science & Society* 74.3 (2010).

金融化的力量、金融资本对产业资本的支配以及全球化、美元化支持下金融垄断资本的国际化使得 21 世纪垄断资本主义进入了国际金融垄断资本主义的新阶段[①]。金融成为一支垄断力量，加速了各种各样的兼并和收购。

3. 生产过程的全球化与"资本生态系统"[②] 的全球化

"新经济"泡沫的破灭宣告了信息技术产业并不能为全球过剩资本提供足够的投资出路，但信息技术产业的发展、计算机与电信的结合、互联网的出现促进了跨国公司内部一些生产环节的转包和外包，促进了全球生产链与弹性积累模式的发展，促进了 21 世纪生产过程全球化的发展。此外，在新自由主义政策的影响下，发达国家在国际层面上尽力帮助大企业减少资本跨边界移动的障碍，通过 IMF 等机构来保护投资银行免于债务拖欠的威胁，并尽可能保护金融利益以避免其受到国际市场风险和不确定性的影响。

20 世纪 70—90 年代转包和外包现象主要集中在技术含量低、劳动力密集型的产业，90 年代后期这种现象扩散到一些高技术经济活动中，如半导体生产、航天制造和网络信息处理。

---

① 张宇、蔡万焕：《金融垄断资本及其在新阶段的特点》，《中国人民大学学报》2009 年第 4 期。

② David Harvey, *Seventeen Contradictions and the End of Capitalism*, New York: Oxford University Press, 2014.

生产过程本身的全球化、生产性资本的循环使得资本获得一种新的全球流动性，全球化成为资本的一种新的积累战略。

21世纪生产过程全球化的重要表现为跨国资本的崛起，从数据看表现为各国之间对外直接投资（FDI）的急剧上升，FDI全球流入量是用以表示跨国生产发展的唯一一项最全面的指标①，当然跨国生产要远远大于FDI本身。根据联合国贸易与发展会议（UNCTAD）每年发布的《世界投资报告》（*World Investment Report*），2001—2003年因新经济泡沫的破灭FDI的流入量经历了短暂的下滑之后，继续维持20世纪90年代时的高速增长，到2007年次贷危机爆发前FDI流入量高达2.1万亿美元，是2001年FDI流入量的2.52倍，如图9-11与表9-4所示。次贷危机爆发后，FDI流入量迅速下滑，但总体水平仍高于2006年之前。除了FDI的绝对量之外，更重要的是FDI的增长率以及它与世界生产、固定资本形成增长率的相对水平，如果相同则意味着跨国化未增强。②但根据表9-4中的数据显示，FDI的变化速度远远快于另外两个指标，这意味着21世纪生产跨国化的增强。

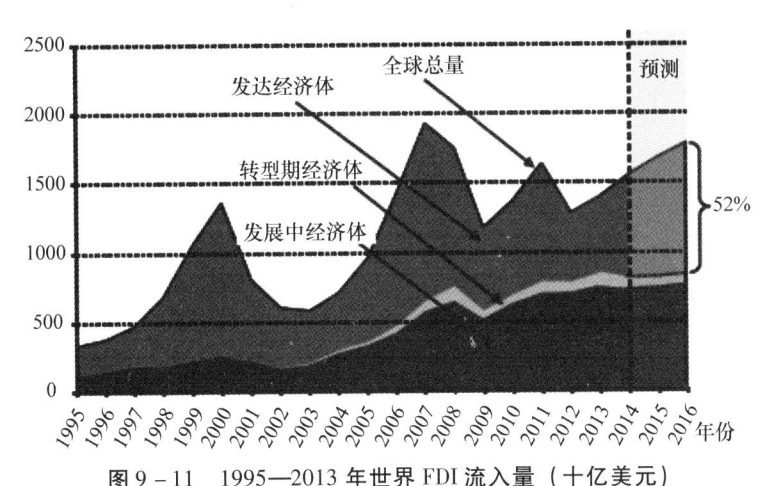

图9-11 1995—2013年世界FDI流入量（十亿美元）

资料来源：联合国贸易与发展会议（UNCTAD）：《2014年世界投资报告》，第2页。

---

① ［美］威廉·罗宾逊：《全球资本主义论》，高明秀译，社会科学文献出版社2009年版，第28页。书中作者的表述为"FDI的全球总量"，但根据图表数据以及上下文分析，这里的"FDI的全球总量"指的是FDI的流入量。

② ［美］威廉·罗宾逊：《全球资本主义论》，高明秀译，社会科学文献出版社2009年版，第29页。

表9-4 世界FDI流入量、FDI流入量年增长率，世界GDP、固定资本形成与出口年增长率（2000—2013年）

年份	FDI流入量（十亿美元）	FDI流入量增长率（%）	世界GDP增长率（%）	固定资本形成增长率（%）	出口增长率（%）
2000	1409.6	27.7	2.7	3.8	11.4
2001	832.2	-41.1	-0.9	-3.6	-3.3
2002	617.7	-25.8	3.9	0.4	4.9
2003	557.9	-9.7	12.1	12.4	16.5
2004	710.8	27.9	12.6	15.2	21.2
2005	916.3	33.6	8.3	12.5	12.8
2006	1411	47.2	8.3	10.9	15.2
2007	2100	29.9	11.5	13.1	15.4
2008	1771	-15.7	10.3	11.5	15.4
2009	1198	-37.1	-9.5	-10.3	-21.4
2010	1309				
2011	1700				
2012	1330				
2013	1452				

资料来源：整理自联合国贸易与发展会议（UNCTAD），《世界投资报告》2000年、2002年、2004年、2006年、2008年、2010年、2012年、2014年。数据重合之处采取最新年份的数据，因此造成图与表中数据一些细微的不吻合之处。由于2010年之后的报告未再发布相关数据的增长率，鉴于本章关注重点为危机前的相关数据，因此2010年之后的增长率数据未进行专门核算。

此外，世界贸易的增长率也是跨国化的一项明显指标，可以看到，世界出口增长率显著快于世界GDP增长率，意味着世界产出的跨国贸易比例要远大于国内消费比例。[1]

核心—外围的国际分工模式下，美国的贸易赤字也随之上升，21世纪这个数字从2000年的3795亿美元一路飙升到7086亿美元。[2] 2005年时美国未偿债务总额几乎达到GDP的3.5倍，接近世界GDP总额44万亿美元。[3] 美国国家的债务是由发展中国家的贸易盈余来提供融资的，美元霸

---

[1] ［美］威廉·罗宾逊：《全球资本主义论》，高明秀译，社会科学文献出版社2009年版，第33页。

[2] ［英］考斯达斯·拉帕维查斯：《金融化了的资本主义：危机和金融掠夺》，《政治经济学评论》2009年第1辑。

[3] ［美］福斯特：《资本积累的金融化》，《国外理论动态》2011年第9期。

权的铸币税支持了美国民众消费水平远远大于本国生产水平。

一些发达国家与发展中国家持有的大量贸易盈余通过美元储备的形式为美国提供了流动性支持，扩大了泡沫。储备积累策略是由以国际货币基金组织为代表的国际组织强加给发展中国家的。为了保护汇率且预防资本流动的逆转，盈余国家将美元储备当作准世界货币。储备的形成意味着中央银行购买了美国的国债，这样盈余的一大部分流向了美国，发展中国家成为向美国提供资本的净供给者，如表9-5所示。此外，发展中国家在贸易中产生的大量盈余通过本国银行购买美国政府债券的形式流向了证券化资产，也同样支撑了证券化和次贷的爆炸性增长。

表9-5　　　　　　部分发展中国家和地区的储备积累　　　　单位：十亿美元

年份	2000	2001	2002	2003	2004	2005	2006	2007
总计	800.9	895.8	1072.6	1395.3	1848.3	2339.3	3095.5	4283.4
其中：中国	168.9	216.3	292.0	409.0	615.5	822.5	1069.5	1531.4
俄罗斯	24.8	33.1	44.6	73.8	121.5	156.5	296.2	445.3
印度	38.4	46.4	68.2	99.5	127.2	132.5	171.3	256.8
中亚	146.1	157.9	163.9	198.3	246.7	351.6	477.2	638.1
撒哈拉沙漠以南的非洲	35.0	35.5	36.0	39.9	62.3	83.0	115.9	144.9

资料来源：[英]考斯达斯·拉帕维查斯：《金融化了的资本主义：危机和金融掠夺》，《政治经济学评论》2009年第1辑。

生产过程的全球化还带来了"资本的生态系统"的全球化。自然生态系统对于生产的意义在于生产的初始阶段原材料的提供与生产末端污染物（图9-12中用"非产品产出"标示）的吸收，如图9-11所示。

20世纪60年代发达国家在环境问题治理中所采取的严格的命令控制手段给企业带来了巨大的环境成本，70年代石油危机中石油价格的上涨使发达国家开始思考生态系统给生产设定的自然限制。生态系统作为人类生产的"外在的物质条件"[①] 遭遇了生产不足的困境，从而在成本层面加剧了资本主义70年代的危机。

---

① [美]詹姆斯·奥康纳：《自然的理由——生态学马克思主义研究》，唐正东等译，南京大学出版社2003年版。

在发达国家内部，能源以及部分资源的价格上涨促使产业结构向服务业转移，机器人、计算机的技术开发促进了以电子设备为中心的高层次加工业对钢铁、铝、石油、石油化学、纸浆等原材料产业的取代。

在世界层面，成本的上升促使资本向外扩张寻找廉价原材料，跨国资本按照一系列促使盈利机会最大化的策略来重组世界范围内的生产，为全球化生产的不同环节寻求最有利的条件，其中包括最廉价的劳动、最有利的体制环境（如低税率）、法规条件（例如宽松的环境和劳动法），以及稳定的社会环境，等等。生产过程的全球化使得"资本的生态系统"的时间和空间规模也随之由局部扩展到了全球范围。资本的逻辑下对资源的无节制的开采与废弃物的堆积也带来了生态问题的全球化，进一步产生了全球层面"外在的物质条件"生产不足的可能性，进而给资本的进一步扩张乃至人类的生存带来自然限制。

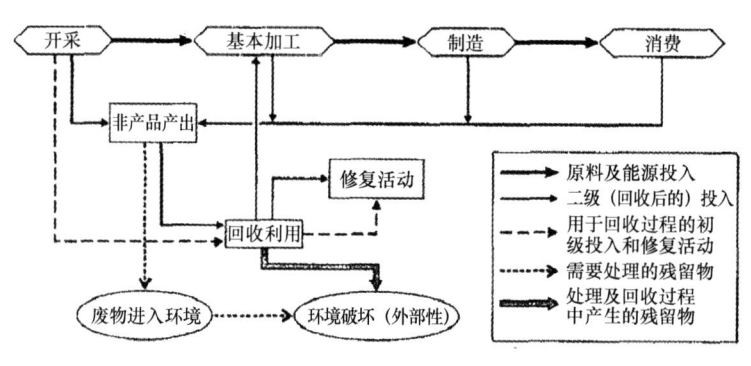

图 9 - 12　生产过程与环境

资料来源：[英] 彼得·迪肯：《全球性转变——重塑21世纪的全球经济地图》，刘卫东等译，商务印书馆 2007 年版。

4. 工人的分化、工会力量的削弱与收入分配差距的扩大

弹性积累体制下"精益生产"的思想使得劳动力市场被重构，形成弹性工作模式，如图 9 - 13 所示。核心群体由具有全日工作时间、永久身份的雇员构成，其享有更大的工作保障，良好的晋级和技能再培训的前景，相对丰富的养老金、保险及其他附加的权益。外围人员包括两类群体，第一类为具有技艺的全日工作的雇员，特征为容易在劳动力市场上找到工作，如办事员、秘书、日常的和次要的熟练手工工作，但劳动力周转速度

快；第二类为非全日的、不定期的、固定条件的合同工作人员，临时的、转包合同的和公共津贴自助的受训人员，比第一个边缘群体的工作保障更少。网络组织之间、核心组织和外围组织、全日制工人和临时兼职工人之间产生了分化。核心部门工人恢复技能的趋势与外围部门工人去技能化的趋势导致了工人之间的分化，此外，外围发展中国家半无产阶级化①（即还拥有一小块土地未达到"自由得一无所有的工人"）的工人的灵活就业也加剧了劳动力市场的分割。

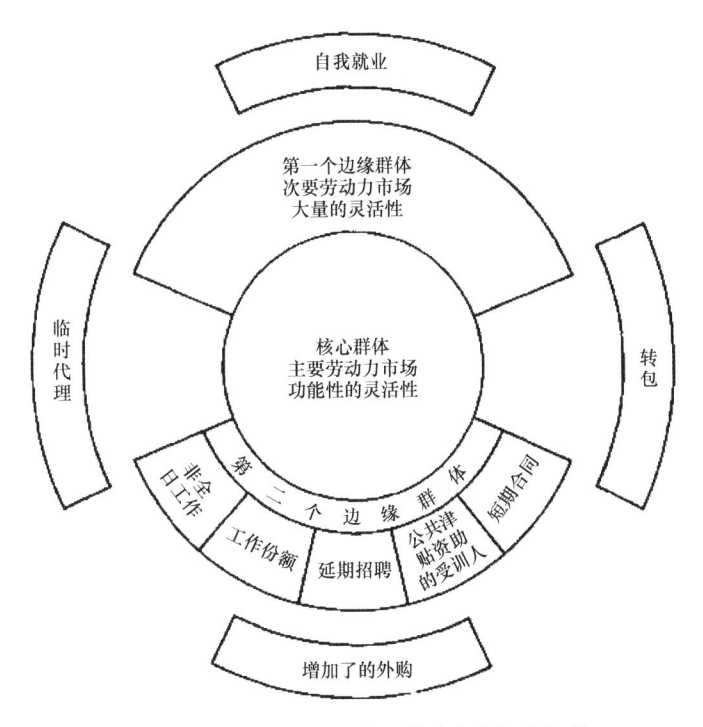

图9-13 灵活积累条件下劳动力市场的机构

资料来源：［美］大卫·哈维：《后现代的状况——对文化变迁之缘起的探究》，商务印书馆2013年版，第195页。

20世纪80年代以后，发达资本主义国家的经济政策转向新自由主义阶

---

① 孟捷、李怡乐、张衔：《非自由劳动与现代资本主义劳动关系的多样性》，《贵州大学学报》（社会科学版）2012年第6期。孟捷、李怡乐：《关于劳动力市场分割动因的三种解释》，《当代财经》2012年第6期。

段，体现为对于资本的支持与对工人力量的压制。对于工人阶级，国家压制工会，减少福利供应，在医疗、公共教育和社会服务等领域尽可能缩减国家的作用。随着社会供应在住房、养老金、消费和教育领域的萎缩，工人生存的正常条件越来越卷入金融体系的范围。政府不再主动管制宏观经济，并且在一定程度上减少宏观干预，目的是保证低通货膨胀率而不是低失业率。

劳动力市场的分化以及新自由主义政策的作用下，劳资关系体现为：工会力量被大大削弱，劳资谈判中权力向有利于雇主的一方倾斜，劳动市场弹性增加，各国实际工资呈长期下降趋势。

这导致了21世纪发达国家一个重要经济现象——收入分配差距扩大的产生。从工资与利润份额的分配来看，2000—2007年生产率增长均超过了工资增长，利润增长快于工资增长，且2000—2007年比起之前的阶段差距拉得更大，这意味着收入从劳动者向资本转移的加速，如图9-14、图9-15所示。

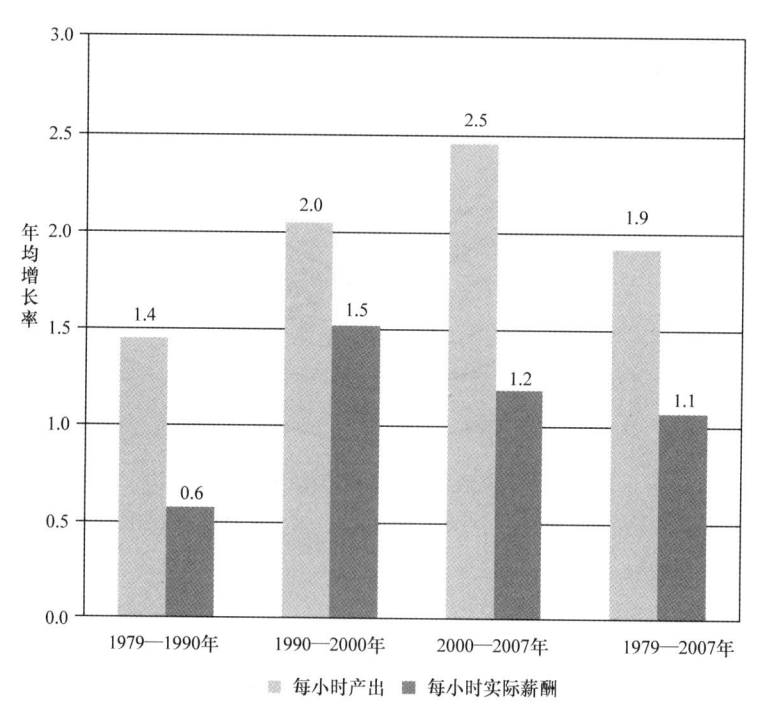

图9-14 每小时产出增长率和每小时实际收入年均增长率（%）

资料来源：[美]大卫·科兹：《当前的金融和经济危机：一个新自由资本主义的系统性危机》，《上海金融学院学报》2010年第2期。

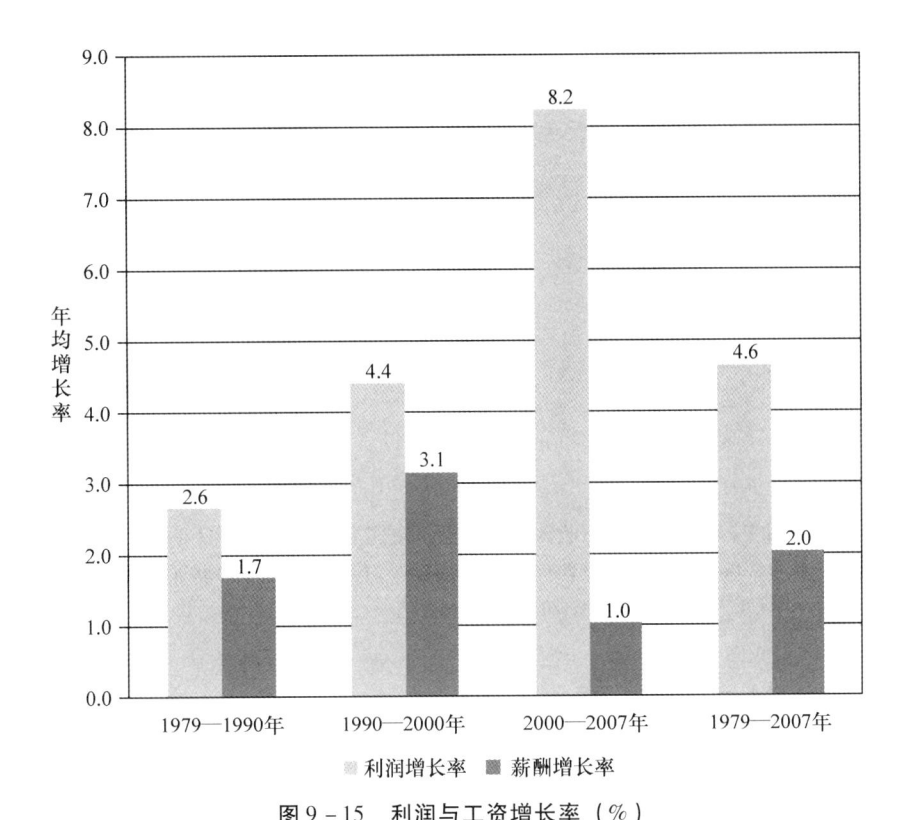

第九章　又见大萧条：21世纪初的危机与理论　469

图 9-15　利润与工资增长率（%）

资料来源：[美] 大卫·科兹：《当前的金融和经济危机：一个新自由资本主义的系统性危机》，《上海金融学院学报》2010 年第 2 期。

在工人阶级内部，将经理层在内的所有雇员划分为以下几个部分：占全体 5% 收入最高的雇员，占全体 95% 的雇员以及 90% 的雇员。从图 9-16 可以看到，只有收入最高占 5% 的雇员的收入份额在增长，而其余 95% 雇员的工资份额自 1980 年以来呈现下降趋势，进一步分解发现，90%—95% 的雇员的收入保持稳定，而 0—90% 的雇员工资份额在下降。这意味着大部分雇员的工资收入在下降。前 5% 收入最高的雇员其收入增长来源于管理层收入的膨胀，如图 9-17 所示，税后利润率在扣除了逐步增长的利息与红利等资本收入后得到的为企业的自有利润率，其呈现出下降的趋势。自有利润率决定了企业的积累率，这就解释了实体经济积累率下降的原因。

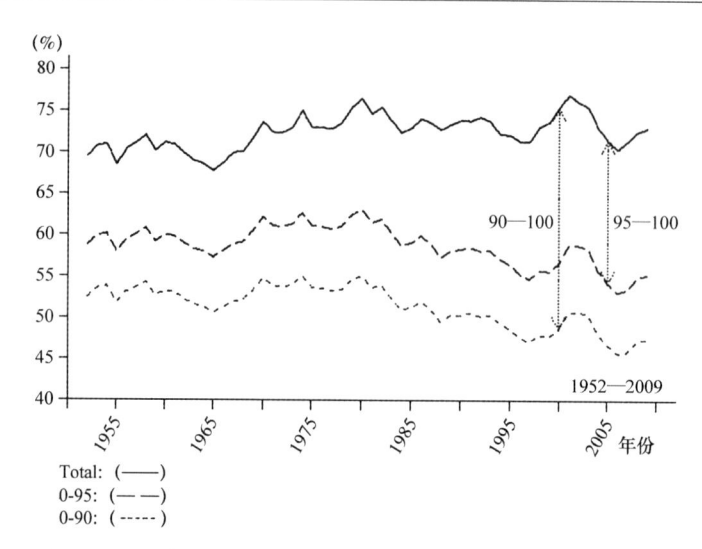

图9-16 工资在总收入中的份额：美国非金融企业部门（%）

资料来源：G. Dumenil. et al., "The Crisis of the Early 21st Century: A Critical Review of Alternative Interpretations", *Preliminary Draft*, 2011.

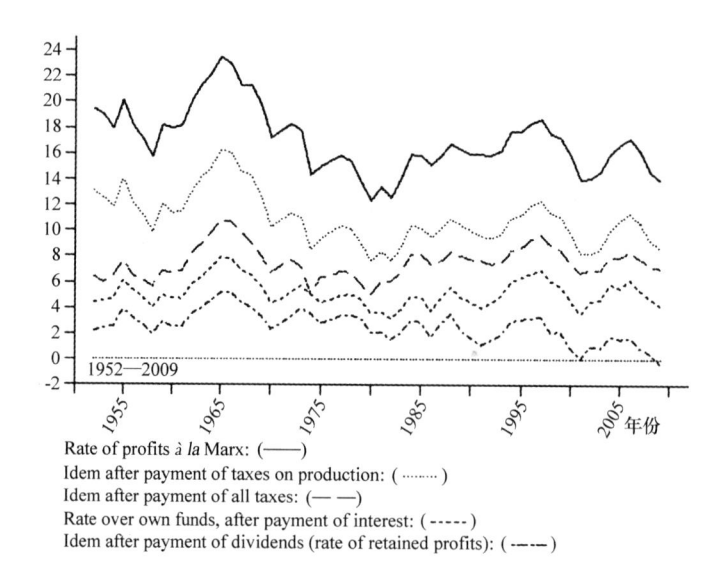

图9-17 美国非金融类企业部门的五种利润率

说明：从上到下五条曲线分别为：马克思意义上的利润率、扣除生产税后的利润率、扣除全部税收的利润率、进一步扣除了利息支付并以净资产为分母的利润率、支付完红利后的利润率（自留利润率）。

资料来源：G. Dumenil. et al., "The Crisis of the Early 21st Century: A Critical Review of Alternative Interpretations", *Preliminary Draft*, 2011.

从家庭来看，收入分配的变化使得家庭收入分配的不平等也随之加剧，如图9-18所示，从20世纪70年代开始欧美最富有的前10%家庭收入比重一直在增长，且增长速度惊人，不平等化已经恢复到了20世纪初的水平。

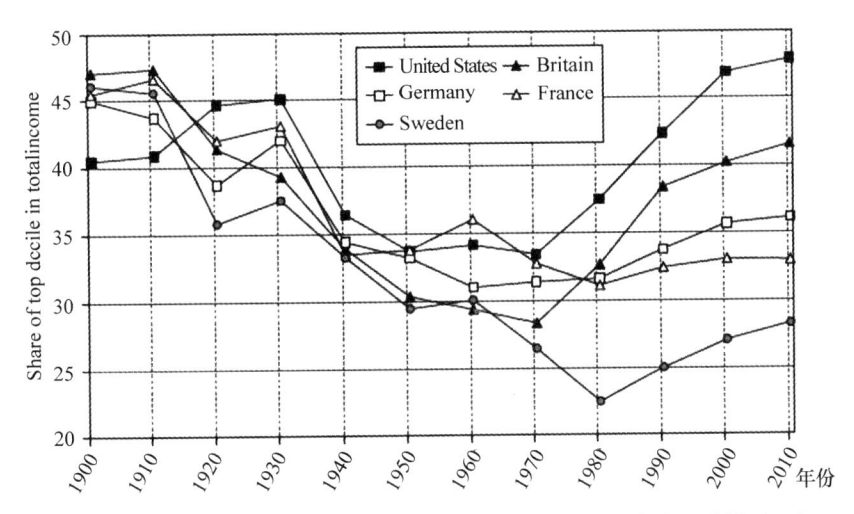

图9-18　1900—2010年欧洲部分国家与美国前10%家庭收入份额（%）

资料来源：Thomas Piketty, *Capital in the Twenty-First Century*, Cambridge, MA: Belknap Press, 2014, p.323.

然而，尽管收入分配显著恶化，美国家庭消费支出却未下降。2000—2007年，美国的GDP以每年2.32%的速度增长，个人可支配收入每年增长2.66%，而消费增长速度为每年2.94%，消费增长快于可支配收入增长。家庭负债占个人可支配收入的百分比在21世纪初一路飙升，到2007年达到了惊人的128.8%，如图9-19所示。

5. 次贷泡沫的形成

实体经济的停滞趋势下，投资渠道的短缺使得剩余资本越来越多流向金融部门。短期借贷成本的下降使得资本市场获得流动性更为方便，支持了易受到利率影响的部门：房地产市场与各种债券的杠杆投资。利润相对于工资的上升，家庭收入向富裕家庭的集中提供了大量的可投资资金，为资产泡沫的出现提供了有利条件，而抵押贷款业务的产生则为资产泡沫的产生提供了重要支持。家庭和金融部门的借贷增长促成了房地产市场和信贷市场的泡沫，两个市场泡沫的相互作用推动了新一轮泡沫经济的扩张，也形成了具有高度不稳定性的投机性融资和庞氏融资。下面我们将详细阐述这一机制。

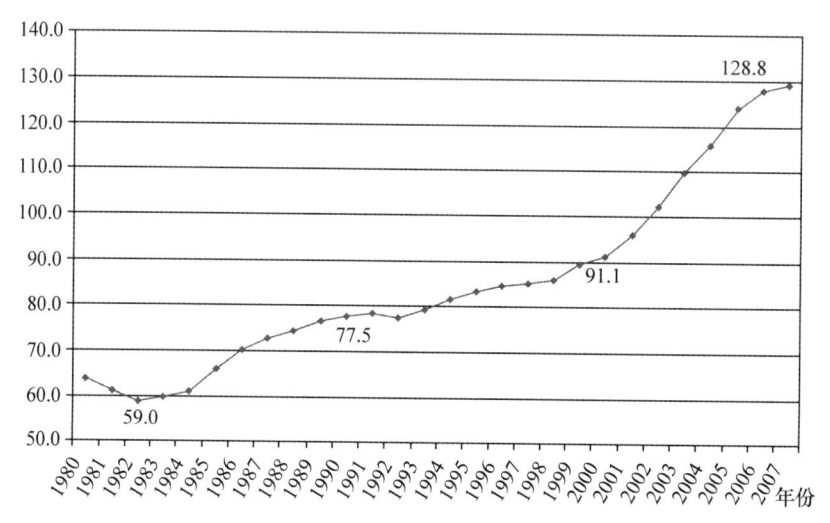

图 9-19　1980—2007 年家庭负债占个人可支配收入的百分比（%）

资料来源：[美] 大卫·科兹：《当前的金融和经济危机：一个新自由资本主义的系统性危机》，《上海金融学院学报》2010 年第 2 期。

如前所述，长期利率的下降、新经济泡沫的财富效应带来了房地产市场的繁荣，房价的上涨前所未有。金融化的浪潮下，房地产市场的泡沫开始急速发展，如图 9-20 所示，20 世纪 90 年代中期开始，房价与房租水平差距越来越悬殊。2001 年中期起在所有经济部门都陷入低迷时英国、美国经济最重要的支柱成为房地产市场和建设领域。

随着房价的上升，财富效应下房屋所有者又对房产进行再抵押，家庭通过在住房抵押贷款市场上进行借贷而从房屋价值中提取的资金在 2002 年相当于个人可支配收入的 8%，在 2004—2006 年上升到 9%—10%。资产泡沫给不断增长的借贷提供了担保，次级贷款通过给低收入者提供按揭贷款扩大了这一风险。只要房地产价格一直上升，这些贷款就看上去是安全的，这也是前述美国家庭消费增长快于可支配收入增长的原因。利率的削减和信贷的放松使得银行得以推动住房抵押贷款，信贷评估日益成为一种数量过程，对抵押贷款申请的判断只凭借数字而不是长期的人际关系。

伴随着同业竞争的强化，银行不断降低房贷标准，从而推动了次贷泡沫的形成。

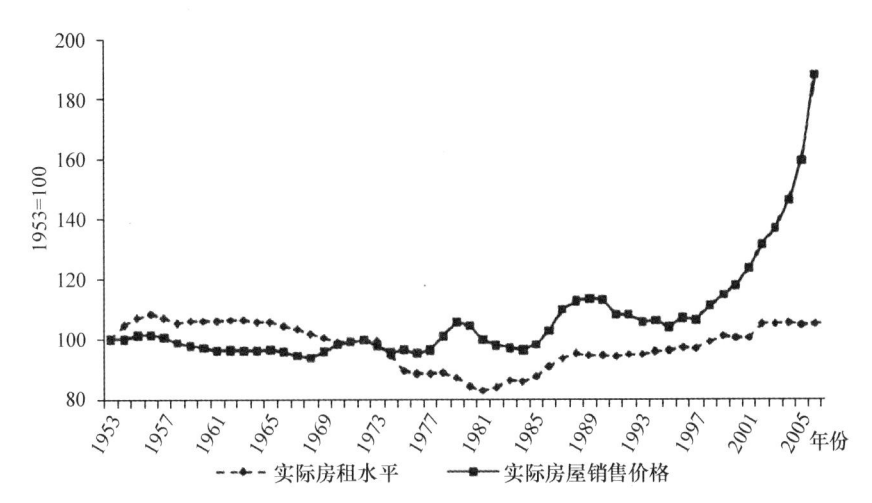

图 9-20 1953—2005 美国实际房价：销售价格与房租水平

资料来源：[美] 罗伯特·布伦纳：《高盛的利益就是美国的利益——当前金融危机的根源》，《政治经济学评论》2010 年第 2 期。

当利润越来越依赖从工资中获得而非剩余价值时，由于工资无法保证持续上涨，银行会选择制造资产价格泡沫，然后以资本收益和可靠的借贷为借口吸引更多的个人进入市场，这样银行可以将个人收入的更大一部分转变为可借贷货币资本而获取额外利润。从数据来看，个人可支配收入中用于清偿债务的部分所占平均比重从 1983 年前期的 15.6% 增加到 2007 年 6 月的 19.3%。2001—2003 年抵押贷款迅速增长，虽然随后略微下降，但直到 2006 年仍处于高位，如表 9-6 所示。2004—2006 年次级抵押贷款达到 1.75 万亿美元，占抵押贷款总发起数目的 19.5%，借款人通常为黑人或拉丁裔妇女。

次级抵押贷款债务的市场本身并不大，但使得其成为潜在重大危机的是金融领域产生的将抵押贷款进行证券化的趋势，其实现工具如下：

20 世纪 90 年代后期形成的《巴塞尔协议 II》允许银行使用现代风险管理手段来保持较低的资本比率，如果能够确定它们的资产具有较低的风险权重的话。在金融化的作用下，商业银行形成了"发起—分销"（Originate-and-Distribute）的业务模式，将抵押贷款证券化使其无须记入资产负债表。证券被出售后，银行收回原有预付的抵押贷款，并可以进行进一步的新贷款业务。银行还建立了"担保投资工具"（Structured Investment Vehicles）的新机构，即SIV，其实质为在货币市场中筹集基金来购买证券化资产（包括担保债务凭证）的金融公司，SIV可以将有潜在风险的"债务抵押债券"（即CDO）从银行的资产负债表中分离出去以使银行应对美国证券交易委员会的审查；此外，银行还进行了信用违约掉期（Credit Default Swaps）的投资银行业务，即为CDO购买"保险"，这样银行无须关心CDO衍生品的质量问题，这些业务在危机发生时加重了冲击的破坏性力量。

银行将抵押贷款视为保证会给拥有它们的人带来利息回报的资产，因而将其证券化。这种高度投机性投资依赖于CDO。次贷处于CDO衍生品金字塔的底部，抵押物为住宅产品的价值。抵押被分成"份儿"分散在不同的CDO中销售。2004—2006年，1.4万亿美元的次级贷款被证券化，占次级贷款总额的79.3%，如表9-6所示。

2003年以来银行一直不断鼓励次级抵押公司更多地贷款，而不管贷款质量如何。抵押贷款公司则刺激地产经纪人不顾质量发放更多贷款。抵押贷款数量越大，银行及其影子银行SIV就有更多的CDO和相关衍生品可以打包从而赚取利润，重要的是贷款数量而不是质量。这导致21世纪初金融利润越来越不依赖于贷款本身的发放而是衍生品的规模。2004—2006年次贷增长最快的时期，主流的投资和商业银行每年复利增长超过20%。

在信贷的扩散下各种主要金融机构发现自己持有了含部分次级抵押贷款的债券，在信贷评级机构推波助澜的作用下，这个过程如滚雪球般越滚越大。

表9-6　　　　　　　　　2001—2006年美国抵押贷款　　　　　单位：十亿美元

年份	发起数额	发起数额的证券化比率（%）	次级贷款	证券化的次级贷款	次级贷款的证券化比率（%）	可变利率抵押贷款
2001	2215	60.6	160	96	60.0	355
2002	2885	63.0	200	122	61.0	679
2003	3945	67.5	310	203	65.5	1034
2004	2920	62.6	530	401	79.8	1464
2005	3120	67.7	625	508	81.3	1490
2006	2980	67.6	600	483	80.5	1340

资料来源：[英]考斯达斯·拉帕维查斯：《金融化了的资本主义：危机和金融掠夺》，《政治经济学评论》2009年第1辑。

但一旦房地产泡沫破裂，随着抵押贷款资产的贬值，极低的资产比率下银行的偿付能力将产生问题。抵押贷款的最终持有人为工人，泡沫期间其实际工资并未显著提高，因此整个金融体系的基础并不稳定。当次级抵押贷款违约在 2006 年全面发生时，证券化资产的风险增高，结构投资机构和对冲基金面临破产求助于银行，银行开始承担损失，补充资本并限制信贷。恐慌导致了股票的衰退，这使得银行的偿付能力更加不稳定。流动性和偿付能力破坏性的相互作用导致了破产、信用和崩溃、需求的萎缩和逐渐形成的衰退。

（二）危机的全面爆发：全球经济危机与生态问题

1. 从次贷泡沫的破灭到全球经济危机的爆发

长期宽松化的货币政策使得经济中的流动性增加远远超过了经济创造新价值的能力，而境外美元的流入也进一步促进了货币量的膨胀，能源价格、粮食价格的上涨这几个因素共同推动了美国通胀率的上升，并降低了美元在国内和国际上的价值。为了抑制通胀并维持美元币值，美联储在 2004—2007 年将短期利率迅速提高了 271%。2007 年利息率的上升导致家庭债务负担和次贷违约率上升。美国房价在 2007 年下降 5%—10%，并在 2008 年加速下降。2007 年第四季度，210 万人无法按期支付，次级可变利率抵押贷款占所有取消赎回权贷款的 42%，形成崩溃的中心。2008 年第二季度，房屋赎回权取消比例达到前所未有的水平。①

房地产市场危机始于次级贷款进而扩展到优质贷款部门，利率的提高和房价的下降迫使越来越多的可变利率抵押贷款持有者违约。随着抵押贷款违约的增加，银行的偿付能力受到质疑，进而造成银行间货币市场的流动性短缺。这体现在三月期伦敦银行同业拆放利率（LIBOR，银行间贷款）与三月期挂钩隔夜拆解利率（Overnight Indexed Swap rate，OIS，无风险利率）的差额，这两个利率在正常情况下十分接近，2007 年 8 月以后 LIBOR 超出 OIS 1%，且差额越来越大。银行的流动性问题与偿付能力问题的相互加强使得危机愈演愈烈。

随着股票购买者意识到正在发生的事，2007 年 12 月以后股票市场

---

① ［英］考斯达斯·拉帕维查斯：《金融化了的资本主义：危机和金融掠夺》，《政治经济学评论》2009 年第 1 辑。

逐步下滑，道琼斯指数从 2007 年 12 月的 13300 点下降到 2008 年 8 月的 11300 点，随着股票情况的恶化，银行越来越难以通过获得私人资本来弥补抵押贷款债权以及其他证券的损失。2008 年，美国房地产市场上越来越多的违约使得房利美和房地美处于崩溃边缘，随后美国投资银行巨头雷曼兄弟破产引发了银行股票的崩溃，LIBOR 和 OIS 之间的差异甚至接近 4%。美国和全欧洲都被迫进行银行救援和接管，全球金融体系陷入深渊。

住房抵押市场的崩溃波及商用地产市场，2007 年 6 月商用地产抵押贷款达到 1310 亿美元，到 10 月份这个数额就已经降到只有 86 亿美元。以银行为基础的货币市场基金和 2.5 万亿美元市政债券市场价格也大幅回落。①

金融危机通过银行和市场信用的萎缩蔓延到实体经济领域。房价跌落使家庭财产损失殆尽，家庭只能停止借贷消费并进行储蓄。到 2007 年家庭借贷下降 1/3，2008 年跌至零，相应个人储蓄率则在 2007 年从 2006 年的历史低点 -0.6% 跃升至 2007 年的 2.8%，2008 年增长至 7.1%。到 2008 年下半年，个人消费支出以 -4% 的速度下降，而 GDP 以 3.4% 的速度下降。在整个经济周期中一直在减少投资和工作岗位的企业由于需求减少、利润下降缺乏借贷投资的动机。2008 年末，企业和家庭支出的萎缩使得经济陷入自我强化的向下螺旋过程之中，衰退的实体经济和空前的金融崩溃相互恶化。

此外，受资本流动与出口下降的影响，出口导向型的发展中国家也卷入危机。如金融危机后 2009 年我国的出口额较上年绝对下降 2290.88 亿美元，净出口对 GDP 增长的贡献率为 -40.6%，拉动 GDP 下降 3.7 个百分点。② FDI 流入量从 2008 年 7 月开始连续下降，由 2008 年 6 月的 44.95% 下降至 12 月的 -54.35%，这种负增长一直持续到 2009 年 7 月，负增长的持续时间长达 10 个月。③ 但相比之下，受影响更严重的为欧盟等发达经济体，如表 9-7 所示。

---

① ［英］考斯达斯·拉帕维查斯：《金融化了的资本主义：危机和金融掠夺》，《政治经济学评论》2009 年第 1 辑。
② 刘文勇、任翀：《后金融危机期中国出口结构与影响因素分析》，《哈尔滨工业大学学报》（社会科学版）2012 年第 3 期。
③ 金洪飞、李向阳、林心怡：《国际金融危机对中国外商直接投资的影响——基于面板数据的经验分析》，《国际金融研究》2012 年第 10 期。

表 9-7　　　　　　　　GDP 增长率（2007—2015 年）　　　　　　　　单位:%

年份	2007	2008	2009	2010	2011	2012	2013	2014	2015
世界	4.3	1.8	-1.7	4.3	3.1	2.5	2.4	2.6	2.5
高收入国家	2.7	0.3	-3.4	2.9	1.8	1.3	1.2	1.8	1.9
美国	1.8	-0.3	-2.8	2.5	1.6	2.2	1.5	2.4	2.4
欧盟	3.1	0.5	-4.4	2.1	1.8	-4.8	0.2	1.3	1.9
东亚与太平洋地区（不包括高收入国家）	12.1	8.4	7.5	9.8	8.4	7.4	7.1	6.7	7.4
中国	14.2	9.6	9.2	10.6	9.5	7.7	7.7	7.3	6.9

资料来源：世界银行：《世界发展指标》数据库，2016 年 10 月 7 日访问。

次贷危机发生后，欧洲金融机构受到了巨大的冲击。由于欧洲银行及其他金融公司购买了大量的美国抵押贷款支持证券和与次贷相关的其他证券；此外英国、西班牙和爱尔兰等欧洲国家也同样以房地产业为支柱并发生了同样的投机性泡沫。2008—2009 年这些国家为拯救银行而为市场提供流动性与资本支持以抑制衰退的恶化，但巨大的财政支出产生了主权债务危机并被欧盟货币联盟的结构性缺陷放大。

主权债务危机最先在希腊爆发，2009 年秋希腊政府透露财政赤字占 GDP 的实际比例为 13.6%，远超过了欧盟要求的正常比例。随后，其国债市场价格的下降进一步加剧了国家的财政危机，而严重的财政危机使得希腊政府无法再发行更多的国债，2011 年 11 月 24 日惠誉将葡萄牙主权评级由"BBB-"下调至"BB+"（垃圾级别），并给予负面的评级展望。随后，意大利、西班牙、葡萄牙和爱尔兰都陷入类似的困境，五个国家被称之为"欧猪五国"（PIIGS），如表 9-8 所示。2011 年 10 月一家比利时与法国合资的大型商业银行——德夏银行因所持有的希腊和其他政府国债的市场价格持续下滑造成资本损失而破产。随后的 12 月份，主要评级公司下调了欧洲大型银行的评级。

表9-8　　2006—2009年"欧猪五国"政府财政和债务与GDP之比　　单位:%

	年份	2006	2007	2008	2009
希腊	政府支出	43.2	45.0	46.8	50.4
	政府收入	39.3	39.7	39.1	36.9
	政府财政赤字	-3.6	-5.1	-7.7	-13.6
	政府债务	97.8	95.7	99.2	115.1
爱尔兰	政府支出	34.4	36.6	42.0	48.4
	政府收入	37.4	36.7	34.7	34.1
	政府财政赤字	3.0	0.1	-7.3	-14.3
	政府债务	24.9	25.0	43.9	64.0
西班牙	政府支出	38.4	39.2	41.1	45.9
	政府收入	40.4	41.1	37.0	34.7
	政府财政赤字	2.0	1.9	-4.1	-11.1
	政府债务	39.6	36.2	39.7	53.2
意大利	政府支出	48.7	47.8	48.8	51.9
	政府收入	45.4	46.4	46.2	46.6
	政府财政赤字	-3.3	-1.5	-2.7	-5.3
	政府债务	106.5	103.5	106.1	115.8
葡萄牙	政府支出	46.3	45.8	46.1	51.0
	政府收入	42.3	43.2	43.2	41.6
	政府财政赤字	-3.9	-2.6	-2.8	-9.4
	政府债务	64.7	63.6	66.3	76.8

资料来源:周茂荣、杨继梅:《"欧猪五国"主权债务危机及欧元发展前景》,《世界经济研究》2010年第11期。

欧盟日益严重的危机中,欧元的可信度也在下降,欧元对美元的汇率从2008年的1∶1.6美元下降到1∶1.31美元,对日元的汇率则从1∶160日元下降到1∶100日元。这种趋势使得欧洲国债更难以在世界市场上出售,加剧了其市场价格的下滑以及利率的升高,使国家债务负担更重并形成一个恶性循环。

2. 全球生态危机的隐忧

在新自由主义阶段,信息技术的发展使生产和消费领域易于分离,这促进了对交通需求的增长。弹性积累模式下"及时生产"的原则与"零库存"的理念为厂商节省了储存成本,但增加了运输成本从而增加了化石燃料的使用。核心—外围的网络化组织基础上形成的国际分工下新兴国家与发展中国家从事的为低技能要求的大规模生产劳动,新兴国家经济的快速发展带来了化石燃料使用的快速增长。

伴随着化石燃料使用的快速增长,热力学第二定律的作用下碳排放量也随之增长。1992年到2008年,CO_2排放量以年均3%的速率增长并一共增加66%,大气中CO_2浓度急剧上升,如图9-21所示。分析显示2000—2009年是历史上最热的10年,气候变暖会导致极端天气事件的频发,包括区域性热浪以及强降水和干旱,2003年和2010年欧洲经历了两个极端炎热的夏季。

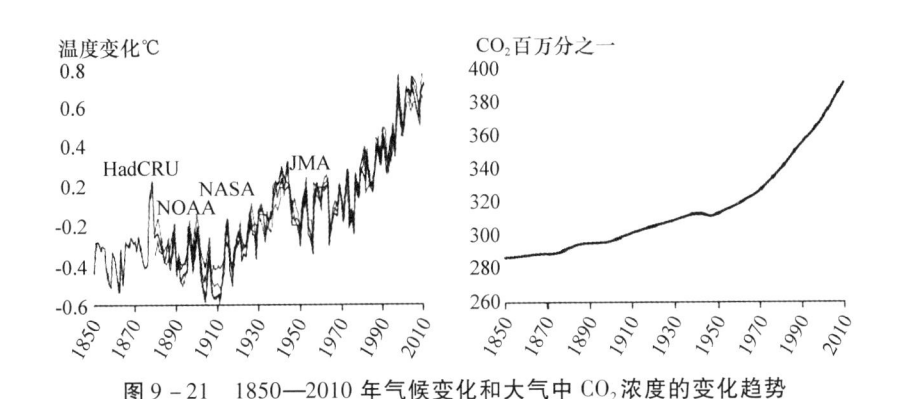

图9-21 1850—2010年气候变化和大气中CO_2浓度的变化趋势

资料来源:联合国环境规划署:《全球环境展望5——我们未来想要的环境》,2012年,第37页。

新的国际分工下,物质交换的不平衡使得资本的生态系统充斥着不平等与不平衡的地理发展,一个区域利益的积累以另一个区域为代价。

结合全球化分工带来的生产行业转移、贸易因素来考虑,全球化通过增长的经济活动、生产行业的转移等影响环境,生产行业从发达国家到发展中国家的转移使得因出口带来的排放量年增长率为4.3%。发达国家的家庭消费因此可以对发展中国家产生显著的环境影响，如对挪威消费影响的调查显示，家庭对外国的环境影响占据了家庭间接排放 CO_2 的 61%、二氧化硫的 87%、氮氧化物的 34%。2001—2007 年，中国 CO_2 排放量的 8%—12% 归因于向美国的出口。

通过对 1990—2010 年发达国家和发展中国家经济活动与 CO_2 排放量的追踪，我们可以清楚地看到这两类国家中贸易差额与排放转移的变化，如图 9-22 所示。数据显示 2002 年后发展中国家消费低于生产，蕴含在生产、消费商品和服务过程中的总排放量迅速上升，发达国家的总排放量在 2002 年以前基本持平，随后陡升并在 2008 年达到顶点。通过贸易逆差发展中国家替发达国家承担了大量的 CO_2 排放。

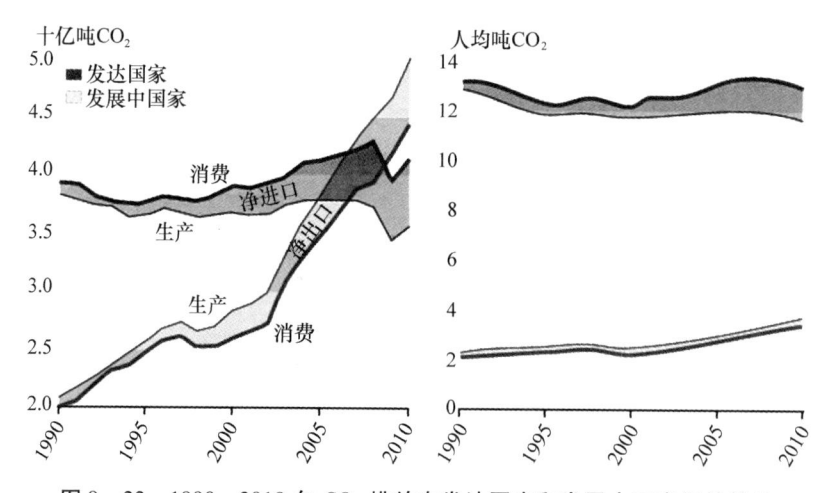

图 9-22　1990—2010 年 CO_2 排放在发达国家和发展中国家间的转移

资料来源：联合国环境规划署：《全球环境展望 5——我们未来想要的环境》，2012 年，第 21 页。

除了碳排放，其他形式的污染物也呈现出类似的趋势。如氮的氧化物排放量，1990 年到 2005 年欧洲降低 32%，1990 年至 2008 年美国降低 36%。与此同时，这些污染产业向发展中国家的转移表现为在过去 20 年间亚洲的排放量一直在增加且增加速度在加快。此外，欧洲和北美洲以及拉丁美洲和亚洲的部分城市的颗粒物水平明显减少，但是亚洲和拉丁美洲大部分城市的颗粒物水平浓度已然很高。

此外，全球化学品生产已经从经济合作与发展组织（OECD）国家转移到了金砖四国（BRIC 国家：巴西、俄罗斯、印度和中国）以及其他发展中国家。全球化学污染对生态系统已构成重大威胁，目前从水生环境提取的水和鱼类样本中 90% 以上都受到了杀虫剂污染。

如前所述，生态系统一方面可以为人类生产提供原材料，另一方面可以吸收人类生产消费所排放的废弃物。综合起来以生态足迹①来衡量，根据世界自然基金会（World Wide fund for Nature or World Wildlife Fund, WWF）2014 年发布的《生命行星报告》（*The Living Planet Report*），1970 年以后人类的生态足迹逐步超出了地球的承载能力，目前人类需要 1.5 个地球才能满足现在每年消耗的生态物质与服务。按地区分类，1961 年与 2010 年所做的人类生态足迹评估显示北美洲与欧洲人均生态足迹最高。②

新自由主义的发展模式给全球生态系统从原材料、生态污染两个层面带来了巨大的压力，与战后黄金年代不同的是原材料成本的上升、生态破坏以及生态破坏带来的经济损失引发的成本并未给发达国家带来实质伤害，而是通过全球化下"资本的生态系统"的全球化转嫁给了新兴国家。

（三）2008 年危机之后：资本主义踽踽前行

2008 年金融危机爆发之后，以美国为首的发达国家实施了一系列措施来稳定金融系统，刺激实体经济的发展。

从财政政策方面来看，危机初期美国迅速颁布了一系列救市措施，其中包括 2008 年 10 月用于收购金融机构不良资产的 TARP（Troubled Asset Relief Program）和增加政府投资的 ARRA（American Recovery and Reinvestment Act），议会还通过两项法案，分别为 2010 年 3 月通过的改革医保制度的法案（Patient Protection and Affordable Care Act）与 2010 年 7 月通过的改革金融监管制度的法案（Dodd-Frank Wall Street Reform and Consumer Protection Act）。此外，还通过国家对绿色能源产业进行的基础创新补贴以启动"绿色"经济。2010 年下半年起以茶党为首的极端保守势力抨击经济复苏计划导致政府入不敷出，由此财政紧缩计划取代了协调统一的治理计划，美联储也开始实施第二轮量化宽松政策。

---

① 生态足迹衡量了人类对自然的需求，其核算单位为满足人类自然资源需求与废弃物吸收所需要的生物生产性土地（或水域）面积。

② McLellan R., et al., *Living Planet Report 2014: Species and Spaces, People and Places*, WWF, 2014.

但从政策运行效果来看，TARP 计划主要用于对大银行与国际垄断企业的资助，只有 6% 用于帮助房屋所有者避免违约的 HAMP（House Affordable Modification Program）。ARRA 计划中截至 2011 年第二季度，其中 41% 用于减税，26% 用于公共投资，19% 用于补贴地方财政，13% 用于失业补助。但减税的经济增长的乘数效应很小，这两项财政政策并未能改变新自由主义体制，未触及生产过程，补贴和减税未能刺激生产性投资。对"绿色"经济的刺激计划中"绿色"技术因素只不过占 3.5%，而中国至少也有 5.3%。[①] 此外，这些财政政策导致财政赤字而引起保守势力的反对。

在货币政策方面，美联储从 2008 年末开始相继推出了四轮量化宽松计划。危机初期美联储迅速下调作为短期利率基准的联邦基金利率，使其从 2007 年 8 月的 5.25% 下降到 2008 年 12 月的接近 0。实行了 1.75 万亿美元的量化宽松政策，2010 年美国再次实行量化宽松政策购买了 6000 亿美元的美国国债，向市场提供了大量货币。美联储对金融机构的援助中，有 83.9% 流向 14 家最大的金融机构，截至 2011 年底美国五大银行：摩根大通、美国银行、花旗银行、富国银行和高盛集团持有 8.5 亿美元资产，相当于美国 GDP 的 56%，而危机前这一比例仅为 43%，这些政策意味着美联储以自身的负债来换取金融资产的扩大，以政府信用弥补私人信用。

实体层面，各国都寄希望于制造业的恢复，寄希望于新一轮科技革命的兴起。如美国政府于 2009 年发布《重振美国制造业框架》（*A Framework for Revitalizing American Manufacturing*），在 2010 年推出《2010 制造业促进法案》、2011 年发布《美国创新战略：保护我们的经济增长和繁荣》（*A Strategy for American Innovations: Securing Our Economic Growth and Prosperity*），提出了各种举措来促进清洁能源、生物工程、纳米技术等领域的发展。德国推出"工业 4.0"的未来项目，以建立生产与网络结合下"智能生产"模式。日本发布旨在灾难重建与可持续发展、社会发展的《日本的第四次科学与技术基本计划》（*The 4th Science and Technology Basic Plan of Japan*），内容包括灾后重建、绿色创新、生活创新等。我国于 2015 年发布《国务院关于积极推进"互联网+"行动的指导意见》以促进互联网与

---

① 齐昊、李钟瑾：《以新自由主义挽救新自由主义——美国危机治理政策批判》，《马克思主义与现实》2012 年第 4 期。

社会经济各领域的融合。不少学者认为这一系列方案项目将开启第三次工业革命并对其进行深入研究。如贾根良教授认为第三次工业革命的本质为"对人的脑力劳动的替代"[①]。第三次工业革命如能实现将加快资本周转的速度从而提高资本的利润率,但将产生机器对工人的进一步替代从而继续强化工人之间的竞争,并使工人的生存状况进一步恶化。

从数据来看,危机之后高收入国家经济增长状况有所回升,但总体仍然表现欠佳。相较之下,在危机后几年,新兴市场与发展中国家的经济增长也受到了严重影响,但以中国为例,通过一系列的财政政策刺激这些国家又很快恢复了经济增长,带动了世界经济的恢复,如表9-9所示。

表9-9　　　　　　　危机后世界实际GDP增长率　　　　　　单位:%

年份	世界	发达经济体	新兴市场与发展中经济体
2008	3	0.1	5.8
2009	0	-3.4	3.1
2010	5.4	3.1	7.5
2011	4.1	1.7	6.2
2012	3.4	1.2	5.1
2013	3.3	1.3	4.7

资料来源:美国总统经济报告(Economic Report of the President)2015,B-4。

危机后,美国的GDP增长率在大幅下滑后于2010年开始回升,但仍然低于危机前2000—2007年的平均水平;失业率也仍然高于危机前的平均水平,如表9-10与图9-23(与表9-1相比)所示。更具体的数据显示,广义失业率(包括消极的失业者与兼职工作者)在危机后的峰值达到17.1%。劳动参与率与居民就业率则持续下降,美国重振制造业的计划还未能有效提高就业,如图9-23所示。

---

① 贾根良:《第三次工业革命:来自世界经济史的长期透视》,《学习与探索》2014年第9期。

表9-10 危机后美国宏观经济状况 单位：%

年份	实际GDP增长率	失业率	通货膨胀率
2008	-0.3	5.8	0.1
2009	-2.8	9.3	2.7
2010	2.5	9.6	1.5
2011	1.6	8.9	3
2012	2.3	8.1	1.7
2013	2.2	7.4	1.5
2014	2.4	6.2	0.8

资料来源：美国总统经济报告（Economic Report of the President）2015，B-1、B-12、B-10。

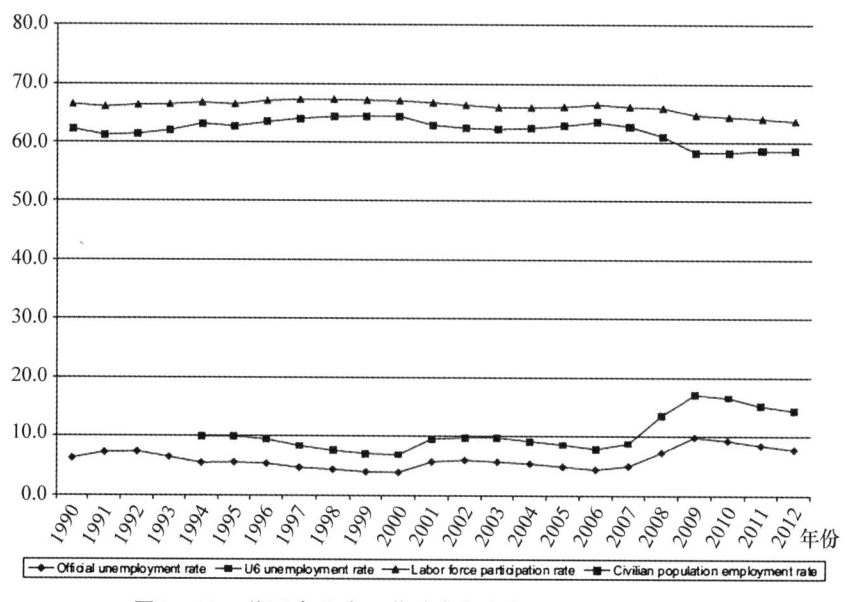

图9-23 美国失业率，劳动参与率与居民就业率（%）

资料来源：M. Dufour & O. Orhangazi, "Capitalism, Crisis, and Class: The United States Economy after the 2008 Financial Crisis", *Review of Radical Political Economics*, Vol. 46, No. 4, 2014.

从收入来看，劳动份额在2008年些微上涨后持续下降，而税后利润在GDP中的份额在经过短暂下降后又继续上涨现已到抵近20年来的峰值。企业部门中，企业总增加值中雇员报酬的份额在经历短暂上升后又重回下降的趋势，而税后利润的份额在经历短暂下降后持续上升，如图9-24所示。此外，收入的不平等程度在经过短暂的调整后又重新呈现出上升的趋势。生活在贫困线下的人口从2007年的12.5%上升到2011年的15%。危机的后果更多地由劳动力与贫困人口承担，工人的力量进一步弱化，而资本的力量则迅速得到恢复。①

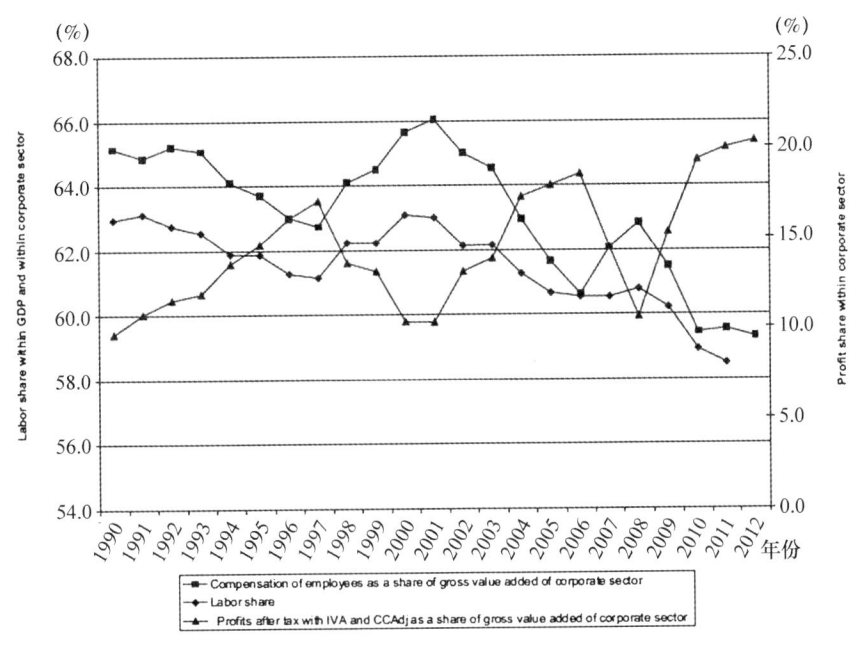

图 9-24　GDP 中劳动报酬的份额与企业部门总增加值中的收入份额

资料来源：M. Dufour & O. Orhangazi, "Capitalism, Crisis, and Class: The United States Economy after the 2008 Financial Crisis", *Review of Radical Political Economics*, Vol. 46, No. 4, 2014.

显然，美国的这些政策并没有改变作为危机根源的新自由主义的一系列制度安排，阶级矛盾依然尖锐，而短期来看"再工业化"战略还未能恢复实体经济增长。

二 自由主义与干预主义的新一轮争论

金融危机发生之后，自由主义经济学与凯恩斯主义学派就危机的根源

---

① 资料来源：M. Dufour & O. Orhangazi, "Capitalism, Crisis, and Class: The United States Economy after the 2008 Financial Crisis", *Review of Radical Political Economics*, Vol. 46, No. 4, 2014.

进行了新一轮的争论，其中新自由主义经济学与古典主义经济学派认为，危机原因在于国家对经济的过度干预，长期的低利率政策带来了过度消费主义，引发了房地产泡沫。他们主张市场自行调节论，反对政府干预；凯恩斯主义学者则认为危机原因在于金融监管的缺失，因此，应该强化政府的作用。基于明斯基的金融不稳定学说的后凯恩斯主义学者也主张严厉的管制与对金融系统的监管，认为发达国家应促进本国与国际工人的就业率与经济稳定。

危机之后，2011年"占领华尔街"运动将矛头直指西方社会经济和政治的不平等，高失业率，政府对罪魁祸首华尔街的救援，贫富差距的扩大。这使得贫富差距进入右翼学者的视野，两派学者在这个问题上围绕贫富差距与金融危机的关系、贫富差距的产生原因以及解决措施展开了争论。

（一）过度干预还是干预不足

1. 新自由主义经济学：政府过度干预论

新自由主义经济学认为危机原因在于政府监管、国家对经济的干预。如斯坦福大学教授约翰·泰勒（John Taylor）认为，"是政府的行为和干预，而不是任何私有经济固有的缺陷和不稳定造成、延长并加剧了经济危机"[①]，具体来说是美国及其他政府在宏观经济政策的漏洞导致了20世纪晚期的经济衰退，政府在货币过剩的时候在太低的利率上停留了太长的时间，从而直接引发了房地产泡沫。他提出了四种解决危机的方法：（1）始终保持所得税税率不变；（2）在薪水达到8000美元之前，始终把工人的税收减免额度保持在6.2个百分点；（3）在总体经济计划中，包括"自动稳定器"；（4）在制订短期经济刺激计划的同时，考虑到长期作用，避免浪费和低效率。

美国加图研究所执行副所长大卫·鲍兹（David Boaz）认为："这是以一次由政府监管、政府补贴和政府干预引起的危机，自然不可能用更多的管制、补贴和干预来治愈。我们陷入这场危机正是因为悖离了自由放任资本主义的原则。美联储运用权力压低利率，制造出廉价货币，从而鼓励人

---

① 《约翰·泰勒介绍》，《网易财经》，2009 - 10 - 12，http：//money. 163. com/09/1012/15/5LEF41QI00253QFS. html，2014年11月30日访问。

们购买房屋，造成房地产泡沫，而且联邦政府迫使银行和抵押公司把钱贷给不符合资格的贷款者。"①

芝加哥大学经济学教授约翰·科克伦（John Cochrane）认为，次贷市场由政府控制并受到了太多的干涉，此次危机是市场失灵与政府失灵的结合：政府设置了监管，而银行规避监管，很多人未充分思考反面的风险，因为他们认为政府会负责一切，但这不意味着自由主义的逻辑有错。他认为需要营建一个政府干预更少的体系，政府的首要原则为：不伤害他人，在这场典型的银行恐慌之后政府作为最后贷款人很有创造性地进行了干预，这是正确的，但是提供很多保护伞是不必要的，股权注资也是非常愚蠢的，政府作为最后贷款人只要保证市场能够解冻运行就足够了，政府应鼓励华尔街自己想办法去解决问题。②

Caballero 与 Krishnamurthy 认为除了扩张的货币政策与对肆无忌惮的借贷者的控制的缺乏外，此次金融危机的一个关键因素是世界其他各国对于低风险资产的巨大需求。这种需求不仅引发了美国资产价格的急速上涨，同时使美国的金融部门因风险的集中而陷入衰退。资本流动促进了证券化的浪潮，除此之外更宏观的因素是全球资本的不平衡。新兴市场中的流动资本具有投机性，但流入美国的资本大部分为寻求安全，美国将低风险资产卖给外国人提高了金融机构的有效杠杆，然而全球不平衡的加剧使得美国持有的"有害资产"③更多。

需要注意的是此次危机后，新自由主义经济学家内部发生了分化。2008 年约翰·科克伦针对时任财长的亨利·保尔森（Henry Paulson）将支付 7000 亿美元以收购有问题抵押资产的计划在芝加哥大学发起了反对该计划的请愿书，然而并不是所有人都支持，芝加哥大学金融系教授道格拉斯·戴蒙德（Douglas Diamond）拒绝签名，他认为除了为银行提供保护网政府别无选择，反对救助将刺激投资者从银行中撤离资产。罗伯特·卢卡斯（Robert Lucas）也改变了对政府监管的看法，他提出，"我每个星期都在改变对银行监管的看法"，"我本来认为这是一个处于控制下的时代，但

---

① ［美］大卫·鲍兹：《古典自由主义：入门读物》，同心出版社 2009 年版，第Ⅱ页。
② John Cassidy, "Interview with John Cochrane", 2010 – 01 – 13. http：//www.newyorker.com/news/john – cassidy/interview – with – john – cochrane, 2015 年 3 月 28 日访问。
③ Ricardo J. Caballero & Arvind Krishnamurthy, "Global Imbalance and Financial Fragility", *NBER Working Paper* No. 14688, 2009.

现在我不这样认为"①。芝加哥大学教授法律经济学运动创始人理查德·波斯纳（Richard A. Posner）曾认为经济效率是首要的目标，在此次危机后他开始钻研凯恩斯的著作并称赞其为"杰作"，转而成为一名凯恩斯主义者，认为宽松的货币政策与去监管化导致了衰退。他还批评他的芝加哥学派同事们"在这个变革的时代沉睡"②。在《资本主义的失败》中他表达了对约翰·科克伦等芝加哥经济学家的批评，认为他们没有意识到次贷危机的严重程度，并且有效市场假设与理性预期理论未能刻画银行与其他金融中介的特点，而此时更老的、武断程度更低的理论能够更好地解释金融部门如何拖累了经济体的其余部分。

2. 新凯恩斯主义学派：金融监管的缺失

因准确预言此次危机而被称为"末日博士"的鲁里埃尔·罗比尼（Nouriel Roubini）认为此次危机是一场债务危机、信贷危机和偿付能力危机，是一场由动物精神驱使，自我实现衰退机制下的信心危机，最终导致了流动性与总需求的崩溃。③ 有多重因素共同造成了危机，包括：美国宽松的货币政策，信贷增加过度，评级机构歪曲事实真相的评估，过度的具有极大风险的金融创新措施，家庭与金融机构甚至某些企业的过度杠杆化，金融公司的企业治理问题和代理问题，还有一个最重要的因素为缺乏对金融系统的监管。"当时是依靠市场准则，而当出现不合情理的丰盛利益时，市场准则也就不复存在了。"④ 这场危机并不意味着资本主义市场经济的失败，而是缺乏谨慎的管制、对金融市场的监管、能提供恰当的公共品的政府的自由放任，无管制（或过分去除管制）的，未拓荒的美国西部模式的资本主义危机。⑤ 作为一个凯恩斯主义经济学家，罗比尼主张采取干预措施来避免真实的衰退。首先，应该解决破产的银行，使其国有化。为了防止这些银行成为空壳银行，政府应对其进行接管、清理然后卖给私

---

① John Lippert, "Friedman Would Be Roiled as Chicago Disciples Rue Repudiation", 2008 年 12 月 23 日, http://www.bloomberg.com/apps/news? pid = newsarchive&sid = a3GVhIHGyWRM&refer = home, 2015 年 3 月 29 日访问。

② John Cassidy, "After the Blowup", 2010 – 01 – 11. http://www.newyorker.com/magazine/2010/01/11/after – the – blowup, 2015 年 3 月 28 日访问。

③ Nouriel Roubini, "Ten Risks to Global Growth", www.forbes.com, 2015 – 02 – 28.

④ ［美］鲁里埃尔·罗比尼：《鲁里埃尔·罗比尼谈金融危机的起源与出路》，《中国发展研究基金会研究参考》2009 年第 24 期。

⑤ Nouriel Roubini, "Laissez-Faire Capitalism Has Failed", www.forbes.com, 2015 – 02 – 28.

人部门。其次，将债务货币化。从货币政策来看，必须采取一系列全面的非正统的非正规的货币政策和措施来减少市场利差，对无力承担债务负担的个体家庭，必须降低这些债务的账面价值。关于新兴市场，对于金融危机以外的受害者应无条件地向其提供资金；对于监管，应运用适当的形式实现监管宽容，如减少有偿付能力的银行的资本充足率以缓解信用紧缩。①

曾预测1997年亚洲金融危机的经济学家保罗·克鲁格曼同样在2005年美国房地产市场开始衰落时就已预言了房地产市场泡沫的破裂。通过比较他认为这场金融危机与以前见过的一切都不同但又都相似，是一场总爆发："房地产的泡沫的破裂与20世纪80年代末日本的经历相似；银行挤兑潮与20世纪30年代早期的情况相似（不过主要涉及影子银行系统，而不是传统银行）；美国遭遇了类似日本的流动性陷阱；最近，国际资本流动发生中断，一些国家陷入货币危机，这与20世纪90年代晚期亚洲的经历十分相似。"②

克鲁格曼认为21世纪美国在根本上不同于以往之处为垄断租金重要性的加强，这意味着利润不是来自于投资而是来自市场控制。垄断租金导致利润与生产不再相关，并延长了衰退。以苹果为例，其雇用工人不超过所有工人总数的5%，几乎所有生产全部外包，然而中国人并没有通过苹果赚取很多钱。任何苹果产品的价格都与生产成本关系不大，苹果的价格定位于在其市场地位下市场所能接受的价格。金融市场所获得的利润也有很多与垄断租金相似，其所得利润占所有企业利润的大约30%。这种利润体现的是市场力量而非生产，这种利润的增长给经济带来了很多不良影响，如收入分配更有利于利润而非工资，此外会抑制对生产能力的扩张。

金融危机的主要诱因是从未受过监管的机构——影子银行系统的不断扩张，但政治家和政府官员在反对监管的意识形态下未能将这些新金融机构覆盖在金融风险防范网中；另外一个加剧危机的原因是对商业银行监管的放松，具体而言为1999年《格拉斯—斯蒂格尔法》被废除使得商业银行可以涉足风险较大的投资银行业务。

---

① James Fallows, "Dr. Doom Has Some Good News", www.theatlantic.com, 2015-01-25. ［美］鲁里埃尔·罗比尼：《鲁里埃尔·罗比尼谈金融危机的起源与出路》，《中国发展研究基金会研究参考》2009年第24期。

② ［美］保罗·克鲁格曼：《萧条经济学的回归和2008年经济危机》，刘波译，中信出版社2009年版，第221—222页。

就金融危机和经济危机的应对，克鲁格曼认为关键的问题是如何创造充足的需求来利用经济产能的问题。短期内急需的是对全球信贷系统的救助，针对这个问题决策者需要：让信贷重新流动，支持消费。提出政府首先应迅速向金融机构直接注资，放松信贷；采取凯恩斯主义的财政刺激手段，恢复实体经济。长期内应改革金融体系，重建金融系统，用一套新的规则和条款确保金融安全，扩大金融监管和金融风险防范网，覆盖全部金融机构。基本规则为：任何像银行一样经营的机构，任何在危机爆发时需要像银行一样得到救助的机构都必须被当成银行来监管。

在 2008 年写作《萧条经济学的回归和 2008 年经济危机》时克鲁格曼认为危机虽然规模极大但世界未必会陷入萧条，2010 年克鲁格曼认为我们现在恐怕已处于"第三次萧条的早期阶段"[1]，这次萧条是政策失误造成的。虽然良好的财政和货币政策避免了世界经济全面坍塌，但长期失业率还处在很高的水平且没有快速下降的迹象，美国和欧洲正向日本式的通货紧缩陷阱迈进。克鲁格曼反对正统的"货币不可滥发和预算应当平衡"的思想，而应该在赤字和就业之间作出权衡。但目前美国州政府或地方以削减预算的形式实行紧缩政策，这有可能加剧衰退并助长通货紧缩，为经济萧条铺路。

斯蒂格利茨从信息与激励问题的角度探讨了金融危机，他认为危机的根源在于以往危机中也存在的信息误导与利益冲突，还有对过度风险行为与欺诈行为的激励。[2]

管理层的薪酬机制——股权激励鼓励了误导信息的提供，即在资产负债表上只记录收入而不记录债务。此外，股权激励还鼓励了管理层的过度风险行为，这是因为短期内更多的利润会增加报酬，但随后的损失将由其他人来承担。此外，会计公司也对此负有责任，由于会计公司受雇于 CEO，且其报酬与咨询服务相关，因此他们会取悦 CEO——夸大利润以抬高估价使 CEO 获得更多的报酬。

在信用的提供者中人们越来越依赖于市场如证券市场，而越来越减少对银行的依赖。证券化产生了信息不对称，银行会确保发放的抵押贷款能

---

[1] Paul Krugman, "The Third Depression", *The New York Times*, 2010-06-27.

[2] Joseph E. Stiglitz, "The Financial Crisis of 2007/2008 and Its Macroeconomic Consequences", *Presented at the June 2008 Meeting of the Initiative for Policy Dialogue Task Force Meeting on Financial Markets Reform*, 2008-06.

够收回，相较之下，证券化机制下发起者的动机仅为将证券尽快转移到他人手中。次级抵押贷款的证券化产生了一系列新的信息不对称：投资银行购买贷款将其再打包并分散再卖给其他投资银行或者养老基金等，只留一部分在其账面上。即使这些产品创造者也未能充分意识到风险的存在，产品的复杂性使得难以评估每个阶段会发生什么。

评级机构的失败也是金融危机的一个关键要素，评级机构的报酬来自被评级机构，这激励了评级机构为投资银行打更高的分，将 F 等级的资产评为 A 级。从监管者的角度来看，为了防止银行的过度风险行为，政府应该对其进行严格的监管，否则就需要提供财政援助。伯南克将财政援助的覆盖范围延伸到投资银行，扩大了需要防范的问题，这产生了相反的激励，如对于贝尔斯登公司的援助使得本来因贝尔斯登破产将亏损的人反而境遇变得更好。

因此，在金融危机中从发起抵押贷款者到将其证券化的机构、评级机构、监管者，所有涉及者都具有不当的激励，当贷款额高于房屋价值时欺诈行为就产生了。

根据上述分析，斯蒂格利茨认为应该实施以下政策：（1）金融援助，次级贷款的违约必然会传染整个经济系统，因此首要的措施为对金融机构的救助，如可以由政府接管银行，将银行暂时国有化，或者政府直接借钱给银行，还可以鼓励外国政府提供救助。（2）财政政策，强化失业保险体系，失业者获得的钱可以马上转化为消费；通过边际投资税收抵免来次级企业投资；促进研究与开发（R&D）来减少对石油的依赖性，增加对公共交通的投资，增加教育公共投资，在刺激经济的同时为长期持续增长打下基础；联邦政府要对各州和地方政府提供帮助，以防止它们在衰退期间为了平衡预算而增税和减少在基础设施上的开支；在应对金融危机的同时，政府在应对气候变化方面进行必要投资，使美国社会向低碳经济转变，奠定基于低碳经济技术的新一轮经济增长基础。（3）改革金融监管体系，管理者需要考虑的要素包括：①市场激励与管理激励的改善，对于市场，应将私人激励与社会目标联系起来，这其中包括金融业、评级机构、对冲基金与金融经理；对于管理者，应该鉴别在市场失灵时谁最可能失败而非谁会赢，至少需要做到保持更大的平衡。②对会计体系的改革，包括调整资本充足标准，设计更佳的准备金要求。新的金融监管体系还需要对新的金融产品的风险特征有足够的了解，措施有使金融产品安全委员会建立透明的金融企业都需要满足的标准,通过监管工具来监管,并且监管对象不仅在于个体机构,还需要对整个金融体系进行监管。政府的监管范围会威胁到金融系统稳定性的所有实体机构。从全球范围来看,为了防止外部性需要通过更好的监管标准的设计来使各国增强协同性。

3. 后凯恩斯主义:明斯基的"金融不稳定说"及其应用

虽然后凯恩斯主义学者海曼·明斯基在金融危机之前就已去世,但金融危机的发生过程与明斯基对危机解释的吻合使得明斯基的金融不稳定假说被广泛应用。克鲁格曼在其著作《现在终结萧条!》中以"明斯基:这个世界最清醒的一个人"为第三章标题,着重介绍了明斯基的理论。与明斯基同为后凯恩斯主义经济学家的 Whalen 分析认为,对房地产市场的投机预期、抵押贷款的膨胀、金融创新造就了房地产市场的泡沫,泡沫破裂后次级抵押市场的崩溃引发了银行业与世界股票市场的衰退,进而导致经济的下滑,危机为典型的明斯基危机。① 在此,我们有必要先回顾一下明斯基的"金融不稳定说"②。

明斯基认为投资进行融资是经济中不稳定性的重要来源。根据收入—债务关系,他将经济的融资结构分为三种:对冲性融资、投机性融资和庞氏融资。对冲性融资的主体及其银行期望从资本资产所获得的现金流(即利润)除了足够满足现在和未来的支付承诺(本金+利息)外还有剩余;投机性融资的主体及银行逾期从运营资本中获得的现金流会少于短期内的现金支付承诺,预期收入会覆盖利息,因此其期望未来的现金收入可超过同时期的到期债务,即投机性融资会利用短期融资来为长期头寸融资;庞氏融资主体预期的现金收入则少于现金支付承诺,主体需要将债务结构中的利息资本化,通过进一步负债来对债务进行融资。如果债务偿还条件更加严格,收入减少和利息成本增加,支付承诺很可能得不到履行。随着不断增长的债务支付利息或红利,投机性融资和庞氏融资的债务人和银行家可通过发达的融资工具等进行再融资、增加债务或放弃多余的金融资产来履行支付承诺。投机性融资和庞氏融资本身具有不稳定性,这源于不断变化的利率:投资繁荣的环境中随着融资需求的增加利率会上升,这导致资

---

① Whalen C. J., "A Minsky Perspective on the Global Recession of 2009", *Research on Money and Finance Discussion Paper Series*, No. 12, 2009.

② [美]海曼·明斯基:《稳定不稳定的经济——一种金融不稳定视角》,石宝峰、张慧卉译,清华大学出版社 2010 年版。

产资本价值的下降,进而导致投资的螺旋加速下降、雪崩似的金融动荡。因此,经济扩张过程中投机性融资和庞氏融资的比重上升引起市场的不稳定性。

在经济周期中,金融结构从稳定向非稳定的转变内生于金融系统。货币和流动性资产的内在增长增加了利润与用于投资性融资的内部资金的增长,这种内生的力量使得人们对未来经济的乐观预期不断膨胀,经济中对长期投资的短期融资不断增加成为一种常态,投机性融资和庞氏融资比重不断增加使得经济不稳定的力量越来越强。此外,政府部门的资产负债状况也会影响金融的稳定性,包括政府使用特权对经济体再融资的意愿、政府维持总利润和工资水平的能力。为了避免萧条,他提出大政府大银行的方案,首先将反周期性支出作为预算结构的固有特征并辅之以相机决策的措施;其次通过低利率政策及美联储承担最后贷款人的职能进行干预。

在明斯基的理论框架下,Whalen认为当前的全球经济危机需要两种经济战略:恢复与改革。① 首要的政策目标应为宏观经济的稳定与全球经济的繁荣。可通过财政政策、货币政策与金融市场政策来使经济得到恢复。差异在于,明斯基所论述的经济自助稳定器在20世纪70年代中期后已失效,因此财政政策力度应超过以往,此外,金融市场政策也不符合明斯基的观点。改革计划应包括严厉的管制与对金融系统的监管,国家应对本国工人承担相应责任,美国应促进国际经济的稳定性与工作机会的增加。

明斯基的理论框架不仅得到了凯恩斯主义学者的重新认识,马克思主义学者也在一定程度上运用了明斯基的金融不稳定学说来理解金融结构关系和周期的性质及其演进:体系所固有的周期及危机,金融结构和金融关系的演进,投机化的内在倾向,投机和资产债务紧缩的关系,制度和政策在抑制或支持金融危机和深度萧条时的有效性。② 明斯基的工作为研究资产泡沫的动因、不确定性的影响,以及债务水平提高对经济整体的紧缩性影响提供了有益的视角。③

---

① Whalen C. J., "A Minsky Perspective on the Global Recession of 2009", *Research on Money and Finance Discussion Paper Series*, No. 12, 2009.
② [美]杰克·拉斯姆斯:《日趋加剧的全球金融危机:从明斯基到马克思》,《国际社会科学杂志(中文版)》2008年第1期。
③ [德]玛丽亚·N.伊万诺娃:《马克思、明斯基与大衰退》,载《清华政治经济学报》第2卷,社会科学文献出版社2014年版。

（二）贫富差距与危机的关系

长期以来，在主流经济学的分析中，收入分配问题并不是核心议题，但作为普通民众能感受到的切肤之痛，贫富差距随着2011年9月17日的"占领华尔街"运动进入右翼学者的视野中，"占领华尔街"运动将矛头直指西方社会经济和政治的不平等、高失业率、政府对罪魁祸首华尔街的救援与贫富差距的扩大。

在2014年全球的学术焦点《21世纪资本论》中，法国经济学家托马斯·皮凯蒂（Thomas Piketty）指出："这一问题很重要，而且不仅是基于历史原因。自从20世纪70年代以来，收入不平等在发达国家显著增加，尤其是美国，其在21世纪头十年的收入集中度（事实上甚至略微超过了）20世纪的第二个十年……我们没有任何理由相信增长是自动平衡的。我们从很早起就应该把收入不平等的问题重新置于经济分析的核心，并提出19世纪就已经出现的类似问题。"[①] 围绕贫富差距，右翼学者讨论的问题包括：贫富差距与金融危机的关系、贫富差距的产生原因、解决措施等。

1. 贫富差距与金融危机的关系

皮凯蒂通过数据指出自1980年以来美国的收入不平等开始快速扩大，前10%人群的收入比重从20世纪70年代的30%—35%，上涨到21世纪伊始的45%—50%。他认为美国的收入不平等一定程度上会引发国家的金融不稳定，原因为"收入不平等扩大的一个后果是，美国中下阶层的购买力出现了实质停滞，这必然增大了一般家庭借债的可能性。特别是，那些不择手段的银行和金融中介机构慷慨地提供了日益增长的授信额度，因为它们免于监管并渴望从流通到体系中的巨额储蓄中赚取优厚的利息收入"[②]。此外，美国内部收入转移规模是21世纪初贸易赤字规模的4倍，即内部失衡是全球失衡的4倍，不应将美国及世界金融体系不稳定的责任推给中国或其他国家。

通过数据分析，皮凯蒂认为危机后美国不平等的结构性扩大并未结束，2010年时的不平等水平明显高于危机爆发前。

---

① ［法］托马斯·皮凯蒂：《21世纪资本论》，巴曙松等译，中信出版社2014年版，第16—17页。
② ［法］托马斯·皮凯蒂：《21世纪资本论》，巴曙松等译，中信出版社2014年版，第303页。

保罗·克鲁格曼认为长期来看，不平等是中产阶级收入滞后的最重要的因素，且此次大衰退与随后并不良好的经济恢复背后可以看到不平等若隐若现的重要作用。普遍认同上涨的住房债务为经济危机的发生提供了空间，然而这种债务的剧增与不平等的上升相吻合，二者极有可能具有相关性。平均来看，危机后美国人变得更穷，对于收入末位90%的人群来说，无论是所分的蛋糕或是能分到的份额均缩水，收入持续从中产阶级向一小部分特权人士的转移拖累了消费者需求，危机后不平等对于普通美国人的收入与不佳的经济状况均造成了拖累。因此，不平等既与经济危机相关，又与经济恢复的疲软相关。①

2. 贫富差距的产生原因

2013年《经济展望杂志》以"最富有的1%"为题出版了专题论文集，系统地介绍了不同学派的观点。②

美国流行经济学教科书的作者曼昆为1%的富裕阶层做了辩护，他先假定了一个完全平等和高效的乌托邦，每个人都获得完全一样的收入，不存在贫富差距。每个人都刚好获得边际产出，因此具有足够的动力来提供有效劳动。然而有一天这个乌托邦国家被企业的创新所打乱，如发明了iPad的乔布斯，出版了《哈利·波特》的罗琳。产品引入之后每个人都自愿去购买它，产品的需求大于供给使得经济财富的分配产生了巨大的不平等，新产品使得企业家比起他人更加富有。曼昆认为这个故事描述了过去几十年美国社会收入分配的状况，20世纪70年代以来高收入阶层收入增加得更快正是因为他们对经济增长的贡献更大。

对于"不平等会造成效率的损失，寻租带来了贫富差距的扩大"③的观点，曼昆认为当前的寻租活动并未超过20世纪70年代，他更倾向于认为收入差距扩大的主要原因是技术工人市场中需求超过供给带来的不同职业工资的差别。

当前美国社会中最富有的1%家庭的子女受教育和就业的机会与中产阶级子女的机会大体相同，在机会平等的情况下，人们的收入与父辈的收

---

① Krugman, Paul, "Why Inequality Matters." *The New York Times*, 2013-12-16.
② 宋小川：《政府与市场：西方学界关于最富有人口的争论》，《中国社会科学内部文稿》2014年第3期。
③ Mankiw N. Gregory, "Defending the One Percent", *The Journal of Economic Perspectives*, Vol. 27, No. 3, 2013.

入无关。由此曼昆否定了1%富裕家庭的财富是来自代际收入的转移。

对于应对1%人口征收税率的问题，曼昆认为最优的税收政策应当着眼于1%阶层的高收入是体现了非凡的劳动生产率或是市场失灵，着眼于社会不同收入阶层是否从公共设施中获得了同样多的好处。

诺贝尔经济奖获得者索洛在《经济展望杂志》2014年第一期发表题为《1%》[①]的回应短文批判了曼昆的观点，指出曼昆为1%的人的辩护从未阐明的前提、不可靠的家庭与忽略的事实转移了人们的注意力。索洛提出了六点批评意见：（1）曼昆认为1%的富裕阶层是通过技术创新创造了大量消费者剩余的企业家构成的，事实上危机前1%的人的收入大部分以及越来越多的部分源于金融服务行业的交易利润，来自信息不对称。1970—1995年，标准普尔中的500家经济交易行业中的总裁中位数收入和500家银行与工业企业无根本差别，而1996—2006年前者的收入扩大到后者的7—10倍，显然这些并非企业家创新带来的。（2）曼昆认为对于寻租活动带来的不平等，应该去抑制寻租而不是攻击不平等，但正是巨额财富的力量才使得消除腐败困难重重或无法消除。（3）认为所有的市场收入都反映了真实的劳动生产率太过于冷漠。（4）根据大量证据，美国社会的代际收入流动性在降低，这些变化不能归因于基因。（5）效用主义关于收入从随机的富人转移给随机的穷人可提高社会整体效用的观点已成为常识。（6）将努力与偶然在数量上区别开来并不实际，但在考虑税收与收入分配时不能将二者混为一谈。

在同一期杂志上，曼昆对索洛的批判进行了不是非常有说服力的回应：（1）乔布斯的案例是美国经济中的典型案例，金融活动的社会价值难以测量，因此无法取得结论性的证据。（2）富人中有来自左右两翼的支持者，2008年和2012年美国选出了承诺对富人增税的左翼总统，因此他并不担心富人的政治影响力。（3）一个提供无弹性劳动的劳动者的所得全部为租金，但并不意味着他所从事的是非生产性的寻租活动，或者他的所得超过了他的边际产出。（4）他不认同收入不平等与代际流动的负相关性。（5）索洛所提到的模型有一些阐述不清楚之处。（6）曼昆同意应得的收入难以确定，自己的观点并非结论性的，只要经济学家们在思考经济政策

[①] Robert Solow et al., "Correspondence: The One Percent", *The Journal of Economic Perspectives*, Vol. 28, No. 1, 2014.

时更加关注"应得收入"他的文章就成功了。[①]

与其他学者相比，2014 年的学术明星皮凯蒂对于贫富差距研究的突出贡献在于"采用了更加广泛的历史资料和对比数据，覆盖了近三个世纪、20 多个国家，同时运用新颖的理论架构进行深度分析"[②]，通过对这些数据的分析，皮凯蒂清晰地展示了这 300 年来主要国家的收入和财富分配的变化轨迹。其完善的数据收集与研究使得《21 世纪资本论》一经出版就传遍全球，"贫富差距"的讨论从经济学家扩散到了世界学界、媒体以及阅读大众之中，各位著名学者纷纷撰写书评。

皮凯蒂的数据研究显示，长期来看经济增长并不会自动导致库兹涅兹认为的收入和财富的均等化趋势，而是相反，收入和财富分配的不平等和两极分化是自由的市场经济条件下正常的经济增长所产生的必然趋势。长期的经济增长过程中收入分配呈现的是 U 形，而不是库兹涅兹所认为的倒 U 形。

关于收入和财富分配不平等的原因，皮凯蒂认为存在着使收入和财富分配"趋同"和"分化"的两种力量，其中知识的扩散以及对培训和技能的资金投入是趋同的主要力量，知识和技能的扩散对于整体生产率的增长和一国与各国家间不平等的削减起着关键的作用；分化的力量为 $r>g$（r 为资本收益率，包括利润、股利、利息、租金和其他资本收入；g 为经济增长率，即年收入或产出的增长），即资本收益率大于经济增长率，从逻辑上可以推出这种情况下继承财富的增长速度要快于产出和收入，即继承财富（过去积累的财富）必然会变得比储蓄财富（当下积累的财富）更重要；此外，当一个人的财富增加时储蓄率会随之大幅提升，这一机制加强了分化的力量，这种分化的力量是长期财富分配不平等的主要因素，由此过去形成的不平等具有持续性和特殊重要性，即继承财富更为重要。

在此理论基础上，皮凯蒂分析了当今收入和财富分配的严重不平等现象。以美国为例，工资不平等前所未有地上升尤其是工资层级等顶端群体的超高薪水的出现是不平等程度加深的大部分原因，但 1980 年以来资本收入不平等的大规模加剧可以大约解释美国收入不平等扩大的 1/3。所有英语国家近几十年来收入不平等扩大的首要原因都是金融部门和非金融部

[①] Mankiw N. Gregory, "Response from N. Gregory Mankiw", *The Journal of Economic Perspectives*, Vol. 28, No. 1, 2014.

[②] [法] 托马斯·皮凯蒂：《21 世纪资本论》，巴曙松等译，中信出版社 2014 年版，第 1 页。

门超级经理人的兴起。从资本形式来看，当今世界资本的主要表现形式从以前的土地变成了如今的工业资产、金融资产和房地产。

《21世纪资本论》出版后诺贝尔经济学奖获得者保罗·克鲁格曼在《纽约时报》上连续发表评论文章，称这本书是"最近十年来最重要的经济著作"，但批评皮凯蒂在分析工资不平等时未能将去监管的因素包括在内，相关分析还缺乏精确性。索洛发表文章《托马斯·皮凯蒂是正确的》[1]，从总体上认可了皮凯蒂所做的研究工作和提出的主要观点，同时指出了皮凯蒂在一些概念上的模糊之处，如皮凯蒂把资本与财富相混同。自由主义经济学家劳伦斯·萨默斯则发表题为《托马斯·皮凯蒂对于过去是正确的而对于未来是错误的》[2] 的文章对皮凯蒂提出了批评意见，他认为皮凯蒂低估了资本的报酬递减效应，该效应会逐步抵销资本回报，资本收入份额并不会随着资本积累长期上升，因此资本主义条件下不平等程度并不会长期加剧，不平等问题的产生原因在于全球化和技术变化。

3. 贫富差距的解决方案

皮凯蒂认为想要重获全球化金融资本主义的支配权，管理全球承袭制资本主义，"理想的工具是全球累进资本税，配合非常高度的国际金融透明度"[3]。这种税收制度可以避免无休止的不平等的螺旋上升而且能够控制令人担忧的全球资本集中。全球资本税的想法是一个乌托邦，但仍然可以将其作为一个有价值的参考点用以衡量其他的备选方案。

对于皮凯蒂征收资本税的建议，萨默斯认为这个想法存在很多问题，他认为除了征税，还有办法更容易提升中产阶级收入并且使得不对社会进行回报就积累更大的财富变得更难，包括：更严格的执行反垄断法，减少对知识产权的过度保护以防止激励过少而垄断租金过高，惠及工人并给予其财富积累赌注的利润共享激励机制，政府的养老资源更多地投资于风险型高回报资产，劳资集体谈判的加强，企业管理的改善。公共政策对于不公平可以做到的最重要的两项为：加强金融监管以全面消除金融活动隐形

---

[1] Robert M. Solow, "Thomas Piketty Is Right", *The New Republic*, http://www.newrepublic.com/article/117429/capital-twenty-first-century-thomas-piketty-reviewed.

[2] Summers, Lawrence, "Thomas Piketty Is Right About the Past and Wrong About the Future". *The Atlantic*. May, 2014. http://www.theatlantic.com/business/archive/2014/05/thomas-piketty-is-right-about-the-past-and-wrong-about-the-future/370994/.

[3] [法]托马斯·皮凯蒂:《21世纪资本论》，巴曙松等译，中信出版社2014年版，第531页。

的或者公开的补贴；放松对土地使用的限制以消除其带来的城市地区富人房地产价值的持续上升。

总体来看，右翼学者将危机归于外部因素，而无法认识到危机根源于资本主义的基本矛盾。凯恩斯主义学者认识到了新自由模式的失败之处，但只认为这是资本主义的某一种具体模式的失败，而不是资本主义制度本身的失败，对危机的分析只流于对现象的描述。明斯基的工作为研究资产泡沫的动因、不确定性的影响，以及债务水平提高对经济整体的紧缩性影响提供了有益的视角。

此次危机中右翼学者理论发展的一个重大特征为对收入分配问题的关注，以至于皮凯蒂《21世纪资本论》常常被看作马克思《资本论》在21世纪的替代物，虽然皮凯蒂自己否认了这一点。对于这一看法，我们以大卫·哈维精准的评价来作为结尾：首先皮凯蒂对资本的定义错误，资本是一个过程而不是物，是一个循环过程。资本回报率 r 主要取决于增长率，因为资本的价值是通过它生产了哪些产品而不是什么进入了它的生产过程中来确定它的价值的，这形成循环论证，因此皮凯蒂对贫富差距的解释是完全失败的，且对于 $r>g$ 的规律，皮凯蒂并未说明背后产生的力量，但如果是马克思，会将这归因于资本与劳动间的权力失衡，且这种解释仍然具有生命力。皮凯蒂在统计学上得出的结论在《资本论》第1卷中早有说明。皮凯蒂未能提供21世纪资本的运行模型，他为扭转不平等现状提出的建议也是非常天真的。这一点我们仍然需要马克思或者当代的思想家。[①]

三　新自由主义阶段的结构性危机：马克思主义学者的新探索

马克思主义学者普遍认同此次危机根本上为"新自由主义阶段的结构性危机"[②]。马克思主义学者对这一资本主义的新阶段进行了详尽的分析，并在此基础上阐述了各自对于危机根源的认识。与右翼学者的不同之处，

---

① David Harvey, "Afterthoughts on Piketty's Capital", May 17, 2014, davidharvey.org/2014/05/afterthoughts-pikettys-capital/, 2015年3月25日访问。

② Duménil G. & D. Lévy, "The Crisis of the Early 21st Century: A Critical Review of Alternative Interpretations", *Preliminary Draft*, 2011. Basu Deepankar & Ramaa Vasudevan, "Technology, Distribution and the Rate of Profit in the US Economy: Understanding the Current Crisis", *Cambridge Journal of Economics*, Vol. 37, No. 1, 2013.

马克思主义学者认为危机根源于资本主义自身积累过程的矛盾。本次危机虽发端于金融领域，但"现实危机只能从资本主义生产的现实运动、竞争和信用中来说明"①，马克思主义学者通过辩证地分析资本积累体系中金融资本与生产资本之间的关系来阐述金融危机发生的机制。

本次危机的根源仍为资本主义基本矛盾，即剩余价值生产与剩余价值实现的矛盾。有的学者侧重于将危机视为剩余价值生产的危机，即利润率下降的危机；有的学者将危机视为剩余价值实现的危机，即消费不足的危机；有的学者则否定前面两种论述，认为危机的根源在于新自由主义制度。

值得注意的是，在全球生态问题的背景下，除了生态马克思主义学派之外，部分马克思主义学派也注意到了资本与自然之间的矛盾，并运用其理论进行了相应的分析。

（一）消费不足论：根源何在？

本次危机中，劳动份额的减少以及引发的消费的结构性不足、剩余价值的无法实现被一些左翼学者视为危机的根源。消费不足的另一面为生产过剩，布伦纳将生产过剩归因于全球制造业的破坏性竞争，垄断资本学派则将此归因于垄断金融资本体系下实体经济的长期停滞，社会的积累结构学派与调节学派也运用各自的理论范式从积累模式的角度分析了新自由主义阶段消费不足的产生。

1. 全球生产过剩的持续恶化

布伦纳将1979年以来的新自由主义阶段界定为新自由内在矛盾基础上一个连续的"长期衰退"阶段②，他认为当前危机的根源在于过去30年发达资本主义经济活力的持续下降，这一趋势跨越各个经济周期一直延续至今。资本积累与总需求长期衰弱的根源在于整个体系资本回报率严重而无可挽回的下降，其原因主要是——尽管并非唯一原因——全球制造业生产能力的持续过剩，即供给过剩，而全球生产过剩的原因在于各国之间的破坏性竞争。

全球制造业部门长期的过剩产能在股市泡沫的财富效应所引起的投资

---

① 《马克思恩格斯全集》第34卷，人民出版社2008年版，第581页。
② [美] 罗伯特·布伦纳：《高盛的利益就是美国的利益——当前金融危机的根源》，《政治经济学评论》2010年第2期。

过热与投资失误的恶化作用、被估值过高的美元所恶化了的竞争力的阻碍作用、以中国为首的东亚国家日益强大的竞争力的影响等多个因素的作用下加剧，因此经济被带入周期性萧条阶段。

1973年长期低迷开始后，经济管理者通过规模越来越大的政府和私人借贷来增加需求以避免危机的发生，但越来越多的债务积累和化解过剩生产能力的失败时的经济对于刺激越来越迟钝。

新经济泡沫破裂后，美联储连续下调基金利率以对付周期性需求不足问题，但难以撼动生产能力过剩导致利润率深度下降的结构性问题。增加的流动性并未被非金融企业所获得反而方便了资本市场，"资产价格的凯恩斯主义"（Asset-Price Keynesianism）① 推动了容易受到利率影响的部门——房地产市场和各种债券的杠杆投资——资产价格的增长，家庭和金融部门的借贷增长促成了房地产市场和信贷市场的泡沫，两个市场泡沫的相互作用带动了新一轮的泡沫经济。

2. 垄断金融资本体系下"停滞—金融化"的矛盾

垄断资本学派用"停滞—金融化"来刻画20世纪80年代以来经济史的特征，认为在垄断资本主义阶段"停滞是常态，好的时期则是例外"②。以斯威齐的垄断资本理论为基础，垄断资本学派认为20世纪资本主义国家转向垄断资本主义阶段，经济中垄断程度的加深对价格、利润、产出、收入和需求的影响导致生产中产生的巨大剩余价值无法被吸收，从而产生了长期停滞的趋势。此外，导致停滞趋势的还有工业的成熟度的因素。到20世纪早期两大部类已建成，积累起来的巨大资本存量在很少的净投资的情况下就可以满足几乎所有常态的经济需求，标志着"资本匮乏"社会到"资本充裕"社会的变迁，但长期来看恶化了剩余吸收的总体环境。

收入和财富的集中化造成一种恶性循环：（1）企业和富裕家庭的剩余不断增加却无法被吸收，加剧了停滞；（2）既得利益者为了维持其资本回报率尽可能提高其占有社会产品的份额；（3）经济金字塔尖端的剩余更加集中，加剧了剩余吸收的总问题。

20世纪70年代实体经济的滞胀催生了肇始于80年代的"金融化的资

---

① ［美］罗伯特·布伦纳：《全球动荡的经济学》，郑吉伟译，中国人民大学出版社2012年版。

② Magdoff Fred, John Bellamy Foster & William Morris, "Stagnation and Financialization: The Nature of the Contradiction", *Monthly Review*, Vol. 66, No. 1, 2014.

本主义新体制"，一种主要靠资产泡沫来刺激需求的"矛盾的金融凯恩斯主义"。长期停滞的趋势下，经济越来越依赖于外在于私人积累过程的刺激因素，如政府支出、经济浪费、重大科技创新，FIRE（Finance, Insurance, Real Estate，财政、保险和房地产）的扩张。企业无法为它们创造的巨额剩余找到生产性投资的出口，逐渐向兼并、收购和在经济体中的金融上层建筑进行联合投机。金融领域以一系列的金融创新作为回应鼓励更进一步的投机，导致经济在逐渐停滞并被信用/债务的增长持续拔高。垄断资本主义在21世纪已经演化成为一个更加普遍和全球化的"垄断金融资本体系"①。

新的金融体系迅速推广到全球并凌驾于生产之上，表现为：金融利润在总利润中的比例越来越大；相比于GDP，债务越来越多；FIRE（金融、保险、房地产部门）在国民收入中的比重上升；出现各种奇怪的金融工具；金融泡沫的影响扩大。相对于经济基础，金融上层建筑的规模和重要性大大增长，金融取代工业资本家的地位，金融扩张成为抵消停滞的主要因素，金融资产升值所带来的财富效应刺激了财富所有者的消费需求，增加了个人负债，成为经济增长的主要支撑。金融化是对抗停滞的一种途径，但它并未消除停滞的根源，反而会加剧经济体系的结构性危机。金融泡沫带来的扩张会引发周期性的金融危机，日本泡沫经济的破裂、东亚金融危机、新经济泡沫危机以及房地产泡沫的破灭都是这一逻辑的表现。

近几十年来美国及全球经济的垄断程度提高，表现为：全球范围内资本的集中和集聚趋势、垄断力量和利润的增加、跨国公司的全球供应链的发展、垄断金融的发展。垄断、停滞、金融化、全球化之间的复杂关系已经进入"垄断金融资本主义"的阶段，表现为美国及其他发达工业国家深陷"停滞—金融化"的矛盾中，同时跨国公司在世界各国通过不同的工资水平来榨取剩余价值，恶化了剩余资本的吸收问题，导致核心国家的金融不稳定。这些变化使得美国从20世纪80年代开始在经常项目上有大量盈余的国家便成为赤字国家，成为世界经济的最终购买者。美国还利用其金融霸权的地位从世界其他国家吸收剩余资本，使过度积累问题更加复杂化。

理解这一动态的关键因素为工资和薪酬在国民收入中份额（福斯特等

---

① ［美］福斯特等：《21世纪资本主义的垄断和竞争》（上），《国外理论动态》2011年第9期。

在这里所用的指标为工资与薪酬在 GDP 中的比重）的下降，而 30 多年来社会经济剩余一直被控制在企业与保险公司等机构投资者手中，他们将其大量投入金融产品中去，用于实体经济的投资仅仅能够保持简单再生产。企业无法为其产品找到需求，这体现在实体经济产能利用率处于长期下降趋势，因此有利的投资机会缺乏，因而资本就越多涌向金融投机。基于住房债务扩张的消费的增长最后成为整体经济的"阿喀琉斯之踵"①，当住房泡沫破灭时，随后的违约导致房价下跌，房屋拥有者欠债超过房屋本身价值，导致更多的违约与房价的进一步下跌。最终消费下降，失业，资本支出延后，形成螺旋式的下降。金融化是应对实体经济停滞的措施，金融化的危机不过是实体经济停滞的外化。

3. 新自由主义 SSA（积累的社会结构）的危机

大卫·科兹首先否定了利润率在此次危机中的作用，他认为本次危机未产生长期利润率的急剧下降，利润率在新自由主义 SSA（积累的社会结构，以下同）危机中并没有起到像战后 SSA 危机中那样的关键作用。新自由主义的 SSA 在 20 世纪 80 年代早期建立之后，产生了三个长期的经济扩张，分别发生在 1982—1990 年、1991—2000 年和 2001—2007 年。通过观察图 9-25 中 1965—1981 年的利润率峰值下降状况，从 1965 年的峰值起，利润率在 1965—1972 年下降了 30.0%，而此后就是 1973 年开始的新自由主义危机的核心阶段。利润率在 1972—1977 年下降了 9.2%，在 1977—1981 年下降了 18.3%。在整个 1965—1981 年，利润率整体下降了 48.0%，降幅相当显著。2008 年之前未产生类似战后 SSA 危机时长期利润率急剧下降的状况，使用利润率峰值比较的办法，利润率在 1981—1984 年、1984—1988 年、1988—1997 年都在上升。引用 2008 年之前最近的两次峰值，即 1997—2006 年，利润率仅仅下降了 8.3%。

新自由主义的 SSA 使经济发展产生了三个重要变化：（1）工资和利润之间不平等性不断增加；（2）金融部门越来越专注于投机性和高风险的活动；（3）前两种变化带来了资产泡沫的产生。利润相对于工资的上升以及家庭收入向高收入家庭的集中产生了大量可投资资金，为资产泡沫的产生提供了有利条件，被解除管制的金融部门则为资产泡沫提供了重要支持。

---

① Foster John Bellamy & Fred Magdoff. "Financial Implosion and Stagnation", *Monthly Review*, Vol. 60, No. 7, 2008.

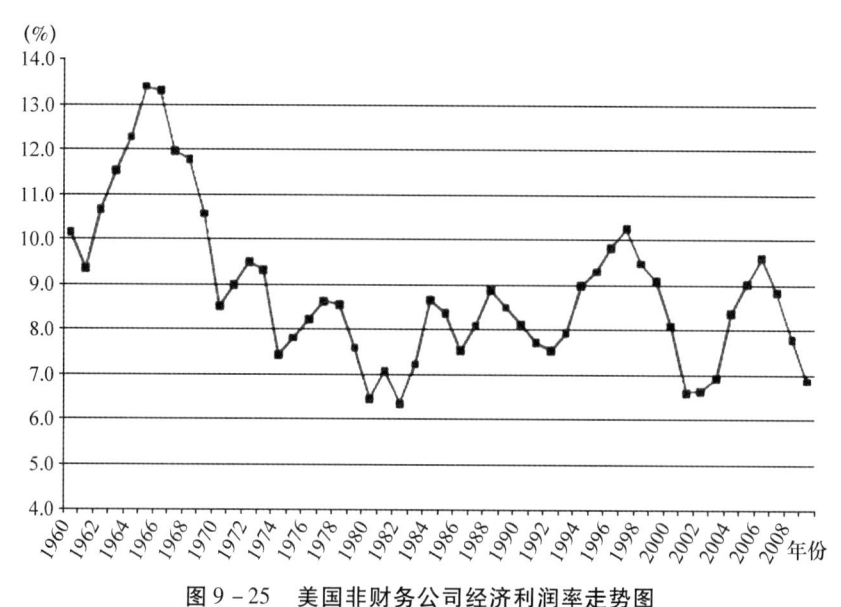

图 9-25 美国非财务公司经济利润率走势图

资料来源：[美]大卫·科茨：《利润率、资本循环与经济危机》，《海派经济学》2012 年第 4 期。

2008 年的经济危机需要从资本循环的框架来解释，当前的危机属于结构性危机，是由目前的 SSA 和积累过程之间的矛盾导致的。从资本循环过程来看，有两种情况可能会导致积累受阻：第一种情况存在于剩余价值的创造过程；第二种情况出现在剩余价值的实现过程。如果问题出现在实现过程，那么利润率不会下降。根据上述分析，本次危机未产生长期利润率的急剧下降，利润率在新自由主义 SSA 危机中并没有起到像战后 SSA 危机中那样的关键作用。当前危机问题出自剩余价值的实现过程。工资与利润之间不平等性的不断增加，社会项目和公共物品的削减都不利于剩余价值的实现。

新自由主义 SSA 可以促进积累，但新自由主义 SSA 日益增加的不平等性形成的投资基金盈余，倾向于投资资产本身，这就可能形成资产泡沫。随后，大型资产泡沫要求金融部门为那些投机冒险活动融资。这些投资活动主要投资于那些市场价格远远高于真实经济价值的资产——在新自由主义 SSA 下逐步放开管制的金融部门也乐于此道。因此，新自由主义时期，美国每十年就会形成大的资产泡沫，这一现象可见于 20 世纪 80 年代西南部的商业地产，90 年代的股市以及 21 世纪初的房地产市场。

资产泡沫通过造成货币富余表象来促使大部分人增加消费，以此来推迟剩余价值实现中可能出现的问题。这个过程要求金融部门具有很强的适应性，做好借钱给那些建立在资产泡沫上的所谓富裕家庭的打算。一旦这些家庭通过变卖资产来消费资产的价值增值部分，这些泡沫会立即破灭。这些资产泡沫也可以通过营造乐观的气氛和未来利润的信心来直接促进企业投资。这一过程多见于在20世纪90年代股市泡沫下和2000年的房地产泡沫下的美国经济扩张。

新自由主义SSA的结构性危机终于到来，但这不是由于利润率的下降，而是由于作为新自由主义SSA本质特征的非可持续趋势和促进资本积累崩塌的能力。几十年的长期经济扩张依赖于家庭借贷的支持，在家庭收入增长缓慢或没有增长的情况下，家庭债务与收入的相对比例不断增加。2006—2007年，房地产泡沫破灭后，由于家庭对于债务的支付注定会引起走势逆转。因此，一旦房地产泡沫破灭，消费支出会下降，这也预示着经济的剧烈衰退。

此外，在全球生态问题背景下，SSA理论也尝试将资本积累与生态变化的矛盾运动纳入SSA分析框架中，并将资本与环境作为SSA结构中的第六个要素，认为新自由主义SSA的资本与环境的关系表现为：国内治理机制发展停滞，国际治理机制难以建立。①

4. "自由主义—生产主义模式"的消费不足危机与生态危机

在经济根源上，调节学派认为此次危机为消费不足的危机。与积累的社会结构学派类似，调节学派也运用其理论模式分析了新自由主义以来的资本主义积累模式，如阿兰·利佩茨（Alain Lipietz）将此次危机称之为从1980年开始的"自由主义—生产主义模式"②（Liberal-Productivist Model）的危机。阿兰·利佩茨还分析了"自由主义—生产主义模式"的生态限制（Sustainability Constraint）与生态危机的爆发。

根据调节学派的理论，一种资本主义发展模式包括四个要素：技术范式、积累体制、调节方式、国际格局。"自由主义—生产主义模式"下技术范式的主要形式为世界范围内压制的泰勒主义+社会倾销，泰勒主义扩

---

① 张沁悦、特伦斯·麦克唐纳：《全球生态变化与积累的社会结构理论》，《学术月刊》2014年第7期。
② Lipietz Alain, "Fears and hopes: The Crisis of the Liberal-Productivist Model and Its Green Alternative", *Capital & Class*, Vol. 37, No. 1, 2013.

展到第三产业，并通过对"结果"的强调而有所加剧，如"精益"管理。此外，还产生了基于高技能与"工人的协商谈判"；积累体制的特征为产出与日益减少的工资（世界范围）之间的差额转化成为日益增加的利润份额，形成涓滴式的积累体制（Trickle-Down Regime），但其无法提供足以鼓励投资的社会需求，因此无力偿还的消费者必须承担信贷；调节方式为新自由主义的调节方式，而国际格局特征为中美国（共同体）（Chinamerica），包括两个要素：第三世界的"新型工业化"，苏联政权与模式的衰落。美、英、法日渐衰落的技术产业或制造业转向新兴工业国家，因此形成贸易逆差，此外，美元作为主要的国际储备货币使得西方国家得以保持债务经济。

调节学派的创始人罗伯特·布瓦耶（Robert Boyer）分析了形成这一发展模式的劳资关系变迁。[①] 一方面，20世纪80年代国际竞争弱化了工资劳动者的讨价还价能力；另一方面，90年代金融规制的废除使得金融家得以在美国推行金融革新，如养老基金、金融衍生品、金融互换和资产证券化等，并传播到许多国家，这导致管理者和劳动者相分离，金融通过将自己的逻辑强加于劳动和福利体系而开始具备支配地位（见图9-26）。劳资关系的变迁表现为工人的议价能力随着金融体系在经济中的相对独立于资本国家化水平的提高而变得越来越弱，工人工资与CEO薪酬之间的差距逐渐拉大，工人相对贫困。

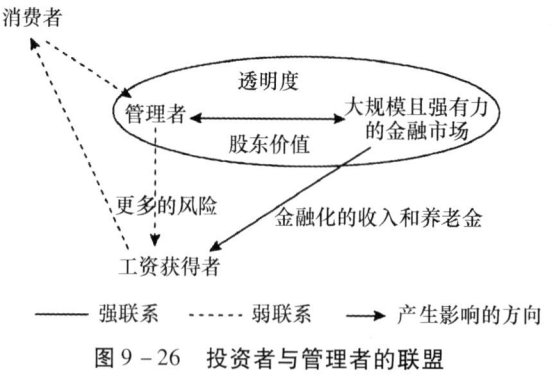

图9-26 投资者与管理者的联盟

资料来源：[法] 布瓦耶：《历史视角中的美国和世界的危机》，《经济理论与经济管理》2014年第3期。

---

① 与利佩茨不同之处为：布瓦耶将1986年以后的积累体制定义为"以金融为主导的积累体制"。

利佩茨还分析了此次危机的一个新的方面：生态危机，且尝试展示了生态危机与次贷危机相互之间的辩证关系（虽然缺少实证的分析）。生态系统给经济系统施加的限制包括两方面：资源限制，对污染物的容纳限制。从污染方面来看，酸雨、臭氧层的消耗、气候变化以及 1992 年的里约联合国环境与发展大会（UNCED）使"自由主义—生产主义模式"的生态限制展露无遗。全球自由贸易的推崇则为生态危机的全球化提供了广阔的道路。

从资源限制来看，2002 年一直飞速增长的石油价格使新兴国家感受到了现有石油生产的限制，由此资源与污染问题融合成为"气候—能源危机"。随后，粮食问题也加入了气候—能源问题，其同样产生于新兴国家的转变，更多的中产阶级意味着肉食型营养模式的采用，相较传统植物蛋白质的生产，肉类需要的空间要多十倍，这给土地带来了更大的压力，同时气候变化带来的持续干旱使得世界粮食减产，此外，为解决能源—气候危机生产主义开出的药方——发展农业能源，也加剧了粮食问题。这些相互关联的问题给土地使用的优先权带来了"FFFF"［食物 Food，饲料 Feed（用以养牛），燃料 Fuel，森林 Forest］困境。

FFFF 困境的宏观经济后果为食物价格的飞升，因世界银行与 IMF 放弃传统粮食作物种植的最不发达国家因此遭遇了饥饿暴动，北方国家的生活成本也大幅增加，美国的负债家庭不得不选择：购买粮食、汽车燃料还是为住房还贷，这一问题加剧了次贷危机。

利佩茨建议在全球范围内实施"绿色新政"以走出危机，包括：金融管制、新的分配方式、绿色投资、劳动密集型的技术范式、合作型的全球机制。

5. 克莱曼对于消费不足论的批判

对于此次危机中的消费不足论，克莱曼从数据统计、理论后果等多个方面分别进行了批判。对于福斯特和马格多夫核心论点中工资和薪水在国民收入中份额下降的论据，克莱曼批评他们遗漏了工人总薪酬中雇主支付的健康和退休福利，雇主代表工人支付的一部分社会安全福利保障和老年保健医疗税，政府付给工人阶级的社会福利：社会保险和医疗福利、退伍军人福利等。此外将 GDP 作为分母是"又一个衡量错误"[①]，美国大约八

---

① ［美］安德鲁·克莱曼：《大失败：资本主义生产大衰退的根本原因》，周延云译，中央编译出版社 2013 年版，第 155 页。

分之一的 GDP 由现有固定资产的"耗费"构成，在计算国民收入时应将这一部分去掉。经过重新计算，克莱曼认为 1970—2007 年工资薪水对 GDP 和对国民收入的份额下降了 7.5 个百分点和 7.6 个百分点，但是总薪酬对国民收入的份额只下降了 3.0 个百分点，将政府净社会福利也包含进去时，工人的国民收入份额上升了 0.1 个百分点。公司雇员薪酬增长的放缓并不是一个分配现象，而是公司总收入（净增加值）增长放缓导致的结果。因此，与消费不足论所认为的相反，克莱曼认为美国工人阶级得到的国民收入份额并没有下降，它在 40 年中一直大致保持在同一水平。从理论后果来看，克莱曼指出，按照这种观点，危机似乎不是资本主义的危机，而是新自由主义和金融化这种特殊类型的资本主义的危机。其政治意义在于为了防止危机的再次繁盛，只要废除新自由主义和资本主义金融化即可消除危机而无须废除资本主义生产体系。克莱曼认为此次危机的根源仍然在于利润率的下降。

（二）利润率下降论：以何种利润率为依据？

"利润率的波动揭露了经济周期的内部结构，说明经济周期在周期地调整资本主义再生产的平衡条件方面的一般意义。"① 利润率通过刺激资本家和企业家的投资欲望、影响资金投入、影响宏观经济的稳定性三种机制对资本积累产生影响从而影响经济。② 作为资本主义经济周期波动、宏观经济运行状况的风向标，利润率在资本主义危机理论中一向占据重要位置。与消费不足论者不同的是，此次危机中有不少马克思主义学者坚持认为危机的根源在于基本矛盾中剩余价值创造的一方，即实体经济中利润率的下降。上一部分消费不足论的 SSA 学派和后面部分中杜梅尼尔与莱维也同样测算了利润，但他们认为利润率并未显著下降。马克思主义学者对于利润率趋势衡量的不同结论，可能源于测算方式的不同或者对利润率定义的不同，我们将在具体的分析中呈现这些差异与马克思主义学者之间的相关争论。

---

① ［比］曼德尔：《论马克思主义经济学》上卷，廉佩直译，商务印书馆 1964 年版，第 366 页。
② ［法］杰拉德·杜梅尼尔、多米尼克·莱维：《21 世纪早期的危机：利润率妄想》，《海派经济学》2011 年第 3 辑。

1. 利息率下降和债务上升强撑的繁荣让位于长期下行阶段的危机

安瓦尔·谢克将此次危机定性为21世纪的一次大萧条，这次危机是资本积累长期波动模式中"经济长期繁荣让位于长期下行的一个完全正常的阶段"①，转换发生时经济状况由好变坏，在坏的经济状况的后期阶段，一个打击就能引发危机，此次正是2007年次级贷款市场崩溃引发了危机。

此次周期中，繁荣始于20世纪80年代资本主义国家利息率的剧烈下降，利息率的下降提高了资本的净回报率，即提高了利润率和利息率的净差额，利息率的下降还加速了资本在全球的扩散，诱使消费者债务的大幅增长，刺激了国际性金融和房地产泡沫的滋长。与此同时对劳动者的剥削表现为实际工资增速相对于劳动生产率增速的下降，实际工资减少但利息率的下降与信用更易获得使得消费和其他支出上升，形成日益上升的债务浪潮。利息率的下降和债务的上升强撑起已达到极限的繁荣。

这种周期性的经济波动模式的根源为利润的驱动。谢克测算了美国的非金融企业利润率，即支付利息和利润税之前的利润与年初厂房设备当前成本的比率。通过计算得出战后35年利润率一直保持下降的趋势，但1983之后利润率稳定下来，如图9－27所示。通过进一步的考察，他认为利润率稳定的原因在于20世纪80年代里根政府开始后实际工资增长相对于劳动生产率的减速对利润率产生了显著的影响。在继续保持非金融企业的实际工资与劳动生产率在战后比例关系的基础上得到的利润率轨迹保持持续下降，如图9－28所示。由此得出实际工资增长的减缓延缓了利润率的下降，这是一部分原因。另一原因为利息率在同一时间开始的持续性下降。总利润率与利息率的差额为企业利润率，这是资本积累的核心驱动力，是产业资本"动物精神"的物质基础。实际工资增长的下降与利息率的剧烈下降共同作用提高了企业利润率，从而产生了20世纪80年代开始的大繁荣。

大繁荣本质的内在矛盾为：首先，利息率的剧烈下降促进了各部门债务负担的猛烈增长，如家庭负债与可支配收入比的显著上升；其次，利息率被降到零使其无法再降。负债的继续增长使得偿债比开始上升，到2007年前债务波动曲线达到峰值然后下降，使得繁荣到达了转换的关键点，次

---

① ［美］安瓦尔·谢克：《21世纪的第一次大萧条》，《当代经济研究》2014年第1期。

贷危机作为导火索引发了崩溃。

图 9-27 美国非金融企业实际利润率及其趋势

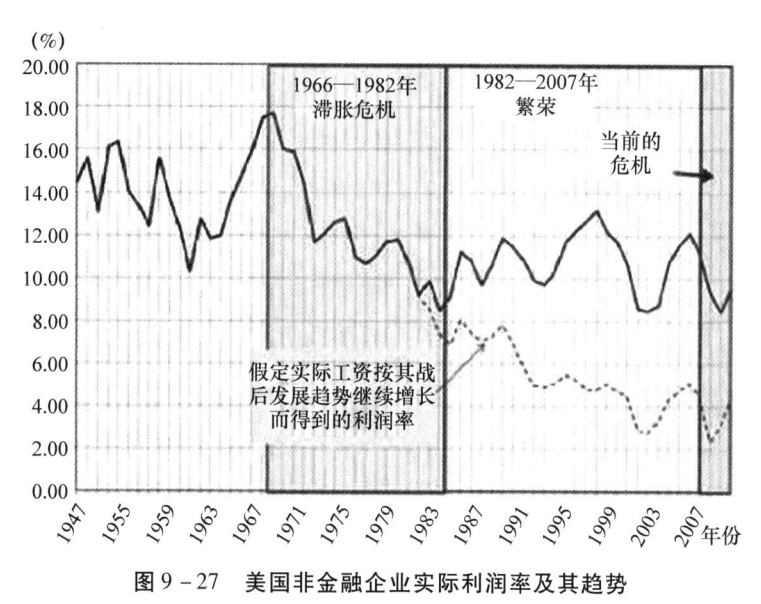

资料来源：［美］安瓦尔·谢克：《21世纪的第一次大萧条》，《当代经济研究》2014年第1期。

从1933年大危机后经济恢复的经验来看，有两种形式的经济刺激：能刺激就业的政府直接需求；刺激需求的政府部门的直接就业。和平时期这两种模式也同样适用。目前来看，世界主要国家采取了第一种模式，紧急救助都已用于银行和非金融企业，但几乎看不到回报的环境中这些救助未明显促进就业。如能采取第二种模式情况则会不一样，但是资本的首选模式为商业刺激，第二种模式会被视作"社会主义的"而构成对资本主义秩序的威胁，会破坏新自由主义进一步利用全球廉价劳动力的盘算。因此，当今的问题为如何动员整个社会与大萧条的后果作斗争，如何从局部开始在反对强大利益集团抵抗与反对懦弱状态的过程中使动员得以传播与扩散。

2. 以历史成本核算的利润率下降论

相较于大部分左翼学者将1980年早期作为资本主义的新的扩张阶段的观点，克莱曼认为经济增长缓慢、政府和家庭债务负担的巨大增长、就业状况的疲软和薪酬增长的乏力、不平等现象的不断扩大、公共基础设施的恶化等都始于 20 世纪 70 年代中期的经济危机和衰退，盈利能力持续下滑以及积累率的持续下降的证据表明 20 世纪 70 年代是转折点。

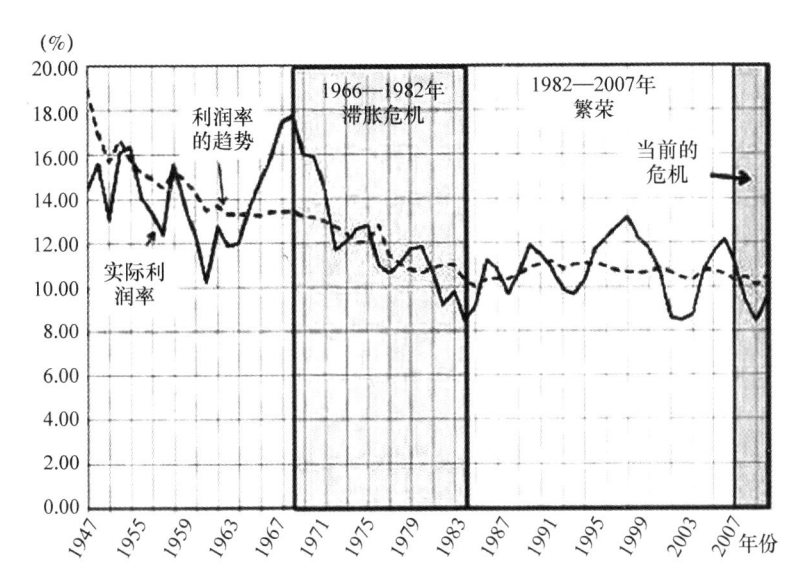

图 9-28　1947—2007 年美国非金融企业实际利润率以及估算的反事实利润率

资料来源：[美] 安瓦尔·谢克：《21 世纪的第一次大萧条》，《当代经济研究》2014 年第 1 期。

克莱曼认为经济危机周期性爆发的根本原因是利润率下降趋势，而利润率下降背后的低盈利能力和信用的扩张为诱因。

克莱曼以历史成本①计价的固定资产为分母计算了两种利润率：财产收入利润率与税前利润率。其中财产收入是一个更为宽泛的利润率，它将公司的税前利润、利息支付、转移支付（罚款、庭外调解、礼品捐赠等）、支付销售税、财产税以及其他公司所有而雇员未得到的产出（净增加值）都算作利润，这种衡量方式与马克思的"剩余价值"含义较为接近。通过计算，克莱曼得出从 1982 年到危机，这一时段内利用价格指数和 MELT（劳动时间的货币表现）进行调整的两种利润率都没有出现持续性的恢复，其中财产收入利润率区域下降，而税前利润率轻微地趋于上升，如图 9-

---

① 克莱曼批评认为以现期成本计算的"利润率"根本不是一个利润率，内容详见 [美] 安德鲁·克莱曼《大失败：资本主义生产大衰退的根本原因》，周延云译，中央编译出版社 2013 年版，第 116—119 页。

29 所示。积累率在这一时间段内始终紧密跟随着利润率，如图 9-30 所示，通过计量分析，克莱曼得出财产收入利润率的变化解释了积累率在随后年份中 83% 的变化。

至于利润率为什么下降，通过分解计算，克莱曼得出几点结论：（1）1970—2007 年间利润份额并没有显著地变化，因而利润率的下降不能归结为利润份额的下降；（2）利润率的下降是因为新投资的资本始终不能产生足够的对活劳动的额外雇佣以维持利润率的现有水平；（3）信息技术革命导致生产资料的无形损耗大幅增长，无形损耗导致实现的利润低于生产中所产生的剩余价值，如果在计算利润率时采用马克思所用的折旧概念而非美国官方的概念，得出的利润率会显著低于上述所讨论的利润率，因此信息技术革命是经济停滞的一个重要原因。

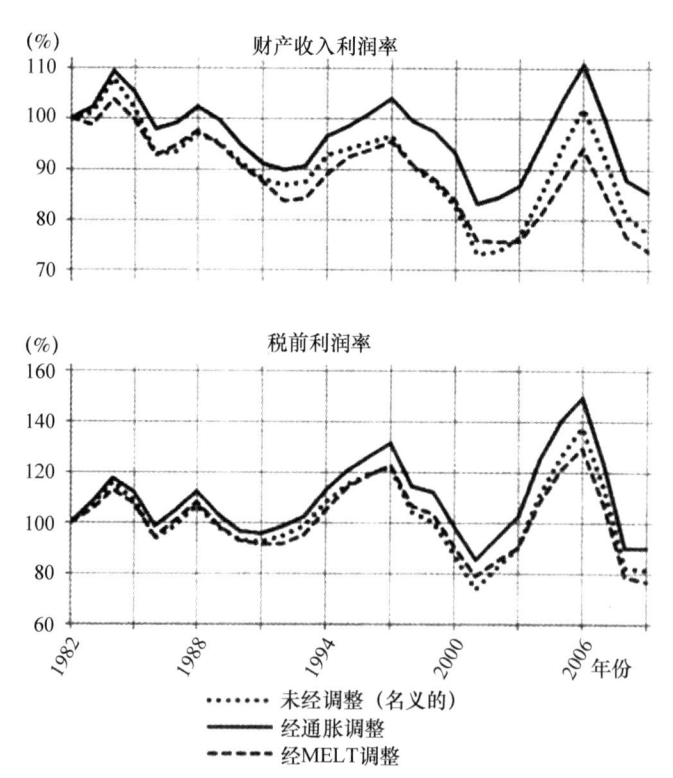

图 9-29 调整和未调整的利润率（以 1982 年的利润率为基数，美国公司）

资料来源：[美] 安德鲁·克莱曼：《大失败：资本主义生产大衰退的根本原因》，周延云译，中央编译出版社 2013 年版，第 86 页。

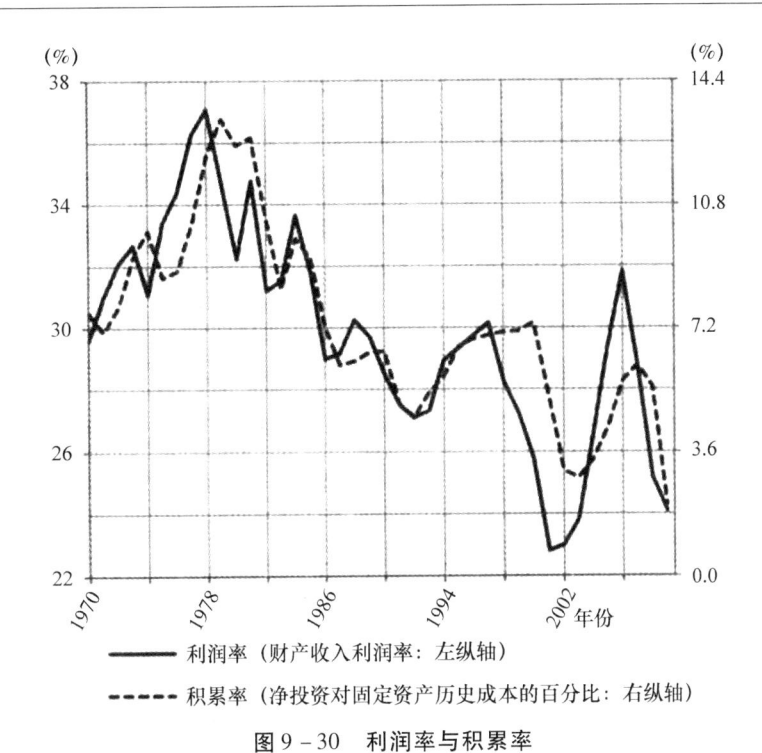

图 9-30 利润率与积累率

资料来源：[美] 安德鲁·克莱曼：《大失败：资本主义生产大衰退的根本原因》，周延云译，中央编译出版社 2013 年版，第 91 页。

利润的相对缺乏导致了资本积累率的持续下降及产出与收入增长的缓慢。所有这一切导致了日益严重的债务问题，收入增长的迟缓导致了人们难以偿还债务，利润率的下降导致了税收的大幅下降从而增加了政府预算赤字和债务。政府为了应对经济的相对停滞采取刺激债务过度扩张的政策，以不可持续的方式认为拔高了盈利能力和经济增长，从而多次导致泡沫破裂和债务危机。

通过分析，克莱曼得出本次危机不是金融自由化导致的金融危机，而是资本主义生产运作过程中自身固有的危机。

3. 金融资产修正后的利润率下降论

大部分传统马克思主义学者根据利润率在 20 世纪 80 年代复苏的论断得出危机是新自由主义导致的，而与 70 年代西方经济的严重困境无关。然而大部分其他经济指标却并不支持 20 世纪 70 年代以后出现复苏的观点。在过去的 30—40 年里，美国的经济表现比 20 世纪 30 年代的任何时期都差。从波谷到波谷取平均值，1939—1970 年的平均增速为 4.61%；1970—2009 年的平均增速却只有 2.8%。从 1939 年到 1970 年的 31 年里，有 15 年的增速高于平均值 4.61%；而在从 1970 年到 2009 年的 39 年里，却只有 6 年的增速高于这一水平。因而，利润率作为复苏的唯一证据需要重新衡量。

从理论上，阿兰·弗里曼认为在过去的 20 年里，可交易金融工具在数量、多样性和货币价值上均有几个数量级的增长。传统股票的数量和价值都有所增加，证券的增幅更大，因此在 20 世纪 70 年代出现了向证券化借贷的转向趋势。当这些资产作为货币资本发挥作用时，就会与资本的其他用途竞争剩余价值份额，因而与商业、土地所有权或工业生产一样，对利润率施加压力，进入利润率的平均化过程。它们构成了资产阶级的一部分预付资本，因而应当被包括在利润率的分母中。

在衡量利润率时，相较于其他学者，弗里曼作出了以下两点改动：第一，弗里曼没有单独计算金融部门的利润率，而是把金融部门和实体部门合并来考察。第二，弗里曼在分母里添加的是全社会的金融总资产，而不是净资产。

通过修正，可以看到以 20 世纪 80 年代为界，以传统方法计算的利润率和弗里曼的利润率运动轨迹在此之前大致是一致的，而在此之后，以弗里曼方法计算的利润率并没有跟随传统利润率出现恢复的趋势，而是继续下降。从整体上看，被弗里曼修正后的利润率展现了从 1946 年开始的一个几乎不间断的下降趋势，如图 9-31 所示。

（三）利润挤压论：劳工实力变动导致利润份额下降

利润挤压论认为工资成本上涨侵蚀利润份额造成危机，隶属于这一派的韦斯科普夫（Weisskopf）在 1979 年提出了一个分析利润率变动的框架，得出工资成本上升是造成 20 世纪 60 年代末利润份额和利润率下降的主要原因。此次危机中，卡玛拉（Cámara）采用了这一分析框架分析了此次危机中的利润率变动状况。

卡玛拉采用韦斯科普夫的分析框架，将利润率分解为利润份额、产能利用率和产能资本比率，经济周期则被划为三个阶段：A 阶段为上一阶段的下降期之后的恢复阶段，在这一阶段中产出与利润率均上升；B 阶段中利润率开始下降并通常早于产出的下降；C 阶段为衰退期，这个阶段中产出下降，利润率一直保持下降。

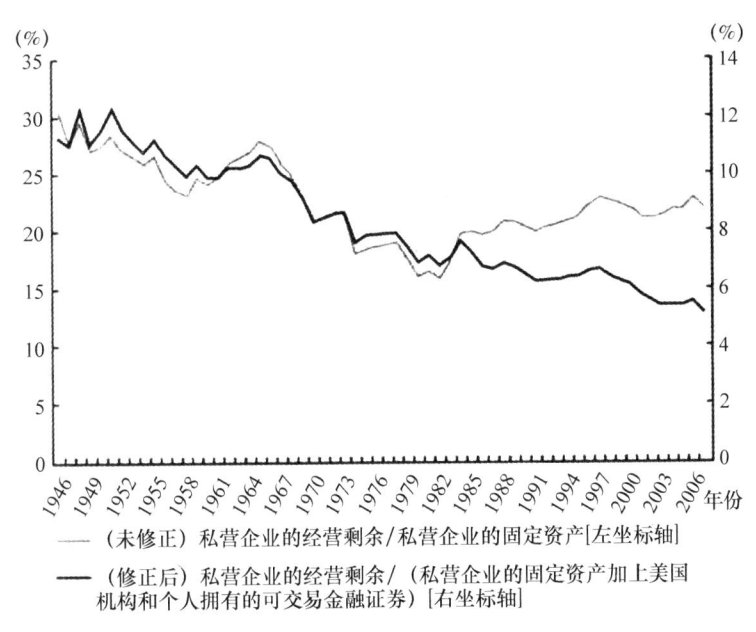

图 9-31　美国的利润率（1946—2006 年）

— （未修正）私营企业的经营剩余/私营企业的固定资产[左坐标轴]

— （修正后）私营企业的经营剩余/（私营企业的固定资产加上美国机构和个人拥有的可交易金融证券）[右坐标轴]

资料来源：[英] 阿兰·弗里曼：《出现金融市场以后的利润率：一个必要的修正》，《清华政治经济学报》2013 年第 1 卷。

按照卡玛拉的计算结果，1947—2011 年包含 10 个商业周期，如图 9-32 所示。在新自由主义时期的周期中，周期 VI、VII、VIII、IX、X 中周期 VII 没有 B 阶段因此难以认为利润率下降导致了危机的发生，周期 VIII 中阶段 B 利润率下降难以观察，周期 VI, IX 的 B 阶段利润率的下降周期长且程度强烈，这表明利润率在这几次危机中作用显著，在周期 X 中利润率下降起到了重要作用但并不是决定性的。

通过利润率分解，卡玛拉计算得出在 B 阶段，周期 VI、IX、X 中利润份额的下降可以解释至少 3/4 的利润率下降。为了解释利润率份额的下降，卡玛拉进一步将工资份额（利润份额 + 工资份额 = 1）分解为实际工资率、实际劳动生产率和价格比率（工资品价格指数与产出价格指数之

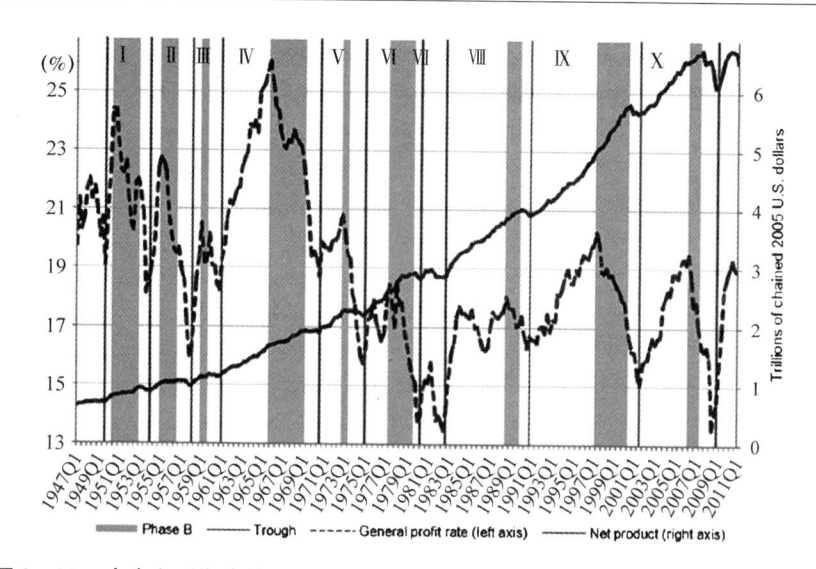

图 9-32 产出和利润率的商业周期，企业部门，1947 年一季度至 2011 年二季度

资料来源：Cámara Sergio, "The Cyclical Decline of the Profit Rate as the Cause of Crises in the United States (1947–2011)", *Review of Radical Political Economics*, Vol. 45, No. 4, 2013.

比），表示为工资份额＝实际工资率－实际劳动生产率＋价格比率。他发现：（1）在 B 阶段中利润率明显下降且利润率下降主要是由于工资份额上升的周期 VI、IX、X 中，除周期 VI 外，其他周期中实际工资增速高于生产率增速。周期 VI 的 B 阶段开始于 1977 年下半年，并持续了几年时间。在这段时间里，第二次石油危机和结构性低生产率导致了高通胀，实际工资和生产率均下降，工资品和产出相对价格的变动是工资份额上升的主要原因。（2）在周期 VI、VII、VIII、IX 中工资品和产出相对价格的变动是工资份额提高的主要原因，在周期 X 中，工资品和产出相对价格的变动也对工资份额的提高有较大的解释力。具体来说，在新自由主义时期的周期 VI、VIII、IX、X 中，工资品和产出相对价格的变动分别解释了非金融企业部门工资份额上升的 80.8%、141.7%、73.9% 和 43.7%。因此，按照卡玛拉的测算结果，利润率的下降主要取决于利润份额的下降，而利润份额的下降则是由工资品和产出相对价格的变动（韦斯科普夫将这一比率称为"处于守势的劳工实力"）的变动所导致。

在周期 IX 与 X 中实际工资的巨大增长似乎看起来与新自由主义阶段工人阶级权力的下降相矛盾，卡玛拉解释：通过进一步考察生产工人与非管理层工人实际工资的年均增长率（周期 IX 为 1.39%，周期 X 为 0.57%）发现实际工资的增长更多为上层所获，这一点证实了新自由主义的特征。此外，在周期 X 的 B 阶段企业部门中工资份额的上升并不是因为金融部门中实际工资的更快增长，而应解释为劳动生产率更为无力的增长速度。

但是，从实证分析来看，克莱曼的研究显示在 1947—2007 年美国公司部门的雇员报酬和利润在公司收入中所占的份额并没有发生明显的变化，这一点与卡玛拉所得出来的结论不同。在理论上正如芒利（Munley）所指出的，"处于守势的劳工实力"及其衡量指标，所代表的仅仅是名义工资份额和实际工资份额之间的差别而已，受到贸易条件等多种因素的影响，并不能构成一种特殊类型的劳工实力①，这一不成功的定义使得"利润份额的变动在相当大的程度上处在黑箱之中"②，从这一点上来说此次危机中利润挤压论的分析并不能足以服人。

（四）美元霸权下的新自由主义危机：一种反驳

杜梅尼尔和莱维将本次危机称为美元霸权下的新自由主义危机，他们既反对将危机归因于消费不足论，也反对将危机归因于利润下降论。

此次危机中消费不足论的主要立论基础为总收入中工资份额的下降，然而通过测算，杜梅尼尔和莱维认为这种趋势并不显著，如图 9-33 所示。这一点似乎与大卫·科兹等所作出的结论——大多数雇员的实际工资停滞而劳动生产率在增长相反。从数据衡量的角度看，对这一矛盾的解释为 80% 的生产性工人的实际收入增长低于平均水平，但上层雇员的工资增长的速度更快。可以看到，只有收入最高的 5% 的雇员的工资份额在上升，而其余 95% 的雇员的工资份额自 1980 年以来呈现下降趋势，进一步分解，90%—95% 部分的雇员的收入保持稳定，而 0—90% 部分的雇员工资份额在下降。

从理论上，需求不足论的支持者如大卫·科兹在衡量工资份额时采用的指标为每小时实际工资与劳动生产率的比值，然而从公式来看，工资份额 =（每小时实际工资/劳动生产率）×（消费价格指数/产出平减指数）。

---

① Munley Frank, "Wages, Salaries, and the Profit Share: A Reassessment of the Evidence", *Cambridge Journal of Economics*, Vol. 5, No. 2, 1981.

② 孟捷、李亚伟：《韦斯科普夫对利润率动态的研究及其局限》，《当代经济研究》2014 年第 1 期。

科兹在考察工资份额时忽略了公式后面的相对价格,而对"实现"问题的考察不能忽略价格。2009年每小时实际工资为1960年的2倍,劳动生产率为3倍,相对价格为1.5倍,因此工资份额保持稳定:$2 \times 1.5/3 = 1$。

新自由主义时期,家庭的储蓄率几乎降到0,收入分配向高收入者的倾斜并未形成疲弱的需求模式,相反充斥着消费的狂欢。1980—2006年消费占GDP的比重几乎提高了10%,部分消费需要通过进口来满足。因此,本次危机毋宁是一场过度消费的危机。此外,如果只考虑美国本土的产出,则存在本国需求不足的情况,但原因并不是需求疲弱或收入分配不平衡,而是美国霸权下的新自由主义全球化。

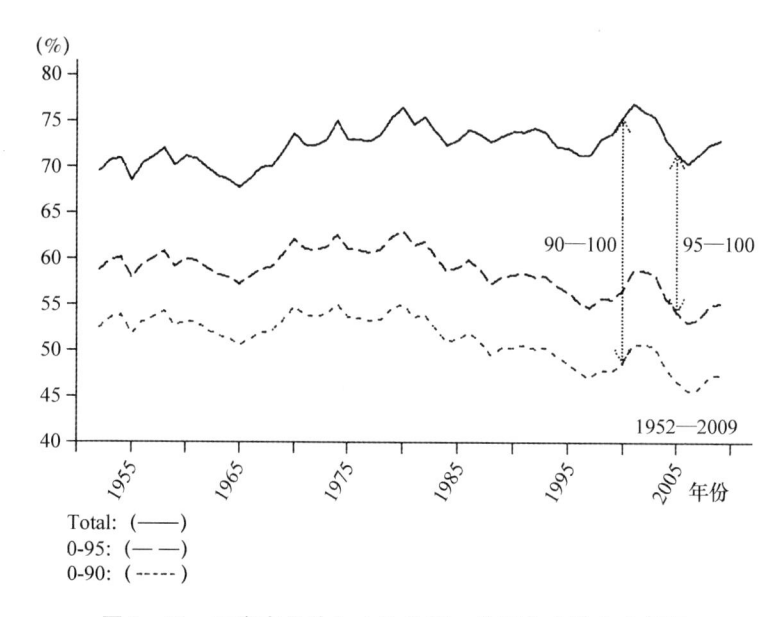

图9-33 工资在总收入中的份额:美国非金融企业部门

资料来源:Duménil G. & D. Lévy,"The Crisis of the Early 21st Century: A Critical Review of Alternative Interpretations", *Preliminary Draft*, 2011.

杜梅尼尔和莱维还批评了本次危机中主张利润下降论的马克思主义学者。如谢克认为此次危机为利息率下降和债务上升强撑的繁荣让位于长期下行阶段的危机,杜梅尼尔和莱维认为谢克关键的错误在于:首先,20世纪90年代中期后积累率的下降并未证实新自由主义繁荣的假设;其次,企业利润率与积累率的变动趋势并不一致;最后,企业利润率在危机前的下降并不显著。

在衡量利润率时，杜梅尼尔和莱维在分母中所采用的指标是以当前成本测算的固定资本存量与净资产，他们批评主张采用历史成本利润率的学者克莱曼，认为克莱曼是在"摆弄定义"[①]。他们认为在一个价格呈上涨趋势的世界里，历史成本数据将低估资本存量的价值；历史成本利润率不能反映在给定生产线上持续投资所能够预期的利润率，因为进行新投资所面临的价格水平，是给定年份里的普遍价格，而不是以往的价格；国民收入核算框架提供了估算的固定资产的当前成本，即在给定年份里，重新购置现存的构筑物和设备的等价物所需要的成本，比如2005年的资本存量当前成本，是使用2005年的价格水平对现存资本存量的一种估算，在考虑2005年的资本存量时，使用1950年的价格水平，是没有意义的。

在关于利润率的分析中，杜梅尼尔和莱维讨论了可以影响资本积累率的合适的衡量利润率的尺度。利润率影响经济的机制主要在于对资本积累的影响，包括：刺激投资、为企业生产经营注资，此外，利润率会影响宏观经济的稳定性。他们测算了五种利润率：（1）马克思意义上的利润率，分子是总收入减去劳动报酬，分母是以当前成本测算的固定资本存量；（2）上一种利润基础上扣除生产税的利润率，分母保持不变；（3）上一种利润基础上扣除全部税收的利润率，但利润中仍包括净利息支付，分母保持不变；（4）上一种利润基础上扣除利息（净利息支付）的利润率，但分母为企业净资产，即总资产减去债务；（5）企业自留利润率，分母为上一种利润减去分红，分母为企业净资产。

如图9-34所示，自20世纪80年代初期以来，美国非金融类企业部门的前四种利润率均得到了一定的恢复，而企业自留利润率则呈现出下降的趋势。而同一时期里，美国非金融类企业的资本积累率与自留利润率呈现出紧密的相关性，趋向下降。他们认为马克思意义上的利润率和资本积累率相差大，且企业必须缴税，因此马克思意义上的利润率不能决定投资行为。企业自留利润率是决定资本积累率最合适的指标。

20世纪80年代以来，美国非金融类企业部门税后利润与自留利润之间的差距呈扩大的态势，他们将此归因于2000年之前较高的实际利息率，

[①] Duménil G. & D. Lévy, "The Crisis of the Early 21st Century: A Critical Review of Alternative Interpretations", *Preliminary Draft*, 2011.

以及新自由主义的公司治理制度致使税后利润更多地成为股息分红，从而不利于投资。

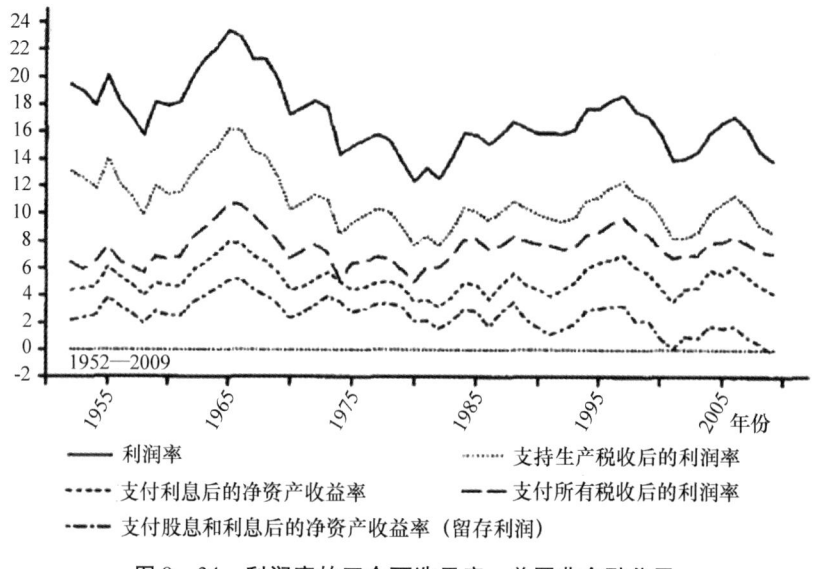

```
     24
     22
     20
     18
     16
     14
     12
     10
      8
      6
      4
      2
      0
     -2   1952—2009
          1955    1965    1975    1985    1995    2005  年份
```

—— 利润率　　　　　　　　　　……… 支持生产税收后的利润率
—·—·— 支付利息后的净资产收益率　—— — 支付所有税收后的利润率
— ·· — 支付股息和利息后的净资产收益率（留存利润）

图 9-34　利润率的五个可选尺度：美国非金融公司

资料来源：[法] 杰拉德·杜梅尼尔、多米尼克·莱维，《21世纪早期的危机：利润率妄想》，《海派经济学》2011卷第3辑。

从利润率的短期波动来看，相比2001年的经济衰退此次危机中利润率波动幅度较小，不同于以往的危机住宅贷款的拖欠率与冲销率的上升遭遇商业与工业，因此是按揭冲击而不是利润率的下降打乱了宏观经济的秩序并引起了信贷危机。

因此，杜梅尼尔和莱维认为本次危机既不是消费不足的危机也不是利润不足的危机，而是一场"美元霸权下的新自由主义危机"。新自由主义是一种新的"社会秩序"，是一种新的"金融霸权"，其特征包括：金融机构的控制，金融权力与管理层的联合，危机的产生机制，如图9-35所示。美国霸权下的新自由主义特征包括：对高收入的诉求、金融化与全球化。在金融霸权的统治下，金融化为家庭负债的增加提供了可能，这导致金融机构变得更加脆弱；全球化自由贸易的发展促进了美国对外贸易赤字的增加；信贷政策支撑了美国本国需求的增长，并促进了进口，同时带来了贸易赤字的增长。21世纪的美国形成了国内与国际的双重赤字，包括：

资本积累率的下降,其根源上文已进行论述;家庭负债的上升;对外贸易赤字的上升;世界其他各国对美国经济融资的增加。家庭负债的增长最终破坏了脆弱的金融结构,进而破坏了实体经济。

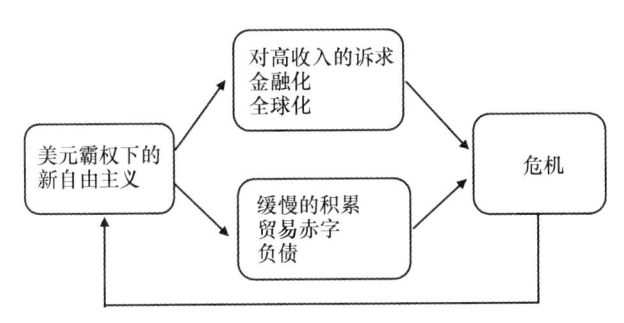

图 9-35　美元霸权下的新自由主义危机的产生机制

资料来源:Duménil G. & D. Lévy, "The Crisis of the Early 21st Century: A Critical Review of Alternative Interpretations", *Preliminary Draft*, 2011.

(五)"资本的生态系统"的全球化

根据第一部分的分析,除了经济危机外,生产过程的全球化还带来了生态问题的全球化与不平衡发展。自然不仅按自然规律演化并被资本的运动所重塑,积累的矛盾通过全球化转化为生态矛盾。

在当前生态问题背景下,大卫·哈维在他的新书《资本主义的十七个矛盾及其终结》中运用了一个新的概念"资本的生态系统"①(Captital's Ecosystem)来刻画资本与自然之间的关系。他认为指数增长下,资本的生态系统的时间和空间规模已经由局部扩展到了全球范围,表现为:全球气候变化,全球城市化,生活环境的破坏,物质的灭绝,生物多样性的丧失,等等。此外,很多地区局部环境状况得到了改善,但区域或者全球环境恶化,资本的生态系统变得越来越全球化。国际贸易促使原材料(水、能源、矿物等)从世界一个地区转移到另一个地区,将资本的生态系统黏合在一起,扩大并强化了资本生态系统内部的物质交换。物质交换的不平衡使得资本的生态系统充斥着不平等与不平衡的地理发展,一个区域利益

---

① David Harvey, *Seventeen Contradictions and the End of Capitalism*, New York: Oxford University Press, 2014.

的积累以另一个区域为代价，区域间生态利益的转移强化了地缘政治的紧张。

以福斯特①（John Bellamy Foster）为代表的每月评论派（或垄断资本学派）认为当今资本主义的社会代谢秩序与生态帝国主义和资本主义经济制度的扩张是分不开的。以碳代谢为例，为了制造生产所用的机械动力和支撑国家之间不平等贸易往来，资本主义增长开始逐渐依赖于燃烧矿石燃料，这种经济扩张是通过开采地下能源储存来实现的，它导致了大量二氧化碳被排至大气层。与此同时，森林不断被砍伐导致碳吸收能力减弱。因此资本主义的碳代谢导致全球气候变化，将人类推向一个将根本改变生态环境的临界点。此外，代谢分析也可以扩展到对海洋环境的分析，人类的过度捕捞改变了海洋生态系统，破坏了鱼类数量自我恢复的能力，导致渔业崩溃。

福斯特还讨论了垄断资本主义产生的一些新特点对生态问题的影响。垄断资本主义条件下价格战被消灭，生产者越来越关注产品销售能力，商品包装得越来越精美，包装设计成为商品成本中越来越大的组成部分。这产生了巨大的包装浪费，如塑料袋、包装盒等，这类塑料产品会挥发出大量有害气体并带来了巨大的经济和生态浪费。

奥康纳则构建了"双重危机"②理论来解释资本主义生态危机的产生，他认为传统经济危机为生产过剩危机，为生产力与生产关系之间的危机，焦点在于交换价值，第二重危机为资本主义生产关系及生产力与生产条件（他将马克思所说的生产条件总结为三种："生产的个人条件"即劳动力；"社会生产的公共的、一般性的条件"如基础设施、公共交通；"外在的物质条件"，包括作为生活资料的自然财富和作为劳动工具的自然财富）三者之间的矛盾，使用价值或多或少都与交换价值处于同等重要的地位。资本主义的第二重危机是资本不充分发展的危机，危机来自成本的层面。资本主义积累导致一定程度及一定类型的生态问题，经济危机会有可能导致成本外化的加强而引致环境恶化或者刺激更新的现代技术从而带来生态恶

---

① ［美］布雷特·克拉克、约翰·贝拉米·福斯特：《二十一世纪的马克思生态学》，《马克思主义与现实》2010年第3期。［美］约翰·贝拉米·福斯特：《生态马克思主义政治经济学》，《马克思主义研究》2012年第5期。

② ［美］詹姆斯·奥康纳：《自然的理由——生态学马克思主义研究》，唐正东等译，南京大学出版社2003年版。

化的新形式,如高科技污染。

在"双重危机"理论基础上,奥康纳分析了当今世界生态危机的根源,他认为当今世界生态危机源自资本主义的不平衡的和联合的发展对自然的和人类的生态所产生的影响。

戴维·佩珀(David Pepper)则认为全球化的生态矛盾体现了"生态帝国主义"[①]的建立。生态矛盾来自资本主义的其他矛盾,资本主义的过度生产破坏了自身的市场,这种矛盾可以通过市场和生产空间的扩大来抵消,因此资本主义必须无情地扩展到全世界。资本主义生产的增长动力刺激着资源基础的持续扩大,过度生产和利润率下降的矛盾创造了持续的革新,也产生了资本主义的生态矛盾。自由市场中,资源保护、再循环和污染控制会给企业带来更多的成本,利润最大化动机下企业选择将成本外在化,让社会作为整体来支付这个成本或者将其转嫁给未来。环境质量与物质生活水平相关,西方资本主义通过掠夺第三世界的财富维持和改善了它自身而成为世界的羡慕目标,资本主义自身的"绿色"通过毁坏第三世界的树木与将其成为有毒废弃倾倒场所而实现,资本主义企业通过全球化建立了"生态帝国主义"。

结语 资本主义经济危机的根源仍是资本主义的基本矛盾

新自由主义开启了资本主义的新的发展阶段,基于信息技术、网络技术等新兴技术的第三次产业革命不断扩张;资本主义的金融化、自由化、全球化不断深化。资本积累的"技术结构"与"社会结构"的变化使资本主义的经济运行产生了新的特征,帮助美国等少数发达资本主义国家在全球范围内积累了庞大的虚拟资本财富。但实体经济的停滞、金融资本与产业资本循环的脱离再次显现了资本自身所带来的限制,2008年金融危机与全球生态问题的爆发终结了"新经济"幻觉的扩张长波,宣告了新自由主义阶段的不可持续性。

2008年金融危机再次引发了自由主义与凯恩斯主义关于干预的令人乏味的争论,新自由主义仍然固执地认为危机源于政府的干预,而凯恩斯主

---

① [英]戴维·佩珀:《生态社会主义:从深生态学到社会正义》,刘颖译,山东大学出版社2012年版,第96—122页。

义则将危机归咎于金融监管的缺失。此次争论中的亮点在于对后凯恩斯主义学者明斯基的"金融不稳定假说"的重新挖掘，明斯基的理论框架为研究资产泡沫的动因、不确定性的影响，以及债务水平提高对经济整体的紧缩性影响提供了有益的视角。明斯基的理论框架不仅得到了凯恩斯主义学者的重新认识，也受到了马克思主义学者的重视。

总体来看，右翼学者仍将危机归于外部因素，而无法认识到危机根源于资本主义的基本矛盾。凯恩斯主义学者虽认识到了新自由模式的失败之处，但只认为这是资本主义的某一种具体模式的失败，而不是资本主义制度本身的失败，对危机的分析只流于对现象的描述。

与右翼学者的不同之处，马克思主义学者认为此次危机根源于资本主义自身积累过程的矛盾，他们通过辩证地分析资本积累体系中金融资本与生产资本之间的关系来阐述金融危机发生的机制。此外，生态问题全球化的背景下，马克思主义学者扩展了资本主义危机研究的生态维度，但如何将自然条件有机地融入资本主义危机理论框架仍需马克思主义学者的继续努力。

第十章

变革与替代：资本主义的出路

对于西方主流经济学理论来说，资本主义是建立在人性自私、财产私有和市场竞争基础上的最优社会制度，资本主义经济运行总是会趋于均衡和最优。"经济危机"的出现总是西方主流经济学不愿意面对的现实，资本主义是否存在经济危机也被他们打了问号。马克思主义学者从生产过剩来定义经济危机却缺乏定性的界定。马克思主义学者内部对经济危机缘由的解释，从社会生产的无计划性和比例失调论、有支付能力的消费不足论、资本利润率下降趋势论、固定资本更新论，到资本过度积累论又众说纷纭，对资本主义经济危机原因的认同也未取得一致，但是这些研究和讨论都从不同侧面深化了对资本主义经济危机的认识，促进了危机理论走向综合化趋势。资本主义经济危机具有内生的必然性，同时每次经济危机发生的时间和具体缘由又具有偶然性。每一次经济危机都具有相同的一般性特征，也表现出各自不同的特点。资本主义危机促使资本主义自身和向外的调整，推动了资本主义的发展。资本主义从自由竞争、垄断竞争、金融垄断，到国家垄断、全球垄断阶段的发展进程，既是资本主义危机推动的结果，也是适应资本主义生产力发展的需要。资本主义经济危机不仅仅在地域空间上扩展到全球，而且经济危机也演化成了社会、政治、文化和生态等资本主义的全面危机。资本主义的发展史是资本主义的危机史，资本主义的危机史也体现了资本主义的演化史。资本主义危机是资本主义内在矛盾的强制性解决，而资本主义危机的强制性解决又推动资本主义矛盾的深化。资本主义经济危机推动资本主义生产方式自身的调整和变革，也昭示未来社会的前景。

一 不是问题的问题：资本主义存在经济危机吗？

虽然"经济危机"（Economic Crisis）这个词现在已经被人们所熟知，但是，对于西方主流经济学理论来说，资本主义是建立在人性自私、财产私有和市场竞争基础上的最优社会制度，资本主义经济运行总是会趋于均衡和最优。"经济危机"的出现总是西方主流经济学不愿意面对的现实。但是，即便是当经济危机发生时，西方主流经济理论界仍然提出自我辩解的问题："资本主义存在经济危机吗？"

当不得不面临和回答"资本主义存在经济危机吗"的问题时，一些西方主流经济学者承认资本主义存在经济危机，但是，他们对经济危机的解释却是，资本主义经济运行本身并不会产生危机，危机的出现被归结为资本主义再生产之外的因素，比如，偶然的自然灾难、战争或者政策的失误等。西方的主流经济学提出"商业周期"（Business Cycle，又译为"经济周期"）的概念，把经济危机的现象纳入"商业周期"的框架下讨论。西方主流经济学的古典周期理论，比如杰文斯的太阳黑子论[1]、亨利·穆勒（Henry Ludwell Moore）的气候周期论[2]、庇古的心理周期论[3]等，都是用周期性的自然灾害、心理变化、政策波动等单一因素的、非经济的外部因素来解释经济的周期性。[4] 可是，这种解释却无法很好地解释经济危机发生的周期性，尤其是无法解释几乎每隔一段相同的时间就发生一次经济危机。[5]

此后，试图从资本主义经济内生的因素来探讨经济危机的理论应运而生，比如，非均衡周期理论和均衡周期理论的出现。非均衡周期理论包括

---

[1] 例如，杰文斯（William Stanley Jevons）等人用太阳黑子的运动影响气候，从而影响农业丰歉收成的变化，来解释经济周期。见：Jevons, W. S., 1878, "The Periodicity of Commercial Crises, and Its Physical Explanation", http：//www.tara.tcd.ie/bitstream/handle/2262/8261/jssisiVolVII-PartLIV_ 334342. pdf; jsessionid = 8F25DEE26B1C1438D96597EC8E02F2EB? sequence = 1。

[2] Moore, Henry L., 1914, *Economic Cycles: Their Law and Cause*, New York: Macmillan.

[3] 庇古（Arthur Cecil Pigou）等人用乐观和悲观的心理的交替变化来解释经济周期的变化。参见，Pigou, A. C., 1927, *Industrial Fluctuation*, London: Macmillan and Co., Ltd。

[4] 参见吴易风主编《马克思主义经济学与西方经济学比较研究》第3卷，中国人民大学出版社2009年版，第1601页。

[5] ［美］安瓦尔·谢克：《危机理论史简介》（上），载《教学与研究》2013年第10期。

凯恩斯商业周期理论和新凯恩斯主义周期理论，它们都认为由于预防性心理预期、价格黏性、不完全信息等原因市场会在短期经常处于供给与需求的失衡状态，这种失衡状态会导致经济波动，乃至经济危机。而均衡周期理论涵盖货币主义周期理论、理性预期周期理论、实际周期理论等，它们则认为工资价格具有灵活弹性和市场能够出清，而经济波动，乃至经济危机却是政府干预的结果。①

可是，还有一些西方主流经济学者却认为，资本主义根本不存在"经济危机"。他们认为我们所说的"经济危机"不是"危机"，而是"经济波动"（Economic Fluctuation），而且是一种正常的经济波动，周期性危机也不过是一种周期性经济波动。在他们看来，资本主义有的是经济波动和商业周期（Business Cycle），经济危机不过是经济波动的表现，是一种正常的经济现象。"关于危机的理论，更准确地说是周期性的商业波动理论。"② 按照此逻辑继续演绎下去，作为经济波动的经济危机被看成是经济运行的常态了，就成了不可消除和避免的了。"人们可以修正经济波动，但不可能完全避免。如果你想要完全避免，事情就会变得更加糟糕。"③

因此，西方主流经济学理论不管是把经济危机归结为外生因素或内生因素的危机存在论，还是危机不存在论，都是以不改变现有的资本主义的私有制市场经济制度为前提。并基于此进行经济危机和周期的探讨，给出治理经济危机和周期的政策建议。既然资本主义私有制的市场经济制度作为危机发生的根源没有改变，周期性的经济危机也就内生地不可避免地发生，经济危机的发生自然而然就成为了常态，这也就很容易理解了。1981年苏联经济学家别尔丘克明确写道："一百多年来，危机和周期的理论是马克思主义学说和资产阶级学说之间进行原则性论战的对象。资产阶级思想家一向竭力掩饰资本主义社会的矛盾，但按期发生的生产过剩经济危机却是这个经济制度固有缺陷的最有力证据。"④

---

① 参见吴易风主编《马克思主义经济学与西方经济学比较研究》第3卷，中国人民大学出版社2009年版，第1631页。
② ［美］约瑟夫·熊彼特：《经济周期循环论：对利润、资本、信贷、利息以及经济周期的探究》，叶华编译，中国长安出版社2009年版，第3页。
③ 拉斯·特维德：《逃不开的经济周期》，董裕平译，中信出版社2008年版，第292页。
④ ［苏联］别尔丘克：《现代资本主义经济危机》，东方出版社1987年版，第1页。

二 经济波动与商业周期：什么是经济危机？

西方主流经济理论有的是商业周期理论，并以"经济波动"来掩盖"经济危机"。对于什么是"商业周期"，西方经济学文献最常采用的是1946年伯恩斯（Arthur F. Burns）和米歇尔（Wesley C. Mitchell）著的《测量商业周期》的定义。该定义就认为："商业周期"是一种"波动"，一个"周期"（Cycle）包括：扩张（Expansions）、衰退（Recessions）、紧缩（Contractions）和复苏（Revivals）。① 伯恩斯和米歇尔的"商业周期"的定义里面并没有包含"危机"字眼。"1929年至1933年的危机时期，危机已进入第二个年头，人们仍然拒绝使用危机这一字眼。人们尽其所能拖延时日，以回避令人不愉快的真理。"② 《新帕尔格雷夫经济学大辞典》中也没有"经济危机"这个词条。③ 目前维基百科（Wikipedia）也没有单独的"经济危机"的英文词条，虽然有"金融危机"（Financial Crisis）这个词条，在其中提及"经济危机"，却没有对"经济危机"作出界定。④

什么是"经济危机"呢？按照国内的《政治经济学大辞典》的定义，经济危机是指"资本主义再生产过程中周期性爆发的生产相对过剩危机"，"它是建立在机器大工业基础上的资本主义生产方式特有的经济现象；是资本主义再生产周期的决定性阶段，既是前一周期的终结，又是后一周期的起点"。⑤ 这个界定是把"经济危机"作为"经济周期"的一个阶段阐述的。《市场经济学大辞典》也是这样定义经济危机的："经济危机是经济周期的一个阶段。表现为商品大量积压卖不出去，生产急剧下降，很多企业倒闭，大批劳动者失业，信用关系破坏，一些银行和金融机构破产，整个社会经济生活陷入混乱状态。"⑥ 上述都是用生产过剩现象来描述经济危机。列宁也阐述道："危机是什么？是生产过剩，生产的商品不能实现，

---

① Burns, Arthur F. & Wesley C. Mitchell, 1946, *Measuring Business Cycles*, New York: NBER, p. 3.
② ［联邦德国］瓦尔特·瓦内马赫尔：《第二次世界经济危机》，何乃华译，吴际坤校，广东人民出版社1986年版，第1页。
③ 参见 http://www.palgraveconnect.com/pc/doifinder/10.1057/9781137336583。
④ 参见 http://en.wikipedia.org/wiki/Financial_crisis。
⑤ 张卓元主编：《政治经济学大辞典》，经济科学出版社1998年版，第114页。
⑥ 赵林如主编：《市场经济学大辞典》，经济科学出版社1999年版，第22页。

找不到需求。"① 国内学者一般认为："经济危机是生产相对过剩的危机"②；"经济危机是资本主义社会所特有的一种经济现象"③。而国外的左翼经济学者多从经济和生产的不正常状态来描述经济危机，潘尼奇（Leo Panitch）和金丁（Sam Gindin）认为，经济危机指资本积累和经济增长过程的中断。④ 安瓦尔·谢克认为，经济危机是"资本主义再生产过程中经济与政治关系的普遍紊乱的状态"⑤。

上述对"经济危机"的界定都是定性和现象描述性的，缺乏定量的界定。是不是"生产过剩"或者生产的不正常状态就是"经济危机"呢？答案肯定是否定的。经济危机表现为生产过剩，但是生产过剩并不一定带来经济危机或者表现为经济危机。就国内一般通用的经济危机的定义来看，"经济危机"是"生产相对过剩的危机"⑥。这个经济危机的定义仍然是一个描述性的定义，那么"生产"相对于"有货币支付能力的需求"，"一定价格水平的需求"，"一定市场规模"和"保存资本价值和增殖资本价值"或"一定利润"的相对过剩到什么程度才算作"经济危机"呢？⑦ 应该说，社会生产的严重过剩或者普遍过剩，或者说社会再生产普遍紊乱、经济增长的连续中断或者负增长才能算是经济危机。经济危机也应是社会生产的严重过剩或者普遍过剩的一种经济运行状态，或者说是经济处于连续负增长的一种经济运行状态。

但是，没有定量界定的"经济危机"概念就容易被一些学者以"经济周期"或"经济波动"中"收缩"的概念来掩饰。经济危机也就被有些人看成是超越资本主义经济制度的普遍现象，"经济周期是指经济活动的

---

① 《列宁全集》第 2 卷，人民出版社 1984 年版，第 139 页。
② 参见吴易风主编《马克思主义经济学与西方经济学比较研究》第 3 卷，中国人民大学出版社 2009 年版，第 1588 页。
③ 姚延纲编著：《资本主义绝症——经济危机》，上海人民出版社 1960 年版，第 3 页。
④ Panitch, Leo and Sam Gindin, 2010, "Capitalist Crises and the Crisis This Time," In *Socialist Register* 2011: *The Crisis This Time*, edited by Leo Panitch and Sam Gindin, 1-20, Pontypool, Wales: Merlin, p. 4.
⑤ ［美］安瓦尔·谢克：《危机理论史简介》（上），载《教学与研究》2013 年第 10 期。
⑥ 参见吴易风主编《马克思主义经济学与西方经济学比较研究》第 3 卷，中国人民大学出版社 2009 年版，第 1588 页；洪远朋主编：《经济理论比较研究》，复旦大学出版社 2002 年版，第 424 页。
⑦ 对"生产相对过剩"的解释，参见洪远朋主编《经济理论比较研究》，复旦大学出版社 2002 年版，第 424 页。

循环往复周期性的扩张和收缩的波动，它是超越经济体制和经济发展阶段而普遍存在于世界范围内的经济现象"①。当然，国内马克思主义经济学者是把"经济危机"作为"经济周期"的一个阶段，即"经济周期"是经济活动中"危机、萧条、复苏和高涨"的周期性循环的过程。从这里可以看出，经济波动周期与经济危机周期是两个不同的概念。

三 危机必然性的理论阐释：如何看待危机的多重根源？

每当一段时期经济出现繁荣的时候，西方主流经济学家总有人宣传，与资本主义相伴而生的经济危机被克服了，而当经济危机到来的时候，他们又提出种种特殊的原因来解释。"资产阶级经济学家们当然否认危机是资本主义生产的社会形式所固有的，因为整个经济理论就是建立在这样的一个前提上，即资本主义制度能够自动调节"，危机被解释为"偏离常态的意外结果"。② 与之相反，马克思主义经济学者大多强调经济危机的必然性，强调经济危机是资本主义经济制度和生产方式所固有的、无法摆脱的特征。可是，马克思主义学者同样对经济危机原因的具体解释没有取得统一。诸如，消费不足论、比例失调论、利润率下降论、过度积累论等在不同时期成为马克思主义学者解释经济危机的主流。那么，如何看待危机的多重根源呢？

克拉克写道："一般认为马克思从未提出过系统的危机理论，这就让他的后继者们可以从零散而且前后不太一致的论断片段出发，随意对马克思的危机理论提出不同的解说。"③ 斯威齐也认为马克思没有系统完整地论述过危机理论，"在三卷《资本论》和三卷《剩余价值学说史》中，自始至终，危机问题接连不断地一再出现。虽然如此，在马克思的著作中，没有一个地方对这个问题有过近乎完整的或者系统的论述"④。虽然说马克思并没有系统地、专门地论述经济危机，马克思创立了自己的经济危机理论

---

① 张海燕、董小刚编著：《经济周期波动的动态模型与计量分析方法》，科学出版社2011年版，第1页。
② [英]西蒙·克拉克：《经济危机理论：马克思的视角》，杨健生译，北京师范大学出版社2011年版，第1页。
③ [英]西蒙·克拉克：《经济危机理论：马克思的视角》，杨健生译，北京师范大学出版社2011年版，第9—10页。
④ [美]保罗·斯威齐：《资本主义发展论》，陈观烈、秦亚男译，商务印书馆1997年版，第151页。

却被马克思主义经济学者所承认。苏联经济学家门德尔逊认为:"马克思不仅创立了出色地经受历史考验的严密而完整的危机理论,而且把前人和同时代人的资产阶级危机观点批判得体无完肤。"[1] 为了看清马克思主义者对经济危机原因进行分析的全貌,下面简要梳理一下包括马克思和恩格斯在内的马克思主义者对经济危机原因的分析。

第一,社会生产的无计划性。既然经济危机一直被认为是"生产过剩"的危机,那么资本主义整个社会生产的无计划性和盲目性就成为了经济危机最基本的解释。例如,考茨基1892年在《爱尔福特纲领解说》中把经济危机解释为生产过剩导致的,而生产过剩又是由于生产的无计划的结果。"震撼世界市场的现代的巨大危机,是生产过剩的结果,而生产过剩又是商品生产必然联系的无计划的结果。"特别是随着资本主义生产和市场规模的扩大,整个社会生产的无计划性和盲目性就更突出。"在商品生产的初期,市场的规模还不大,对市场还容易观察。"但是,随着市场规模的扩大,生产企业的增加,交通运输的便利化,就导致"确定商品的需求和现存数量,变得越来越困难了"[2]。

恩格斯也多次指出社会生产的无计划性会导致经济危机,"只要你们继续以目前这种无意识的、不加思索的、全凭偶然性摆布的方式来进行生产,那么商业危机就会继续存在"[3]。并把社会生产的无计划性看成资本主义生产的规律,"直到今天,社会的全部生产仍然不是由共同制定的计划,而是由盲目的规律来调节,这些盲目的规律,以自发的威力,最后在周期性商业危机的风暴中显示着自己的作用"[4]。列宁在论述1901年的剧烈危机的时候,同样阐述到社会生产的盲目性会最终导致经济危机,"资本主义的生产,是为销售而生产,是为市场而生产商品。而管理生产的是各个资本家,他们每个人都单独进行生产管理,谁也不能准确知道市场上需要多少产品和需要什么样的产品。他们盲目地生产,所关心的只是你争我夺。这样,生产品的数量可能不符合市场上的需要是很自然的。而当着广

---

[1] [苏联]门德尔逊:《经济危机和周期的理论与历史》第一卷(上册),斯竹等译,生活·读书·新知三联书店1975年版,第5页。
[2] [德]考茨基:《爱尔福特纲领解说》,陈冬野译,生活·读书·新知三联书店1963年版,第69—72页。
[3] 《马克思恩格斯全集》第3卷,人民出版社2002年版,第461页。
[4] 《马克思恩格斯文集》第4卷,人民出版社2009年版,第195页。

大市场突然扩展到新的、前所未有的、广阔的范围时，这种可能性就特别大了。"①

第二，社会再生产的比例失调。社会再生产的比例失调论是解释经济危机发生原因的最初的马克思主义者的主流理论。杜冈用马克思主义的再生产图式来说明两大比例之间的关系，只要两大比例保持恰当的比例关系，供求就会保持平衡，"只要生产比例适当，一切商品需求都必定与供给相等"②。消费需求的减少，可以由投资的增加来弥补，而投资增加可以带动对生产资料和劳动力的需求，从而带动对生活资料的需求增加。杜冈以此否认消费不足是危机的原因，而强调比例失调是资本主义经济危机的原因。希法亭延续了杜冈的比例失调论对经济危机的解释，拒绝消费不足和生产过剩对经济危机的解释，希法亭认为："'商品生产过剩的说法'和'消费不足'的说法一样，本身并不能说明什么。严格地说，人们只能在生理学的意义上谈消费不足。而这种说法在经济学中没有意义，在经济学中只能说社会消费的少于它所生产的。如果生产完全以正常的比例进行，那我们便想象不出消费不足怎样才能发生。"③但是，希法亭并不像杜冈一样完全排除消费对危机的影响，承认"狭小的消费基础仅仅是危机的一个一般条件"，同时认为，"危机根本不能由'消费不足'的论断加以说明。危机的周期性尤其不能由此加以说明，因为周期性根本不能由某种经常的现象来说明"④。希法亭认为既然周期性的危机是资本主义所特有的，也只能从"特殊的资本主义性质"中作出解释。危机虽然表现为流通过程出现了阻碍，但是必须从商品流通的特殊的资本主义性质上找原因，即商品必须被作为商品资本来生产并作为商品资本来实现。⑤因此，希法亭对危机的分析像杜冈一样，引入到资本主义的再生产过程中，认为不同部门之间、部门内部比例关系的破坏可以导致危机，并把技术构成变化、信用关系变化、价格变化、利润率变化和垄断等因素引入了比例失调论的分析之中。⑥

---

① 《列宁全集》第5卷，人民出版社1959年版，第72页。
② [俄] 杜冈-巴拉诺夫斯基：《周期性工业危机》，张凡译，商务印书馆1982年版，第220页。
③ [奥地利] 希法亭：《金融资本》，福民等译，商务印书馆1994年版，第270页。
④ [奥地利] 希法亭：《金融资本》，福民等译，商务印书馆1994年版，第271页。
⑤ [奥地利] 希法亭：《金融资本》，福民等译，商务印书馆1994年版，第272页。
⑥ [奥地利] 希法亭：《金融资本》，福民等译，商务印书馆1994年版，第290—341页。

考茨基从批判杜冈比例失调论到后来也认同比例失调论。考茨基在1914年9月发表的《帝国主义》的小册子，强调保持两大部类适当比例对于整个社会生产的必要性，进而把资本主义生产体系划分为工业生产和农业生产两大部门。工业部门在资本主义追求利润的生产规律的支配下迅速扩张，而农业发展却滞后。这样危机就呈现出工业生产过剩和农产品生产不足同时出现的情况。并以此来解释帝国主义的必然性，对外扩张既为了增加原材料供应，又为了输出资本主义强国的产品。这个思想近似于卢森堡和鲍威尔的观点，即资本主义的发展需要外部非资本主义世界的支撑。①

当然，有些学者认为，社会生产的比例失调论并不排斥消费不足论，消费不足本身就是生产和消费比例的失调。例如，布哈林就看到"整个社会生产的比例失调，不仅包括生产部门之间的失调，而且包括生产和个人消费之间的失调"②。恩格斯也指出："由于工业在当前的发展水平上，增加生产力比扩展市场要迅速得不知多多少倍，于是便出现周期性的危机；在危机期间，由于生产资料和产品的过剩，商业机体中的流通便突然停滞；在多余的产品没有找到新的销路以前，工业和商业几乎完全陷于停顿。"③而生产过剩与消费不足的失调，恩格斯认为是由于"生产力按几何级数增长，而市场最多也只是按算术级数扩大"④。

第三，有支付能力的消费不足。消费不足论是马克思主义学者解释经济危机的主流理论之一。当然，小资产阶级的经济学家西斯蒙第、马尔萨斯、霍布森也同样都看到了经济危机中存在消费不足的问题。⑤在米尼欧斯等看来，在杜冈的比例失调论之后，马克思主义危机理论向三个理论方向发展，其一，接受杜冈根据再生产图式的分析而得出的比例失调导致的危机理论，拒绝消费不足论。沿着这个方向的理论家包括列宁、布尔加柯夫、鲍威尔、希法亭等，他们接着就开始研究第二类问题，即在资本主义的再生产图式下，无产阶级的状况为什么会变得贫困化？其二，仍然坚持

---

① 参见杨健生《经济危机理论的演变》，紫金如等译，中国经济出版社2008年版，第106页。
② ［德］卢森堡、［苏联］布哈林：《帝国主义与资本积累》，紫金如等译，黑龙江人民出版社1982年版，第241页。
③ 《马克思恩格斯全集》第10卷，人民出版社1998年版，第304页。
④ 《马克思恩格斯文集》第5卷，人民出版社2009年版，第34页。
⑤ 宋承先：《资产阶级经济危机理论批判》，上海人民出版社1962年版，第56页。

消费不足论的分析，而忽略杜冈的比例失调论的分析。例如，考茨基、莫斯科夫斯卡（Moszkowska）等。其三，批判杜冈的比例失调论，而坚持消费不足论。例如，卢森堡、斯腾博格（Fritz Sternberg）。① 考茨基就认为杜冈的周期性比例失调理论无法解释资本主义长期萧条趋势，既然资本主义"生产现在和将来都是为了人的消费进行的生产"，"危机恰恰是由于资本家的出发点一再与社会的基本规律相矛盾而发生"。② 卢森堡同样利用马克思的再生产图式来分析资本主义的再生产过程，但是卢森堡不同于杜冈认为的比例关系协调了资本主义就可以顺利地扩大再生产，"为了保证积累事实上前进和生产事实上能够扩大，需要另外一个条件，即对商品的有支付能力的需求必须也在增长"。③

随后，以1942年斯威齐出版《资本主义发展论》为开端，与1957年吉尔曼出版《利润率下降》④，1966年巴兰和斯威齐出版《垄断资本》⑤，1973年佩洛出版《不稳定的经济》⑥ 等著作被认为形成了经济危机的消费不足论流派，成为第二次世界大战后经济危机理论的主流解释。阿特韦尔认为："这些人既不是合作者，也不是一个流派的成员；他们在自己的著作中，也从未提及对方，而且他们的政治立场也大相径庭。作为一个整体，他们的著作表现了40年代到70年代初消费不足论在美国危机理论界几乎牢不可破的霸权地位。"⑦ 斯威齐认为，即使消费品产量增长率与生产资料增长率的比值保持不变，但是，由于资本家为了追求更大的剩余价值，总是在利润中拿出尽可能多的部分作为不变资本和可变资本进行积累，这样

---

① 参见：Milios, John, Dimitri Dimoulis & George Economakis, 2002, *Karl Marx and the Classics: An Essay on Value, Crises and the Capitalist Mode of Production*. Aldershot: Ashgate, Chapter 8, p. 170.

② ［德］考茨基：《危机理论》，载赵洪编：《〈资本论〉研究》，东北财经大学出版社1987年版，第23页。

③ ［德］卢森堡：《资本积累论》，彭尘舜、吴纪先译，生活·读书·新知三联书店1959年版，第87页。

④ Gillman, J., 1957, *The Falling Rate of Profit: Marx's Law and Its Significance to Twentieth-Century Capitalism*, London: D. Dobson.

⑤ ［美］保罗·巴兰、保罗·斯威齐：《垄断资本》，南开大学政治经济学系译，商务印书馆1977年版。

⑥ ［美］维克托·佩洛：《不稳定的经济》，南开大学政治经济学系、南开大学经济研究所译，商务印书馆1975年版。

⑦ Attewell, P., 1984, *Radical Political Economy since the Sixties: A Sociology of Knowledge Analysis*, New Jersey: Rutgers University Press, p. 180.

积累在剩余价值中的比重提高。同时,技术进步还导致相同不变资本所推动的可变资本的增加,不变资本在积累中的比重也是不断提高的。虽然资本家消费和工人的消费的总量在增加,但是消费在剩余价值中的比例却是递减的。这样,消费的增长率总是赶不上消费品生产的增长,必然导致资本主义再生产的停滞。斯威齐的消费不足论没有超越前人的理论框架。但是,斯威齐成功开创了讨论危机问题的另一种范式,即把早期危机理论讨论资本主义的崩溃问题转向了讨论资本主义的长期萧条问题。① 因为生产过剩表现为两种形式,当生产能力得到充分利用时,经济表现为生产过剩、价格下降和经济危机;当生产能力长期得不到充分利用时,则表现为长期停滞。后来,巴兰和斯威齐在《垄断资本》中提出经济剩余的概念来解释经济停滞。由于实际经济剩余和潜在经济剩余都不断增加,而垄断资本主义却不能提供吸收日益增长的经济剩余的机制,"既然不能吸收的剩余就不会被生产出来,所以垄断资本主义经济的正常状态就是停滞"②。

当然马克思、恩格斯都指出过,消费不足论不足以解释经济危机。马克思指出:"认为危机是由于缺少有支付能力的消费或缺少有支付能力的消费者引起的,这纯粹是同义反复。……资本主义制度只知道进行支付的消费。商品卖不出去,无非是找不到有支付能力的买者,也就是找不到消费者(因为购买商品归根结底是为了生产消费或个人消费)。"③ 恩格斯也认为:"群众的消费不足,是一切建立在剥削基础上的社会形式的一个必然条件,因而也是资本主义社会形式的一个必然条件;但是,只有资本主义的生产形式才造成危机。因此,群众的消费不足,也是危机的一个先决条件,而且在危机中起着一种早已被承认的作用;但是,群众的消费不足既没有向我们说明过去不存在危机的原因,也没有向我们说明现时存在危机的原因。"④ 虽然斯威齐被认为是消费不足论的代表性人物,但是斯威齐本人也认为:"把危机的'比例失调'原因同'消费不足'原因对立起来的做法是不正确的","现在明摆着的是,消费不足正是比例失调的一种特

---

① 杨健生:《经济危机理论的演变》,中国经济出版社2008年版,第130页。
② [美]保罗·巴兰、保罗·斯威齐:《垄断资本》,南开大学政治经济学系译,商务印书馆1977年版,第105—106页。
③ 《马克思恩格斯文集》第6卷,人民出版社2009年版,第456—457页。
④ 《马克思恩格斯文集》第9卷,人民出版社2009年,第302页。

殊情况——消费品需求的增长同消费品生产能力的增长比例失调。"①

第四，利润率下降趋势。消费不足理论虽然在第二次世界大战后成为经济危机理论的主流解释，成功解释了资本主义发展的停滞现象，但是却无法解释 20 世纪 70 年代后经济危机中，物价没有下降反而上涨的事实。因为按照消费不足理论，生产过剩引起商品滞销和危机，危机中物价暴跌应该是普遍的现象。因此，消费不足理论与凯恩斯主义理论都无法解释滞胀问题。于是，利润率下降趋势理论又成为马克思主义危机理论讨论的热点问题。应该看到，利润率下降趋势，在杜冈、希法亭、卢森堡等著作中都有论及，但是，都没有把它用来解释经济危机。早在 1910 年俄国数学家查洛索夫就认为，利润率下降是构成资本积累的最大限制，但是，他不认同资本有机构成提高是导致利润率下降的原因，而是认为工人阶级通过阶级斗争提高了工资，从而人为地压低了利润率，进而导致了普遍的危机。② 但是，查洛索夫作为最早的利润挤压理论的观点，几乎没有引起人们的注意。③

利润率下降趋势导致危机，但是对于利润率为什么会下降，又归结为资本有机构成提高和工资对利润的挤压两个方面来解释。1929 年格罗斯曼出版的《积累的规律与资本主义的崩溃》是资本有机构成提高导致利润率下降的代表作。格罗斯曼采用鲍威尔《资本积累》中的再生产图式，论证如果可变资本与劳动人口同时以 5% 的速度增长，剩余价值率以 100% 保持不变，因而剩余价值的总量也是以每年 5% 的速度增长。由于资本有机构成提高，为此假定不变资本以每年 10% 的速度增长。再生产按照这样的比率保持不变年复一年地进行，到了第 21 年留给资本家的消费的剩余价值开始减少，而第 35 年供资本家消费的剩余价值几乎没有了，此后，可用的剩余价值量已经不足以保证扩大了的资本的实现，这样资本主义的再生产就出现崩溃和危机。④ 虽然格罗斯曼的资本主义崩溃论被认为是"机械崩溃论"，但是，通过保罗·麦蒂克的宣传，并为大卫·耶菲和马里奥·科高所继承，为通过

---

① [美] 保罗·斯威齐：《资本主义发展论》，陈观烈、秦亚男译，商务印书馆 1997 年版，第 204 页。

② 参见 Grossmann, H., 1992, *The Law of Accumulation and Breakdown of the Capitalist System: Being also a Theory of Crises*, London: Pluto Press, p. 50.

③ [英] M. C. 霍华德等：《马克思主义经济学史：1929—1990》，顾海良等译，中央编译出版社 2002 年版，第 132 页。

④ Grossmann, H., 1992, *The Law of Accumulation and Breakdown of the Capitalist System: Being also a Theory of Crises*, London: Pluto Press.

利润率下降来解释经济危机又提供了一个重要的理论视角。正如安瓦尔·谢克指出的，格罗斯曼是最早打破消费不足论和比例失调论来讨论危机的主要的马克思主义者，强调利润率下降规律在危机理论中的中心地位。①

可是对于资本有机构成提高导致利润率下降，斯威齐却提出了批评："不能笼统地推测，说资本有机构成的变化相对地大于剩余价值率的变化，以致前者将支配利润率的动向。相反，似乎我们应该把这两个变数看作大体上同等重要的东西。因为这个缘故，所以，马克思对利润率下降趋势规律的系统表述方式是没有很大的说服力的。同时，我们还可以说，曾经有人想证明资本有机构成的提高必然要伴以利润率的提高，这种打算同样也是难以置信的。"②

利润率挤压论的代表作是1972年格林和萨克利夫合著在伦敦出版的《英国资本主义、工人和利润挤压》，该书同年又以《危机中的资本主义》为书名在纽约出版。③ 他们认为，经济危机就是利润不足导致的投资不足和流通中断导致的，而利润率变动与工资变动呈现反向变动的关系。英国有组织的工会提高了工人阶级的谈判力，导致工资的提高超过了生产率的提高。而由于国际竞争，资本家又不可能通过提高产品价格来实现提高工资成本的转嫁，就导致公司的利润被"挤压"。利润率的下降，导致投资的下降，进而导致生产率以更加缓慢的速度提高，最终导致经济危机。但是，耶菲却对此进行了批评，因为随着劳动生产率的提高，同样多产品所包含的价值却下降，或者说生产出同样多的价值必须生产出更多数量的商品，这就意味着资本必须不断地增加不变资本的投资。而不变资本的投资增加也同样意味着劳动生产率的提高，雇用的工人数量就相对更少。而劳动是利润的唯一来源，不变资本投入的增加必然导致利润率的下降。④ 而耶菲、保罗·麦蒂克⑤、马里奥·科高、安瓦尔·谢克等都被认为是有机构成提高导致

---

① 参见陈恕祥《论一般利润率下降规律》，武汉大学出版社1995年版，第203页。
② ［美］保罗·斯威齐：《资本主义发展论》，陈观烈、秦亚男译，商务印书馆1997年版，第122页。
③ Glyn, A. & B. Sutcliffe, 1972, *British Capitalism, Workers, and the Profit Squeeze*, Harmondsworth: Penguin; Glyn A. and B. Sutcliffe, 1972, *Capitalism in Crisis*, New York: Pantheon Books.
④ Yaffe, David, 1973, "The Crisis of Profitability: A Critique of the Glyn-Sutcliffe Thesis", *New Left Review* I/80: 45 – 62. Yaffe, David, (1976) 1978, "The Sate and the Capitalist Crisis", http://www.marxists.org/subject/economy/authors/yaffed/1976/stateandcapitalistcrisis.htm.
⑤ Mattick, P., 1969, *Marx and Keynes*, Boston: Porter Sargent.

利润率下降的支持者。莱博维茨也被认为是利润率下降规律的支持者，莱博维茨的理论逻辑是，"假定资本具有自我扩展的性质，危机则表现为对资本增殖起阻挠作用的一种内在的抑制"，"对资本的限制，且不论其性质，必然表现为资本自我扩展率的下降，即利润率的下降"。①

对于利润率的变动趋势，曼德尔是多因素论的代表。他在 1972 年出版的《晚期资本主义》中指出："事实上，任何一种单一因素的假设，作为一种动力的总额，都是与资本主义生产方式这种观念相对立的"，"这一生产方式的所有基本变量都可以在某种程度上部分地和周期地起到自主变量的作用"。曼德尔概括出六个变量：总的资本有机构成、不变资本在固定资本和流动资本之间的分配、剩余价值率的变化、积累率的变化、资本周转率的变化、两大部类之间交换关系。利润率的变化是这六个变量相互作用的结果。②

第五，固定资本的更新。社会生产的无计划性和比例失调、有支付能力的消费不足和资本主义再生产的利润率下降都从不同侧面解释了经济危机的发展，如何解释经济危机的重复发生，固定资本的更新论就成为最有力的理论解释。一般认为，作为机器设备的固定资本投资和更新是资本主义再生产的物质要素和条件，但是固定资本的投入是一次性的，而回收或价值补偿是多次性的，即它的价值通过不断的再生产的循环逐渐地消耗并转移到新产品中去，通过产品的销售得以实现回收和补偿。以危机为起点，资本家为了尽快摆脱困境，获得更多的利润，除了加强对工人的剥削外，还必须采用先进的技术设备，提高劳动生产率，以降低成本。这样固定资本的投资，推动了生产资料生产部门的发展，进而影响并扩大消费资料的市场，带动消费资料部门的生产的发展。这样，资本主义经济就由萧条转入了复苏和高涨阶段。在进入高涨阶段后，"一方面固定资本的物质要素生产得越来越多，而固定资本的更新却是少量的、零星的，这就发生了生产和需要的矛盾；另一方面，整个社会生产的迅速扩大，又重新超过了有支付能力的需求，造成生产与消费的严重脱节，社会再生产比例失

---

① ［加拿大］莱博维茨：《马克思危机理论中的一般与特殊》，载中国社会科学院情报研究所编《当代国外马克思主义研究——纪念马克思逝世一百周年译文集》，中国社会科学院情报研究所 1983 年，第 103—119 页。引自第 104 页。

② ［比］曼德尔：《晚期资本主义》，马清文译，黑龙江人民出版社 1983 年版，第 31 页。

调"①。最终导致再一次危机的爆发。马克思指出:"固定资本的再生产时间成为经济周期的计量单位。"②

虽然有学者认为由于资本主义固定资本更新的时间并不一致,固定资本更新不能成为经济危机周期性发生的物质基础,而马克思实际上对此进行了反驳:"虽然资本投下的时期是极不相同和极不一致的,但危机总是大规模新投资的起点。因此,就整个社会考察,危机又或多或少地是下一个周转周期的新的物质基础。"③当然,由此也可以看出,马克思认为固定资本更新只是解释经济危机周期性的因素之一。但是,克拉克认为,以固定资本更新周期来解释危机周期性所面临的一个根本性问题是,固定资本更新周期本身取决于危机的周期性。④

第六,资本的过度积累。随着人们对经济危机发生原因的研究,一个趋向是综合成因论,资本的过度积累论便是一个尝试。⑤资本家为了追求更多利润和剩余价值,就要不断地进行资本积累和投资,改进生产技术,提高劳动生产率,从而能够生产出更多的产品,出现了资本积累的过剩和产品生产的过剩。"资本的生产过剩,——不是个别商品的生产过剩,虽然资本的生产过剩总是包含着商品的生产过剩,——仅仅是资本的积累过剩。"⑥同时,生产率的提高,导致资本的有机构成不断提高,资本对劳动力的不断替代导致劳动力使用量的相对减少,进而劳动者的收入和消费能力的减少,又出现有支付能力的消费不足。这样,资本积累的规模增加所产生的生产能力的增加,与资本积累所导致的人们收入份额相对缩小而消费能力缩减所产生的矛盾,必然导致经济危机。正如马克思指出的,"在资本主义生产方式内发展的、与人口相比显得惊人的巨大生产力,以及虽然不是与此按同一比例的、比人口增加快得多得资本价值(不仅是它的物质实体)的增加,同这个惊人巨大的生产力为之服务的、与财富的增长相比变得越来越狭小的基础相矛盾,同这个日益膨胀的资本的价值增殖的条件相矛盾。危机就是这样发生的。"⑦

---

① 魏埙:《政治经济学(资本主义部分)》,陕西人民出版社2005年版,第277页。
② 《马克思恩格斯全集》第31卷,人民出版社1998年版,第591页。
③ 《马克思恩格斯全集》第24卷,人民出版社1972年版,第207页。
④ [英]西蒙·克拉克:《经济危机理论:马克思的视角》,杨健生译,北京师范大学出版社2011年版,第284页。
⑤ 杨健生:《经济危机理论的演变》,中国经济出版社2008年版,第12页。
⑥ [德]马克思:《资本论》第3卷,人民出版社1975年版,第280页。
⑦ [德]马克思:《资本论》第3卷,人民出版社1975年版,第296页。

埃里克·欧林·赖特 1999 年在其《马克思主义积累和危机理论的新视角》①一文中试图从资本积累过程的演变，来涵盖不同的危机理论。赖特认为资本主义积累是一个历史过程：(1) 在资本主义发展的不同阶段，资本积累也面临不同的起支配作用的障碍因素；(2) 资本主义生产为了继续进行，必须突破这些障碍因素；(3) 突破这些障碍因素，资本主义发展到一个新的阶段，又产生了新的起支配作用的障碍因素；(4) 上一阶段破除障碍因素、促使资本主义积累进行下去的解决方案在本阶段不再有效，还会成为本阶段资本积累的障碍因素。赖特把资本主义发展阶段分成六个转轨阶段：从简单商品再生产到扩大商品再生产的转轨阶段（早期的原始积累阶段）、从原始积累到工厂生产的转轨阶段、从工厂生产到机器大工业生产转轨的阶段、垄断资本兴起的阶段、高级垄断资本阶段和国家导向的垄断资本主义阶段。从工厂生产到机器大工业生产转轨的阶段，资本有机构成迅速提高，虽然剩余价值率增加，但是利润率仍然趋于下降。而垄断资本兴起的阶段是从 19 世纪过渡到 20 世纪后，资本越来越趋于积聚和集中，资本有机构成提高趋于缓慢，到 20 世纪最初的 25 年资本有机构成趋于稳定，但是剥削率继续上升，这样就导致了剩余价值的实现问题和消费不足的问题出现。在高级垄断资本阶段，垄断资本开始国家化和国际化，国家应对剩余价值实现和消费不足问题的凯恩斯主义的政策干预失效，非生产领域的支出和成本的增长导致了长期的滞胀。国家需要从对有效需求的凯恩斯主义干预转向对生产过程本身的管理。西蒙·克拉克在其《马克思主义的过度积累和危机理论》②一文中，认为危机趋势是内生于资本主义社会生产形式之中，一旦资本主义不能克服积累的障碍时，危机趋势就变成现实的危机。

上述对经济危机的不同理论阐述，反映了"马克思究竟有没有一个完整的经济危机理论，还是有几个不同的经济危机理论"的争论。克拉克认为，阐明马克思的危机理论面临三个困难：其一，马克思并没有给我们提出一个完整的危机理论；其二，如何确定马克思理论中不同成分的重要

---

① Wright, Erik Olin, 1979, "Alternative Perspectives in Marxist Theory of Accumulation and Crisis", *Critical Sociology* 25 (2/3): 115–142. 该文是赖特 1978 年著的《阶级、危机和国家》第 113—124 页的缩写版 (*Class, Crisis and the State*, London: Verso, 1978)。

② Clarke, Simon, 1990–1991, "The Marxist Theory of Overaccumulation and Crisis", *Science & Society* 54 (4): 442–467.

性;其三,马克思几乎所有关于危机的讨论都深深根植于他对政治经济学的批判之中。① 杨健生通过考察马克思主义经济危机理论的演化史认为:"没有一个由马克思本人做出的关于经济危机理论的完整表述;现有的文献中马克思本人关于经济危机理论的各种表述,理论上具有向不同方向阐发的可能性;现有的关于马克思本人经济危机理论的各种表述存在争议。寻求马克思经济危机理论的最正宗的表述,理论上决不是一件容易的事。"②

但是,我们应该看到马克思主义学者对于经济危机根源的不同理论阐释,深化了对资本主义经济危机的认识。杨健生认为:"马克思关于经济危机问题的论述具有理论上的多元性,各种流派的马克思主义经济危机理论观点,也是这种多元中某一方面的阐述、放大,甚至是极端化。"③ 可是,我们应该看到,上述的不管是社会生产的无计划论、比例失调论,还是生产过剩论、消费不足论,或者利润率趋于下降论、固定资本更新论和资本的过度积累论,都是从不同侧面揭示了资本主义发展的内在矛盾。而这些被揭示的矛盾又是资本主义本身内生的生产资料私有制与社会化大生产之间的这一基本矛盾的显现而已。杜冈指出:"长期以来,经济学界之所以不能解决危机问题,是因为经济学家们只是从社会经济的某一个别领域——生产、交换或分配领域中去寻找危机的原因。实际上,危机是在社会经济各现象总体的基础上产生的,因而不能把危机只局限于社会经济的某一个别的领域。"④ 我们从危机理论的综合趋势也能看出,资本主义的社会生产无序和比例失调、生产过剩和消费不足、利润趋于下降和资本过度积累等问题,相互之间并不是"你存我亡"的关系,而是共生的关系,只不过在资本主义的特定历史时期,有些矛盾和问题表现得更突出而已。

四 危机的一般性和特殊性:不一样资本主义经济危机的一样性

如果在资本主义发展史上仅仅是一次经济危机的发生,并不能表明这

---

① [英]克拉克:《经济危机理论:马克思的视角》,杨健生译,北京师范大学出版社2011年版,第11—12页。
② 杨健生:《经济危机理论的演变》,中国经济出版社2008年版,第12页。
③ 杨健生:《经济危机理论的演变》,中国经济出版社2008年版,第12页。
④ [俄]杜冈 巴拉诺夫斯基:《政治经济学原理》(下册),赵维良、桂力生、王湧泉译,商务印书馆1989年版,第682页。

种生产制度和体系存在根本性的无法克服的问题。但是，周期性经济危机的发生，必然表明这种生产制度和体系存在根本性的、内生的制度障碍。在资本主义社会，经济危机不断地重复爆发的事实，无疑表明了资本主义生产制度和生产体系存在着其自身无法克服的根本性、内生的制度障碍。资本主义经济运行一段时间后，其资本主义的生产与有效需求即劳动人民的可支配收入的平衡只能通过经济危机来解决。正如卢森堡认为的："危机，简单地说来，只有在资本主义的基础上才可能发生，因此是周期地解决生产的无限扩张能力和销售市场的狭隘限制之间的分裂的完全正常的方法，只要这是事实，那么，危机就是资本主义经济整体的不可分割的有机的现象。"① 国内学者宋承先对经济危机本质与周期性作了阐述，认为生产的社会性与资本主义占有制之间的矛盾决定了生产的无限扩大的倾向与消费能力有限性之间的矛盾，后者必然导致经济危机，经济危机又是这一矛盾发展到一定程度的表现。危机中大量企业破产倒闭或停工减产，大批工人失业，大量商品被毁灭，依靠生产力的巨大破坏才使得生产与消费之间的尖锐矛盾得到强制性的解决，资本主义生产才得以暂时摆脱危机。资本主义经过一段萧条以后，开始走向复苏，又走向了高涨（繁荣）阶段，而高涨阶段逐步扩大的生产力又必然与市场的有限性矛盾达到尖锐化而再次出现危机。因此，宋承先认为，危机的周期性与危机的出现，其原因和本质是完全相同的，都是由资本主义的基本矛盾决定的。②

同时，我们应该看到，资本主义每次都能克服一次次具体发生的经济危机，使得资本主义继续向前发展。但是，资本主义只是克服危机发生的具体原因，或者说只是克服了诱发资本主义经济危机的因素，而并没有解决资本主义经济危机爆发的根本原因，即资本主义生产资料的私人所有制。正如列宁指出的："现实很快就向修正主义者表明，危机的时代并没有过去：在繁荣之后，接着就来了危机。各个危机的形式、次序和情景是改变了，但是危机仍然是资本主义制度的不可避免的组成部分。"③ 自从资本主义爆发危机以来，重复发生的资本主义危机都呈现出一些共同性特征。

---

① ［德］罗莎·卢森堡：《社会改良还是社会革命？》，徐坚译，生活·读书·新知三联书店1958年版，第33页。
② 宋承先：《资产阶级经济危机理论批判》，上海人民出版社1962年版，第2页。
③ 《列宁专题文集（论马克思主义）》，人民出版社2009年版，第152页。

第一,所有经济危机都根源于资本主义生产方式的基本矛盾,即"生产的社会性同生产资料和生产成果的资本主义私人占有形式之间的矛盾"①。只要资本主义的基本矛盾没有解决,资本主义总会重复地爆发经济危机。所有经济危机的最深层次的根源也都要追踪到资本主义的基本矛盾上。正如程恩富等指出的:"在资本主义社会中,生产过剩的经济危机的根源,在于资本主义基本矛盾,即生产社会化和资本主义私有制之间的矛盾。主要表现在:第一,生产无限扩大的趋势和广大劳动人民有支付能力的需求相对缩小的矛盾;第二,个别企业生产的有组织性和整个社会生产的无政府状态之间的矛盾。这两个基本矛盾决定了资本主义经济危机必然周期性地爆发。"②

第二,所有经济危机的爆发都是由于某一领域或某些领域出现了供给相对过剩。过去的古典经济危机是如此,正如恩格斯指出:"从1825年以来,这种情况我们已经历了整整五次,目前(1877年)正经历着第六次。这些危机的性质表现得这样明显,以致傅立叶把第一次危机称为 crise pléthorique[多血症危机],即由过剩引起的危机时,就中肯地说明了所有这几次危机的实质。"③ 最近的2008—2009年的美国次贷危机也是如此,由于美国住房供给过剩,由金融部门提供信用,把住房卖给了有住房需求而没有足够支付能力的人,买房人不能按照约定还贷直接导致这次美国次贷危机,并诱发世界金融和经济危机。同时,资本主义的生产过剩是一种相对生产过剩,是相对人们有支付能力的需求的过剩,即资本主义的生产超过了人们有支付能力的需求。马克思认为:"生产过剩同绝对需要究竟有什么关系呢?生产过剩只同有支付能力的需要有关。"④ 迄今为止,资本主义的生产过剩都不是绝对生产过剩,而是相对生产过剩。"如果仅仅在一个国家的全体成员的即使最迫切的需要得到满足之后才会发生生产过剩,那末,在迄今资产阶级社会的历史上,不仅一次也不会出现普遍的生产过剩,甚至也不会出现局部的生产过剩。"⑤ 国内学者不仅把经济危机定义为"生产过剩的危机",而且一般都认为,资本主义经济危机的实质就

---

① 刘诗白主编:《政治经济学》,西南财经大学出版社2008年版,第141页。
② 程恩富主编:《政治经济学》,高等教育出版社2004年版,第77页。
③ 《马克思恩格斯文集》第3卷,人民出版社2009年版,第556页。
④ 《马克思恩格斯全集》第26卷Ⅱ,人民出版社1973年版,第578页。
⑤ 《马克思恩格斯全集》第26卷Ⅱ,人民出版社1973年版,第578页。

是相对的生产过剩,即生产相对于有货币支付能力的需求的过剩。① 洪远朋等对相对生产过剩,作了更详细的阐述:"相对过剩是生产相对于一定价格水平下的需求的过剩;相对过剩是生产相对于一定市场规模的过剩;相对过剩是生产相对于保存资本价值和增殖资本价值的过剩,或相对于一定利润的过剩。"②

第三,所有经济危机的爆发都呈现出人们有支付能力的消费不足。生产供给的相对过剩与人们有支付能力的消费不足是一枚硬币的两面。有支付能力的消费不足,一方面是指通过货币购买力所满足的消费需求小于人们的全部消费需求;另一方面通过货币购买力所能购买的产品小于实际供给的产品。马克思指出:"一切现实的危机的最终原因,总是群众的贫穷和他们的消费受到限制,而与此相对比的是,资本主义生产竭力发展生产力,好像只有社会的绝对的消费能力才是生产力发展的界限。"③ 这样就一方面出现了一部分产品过剩,卖不出去,资本不能实现增殖;另一方面人们有一部分需求却没有全部得到满足。马克思敏锐地分析道:"生活资料和现有的人口相比不是生产得太多了。正好相反。要使大量人口能够体面地、像人一样地生活,生活资料还是生产得太少了。……要使劳动资料和生活资料作为按一定的利润率剥削工人的手段起作用,劳动资料和生活资料就周期地生产得太多了。要使商品中包含的价值和剩余价值能够在资本主义生产所决定的分配条件和消费关系下实现并再转化为新的资本,就是说,要使这个过程能够进行下去,不至于不断地发生爆炸,商品就生产得太多了。不是财富生产得太多了。而是资本主义的、对立的形式上的财富,周期地生产得太多了。"④

第四,经济危机是实现资本主义再生产失调比例关系的强制平衡的手段。任何社会的生产都需要把社会劳动和生产资料按比例地分配到各个部门中去,使社会生产的物质资料生产和消费资料生产的两大部类之间和各个部类内部保持协调的比例关系。资本主义社会的再生产各个部门之间的比例关系以及生产与消费之间的比例关系,都是市场的价值规律的自发调节和经济危机的强制调节来实现的。危机期间生产资料和消费资料生产的

---

① 刘诗白主编:《政治经济学》,西南财经大学出版社2008年版,第140页。
② 洪远朋主编:《经济理论比较研究》,复旦大学出版社2002年版,第424页。
③ 《马克思恩格斯文集》第7卷,人民出版社2009年版,第548页。
④ 《马克思恩格斯文集》第7卷,人民出版社2009年版,第287页。

两大部类之间、各个部类内部不同部门之间，以及消费资料的生产和人们有支付能力的有效需求之间的失衡关系，得以强制地回复均衡。"经济危机是资本主义条件下社会再生产由失衡到强制性均衡的一种内在运动。"①恩格斯在《反杜林论》中指出，通过经济危机恢复资本主义再生产的各种比例关系后，"生产和交换又逐渐恢复运转。步伐逐渐加快，慢步转成快步，工业快步转成跑步，跑步又转成工业、商业、信用和投机事业的真正障碍赛马中的狂奔，最后，经过几次拼命的跳跃重新陷入崩溃的深渊。如此反复不已"②。

第五，市场中的投机活动只是经济危机产生的导火索和浅层次的原因。而生产相对过剩和消费不足是比市场中的投机活动导致经济危机的更深层次的原因。马克思和恩格斯都认识到了经济危机发生是由比投机活动更深层次的原因造成的，"从表面上看，似乎爆发危机的原因不是生产过剩，而只不过是作为生产过剩征兆的过分投机，似乎跟着而来的生产解体不是解体前急剧发展的必然结果，而不过是投机领域内发生破产的简单反映"③。马克思在《英国的贸易危机》一文中指出："尽管有过去的种种警示，危机仍然每隔一段时间就有规律地重新出现，所以，我们不能把个别人的冒险行为看做是造成危机的终极原因。……投机本身是在这个时期的前几个阶段产生的，因此它本身是一种结果，一种非本质的事物，而不是终极原因和实质。有些政治经济学家试图用投机来解释工商业的有规律的痉挛，就像那些如今已经绝种的自然哲学家学派那样，把发烧看做是一切疾病的真正原因。"④ 马克思在《英国的贸易和金融》一文中明确资本主义生产制度是经济危机的最深层次的原因："委员会宣称，它已'满意地查明，英国、美国和北欧最近一次贸易危机无疑地主要是由过度投机和滥用信贷造成的'。……假定这个说法是正确的——而我们根本不想来反驳它，——但是它能解决社会问题，还是只能改变问题的提法呢？……是什么社会条件几乎有规律地反复造成这种普遍自欺、过度投机和空头信贷的时期呢？只要我们对这些社会条件哪怕进行一次细心的观察，我们就会得出一个很简单的结论。二者必居其一：或者是社会能够控制这些社会条

---

① 魏埙：《政治经济学》，陕西人民出版社2005年版，第273页。
② 《马克思恩格斯选集》第3卷，人民出版社1995年版，第626页。
③ 《马克思恩格斯全集》第10卷，人民出版社1998年版，第575页。
④ 《马克思恩格斯全集》第16卷，人民出版社2007年版，第501页。

件,或者是这些社会条件是现在的生产制度所固有的。在前一种情况下,社会能够防止危机;在后一种情况下,只要这个制度还存在,危机就必然会由它产生出来,就好像一年四季的自然更迭一样。"①

当然,我们应看到,每次危机发生的具体原因又不尽相同,有其特殊性。宋承先认为,由于影响经济周期进程的具体历史条件不同,一方面要看到每个周期和危机有着共同的原因和性质,另一方面又表现出它们所特有的具体历史特点,呈现出差异性:不同国家爆发危机的时间不同,危机的深度不同,危机在生产领域和流通领域的表现常有颇大差异,在资本主义生产的不同部门中危机表现的深度和生产萎缩时间也不尽一致,以及各个周期的长短及其所包含的四个阶段(危机、萧条、复苏和高涨)所经历的时间和深度都是不尽相同的。②"凡能影响资本主义劳动过程和流通过程的经济、政治、自然和技术等因素,都会对特定历史条件下的经济周期进程和危机发生不同程度的影响,从而使每个周期和危机呈现出所特有的历史特点。"例如,货币制度尤其是信用制度及其发展,丰富金银矿的发现,自由竞争、垄断及国家垄断资本主义的发展程度,资本主义各国间及其与殖民地半殖民地间的经济关系、科学技术的发展及其在生产中的应用,以及一些偶然的因素,如气候的变化影响农业收成、战争造成人力物力的巨大消耗等,都对经济危机的进程和危机发生的深浅产生一定的影响。③

但是,我们在研究和分析资本主义经济危机时,不能因为各个危机的特殊性来掩盖资本主义危机所具有的一般性。正如马克思指出:"决不能容许每一次新的贸易危机所固有的特点遮掩所有各次危机共有的特征。"④更不能把各个经济危机发生的特殊性原因看成经济危机发生的一般性原因。大卫·科茨指出:"一般来说,在解释维持时间较长的严重经济危机时,传统马克思主义危机理论倾向于在对资本主义进行普遍分析的基础上,通过考察特殊的历史事件或国家政策来对特定的危机因子进行补充说明。然而,这种修补性的方法走向了主流经济学中的'危机外因论'误

---

① 《马克思恩格斯全集》第 12 卷,人民出版社 1962 年版,第 606—607 页。
② 宋承先:《资产阶级经济危机理论批判》,上海人民出版社 1962 年版,第 4—5 页。
③ 宋承先:《资产阶级经济危机理论批判》,上海人民出版社 1962 年版,第 5—6 页。
④ 《马克思恩格斯全集》第 12 卷,人民出版社 1962 年版,第 607 页。

区。"① 对经济危机应该进行全面的、系统的、历史的研究，既分析其一般性原因，又分析其特殊性原因，才能得出科学的结论。"理论研究不应该只分析作为整体的资本主义，或者仅仅在整体分析中临时加入对某一特殊历史事件和国家政策的研究。马克思主义研究者们应该系统地剖析历史上出现的每一种资本主义制度形式，确定其本质特性和影响因子。"②

五 危机的时间周期：资本主义的发展史是资本主义的危机史

自从资本主义大工业生产以来，经济危机始终与资本主义的发展形影相随，资本主义的发展史是资本主义的危机史。1825 年英国爆发第一次普遍危机以来，资本主义总是每隔一段时间就爆发一次经济危机。恩格斯在 1880 年就指出："自从 1825 年第一次普遍危机爆发以来，整个工商业世界，一切文明民族及其野蛮程度不同的附属地中的生产和交换，差不多每隔十年就要出轨一次。"③ 但是，直到如今资本主义依然每隔一段时间就爆发一次经济危机，经济危机依然是资本主义发展的魔咒。资本主义经济危机的重复发生，说明资本主义经济危机具有时间周期性。那么，对于重复发生的资本主义经济危机，就存在两个问题需要探讨：第一，资本主义发展过程中多长时间会发生一次经济危机？第二，资本主义为什么在这么长的时间内就发生一次经济危机？如前所述，一些非马克思主义学者也承认资本主义经济发展存在周期性波动，存在经济波动周期。但是，对于马克思主义学者来说，人们更关注和研究的是经济危机周期，把危机看成既是这次经济危机周期的结束，又是下一个经济危机周期的开始（参见图 10 - 1）。正如马克思指出："这场危机既是一个周期的终点，也是另一个新周期的起点。"④ 虽然资本主义经济危机事实上在不断地重复发生，可是人们对资本主义多长时间会发生一次经济危机和为什么是这么长的时间就发生一次经济危机，并没有给出完全一致的确定答案。

---

① ［美］大卫·科茨：《马克思危机论于当前经济危机：大萧条或严重积累型结构危机?》，载《海派经济学》2010 年第 2 辑（总第 30 辑），第 15—27 页，引自第 16 页。
② ［美］大卫·科茨：《马克思危机论于当前经济危机：大萧条或严重积累型结构危机?》，载《海派经济学》2010 年第 2 辑（总第 30 辑），第 15—27 页，引自第 24—25 页。
③ 《马克思恩格斯文集》第 3 卷，人民出版社 2009 年版，第 556 页。
④ ［德］马克思：《资本论》第 1 卷，人民出版社 1975 年版，第 695 页，注（1）。

……危机……萧条……复苏……高涨……危机……

图 10-1　经济危机周期的四个阶段

最开始人们认为经济危机是 5 年左右发生一次，这种 3—5 年发生的经济危机周期我们称为短周期。恩格斯在 1843—1844 年写的《国民经济学批判大纲》中指出："经济学家用他那绝妙的供求理论向你们证明'生产永远不会过多'，而实践却用商业危机来回答，这种危机就像彗星一样定期再现，在我们这里现在是平均每五年到七年发生一次。"[①] 后来，恩格斯在 1844—1845 年写的《英国工人阶级的状况》一文中，又指出："个别的小危机一天天地汇合起来，逐渐形成一连串的定期重演的危机。这种危机通常是每隔五年在一个短短的繁荣和普遍兴旺的时期之后发生。"[②]

但是，1892 年恩格斯在《英国工人阶级的状况》德文第二版的序言中，就修改了自己的判断，认为经济危机的周期在 10 年左右，并把 5 年左右的危机称为中间危机，"在本书中我把工业大危机的周期算成了五年。这个关于周期长短的结论，显然是从 1825 年到 1842 年间的事变进程中得出来的。但是 1842 年到 1868 年的工业历史证明，实际周期是十年，中间危机只具有次要的性质，而且在 1842 年以后日趋消失"[③]。

我们把 10 年左右的经济危机周期称为中周期。对于经济危机的周期为什么是 10 年左右，一般认为大工业生产的机器设备等固定资本的更新一般是 10 年左右，这就为 10 年左右的经济危机周期提供了物质基础。马克思在 1858 年 3 月 2 日写信给恩格斯，询问"隔多长时间——例如在你们的工厂——更新一次机器设备？"在恩格斯解答后，马克思指出，13 年（或更短）的周期"就其必要性说来，与理论也相符，因为它为多少与大危机重现的周期相一致的工业再生产的周期规定了一个计量单位"，"在大工业直接的物质先决条件中找到一个决定再生产周期的因素"。[④] 显然，马克思一方面发现固定资本的更新周期与经济危机的周期相符，"可以认为，大工业中最有决定意义的部门的这个生命周期现在平均为十年"[⑤]，并把固

[①]《马克思恩格斯全集》第 3 卷，人民出版社 2002 年版，第 460—461 页。
[②]《马克思恩格斯全集》第 2 卷，人民出版社 1957 年版，第 367 页。
[③]《马克思恩格斯文集》第 1 卷，人民出版社 2009 年版，第 371 页。
[④]《马克思恩格斯全集》第 29 卷，人民出版社 1972 年版，第 284 页。
[⑤] [德] 马克思：《资本论》第 2 卷，人民出版社 1975 年版，第 207 页。

定资本的更新周期与经济危机的周期联系起来,"毫无疑问,自从固定资本大规模发展以来,工业所经历的大约为期 10 年的周期,是同这样规定的资本总再生产阶段联系在一起的。我们还会发现这种规定的其他一些依据。但这是其中之一"①。克拉克并不认可经济危机具有固定的时间周期性,当然更不认可固定资本更新为经济危机的周期性发生提供了物质基础,"马克思试探性地将固定资本的更新周期确定为商业循环周期的基础,然而,这样一种理论与马克思分析的精神并不一致,实际上是针对一个非问题的一个非答案:商业周期完全没有一种类似自然的周期性,因而也没有什么可说明的"②。

当然,随着时间的推移,马克思、恩格斯根据资本主义经济危机的实际情况的变化又认为经济危机发生的时间周期变短,以及出现长期萧条的趋势。1872—1975 年马克思修订《资本论》第 1 卷法文版时就指出:"直到现在,这种周期的延续时间是十年或十一年,但绝不应该把这个数字看作是固定不变的。相反,根据我们以上阐述的资本主义生产的各个规律,必须得出这样的结论:这个数字是可变的,而且周期的时间将逐渐缩短。"③ 1886 年恩格斯注意到长期萧条的现象:"1825 年至 1867 年每十年反复一次的停滞、繁荣、生产过剩和危机的周期,看来确实已经结束,但这只是使我们陷入持续的和慢性的萧条的绝望泥潭。"④ 1894 年恩格斯指出:"周期过程的急性形式和向来十年一次的周期,看来让位给比较短暂的稍微的营业好转和比较持久的不振这样一种在不同的工业国在不同的时间发生的比较慢性的延缓的交替。"⑤ 马克思、恩格斯一直试图以经济危机周期的长度来观察资本主义经济波动,以不断重复发生的经济危机的变化来观察资本主义的发展变化,以及以资本主义的发展变化来剖析经济危机的周期性变化。

1925 年康德拉季耶夫通过 18 世纪末到 20 世纪初英、法、美等资本主

---

① 《马克思恩格斯全集》第 31 卷,人民出版社 1998 年版,第 117 页。
② [英] 西蒙·克拉克:《经济危机理论:马克思的视角》,杨健生译,北京师范大学出版社 2011 年版,第 277 页。
③ 《马克思恩格斯全集》第 23 卷,人民出版社 1972 年版,第 695 页注。
④ 《马克思恩格斯文集》第 5 卷,人民出版社 2009 年版,第 34—35 页。
⑤ [德] 马克思:《资本论》第 3 卷,人民出版社 1975 年版,第 554 页注。

义国家的实证研究，发表了《经济生活中的长期波动》一文①，提出资本主义经济存在以 50—60 年为周期的长周期波动，这种长周期波动后来被人们称为"康德拉季耶夫长波"。康德拉季耶夫认为资本主义的经济发展过程可能存在三个长波：第一个长波，从 1789 年到 1849 年，上升部分为 25 年，下降部分为 35 年，共 60 年；第二个长波，从 1849 年到 1896 年，上升部分为 24 年，下降部分为 23 年，共 47 年；第三个长波，从 1896 年起，上升部分是 24 年，1920 年以后开始下降。资本主义经济长期波动的原因被归结为生产技术的变革、战争与革命、新市场的开发等因素。1980 年比利时经济学家欧内斯特·曼德尔出版了《资本主义发展的长波——马克思主义的解释》②，提出了资本主义经济长波的系统的马克思主义的解释。曼德尔认为，资本主义发展的长期波动要归因于利润率的变动和资本积累速度的变动。"任何一个有关资本主义发展的马克思主义的长波理论只能够是一个资本积累理论，或者用一个不同的方式来表达同样的思想，它是一个利润率理论。"③ 曼德尔认为经历了多次停滞和扩张长波：1823—1847 年（停滞长波）；1848—1873 年（扩张长波）；1874—1893 年（停滞长波）；1894—1913 年（扩张长波）；1914—1939 年（停滞长波）；1940（1948）—1967 年（扩张长波）；1968—？（停滞长波）。曼德尔认为，资本主义停滞长波是资本主义平均利润率下降内生规律的结果，而资本主义扩张长波却是由于非经济因素的外因的结果，比如战争、阶级斗争、技术革命等社会和地理环境的变化。

六 危机的阶段进程：资本主义的发展史是资本主义危机的演化史

上述资本主义的发展史是资本主义的危机史，资本主义生产资料的私有制与社会大生产之间的矛盾每经过一段时间的积累都会以经济危机的形式爆发出来。同时，每次经济危机的爆发，又推动资本主义的生产

---

① ［俄］尼·康德拉季耶夫：《经济生活中的长期波动》，载《现代国外经济学论文集》第 10 辑，商务印书馆 1986 年版。
② ［比］欧内斯特·曼德尔：《资本主义发展的长波——马克思主义的解释》，南开大学国际经济研究所译，商务印书馆 1998 年版。
③ ［比］欧内斯特·曼德尔：《资本主义发展的长波——马克思主义的解释》，南开大学国际经济研究所译，商务印书馆 1998 年版，第 9 页。

关系、经济制度、经济体制和经济机制在资本主义私有制的制度框架下进行调整，甚至发生局部的变革，或者从量变积累到一定程度的质变，以适应生产力当时的和发展的要求。资本主义在克服一次次具体的危机之后，资本主义得到了进一步的发展，从这个意义上看，资本主义的经济危机促使了资本主义的发展。虽然每次经济危机都推动资本主义向前发展，推动资本主义走向下一个或者说更高的发展阶段，但是，由于资本主义危机的内在根源并没有消除，资本主义经济危机又会在下一个发展阶段爆发出来。

如前所述，资本主义发展进程中的每次经济危机或者说资本主义每个发展阶段的经济危机都具有共同的一般性的特征。同时，每次经济危机都必然与这个特定的资本主义发展阶段相联系，又呈现出差异性或者特殊性。因此，资本主义的发展史可以用资本主义危机的演化史来说明，资本主义的发展史也必然是资本主义经济危机的演化史。我们把资本主义经济危机的演化划分为如下四个阶段：

第一阶段：自由竞争的经济危机（1825—1873年）。伴随18世纪末的第一次产业革命（以1785年瓦特制成的改良型蒸汽机的投入使用为标志），资本主义的工厂大工业逐渐取代了工厂手工业，商品的大规模生产成为可能。资本主义的机器大生产与资本主义个人私有制的矛盾开始凸显。以1825年英国爆发第一次普遍的生产过剩的危机为标志，标明自由竞争资本主义周期性经济危机的开始。自由竞争资本主义解决生产过剩的手段，对外表现为开拓殖民地和世界商品市场，进行商品输出；对内表现为通过小资本的破产，进行资本积聚和资本集中，来克服自由竞争资本主义时代的经济危机。

第二阶段：私人垄断的经济危机（1873—1929年）。1873年以英国为核心，资本主义世界爆发了19世纪最严重的一次危机，进一步加速了资本集中和私人垄断组织的成长，辛迪加和托拉斯等大的垄断组织大量出现。但是，私人垄断并没有克服资本主义内生的矛盾，资本主义依旧在私人垄断阶段爆发经济危机。资本主义解决生产过剩的手段，对外从商品输出发展到进行资本输出；对内私人垄断逐渐与国家政权相结合，来克服私人垄断资本主义时代的经济危机。

第三阶段：国家垄断的经济危机（1929—1973年）。1929年以美国为核心，资本主义世界爆发了20世纪最严重的一次经济危机，促使国家采用凯恩斯主义的政策主张，进行大规模地干预经济。同样，国家对经济的干预并没有解决资本主义的内生矛盾，资本主义依旧在国家垄断阶段爆发危机。资本主义解决生产过剩的手段，对外表现为建立跨国公司，进行资本输出和商品输出的融和，协调全球性的贸易和投资的全球性组织，如世界贸易组织的前生关贸总协定、国际货币基金组织、世界银行相继诞生；对内推动经济走向金融化、虚拟化，发展消费信贷和建立社会保障体系，甚至进行国家投资，以解决消费不足和投资不足问题。

第四阶段：全球垄断的经济危机（1973年至今）。1973年以石油危机为导火索，资本主义世界爆发了20世纪下半叶最严重的经济危机，标志着国家垄断仍然不能解决资本主义的内生矛盾。伴随信息技术和航空技术的发展也推动了商品、资本、金融、技术、人力等全球化。但是，全球垄断的资本主义依然没有消除由于资本主义内生原因产生的经济危机，资本主义解决生产过剩的手段，对内进行产业空心化、经济金融化和虚拟化，在国内不进行生产；对外输出核心技术和知识产权与金融服务，进行当地生产，处于价值链的高端，获取高额利润。而经济危机也开始频繁地在资本主义的外围国家发生。

从资本主义危机的演化史看，经济危机反映出资本主义制度本身对生产力发展的束缚，同时我们应看到资本主义为了克服一次次具体的危机，社会生产力和经济社会又取得了发展和进步。比如，20世纪20—30年代的资本主义大危机，资本主义实施了凯恩斯主义新政，建立了社会保障体系，促进了资本主义的发展，缓解了资本主义生产与需求、劳动人民可支配收入与消费之间的矛盾。

同时我们看到，资本主义通过对生产关系的调整，一定程度上适应和促进了生产力的发展，但是资本主义私有制对生产力的束缚并没有根本解决，资本主义向前发展的同时，资本主义经济危机又以新的形式爆发出来。周期性的经济危机的发生，其都表现出一般性，具有共同的特点，比如，都表现出了生产与需求的矛盾、收入与消费的矛盾，生产过剩、劳动人民的需求受到了其有限的可支配收入的限制，等等。但是，每次具体的危机都是资本主义矛盾在资本主义生产力和社会发展更高阶段的表现。20世纪20—30年代的危机，资本主义用凯恩斯主义新政来克服，而20世纪60—70年代的资本主义危机所表现的滞胀，用凯恩斯主义新政就无法克服，有学者甚至认为20世纪60—70年代的危机本身就是凯恩斯主义新政导致的危机，于是 20 世纪 60—70 年代的资本主义危机又使用新自由主义的"新政"来克服。而 2000—2010 年的危机，可以说是新自由主义政策的结果，所以现在又重提凯恩斯主义新政来拯救 2000—2010 年的危机。但是，2000—2010 年危机演化的结果是，出现了主权债务危机，这又是凯恩斯主义新政所无法克服的问题。

再比如，随着电子信息技术和虚拟经济的发展，可以一定程度地脱离实体经济，资本的价值增值，并不直接依赖于满足人们日常生活的消费的物质生产。随着消费信贷的发展，人们即时的消费可以不受现时的收入限制，人们可以投资未来的收入来用于现时的消费。但是，正如马克思指出："在再生产过程的全部联系都是以信用为基础的生产制度中，只要信用突然停止，只有现金支付才有效，危机显然就会发生，对支付手段的激烈追求必然会出现。所以乍看起来，好像整个危机只表现为信用危机和货币危机。……而这种现实买卖的扩大远远超过社会需要的限度这一事实，归根到底是整个危机的基础。"① 因此，随着资本主义的发展，资本主义的经济危机也从商业领域开始爆发的经济危机，发展到从金融领域爆发的经济危机。

七 危机的空间扩张：资本主义的国别经济危机与整体经济危机

资本主义的经济危机总与生产过剩相联系，为了扩大商品的销售，资本家首先开拓的是国内市场，当国内市场无法满足商品销售的需要的时候，资本家开始开拓国外市场，那么经济危机也从一国的经济危机发展到全球的经济危机，从一国资本主义体系的危机，发展到全球资本主义体系的危机。

首先，资本的逐利性推动生产力的拓展和危机的扩张。资本主义的空间扩张是由资本的逐利本性驱动的。正如马克思、恩格斯指出："社会所拥有的生产力已经不能再促进资产阶级文明和资产阶级所有制关系的发展；相反，生产力已经强大到这种关系所不能适应的地步，它已经受到这种关系的阻碍；而它一着手克服这种障碍，就使整个资产阶级社会陷入混乱，就使资产阶级所有制的存在受到威胁。资产阶级的关系已经太狭窄了，再容纳不了它本身所造成的财富了。——资产阶级用什么办法来克服

---

① 《马克思恩格斯文集》第 7 卷，人民出版社 2009 年版，第 555 页。

这种危机呢？一方面不得不消灭大量生产力，另一方面夺取新的市场，更加彻底地利用旧的市场。这究竟是怎样的一种办法呢？这不过是资产阶级准备更全面更猛烈的危机的办法，不过是使防止危机的手段越来越少的办法。"① 但是，随着资本主义的空间扩张并没有消除经济危机。马克思指出："尽管有加利福尼亚和澳大利亚的发现，尽管有人口大量地、史无前例地外流，但是，如果不发生什么意外事情的话，到一定的时候，市场的扩大仍然会赶不上英国工业的增长，而这种不相适应的情况也将像过去一样，必不可免地要引起新的危机。"②

资本主义的危机发生的范围也从局部发展到全国，从一国发展到全球，发生的范围和规模也越来越大。"资本主义生产总是竭力克服它所固有的这些限制，但是它用来克服这些限制的手段，只是使这些限制以更大的规模重新出现在它面前。"③ 伴随着经济的全球化，经济危机不仅仅在资本主义的中心国家爆发，而且还在资本主义的外围国家爆发。"1868年以来之所以没有出现危机，世界市场的扩大也是一个原因。……而同时小的危机却是可能的，例如已历时三年的阿根廷危机。但是，所有这一切都证明，特大的危机在酝酿中。"④

由于资本主义中心的发达资本主义国家控制着欠发达的资本主义外围国家，资本主义的外围国家比资本主义的中心国家更频繁地发生经济危机。事实上，依附资本主义中心国的拉美国家、东亚新兴经济体、东欧转轨国家等都频繁地发生经济危机。伴随着资本主义的全球化和经济全球化，资本主义的价值生产链条延伸到全球，资本主义的内生矛盾，如生产与需求、收入与消费之间的矛盾从一国走向了全球，同时，一国发生经济危机时，通过贸易、投资、金融等过程，经济危机就能够迅速扩展到全球。

其次，资本主义危机从经济领域向社会领域、政治领域、文化领域和生态领域的扩张。资本主义的空间扩张不仅仅是地理意义上的，资本的逐利性，也把资本渗透到社会、政治、文化和生态领域，导致了资本主义的社会危机、政治危机、文化危机和生态危机。法国学者鲍德里亚认为，资本对社会的控制，不但表现为对生产的控制，而且表现为对消费、对生活

---

① 《马克思恩格斯选集》第1卷，人民出版社1995年版，第278页。
② 《马克思恩格斯文集》第2卷，人民出版社2009年版，第610页。
③ 《马克思恩格斯全集》第25卷，人民出版社1974年版，第278页。
④ 《马克思恩格斯全集》第22卷，人民出版社1965年版，第384—385页。

和观念的控制。消费不仅仅是产品和服务的使用价值的实现，而且异化为符号意义的实现。消费成为生活的目的，通过市场营销超过人们对必需品需要的浪费也成为必需。1987年，奥康纳在《危机的意义》中，也提出危机已经不仅仅是经济危机，而且包括社会危机、政治危机和人格危机。① 伴随着资本主义生产体系的扩展，发达资本主义国家的生态环境的危机也扩展到欠发达国家。"如果不严密注视局势的发展，不及时采取适当措施，那么就可能发生环境危机。在某些局部受害地区，问题已经十分严重。折磨着洛杉矶盆地的光化学烟雾是众所周知的。"② 伦敦的雾和洛杉矶的光化学烟雾等严重环境污染现象如今在欠发达国家已经频现。

可见，资本主义的经济危机已经从国别的经济危机演化为全球的资本主义的危机，从经济领域的危机演化为资本主义整个体系的危机。

结语　危机的未来走向

资本主义不断深化和扩张的经济危机要求资本主义生产关系的变革，也昭示人类社会的共产主义前景。

危机的深化要求生产关系的变革。一方面，资本主义经济危机的结果是资本主义矛盾得到强制性解决。马克思指出："危机永远只是现有矛盾的暂时的暴力的解决，永远只是使已经破坏的平衡得到瞬间恢复的暴力的爆发。"③ "危机无非是生产过程中已经彼此独立的阶段以暴力方式实现统一。"④ 另一方面，资本主义危机的强制性解决推动资本主义矛盾的深化。资本主义的经济危机推动了资本主义从自由竞争阶段到私人垄断阶段，再到国家垄断阶段、全球垄断阶段的发展。列宁指出："在自由竞争的基础上、而且正是从自由竞争中生长起来的垄断，是从资本主义社会经济结构向更高级的结构的过渡。"⑤ 但是，危机只是推动资本主义的内在矛盾的扩展和深化，并没有消除其内在的矛盾。恩格斯说："因为它在把资本主义

---

① 转引自杨健生《经济危机理论的演变》，中国经济出版社2008年版，第142页。
② 尼尔·艾利夫：《是否存在着一个世界性环境危机？》，载［英］琼·罗宾逊主编《凯恩斯以后》，商务印书馆1985年版，第119页。
③ 《马克思恩格斯文集》第7卷，人民出版社2009年，第277页。
④ 《马克思恩格斯全集》第34卷，人民出版社2008年版，第577页。
⑤ 《列宁选集》第2卷，人民出版社1995年版，第683页。

生产方式本身炸毁以前不能使矛盾得到解决，所以它就成为周期性的了。"① 现实中资本主义经济危机的周期性与阶段性发展，也始终表明资本主义生产制度和体系存在内生的、无法克服的矛盾。如果杜绝危机的发生，必须进行资本主义生产关系的变革，实行公有制和计划生产。"危机是资本主义生产方式的不可避免的伴侣。要消灭危机，就必须消灭资本主义。"② 恩格斯指出："生产资料由社会占有，不仅会消除生产的现存的人为障碍，而且还会消除生产力和产品的有形的浪费和破坏。"③

危机的深化促使全球社会形态的调整和昭示人类社会的美好前景：共产主义。资本主义的灭亡是由资本主义的内在矛盾决定的，是历史发展的客观规律。"现在已经用不着再问人们愿意不愿意保存生产资料私有制。它的灭亡是毫无疑问的。"④ 当然，对于资本主义经济危机的认识，也影响对资本主义未来发展的判断。克拉克写道："正是马克思主义关于危机的必然性、危机是资本主义生产形式内在矛盾的必然表现的理论，标志着'改良'和'革命'的分水岭，将社会民主主义与社会主义区别开来，前者在资本主义框架内寻求制度改良，后者则力图建立一种根本不同的社会。"⑤ 如果经济危机是偶然的，或者说是推动资本主义发展的过程中的产物，"那么，社会主义就没有了客观必然性，社会主义运动也就没有了社会基础。如果改良的资本主义能够满足工人阶级的需要，阶级斗争就会丧失其客观基础，社会主义就只能成为一种道德理想"⑥。

但是，对于资本主义何时灭亡、如何灭亡却有着不同的分析和实现路径。第一种情况是，人们认为，资本主义已经扩展到全球和经济社会的各个领域，资本主义再调整的空间有限，资本主义即将灭亡和自动灭亡。"当世界上所有非资本主义领域在资本主义侵蚀下而完全消失时，资本主

---

① 《马克思恩格斯选集》第3卷，人民出版社1995年版，第749页。
② [苏联]科学院经济研究所编：《政治经济学教科书》，人民出版社1955年版，第201页。
③ 《马克思恩格斯文集》第9卷，人民出版社2009年版，第299页。
④ [德]考茨基：《爱尔福特纲领解说》，陈冬野译，生活·读书·新知三联书店1963年版，第82页。
⑤ [英]克拉克：《经济危机理论：马克思的视角》，杨健生译，北京师范大学出版社2011年版，第4页。
⑥ [英]克拉克：《经济危机理论：马克思的视角》，杨健生译，北京师范大学出版社2011年版，第4—5页。

义的积累和扩大再生产就无法进行,而到那时,资本主义的末日就降临了。"① 汉森认为,考茨基1887年在《卡尔·马克思的经济理论》中,支持一种线性的危机模型,危机的严重程度和破坏力一个比一个强,直至"最后的危机"到来,资本主义随之灭亡。② 第二种情况是,人们认为,资本主义虽然已经扩展到全球和经济社会的各个领域,但是目前全球和经济社会的各个领域还有足够多的空间供资本主义扩展,资本主义在相当长的时间内不会灭亡。第三种情况是,可能不必等到资本主义的自动灭亡,可以发挥人们的主动性对资本主义进行改造,使之进入社会主义和共产主义。伯恩施坦认为:"这个不可避免的巨大经济危机将扩展成一个囊括一切的社会危机,结果将是无产阶级作为当时唯一自觉的革命阶级而掌握政治统治,在这个阶级统治之下将按社会主义方向实现社会的全面改造。"③ 第四种情况是,认为应该通过暴力革命推翻资本主义,使人类进入共产主义。考茨基认为:"我们认为现代社会的崩溃是不可避免的,因为我们知道:经济的发展,以自然过程的必然性创造着促使被剥削者为反对这种私有制而进行斗争的条件;其次,经济的发展,使被剥削者的人数增加,他们的力量增大,同时使抱着现存东西不放的剥削者的人数减少,他们的力量削弱。最后,经济的发展,把人们大众带进无法忍受的境地,在这种处境下,他们不是束手待毙,就得推翻现存的私有制,别无其他出路。"④ 马克思认为:"在这种普遍繁荣的情况下,即在资产阶级社会的生产力正以在资产阶级关系范围内一般可能的速度蓬勃发展的时候,还谈不到什么真正的革命。只有在现代生产力和资本主义生产方式这两个要素互相发生矛盾的时候,这种革命才有可能。……新的革命只有在新的危机之后才有可能。但是新的革命的来临象新的危机的来临一样是不可避免的。"⑤ 恩格斯指出:"而且每一次接踵而来的商业危机必定比前一次更普遍,因而也更

---

① [德]卢森堡:《资本积累论》,彭尘舜、吴纪先译,生活·读书·新知三联书店1959年版,第381页。
② Hansen, F., 1985, *The Breakdown of Capitalism: A History of the Idea in Western Marxism, 1883 – 1993*, Boston: Routledge & Kegan Paul, p. 6.
③ [德]伯恩施坦:《社会主义的历史和理论》,马元德等译,东方出版社1989年版,第185页。
④ [德]考茨基:《爱尔福特纲领解说》,陈冬野译,生活·读书·新知三联书店1963年版,第84页。
⑤ 《马克思恩格斯全集》第7卷,人民出版社1959年版,第114页。

严重，必定会使更多的小资本家变穷，使专靠劳动为生的阶级人数以增大的比例增加，从而使待雇劳动者的人数显著地增加——这是我们的经济学家必须解决的一个主要问题——，最后，必定引起一场社会革命，而这一革命，经济学家凭他的书本知识是做梦也想不到的。"[1]

---

[1] 《马克思恩格斯全集》第3卷，人民出版社2002年版，第461页。

参考文献

一 中文文献

1. 陈宝森：《美国经济与政府政策——从罗斯福到里根》，社会科学文献出版社 2014 年版。
2. 陈岱孙：《从古典经济学派到马克思——若干主要学说发展论略》，商务印书馆 2014 年版。
3. 傅殷才：《加尔布雷思》，经济科学出版社 1985 年版。
4. 洪特、伊格那季耶夫编：《财富与德性——苏格兰启蒙运动中政治经济学的发展》，李大军、范良聪、庄佳玥译，浙江大学出版社 2013 年版。
5. 胡代光、厉以宁：《当代资产阶级经济学主要流派》，商务印书馆 1982 年版。
6. 金洪飞、李向阳、林心怡：《国际金融危机对中国外商直接投资的影响——基于面板数据的经验分析》，《国际金融研究》2012 年第 10 期。
7. 《列宁选集》第 1—4 卷，人民出版社 1995 年版。
8. 刘崇仪等：《当代资本主义结构性经济危机》，商务印书馆 1997 年版。
9. 刘文勇、任翀：《后金融危机期中国出口结构与影响因素分析》，《哈尔滨工业大学学报》（社会科学版）2012 年第 3 期。
10. 罗志如、厉以宁、胡代光：《当代西方经济学说》（上、下册），北京大学出版社 1989 年版。
11. 《马克思恩格斯全集》第 1—50 卷，人民出版社 1956—1985 年版。
12. 孟捷、李亚伟：《韦斯科普夫对利润率动态的研究及其局限》，《当代经济研究》2014 年第 1 期。
13. 孟捷、李怡乐：《关于劳动力市场分割动因的三种解释》，《当代财经》2012 年第 6 期。
14. 孟捷、李怡乐、张衔：《非自由劳动与现代资本主义劳动关系的多样性》,《贵州大学学报》(社会科学版)2012 年第 6 期。
15. 齐昊、李钟瑾:《以新自由主义挽救新自由主义——美国危机治理政策批判》,《马克思主义与现实》2012 年第 4 期。
16. 任保平:《西方经济学说史》,科学出版社 2010 年版。
17. 《斯大林全集》第 7 卷,人民出版社 1958 年版。
18. 《斯大林全集》第 10 卷,人民出版社 1954 年版。
19. 《斯大林全集》第 11 卷,人民出版社 1955 年版。
20. 《斯大林全集》第 12 卷,人民出版社 1955 年版。
21. 《斯大林选集》,人民出版社 1979 年版。
22. 宋承先:《资产阶级危机理论批判》,上海人民出版社 1962 年版。
23. 宋小川:《政府与市场:西方学界关于最富有人口的争论》,《中国社会科学内部文稿》2014 年第 3 期。
24. 汤维祺、吴力波:《二十一世纪石油危机与剧变中的世界石油市场》,《世界经济情况》2009 年第 1 期。
25. 王志伟:《现代西方经济学主要思潮及流派》,高等教育出版社 2004 年版。
26. 《现代国外经济学论文选》(第一辑),商务印书馆 1979 年版。
27. 《现代国外经济学论文选》(第五辑),商务印书馆 1984 年版。
28. 谢富胜:《资本主义的劳动过程:从福特主义向后福特主义转变》,《中国人民大学学报》2007 年第 2 期。
29. 许纯祯、耿岈石:《当代西方经济学》,吉林大学出版社 1992 年版。
30. 颜鹏飞:《西方经济思想史》,中国经济出版社 2010 年版。
31. 晏智杰:《西方经济学说史教程》,北京大学出版社 2013 年版。
32. 杨玉生:《理性预期学派》,武汉出版社 1996 年版。
33. 杨玉生:《新古典宏观经济学》,经济日报出版社 2007 年版。
34. 姚开建:《经济学说史》,中国人民大学出版社 2011 年版。
35. 尹伯成:《西方经济学说史:从市场经济视角的考察》,复旦大学出版社 2012 年版。
36. 《约翰·泰勒介绍》,《网易财经》(http://money.163.com/09/1012/15/5LEF41QI00253QFS.html),2014 年 11 月 30 日访问。
37. 张家忠:《从安然破产案看美国 401K 养老金计划》,《广西金融研究》2003 年第 2 期。

38. 张沁悦、特伦斯·麦克唐纳：《全球生态变化与积累的社会结构理论》，《学术月刊》2014 年第 7 期。
39. 张世贤：《西方经济思想史》，经济管理出版社 2009 年版。
40. 张旭昆编：《西方经济思想史 18 讲》，上海人民出版社 2007 年版。
41. 张宇、蔡万焕：《金融垄断资本及其在新阶段的特点》，《中国人民大学学报》2009 年第 4 期。
42. 赵春明、郑海燕：《美国社会福利保障体制改革及对我国的启示》，《亚太经济》2000 年第 5 期。
43. 赵洪主编：《国外〈资本论〉研究》，东北财经大学出版社 1987 年版。
44. 赵羽翔：《经济学说史研究》，中国社会科学出版社 2004 年版。
45. 中央编译局编：《伯恩施坦言论》，生活·读书·新知三联书店 1966 年版。
46. 中央编译局编：《布哈林文选》，东方出版社 1988 年版。
47. 中央编译局编：《德国社会民主党关于伯恩施坦问题的争论》，生活·读书·新知三联书店 1981 年版。
48. ［比］弗朗索瓦·浩达：《作物能源与资本主义危机》，社会科学文献出版社 2011 年版
49. ［比］曼德尔：《论马克思主义经济学》上卷，廉佩直译，商务印书馆 1964 年版，第 366 页。
50. ［比］欧内斯特·曼德尔：《资本主义发展的长波——马克思主义的解释》，南开大学国际经济研究所译，商务印书馆 1998 年版。
51. ［德］考茨基：《马克思的经济学说》，区维译，生活·读书·新知三联书店 1958 年版。
52. ［德］卢森堡：《卢森堡文选》，李宗禹编，人民出版社 2012 年版。
53. ［德］卢森堡、［苏联］布哈林：《帝国主义与资本积累》，紫金如等译，黑龙江人民出版社 1982 年版。
54. ［德］马克思：《资本论》第 1—3 卷，人民出版社 1975 年版。
55. ［德］玛丽亚·N. 伊万诺娃：《马克思、明斯基与大衰退》，《清华政治经济学报》第 2 卷，社会科学文献出版社 2014 年版。
56. ［德］威廉·洪堡：《论国家的作用》，林荣远、冯兴元译，中国社会科学出版社 1998 年版。
57. ［德］希法亭：《金融资本》，福民等译，商务印书馆 1994 年版。

58. ［俄］杜冈-巴拉诺夫斯基:《周期性工业危机》,张凡译,商务印书馆 1982 年版。
59. ［法］杰拉德·杜梅尼尔、多米尼克·莱维:《21 世纪早期的危机:利润率妄想》,《海派经济学》2011 卷第 3 辑。
60. ［法］卢梭:《论人与人之间不平等的起因和基础》,李平沤译,商务印书馆 2007 年版。
61. ［法］托马斯·皮凯蒂:《21 世纪资本论》,巴曙松等译,中信出版社 2014 年版。
62. ［美］安德鲁·克莱曼:《大失败:资本主义生产大衰退的根本原因》,周延云译,中央编译出版社 2013 年版。
63. ［美］安瓦尔·谢克:《21 世纪的第一次大萧条》,《当代经济研究》2014 年第 1 期。
64. ［美］保罗·克鲁格曼:《萧条经济学的回归和 2008 年经济危机》,刘波译,中信出版社 2009 年版。
65. ［美］保罗·罗伯茨:《供应学派革命:华盛顿决策内幕》,上海译文出版社 1987 年版。
66. ［美］保罗·斯威齐:《资本主义发展论》,陈观烈、秦亚男译,商务印书馆 1997 年版。
67. ［美］布雷特·克拉克、约翰·贝拉米·福斯特:《二十一世纪的马克思生态学》,《马克思主义与现实》2010 年第 3 期。
68. ［美］大卫·鲍兹:《古典自由主义:入门读物》,同心出版社 2009 年版。
69. ［美］大卫·哈维:《新自由主义化的空间》,王志弘译,群学出版有限公司 2008 年版。
70. ［美］戴维·哈维:《叛逆的城市——从城市权利到城市革命》,叶齐茂、倪晓晖译,商务印书馆 2014 年版。
71. ［美］多恩布什、费希尔:《宏观经济学》(第六版),中国人民大学出版社 1997 年版。
72. ［美］米尔顿·弗里德曼:《资本主义与自由》,张瑞玉译,商务印书馆 2004 年版。
73. ［美］福斯特等:《21 世纪资本主义的垄断和竞争》(上),《国外理论动态》2011 年第 9 期。
74. ［美］福斯特:《资本积累的金融化》,《国外理论动态》2011 年第

9 期。

75. ［美］哈伯勒：《繁荣与萧条》，朱应庚、王锟、袁绩藩译，商务印书馆 1988 年版。

76. ［美］海曼·明斯基：《稳定不稳定的经济——一种金融不稳定视角》，石宝峰、张慧卉译，清华大学出版社 2010 年版。

77. ［美］霍华德·谢尔曼：《停滞膨胀：激进派的失业和通货膨胀理论》，商务印书馆 1984 年版。

78. ［美］吉尔伯特·C. 菲特、吉姆·E. 里斯：《美国经济史》，司徒淳、朱秉铸译，辽宁人民出版社 1981 年版。

79. ［美］加尔布雷思：《经济学和公共目标》，商务印书馆 1980 年版。

80. ［美］杰克·拉斯姆斯：《日趋加剧的全球金融危机：从明斯基到马克思》，《国际社会科学杂志（中文版）》2008 年第 1 期。

81. ［美］卡萝塔·佩蕾丝：《技术革命与金融资本：泡沫和黄金时代的动力学》，中国人民大学出版社 2007 年版。

82. ［美］拉斯·特维德：《逃不开的经济周期》，董裕平译，中信出版社 2008 年版。

83. ［美］拉佐尼克、奥苏丽：《公司治理与产业发展》，人民邮电出版社 2005 年版。

84. ［美］鲁里埃尔·罗比尼：《鲁里埃尔·罗比尼谈金融危机的起源与出路》，《中国发展研究基金会研究参考》2009 年第 24 期。

85. ［美］罗伯特·布伦纳：《高盛的利益就是美国的利益——当前金融危机的根源》，《政治经济学评论》2010 年第 2 期。

86. ［美］罗伯特·布伦纳：《全球动荡的经济学》，郑吉伟译，中国人民大学出版社 2012 年版。

87. ［美］欧文·费雪：《繁荣与萧条》，李彬译，商务印书馆 2014 年版。

88. ［美］沙伊贝、瓦特、福克纳：《近百年美国经济史》，彭建松等译，中国社会科学出版社 1983 年版。

89. ［美］威廉·罗宾逊：《全球资本主义论》，高明秀译，社会科学文献出版社 2009 年版。

90. ［美］辛普森：《市场没有失败》，齐安儒译，中央编译出版社 2012 年版。

91. ［美］熊彼特：《经济发展理论——对于利润、资本、信贷、利息和经济周期的考察》，何畏等译，商务印书馆1990年版。

92. ［美］约翰·贝拉米·福斯特：《生态马克思主义政治经济学》，《马克思主义研究》2012年第5期。

93. ［美］詹姆斯·奥康纳：《自然的理由——生态学马克思主义研究》，唐正东，臧佩洪译，南京大学出版社2000年版。

94. ［日］佐藤金三郎等编：《资本论》百题论争（三），刘焱、赵洪、陈家英译，山东人民出版社1992年版。

95. ［瑞士］西斯蒙第：《政治经济学新原理》，何钦译，商务印书馆1997年版。

96. ［苏联］布哈林、普列奥布拉任斯基：《共产主义ABC》，东方出版社1988年版。

97. ［苏联］布哈林：《世界经济和帝国主义》，蒯兆德译，中国社会科学出版社1983年版。

98. ［苏联］门德尔逊：《经济危机和周期的理论与历史》，斯竹等译，生活·读书·新知三联书店1977年版。

99. ［苏联］瓦尔加：《帝国主义经济与政治基本问题》，生活·读书·新知三联书店1958年版。

100. ［苏联］瓦尔加：《现代资本主义和经济危机》，叶中林等译，生活·读书·新知三联书店1975年版。

101. ［意］埃内斯托·斯克勒潘蒂：《马克思主义政治经济学与当代资本主义》，《中国社会科学内部文稿》2014年第3期。

102. ［意］埃内斯托·斯克勒潘蒂：《资本主义形式与资本主义的本质》，《中国社会科学内部文稿》2013年第6期。

103. ［意］埃内斯托·斯克勒潘蒂：《资本主义正在走向不确定的未来——访意大利马克思主义政治经济学教授》，《中国社会科学报》2014年5月19日第597期。

104. ［英］本·法因：《从马克思主义视角透视危机：或许为我们指明了另一条道路》，《政治经济学评论》2010年第1期。

105. ［英］庇古：《社会主义和资本主义的比较》，谨斋译，商务印书馆2014年版。

106. ［英］M. 波斯坦、D. C. 科尔曼、彼得·马赛厄斯主编：《剑桥欧洲经济史》第七卷（上册），王春法主译，经济科学出版社2004年版。

107. ［英］大卫·哈维:《新帝国主义》,初立忠、沈晓雷译,社会科学文献出版社 2009 年版。
108. ［英］大卫·哈维:《资本之谜——人人需要知道的资本主义真相》,陈静译,电子工业出版社 2011 年版。
109. ［英］大卫·休谟:《道德原则研究》,曾晓平译,商务印书馆 2001 年版。
110. ［英］戴维·佩珀:《生态社会主义:从深生态学到社会正义》,刘颖译,山东大学出版社 2012 年版。
111. ［英］霍布森:《财富的科学》,于树生译,上海人民出版社 1962 年版。
112. ［英］霍布森:《帝国主义》,纪明译,上海人民出版社 1964 年版。
113. ［英］霍布斯鲍姆:《革命的年代:1789—1848》,王章辉等译,中信出版社 2014 年版。
114. ［英］M. C. 霍华德、J. E. 金:《马克思主义经济学史（1929—1990）》,中央编译出版社 2003 年版。
115. ［英］考斯达斯·拉帕维查斯:《金融化了的资本主义:危机和金融掠夺》,《政治经济学评论》2009 年第 1 辑。
116. ［英］马歇尔:《货币、信用与商业》,叶元龙、郭家麟译,商务印书馆 2009 年版。
117. ［英］马歇尔:《经济学原理》（下）,朱志泰、陈良璧译,商务印书馆 2009 年版。
118. ［英］西蒙·克拉克:《经济危机理论:马克思的视角》,杨健生译,北京师范大学出版社 2011 年版。
119. ［英］亚当·斯密:《国民财富的性质和原因的研究》,郭大力、王亚南译,商务印书馆 1974 年版。

二 外文文献

1. Bakir, Erdogan & Al Campbell, "Neoliberalism, the Rate of Profit and the Rate of Accumulation", *Science & Society* 74. 3 (2010).
2. Basu, Deepankar, & Ramaa Vasudevan. "Technology, distribution and the Rate of Profit in the US Economy: Understanding the Current Crisis", *Cambridge Journal of Economics* 37. 1 (2013).
3. Boddy, Raford, & James Crotty, "Class Conflict and Macro-Policy: The Po-

litical Business Cycle", See Samuel Bowles and Richard Edwards (eds.), *Radical Political Economy*, Volume Ⅱ, Edward Elgar, 1990.

4. Blinder, Alan, *Economic Policy and The Great Stagflation*, Academic Press, 1981.

5. Cassidy, John, "Interview with John Cochrane", 2010-01-13. http://www.newyorker.com/news/john-cassidy/interview-with-john-cochrane.

6. Caballero, Ricardo J., & Arvind Krishnamurthy (2009), Global Imbalance and Financial Fragility, *NBER Working Paper* No. 14688.

7. Cassidy, John, "After the Blowup". 2010-01-11, http://www.newyorker.com/magazine/2010/01/11/after-the-blowup.

8. Duménil, G. & D. Lévy, "The Crisis of the Early 21st Century: A Critical Review of Alternative Interpretations (preliminary draft)" (2011).

9. Freeman, Richard, 2010. What Really Ails Europe (and America): The Doubling of the Global Workforce. *The Globalist*, 5 March. http://www.theglobalist.com/what-really-ails-europe-and-america-the-doubling-of-the-global-workforce/ Accessed on 23 October 2014.

10. Foley, Duncan K., "Rethinking Financial Capitalism and the 'Information' Economy", *Review of Radical Political Economics* 45.3 (2013).

11. Fallows, James, "Dr. Doom Has Some Good News", www.theatlantic.com, 2015-01-25.

12. Foster, John Bellamy & Fred Magdoff, "Financial Implosion and Stagnation", *Monthly Review* 60.7 (2008).

13. Harvey, David, *Seventeen Contradictions and the End of Capitalism*, New York: Oxford University Press, 2014.

14. Huesemann, M. H., "The Limits of Technological Solutions to Sustainable Development", *Clean Technologies and Environmental Policy* 5 (2003).

15. Harvey, David, "Afterthoughts on Piketty's Capital", May 17, 2014, davidharvey.org/2014/05/afterthoughts-pikettys-capital/.

16. Krugman, Paul, "Why Inequality Matters." *The New York Times* 15 (2013).

17. Krugman, Paul, "The Third Depression", *The New York Times*, 2010-06-27.

18. Lukas, Robert E., *Studies in Business-Cycle Theory*, The MIT press, 1987.

19. Lippert, John, "Friedman Would Be Roiled as Chicago Disciples Rue Repudiation". 2008 年 12 月 23 日, http: //www. bloomberg. com/apps/news? pid = newsarchive&sid = a3GVhIHGyWRM&refer = home。
20. Lipietz, Alain, "Fears and Hopes: The Crisis of the Liberal – Productivist Model and Its Green Alternative", *Capital & Class* 37. 1 (2013).
21. Magdoff, Fred, John Bellamy Foster & William Morris, "Stagnation and Financialization: The Nature of the Contradiction", *Monthly Review* 66. 1 (2014).
22. Mankiw, N. Gregory, "Defending the One Percent", *The Journal of Economic Perspectives* 27. 3 (2013).
23. Mankiw, N. Gregory, "Response from N. Gregory Mankiw", *The Journal of Economic Perspectives* 28. 1 (2014).
24. Munley, Frank, "Wages, Salaries, and the Profit Share: A Reassessment of the Evidence", *Cambridge Journal of Economics* (1981).
25. Perelman, Michael, "How to Think about the Crisis." http: //mrzine. Monthly review. org/2008/perelman131008. html. Accessed on 20 November 2014.
26. Roubini, Nouriel, "Ten Risks to Global Growth", www. forbes. com, 2015 – 02 – 28.
27. Roubini, Nouriel, "Laissez – faire Capitalism Has Failed", www. forbes. com, 2015 – 02 – 28.
28. Solow, Robert, et al., "Correspondence: The One Percent", *The Journal of Economic Perspectives* 28. 1 (2014).
29. Solow, Robert M., "Thomas Piketty Is Right", *The New Republic*, http: //www. newrepublic. com/article/117429/capital – twenty – first – century – thomas – piketty – reviewed.
30. Summers Lawrence & Thomas Piketty, Is Right About the Past and Wrong About the Future. *The Atlantic*. May 16, 2014. http: //www. theatlantic. com/business/archive/2014/05/thomas – piketty – is – right – about – the – past – and – wrong – about – the – future/370994/.
31. Stiglitz, Joseph E., The Financial Crisis of 2007/2008 and Its Macroeconomic Consequences. *Presented at the June 2008 Meeting of the Initiative for Policy Dialogue Task Force Meeting on Financial Markets Reform*, 2008 – 06.

32. Sherman, Howard, *Stagflation: A Introduction to Traditional and Radical Macroeconomica*, Happer And Row Publisher, 1983.
33. Whalen, C. J., A Minsky Perspective on the Global Recession of 2009. *Research on Money and Finance Discussion Paper Series*, No. 12, SOAS, University of London.
34. Wollson, M. H., & D. M. Kotz, "A Re-conceptualization of SSA Theory", in T. McDonough, et al., eds., *Contemporary Capitalism and Its Crises*, CUP, 2010.
35. Webber, Michael, & David Rigby, *The Golden Age Illusion: Rethinking Postwar Capitalism*, The Guiford Press, 1996.

后　　记

"资本主义经济危机与经济周期：历史与理论"是中国社会科学院创新工程项目，自2013年立项至2015年顺利结项，其后又经历了近两年时间的反复研究与修改，终于在2017年年底写就并付梓出版。

本项目研究成果是项目组成员集体智慧的结晶。因此，在保持研究思路与研究内容整体性的基础上，也保留了各章节独有的研究特色和撰写风貌。项目首席研究员胡乐明负责研究思路和研究框架的整体设计与研究成果的修改定稿以及导论的写作，杨静负责研究工作的具体协调和研究成果的统筹修订。各章执笔人分别是：第一章、第二章，刘道一；第三章、第五章，侯为民；第四章，陈人江；第六章，杨静、靳晓春；第七章，彭五堂；第八章，张建刚；第九章，靳晓春；第十章，王中保。

在项目研究以及成果撰写和修改过程中，我们得到了中国社会科学院许建康研究员，中国人民大学邱海平教授、张旭教授、谢富胜教授，复旦大学孟捷教授、周文教授，南开大学刘凤义教授，天津师范大学丁为民教授，上海对外经贸大学王朝科教授，曲阜师范大学刘刚教授，清华大学刘震副教授、朱安东副教授等专家学者的大力协助和指导，同时得到了中国社会科学院科研局、中国社会科学院马克思主义研究院科研处的大力支持，在此表示衷心感谢！

同时，项目组成员参阅了国内外与资本主义经济危机和经济周期相关的大量文献资料，获取了许多有益的启示，在此向这些文献的作者表示诚挚的谢忱！

此外，感谢中国社会科学出版社田文老师对本书的精心编校与指导，本书的顺利出版得到了中国社会科学出版社的大力帮助与支持！

限于研究水平，本书或存在错漏之处，期待学界同人批评指正！

项目组
2017年12月